Manual do
MANDADO DE SEGURANÇA

ALEXANDRE FREITAS CÂMARA

Manual do
MANDADO DE SEGURANÇA

2ª Edição

SÃO PAULO
EDITORA ATLAS S.A. – 2014

© 2012 by Editora Atlas S.A.

1. ed. 2013; 2. ed. 2014 (2 impressões)

Capa: Leonardo Hermano
Composição: Formato Serviços de Editoração Ltda.

Dados Internacionais de Catalogação na Publicação (CIP)
(Câmara Brasileira do Livro, SP, Brasil)

Câmara, Alexandre Freitas
Manual do mandado de segurança / Alexandre Freitas Câmara.
– 2. ed. – São Paulo: Atlas, 2014.

Bibliografia.
ISBN 978-85-224-8853-7
ISBN 978-85-224-8854-4 (PDF)

1. Mandado de segurança 2. Mandado de segurança – Brasil I. Título.

13-01360
CDU-342.722(81)

Índices para catálogo sistemático:

1. Brasil : Mandado de segurança : Direito   342.722(81)
2. Mandado de segurança : Brasil : Direito   342.722(81)

TODOS OS DIREITOS RESERVADOS – É proibida a reprodução total ou parcial, de qualquer forma ou por qualquer meio. A violação dos direitos de autor (Lei nº 9.610/98) é crime estabelecido pelo artigo 184 do Código Penal.

Depósito legal na Biblioteca Nacional conforme Lei nº 10.994, de 14 de dezembro de 2004.

Impresso no Brasil/*Printed in Brazil*

Editora Atlas S.A.
Rua Conselheiro Nébias, 1384
Campos Elísios
01203 904 São Paulo SP
011 3357 9144
atlas.com.br

"Minha vida é andar por esse país
Pra ver se um dia descanso feliz
Guardando as recordações
Das terras onde passei
Andando pelos sertões
E dos amigos que lá deixei
Chuva e sol
Poeira e carvão
Longe de casa
Sigo o roteiro, mais uma estação
E alegria no coração

Minha vida é andar por esse país
Pra ver se um dia descanso feliz
Guardando as recordações
Das terras onde passei
Andando pelos sertões
E dos amigos que lá deixei
Mar e terra, inverno e verão
Mostro o sorriso
Mostro alegria, mas eu mesmo não
E a saudade no coração

Minha vida é andar por esse país
Pra ver se um dia descanso feliz
Guardando as recordações
Das terras onde passei
Andando pelos sertões
E dos amigos que lá deixei
Chuva e sol
Poeira e carvão
Longe de casa
Sigo o roteiro, mais uma estação
E alegria no coração

Minha vida é andar por esse país
Pra ver se um dia descanso feliz
Guardando as recordações
Das terras onde passei
Andando pelos sertões
E dos amigos que lá deixei
Mar e terra, inverno e verão
Mostro o sorriso
Mostro alegria, mas eu mesmo não
E a saudade no coração"

(*Vida de viajante*, de Luiz Gonzaga).

Acabei de escrever este livro três dias após o centenário de Luiz Gonzaga. Ao longo dos anos tenho viajado por todo o Brasil ministrando aulas e palestras. Quando terminei de escrever este livro só não havia ido, ainda, a dois Estados: Amapá e Tocantins, lacunas que espero brevemente suprir. Posso dizer, então, que "minha vida é andar por esse país". Este livro é dedicado a todos os amigos que fiz, nos quatro cantos do Brasil, graças a essas minhas andanças, sempre seguindo uma frase que ouvi de meu mestre Luiz Fux e que virou um lema de vida: "Conheça o Brasil através do Processo Civil." Eu literalmente posso dizer que conheci! E agradeço ao Direito Processual por isso!

Sumário

Prefácio, xi

Apresentação, xvii

Introdução: O Mandado de Segurança como Instituto de Direito Processual Público, xxix

1   Evolução Histórica e Direito Comparado, 1
§ 1º Evolução histórica do mandado de segurança, 1
§ 2º Breve notícia de Direito Comparado, 12

2   Considerações Gerais, 18
§ 3º Natureza jurídica do mandado de segurança, 18
§ 4º Mandado de segurança individual e coletivo, 25
§ 5º O modelo constitucional de processo e o mandado de segurança, 27
§ 6º A Lei nº 12.016/2009 e a aplicação subsidiária do Código de Processo Civil, 29

3   Sujeitos do Processo do Mandado de Segurança Individual, 36
§ 7º Legitimidade ativa, 36
§ 8º Legitimidade passiva, 50
§ 9º A autoridade apontada como coatora, 59
§ 10. Litisconsórcio, intervenção de terceiros e *amicus curiae* no processo do mandado de segurança, 76

4   O Bem da Vida Tutelável Através de Mandado de Segurança: Direito Líquido e Certo, 88
§ 11. Conceito de direito líquido e certo, 88
§ 12. Colocação do direito líquido e certo no objeto da cognição judicial, 95

§ 13. Hipóteses de não cabimento do mandado de segurança, 106

5 O Procedimento do Mandado de Segurança Individual, 151

§ 14. Petição inicial, 151

§ 15. Pronunciamento liminar, 158

§ 16. Notificação da autoridade coatora e "ciência" da pessoa jurídica. Informações da autoridade e resposta da pessoa jurídica, 186

§ 17. Manifestação do Ministério Público, 191

§ 18. Sentença, 194

§ 19. Peculiaridades do procedimento nos casos de competência originária dos tribunais, 212

6 Sentença e Coisa Julgada em Mandado de Segurança Individual, 216

§ 20. A sentença de procedência do pedido, 216

§ 21. As sentenças denegatórias de mandado de segurança, 222

7 Recursos no Processo do Mandado de Segurança, 233

§ 22. Considerações gerais, 233

§ 23. Apelação, 233

§ 24. Agravo contra decisão proferida em primeira instância, 236

§ 25. Agravo interno, 237

§ 26. Embargos de declaração, 239

§ 27. Recurso ordinário constitucional, 240

§ 28. Recursos excepcionais, 253

§ 29. Não cabimento de embargos infringentes, 255

8 Reexame Necessário em Mandado de Segurança, 262

§ 30. O reexame necessário da sentença concessiva de mandado de segurança, 262

9 Efetivação da Decisão que Concede Mandado de Segurança, 268

§ 31. A efetivação por ofício (mandado de segurança), 268

§ 32. Outras técnicas executivas, 271

§ 33. A execução por quantia certa, 277

10 Suspensão de Segurança, 280

§ 34. Conceito, natureza jurídica e requisitos, 280

§ 35. Competência, 298

§ 36. Procedimento, 301

§ 37. Legitimidade, 307

§ 38. Extensão, 310

§ 39. Novo pedido de suspensão, 317

11 Prazo para Impetração, 321

§ 40. O prazo para impetração do mandado de segurança, 321

§ 41. Natureza do prazo, 325

§ 42. Termo inicial do prazo, 330

§ 43. Consequências do decurso do prazo, 332

12 Mandado de Segurança Contra Ato Judicial, 333

§ 44. Cabimento, 333

§ 45. O mandado de segurança como sucedâneo recursal nos Juizados Especiais, 338

§ 46. Peculiaridades do processo e do procedimento, 342

13 Mandado de Segurança Coletivo, 350

§ 47. Conceito, 350

§ 48. Bens jurídicos tuteláveis, 353

§ 49. Legitimidade ativa, 362

§ 50. Coisa julgada, 385

§ 51. Liminar, 392

§ 52. Relação entre mandado de segurança coletivo e mandado de segurança individual, 394

§ 53. Relação entre mandado de segurança coletivo e outras demandas individuais, 398

§ 54. Relação entre mandado de segurança coletivo e outras demandas coletivas, 400

Bibliografia, 403

Prefácio

ALEXANDRE FREITAS CÂMARA, jurista maduro e acatado nacionalmente, ocupa, sem dúvida, posição de destaque na atual processualística brasileira. Para aquilatar seu prestígio de doutrinador, bastaria lembrar que suas *Lições de direito processual civil*, em três volumes, já atingiram mais de vinte edições, e são referência respeitada nas principais faculdades de Direito do país. Mas não foi só esta a contribuição por ele prestada à doutrina. Muitas outras obras de fôlego integram sua riquíssima bibliografia (a exemplo dos livros sobre Juizados Especiais, em 7ª edição, a *Ação rescisória* e os *Escritos de direito processual*), sem falar nas diversas parcerias em livros coletivos e nas dezenas de artigos estampados em revistas especializadas. Por isso mesmo, o autor é constantemente convidado a participar dos mais importantes seminários e simpósios jurídicos, nacionais e estrangeiros.

Em face de seu inconteste prestígio, granjeado pela excelência e densidade de sua obra jurídica, não será novidade a ampla acolhida que irá obter o seu novo livro sobre o mandado de segurança, em que se debruça sobre o instituto para analisá-lo, exaustivamente, à luz da Lei nº 12.016, de 7 de agosto de 2009.

Modestamente, o autor o denominou de *Manual do mandado de segurança*. Mais justo e correto, porém, seria, a nosso ver, qualificá-lo de "tratado". Manual, segundo a linguagem corrente, corresponde a livro pequeno, destinado a compendiar ou resumir alguma matéria. Não é o caso da obra que ora divulga ALEXANDRE FREITAS CÂMARA, na qual a análise histórica e jurídica do *mandamus* entre nós é efetuada de maneira exaustiva e exemplar, dentro do mais rigoroso tratamento científico compatível com a dignidade institucional do remédio de Direito Público enfocado. Daí por que não temos pejo de atribuir-lhe a categoria de "tratado", tendo em conta a densidade, a profundidade e a extensão da abordagem científica levada a cabo.

Pode-se afirmar, sem medo de erro, que o autor enfrentou e dirimiu todos os problemas com que a doutrina e jurisprudência têm se deparado no estudo do mandado de segurança, quer no plano histórico, quer no dogmático, quer no operacional ou prático, desde que a Constituição de 1934 o inseriu no Direito brasileiro, de maneira original e inconfundível com as medidas assemelhadas do Direito Comparado.

Não se pretende transformar este prefácio numa resenha de todos os capítulos do livro, e muito menos numa análise crítica de todo o seu conteúdo, mesmo porque não é recomendável ao prefaciador concorrer com o autor, produzindo um estudo aprofundado de todos os institutos trazidos a exame no ensaio. Mas, a título de exemplo da alta qualidade científica do tratado merece, desde logo, registrar a maestria com que o autor demonstra a diferença conceitual do Direito Processual Civil nos países europeus, onde há completa separação entre a justiça administrativa e a justiça civil, e no Brasil, onde não existe o contencioso administrativo, cabendo a um aparelhamento judiciário único o desempenho da jurisdição em torno do Direito Privado e do Direito Público. Portanto, nosso Direito Processual Civil, obviamente, não é o mesmo estudado e conceituado na Europa.

Sob a visão histórica, constata-se que a introdução do mandado de segurança em nosso sistema jurídico é bastante antiga, tendo passado pela experiência e convivência mantida com cinco constituições, desde 1934 até hoje. Registra o autor que, sem embargo das múltiplas alterações legislativas, as linhas mestras da regulação constitucional e procedimental têm sido preservadas. Isso faz com que a doutrina construída durante quase um século se revele rica e atual, em grande parte.

Não obstante a obra ora divulgada se baseie fundamentalmente na recente Lei nº 12.016, de 7 de agosto de 2009, não se descurou do exame evolutivo de seus precedentes, tendo, para tanto, encontrado importante contribuição doutrinária e, sobretudo, volumosa experiência jurisprudencial.

Oportuno, aliás, é o registro feito pelo autor de que a atual Lei nº 12.016 não é "uma lei revolucionária". É, na verdade, "uma lei que cumpre o relevante papel de consolidar uma série de conquistas importantes da doutrina e jurisprudência, alcançadas após mais de cinquenta anos de aplicação da Lei nº 1.533/1951, mais de quarenta anos de atuação das Leis nos 4.348/1964 e 5.021/1966 e, principalmente, mais de vinte anos de vigência da Constituição da República".

Já tendo sido publicados vários estudos sobre o mandado de segurança após a atual Lei nº 12.016/2009, poder-se-ia pensar que o tema já estaria historicamente exaurido. Sem dúvida, são clássicos os tratados que sobre a matéria se divulgaram antes e depois da Lei nº 1.533/1951, inclusive com referência à lei vigente. O Direito, no entanto, não é exato nem estático. Ao contrário, é dialético e dinâmico. Produto cultural que é, acha-se sempre em debate e não cessa nunca de ser construído, graças à contribuição da doutrina e da jurisprudência. Por mais que já se tenha escrito, especulado e julgado, sempre há espaço para aprimorar a interpretação e aplicação da ordem jurídica.

Num instituto antigo como é o caso do mandado de segurança, por menores que sejam aparentemente as inovações legislativas, cabe aos juristas justamente a tarefa de compreender e explicar o alcance da evolução normativa, e de como a remodelação impactou com o Direito anterior ou se harmonizou com ele, aprimorando ou otimizando o remédio jurídico normatizado.

É isso que o presente estudo de ALEXANDRE FREITAS CÂMARA soube fazer, de maneira exemplar. Não apenas os dados da experiência do passado foram levados em conta, mas, ao longo de toda a obra, sempre se depara com o esforço de compatibilizá-los com as mais modernas funções do Estado Democrático de Direito, no que diz, principalmente, com a supremacia e efetividade dos direitos fundamentais.

Nessa perspectiva, soube muito bem abordar a natureza multifacetária do mandado de segurança, dando realce à sua natureza e papel nos diversos ramos do Direito em que atua (o Direito Constitucional, o Direito Administrativo e o Direito Processual, sobretudo).

Assim, por exemplo, visto do ângulo da Constituição, o mandado de segurança não deve ser qualificado como um simples remédio de garantia dos direitos fundamentais. É mais do que isso, é ele mesmo, para o Direito Constitucional pátrio, *um direito fundamental brasileiro*", ou seja, é, além de fundamental, *brasileiro*. Nossa ordem constitucional soube impregná-lo do caráter fundamental, transformando-o em um dos itens do rol dos "direitos fundamentais positivados". Daí o destaque feito pelo autor, ao atribuir-lhe a feição de "resultado natural da evolução histórica e cultural da sociedade brasileira".

Há, nessa perspectiva, um direito material ao mandado de segurança (direito de todos a se proteger, mediante medidas judiciais enérgicas e prontas, contra os abusos e ilegalidades cometidos pelos detentores do Poder Público). Há, também, um procedimento, dentro do Direito Processual Civil, que disciplina a forma de postular, obter e executar a segurança garantida materialmente pela Constituição. Esse procedimento, ensina o autor, integra o processo de conhecimento, como um "procedimento especial". Trata-se de um procedimento de "tutela diferenciada" (sumária), que se afeiçoa às peculiaridades do direito material fundamental, visando a propiciar-lhe efetividade.

A mais moderna inovação em matéria de mandado de segurança consistiu na extensão, pela Constituição de 1988, da tutela, por seu intermédio realizável, aos direitos coletivos. O autor, porém, não vê o mandado de segurança coletivo como "uma nova garantia constitucional". Trata-se do velho mandado de segurança, apenas "ampliado em termos de legitimação para sua propositura".

Ainda como exemplo da perspicaz abordagem feita pelo autor em torno dos elementos essenciais do processo do mandado de segurança, vale a pena acompanhar sua digressão sobre o papel múltiplo e complexo desempenhado pela autoridade coatora. Desde logo, é ela entrevista como "sujeito estranho à relação processual". Assim, dita autoridade é convocada a realizar, em primeiro lugar, uma *prestação de informações* acerca de fatos relevantes do processo. Atua, portanto, a exemplo do que se passa com a testemunha, como uma *fonte de prova*. A diferença seria, a seu ver, apenas de forma: a testemunha presta oralmente suas informações, enquanto a autoridade o faz por escrito.

A segunda função da autoridade coatora apontada pelo autor é a de complementar a citação da *pessoa jurídica demandada*, por meio de remessa a ela e ao órgão de representação judicial de cópias dos documentos que instruíram a petição inicial e de outros elementos de que disponha para viabilizar a defesa do ato impugnado.

Por último, a autoridade coatora exerce influência direta na definição da competência do juízo para conhecimento e processamento da segurança.

Mas quem será essa autoridade *in concreto*? Responde o autor, com toda precisão, que sua identificação não se dá pela pessoa física que realizou o ato impugnado, mas pela competência real detida pela autoridade que praticou o ato (ou o omitiu) e que tem poderes para corrigi-lo. Não importa, por isso, que quem esteja no exercício da função não seja mais a pessoa natural do tempo do ato atacado pelo *mandamus*. O que define a autoridade coatora a ser notificada é a competência atual do agente público. Vale dizer: autoridade coatora é sempre "aquela que tem competência para a prática do ato ou sua correção no momento da impetração do mandado de segurança".

Um outro capítulo que desperta muito interesse é o destinado ao exame dos casos de não cabimento do mandado de segurança, em que, com a costumeira habilidade, o autor se concentra não só na avaliação das hipóteses do art. 5º da Lei nº 12.016/2009, mas põe em relevo também situações inquietantes como as dos atos dos "Juizados Especiais", dos atos de "gestão", as de ataque à "lei em tese" e as de inviabilidade da impetração voltar-se contra "atos *interna corporis* e atos políticos".

Ainda no capítulo dedicado ao descabimento do mandado de segurança, mereceram do autor análise atualizadora as Súmulas nos 101, 269 e 271, do STF, que cuidam da vedação de o *mandamus* ser usado como sucedâneo da "ação popular" e da "ação de cobrança", bem como dos recursos previstos no sistema dos "Juizados Especiais".

O estudo processual do mandado de segurança individual é feito, com profundidade e riqueza de detalhes, a partir do Capítulo 3 (sujeitos do processo), a que se seguem outros capítulos sobre "o bem da vida tutelável através do mandado de segurança" (Cap. 4), sobre o procedimento especial a ser observado (Cap. 5), sobre a sentença e a coisa julgada (Cap. 6), sobre os recursos (Cap. 7) e o reexame necessário (Cap. 8).

Capítulos específicos foram dedicados às técnicas de execução ou efetivação das decisões concessivas da segurança (Cap. 9), à sua eventual suspensão (Cap. 10), ao prazo legal para a impetração do mandado de segurança (Cap. 11) e à possibilidade de seu manejo contra ato judicial (Cap. 12).

Por fim, um último e alentado capítulo é reservado para o novo "Mandado de Segurança Coletivo" (Cap. 13). Nele, além dos temas comuns a qualquer procedimento judicial ("bens jurídicos tuteláveis", "legitimidade ativa", "coisa julgada" e "liminar"), são enfrentadas questões intrigantes e de grande atualidade, como a "relação entre mandado de segurança coletivo e mandado de segurança individual", entre aquele e "outras demandas individuais", assim como "outras demandas coletivas".

No estudo do mandado de segurança coletivo, todo ele rico de inteligentes posicionamentos, destaca-se o enfrentamento da legitimação ativa, em que ressalta o papel dos partidos políticos e a ilegitimidade do Ministério Público. É de se destacar, ainda, o tratamento dispensado à coisa julgada, tanto no caso de concessão do mandado coletivo como no de sua denegação, matéria sobre a qual o autor elabora exploração inteligente e arguta, conseguindo atingir resultados teóricos e práticos que a doutrina especializada até agora não alcançara, pelo menos em toda a extensão explorada.

É induvidoso, em conclusão, o mérito incomum da presente obra. Pelo evento, merecem cumprimentos não só o autor, que vem confirmar seus dotes intelectuais incomuns, mas também toda a comunidade jurídica brasileira, que vê enriquecer-se a bibliografia disponível com impecável contribuição doutrinária. É, de tal sorte, fácil vaticinar o sucesso do empreendimento editorial.

Humberto Theodoro Júnior
Janeiro/2013

Apresentação

Apresentar uma obra de Alexandre Câmara seria, por si só, motivo de ímpar regozijo. Pelo jurista, magistrado, cidadão e amigo, irrelevante a ordem, que é essa admirável pessoa. Agrega valor à incumbência – tornando-a, além de agradável, histórica – o fato de que este Manual vem a lume quando o Direito Administrativo completa 140 anos de nascimento como ramo autônomo das ciências jurídicas.

Meio século, portanto, antes de surgir o nonagenário mandado de segurança no Direito brasileiro, proposta que foi a sua criação, pelo ministro Edmundo Muniz Barreto, no congresso jurídico de 1922, com o fim de desprender-se, também para constituir figura autônoma, do *habeas corpus*, este até então acolhido pela jurisprudência do Supremo Tribunal Federal para além da proteção ao direito de locomoção, até que o mandado de segurança veio a ingressar na Constituição de 1934 e ser regrado, a seguir, pela Lei nº 191, de 16.1.1936.

O percurso de um e de outro, no Direito brasileiro, assemelha-se a estradas que se cruzam com frequência rumo ao objetivo – buscado em meio a sobressaltos, avanços e recuos – de submeter a controle o exercício do poder estatal, sempre exposto, por definição, a abusos. Mas não são estradas retilíneas. A sinuosidade marca a trajetória cultural tanto do direito administrativo quanto do mandado de segurança na ordem jurídica brasileira.

Com relação ao mandado de segurança, basta lembrar o registro, por um de seus pioneiros comentadores, do "derrotismo com que foi recebido o novo remédio, de tão alta e eficiente inspiração, em nosso meio judiciário. Exagerou-se o risco, mais imaginário do que real, de o transformar em panaceia para todos os males, tabu que, certa vez, passou a ser repetido para justificar a sua denegação ou não conhecimento, ficando assim sem o remédio preventivo e heroico muitas situações jurídicas que o comportariam, porque restrita a indagação a uma *quaes-*

tio juris perfeitamente solucionável sem maior esforço de prova" (Castro Nunes, *Do mandado de segurança e de outros meios de defesa contra atos do poder público.* 7ª ed. Rio de Janeiro: Forense, 1967, p. 24).

Nada obstante, nascia o mandado de segurança com o expresso propósito de proteger o titular de direito certo contra abusos de autoridade pública. As dificuldades de sua aplicação residiam, como ainda residem, nas hesitações com que devesse ser demarcado o seu campo de intervenção tutelar e no procedimento a ser observado no desempenho dessa intervenção. Disso trata Alexandre Câmara com a cirúrgica objetividade conceitual que impregna todos os seus textos, até arrematar que

> "os direitos fundamentais estão diretamente ligados ao princípio democrático, já que se destinam (também) a servir de espaço contra o exercício antidemocrático de poder. Pois é perfeitamente possível afirmar que o mandado de segurança exerce esta função. Afinal, como sabido, no Estado Democrático o exercício do poder pelos agentes estatais deve, sempre, estar revestido de legalidade e legitimidade. O mandado de segurança, como se vê do texto constitucional, é uma garantia contra ilegalidades (aqui compreendido o abuso de poder) cometidas por agentes públicos contra direitos subjetivos. Ora, se através do mandado de segurança se consegue exercer o controle de atos de poder, assegurando-se que tais atos estejam revestidos de legalidade, fica fácil perceber a 'dinâmica dialética' entre o mandado de segurança e o princípio democrático".

No contexto histórico em que nasceu o Direito Administrativo, o propósito era outro, a enevoar o compromisso do novo Direito para com a sociedade em suas relações com o Estado. Direito Administrativo e mandado de segurança foram pavimentando as respectivas trajetórias de modo a que, hoje, seria difícil imaginar um sem o outro, no casamento institucional promovido pela cultura jurídica brasileira, no capítulo dos controles jurídicos do poder estatal. Daí, certamente, a inspiração de chamar-se um veterano professor de Direito Administrativo a participar da apresentação de um manual sobre o mandado de segurança, da autoria de eminente professor de Direito Processual Civil.

O desafio somente será bem encaminhado se lançar um olhar retrospectivo sobre aquele contexto histórico, para, ao depois, sugerir uma prospecção fundada nos paradigmas pós-modernos do controle da gestão pública e suas implicações.

Aos 8 de janeiro de 1873, o Tribunal de Conflitos da França dirimiu o conflito negativo de competência instaurado entre o Tribunal de Justiça de Bordeaux e o Conselho de Estado, para definir a qual das Cortes caberia julgar ação indenizatória dirigida pelos pais de Agnès Blanco, de cinco anos e meio de idade, a uma empresa pública cujo veículo a atropelara, provocando-lhe a amputação de uma das pernas. Conflito que opunha um tribunal judicial a um tribunal administrativo, ambos providos de jurisdição, no peculiar sistema do contencioso administrativo, criatura da Revolução Francesa de fins do século XVIII, movida pela desconfiança que inspiravam os tribunais oriundos do antigo regime monárquico, na medida em que os assuntos de Estado passaram às mãos revolucionárias, que se supunham mais aptas para avaliar aqueles assuntos, quando deflagradores de litígios apresentados a contencioso formal, em separado dos tribunais judiciais.

O tribunal judicial, ao qual a demanda foi inicialmente submetida pelos Blanco, afirmou-se incompetente por estar em causa uma autoridade administrativa (o veículo atropelador pertencia a uma empresa industrial de tabaco, importante segmento da economia portuária local, constituída como *établissement public*) e por não haver lei aplicável, já que as normas do Código Civil somente se referiam às relações entre particulares. O tribunal administrativo, a que se levou a questão a seguir, recusou-se a dela conhecer porque não se tratava de um recurso contra ato administrativo, além do que não havia lei para aplicar, porquanto não se configurava uma relação entre particulares.

O Tribunal de Conflitos decidiu que a competência era da corte administrativa, anotando, ao fazê-lo, que

> "La responsabilité, qui peut incomber à l'État pour dommages causés aux particuliers par le fait des personnes qu'il emploie dans le service public, n'est pas régie par les principes établis dans de Code civil pour les rapports entre particuliers: **elle n'est ni générale, ni absolue; elle a ses règles spéciales qui varient suivant les besoins du service et la nécessité de concilier les droits de l'État avec les droits privés**" (o grifo não consta do original).

O acórdão Blanco passou à história como a certidão de batismo do direito administrativo porque afirma a prevalência de normas especiais para reger a responsabilidade de entes públicos, as quais, em livre tradução, "variam de acordo com as exigências do serviço e a necessidade de conciliar os direitos do estado com os direitos privados". Se e enquanto tais normas não estivessem positivadas, caberia ao Conselho de Estado estabelecê-las. Daí a autonomia do regime de responsabilização administrativa, externo ao direito comum e dele derrogador, a balizar os julgamentos da corte administrativa.

> "Só que essa autonomia foi afirmada pelas piores razões: a necessidade de excluir ou, pelo menos, de limitar a responsabilidade da Administração perante uma menina de cinco anos. O que não foi uma boa estreia para o nosso ramo de direito. Criado mais com o objetivo de proteger a primazia da Administração do que preocupado com a protecção dos particulares, o Direito Administrativo só paulatinamente é que se vai libertando dos traumas provocados por uma 'infância difícil'. Forçoso é, pois, reconhecer que era quase impossível ter 'inventado' um começo mais traumático para

o direito administrativo [...]", observa Vasco Pereira da Silva do alto de sua cátedra na Faculdade de Direito da Universidade de Lisboa (*O contencioso administrativo no divã da psicanálise*: ensaio sobre as acções no novo processo administrativo. Coimbra: Almedina, 2010, p. 318 e seguintes).

O "fantasma" de Agnès Blanco estará ainda assombrando os caminhos da administração pública nesses 140 anos – também, reflexamente, as trilhas do mandado de segurança em seus noventa anos –, tantos são os excessos, desvios e abusos praticados por autoridades dos mais diversos âmbitos e níveis, no exercício de seus deveres-poderes públicos.

Aqui ingressa a contribuição brasileira para o controle dessas anomalias, quando lesam, ou ameaçam de lesar, direitos subjetivos dos administrados. É a contribuição do mandado de segurança, cujos perfil, evolução e questões controvertidas de seu processamento, bem assim o seu parentesco com instrumentos assemelhados – mas não idênticos – de outros sistemas jurídicos, o leitor encontrará dissecados neste Manual. E com a perspicácia de assinalar o teor singular de exacerbação de ego do Estado, que a alguns poderia parecer esquizofrênica – "maldição" dos Blanco? –, eventualmente presente em todos os polos e ângulos do processo público em geral, a alcançar o do mandado de segurança, como faz ver nosso autor:

> "[...] é comum a afirmação de que todo processo precisa ter (pelo menos) duas partes, reconhecendo-se, assim, a proibição do 'processo consigo mesmo' [...] No Direito Processual Civil brasileiro essa afirmação também é corriqueira. A rigor, porém, a ideia de uma relação processual formada por três sujeitos distintos (Estado, demandante e demandado) só é correta quando o processo versa sobre pretensões de direito privado. Tratando a causa de uma relação de direito público, e sendo parte o Estado, já se poderá ter aí uma alteração na formação da relação processual. É que, neste caso, o Estado ocupará – ainda que por órgãos distintos – duas posições na relação processual. Pense-se, por exemplo, no caso em que um particular vai a juízo em face da União para postular a invalidação do lançamento de um tributo. Neste caso, a União estará em duas posições da relação processual: no vértice (posição ocupada por um órgão jurisdicional) e no polo passivo (posição ocupada por um órgão administrativo). Órgãos distintos, é certo, mas ambos integrantes da mesma pessoa jurídica. O fenômeno se torna ainda mais intrigante quando se pensa na possibilidade de se ter, em todas as posições da relação processual, a mesma pessoa. Basta pensar no caso em que o polo ativo seja ocupado pelo Ministério Público Estadual e o polo passivo pelo próprio Estado. Neste caso, ter-se-á no polo ativo o Estado (através do Ministério Público), no polo passivo o Estado (por um órgão administrativo) e, no vértice da relação processual, o Estado (através de um órgão jurisdicional). Três órgãos distintos da mesma pessoa jurídica, portanto, formarão a relação processual. Seria mesmo possível, neste

caso, falar-se em "dualidade de partes"? Não é só com o Ministério Público que isto acontece. É hoje pacífico o entendimento de que as Casas Legislativas têm capacidade de ser parte e podem figurar como demandantes em processos nos quais busquem defender suas prerrogativas institucionais. Pois em caso assim pode-se ter o mesmo fenômeno indicado acima, com o Estado ocupando todas as posições da relação processual (através de diferentes órgãos, claro)".

Nas últimas décadas, essa extraordinária contribuição brasileira convive com a constitucionalização do Direito Administrativo, fenômeno planetário da pós--modernidade que se projeta em todas as Cartas Fundamentais promulgadas, no curso da segunda metade do século XX, com o intuito de, traçando políticas públicas cogentes que assinam ao Estado obrigações de fazer e de não fazer, fixar limites que as autoridades públicas devem respeitar em face da sociedade e dos direitos fundamentais que a embalam (individuais, sociais, econômicos, ambientais). No dizer de Luis Prieto Sanchis, festejado lente das Universidades Castilla-La Mancha e de Toledo, "se conciben tanto la Constitución y la justicia constitucional como los derechos fundamentales como artificios jurídicos que cobran todo su sentido al servicio de la limitación del poder y de la garantía de la inmunidad y libertad de las personas" (*Justicia constitucional y derechos fundamentales*. 2. ed. Madri: Trota, 2009, p. 9).

É nessa constitucionalização que se vão plasmando os novos paradigmas do controle jurídico da Administração Pública: a efetividade dos princípios a que a Administração Pública deve obediência, a obrigatoriedade da explicitação dos motivos do ato administrativo, a redução da discricionariedade, a processualização da atividade decisória, a responsabilidade subjetiva universal dos agentes públicos, a consensualidade que vincula a ação administrativa às prioridades da sociedade objetivamente aferidas, a gestão sustentável dos bens e recursos públicos.

De efeito.

O Direito Público ocidental conheceu, nos últimos cinquenta anos, notável revisão de conceitos. Moveu-a, e ainda a move, a estratégia de submeter o Estado a controles que afastem a concentração de poderes de que se valem regimes totalitários para, qualquer que seja a matriz ideológica ou idiossincrática dominante, haver produzido duas grandes guerras mundiais na primeira metade do século XX, com toda sorte de perdas, traumas e consequências. Além de confrontos ideológicos permanentes – como a chamada "guerra fria", acentuada nos anos 50 a 70 da mesma centúria –, que poderiam haver resultado em novas lutas devastadoras. Atribui-se a Albert Einstein a declaração de não saber como seria uma terceira grande guerra mundial, mas a certeza de que a quarta seria disputada com paus e pedras.

O movimento constitucionalista do pós-guerra deflagrou a revisão ao cunhar o primeiro dos paradigmas que passariam a reger a gestão estatal, qual seja, o da supremacia da Constituição. Os Textos Fundamentais então promulgados em França, Itália, Alemanha, Espanha, Portugal – não por acaso países profundamente afetados por aqueles conflitos bélicos de 1914-18 e 1939-45 – optaram por conciliar princípios e normas, de modo a construir um modelo que invertesse a submissão da sociedade ao Estado. Eis a origem das referências expressas a fundamentos principiológicos – como o da dignidade da pessoa humana –, tanto quanto a diretrizes definidoras de políticas públicas. Tudo no evidente propósito de colocar o respeito ao homem e ao atendimento de suas necessidades essenciais (educação, saúde, trabalho, moradia, lazer, segurança, previdência social e assistência aos desamparados) como vetores limitadores e orientadores da autoridade estatal. Nenhuma ação de Estado será legítima se os ignorar. A Carta brasileira de 1988 segue o modelo ao vincular todos os poderes constituídos do Estado aos fundamentos e princípios enunciados em seus artigos 1º e 37, bem assim às políticas públicas traçadas em capítulos específicos.

O segundo paradigma, corolário do primeiro, é o da efetividade dos princípios. Os compêndios do século passado ensinavam que princípio era toda proposição geral, impessoal e abstrata a desafiar o futuro, na qualidade de norma tão só programática. Hoje, princípio continua sendo proposição geral, impessoal e abstrata, todavia com a índole de norma cogente, provida de eficácia e de sanção para o caso de descumprimento. A nenhum dos poderes da República, em qualquer das esferas federativas, é dado imaginar que os princípios da legalidade, da impessoalidade, da moralidade, da publicidade e da eficiência, insertos na cabeça do art. 37 da Constituição de 1988, devam ser entendidos como mera condição – evento futuro e incerto. Devem presidir toda e cada ação de gestão estatal desde já, podendo a sua dolosa desobediência configurar improbidade administrativa, tal como previsto no art. 11 da Lei nº 8.429/92.

O terceiro paradigma é o da motivação obrigatória. A novidade não está na admissão dos motivos (razões de fato e de direito que justificam a decisão da autoridade) entre os elementos integrantes da estrutura morfológica irredutível de todo ato jurídico da administração, ao lado da competência, do objeto, da forma e da finalidade. A novidade está em que os motivos hão de ser, sob pena de invalidade do ato, explicitados pela autoridade quando de sua edição, de modo a propiciar o controle de sua veracidade e idoneidade para produzir resultados conformes ao interesse público, ditos almejados pela autoridade. Daí distinguir-se motivo de motivação, esta a revelação obrigatória daquele.

O quarto paradigma é o da sujeição da discricionariedade a controle. A discrição para escolher a solução adequada entre as possíveis, quando a norma de regência não a predetermina, continua sendo atributo indispensável da função administrativa, no Executivo, no Judiciário e no Legislativo. Dela o gestor público não pode prescindir ou será colhido desarmado para alinhar prioridades aos meios disponíveis, bem como para conjurar incidentes e imprevistos. A novidade está em que a discricionariedade não confere à autoridade, no exercício da função administrativa, a faculdade de escolher qualquer das alternativas possíveis. O gestor somente será fiel à discricionariedade que recebeu da lei quando, sob pena de responsabilidade, escolher a alternativa que estudos consistentes comprovaram ser a mais adequada em face da eficiência (relação custo-benefício) e da eficácia (aptidão para produzir resultados de interesse público).

O quinto paradigma indica a sede formal onde estarão as provas de que o gestor agiu de acordo com a ordem jurídica, fundado em motivação idônea e legítima discrição. Trata-se da processualização da atividade decisória. A decisão da autoridade há de ser tomada ao cabo de um processo administrativo, no qual se levaram em conta levantamentos, relatórios, análises, propostas e pareceres que importavam à seriedade da decisão. É ao longo do processo que a decisão, uma vez percorrido o procedimento que a norma de regência haja fixado, amadurece e encontra os elementos de sua densidade e legitimação. Combate-se, com o devido processo, seja em meio impresso ou eletrônico, a improvisação, o amadorismo, a superficialidade, o personalismo. Tanto na administração federal quanto na do Estado do Rio de Janeiro, o legislador ditou normas específicas sobre o processo administrativo, balizando-lhe a condução e o conteúdo mínimo necessário.

O sexto paradigma traduz o que se convencionou chamar de consensualidade. Abriu-lhe o caminho o art. 37, § 3º, da CR/88, com a redação da EC nº 19/98, ao autorizar a lei a disciplinar formas de participação do usuário na administração pública direta e indireta. Desde então leis se vêm multiplicando no emprego do novel instituto, seja exigindo, como requisito de validade, audiências públicas prévias à concretização de negócios jurídicos pelo Poder Público, tal como na instituição das parcerias público-privadas; seja anuindo em que o Ministério Público ponha cobro a irregularidades na esfera administrativa, mediante termos de ajustamento de conduta; seja admitindo a introdução, em contratos administrativos, de cláusulas de arbitragem; seja estimulando outros métodos de composição de conflitos, tais como a conciliação e a mediação; seja animando os tribunais de contas a exercerem fiscalização concomitante, e não apenas *a posteriori*, dos atos de que se origina a despesa pública. As possibilidades são infinitas.

O sétimo paradigma é o compromisso com o desenvolvimento sustentável. Cuida-se de prover às necessidades do presente sem causar danos a serem suportados pelas gerações futuras. O pacto intergeracional tem raiz no art. 225, *caput*, da CR/88, que erige à qualidade de direito fundamental o "meio ambiente ecologicamente equilibrado, bem de uso comum do povo e essencial à sadia qualidade de vida, impondo-se ao Poder Púbico e à coletividade o dever de defendê-lo e preservá-lo para as presentes e futuras gerações". Tal dever será igualmente jurídico, e cobrará responsabilidades ao gestor público, na medida em que a lei torna exigível dos administradores a adoção de requisitos de sustentabilidade na contratação de compras, obras e serviços, de modo a evitar desperdícios ou uso irracional de água, ou de energia oriunda de fontes não renováveis, ou a elevar custos no tratamento de acidentes ou doenças que poderiam ser prevenidos. Em

xxiv Manual do Mandado de Segurança • Câmara

outras palavras, evitar a contratação de produtos e serviços inadequados do ponto de vista da sustentabilidade; incluir estudos de impacto ambiental nos processos decisórios em matérias que possam provocá-lo; escolher soluções compatíveis com a sustentabilidade, de preferência aquelas que, embora também viáveis, a desatendam; entender, afinal, que o custo da sustentabilidade será historicamente menor do que o custo de desprezá-la, embora este, no presente, possa parecer monetariamente inferior àquele.

Ao assim agir, o gestor público, na administração direta e indireta de qualquer dos poderes da União, dos Estados, do Distrito Federal e dos Municípios, não se estará dispensando de cumprir os demais paradigmas: reconhece a supremacia da Constituição, dá efetividade aos princípios nela inscritos, motiva as suas decisões de modo idôneo e como resultado de um processo administrativo bem instruído e amadurecido, em consenso com a qualidade de vida ou o mínimo existencial a que tem direito todo cidadão, no presente e no futuro.

Esses novos paradigmas e seus instrumentos repercutem sobre o mandado de segurança e sua predisposição para tutelar direitos derivados de situações concretas, objeto de intervenção de autoridade pública. Assim, constituiria lesão de direito líquido e certo, tutelável pela via mandamental, aquela decorrente de violação de princípios, hoje considerados normas jurídicas providas de coerção e sanção? Ou de atos administrativos que, sem declinar os seus motivos, só por isto já estariam a lesar direito, sabendo-se que a explicitação dos motivos ("motivação") passou a ser elemento estruturante compulsório de todo ato administrativo? Ou o descumprimento de políticas públicas constitucionais, capaz de gerar efeitos imediatos no patrimônio individual ou coletivo? Ou a ultrapassagem dos limites da discricionariedade, nos planos da razoabilidade ou da proporcionalidade de seu conteúdo meritório, desde que comprovados de plano? Ou o contorno ou supressão do devido processo substancial, quando desconsidera a proteção devida a direito subjetivo? Ou o desvio, para mais ou para menos, no manejo desses novos instrumentos e valores, para, por via transversa, lesar direitos, ou subvertê-los em favor de interesses sectários? Ou, ainda, a imposição de penalidades administrativas a servidores sem culpa apurada e provada em processo regular?

A pauta de indagações que se descortina sobre o uso do mandado de segurança parece inesgotável, desde que se atente para a essência que o distingue desde o primeiro trato definidor de seu procedimento. Perceba-se que as regras dos artigos 3º e 8º da Lei nº 191, de 1936, se reproduzem em todas as leis posteriores que versaram sobre o mandado de segurança, incluindo as dos artigos 10 e 23 da vigente Lei nº 12.016, de 2009: não sendo o caso de mandado de segurança, a inicial deve ser desde logo indeferida, e é de 120 dias o prazo decadencial para a impetração do mandado de segurança. A deixar evidentes a especificidade e a prontidão do instituto: ou há comprovada lesão ou ameaça de lesão a direito certo por qualquer categoria de autoridade, a se pôr cobro em até 120 dias da ciência, pelo titular do direito lesado ou ameaçado, do ato tido como abusivo, ou não se autoriza o uso do mandado de segurança, sem embargo de a questão vir a ser aforada mediante outra via acionária que se repute idônea.

Tal a conclusão de Alexandre Câmara sobre esse ponto decisivo para o uso do mandado de segurança:

> "Deve-se, então, entender o *direito líquido e certo* como o direito subjetivo cujo fato constitutivo é demonstrável em juízo através de prova documental preconstituída. Em outras palavras, e dadas as limitações probatórias existentes no procedimento especial do mandado de segurança, através deste remédio processual só se pode proteger o direito subjetivo se seu fato constitutivo puder ter sua veracidade demonstrada em juízo através de prova exclusivamente documental e preconstituída. Havendo necessidade de produção de outras provas além destas, não se terá direito líquido e certo (ainda que haja direito subjetivo) e, por conta disso, não se poderá conceder o mandado de segurança."

Bem ao contrário do que temia o "derrotismo" com que o mandado de segurança foi recebido quando inserido na Constituição de 1934, o direito ao mandado de segurança dever ser entendido, ele próprio, como direito fundamental a ser respeitado e valorado por toda Administração Pública que se pretenda dialógica e comprometida com a gestão democrática do Estado.

Dentre outras, terá sido esta uma das mais caras e atualizadas lições que o leitor poderá extrair deste Manual. Na verdade, bem mais do que um manual, quanto ao zelo aprofundado que dispensa aos vários aspectos do tema. Mas verdadeiro manual quanto à indispensabilidade de figurar como obra de referência, a ser consultada sempre que dúvidas sobrevierem no manejo do brasileiro mandado de segurança do século XXI.

Rio de Janeiro, verão de 2013.

Jessé Torres Pereira Junior
Desembargador, professor da Escola da Magistratura
do Rio de Janeiro e coordenador de seu curso
de pós-graduação em Direito Administrativo

Agradecimentos

Este livro não teria sido possível sem algumas pessoas, a quem é preciso agradecer. Este é o momento de fazê-lo.

Ricardo Menezes da Silva, meu assessor no Tribunal de Justiça, e meu fiel escudeiro nas horas que excedem do expediente, foi fundamental para que este trabalho fosse possível. Ele é o responsável por parte da pesquisa de jurisprudência desenvolvida para este manual. Sem ele, este livro realmente não existiria.

Meus outros assessores no Tribunal de Justiça, Alessandra Nahoum Carestiato, Alex Yuen Tong Chu, Dione David de Carvalho e Sabrina Olinger Philippi, permanecem sendo peças absolutamente fundamentais em um time que continua jogando por música.

Depois de vinte e um anos de magistério, meus alunos tornaram-se presença muito forte em minha jornada. Gostaria de dedicar este livro a cada um deles. Na impossibilidade de fazê-lo, escolhi um, por quem tenho especial carinho em razão dos laços de amizade que unem nossas famílias, e em seu nome homenageio a todos: Rodrigo Collosimo.

Fredie Didier Júnior e Leonardo Carneiro da Cunha, dois dos mais brilhantes processualistas brasileiros da "nova geração" (a que orgulhosamente pertenço), têm sido meus mais frequentes interlocutores nos últimos tempos. Com eles trabalhei intensamente na análise do projeto de Código de Processo Civil submetido à Câmara dos Deputados, integrantes que fomos da Comissão de Juristas designada para auxiliar os integrantes daquela Casa Legislativa em tal análise. Com eles aprendi muito. A eles manifesto, aqui, meu agradecimento e minha amizade.

Alexandre Lima, meu compadre, é peça essencial em tudo que acontece em minha vida. Obrigado, irmão, pela força nos momentos difíceis.

Rodrigo, meu filho mais velho, é mais que um filho. É um grande amigo, companheiro, com quem divido alegrias, frustrações e medos. A ele agradeço simplesmente por estar ao meu lado.

Guilherme, meu caçula, é a alegria da casa. Sempre pulando, esteve em volta de mim enquanto escrevia. Obrigado, filho, por toda a alegria que você é capaz de me proporcionar.

Janaina, por sua vez, é a mais forte presença na minha vida. Certa vez, tendo ela ido comigo a um evento em Ouro Preto, ouvi de outra palestrante que minha mulher é um ser iluminado que enche minha vida de luz. Pois é essa, exatamente, a definição que posso dar de quem funciona como a lanterna que ilumina cada um dos meus passos. Eu nada teria conseguido nesta vida se não fosse o apoio dela.

A todos, com amor, este manual é dedicado.

O Autor

Introdução: O Mandado de Segurança como Instituto de Direito Processual Público

Previsto nos incisos LXIX e LXX do art. 5º da Constituição da República, o mandado de segurança é um dos mais importantes institutos do ordenamento jurídico brasileiro. Criação original, sem correspondência perfeita com qualquer outro instituto jurídico de outros ordenamentos (embora guarde parentesco próximo com algumas figuras existentes em ordenamentos como o da Argentina, do México, da Espanha e dos Estados Unidos da América, entre outros), o mandado de segurança é fenômeno que a todo momento é submetido à apreciação dos órgãos do Poder Judiciário, e se pode mesmo dizer que faz parte da cultura brasileira.

Mesmo pessoas sem qualquer formação jurídica já ouviram falar – e têm, pelo menos, uma noção elementar – do que é e para que serve o mandado de segurança. E esse instituto vem sendo objeto de constantes estudos e de grande aprofundamento teórico desde os anos 1930.

Muitos autores produziram obras sobre o mandado de segurança que se tornaram verdadeiros clássicos. Juristas como Alfredo Buzaid, Celso Agrícola Barbi e Hely Lopes Meirelles, entre outros, escreveram livros que se tornaram clássicos sobre o tema. Mais recentemente, alguns outros juristas, de várias gerações, também escreveram sobre o assunto, como foi o caso de Cassio Scarpinella Bueno, José Miguel Garcia Medina e Eduardo Arruda Alvim.

Não obstante toda essa produção doutrinária sobre o tema, animei-me a escrever este pequeno manual sobre o mandado de segurança. E o fiz com o objetivo de produzir uma obra que pudesse trazer ao leitor alguma utilidade prática e teórica.

Para isso, busquei analisar todos os temas mais relevantes do processo do mandado de segurança, tanto à luz da doutrina como à luz da jurisprudência (limitadamente, neste ponto, ao que se produz no STF e no STJ, tribunais de âmbito verdadeiramente nacional). E o fiz, sempre, a partir da ótica do moderno Direito Processual, convencido que estou de que nele há um ramo chamado Direito Processual Público, no qual o mandado de segurança se insere. Pois nesta parte introdutória da obra, destinada a apresentá-lo, parece-me fundamental expor minhas considerações sobre o Direito Processual Público e sobre o modo como nele se enquadra o mandado de segurança. Afinal, é a partir daí que tudo se sustentará neste manual.

Para que se possa compreender o que é exatamente o Direito Processual Público impõe-se verificar, antes de tudo, que o conceito de Direito Processual Civil que sempre se adotou no Brasil não coincide com o que se entende por Direito Processual Civil nos ordenamentos que normalmente servem de modelo e de fonte de inspiração para os cientistas brasileiros do Direito.

Assim é que, por exemplo, na mais clássica doutrina italiana do Direito Processual, define-se *processo civil* como "aquele que se faz para o desenvolvimento da função jurisdicional em matéria civil".[1] Também entre os mais clássicos autores alemães se lê que o processo civil é "o procedimento judicial nos 'litígios de Direito Civil', a forma legalmente regulada da administração estatal de justiça no civil".[2] No mesmo sentido se manifesta a mais moderna doutrina francesa, que expressamente relaciona o Direito Processual Civil (lá chamado tradicionalmente de *Droit Judiciaire Privé*) com o Direito Privado.[3]

Nesses ordenamentos há, como se pode ver, uma estreita ligação entre o processo civil e o Direito Privado. Pode-se mesmo dizer que nesses sistemas o processo civil é um instrumento de atuação do Direito Privado. E tal ligação se explica pelo fato de que nesses ordenamentos as causas que versam sobre questões de Direito Público (Administrativo, Tributário, Previdenciário etc.) não são submetidas à jurisdição civil, mas a um sistema de contencioso administrativo.

Já o Direito Processual brasileiro fez, desde sempre, uma opção diferente, aqui se tendo construído um sistema de *jurisdição una*, em que não se distingue a jurisdição das causas civis em geral daquela que se exerce nas causas de Direito Público (muitas vezes, inclusive, sendo o mesmo o juízo competente para ambas, como se dá em incontáveis comarcas do interior do país).

Assim, para o Direito brasileiro, o conceito de processo civil sempre foi mais amplo do que o encontrado em sistemas estrangeiros como os anteriormente mencionados. Em clássica obra doutrinária brasileira pode-se ler o seguinte:[4]

---

[1] Enrico Tullio Liebman, *Manuale di diritto processuale civile*, v. 1, p. 31.

[2] Leo Rosenberg, *Tratado de derecho procesal civil*, v. 1, p. 39.

[3] Loïc Cadiet e Emmanuel Jeuland, *Droit judiciaire privé*, p. 6.

[4] Moacyr Amaral Santos, *Primeiras linhas de Direito Processual Civil*, v. 1, p. 15.

> "O Direito Processual Civil consiste no sistema de princípios e leis que regulamentam o exercício da jurisdição quanto às lides de natureza civil, como tais entendidas todas as lides que não são de natureza penal e as que não entram na órbita das jurisdições especiais."

Sobre o ponto, na mais moderna doutrina brasileira, é absolutamente precisa – como sempre – a lição de Dinamarco:[5]

> "No sistema brasileiro o Direito Processual *Civil* é o responsável pelo exercício da jurisdição com referência a pretensões fundadas em normas de *direito privado* (civil, comercial) e também *público* (administrativo, tributário, constitucional). Nisso o processo civil brasileiro diferencia-se de importantes modelos europeus e latino-americanos em que há certas limitações relacionadas com o Estado em juízo. Nosso sistema é o da chamada *jurisdição una* e também o Estado se sujeita aos juízes integrantes do Poder Judiciário e às normas integrantes do Direito Processual Civil. Aqui inexiste o *contencioso administrativo* e o processo diferenciado para certas causas regidas pelo direito público. Excluem-se do âmbito do processo civil brasileiro, exclusivamente, as causas de natureza penal."

O Direito Processual Civil brasileiro, portanto, tem uma área de abrangência maior do que a do seu similar europeu. E isso, evidentemente, tem consequências (teóricas e práticas) relevantes. Ainda mais quando se considera que toda a construção teórica dos institutos fundamentais do Direito Processual Civil brasileiro se deu a partir de premissas estabelecidas pela doutrina europeia, notadamente da italiana e da alemã.

Pense-se, por exemplo, na afirmação, corriqueira em doutrina, de que é pressuposto da existência do processo a existência de duas partes distintas. Em importante obra da literatura italiana, por exemplo, se lê que o processo "não é qualquer coisa que se desenvolve em abstrato: ele é um processo concreto, o que quer dizer que se afirma por isso o ordenamento jurídico em ordem a um determinado suporte fático e, portanto, usualmente, a *dois ou mais sujeitos* em relação aos quais se deve, naquele momento, concretizar a norma".[6] Afirma Mandrioli que "a qualidade de parte aparece como a *qualificação subjetiva mínima mas sempre presente nos sujeitos ativo e passivo de um processo*; sempre presente, no sentido de que onde há um processo, aí existem sempre pelo menos duas partes".[7]

---

5   Cândido Rangel Dinamarco, *Instituições de Direito Processual Civil*, v. I, p. 40.

6   Salvatore Satta e Carmine Punzi, *Diritto processuale civile*, p. 105. O grifo não está no original.

7   Crisanto Mandrioli, *Corso di diritto processuale civile*, v. I, p. 269.

Também na doutrina alemã é comum a afirmação de que todo processo precisa ter (pelo menos) duas partes, reconhecendo-se, assim, a "proibição do 'processo consigo mesmo'".[8]

No Direito Processual Civil brasileiro essa afirmação também é corriqueira.[9] A rigor, porém, a ideia de uma relação processual formada por três sujeitos distintos (Estado, demandante e demandado) só é correta quando o processo versa sobre pretensões de direito privado. Tratando a causa de uma relação de Direito Público, e sendo parte o Estado, já se poderá ter aí uma alteração na formação da relação processual. É que, neste caso, o Estado ocupará – ainda que por órgãos distintos – duas posições na relação processual. Pense-se, por exemplo, no caso em que um particular vai a juízo em face da União para postular a invalidação do lançamento de um tributo. Neste caso, a União estará em duas posições da relação processual: no vértice (posição ocupada por um órgão jurisdicional) e no polo passivo (posição ocupada por um órgão administrativo). Órgãos distintos, é certo, mas ambos integrantes da mesma pessoa jurídica.

O fenômeno se torna ainda mais intrigante quando se pensa na possibilidade de se ter, em todas as posições da relação processual, a mesma pessoa. Basta pensar no caso em que o polo ativo seja ocupado pelo Ministério Público Estadual e o polo passivo pelo próprio Estado.[10] Neste caso, ter-se-á no polo ativo o Estado (através do Ministério Público), no polo passivo o Estado (por um órgão administrativo) e, no vértice da relação processual, o Estado (através de um órgão jurisdicional). Três órgãos distintos da mesma pessoa jurídica, portanto, formarão a relação processual. Seria mesmo possível, neste caso, falar-se em "dualidade de partes"?

Não é só com o Ministério Público que isso acontece. É hoje pacífico o entendimento de que as Casas Legislativas têm capacidade de ser parte e podem figurar como demandantes em processos nos quais busquem defender suas prerrogativas institucionais.[11] Pois em caso assim pode-se ter o mesmo fenômeno indicado acima, com o Estado ocupando todas as posições da relação processual (através de diferentes órgãos, claro).

---

[8] Othmar Jauernig, *Direito processual civil*, p. 102.

[9] Muitos autores poderiam aqui ser citados, mas não há necessidade de alongar em demasia esta nota de rodapé. Por todos, sejam aqui referidos Cintra, Grinover e Dinamarco, que expressamente afirmam existir um "princípio da *dualidade das partes*, segundo o qual é inadmissível um processo sem que haja pelo menos dois sujeitos em posições processuais contrárias, pois ninguém pode litigar consigo mesmo" (*Teoria geral do processo*, p. 314).

[10] Sempre vale aqui recordar que o Ministério Público não tem personalidade jurídica própria, sendo órgão do Estado cuja estrutura integra.

[11] Assim decidiu o STJ, por exemplo, ao julgar o RMS 8967/SP, rel. para o acórdão o Min. José Delgado, j. em 19.11.1998. No caso se tratava de mandado de segurança impetrado pela Casa Legislativa contra ato judicial emanado da Décima Quinta Câmara Civil do Tribunal de Justiça do Estado de São Paulo.

Introdução: O Mandado de Segurança como Instituto de Direito Processual Público **xxxiii**

Além disso, muitos outros fenômenos há que são exclusivos dos processos que versam sobre situações jurídicas de Direito Público. Pense-se, por exemplo, na execução fiscal, ou na execução contra a Fazenda Pública (e o famigerado precatório). Recorde-se, ainda, a "medida cautelar fiscal", regida pela Lei nº 8.397/1992. E é neste campo que se insere, também, o processo do mandado de segurança.

Reconhecidas essas peculiaridades do Direito Processual brasileiro é que uma parte da doutrina passou a sustentar – com razão – a necessidade de se afirmar a existência de dois campos distintos daquilo que, em sentido amplo, sempre se chamou Direito Processual Civil (no sentido de "direito processual não penal e não trabalhista"): o Direito Processual Civil *stricto sensu* e o Direito Processual Público.

Dito de outro modo: o Direito Processual se divide, classicamente, em três grandes áreas: Direito Processual Penal, Direito Processual Trabalhista e Direito Processual Civil.[12] Este último, no Brasil, sempre se definiu por exclusão, como sendo o Direito Processual "não penal" e "não trabalhista". Pois este é apenas o conceito de Direito Processual Civil *lato sensu*. E o Direito Processual Civil *lato sensu*, por sua vez, se subdivide em Direito Processual Civil *stricto sensu* e Direito Processual Público.

Deve-se entender por Direito Processual Civil aquele que regula o processo das causas civis, isto é, das causas cujo objeto é regulado pelo Direito Privado. De outro lado, o Direito Processual Público é o que regula o processo das causas cujo objeto é regulado pelo Direito Público.[13]

O mais importante estudioso brasileiro da matéria ensina que

> "por 'direito processual público' deve ser entendido nada mais e nada menos do que o estudo consciente das leis e situações em que uma das partes ou, mais amplamente, um de seus sujeitos, é pessoa ou entidade de direito público ou, quando menos, sujeita em maior escala a um regime de direito público".[14]

---

[12] Anote-se, desde logo, que esta é uma divisão que diz respeito exclusivamente ao Direito Processual das causas individuais. O Direito Processual Coletivo tem autonomia científica, e deve ser por isso tratado como ramo autônomo da ciência processual. Sobre o ponto, confira-se Ada Pellegrini Grinover, *Direito processual coletivo*, p. 11-15. O mandado de segurança coletivo, registre-se, é tema que interessa tanto ao Direito Processual Público como ao Direito Processual Coletivo, encontrando-se em uma zona de confluência desses dois ramos da ciência processual.

[13] Em sentido assemelhado, Carlos Ari Sundfeld, O direito processual público e o direito administrativo, p. 16, para quem o Direito Processual Público é a "parte do Direito Processual que regula os processos judiciais que tenham como objeto o Direito Público ou como parte a Administração Pública". Também merece referência a lição de Fernando Gama de Miranda Netto, para quem "a expressão Direito Processual Público é utilizada para designar o ramo do Direito Processual em que a pessoa jurídica de direito público figura como parte, seja no polo ativo ou passivo" (*Ônus da prova no direito processual público*, p. 30).

[14] Cassio Scarpinella Bueno, *Curso sistematizado de direito processual civil*, v. 2, t. III, p. 25.

Penso, porém, que o ideal não é definir o Direito Processual como "civil" ou "público" pelo fato de uma entidade pública ser ou não sujeito da relação processual. A meu ver, o que define o processo como "civil" ou "público" é o fato de versar a causa sobre uma relação jurídica de Direito Material Privado ou de Direito Material Público. E digo isso por ser absolutamente pacífica a possibilidade de o Estado poder ser sujeito de relações jurídicas de Direito Material cuja natureza é indubitavelmente privada.[15] Assim, deve-se considerar que o processo é *civil* quando seu objeto é uma pretensão fundada no Direito Privado, e é *público* quando tem por objeto uma pretensão fundada no Direito Público.

Existem diversos institutos processuais que são comuns ao Direito Processual Civil *stricto sensu* e ao Direito Processual Público. Podem eles, então, ser considerados institutos de Direito Processual Civil *lato sensu*. É o caso, por exemplo, da apelação ou do recurso extraordinário. Outros institutos há que são típicos do Direito Processual Civil *stricto sensu*. É o caso do procedimento especial da "ação de usucapião de terras particulares" (que, como o próprio nome indica, só poderá ser usado quando se tratar de uma situação jurídica relacionada à propriedade privada). Mas há, também, institutos típicos do Direito Processual Público, como a execução fiscal ou a execução contra a Fazenda Pública. E é neste contexto que se insere o mandado de segurança, já que neste apenas situações jurídicas regidas pelo Direito Público podem ser submetidas à cognição judicial.

É, pois, no contexto do Direito Processual Público que o processo do mandado de segurança passará a ser examinado.

---

[15] Por todos, vale consultar a precisa lição de Caio Tácito a respeito da distinção entre contratos administrativos e *contratos privados da Administração*, regidos estes pelo Direito Privado (Caio Tácito, Contrato privado da administração. Exportação de açúcar, *in* Caio Tácito, *Temas de direito público*, v. 2, p. 1.413-1.415).

1

Evolução Histórica e Direito Comparado

§ 1º Evolução histórica do mandado de segurança

O mandado de segurança é uma criação original do Direito brasileiro. Não quer isto dizer, porém, que tenha ele surgido espontaneamente, ou da mente de um jurista ou de um legislador genial que, de uma penada, o tenha criado. Sobre o ponto, vale a pena transcrever a lúcida lição de Alfredo Buzaid:[1]

> "O mandado de segurança é uma criação do direito brasileiro. Ao formularmos esta assertiva, não intentamos dizer que esse instituto foi elaborado por um jurista ou uma comissão de juristas, reunidos num gabinete de trabalho, tirando-o do nada através de um processo de lucubração mental para dar-lhe estrutura e vida e defini-lo como remédio apto e eficaz à tutela de direito líquido e certo violado ou ameaçado de violação por ato de autoridade eivado de ilegalidade ou abuso de poder. O direito mui raramente nasce por essa forma. De modo geral ele emerge das profundezas das camadas sociais, revelando-se mediante um processo dialético de convivência dos homens em sociedade, a fim de defender os mais fracos contra o arbítrio dos mais poderosos."

As mais distantes raízes do mandado de segurança podem ser encontradas no Direito luso-brasileiro. Nas Ordenações Filipinas podia-se ler o seguinte:[2]

---

[1] Alfredo Buzaid, *Do mandado de segurança*, p. 25.

[2] Ordenações Filipinas, Liv. III, Título LXXVIII, § 5º. Foi mantida a grafia original do texto, editado no reinado de Filipe I de Portugal, em 1595, e mandado observar a partir de 1603, já no reinado de Filipe II.

"E quanto ao terceiro caso dos autos extrajudiciaes, que não são começados, mas comminatorios, dizemos que a parte, que se teme, ou receia ser aggravada per a outra parte, póde recorrer aos Juízes da terra, implorando seu Officio, que o provejam, como lhe não seja feito aggravo. E poderá ainda fóra do Juizo appellar de tal comminação, pondo-se sob poderio do Juiz, requerendo, e protestando de sua parte áquelle, de que se tem ser aggravado, que tal aggravo lhe não faça. E se depois do dito requerimento e protestação assi feita, fòr alguma novidade commetida ou attentada, mandará o Juiz (se fòr requerido) tornar e restituir tudo ao primeiro stado. E em tal protestação seria inserta e declarada a causa verisimil e razoada, por que assi protestou: póde-se pôr exemplo: se algum se temer de outro, que o queira offender na pessoa, ou lhe queira sem razão ocupar e tomar suas cousas, poderá requerer ao Juiz que segure á elle as suas cousas do outro, que o quizer offender, a qual segurança lhe o Juiz dará; e se depois della elle receber offensa daquelle, de que foi seguro, restiuil-o-há o Juiz, e tornará tudo o que foi commetido e attentado depois da segurança dada, e mais precederá contra o que a quebrantou, e menosprezou seu mandado, como per Direito."

Observa-se, da parte final do texto transcrito, que já ali se fala em o juiz "dar segurança" e em "mandado". Pois essa ligação entre as seguranças reais das Ordenações Filipinas e o mandado de segurança não passou despercebida da mais autorizada doutrina.[3] E era nas próprias Ordenações Filipinas, mas em outra passagem (Livro V, título CXXVIII) que se encontrava a regulamentação das Seguranças Reais, valendo a pena transcrever alguns trechos do texto normativo então vigente:

"Segurança Real geralmente se chama a que pede ás Justiças a pessôa, que se teme de outra por alguma razão.

E se a Justiça da terra, a quem fòr pedida, fòr informada, que a pessôa, que pede esta segurança, tem razão justa de se temer, mandará vir perante si aquelle, de que pede segurança, ou irá a elle, ou mandará lá o Alcaide, segundo a qualidade da pessôa fòr e requerer-lhe-ha da nossa parte, que segure aquelle, que delle pede segurança; e se o segurar, mandar-lhe-ha dar disso um instrumento publico, ou Carta testemunhavel, segundo fòr o Julgador.

E não o querendo segurar, o Julgador o segurará da nossa parte de dito, feito e conselho, e além disto castigará o que per seu mandado não quizer dar a dita segurança, pelo despreso, que assi lhe fez, e a pena serà segun-

---

[3]   Eduardo Talamini, As origens do mandado de segurança na tradição processual luso-brasileira, p. 295. As seguranças reais, antes das Ordenações Filipinas, já apareciam nas Ordenações Afonsinas (Livro III, Título CXXIII) e nas Manuelinas (Livro V, Título L). Nas Ordenações Filipinas elas apareciam também no Livro V, Título CXXVIII, a que se fará alusão no texto a seguir.

do a qualidade da pessòa, e a razão, que tiver e disser, porque não fez seu mandado.

E se for pessòa de stado, e não allegar justa razão, pòr-lhe-ha pena de dinheiro, ou o emprazará, que a certo dia appareça, perante Nós pessoalmente a se escusar, por que não cumprio o mandado da Justiça.

E se fòr outra pessòa, degradal-a-ha da Cidade, ou Villa, ou o mandará prender, até que dê a dita segurança."

Mais uma vez se percebe, da leitura do trecho citado, várias referências não só a segurança, mas também a mandado, além da inegável força que a decisão judicial tinha no referido instituto (podendo levar até ao degredo ou prisão de quem não a cumprisse).

Não é esta, porém, e evidentemente, a única fonte histórica do mandado de segurança. Este instituto também deita raízes na *posse dos direitos pessoais*, teoria que tem origem no Direito Comum e chegou a ser adotada no Direito brasileiro graças à pena ilustre de Ruy Barbosa.[4]

Sempre houve na doutrina brasileira quem defendesse que a posse se estende também aos direitos pessoais, não se limitando a ter por objeto coisas corpóreas.[5] Essa teoria foi muito importante em um caso concreto, no qual atuou como advogado o grande Ruy Barbosa, e que vale a pena narrar aqui, ainda que sinteticamente, dada sua importância para a reconstrução histórica do mandado de segurança. Transcrevo, aqui, a narrativa do caso como se encontra na obra de Darcy Bessone:[6]

"O caso verificou-se em 1896, quando dezesseis professores da Escola Politécnica do Rio de Janeiro foram suspensos do exercício de suas funções por ato do Presidente Floriano Peixoto. Constituído advogado dos professores, e em litígio memorável, Rui sustentou que o Direito português, vigente àquela época no Brasil, através das Ordenações do Reino, havia acolhido o Direito Canônico, no ponto relativo à *posse dos direitos pessoais*. Fez exaustiva demonstração da tese, estudou minuciosamente a obra dos juristas lusos e a jurisprudência portuguesa, para chegar à conclusão de que o Direito do Reino havia admitido, por recepção do Direito Canônico,

---

[4] Sobre o ponto, consulte-se Ruy Barbosa, *Posse de direitos pessoaes*, *passim*.

[5] Assim, por exemplo, Carvalho Santos, *Código Civil brasileiro interpretado*, v. VII, p. 16, onde se encontra o exemplo da posse da servidão de luz, afirmando o autor que "não há quem possa indicar onde está, na espécie, a coisa corpórea a ser protegida". Registre-se, porém, que a teoria mais aceita hoje sobre a natureza da luz é a que afirma ser esta uma *dualidade onda-partícula*, teoria esta que deu a Albert Einstein o prêmio Nobel em 1921. Segundo essa teoria, a luz é formada por corpúsculos e, portanto, na servidão de luz existe, sim, uma coisa corpórea a ser protegida. O exemplo de Carvalho Santos, portanto, não resiste à Física (e a edição consultada, registre-se, é mais de três décadas posterior à divulgação do trabalho de Einstein).

[6] Darcy Bessone, *Da posse*, p. 77.

a *posse dos direitos pessoais*. Rui não obteve êxito. Os professores perderam a demanda. Não obstante, o fato veio a ter, mais tarde, uma importância considerável, como subsídio histórico de interpretação, em virtude de haver o atual art. 485 do Código [de 1916] resultado de emenda apresentada pelo Senador Rui Barbosa, que acrescentou ao texto correspondente do projeto, a palavra 'propriedade'."

Admitida que fosse a tese da posse dos direitos pessoais, sempre que um desses direitos fosse violado, ou estivesse na iminência de o ser, seria possível lançar mão dos interditos possessórios (como fez Ruy Barbosa no caso, anteriormente mencionado, dos professores da Escola Politécnica do Rio de Janeiro). Esta tese, porém, não deve prevalecer. O entendimento hoje mais aceito – corretamente, registre-se – é o de que a posse só incide sobre bens que podem ser objeto de direitos reais.[7]

Inviável que se mostrou a utilização dos interditos possessórios para a defesa de direitos pessoais perante a Administração Pública, passou-se a utilizar o *habeas corpus* para tal fim. E tudo se deu a partir do disposto no art. 72, § 22, da Constituição da República de 1891, cujo teor era o seguinte:

> "Dar-se-á o habeas corpus sempre que um indivíduo sofrer ou se achar na iminência de sofrer violência ou coação por ilegalidade ou abuso de poder."

Veja-se que o texto da primeira Constituição republicana não estabelecia qualquer ligação entre o *habeas corpus* e a proteção da liberdade de locomoção. E isso permitiu o surgimento daquilo que ficaria conhecido como *doutrina brasileira do habeas corpus*. Esta surgiu no julgamento do Recurso de Habeas Corpus nº 2.793, julgado pelo Supremo Tribunal Federal em 8 de dezembro de 1909, tendo como relator o Min. Canuto Saraiva. Nesse julgamento, o Pretório Excelso, por maioria, entendeu admissível o uso do *habeas corpus* para a tutela de direito distinto da liberdade de locomoção (contra o voto vencido do Min. Pedro Lessa, que limitava o *habeas corpus* à tutela da liberdade de ir e vir).[8] Em 11 de dezembro de 1909 julgamento análogo é proferido pelo STF ao apreciar o Habeas Corpus 2.794, relator

---

[7] E aqui vai mais uma crítica ao exemplo dado pelo grande jurista Carvalho Santos (que pode ser visto na nota de rodapé nº 5, *supra*. É que aquele não seria, mesmo, um bom exemplo de posse de direitos pessoais. Exemplo de posse do direito seria o caso de se exercer o cargo de professor de uma escola pública. Aí se teria um direito pessoal cuja exteriorização poderia – caso fosse aceita a tese – ser admitida como posse (mas, repita-se, isto aqui é admitido apenas para ilustrar o texto, já que não me parece se deva admitir a tese que sustenta a posse de direitos pessoais). No sentido do texto, por todos, Guilherme Calmon Nogueira da Gama, *Direitos reais*, p. 89-90.

[8] O inteiro teor do acórdão pode ser acessado no *site* do Supremo Tribunal Federal, em: <http://www.stf.jus.br/arquivo/cms/sobreStfConhecaStfJulgamentoHistorico/anexo/RHC2793.pdf>.

o Min. Godofredo Cunha.[9] Decisões como estas foram em seguida proferidas nos recursos em Habeas Corpus n<u>os</u> 2.797, 2.799 e 2.990, todos julgados pelo STF.[10]

Assim, se de um lado o eminente Ministro Pedro Lessa se propunha a sustentar a manutenção dos tradicionais limites do cabimento do *habeas corpus*, restringindo-o à defesa da liberdade de locomoção, de outro lado Ruy Barbosa pretendia ampliá-lo ao máximo. Um duelo de gigantes, sobre o qual vale a pena ler o que disse um dos mais acatados processualistas penais brasileiros:[11]

> "A polêmica foi memorável, pois na liça estavam dois gigantes: Ruy Barbosa e Pedro Lessa. O primeiro, interpretando o texto constitucional, não encontrava limites para a concessão do *writ* e, por isso mesmo, acentuava: 'onde se der a violência, onde o indivíduo sofrer ou correr risco próximo de sofrer coação, se essa coação for ilegal, se essa coação produzir-se por excesso de autoridade, por arbítrio dos que a representam, o *habeas corpus* é irrecusável'.
>
> A teoria da posse dos direitos pessoais levou a Excelsa Corte, por influência de Ruy, a estender o remédio heroico do *habeas corpus* 'a casos de natureza não penal, para a proteção de qualquer direito que tivesse como pressuposto de exercício a liberdade de locomoção' (cf. Ada Pellegrini Grinover, *Revista da Procuradoria-Geral do Estado de São Paulo*, 17/189).
>
> Desde a concessão do *habeas corpus* a favor daqueles que haviam sido presos e desterrados para a Ilha Fernando de Noronha até a reforma constitucional de 1926, 'o Supremo Tribunal Federal, passo a passo, estendeu o âmbito do *habeas corpus* em tal amplitude, que se tornou, provavelmente, o Tribunal mais liberal do mundo'.
>
> Segundo Aliomar Baleeiro (*O Supremo Tribunal Federal, esse outro desconhecido*), o STF concedeu *habeas corpus* para a reintegração de funcionários públicos, a publicação de artigos lidos da tribuna do Congresso durante o sítio, a visita a presos políticos e até para que estudantes concluíssem o curso de acordo com a legislação anterior já revogada.
>
> Disso resultou 'famosa doutrina brasileira do *habeas corpus*, definida no acórdão de 16-12-1914, pelo qual o STF assegurou a posse de Nilo Peçanha no governo do Estado do Rio de Janeiro. Nesse caso, relatado por Enéas Galvão, sustentou-se: 1) a expressão do art. 72, § 22, da Constituição, compreende qualquer coação e não somente a violência do encarceramento; 2) não há, em nosso direito, outra medida capaz de amparar eficazmente

---

9   O inteiro teor do acórdão está disponível no *site* do Supremo Tribunal Federal, no endereço: <http://www.stf.jus.br/arquivo/cms/sobreStfConhecaStfJulgamentoHistorico/anexo/HC2794.pdf>.

10   E todos também disponíveis no *site* do STF.

11   Fernando da Costa Tourinho Filho, *Processo penal*, v. 4, p. 401-402.

o livre exercício dos direitos, a liberdade de ação e a prática dos atos não proibidos por lei; 3) o *habeas corpus* não deve limitar-se a impedir a prisão injusta e a garantir a livre locomoção; 4) a providência estende-se aos funcionários para penetrar livremente em sua repartição e desempenhar o seu emprego, aos magistrados e aos mandatários do Município, do Estado e da União, para exercerem a sua função ou mandato; 5) o Supremo Tribunal Federal interpreta soberanamente as regras constitucionais, sem estar subordinado às disposições das leis ordinárias'."

Com a revisão constitucional de 1926, porém, o *habeas corpus* passou a servir, apenas, para a tutela da liberdade de locomoção, equiparando-se ao seu similar nos outros ordenamentos jurídicos e, com isso, sepultando a chamada "doutrina brasileira do *habeas corpus*". Consequência disso foi que os outros direitos, antes por ele protegidos, passaram a estar privados de um mecanismo eficaz de tutela jurisdicional. Foi aí que surgiu o espaço necessário para a criação do mandado de segurança.

Pois o mandado de segurança surgiu no art. 113, § 33, da Constituição da República de 1934, assim redigido:

> "Dar-se-á mandado de segurança para defesa do direito, certo e incontestável, ameaçado ou violado por ato manifestamente inconstitucional ou ilegal de qualquer autoridade. O processo será o mesmo do *habeas corpus,* devendo ser sempre ouvida a pessoa de direito público interessada. O mandado não prejudica as ações petitórias competentes."

O exame do texto da Constituição de 1934 permite ver alguns pontos que chamam a atenção. Em primeiro lugar, fala-se ali em defesa de direito "certo e incontestável", expressão que seria posteriormente substituída pela atual "direito líquido e certo". O ato impugnável por meio desse remédio – que já nascia com *status* constitucional – tinha de ser "manifestamente inconstitucional ou ilegal", podendo provir de "qualquer autoridade". O "processo" (*rectius,* procedimento) deveria ser o mesmo do *habeas corpus,* o que mostra a ligação íntima existente entre os dois institutos. E a frase final era muito curiosa: "o mandado [de segurança] não prejudica as ações petitórias competentes". Isso só poderia significar que o constituinte de 1934 estabelecia uma ligação entre o processo do mandado de segurança e os juízos *possessórios* (daí a afirmação de que não havia prejuízo para o juízo *petitório*). E isso só se justificava à luz da teoria da posse dos direitos pessoais, uma das ancestrais do mandado de segurança.

Sob este regime constitucional, foi aprovada a Lei nº 191, de 16 de janeiro de 1936, que regulou "o processo do mandado de segurança". Esta lei, de apenas 19 artigos, estabelecia, em seu art. 1º, que se daria mandado de segurança "para defesa de direito certo e incontestável, ameaçado, ou violado, por acto manifestamente inconstitucional, ou illegal, de qualquer autoridade".[12] E o parágrafo único do referido art. 1º estabelecia: "Consideram-se actos de autoridades os das entidades autarchicas e de pessoas naturaes ou juridicas, no desempenho de serviços publicos, em virtude de delegação ou de contracto exclusivo, ainda quando transgridam o mesmo contracto."

O art. 2º da lei reiterava a afirmação constitucional de que o mandado de segurança não prejudicava as "ações petitórias competentes", esclarecendo-se, no § 1º desse artigo, que a decisão do mandado de segurança não impede que a parte reitere a defesa de seu direito por ação competente, nem por esta pleiteie efeitos patrimoniais não obtidos. Já o § 2º estabelecia que só se poderia renovar o pedido de mandado se a decisão denegatória não lhe houvesse "apreciado o merecimento". Por fim, o § 3º dizia que o mandado de segurança era cabível "contra quem executar, mandar ou tentar executar o acto que o tenha provocado".

O art. 3º da lei estabelecia a regra, até hoje existente, que fixa o prazo de 120 dias, contados da ciência do ato a ser impugnado, para impetração do mandado de segurança.

O art. 4º enumerava os casos em que não seria cabível a utilização do mandado de segurança: para proteção da liberdade de locomoção, exclusivamente (inciso I); para impugnação de ato de que coubesse recurso administrativo com efeito suspensivo, independentemente de caução, fiança ou depósito (inciso II); para suscitar questão meramente política (inciso III); para impugnação de ato disciplinar (inciso IV).

O art. 5º da Lei nº 191/1936 tratava da competência para o processo do mandado de segurança, enquanto o art. 6º estabelecia que só o próprio titular do direito teria legitimidade para postular a concessão do mandado de segurança. Tratando-se de direito sem titular individualizado, mas pertencente indeterminadamente a várias pessoas, qualquer destas poderia impetrar o mandado de segurança (§ 1º). Já no caso de ter alguém direito cujo exercício dependesse do direito de outrem e não tendo este se valido do mandado de segurança, poderia aquele notificar este para impetrar o mandado de segurança (§ 2º), em regra que se mantém até hoje no sistema.

O art. 7º da Lei nº 191/1936 tratava da petição inicial, que deveria vir em três vias. Não sendo caso de mandado de segurança, a inicial deveria ser desde logo indeferida (art. 8º). Caso contrário, o juiz deveria, ao despachar a inicial, mandar citar o coator, a quem seria entregue a segunda via da petição inicial com cópia dos documentos que a instruíssem (§ 1º, *a*); e encaminhar à pessoa jurídica interessada a terceira via da petição inicial, com cópia dos documentos que a instruíssem (§ 1º, *b*). Nessas duas comunicações se fixava o prazo de dez dias para apresentação de *defesa* e de *informações*, devendo esse prazo correr em cartório

---

[12] Preservou-se a ortografia então vigente.

(§ 3º). Findo esse prazo, com a defesa e as informações ou sem elas, os autos iriam à conclusão (§ 6º). Verificando o juiz que o ato foi ou iria ser praticado por autoridade submetida à competência de outro juízo, os autos deveriam ser remetidos ao tribunal competente (§ 7º). Não sendo este o caso, o julgamento deveria ser proferido em cinco dias (§ 8º). Por fim, estabelecia o § 9º que "quando se evidenciar, desde logo, a relevância do fundamento do pedido, e decorrendo do acto impugnado lesão grave irreparável do direito do impetrante, poderá o juiz, a requerimento do mesmo impetrante, mandar, preliminarmente sobreestar ou suspender o acto alludido".

O art. 9º da lei tratava da representação judicial das pessoas jurídicas de direito público.

Por sua vez, o art. 10 tratava dos efeitos da sentença de procedência do pedido de concessão do mandado de segurança, mandando o juiz expedir, por ofício, o inteiro teor da sentença para o representante legal da pessoa jurídica interessada (alínea *a*) e mandando expedir, como "título executório" em favor de quem o impetrou, "o mandado de segurança", determinando as providências especificadas na sentença contra a ameaça ou a violência (alínea *b*).

Contra a decisão – liminar ou final – seria cabível recurso no prazo de cinco dias, sem efeito suspensivo (art. 11). Admitia-se, ainda, recurso ordinário para a Corte Suprema (art. 12, § 2º).

Subindo os autos ao tribunal, o recurso deveria ser posto em mesa na primeira sessão subsequente (não sendo incluído em pauta de julgamento, portanto, como se faz até hoje com os *habeas corpus*), na forma do art. 12, § 2º.[13] Contra essa decisão só se admitiam embargos de declaração e recurso extraordinário (art.12, § 4º).

O art. 13 da Lei nº 191/1936 estabelecia que

> "nos casos do art. 8º, § 9º, e art. 40, poderá o Presidente da Côrte Suprema, quando se tratar de decisão da Justiça Federal, ou da Côrte de Appellação, quando se tratar de decisão da justiça local, a requerimento do representante da pessoa jurídica de direito público interno interessada, para evitar lesão grave á ordem, á saúde, segurança pública, manter a execução do acto impugnado até ao julgamento do feito, em primeira ou segunda instâncias".

O art. 14, por seu turno, tratava do poder do relator de instruir o processo nos casos de competência originária dos tribunais. Já o art. 15 tratava dos casos de urgência, admitindo a utilização de telegramas ou radiogramas para a impetração do mandado de segurança (regra que foi mantida na Lei nº 12.016/2009, mas que em pleno século XXI já não mais se justifica).

---

[13] A Lei nº 191/1936, curiosamente, tinha dois artigos 12, num evidente erro de numeração.

O art. 16 estabelecia que o processo do mandado de segurança tinha preferência sobre qualquer outro, ressalvado apenas o do *habeas corpus*, e admitia a intervenção de terceiros como assistentes. Já o art. 17 estabelecia que os prazos previstos na lei eram contínuos e improrrogáveis, fixando sanções para sua inobservância (inclusive para o caso de ser o juiz, o escrivão ou o representante do Ministério Público a não observar o prazo, caso em que poderia ser imposta uma suspensão das funções por até 60 dias).

Por fim, o art. 18 determinou a imediata entrada em vigor da lei, enquanto o art. 19 estabeleceu a revogação das disposições em contrário.

Esta brevíssima resenha permite ver que muita coisa que havia naquela primeira lei de regência do mandado de segurança foi preservada, e até hoje está presente no sistema jurídico, apesar de todas as modificações legislativas operadas.

Com o golpe do Estado Novo, e a implantação da ditadura Vargas, foi outorgada uma nova Constituição, a de 1937, que nada falava sobre o mandado de segurança. O instituto, porém, foi mantido pelo Decreto-lei nº 6, de 16 de novembro de 1937 (que extinguiu a Justiça Federal). O art. 16 e seu parágrafo único do aludido Decreto-lei estavam assim redigidos:

> "Art. 16. Continua em vigor o remédio do mandado de segurança, nos têrmos da lei n. 191 de 16 de janeiro de 1936, exceto a partir de 10 de novembro de 1937, quanto aos atos do Presidente da República e dos ministros de Estado, Governadores e Interventores.
>
> Parágrafo único. Os mandados de segurança contra atos das demais autoridades federais são, no Distrito Federal, da competência de um dos três juízes da Fazenda Pública, a que se refere o art. 9º desta lei, e, nos Estados e Territórios, dos juízes da Capital a quem couber o feito nos têrmos do art. 108 da constituição Federal."

Preservou-se, então, na íntegra, o sistema da Lei nº 191/1936, proibindo-se, por outro lado, a utilização do mandado de segurança contra atos do Presidente da República, dos Ministros de Estado, dos Governadores e Interventores praticados a partir de 10 de novembro de 1937, data da entrada em vigor da Constituição de 1937.

Sob a égide da Constituição da República de 1937 foi editado o Código de Processo Civil de 1939, o qual tinha um título para regular o procedimento do mandado de segurança (formado pelos arts. 319 a 331 do CPC de 1939). Com a entrada em vigor deste Código ficou revogada a Lei nº 191/1936.

O Código de Processo Civil de 1939 ainda falava em "direito certo e incontestável" (art. 319). E este era conceito, segundo a mais autorizada doutrina da época, de difícil definição. Como disseram dois dos mais respeitados processualistas brasileiros de todos os tempos, "na verdade, não há critério objetivo possível para conceituar-se o 'direito certo e incontestável'. É questão que depende da apreciação subjetiva do juiz. Uma vez, porém, que este, de seu estudo, conclua pela certeza do direito, deverá conceder o mandado, não obstante ser essa certeza negada ou posta em dúvida por outros. Para ele, o direito alegado é certo. Em seu espírito não deve influir a controvérsia porventura existente para, sob o pretexto dela, negar o amparo ao direito individual que lhe é solicitado".[14]

O CPC de 1939 não reproduziu a vedação contida na lei anterior a que se concedesse mandado de segurança contra atos meramente políticos. Por outro lado, expressamente proibiu a concessão de mandado de segurança quando se tratasse "de impostos ou taxas, salvo se a lei, para assegurar a cobrança, estabelecer providências restritivas da atividade profissional do contribuinte" (art. 320, IV).

Mandava o Código que, recebida a petição inicial, fosse notificada a autoridade apontada como coatora, para que prestasse informações em dez dias (art. 322, I). Seria, ainda, citada a pessoa jurídica de direito público interessada, na pessoa de seu representante judicial ou legal (art. 322, II), para contestar em dez dias (art. 322, § 2º).

No mais, era mantido o sistema anterior, sem alterações.

Com o Código de Processo Civil de 1939 em vigor, foi promulgada a Constituição da República de 1946, que tratou do mandado de segurança em seu art.141, § 24, assim redigido:

> "Para proteger direito líquido e certo não amparado por *habeas corpus*, conceder-se-á mandado de segurança, seja qual for a autoridade responsável pela ilegalidade ou abuso de poder."

Aparecia aí, pela primeira vez, a expressão "direito líquido e certo", até hoje empregada. Buscou-se, também, extremar o mandado de segurança do habeas corpus, deixando-se claro que aquele só poderia ser usado quando este não fosse cabível. A regulamentação do mandado de segurança, porém, continuava a ser a do Código de Processo Civil.

O título do Código de Processo Civil de 1939 que tratava do mandado de segurança vigorou até a entrada em vigor da Lei nº 1.533, de 31 de dezembro de 1951, cujo art. 20 revogou expressamente aquelas disposições do CPC. A Lei nº 1.533/1951 foi, durante décadas, conhecida como "Lei do Mandado de Segurança" (mesmo havendo outras leis que tratavam do tema, como é o caso da Lei nº 4.348/1964), e vigorou até a entrada em vigor da Lei nº 12.016/2009. Esta, aliás, é em grande medida uma atualização daquela, razão pela qual não faria sentido, nesta rese-

---

[14] Luiz Antônio de Andrade e Luiz Machado Guimarães, *Comentário ao Código de Processo Civil* [de 1939], v. IV, p. 335.

nha da evolução histórica do mandado de segurança, fazer-se sequer um resumo da Lei nº 1.533/1951. Seus comandos foram praticamente todos incorporados à lei que atualmente rege o processo do mandado de segurança (e o mesmo pode ser dito das outras leis que posteriormente foram editadas para tratar do tema).

Com o golpe militar de 1964, que implantou a ditadura militar no Brasil, foi logo editada uma lei para tratar de questões atinentes ao mandado de segurança. Mantida em vigor a Lei nº 1.533/1951, aprovou-se a Lei nº 4.348, de 26 de junho de 1964. Esta lei, entre outros temas, foi a responsável por incorporar ao Direito brasileiro um de seus mais funestos institutos, a *suspensão de segurança*, de que se tratará adiante. Foi, posteriormente, editada a Lei nº 5.021, de 9 de junho de 1966, para dispor sobre o pagamento de vencimentos e vantagens pecuniárias asseguradas, em sentença concessiva de mandado de segurança, a servidor público civil. Esta lei, convivendo com as outras duas, completou um sistema que revelava um verdadeiro "estatuto do mandado de segurança".

Com estes diplomas todos em vigor, veio a ser editada a Constituição da República de 1967, que tratou do mandado de segurança no art. 153, § 21, assim redigido:

> "Conceder-se-á mandado de segurança, para proteger direito individual líquido e certo não amparado por *habeas corpus*, seja qual for a autoridade responsável pela ilegalidade ou abuso de poder."

A comparação com o texto constitucional anterior permite ver que em 1967 se fez uma expressa alusão ao cabimento do mandado de segurança apenas para tutela de direitos individuais. Mas isso não pode levar o intérprete a cogitar de uma restrição criada em 1967, já que até ali jamais se cogitara de qualquer dimensão coletiva do mandado de segurança. Em 1969 foi editada a Emenda Constitucional nº 1, que foi formalmente uma nova Constituição,[15] e que reproduziu, em linhas gerais, o texto anterior, mas eliminou o adjetivo *individual*.[16]

Este regime constitucional vigorou até a redemocratização brasileira (iniciada em 1985, com o fim do regime ditatorial militar e a posse de um presidente civil, e concluída em 1988, com a promulgação da Constituição democrática que até hoje vigora). A Constituição da República de 1988 tratou do mandado de segurança em dois incisos do art. 5º, incluindo-o, como não poderia deixar de ser,

---

[15] Sobre o ponto foi expresso, na altura, José Afonso da Silva: "Teórica e tecnicamente, não se trata de emenda, mas de nova constituição. A emenda só serviu como mecanismo de outorga, uma vez que verdadeiramente se promulgou texto integralmente reformulado, a começar pela denominação que se lhe deu: *Constituição da República Federativa do Brasil*, enquanto a de 1967 se chamava apenas *Constituição do Brasil*" (José Afonso da Silva, *Curso de direito constitucional positivo*, p. 45).

[16] O que, na época, já fora observado por José de Moura Rocha, *Mandado de segurança*, p. 74.

entre os direitos fundamentais a todos assegurados. É a seguinte a redação dos incisos LXIX e LXX do art. 5º da Constituição:

> "LXIX – conceder-se-á mandado de segurança para proteger direito líquido e certo, não amparado por 'habeas-corpus' ou 'habeas-data', quando o responsável pela ilegalidade ou abuso de poder for autoridade pública ou agente de pessoa jurídica no exercício de atribuições do Poder Público;
>
> LXX – o mandado de segurança coletivo pode ser impetrado por:
>
> a) partido político com representação no Congresso Nacional;
>
> b) organização sindical, entidade de classe ou associação legalmente constituída e em funcionamento há pelo menos um ano, em defesa dos interesses de seus membros ou associados."

Surgem, aí, algumas inovações. Em primeiro lugar, o mandado de segurança passa a ser de utilização subsidiária não só ao *habeas corpus*, mas também ao *habeas data*, remédio processual implantado no sistema jurídico brasileiro pela própria Constituição da República de 1988. Além disso, a outra grande novidade, sem sombra de dúvida, é a inovadora criação do mandado de segurança coletivo, previsto no inciso LXX do art. 5º da Constituição da República.

A edição da Constituição de 1988 trouxe uma série de novos influxos à interpretação do mandado de segurança (como não poderia deixar de ser, já que a constitucionalização do Direito brasileiro foi um fenômeno que ocorreu a olhos vistos). Mas formalmente o processo do mandado de segurança continuou regido pelas mesmas leis que anteriormente o regulavam. Só em 2009 esta situação modificou-se, com a edição da Lei nº 12.016, de 7 de agosto daquele ano (em vigor desde o dia 10 de agosto de 2009, data de sua publicação). Esta lei consolida e atualiza o que já existia no Direito vigente. Não é, e isto é bom que se diga, uma lei revolucionária. Mas é uma lei que cumpre o relevante papel de consolidar uma série de conquistas importantes da doutrina e da jurisprudência, alcançadas após mais de 50 anos de aplicação da Lei nº 1.533/1951, mais de 40 anos de atuação das Leis nº 4.348/1964 e 5.021/1966 e, principalmente, mais de 20 anos de vigência da Constituição da República.

Pois é este regime, o da Lei nº 12.016/2009, que constitui o objeto central deste estudo.

§ 2º Breve notícia de Direito Comparado

Como já foi dito, o mandado de segurança é uma criação original do Direito brasileiro, com raízes profundas no Direito lusitano. Assim, pode-se dizer com tranquilidade que não existe, em nenhum outro ordenamento jurídico conhecido, um instituto que seja rigorosamente idêntico a ele. Há, porém, institutos afins. E por isso se abre, aqui, espaço para uma breve notícia a respeito de alguns deles.

E vale começar pelo direito norte-americano, onde é bastante conhecido um instituto denominado *writ of mandamus*.[17] Este já foi definido em sede doutrinária como um *writ* extraordinário, destinado a compelir um oficial governamental, um oficial de corporação ou um órgão jurisdicional a cumprir um dever não discricionário.[18]

Em importante obra do direito norte-americano pode-se ler, acerca do *mandamus*, o seguinte:[19]

> "We command. This is the name of a writ (formerly a high prerogative writ) which issues from a court of superior jurisdiction, and is directed to a private or municipal corporation, or any of its officers, or to an executive, administrative or judicial officer, or to an inferior court, commanding the performance of a particular act therein specified, and belonging to his or their public, official or ministerial duty, or directing the restoration of the complainant to rights or privileges of which he has been illegally deprived. A writ issuing from a court of competent jurisdiction, commanding an inferior tribunal, board, corporation or person to perform a purely ministerial duty imposed by law [...]."

Em vernáculo:

> "Mandamos. Este é o nome de um *writ* (anteriormente um *writ* de alta prerrogativa) que é expedido por uma corte de jurisdição superior, e é dirigido a uma corporação particular ou municipal, ou a qualquer de seus agentes, ou a um agente executivo, administrativo ou judicial, ou a uma corte inferior, determinando a realização de um ato peculiar nesse ponto especificado, e pertencente a seus deveres públicos, oficiais ou administrativos, ou dirigidos à restauração dos direitos ou privilégios do reclamante, de que ele tenha sido ilegalmente privado. Um *writ* expedido por uma corte competente, determinando a um tribunal inferior, a uma comissão, corporação ou pessoa que pratique um ato de ofício puramente administrativo imposto por lei [...]."

---

17 A afinidade é tanta que no Brasil não é raro ver-se alguém chamar o mandado de segurança de *writ of mandamus*. O Superior Tribunal de Justiça, por exemplo, ao julgar o REsp 1151873/MS, rel. Min. Laurita Vaz, j. em 13.3.2012, interposto em processo de mandado de segurança, valeu-se, na ementa, das expressões "ajuizamento do *writ*" e "impetração do *mandamus*". E este é, apenas, um de incontáveis exemplos.

18 Milton D. Green, *Basic civil procedure*, p. 272.

19 *Black's Law Dictionary*, verbete *mandamus*, p. 961.

O *mandamus* tem, realmente, muita semelhança com o mandado de segurança do Direito brasileiro. Não são, porém, o *mesmo* instituto, como talvez a alguns pareça, tanto que chamam um pelo nome do outro. Basta dizer que o *mandamus* é um remédio "drástico, a ser invocado apenas em situações extraordinárias",[20] enquanto o mandado de segurança é um mecanismo de utilização ordinária, corriqueira.

O *mandamus* do direito norte-americano não é, porém, o único instituto semelhante ao mandado de segurança de que se tem notícia. No mundo jurídico latino encontra-se, também, o *amparo*, que surgiu no México e posteriormente se espalhou por diversos ordenamentos de língua espanhola.

Surgido (com o nome de *recurso de amparo*) na *Ley Reglamentaria* de 1852, foi posteriormente disciplinado em diversos outros diplomas, até os dias de hoje, em que é objeto do art. 107 da Constituição mexicana.

Afirma o inciso I do referido art. 107 que o *juicio de amparo* se desenvolve, sempre, por iniciativa do prejudicado, assim entendido aquele que afirma ser titular de um direito ou interesse legítimo individual ou coletivo, sempre que alegue que o ato reclamado viola os direitos reconhecidos pela Constituição e com isso se afete sua esfera jurídica, seja de modo direto, seja em virtude de sua especial situação frente à ordem jurídica. Tratando-se de atos ou resoluções provenientes de tribunais (judiciais, administrativos ou do trabalho), o reclamante deverá afirmar ser titular de um direito subjetivo afetado de maneira pessoal e direta.

A sentença proferida no *juicio de amparo* mexicano, nos termos do inciso II do art. 107 da Constituição daquele país, só alcança aqueles que a tenham pedido, limitando-se a ampará-los e os proteger. Caso no processo de amparo, *pela segunda vez consecutiva*, a Suprema Corte de Justiça afirmar a inconstitucionalidade de uma lei, deverá comunicar o fato à autoridade responsável pela edição da lei (inciso II). Caso a jurisprudência dos tribunais do Poder Judiciário da Federação firme jurisprudência no sentido da inconstitucionalidade de uma lei, isto será comunicado ao órgão competente pela emissão da mesma, a fim de que supere essa inconstitucionalidade em 90 dias. Caso nada aconteça, a Suprema Corte de Justiça da Nação poderá, por oito votos no mínimo, declarar sua inconstitucionalidade de forma geral, fixando o alcance e as condições dessa declaração. Nada disso, porém, se aplica às normas tributárias.

---

[20] Como afirmou a Suprema Corte dos EUA no caso *Banker's Life & Cas. Co. v. Holland*, citado no verbete *mandamus* do *Black's Law Dictionary*, p. 961. Essa expressão foi usada, pela primeira vez, na Suprema Corte na decisão proferida em *Ex Parte Fahey*, 332 U.S. 258 (1947), sendo palavras do *Justice* Jackson, ao tratar especificamente do emprego do *mandamus* (e de outros remédios análogos) contra atos de juízes, que "*mandamus, prohibition and injunction against judges are drastic and extraordinary remedies. We do not doubt*" (<http://supreme.justia.com/cases/federal/us/332/258/case.html#259>. Acesso em: 14 abr. 2012).

Admite-se a utilização do amparo contra decisões judiciais, inclusive se transitadas em julgado (inciso III), desde que se tenham esgotado todos os recursos ordinários. Em matéria administrativa, o amparo é admissível contra atos e omissões de quaisquer autoridades, desde que esgotados todos os demais meios legais de defesa, ressalvado o caso de falta de fundamentação e o de alegação de afronta direta à Constituição, caso em que não é preciso exaurir a via administrativa (inciso IV).

Caso a autoridade não cumpra a sentença que ditou o *amparo*, mas o tenha feito justificadamente, ser-lhe-á dado prazo razoável para que o faça. Não havendo justificativa, poderá ele perder seu cargo (inciso XVI do art. 107). Não se arquivam os autos enquanto não for cumprida a decisão (inciso XVI, *in fine*), e há previsão de sanções penais para as autoridades envolvidas (inciso XVII).

Em importante sede doutrinária já se afirmou, a respeito do Direito mexicano, que

> "através do *juicio de amparo* as pessoas que se considerem afetadas por um ato de autoridade, que considerem violador das 'garantias individuais' estabelecidas no capítulo I do título primeiro da Constituição, podem impugná-lo ante o órgão competente do Poder Judicial Federal; se, para este último, o ato de autoridade impugnado infringe as garantias individuais invocadas, em sua sentença deve ordenar a não aplicação, ou desaplicação, do ato ou atos reclamados (ordem implícita na fórmula tradicional das sentenças que concedem o amparo: 'A Justiça da União ampara e protege ao queixoso contra os atos reclamados [...]')".[21]

Trata-se, pois, o *amparo* mexicano de um mecanismo de proteção de direitos constitucionalmente assegurados, o que permite afirmar que sua área de atuação é mais restrita que a do mandado de segurança. Como já se afirmou em sede doutrinária, o *juicio de amparo* exige "la existencia de una violación constitucional".[22]

Do México o *amparo* chegou ao Direito espanhol, onde foi consagrado na Constituição espanhola de 1978. Neste monumental diploma normativo contemporâneo o *amparo* está previsto no inciso 2 do art. 53, entre as garantias das liberdades e direitos fundamentais. O texto está assim redigido:

> "Cualquier ciudadano podrá recabar la tutela de las libertades y derechos reconocidos en el artículo 14 y la Sección primera del Capítulo segundo ante los Tribunales ordinarios por un procedimiento basado en los principios de preferencia y sumariedad y, en su caso, a través del recurso de

---

[21] José Ovalle Favela, *Teoría general del proceso*, p. 80-81.

[22] Arturo González Cosío, *El juicio de amparo*, p. 29.

amparo ante el Tribunal Constitucional. Este último recurso será aplicable a la objeción de conciencia reconocida en el artículo 30."

O *amparo* espanhol, como se vê, é um remédio destinado à proteção de alguns direitos constitucionalmente assegurados, aqueles considerados fundamentais. Tem, portanto, um alcance bastante mais restrito que o do mandado de segurança (e mais restrito até mesmo que o *amparo* mexicano, que não se limita a proteger os direitos fundamentais, mas vai além e tutela todos os direitos constitucionalmente assegurados).

Alguns outros poucos ordenamentos jurídicos adotaram o *amparo*, como foi o caso das Filipinas. Mais interessante, porém, é mencionar o caso argentino, em razão de sua proximidade geopolítica.

A Constituição da Argentina trata do *amparo* em seu art. 43, assim redigido:

"Art. 43. – Toda persona puede interponer acción expedita y rápida de amparo, siempre que no exista otro medio judicial más idóneo, contra todo acto u omisión de autoridades públicas o de particulares, que en forma actual o inminente lesione, restrinja, altere o amenace, con arbitrariedad o ilegalidad manifiesta, derechos y garantías reconocidos por esta Constitución, un tratado o una ley. En el caso, el juez podrá declarar la inconstitucionalidad de la norma en que se funde el acto u omisión lesiva.

Podrán interponer esta acción contra cualquier forma de discriminación y en lo relativo a los derechos que protegen al ambiente, a la competencia, al usuario y al consumidor, así como a los derechos de incidencia colectiva en general, el afectado, el defensor del pueblo y las asociaciones que propendan a esos fines, registradas conforme a la ley, la que determinará los requisitos y formas de su organización.

Toda persona podrá interponer esta acción para tomar conocimiento de los datos a ella referidos y de su finalidad, que consten en registros o bancos de datos públicos, o los privados destinados a proveer informes, y en caso de falsedad o discriminación, para exigir la supresión, rectificación, confidencialidad o actualización de aquéllos. No podrá afectarse el secreto de las fuentes de información periodística. Cuando el derecho lesionado, restringido, alterado o amenazado fuera la libertad física, o en caso de agravamiento ilegítimo en la forma o condiciones de detención, o en el de desaparición forzada de personas, la acción de hábeas corpus podrá ser interpuesta por el afectado o por cualquiera en su favor y el juez resolverá de inmediato, aun durante la vigencia del estado de sitio."

O *proceso de amparo* argentino é, como se pode ver pela leitura do texto constitucional transcrito, bastante amplo. É, porém, um remédio subsidiário, na medida em que a Constituição argentina só permite sua utilização "*siempre que no exista otro medio judicial más idóneo*".

O *amparo* é admissível "contra atos de autoridade pública e de particulares que provoquem ou ameacem, em forma positiva ou por omissão, a realização de algum direito fundamental",[23] reconhecido pela própria Constituição, por tratado ou lei.

O direito ao *amparo*, segundo o ordenamento constitucional argentino – e isto se extrai da parte final do art. 43, acima transcrito – inclui o direito ao *habeas data* e ao *habeas corpus*.

Facilmente se percebem as diferenças entre o mandado de segurança e o *amparo* argentino. Este é subsidiário, característica que não está presente no mandado de segurança. De outro lado, o *proceso de amparo* pode ser usado contra atos de particulares, o que não é admissível no caso do mandado de segurança.

Mais recentemente, surgiu no Equador um instituto que também guarda semelhanças com o mandado de segurança, a *acción de protección*, prevista no art. 88 da Constituição daquele país, que é de 1998. É a seguinte a redação do citado dispositivo:

> "Art. 88. – La acción de protección tendrá por objeto el amparo directo y eficaz de los derechos reconocidos en la Constitución, y podrá interponerse cuando exista una vulneración de derechos constitucionales, por actos u omisiones de cualquier autoridad pública no judicial; contra políticas públicas cuando supongan la privación del goce o ejercicio de los derechos constitucionales; y cuando la violación proceda de una persona particular, si la violación del derecho provoca daño grave, si presta servicios públicos impropios, si actúa por delegación o concesión, o si la persona afectada se encuentra en estado de subordinación, indefensión o discriminación."

Como se pode ver, a *acción de protección* tem por objeto o *amparo* de direitos reconhecidos constitucionalmente, que pode ser usado quando haja uma violação de tais direitos por atos ou omissões de qualquer autoridade pública não judicial. O remédio equatoriano é, pois, de utilização mais restrita do que o mandado de segurança brasileiro, já que não pode ser usado contra atos de autoridades judiciais, além de só ser adequado para proteger direitos constitucionalmente assegurados.

Dessa breve exposição se percebe, então, que não existem, no Direito Comparado, institutos que correspondam exatamente ao mandado de segurança, mas apenas alguns remédios que com ele guardam vaga semelhança. Por tal motivo é que se deve repudiar o emprego, para designar o mandado de segurança, de nomes que, na verdade, são adequados para chamar os remédios alienígenas, como *writ of mandamus* ou *amparo*.

---

[23] Osvaldo Alfredo Gozaíni, *El derecho de amparo*, p. 35.

2

Considerações Gerais

§ 3º Natureza jurídica do mandado de segurança

Qualquer exame que se pretenda fazer do mandado de segurança deve passar, necessariamente, pela determinação de sua natureza jurídica. Tal determinação é essencial até mesmo para que se possa verificar a que ramo (ou ramos) da ciência jurídica deve caber seu estudo. Afinal, é comum ver-se o mandado de segurança sendo analisado por estudiosos de três diferentes áreas do Direito: o Direito Constitucional, o Direito Administrativo e o Direito Processual, fenômeno que não é dos mais frequentes, já que a maioria dos fenômenos jurídicos tem seu estudo realizado por um só ramo do Direito.

Entre os constitucionalistas, há quem afirme que o mandado de segurança seria uma "ação constitucional".[1] Há, também, quem afirme ser o mandado de segurança um "instrumento de defesa de direitos fundamentais".[2]

Importante constitucionalista do Rio de Janeiro faz alusão ao fato de que o mandado de segurança deve ser examinado em dúplice perspectiva, constitucional e processual. Segundo ele, sob o aspecto constitucional o mandado de segurança teria a natureza de um "remédio constitucional", enquanto sob o aspecto processual seria ele uma "ação cível".[3]

O maior nome do Direito Administrativo brasileiro de todas as épocas, em livro clássico dedicado ao estudo do mandado de segurança, dedicou ao tema um

---

[1] José Afonso da Silva, *Curso de direito constitucional positivo*, p. 420.

[2] Manoel Gonçalves Ferreira Filho, *Curso de direito constitucional*, p. 271.

[3] Guilherme Peña de Moraes, *Curso de direito constitucional*, p. 649.

capítulo intitulado "Natureza processual", no qual sustentou que o mandado de segurança é "ação civil de rito sumário especial".[4]

Outro grande e saudoso nome do Direito Administrativo brasileiro, de sua vez, afirmou que o mandado de segurança é um "remédio constitucional".[5]

Entre processualistas, há quem diga que "o mandado de segurança é uma ação judiciária, que se distingue das demais pela índole do direito que se visa a tutelar".[6] Há, também, quem simplesmente o inclua entre as "ações de cognição".[7] Na doutrina mais moderna houve quem sustentasse que "o mandado de segurança é uma ação civil que constitui uma garantia constitucional individual e coletiva para a tutela dos direitos fundamentais relativo às liberdades públicas albergados pelo art. 5º da CF/88".[8] Há, também, quem diga ser o mandado de segurança simplesmente uma "ação civil".[9]

Vê-se, pois, que de um modo geral (e com raras exceções) a determinação da natureza jurídica do mandado de segurança é feita pelos juristas a partir do ramo do Direito a que cada um deles se tenha dedicado. Esta não me parece, porém, a solução mais adequada. O mandado de segurança, como percebeu Guilherme Peña de Moraes em trecho anteriormente citado, tem natureza dúplice, e deve ser estudado sob dois diferentes pontos de vista: o constitucional e o processual.[10]

É preciso perceber que a determinação da natureza jurídica de um instituto qualquer (e com o mandado de segurança não é diferente) se faz através da inclusão de tal instituto em alguma categoria jurídica, mais ampla, na qual ele será inserido ao lado de outros institutos com os quais aquele tenha características comuns. Em outras palavras, determinar a natureza jurídica de um instituto nada mais é do que *classificá-lo* juridicamente. Assim, por exemplo, pode-se dizer que a doação tem natureza de contrato, ou que a apelação tem natureza de recurso, ou ainda que a taxa tem natureza de tributo.

Ocorre que um mesmo fenômeno pode ser classificado de maneiras diversas, segundo critérios classificatórios distintos. Assim, por exemplo, pode-se dizer que o número três é ímpar (quando o critério classificatório é o que busca saber se o número é ou não divisível por dois, classificando-o como *par* ou ímpar), mas

---

[4] Hely Lopes Meirelles, *Mandado de segurança*, p. 31.

[5] Lucia Valle Figueiredo, *Mandado de segurança*, p. 13.

[6] Alfredo Buzaid, *Do mandado de segurança*, p. 74.

[7] Celso Agrícola Barbi, *Do mandado de segurança*, p. 44.

[8] José Miguel Garcia Medina e Fábio Caldas de Araújo, *Mandado de segurança individual e coletivo*, p. 20-21.

[9] Mantovanni Colares Cavalcante, *Mandado de segurança*, p. 29.

[10] Outros juristas perceberam essa necessidade de duplo exame do mandado de segurança. Assim, por exemplo, Bruno Garcia Redondo, Guilherme Peres de Oliveira e Ronaldo Cramer, *Mandado de segurança*, p. 32.

também se pode dizer que o número três é *primo* (quando o critério classificatório é o número de divisores, já que primos são os números divisíveis por si mesmos e por um, e não primos os que têm outros divisores além destes). Para critérios classificatórios distintos, classificações distintas. E ambas, evidentemente, são cientificamente válidas.

Pois assim é, também, com o Direito e com os fenômenos jurídicos. Pode-se afirmar que a apelação é um recurso, mas também se pode dizer que a apelação é um ato processual. É possível afirmar que o homicídio é um crime contra a vida, mas também se pode dizer que é um ilícito civil. Ter uma natureza não exclui que o fenômeno jurídico tenha, também, a outra. Fundamental é que o jurista estabeleça qual critério – ou quais critérios – empregará para classificar o fenômeno e, assim, será possível determinar a natureza (ou as naturezas) que o instituto tem para o Direito.

Pois o mandado de segurança deve, para o Direito Constitucional, ser examinado por um viés, e por outro pelo Direito Processual Público.

Como visto, os constitucionalistas brasileiros têm afirmado que o mandado de segurança é um "instrumento de defesa de direitos fundamentais".[11] Essa afirmação, porém, é – a meu juízo – incompleta, e acaba por apequenar o mandado de segurança, equiparando-o ao *juicio de amparo* mexicano, cujo cabimento, como se pôde ver em passagem anterior deste trabalho, é mais restrito do que o do mandado de segurança.

É que o mandado de segurança não é cabível apenas para a tutela de direitos fundamentais. Também direitos que não se enquadram entre aqueles reconhecidos como direitos fundamentais podem ser tutelados pela via do mandado de segurança. Basta pensar, por exemplo, no cabimento – admitido sem qualquer discussão – de mandado de segurança para impugnar o ato do juiz que determina o protesto contra alienação de bens.[12]

O mandado de segurança é, sim, uma garantia de direitos fundamentais. Mas não é só isso. Ele é um instrumento de garantia de direitos (fundamentais, inclusive). Mas isso, com todas as vênias, não permite afirmar sua natureza jurídica sob o prisma constitucional.

Sob o ângulo constitucional, o que é preciso perceber é que existe o *direito fundamental ao mandado de segurança*. Ou, dito de outro modo, o mandado de segurança é, ele próprio, um direito fundamental.

---

[11]   Mais uma vez, Manoel Gonçalves Ferreira Filho, *Curso de direito constitucional*, p. 271.

[12]   STJ, REsp 737345/MT, rel. Min. Sidnei Beneti, j. em 15.12.2009, em cuja ementa se lê o seguinte: "A jurisprudência desta Corte autoriza o manejo de mandado de segurança contra a decisão que defere protesto contra a alienação de bens, tendo em vista a ausência de recurso específico."

Para poder prosseguir, impõe-se esclarecer, aqui, que me valho, sobre os direitos fundamentais, da lição sempre lúcida de Ingo Sarlet, para quem "o termo 'direitos fundamentais' se aplica para aqueles direitos do ser humano reconhecidos e positivados na esfera do direito constitucional positivo de determinado Estado",[13] o que permite a inclusão em tal categoria do Direito ao mandado de segurança, dada sua inclusão no art. 5º, LXIX e LXX da Constituição da República. Ademais, sempre vale a pena trazer à colação a lição de um dos maiores constitucionalistas de língua portuguesa:[14]

> "Tal como são um elemento constitutivo do estado de direito, os direitos fundamentais são um elemento básico para a realização do princípio democrático. Mais concretamente: *os direitos fundamentais têm uma função democrática* dado que o exercício democrático do poder: (1) significa a contribuição de *todos* os cidadãos para o seu exercício (princípio-direito da igualdade e da participação política); (2) implica participação *livre* assente em importantes garantias para a liberdade desse exercício (o direito de associação, de formação de partidos, de liberdade de expressão, são, por ex., direitos constitutivos do próprio princípio democrático); (3) coenvolve a abertura do processo político no sentido da criação de direitos sociais, económicos e culturais, constitutivos de uma democracia económica, social e cultural. Realce-se esta dinâmica dialéctica entre os direitos fundamentais e o princípio democrático. Ao pressupor a participação igual dos cidadãos, o princípio democrático entrelaça-se com os direitos subjectivos de *participação* e *associação*, que se tornam, assim, como *direitos subjectivos de liberdade*, criam um espaço pessoal contra o exercício de poder antidemocrático, e como direitos legitimadores de um domínio democrático asseguram o exercício da democracia mediante a exigência de *garantias de organização* e de *processos* com transparência democrática (princípio maioritário, publicidade crítica, direito eleitoral). Por fim, como direitos subjectivos a *prestações sociais, económicas e culturais*, os direitos fundamentais constituem dimensões impositivas para o *preenchimento intrínseco*, através do legislador democrático, desses direitos."

Vê-se, da lição citada, que os direitos fundamentais estão diretamente ligados ao princípio democrático, já que se destinam (também) a servir de espaço contra o exercício antidemocrático de poder. Pois é perfeitamente possível afirmar que o mandado de segurança exerce esta função. Afinal, como sabido, no Estado Democrático o exercício do poder pelos agentes estatais deve, sempre, estar revesti-

---

[13] Ingo Wolfgang Sarlet, *A eficácia dos direitos fundamentais*, p. 35-36.

[14] J. J. Gomes Canotilho, *Direito constitucional e teoria da Constituição*, p. 280-281.

do de legalidade e legitimidade.[15] O mandado de segurança, como se vê do texto constitucional, é uma garantia contra ilegalidades (aqui compreendido o abuso de poder) cometidas por agentes públicos contra direitos subjetivos. Ora, se através do mandado de segurança se consegue exercer o controle de atos de poder, assegurando-se que tais atos estejam revestidos de legalidade, fica fácil perceber a "dinâmica dialética" entre o mandado de segurança e o princípio democrático, para reproduzir a expressão anteriormente citada de Canotilho.

E isso que até aqui se disse permite compreender por que o mandado de segurança é um direito fundamental *brasileiro* (já que, como visto, direitos fundamentais são aqueles positivados na órbita de um determinado Estado), e só brasileiro. É que o mandado de segurança é o resultado de uma longa evolução cultural desenvolvida apenas no Brasil. O manejo das demandas possessórias e o emprego da teoria brasileira do *habeas corpus* para proteção de direitos subjetivos contra as ilegalidades cometidas pelos agentes públicos no exercício de suas funções permitiu que, no Brasil, surgisse um importante mecanismo de proteção do Estado Democrático, cujo caráter fundamental acabou por ser reconhecido. O direito ao mandado de segurança inserir-se entre os direitos fundamentais positivados pela Constituição da República brasileira é, pois, o resultado natural da evolução histórica e cultural da sociedade brasileira.

Até aqui, porém, tratou-se do mandado de segurança sob a ótica do Direito Constitucional e, portanto, só se cogitou do direito fundamental ao mandado de segurança. Há, porém, um viés processual que não pode ser desconsiderado. Existe uma *natureza processual* do mandado de segurança. Dela se passa a tratar.

Aquele que vai a juízo em busca da concessão de um mandado de segurança dá início a um processo de conhecimento.[16] Neste processo de conhecimento observar-se-á um procedimento que não é idêntico ao procedimento comum, o padrão estabelecido pelo vigente Código de Processo Civil e, portanto, qualifica-se como *procedimento especial*.

Vai, aqui, uma diferença entre o que sustento e o que normalmente se vê afirmado na doutrina do Direito Processual. A maioria dos processualistas afirma que o mandado de segurança é uma "ação".[17] Assim, porém, e com todas as vênias, não me parece. Explico por quê.

---

[15] Como ensina respeitado estudioso da teoria geral do Estado, "a legalidade analisada em termos singelos (e cientificamente incorreta) pode passar uma noção de arbítrio. Por tal razão, a ciência política estuda a legitimidade. Ela em uma palavra significa o valor intrínseco da lei, os níveis ou graus de consentimento alcançados por uma dada ordem jurídica" (Marcelo Figueiredo, *Teoria geral do Estado*, p. 95).

[16] José Carlos Barbosa Moreira, Mandado de segurança – uma apresentação, *in* José Carlos Barbosa Moreira, *Temas de direito processual* – sexta série, p. 207.

[17] Desnecessário alongar citações sobre o ponto. Por todos, Celso Agrícola Barbi, *Do mandado de segurança*, p. 44, para quem o mandado de segurança é "ação de cognição".

Ação (em direito processual), a meu juízo, só existe uma. Este é o nome que se dá, no Direito Processual,[18] ao poder jurídico de exigir do Estado-juiz que exerça sua função jurisdicional, ocupando posições jurídicas ativas ao longo de todo o processo. Sempre sustentei que a ação é insuscetível de classificações cientificamente válidas, devendo-se reconhecer que é ela *una*.[19] Ora, se é una a ação, não posso admitir que exista uma "ação de mandado de segurança". O que acontece é que, no direito brasileiro, usualmente se fala em "ação" quando se quer fazer alusão a um procedimento especial. Assim é, por exemplo, quando se quer tratar do procedimento monitório (e se fala em "ação monitória"), ou quando se quer fazer alusão ao procedimento para obtenção de despejo (e se usa a expressão "ação de despejo"). Muitos outros exemplos poderiam ser aqui lembrados, todos de procedimentos especiais impropriamente chamados de "ações" ("ação de reintegração de posse", "ação de demarcação de terras", "ação de prestação de contas", "ação de consignação em pagamento" etc.). O que se tem aí, porém, são *procedimentos especiais*, já que são procedimentos distintos do comum (isto é, do procedimento padrão estabelecido pela lei processual comum). Sobre o ponto, referindo-se à terminologia empregada pelo Código de Processo Civil de 1973, vale transcrever a lição de eminente processualista:[20]

> "Ao nomear o Livro IV e seus dois Títulos, o Código utilizou, adequadamente, a nomenclatura 'procedimentos especiais'. Mas ao dar denominação a cada um dos procedimentos, em relação a muitos deles o legislador deixou-se levar pela antiga praxe de tratá-los como 'ações especiais'. Essa impropriedade terminológica, num Código moderno como o nosso, poderia, perfeitamente, ter sido evitada.
>
> Na verdade, sendo una a jurisdição, como poder do Estado, uno também deve ser o direito de a ela se recorrer. O que variam são apenas as formas de exercitar esse mesmo direito, conforme a diversidade dos atos reclamados para adequar a forma à substância do direito subjetivo litigioso.
>
> O uso de expressões como 'ação de consignação em pagamento', 'ação de depósito' etc. denotam apenas reminiscências do anacrônico e superado conceito civilístico de ação, segundo o qual a cada direito material corresponderia uma ação para protegê-lo na eventualidade de sua violação. Na verdade, porém, o que hoje se admite são procedimentos variados para deduzir pretensões relativas a certos direitos materiais, pelo que o correto

---

[18] Friso que só existe uma ação em direito processual por existirem outros fenômenos jurídicos, em outras áreas da ciência do Direito, que também recebem este nome. Basta pensar na "ação" de uma sociedade anônima (o título representativo de uma fração do capital social da companhia).

[19] Alexandre Freitas Câmara, *Lições de direito processual civil*, v. 1, p. 157. Sustentam não se poder fazer uma classificação abstrata da ação Satta e Punzi, *Diritto processuale civile*, p. 149.

[20] Humberto Theodoro Júnior, *Curso de direito processual civil*, v. III, p. 3.

seria dizer 'procedimento especial da consignação em pagamento', 'procedimento do depósito', 'procedimento da prestação de contas' etc. em lugar de 'ação de consignação em pagamento', 'ação de depósito', ação de prestação de contas' etc."

Pois o que se tem no sistema processual brasileiro é o seguinte: reconhecido, no plano constitucional, o direito (fundamental) ao mandado de segurança, criou-se, no plano processual, um procedimento especial do processo de conhecimento para sua obtenção. E a este procedimento especial deu-se o mesmo nome de seu objeto: mandado de segurança.

Assim, do ponto de vista do direito processual público, mandado de segurança é um procedimento especial do processo de conhecimento.

Pois do que até aqui foi visto extrai-se uma importante conclusão: quando se fala de mandado de segurança há, na verdade, que se fazer a distinção entre duas figuras, cabendo o estudo de uma delas ao Direito Constitucional e o da outra ao Direito Processual Público. Refiro-me ao *direito ao mandado de segurança* e ao *procedimento especial do mandado de segurança*.

Essa distinção fica mais clara quando se retorna, agora, à leitura do inciso LXIX do art. 5º da Constituição da República. Estabelece esse dispositivo que "se concederá" mandado de segurança para proteger direito líquido e certo não amparável por *habeas corpus* ou *habeas data* que tenha sido – ou esteja na iminência de ser – violado por ato ilegal ou abusivo de autoridade pública (ou de quem exerça função pública). Vê-se, pois, que o mandado de segurança é algo que se *concede* a quem tenha uma posição jurídica violada ou ameaçada. Em outras palavras: o titular do direito líquido e certo violado ou ameaçado de violação por ato ilegal ou abusivo de autoridade pública (ou de quem exerça função pública) tem o *direito*, constitucionalmente assegurado, a que lhe seja *concedido* um mandado de segurança. Este é o direito fundamental ao mandado de segurança.

Pois o direito fundamental ao mandado de segurança é um *direito material*, subjetivo, a que corresponde um dever jurídico do Estado (o dever de *conceder o mandado de segurança*).

Com esta posição jurídica de vantagem não se confunde o *procedimento especial*, criado pela lei processual, para concessão do mandado de segurança. Este é o fenômeno processual. Ao direito processual público cabe o estudo do procedimento (e demais aspectos processuais), mas não lhe cabe analisar o *direito material ao mandado de segurança*. Este é tema de Direito Constitucional (com o apoio de outros ramos do Direito Público, como o Direito Administrativo e o Direito Tributário, entre outros). Ao Direito Processual Público cabe, tão somente, o exame da via processual adequada para a *concessão do mandado de segurança*, via processual esta que, num claro caso de homonímia, também recebeu do ordenamento jurídico o nome de "mandado de segurança".

Em síntese: ao Direito Constitucional cabe estudar o *direito material* ao mandado de segurança, o qual tem natureza jurídica de direito fundamental; ao Direito Processual incumbe o estudo do procedimento especial do mandado de segurança, cuja natureza, perdoe-se a obviedade, é de procedimento especial do processo de conhecimento.

É preciso, então, ter claro que para o Direito Processual o mandado de segurança é um mecanismo de prestação de *tutela jurisdicional diferenciada*, isto é, um meio de "proteção jurídica e prática outorgada pelo Estado-juiz, resultante da utilização de procedimentos especiais previstos no ordenamento processual, em que a celeridade e a efetividade da prestação jurisdicional decorrem da limitação da cognição".[21]

§ 4º Mandado de segurança individual e coletivo

Até 1988 o mandado de segurança só era admitido em sua dimensão individual, isto é, para tutela de interesses individuais. Foi a Constituição da República de 1988 que ampliou seu cabimento e passou a admiti-lo em uma nova dimensão, a coletiva. Isso se deu por força da norma veiculada pelo inciso LXX do art. 5º da Lei Maior, o qual se limita a dizer quem pode impetrar mandado de segurança coletivo.

Não é este o momento adequado para fazer-se um estudo aprofundado do mandado de segurança coletivo, o que se dará em passagem posterior deste trabalho. Não se pode, porém, deixar de registrar, neste momento, que o mandado de segurança coletivo não é uma figura jurídica distinta do mandado de segurança individual. Trata-se, na verdade, do mesmo mandado de segurança, mas ampliado para tutelar posições jurídicas de vantagem transindividuais. Como disse saudoso jurista:[22]

> "Não se cuida, cumpre de logo dizer e fundamentar, de uma *nova* garantia constitucional. Estamos diante do velho mandado de segurança, ampliado em termos de legitimação para sua propositura, dessa legitimação nova resultando repercussões sobre a estrutura do procedimento e sobre a decisão de mérito nele proferida."

A ampliação do mandado de segurança, que passou, com a Constituição da República de 1988, a ter esta dimensão coletiva, foi fruto de uma tendência do Direito Processual contemporâneo, a coletivização da tutela jurisdicional. Já antes da Constituição da República de 1988 a doutrina brasileira mais autorizada

---

[21]   Ricardo de Barros Leonel, *Tutela jurisdicional diferenciada*, p. 25.

[22]   J. J. Calmon de Passos, *Mandado de segurança coletivo, mandado de injunção, habeas data – Constituição e processo*, p. 7.

reconhecia uma tendência do Direito Processual a migrar "do individual ao social", afirmando ser manifestação dessa tendência uma abertura (ou alargamento) "dos canais utilizáveis para dar vazão às crescentes necessidades de tutela dos 'interesses coletivos' ou 'difusos', como tais designados, aqui, os interesses que se caracterizam, do ponto de vista subjetivo, por uma pluralidade de titulares em número indeterminado (e, ao menos para fins práticos, indeterminável) e, ao ângulo objetivo, pela indivisibilidade do objeto".[23]

Essa tendência era, na verdade, reconhecida em termos internacionais, já que naquela altura a doutrina mais avançada já afirmava a necessidade de criação de mecanismos de proteção de interesses transindividuais para que se pudesse ter um sistema processual mais efetivo. A tutela de interesses transindividuais representa, como sabido, a segunda onda de renovação do direito processual (depois da primeira, que consistiu em assegurar o acesso ao Judiciário para aqueles que não têm condições econômicas de arcar com o custo do processo). Sobre esta segunda onda, vale reproduzir as palavras dos maiores estudiosos do tema:[24]

> "By focusing explicitly on diffuse interests, it should be noted, this second wave of reform has increasingly forced a rethinking of very basic traditional notions of civil procedure and the role of the courts. Indeed, a real 'revolution' in civil procedure is taking place."

Pois em função deste repensar das noções tradicionais do direito processual é que a Constituição da República de 1988, consolidando uma tendência que no Brasil se inaugurara na década de 1960 (com a edição da Lei nº 4.717/1965, responsável por regular a "ação popular"), ampliou o direito fundamental ao mandado de segurança, dando-lhe também essa dimensão transindividual que ele antes não tinha.

Passou a existir, assim, um direito fundamental transindividual ao mandado de segurança (que a Constituição da República denomina "mandado de segurança coletivo"), a que corresponde um procedimento especial adequado para sua concessão (também chamado "mandado de segurança coletivo"). Aquele primeiro, que tem natureza substancial, verdadeiro direito fundamental coletivo, é objeto de estudo do Direito Constitucional (auxiliado por outras áreas do Direito Público). Este segundo é objeto da análise do Direito Processual.

---

[23] José Carlos Barbosa Moreira, Tendências contemporâneas do direito processual civil, *in* José Carlos Barbosa Moreira, *Temas de direito processual* – terceira série, p. 6 e seguintes, esp. p. 9-10.

[24] Mauro Cappelletti e Bryant Garth, General report, *in* Mauro Cappelletti (Org.). *Access to justice* – a world survey, v. I, book 1, p. 35. Em vernáculo, em tradução livre, o trecho diz o seguinte: "Focando explicitamente nos interesses difusos, pode-se notar, esta segunda onda de reformas forçou, mais e mais, um repensar de noções tradicionais muito básicas de processo civil e do papel dos tribunais. Verdadeiramente, está tendo lugar uma 'revolução' real no processo civil."

§ 5º O modelo constitucional de processo e o mandado de segurança

O Direito Processual moderno é estruturado a partir de um modelo construído pela Constituição. É a esta que incumbe exercer a função de fixar os parâmetros mínimos a serem observados em todos os processos, o que se faz pelo estabelecimento, em sede constitucional, de um conjunto de princípios que regem todo o sistema processual. Fala-se, pois, em respeitada sede doutrinária, de um *modelo constitucional de processo*.[25]

Importante processualista brasileiro, ao tratar do tema, assim se pronunciou:[26]

> "Para tratar de 'direito processual civil' é insuficiente referir-se ao 'Código de Processo Civil'. Se é que isto já foi válido alguma vez em tempos idos, o que é certo, absolutamente certo, é que o 'direito processual civil' como, de resto, todos os outros ramos e disciplinas jurídicas está inserido em um *contexto* bem mais amplo, que é o da Constituição Federal. Não há como, para ir direto ao ponto, tratar de 'direito', de 'qualquer direito', sem que se volte os olhos em primeiro lugar para a Constituição. Até porque, e isto é uma especial verdade para o direito positivo brasileiro, uma mera leitura que se faça de um índice da nossa Constituição revelará que ela regula uma gama absolutamente fantástica de assuntos, quase tudo, a bem da verdade.

> Evitando desvios de toda a ordem, o que releva afirmar e fixar como premissa metodológica fundamental para se tratar de qualquer assunto de direito processual civil é que os dispositivos do Código de Processo Civil ou da legislação processual civil extravagante como um todo não bastam por si sós. Não estão 'soltos'. Mais ainda: é insuficiente para a tão conhecida e festejada 'interpretação sistemática do direito' compararem-se alguns poucos textos de lei com outros textos da mesma ou de outra lei para estabelecer, entre eles, uma aparente ordem de 'regra geral' para 'regra específica' ou de 'regra geral' para 'regra excepcional'. Mais importante do que tudo isto e que deve ser posto em primeiro lugar, inclusive em ordem de pensamento, é verificar em que medida a Constituição Federal *quer* que o direito processual civil seja.

> É verificar, na Constituição Federal, qual é (ou, mais propriamente, qual *deve ser*) o 'modo de ser' (de *dever-ser*) do direito processual civil como um

---

[25] A expressão surgiu, pioneiramente, na obra de Italo Andolina e Giuseppe Vignera, *Il modello costituzionale del processo civile italiano*, *passim*. Os autores dizem, expressamente, que "as normas e os princípios constitucionais referentes ao exercício da função jurisdicional, se considerados em sua complexidade, permitem ao intérprete desenhar um verdadeiro e próprio esquema geral de processo, suscetível de formar o objeto de uma exposição unitária" (ob. cit., p. 13).

[26] Cassio Scarpinella Bueno, *Curso sistematizado de direito processual civil*, v. 1, p. 83-84.

todo. É extrair, da Constituição Federal, o 'modelo constitucional do direito processual civil' e, a partir dele, verificar em que medida as disposições legais anteriores à sua entrada em vigência foram por ela recepcionadas e em que medida as disposições normativas baixadas desde então encontram-se em plena consonância com aqueles valores ou, escrito de forma mais precisa, bem realizam os desideratos que a Constituição impõe sejam realizados pelo direito processual civil ou que têm condições de *concretizar* o modelo constitucional do direito processual civil. É verificar, em suma, de que maneira o legislador e o magistrado – aqueles que de uma forma ou de outra atuam no processo –, cada um desempenhando seu próprio mister institucional, têm que conceber, interpretar e aplicar as leis para realizar adequadamente o modelo constitucional do direito processual civil."

A Constituição da República cria, pois, um *modelo constitucional de processo*, isto é, ela fixa as diretrizes do *dever-ser* do processo brasileiro. Os princípios constitucionais do processo estabelecem o modo como o processo *deve ser*. Consequência disso é que todas as normas processuais infraconstitucionais precisam ser interpretadas à luz dos princípios constitucionais, os quais funcionam como verdadeiros *vetores hermenêuticos*.

Isto porque, como sabido, uma das funções exercidas pelos princípios é a função interpretativa. E nas palavras de importante estudioso do tema,

> "através da *função interpretativa*, os princípios cumprem o papel de orientarem as soluções jurídicas a serem processadas diante dos casos submetidos à apreciação do intérprete. São verdadeiros vetores de sentido jurídico às demais normas, em face dos fatos e atos que exijam compreensão normativa. Assim, cumprem função orientadora do trabalho interpretativo, através dos núcleos de sentido deduzíveis dos princípios jurídicos".[27]

Significa isso dizer, então, que todo o sistema processual infraconstitucional – e isso inclui o mandado de segurança, evidentemente – deve ser interpretado e aplicado a partir dos princípios constitucionais do processo.[28]

O processo destinado à concessão do mandado de segurança, então, deve seguir o padrão conhecido como *devido processo legal*. Dito de outro modo, deve haver um *justo processo* de concessão do mandado de segurança. Além disso, tal processo deve ser isonômico; tem de se desenvolver perante seu juiz natural; deve ser um mecanismo capaz de assegurar pleno acesso à jurisdição; desenvolver-se em contraditório; suas decisões devem ser fundamentadas e seu resultado tem

---

[27] Ruy Samuel Espíndola, *Conceito de princípios constitucionais*, p. 68.

[28] Não é esta a sede adequada para um exame aprofundado dos princípios constitucionais do processo. Pede-se vênia, então, para remeter o leitor interessado ao que sobre o tema expus em outra obra: Alexandre Freitas Câmara, *Lições de direito processual civil*, v. 1, p. 41-69.

de ser alcançado em tempo razoável. Assim, ter-se-á observado o modelo constitucional de processo em sede de mandado de segurança. Ou, se se preferir, ter-se-á observado o *modelo constitucional do processo de mandado de segurança*.[29]

§ 6º A Lei nº 12.016/2009 e a aplicação subsidiária do Código de Processo Civil

Além da Constituição da República, que institui o modo como qualquer processo – inclusive o processo do mandado de segurança – *deve ser*, também exerce importante papel na compreensão do sistema processual do mandado de segurança o Código de Processo Civil. Isso se diz porque o Código de Processo Civil é subsidiariamente aplicável à Lei nº 12.016/2009, que é a lei de regência do processo do mandado de segurança.

Esta afirmação, tão simples – e a meu ver tão evidente – não é, porém, de aceitação pacífica, e tem gerado muitos problemas na aplicação prática do mandado de segurança, como se pode ver por um exame da jurisprudência. É preciso, pois, que se faça uma análise mais acurada desse ponto.

Toda a controvérsia decorre do fato de que a Lei nº 12.016/2009, que rege o processo do mandado de segurança, não disciplina todos os aspectos e detalhes do andamento desse processo. Não há, por exemplo, na referida lei, qualquer disposição acerca da necessidade de se indicar, na petição inicial, o valor da causa. Como deve, então, ser interpretado esse silêncio da lei? Aplica-se subsidiariamente o Código de Processo Civil, e se exige a indicação do valor da causa na petição inicial? Ou se considera que o Código de Processo Civil não é aplicável, e se considera, por conseguinte, que a petição inicial do mandado de segurança não deve trazer a indicação do valor da causa?

Muitos outros pontos podem ser trazidos à colação, numa enumeração daquilo sobre o que a Lei nº 12.016/2009 é omissa. Cabem embargos de declaração no processo do mandado de segurança? Qual o prazo para emendar a petição inicial no caso de esta não preencher todos os seus requisitos? É admissível a intervenção de assistentes? A lista de questões processuais cuja solução depende, no processo

---

[29] Fala na necessidade de se observar o modelo constitucional para o mandado de segurança, como não poderia deixar de ser, Cassio Scarpinella Bueno, *A nova lei do mandado de segurança*, p. 19. Em livro que tive a honra de prefaciar, Bruno Garcia Redondo, Guilherme Peres de Oliveira e Ronaldo Cramer escreveram um item chamado, exatamente, O modelo constitucional do mandado de segurança (*Mandado de segurança*, p. 30-31). Neste item, dizem os ilustres processualistas que "todas as disposições legais do mandado de segurança que, porventura, contrariem normas (princípios ou regras) constitucionais, deverão ser desconsideradas ou, pelo menos, interpretadas conforme a Constituição" (ob. cit., p. 30).

do mandado de segurança, de se definir se o Código de Processo Civil é ou não subsidiariamente aplicável à Lei nº 12.016/2009 é imensa.

Em respeitada sede doutrinária, já houve quem tenha afirmado que o CPC é "aplicável na tramitação da segurança em tudo aquilo que não conflitar com as prescrições de sua lei especial, nem contrariar a índole do *mandamus*".[30]

Sobre o ponto é incomparável a lição de José Carlos Barbosa Moreira:[31]

> "É impossível, é absolutamente impossível processar um mandado de segurança utilizando exclusivamente as normas constantes da legislação especial. O que isso significa? Significa aquilo mesmo que, obviamente, significa em qualquer situação parecida com essa, em qualquer situação desse gênero. Significa que as questões não previstas, não reguladas expressamente na legislação específica, devem ser resolvidas à luz da legislação comum. E qual é a legislação comum em matéria processual? Parece-me que é, fundamentalmente, constituída pelo Código de Processo Civil. É claro que poderá haver situações nas quais, embora não encontremos na lei específica uma previsão expressa, categórica, podemos, contudo, inferir da sua sistemática que, num ponto ou noutro, o processamento do mandado de segurança não deve obedecer às regras contidas no Código de Processo Civil. Isto é, os casos em que o Código não se aplica não serão apenas aqueles em que haja disposição expressa e específica na legislação pertinente ao mandado de segurança, mas também aqueles outros que, do ponto de vista sistemático, ofereçam porventura características que nos autorizem a concluir a incompatibilidade entre a norma comum, isto é, a norma contida no Código de Processo Civil, e alguma nota essencial ao instituto do mandado de segurança.
>
> Feita essa concessão, continua sendo verdade o essencial, com as ressalvas já formuladas: a disciplina do mandado de segurança, quando não se contenha na legislação especial, é necessariamente complementada pelas normas constantes do direito processual comum, isto é, em outras palavras, pelas normas constantes do Código de Processo Civil."

A matéria, porém, sempre gerou controvérsia. Basta ver que o Superior Tribunal de Justiça, no julgamento do REsp nº 9.206/AM, proferiu decisão em cuja ementa se lê, textualmente, que "o Código de Processo Civil não é subsidiário ao procedimento do mandado de segurança, a este se aplicando, como proposições basilares e diretoras, os princípios gerais do processo civil".[32]

---

[30] Hely Lopes Meirelles, *Mandado de segurança*, p. 121-122.

[31] Barbosa Moreira, Mandado de segurança – uma apresentação, p. 205.

[32] STJ, REsp 9.206/AM, rel. Min. Demócrito Reinaldo, j. em 16.12.1992.

Não é este o local adequado para se enfrentar individualizadamente cada uma das questões decorrentes das omissões da Lei nº 12.016/2009. Não se deve, ainda, neste ponto da exposição, discutir, por exemplo, se o reexame necessário a que se submete a sentença concessiva de mandado de segurança está ou não subordinado às limitações estabelecidas pelo § 2º do art. 475 do Código de Processo Civil. Essas questões pontuais devem ser enfrentadas em sedes próprias, ao longo deste trabalho. Aqui se buscará, tão somente, enfrentar esta questão mais geral: o Código de Processo Civil é ou não subsidiariamente aplicável à Lei nº 12.016/2009? Em caso positivo, em que medida? E em caso negativo, como se resolvem as omissões da lei?

É preciso ter claro que essa discussão surgiu, originariamente, no Supremo Tribunal Federal, logo após a edição da Lei nº 1.533/1951, que tratou do processo do mandado de segurança, revogando expressamente os dispositivos do Código de Processo Civil de 1939 que tratavam especificamente desse procedimento especial (art. 20 da Lei nº 1.533/1951).[33] Pois foi diante dessa revogação que, no Pretório Excelso, tendo em vista o fato de que a Lei nº 1.533/1951 nada dispunha acerca da responsabilidade por honorários advocatícios no processo do mandado de segurança, decidiu-se, pela primeira vez, pelo não cabimento da condenação do vencido ao pagamento dos "honorários de sucumbência".[34] Nessa decisão, o Supremo Tribunal Federal deixou estatuído que apenas seriam aplicáveis ao processo do mandado de segurança as normas do Código de Processo Civil expressamente previstas pela Lei nº 1.533/1951, o que decorreria da redação dos arts. 19 e 20 dessa lei.

Nesse julgamento, porém, a matéria foi objeto de bastante divergência. Votou pelo não cabimento da condenação em honorários o Min. Eloy da Rocha. Dele divergiu, porém, o Min. Aliomar Baleeiro, cujo voto tem trecho que vale a pena, aqui, transcrever:

> "[...] não obstante a penúltima disposição da Lei 1.533/51 mandando observar-se certos artigos do Código de Processo, parece estar implícito que aquelas demais disposições de caráter geral do Código de Processo, que regulam de apresentar petição, representação das partes, a maneira de fazer petição inicial, etc., tudo isso também fica extensivo ao processo do mandado de segurança. Pelo menos a isso conduz uma interpretação sistemática, num país de legislação codificada, como o nosso".

---

[33] Relembre-se, aqui, o que foi dito sobre o ponto quando do exame da evolução histórica do mandado de segurança: o Código de Processo Civil de 1939 tinha um capítulo destinado a regulamentar o procedimento especial do mandado de segurança. Este capítulo, porém, foi expressamente revogado pelo art. 20 da Lei nº 1.533/1951, já que essa lei deu ao processo do mandado de segurança tratamento integral.

[34] Trata-se do acórdão proferido pelo STF no julgamento do RE 61097, rel. Min. Amaral Santos, j. em 12.9.1968.

Não obstante isso, sempre prevaleceu o entendimento, tanto no STF como no STJ, de que não poderia haver condenação em honorários no processo do mandado de segurança com apoio no fundamento da inaplicabilidade do Código de Processo Civil a esse tipo de processo. Trata-se de entendimento que acabou por ser sumulado por ambas aquelas Cortes (Enunciado nº 512 do STF e Enunciado nº 105 do STJ). Foi este fundamento usado, por exemplo, no acórdão proferido pelo STJ no julgamento do EREsp 18649/RJ, em que se tratou do tema.[35]

Essa discussão se reeditou no STF quando naquela Corte se debateu o cabimento ou não de embargos infringentes no processo do mandado de segurança, tema sobre o qual também era omissa a Lei nº 1.533/1951. Naquela altura, entendeu o Pretório Excelso, seguindo orientação preconizada pelo Min. Moreira Alves, pela inaplicabilidade em caráter subsidiário do regime recursal do Código de Processo Civil.[36] Não chegou, porém, o eminente magistrado a sustentar a total inaplicabilidade do Código de Processo Civil ao processo do mandado de segurança, mas apenas do seu regime de recursos. Veja-se o que disse ele em seu voto:

> "E se os embargos infringentes forem aplicados ao mandado de segurança por via de extensão, terão de sê-lo como estão disciplinados naquele Código, e não com a retirada de efeitos por via de interpretação com base exclusivamente nas peculiaridades do mandado de segurança. Os princípios do Código de Processo Civil que se aplicam ao mandado de segurança – e assim sempre se entendeu no regime da Lei 1.533 – são apenas os que, com sua índole são integralmente compatíveis, não se admitindo que, para chegar a essa compatibilidade, se afastem as incompatibilidades pela criação de exceções por via interpretativa. Compatibilização desta natureza só pode ser feita por lei, e, no caso, ela inexiste."

---

[35] STJ, EREsp 18649/RJ, rel. Min, José de Jesus Filho, j. em 22.10.1993. Vale registrar, aqui, o voto divergente do Min. Eduardo Ribeiro, que afirmou: "o processo não resultará em dano para quem tenha razão. Negando os honorários em casos que tais, o direito, obviamente, não será inteiramente reparado, o processo terá causado dano ao autor, apesar de se reconhecer a liquidez e a certeza de seu direito".

[36] STF, RE 83246/SP, rel. Min. Leitão de Abreu, j. em 27.10.1976. Neste acórdão, colhe-se, do voto do Min. Rodrigues Alckmin, o seguinte excerto: "é de se opor que o processo do mandado de segurança não foi incorporado pelo novo Código de Processo Civil e que até para que a ele se aplicassem normas relativas ao litisconsórcio na lei especial se deu nova redação ao art. 19 da lei nº 1.533/51. Não é sem fundamento considerar que norma geral do novo código sobre cabimento de embargos infringentes contra julgado de apelação tomado sem unanimidade, é estranha aos recursos previstos na L. 1.533 – ainda que um destes recursos tenha passado a ser o de apelação. Mantém-se, assim, a mesma fundamentação que excluiu tais embargos infringentes, consoante anterior jurisprudência deste Tribunal. Faço expressa remissão às considerações do Ministro Moreira Alves, quando diz, ao examinar as alterações trazidas pelos novos diplomas legais à L. 1.533/51: 'substituições desta natureza estão, evidentemente, a indicar que a adaptação feita se limitou a uma simples atualização da correspondência entre a lei especial e o novo Código, não implicando a substituição do sistema próprio de recursos daquela pelo sistema geral de recursos deste'".

Houve naquele acórdão, porém, um importante voto divergente, do Min. Cunha Peixoto, que afirmou – em posição que acabou por não prevalecer – a perfeita compatibilidade entre o regime recursal do Código de Processo Civil e o sistema de recursos da lei de regência do processo do mandado de segurança. A partir desse entendimento, que afinal seria sumulado pelo STF (Enunciado nº 597 da Súmula), o Superior Tribunal de Justiça acabaria por seguir o mesmo entendimento. Assim, por exemplo, no julgamento do REsp 1122/RS, o Min. Carlos Velloso, que depois ascenderia ao Supremo Tribunal Federal, asseverou que "em tema de recurso, somente são cabíveis, no processo do mandado de segurança, aqueles que estão mencionados na sua lei de regência".[37]

Também o Min. Luiz Vicente Cernicchiaro entendeu que o Código de Processo Civil não seria subsidiariamente aplicável ao processo do mandado de segurança.[38]

Mais recentemente, o STF entendeu inaplicável ao processo do mandado de segurança o art. 267, § 4º, do CPC. Decidiu-se, no julgamento do RE 669367 RG/RJ,[39] por maioria de votos, que é possível desistir do mandado de segurança, mesmo depois da sentença de mérito, independentemente de consentimento da parte contrária.[40] Com todas as vênias devidas ao Supremo Tribunal Federal, mas acertada era a posição sustentada nos votos vencidos (do Min. Luiz Fux, relator, e do Min. Marco Aurélio), que se manifestaram contrariamente à possibilidade de desistência do mandado de segurança na hipótese. Lembrou o relator, aliás, que admitir a desistência do mandado de segurança após a prolação de sentença de mérito favorável à parte demandada implicaria negar a esta o direito fundamental à coisa julgada (pouco importando, afirmou o relator, ser o demandado o Poder Público, a quem também podem ser reconhecidos direitos processuais fundamentais). Realmente, a decisão do STF, além de desrespeitar a regra expressa no CPC (e que é subsidiariamente aplicável ao processo do mandado de segurança), ignorou o fato de que, acolhido o entendimento sustentado no referido acórdão, jamais haverá sentença de mérito transitada em julgado em mandado de segurança que seja desfavorável ao impetrante. Bastará que o demandante, sempre que vencido

---

[37] STJ, REsp 1122/RS, rel. Min. Carlos Velloso, j. em 20.11.1989.

[38] STJ, REsp 1489/PR, rel. Min. Luiz Vicente Cernicchiaro, j. em 29.11.1989.

[39] STF, RE 669367 RG/RJ, rel. Min. Luiz Fux, redator para o acórdão Min. Rosa Weber, j. em 2.5.2013.

[40] O acórdão do STF no RE 669369 RG/RJ, decidido com repercussão geral, vem sendo invocado pelo Pretório Excelso como precedente em decisões posteriores. Consulte-se, por exemplo, o RE 521359 ED-AgR/DF, rel. Min. Celso de Mello, j. em 22.10.2013, assim ementado: "MANDADO DE SEGURANÇA – DESISTÊNCIA – POSSIBILIDADE – INAPLICABILIDADE DO ART. 267, § 4º, DO CPC – ORIENTAÇÃO QUE PREVALECE NO SUPREMO TRIBUNAL FEDERAL EM RAZÃO DE JULGAMENTO FINAL, COM REPERCUSSÃO GERAL, DO RE 669.367/RJ – RECURSO IMPROVIDO. – É lícito ao impetrante desistir da ação de mandado de segurança, independentemente de aquiescência da autoridade apontada como coatora ou da entidade estatal interessada ou, ainda, quando for o caso, dos litisconsortes passivos necessários, mesmo que já prestadas as informações ou produzido o parecer do Ministério Público. Doutrina. Precedentes."

no mérito, desista do mandado de segurança (mesmo depois da sentença). Pois isso acarretará o pernicioso efeito de permitir, sempre que cabível em tese o mandado de segurança, que o jurisdicionado tenha duas chances em juízo: bastará a ele impetrar mandado de segurança e, caso vencido no mérito, desista após a sentença e tente novamente ver seu direito reconhecido, agora pelas vias ordinárias.

O curioso, porém, é que em muitas outras matérias – inclusive em sede recursal – sempre se admitiu, sem maiores discussões, a aplicação subsidiária do Código de Processo Civil. É o que se dá, por exemplo, em matéria de embargos de declaração, onde a aplicabilidade subsidiária do CPC jamais foi sequer posta em discussão.[41] Sobre este recurso ninguém nunca disse que se trata de instituto sobre o qual a lei de regência do mandado de segurança é omissa; que está previsto apenas no sistema recursal do Código de Processo Civil; que seria preciso verificar a compatibilidade entre o sistema recursal do Código de Processo Civil e o da lei do mandado de segurança, ou qualquer outro argumento análogo. Admitem-se os embargos de declaração, sem qualquer discussão.

Não só em matéria de embargos de declaração, porém, se tem admitido a aplicação subsidiária do Código de Processo Civil. O Superior Tribunal de Justiça já afirmou, por exemplo, a aplicação da regra veiculada pelo art. 515, § 3º, do CPC (que permite o julgamento do mérito em grau de recurso quando a sentença proferida em primeiro grau de jurisdição não resolveu o mérito da causa) em sede de mandado de segurança.[42]

O certo é que o entendimento segundo o qual o Código de Processo Civil não seria subsidiariamente aplicável ao processo do mandado de segurança, que contou com grande aceitação na jurisprudência, causou – e ainda causa – grandes transtornos. Mas é um entendimento absolutamente inaceitável. Isso porque o Código de Processo Civil é, no sistema jurídico brasileiro, o diploma responsável por veicular as normas processuais *comuns*, assim compreendidas aquelas que, salvo disposição específica em sentido contrário, serão aplicáveis em qualquer processo.

O fundamental é perceber que *não há como desenvolver-se um processo de mandado de segurança* (ou qualquer outro) *sem que se aplique o Código de Processo Civil*. Afinal, é no Código de Processo Civil que estão as disposições sobre capacidade processual, sobre requisitos da petição inicial, sobre comunicação dos atos processuais, sobre o modo como se contam os prazos processuais, enfim, sobre uma série de temas a cujo respeito a assim chamada legislação extravagante não dispõe de modo específico. E a Lei nº 12.016/2009 não foge a essa regra. Ela não disciplina de modo específico todos os temas. Nela não se encontram soluções para todos

---

[41]   Assim, por exemplo, no STF, RMS 17409, rel. Min. Afrânio Costa, j. em 20.6.1952; STJ, EDcl no RMS 166/AM, rel. Min. Pedro Acioli, j. em 18.4.1990.

[42]   STJ, RMS 18698/RS, rel. Min. Eliana Calmon, j. em 17.2.2005, em cuja ementa se lê: "Possibilidade de julgamento do mérito do *mandamus* por essa Corte. Aplicação subsidiária do CPC (art. 515, § 3º). Precedentes."

os problemas que podem surgir. E muitos desses problemas certamente poderão ser solucionados com a aplicação do direito processual comum, que é veiculado pelo Código de Processo Civil.

Claro que isso não afasta a incidência dos princípios constitucionais (o que, aliás, foi afirmado anteriormente, quando se disse que a lei que rege o mandado de segurança deve ser interpretada em conformidade com o modelo constitucional de processo). Mas além desses princípios constitucionais, as normas gerais de direito processual são aquelas que têm sede no Código de Processo Civil. E tais normas, salvo alguma incompatibilidade, serão sempre aplicáveis ao processo do mandado de segurança.

Assim sendo, pode-se afirmar que, havendo norma específica na Lei nº 12.016/2009, esta será, a toda evidência, aplicável, prevalecendo sobre qualquer disposição em contrário contida no Código de Processo Civil (ou em qualquer outro diploma normativo). Silente a lei especial, porém, dever-se-ão buscar no Código de Processo Civil (e no sistema processual como um todo) as normas aplicáveis, compatíveis com o processo do mandado de segurança, que permitam a integração do sistema, completando-o.

3
Sujeitos do Processo do Mandado de Segurança Individual

§ 7º Legitimidade ativa

Fundamental para que se possa apreciar o objeto do processo de mandado de segurança é que tenha a demanda sido ajuizada (ou, como se costuma dizer na prática forense, que o mandado de segurança tenha sido impetrado) por quem tenha legitimidade *ad causam*.[1] Esta, como sabido, é uma das "condições da ação", devendo estar presente tanto no lado ativo como no lado passivo da demanda (e não por outra razão ter-se-á, logo a seguir, um item dedicado ao exame da legitimidade passiva para a demanda de mandado de segurança).

Uma clássica definição de legitimidade *ad causam* a apresenta como a "titularidade (ativa e passiva) da ação".[2] Esta definição, porém, não é capaz de permitir que se determine com exatidão *quem* tem legitimidade.

Melhor dizer, então, que legitimidade é a aptidão para ocupar a posição de demandante ou de demandado em um certo caso concreto. Explique-se. O Direito confere às pessoas aptidões genéricas. É o caso, por exemplo, da genérica aptidão

---

[1]   O processo do mandado de segurança é, do ponto de vista processual, um processo como outro qualquer. Assim, nele se deve empregar a terminologia própria do direito processual. Não é isso, porém, o que se vê na prática forense. Raramente se vê alguém falar em procedência do pedido. Normalmente o que se vê é "concessão da ordem". Ninguém ajuíza a demanda de mandado de segurança, mas a "impetra". Não se julga o pedido improcedente. O mandado de segurança é "rejeitado" (e o pior é que essa mesma expressão é empregada nos casos de extinção do processo sem resolução do mérito, o que aumenta ainda mais a confusão). O apuro terminológico é fundamental, e deve ser observado. A compreensão do processo do mandado de segurança será facilitada se a terminologia processual adequada for empregada. É o que se buscará fazer neste trabalho.

[2]   Enrico Tullio Liebman, *Manuale di diritto processuale civile*, v. I, p. 147.

Sujeitos do Processo do Mandado de Segurança Individual **37**

que o Direito Civil confere aos maiores de 18 anos (salvo exceções que não vêm ao caso) para a prática de atos jurídicos em geral. A essas genéricas aptidões dá-se o nome de capacidade.

Além das aptidões genéricas, porém, muitas vezes a prática de um determinado ato exige alguma aptidão específica. Pense-se, por exemplo, no ato de alienar onerosamente um imóvel a um descendente, cuja plena validade exige sempre o consentimento dos demais descendentes do alienante (e, em alguns casos, também de seu cônjuge), nos termos do art. 496 do Código Civil. Assim, mesmo que a pessoa esteja genericamente apta a alienar seus bens (isto é, mesmo que tenha ela *capacidade*), sem autorização de seus demais descendentes não poderá alienar o bem ao descendente escolhido. Não tem, pois, a aptidão específica para a prática desse ato. E essa aptidão específica se chama *legitimidade*. Assim, enquanto a capacidade é genérica, a legitimidade é específica.[3]

Portanto, definir quem tem legitimidade (ativa ou passiva) não é buscar saber quem é a parte em uma demanda, mas quem *deve ser* o ocupante de tal posição. Afinal – e que isso fique bem claro –, não se confundem os conceitos de "parte" e de "parte legítima". A "parte ilegítima", perdoe-se a obviedade, digna do Conselheiro Acácio, também é parte.[4]

Assim sendo, o que se busca aqui não é saber quem é o impetrante (termo usualmente empregado para designar aquele que demanda a concessão de mandado de segurança), mas quem *deve ser* ele. Em outros termos, busca-se saber quem está especificamente autorizado a, no caso concreto, ir a juízo em busca da concessão do mandado de segurança.

---

[3] Sobre o ponto, vale a pena lembrar a lição de notável jurista italiano, que se destacou por suas lições tanto no campo do Direito Processual como no Direito Material, aqui tratando de Direito Privado: "A legitimidade da parte pode definir-se como sua *competência* para alcançar ou suportar *os efeitos jurídicos da regulamentação de interesses* a que se tenha aspirado, a qual resulta de uma específica *posição do sujeito em relação aos interesses* que se trata de regular. Problema de legitimidade é o de considerar *quem*, e frente a *quem*, pode corretamente concluir o negócio para que este possa produzir os efeitos jurídicos conformes a sua função e congruentes com a intenção prática normal das partes. Segundo a ideia da autonomia privada, tais efeitos terão, por princípio, de ficar circunscritos à esfera jurídica das partes, e para que se produzam deverão aquelas estar revestidas de uma específica posição em relação à matéria do negócio" (Emilio Betti, *Teoría general del negocio jurídico*, p. 203).

[4] A rigor, o que acaba de ser dito é tão óbvio que sequer precisaria de demonstração. De toda sorte, vale mencionar o que diz sobre o ponto o mais importante estudioso brasileiro da matéria: "A legitimidade para agir, como condição de exercício regular da ação, é uma qualidade jurídica que se agrega à parte, habilitando-a a ver resolvida no mérito a lide *sub judice*. Essa qualidade emerge de uma situação jurídica legitimante e dá colorido a uma situação processual oriunda, obviamente, de um processo existente, ou seja, a situação de parte nesse processo. Portanto, a qualidade jurídica correspondente à legitimidade para agir pressupõe a existência de parte, e, mais do que isso, deixa patente que, por não ser essencial à figura jurídico-processual de parte, esta pode existir sem seus pressupostos de validade" (Donaldo Armelin, *Legitimidade para agir no direito processual civil brasileiro*, p. 80).

Pois a demanda de mandado de segurança não foge à regra geral decorrente da teoria geral do direito processual. A legitimidade para demandar é, *ordinariamente*, atribuída àquele que comparece em juízo afirmando ser o titular do direito material violado (ou ameaçado de violação).[5] Assim, no caso específico do mandado de segurança (e, aqui, no caso do mandado de segurança individual, já que do mandado de segurança coletivo se tratará em outro capítulo), a legitimidade ordinária ativa é daquele que, na petição inicial, afirma ser o titular de direito líquido e certo violado ou ameaçado por ato ilegal ou abusivo de autoridade pública (ou de quem exerça função pública).

Assim, e limitadamente à legitimidade *ordinária*, bastará ao impetrante que, em sua petição inicial, *afirme* ser o titular do direito líquido e certo lesado ou ameaçado para que esteja presente sua legitimidade ativa. A jurisprudência, de um modo geral, vem assim decidindo.[6]

O art. 1º da Lei nº 12.016/2009, porém, deve ser interpretado com cuidado. É que, em sua literalidade, ele parece restringir o manejo do mandado de segurança a "pessoas físicas ou jurídicas", o que retiraria a possibilidade de se reconhecer como parte legítima, em algum caso, um ente formal, desprovido de personalidade jurídica, como um espólio ou um condomínio edilício, entre tantos outros. Tais entes, porém, também podem demandar mandado de segurança, e serão considerados partes legítimas quando comparecerem em juízo e afirmarem ser titulares de direito líquido e certo violado ou ameaçado.[7]

---

[5]   Adoto, aqui, como tenho feito sempre, a técnica conhecida como "teoria da asserção", segundo a qual as "condições da ação", entre as quais a legitimidade das partes, devem ser aferidas a partir das alegações contidas na petição inicial, as quais devem ser recebidas como se fossem verdadeiras (juízo hipotético de veracidade das afirmações), para que se possa verificar se, caso fossem elas mesmo verídicas, teria o demandante direito ao pronunciamento favorável postulado. Sobre a teoria da asserção, seja dado remeter o leitor, uma vez mais, a Alexandre Freitas Câmara, *Lições de direito processual civil*, v. 1, p. 154-156. Vale, ainda, sobre o ponto, recordar a lição de José Carlos Barbosa Moreira: "O exame da legitimidade, pois – como o de qualquer das 'condições da ação' –, tem de ser feito *com abstração* das possibilidades que, no juízo de mérito, vão deparar-se ao julgador: a de proclamar existente ou a de declarar inexistente a relação jurídica que constitui a *res in iudicium deducta*. Significa isso que o órgão judicial, ao apreciar a legitimidade das partes, considera tal relação jurídica *in statu assertionis*, ou seja, à vista do que se afirmou. Tem ele de raciocinar como quem admita, por hipótese, e em caráter provisório, a veracidade da narrativa, deixando para a ocasião própria (o juízo de mérito) a respectiva apuração, ante os elementos de convicção ministrados pela atividade instrutória (José Carlos Barbosa Moreira, "Legitimação para agir. Indeferimento de petição inicial", *in* José Carlos Barbosa Moreira, *Temas de direito processual* – primeira série, p. 200).

[6]   O STJ, por exemplo, acolheu expressamente a teoria da asserção para aferição da legitimidade ordinária ativa em mandado de segurança no julgamento do RMS 18461/PR, rel. Min. Humberto Martins, j. em 6.8.2009.

[7]   No mesmo sentido, por todos, Cassio Scarpinella Bueno, *A nova lei do mandado de segurança*, p. 25. O STJ admitiu expressamente a impetração de mandado de segurança por Oficial de Registro de Protesto de Títulos, considerando que o cartório é órgão sem personalidade jurídica, mas com "personalidade judiciária" (isto é, com capacidade de ser parte), na defesa do que chamou de "direitos-função" (STJ, RMS 15877/DF, rel. Min. Teori Albino Zavascki, j. em 18.5.2004).

Também sobre este ponto a jurisprudência é tranquila, não havendo muito debate acerca do ponto. Basta ver como se admite a impetração de mandado de segurança por mesas diretoras de casas legislativas, as quais, indubitavelmente, são entes despersonalizados.[8]

Extrai-se disso, então, que qualquer um – pessoa natural ou jurídica ou ente formal despersonalizado com capacidade de ser parte – pode impetrar mandado de segurança, e terá legitimidade ordinária ativa para fazê-lo se afirmar, em sua petição inicial, que é o titular do direito líquido e certo que pretende ver protegido em juízo da lesão ou ameaça decorrente de ato ilegal ou abusivo de autoridade pública (ou de quem exerça função pública).

Sendo vários os (supostos) titulares do direito material, qualquer deles poderá impetrar o mandado de segurança, nos termos do disposto no § 3º do art. 1º da Lei nº 12.016/2009. Tem-se claro, aí, que o litisconsórcio ativo no caso será (e não poderia ser de outro modo) facultativo.[9] A rigor, a lei sequer precisaria ter dito isto, porque o litisconsórcio ativo nunca pode ser necessário.[10] Mas o risco de haver alguma polêmica sobre o ponto faz com que a prudência do legislador em prever o ponto expressamente seja elogiável.

Exemplificando a incidência dessa hipótese de haver mais de um titular do afirmado direito material a ser deduzido em sede de mandado de segurança, a doutrina costuma fazer referência ao caso de ter havido a contratação para o serviço público de pessoa que não tenha prestado concurso público, ou que, tendo prestado o concurso, tenha sido classificado em posição inferior, em detrimento de candidatos aprovados no certame que aguardavam a nomeação, caso em que será possível a qualquer desses candidatos, isoladamente, impetrar mandado de segurança para impugnar a contratação.[11]

Importante perceber, porém, que a regra aqui veiculada acaba por criar a possibilidade de uma espécie de "mandado de segurança popular", em que um dos titulares do (afirmado) direito violado pelo ato impugnado vai a juízo protegen-

---

[8] Sobre o ponto, vale conferir o acórdão do STJ no RMS 8967/SP, rel. Min. Humberto Gomes de Barros, rel. p/ acórdão Min. José Delgado, j. em 19.11.1998. O relator original ficou vencido por entender que a Mesa Diretora da Assembleia Legislativa, por não ter capacidade processual, não poderia ter interposto recurso. Prevaleceu, no entanto, o voto do Min. José Delgado, que reconheceu a capacidade processual da Mesa Diretora, decorrente do fato de ser ela um ente formal daqueles a que a lei processual atribui capacidade para ser parte, como se dá com os condomínios e o espólio.

[9] Fernando da Fonseca Gajardoni, Márcio Henrique Mendes da Silva e Olavo A. Vianna Alves Ferreira, *Comentários à nova lei de mandado de segurança*, p. 30.

[10] No mesmo sentido, Fredie Didier Júnior, *Curso de direito processual civil*, v. 1, p. 331. Contra, porém, Cândido Rangel Dinamarco, *Litisconsórcio*, p. 214-216.

[11] Mauro Luís Rocha Lopes, *Comentários à nova lei do mandado de segurança*, p. 51; André Vasconcelos Roque e Francisco Carlos Duarte, *Mandado de segurança*, p. 25. Hipótese semelhante está retratada no Enunciado nº 628 da Súmula do STF: "Integrante de lista de candidatos a determinada vaga da composição de tribunal é parte legítima para impugnar a validade da nomeação de concorrente."

do interesse de toda uma coletividade de supostos interessados, o que viabiliza a tutela de interesses coletivos ou individuais homogêneos.[12]

Relevante, ainda, dizer que no caso de falecer a pessoa natural impetrante do mandado de segurança, tem-se entendido que não ocorre a sucessão processual, por ser personalíssima a posição jurídica de direito material sustentada pelo demandante, o que atrairia a regra veiculada pelo inciso IX do art. 267 do Código de Processo Civil. Neste caso, segundo este entendimento, os interesses dos sucessores do impetrante teriam de ser perseguidos pelas vias ordinárias.[13] Penso, porém, que este entendimento deve ser recebido com ressalvas.

É certo que, como regra geral, no processo do mandado de segurança busca-se tutela jurisdicional para posições jurídicas personalíssimas. Basta pensar no caso, citado há pouco, da pessoa que, tendo sido aprovada em concurso público, foi preterida na contratação. É evidente que, falecendo o impetrante, sua posição jurídica de vantagem não se transmite aos seus sucessores, os quais não poderiam – por evidentes razões – ser contratados para exercer função pública para a qual não foram aprovados. Impõe-se, porém, admitir, ainda que em casos excepcionais, a sucessão processual. Sobre o ponto, vale a pena transcrever o ensinamento de importante estudioso do processo do mandado de segurança, depois de examinar o caso que deu origem à tese prevalecente, que aqui se acolhe como orientação adequada como regra geral:[14]

> "O caso, como se vê, é peculiar, *não me parecendo razoável que se estenda o raciocínio a todos os casos de mandado de segurança*. Basta analisar a hipótese de o falecimento do impetrante ocorrer *depois da concessão da segurança*, tendo sido efetivada a tutela específica, e *daí decorrer o efeito secundário da restituição patrimonial daquilo a que fazia jus a parte autora*, no interregno da impetração da segurança e de seu retorno ao serviço público. Pois bem, nessa fase da ação, *nada obsta que os herdeiros se habilitem para a fruição desse efeito secundário da decisão*, pois tal efeito não é exercitável somente

---

[12] Em sentido semelhante, Cassio Scarpinella Bueno, *A nova lei do mandado de segurança*, p. 27.

[13] Neste sentido, Mauro Luís Rocha Lopes, *Comentários à nova lei do mandado de segurança*, p. 51. Na jurisprudência, entre muitos outros, pode ser mencionado o acórdão do STJ no AgRg no MS 15652/DF, rel. Min. Herman Benjamin, j. em 13.4.2011. O *leading case* sobre a matéria foi o acórdão proferido pelo STF no julgamento dos RE 80354 e 89.103/RJ, rel. Min. Soares Muñoz, j. em 10.10.1978. A ementa do julgamento conjunto desses dois recursos extraordinários é a seguinte: "Mandado de segurança. Falecimento do impetrante. Impossibilidade de habilitação dos herdeiros. Caráter mandamental da sentença concessiva do *writ*. Os efeitos patrimoniais podem ser reclamados pelos herdeiros na via ordinária. Conhecimento e provimento do recurso extraordinário do Estado e julgado prejudicado o interposto pelos sucessores do postulante falecido."

[14] Mantovanni Colares Cavalcante, *Mandado de segurança*, p. 61. No mesmo sentido, José Henrique Mouta Araújo, *Mandado de segurança*, p. 184.

pelo titular do direito lesado. Ao contrário, é um efeito que deve ser alargado aos seus sucessores do vencedor da ação.

O que não se mostra razoável é exigir dos herdeiros que ingressem com ação ordinária para o recebimento de quantias *decorrentes da concessão da segurança*, uma vez que o impetrante faleceu *antes* de tomar o que lhe era devido sob o enfoque patrimonial.

É certo que o mandado de segurança, por implicar em obrigação de fazer ou de não fazer, há de ser exercitável, *em regra*, pelo próprio titular do direito. Há, contudo, inúmeros casos em que tal direito *pode também ser exercido por outros – como os herdeiros – por não representar algo personalíssimo e impossível de sofrer transferência*. O mandado de segurança pode ter como finalidade a reposição de verba indevidamente retirada dos vencimentos do impetrante, a declaração da compensação de tributos, a suspensão da exigibilidade de determinado crédito tributário, e tantos outros exemplos em que *o direito pode e deve ser exercitado pelos herdeiros, caso o impetrante venha a falecer no curso da ação.*"

Outro exemplo em que se pode, tranquilamente, admitir a sucessão processual no polo ativo do processo de mandado de segurança é o caso em que o ato impugnado é judicial (hipótese peculiar de mandado de segurança, de que se tratará com mais vagar adiante, em sede mais própria). O que não se pode, a meu juízo, é excluir de forma categórica e peremptória a sucessão processual do impetrante pessoa natural em sede de mandado de segurança.

A fim de encerrar o exame dos casos de legitimidade ativa para a demanda de mandado de segurança, impõe-se o exame, em separado, da hipótese prevista no art. 3º da Lei nº 12.016/2009. Dispõe esse artigo de lei que "o titular de direito líquido e certo decorrente de direito, em condições idênticas, de terceiro poderá impetrar mandado de segurança a favor do direito originário, se o seu titular não o fizer, no prazo de 30 (trinta) dias, quando notificado judicialmente". Completa-se essa regra com a afirmação, contida no parágrafo único do referido artigo, de que "o exercício do direito previsto no *caput* deste artigo submete-se ao prazo fixado no art. 23 desta Lei, contado da notificação".

Este art. 3º trata de uma hipótese que não se confunde com aquela outra, prevista no art. 1º, § 3º, da Lei nº 12.016/2009. É que nesse dispositivo se trata do caso em que há vários (supostos) titulares originários do direito material, enquanto a regra veiculada pelo art. 3º se aplica ao caso em que há um titular de *direito líquido e certo derivado*.[15] Em outros termos, o que se tem aqui é a previsão da hipótese em que alguém é titular de um direito cuja existência *deriva* do exercício de *outro direito*, pertencente a outro titular. Pode ocorrer, porém, de o direito originário ter

---

15   José Miguel Garcia Medina e Fábio Caldas de Araújo, *Mandado de segurança individual e coletivo*, p. 64.

sido lesado e depender, para ser realizado, de tutela jurisdicional a ser prestada por via do mandado de segurança, tendo seu titular permanecido inerte. Neste caso, a regra do art. 3º da Lei nº 12.016/2009 atribui ao titular do direito derivado uma *legitimidade extraordinária subsidiária*, permitindo-lhe demandar, em nome próprio, na defesa do direito originário, cujo titular permaneceu inerte.[16]

Importante exemplo de aplicação desse dispositivo é dado por Eduardo Talamini:[17]

> "Um exemplo de possível aplicação da norma do art. 3º tem-se nos casos em que, por força do contrato de locação, cabe ao locatário arcar com a carga econômica do IPTU incidente sobre o imóvel locado. Se ocorre uma elevação supostamente inconstitucional ou ilegal do tributo de um exercício para o outro, o locatário tem o interesse econômico em impugnar tal majoração. Mas ele não é titular de nenhuma relação jurídica com o fisco municipal. Sua relação jurídica, meramente obrigacional, dá-se apenas com o locador do imóvel. Na relação jurídica tributária, esse último, como proprietário do imóvel, é que detém a posição de contribuinte. Ele é o legitimado para discutir em juízo a elevação do IPTU – vale dizer, é o titular do 'direito originário', a que alude a lei. Mas é comum que lhe falte o interesse prático, econômico (não o jurídico, sempre presente) em discutir a questão, já que o custo do tributo tem sido arcado por seu inquilino. Então, nos termos da lei, é possível que o locatário, titular do 'direito decorrente', notifique judicialmente o locador para que, em trinta dias, esse impugne judicialmente o aumento do IPTU. Se o locador não o fizer em tal prazo, o locatário passa a ser o legitimado para promover a medida judicial.
>
> Há na hipótese substituição processual: o titular do direito decorrente pleiteia em juízo, em nome próprio, a defesa do direito alheio (CPC, art. 6º)."

O exemplo trazido por Talamini é importante em razão de uma questão que muitas vezes foi levada à apreciação do Poder Judiciário: a da legitimidade do consumidor de energia elétrica, contribuinte de fato, para impetrar mandado de segurança a fim de discutir a cobrança de ICMS junto à conta de energia. O *lea-*

---

[16]   Como ensina com propriedade Humberto Theodoro Júnior, "o terceiro não estará defendendo seu próprio direito na ação de segurança, mas sim o daquele que permaneceu inerte diante da prática ilegal ou abusiva da autoridade pública. E o fará somente porque seu direito próprio, que não está em jogo no processo, tem sua eficácia na dependência do resultado favorável do *writ* em favor daquele que não cuidou tempestivamente de repelir o ato ilegal ou abusivo. A ação do terceiro, de tal sorte, corresponderá a uma *substituição processual*, ou seja, pleiteará, em nome próprio, direito alheio, por expressa autorização de lei (CPC, art. 6º)". Confira-se, pois, Humberto Theodoro Júnior, *O mandado de segurança segundo a Lei n. 12.016, de 7 de agosto de 2009*, p. 5.

[17]   Eduardo Talamini, "Nota sobre as partes e os terceiros no mandado de segurança individual, à luz de sua nova disciplina (Lei 12.016/2009)", publicado no endereço eletrônico <http://www.justen.com.br/pdfs/eduardo_30.pdf>. Acesso em: 1º maio 2012.

ding case sobre a matéria foi a decisão do STJ no julgamento do Recurso Especial nº 928875/MT, cuja longa ementa merece ser aqui transcrita:[18]

"TRIBUTÁRIO. ICMS SOBRE ENERGIA ELÉTRICA. DEMANDA CONTRA-TADA. ENCARGO DE CAPACIDADE EMERGENCIAL ('SEGURO-APAGÃO'). CONSUMIDOR EM OPERAÇÃO INTERNA. ILEGITIMIDADE ATIVA AD CAUSAM.

1. A jurisprudência do STJ vinha admitindo a legitimidade ativa processual do consumidor para discussão relativa ao ICMS sobre energia elétrica, especificamente quanto à demanda contratada.

2. Ocorre que, no julgamento do REsp 903.394/AL, sob o regime dos repetitivos (Rel. Ministro Luiz Fux, j. 24/3/2010, DJe 26/4/2010), a Primeira Seção, ao analisar pleito de distribuidora de bebidas relativo ao IPI, modificou o entendimento para afastar sua legitimidade ativa ad causam, porquanto somente o contribuinte de direito tem essa prerrogativa.

3. No caso da energia elétrica, embora o consumidor possa ser considerado contribuinte de fato, jamais o será de direito nas operações internas, pois não promove a circulação do bem, e tampouco há previsão legal nesse sentido.

4. Contribuinte de direito é o sujeito passivo que tem relação pessoal e direta com o fato gerador, nos termos do art. 121, parágrafo único, I, do CTN. Indicado na lei para ocupar o polo passivo da obrigação tributária, é também quem deve, em última análise, recolher o tributo ao Fisco.

5. Assim, contribuinte de direito é, por definição, aquele e somente aquele determinado pela lei.

6. Contribuinte de fato é quem suporta o ônus econômico do tributo, ou seja, a quem a carga do tributo indireto é repassada, normalmente o consumidor final. 7. No caso do ICMS sobre energia elétrica, a Constituição Federal e a LC 87/1996 não deixam dúvidas quanto ao contribuinte de direito: a) nas operações internas, contribuinte é quem fornece a energia, nos termos do art. 4º, caput, da LC 87/1996; e b) nas operações interestaduais, há imunidade nos termos do art. 155, § 2º, X, da CF.

8. Nas operações internas, não há como afirmar que o consumidor possa ser contribuinte de direito do ICMS. Inexiste lei que o inclua no polo passivo da relação tributária. A ele não compete recolher o imposto ao Fisco estadual. Em sentido inverso, a Fazenda não cogita promover Execuções Fiscais contra o consumidor nessa hipótese, o que certamente seria rejeitado pelo Judiciário.

---

[18] STJ, REsp 928875MT, rel. Min. Herman Benjamin, j. em 11.5.2010.

9. Pode-se até discutir se a concessionária promove a saída da energia ou simplesmente a intermedeia e, com isso, questionar sua condição de contribuinte (v.g. AgRg no Ag 933.678/SC, rel. Min. Luiz Fux), matéria estranha à presente demanda. Isso, entretanto, não permite concluir que o consumidor é contribuinte de direito, sem que haja previsão legal nesse sentido.

10. Se inexiste previsão legal em relação ao consumidor da energia nas operações internas, pode-se cogitar de contribuinte de fato, no máximo; nunca, porém, de contribuinte de direito, o que seria uma contradição em seus próprios termos.

11. A imunidade sobre operações interestaduais com energia elétrica (art. 155, § 2º, X, 'b', da CF) é absolutamente peculiar, pois se refere exclusivamente à operação interestadual, e não à interna subsequente. Afasta-se a tributação em relação ao Estado de origem, mas isso não aproveita ao consumidor final. O beneficiário é o Estado de destino, que aufere a totalidade do tributo. Apesar de críticas doutrinárias, é a jurisprudência pacífica do STF.

12. Se o adquirente da energia elétrica na operação interestadual revende-a ou emprega-a em processo industrial, não se credita de nada a título de ICMS (pois não houve incidência na operação de entrada). Com isso, ao revender a energia ou o produto industrializado, ele recolherá o tributo estadual integralmente ao Estado em que se localiza (destino), que é, como dito, o beneficiário da sistemática. Ou seja, há incidência e contribuinte apenas em relação à revenda ou à circulação do produto industrializado, e não sobre a aquisição da energia.

13. Quando o adquirente da energia elétrica na operação interestadual é consumidor final, ou seja, não a revende ou a emprega industrialmente, deverá recolher o ICMS sobre essa aquisição integralmente ao Fisco de seu Estado (destino), na condição de contribuinte, conforme a norma excepcional do art. 4º, parágrafo único, IV, da LC 87/1996.

14. Esta é, portanto, a única hipótese em que o adquirente de energia elétrica é contribuinte de direito do ICMS (art. 4º, parágrafo único, IV, da LC 87/1996): se a obtiver em operação interestadual e não destiná-la à comercialização ou à industrialização, ou seja, no caso de ser consumidor final em operação interestadual.

15. A autora da Ação é empresa que adquire energia elétrica em Mato Grosso da concessionária local de energia, as Centrais Elétricas Matogrossenses S/A – Cemat.

16. Trata-se de operações internas de energia elétrica, em que contribuinte de direito é quem promove a saída, aquele indicado na lei para ocupar o polo passivo da relação tributária, que não se confunde com o consumidor, nos termos do art. 4º, caput, da LC 87/1996.

17. Adotando a nova orientação do STJ, fixada no julgamento do REsp 903.394/AL, sob o regime dos repetitivos, somente o contribuinte de direito tem legitimidade ativa ad causam para a demanda relativa ao tributo indireto, o que não é o caso da recorrida.

18. Recurso Especial provido."

Percebe-se, pela leitura da ementa, que ali só se cogitou da relação direta existente entre o contribuinte de direito e o fisco. Em outros termos, só se considerou a legitimidade ativa do titular do direito originário. Quanto ao "contribuinte de fato", sobre quem pesa o custo do tributo, considerou-se que seu interesse seria meramente econômico, negando-se-lhe qualquer interesse jurídico de que pudesse ser titular. Não se cogitou, portanto, da possibilidade de atuar ele, na qualidade de titular de interesse derivado, como substituto processual do titular do direito originário (respeitadas, claro, as exigências previstas neste art. 3º). Penso, porém, que era o caso de invocar a regra aqui examinada. O contribuinte de fato, a meu ver, tem o direito, derivado daquele outro direito, do contribuinte originário, de direito, de postular a repetição do que se pagou indevidamente, podendo atuar na qualidade de substituto processual.

O que se precisa ter claro, pois, é que este art. 3º da Lei nº 12.016/2009 cria um caso de legitimidade extraordinária subsidiária para a demanda de mandado de segurança, permitindo ao (afirmado) titular do direito derivado (ou decorrente) impetrar mandado de segurança se o (afirmado) titular do direito originário não o fizer (e desde que observadas algumas exigências formais estabelecidas pela própria lei processual, de que se tratará a seguir).

O que se tem aí é uma espécie de *demanda sub-rogatória de mandado de segurança*.[19] Inerte o (suposto) titular do direito originário, o terceiro, cujo direito é daquele decorrente, fica autorizado pelo ordenamento a ir a juízo em nome próprio para postular em defesa do direito alheio, de modo a, realizado este, conseguir fazer valer o seu próprio direito. Não se alteram, portanto, as posições jurídicas de direito material. Cada um continua titular do seu próprio direito líquido e certo, isto é, da sua própria posição jurídica de direito substancial. Mas se permite ao titular do direito derivado assumir uma posição jurídica processual que ordinariamente não teria, de modo a viabilizar sua ida legítima a juízo para defender o interesse do titular do direito originário (e, por via oblíqua, o seu próprio). Como se disse, em importante doutrina, acerca da "ação sub-rogatória", esta

---

[19] O que se pretende com essa afirmação é aproximar a figura de que aqui se trata com a "ação sub-rogatória" de que cogitam alguns ordenamentos jurídicos estrangeiros, como o italiano (*codice civile*, art. 2.900). Sobre esse instituto, pode-se ler, em importante sede doutrinária, que "ela evita o prejuízo consequente à inércia do devedor que, transcurando o exercício dos direitos e ações dos quais é titular perante terceiros, impede o incremento da garantia patrimonial. O credor é legitimado a substituir o devedor e a exercitar os direitos dos quais este é titular para assegurar que sejam satisfeitos ou conservadas suas razões" (Pietro Perlingieri, *Manuale di diritto civile*, p. 311).

"no confiere al acreedor derecho material algún, y sí un derecho procesal; las dos relaciones jurídicas a que venimos refiriéndonos no se ven alteradas por la legitimación que se confiere al acreedor; a éste no se le da nada que materialmente no tuviera antes, pues lo que se le reconoce es un derecho procesal. Por eso el acreedor no puede pedir para sí, sino que pide para su deudor, para integrar el patrimonio de éste, con el fin de posibilitar la efectividad del derecho material que ya tenía reconocido".[20]

Pois é exatamente isso o que se tem no caso que ora se examina. Ao titular do direito derivado não se atribui, através da norma veiculada pelo art. 3º da Lei nº 12.016/2009, qualquer direito material. A ele se atribui, tão somente, uma nova posição jurídica processual: a extraordinária legitimidade para, em nome próprio, demandar mandado de segurança para proteger direito líquido e certo que afirma existir e ser de outrem, o titular do direito originário. E ele o faz, evidentemente, para que, protegido o direito originário, torne-se viável a realização de seu direito derivado.

Para que este legitimado extraordinário possa atuar, porém, faz a lei algumas exigências. Assim, para que o (afirmado) titular do direito derivado possa demandar o mandado de segurança na qualidade de substituto processual do suposto titular do direito originário, impõe o art. 3º que o legitimado extraordinário cumpra alguns requisitos.

Em primeiro lugar, exige a lei que se faça uma notificação para que o titular do direito originário, no prazo de 30 dias, impetre ele próprio o mandado de segurança.[21] O texto da lei fala em notificação judicial, mas toda a doutrina está de acordo em sustentar que essa notificação pode ser feita extrajudicialmente,[22] por qualquer meio idôneo de comunicação. Efetivada a notificação, terá o (suposto) titular do direito originário o prazo de 30 dias para demandar o mandado de segurança em seu favor. Quedando-se inerte, porém, ficará o (suposto) titular do direito derivado autorizado a demandar o mandado de segurança em seu próprio

---

[20] Juan Montero Aroca, *La legitimación en el proceso civil*, p. 56.

[21] O STJ já examinou caso em que o mandado de segurança foi impetrado sem que essa notificação prévia fosse feita e considerou que o processo deveria ser extinto sem resolução do mérito: RMS 3033/MA, rel. Min. José Dantas, j. em 27.10.1993. Tratava-se, *in casu*, de demanda de mandado de segurança ajuizada por magistrado contra promoções realizadas por Tribunal de Justiça ao qual era vinculado. Entendeu o impetrante que tais atos não observavam o critério da antiguidade e, por violarem direitos de juízes mais antigos do que ele, o impediam de ascender ao primeiro quinto da lista de antiguidade da carreira. Considerou o STJ que deveria ele ter primeiro notificado os titulares dos direitos originários para que impetrassem mandado de segurança, não podendo agir *per saltum*.

[22] André Vasconcelos Roque e Francisco Carlos Duarte, *Mandado de segurança*, p. 30; Cassio Scarpinella Bueno, *A nova lei do mandado de segurança*, p. 31.

nome, no exercício da legitimidade extraordinária que a lei lhe confere.[23] Caberá, então, ao legitimado extraordinário juntar à sua petição inicial uma cópia da notificação que tenha dirigido ao titular do direito originário.

O legitimado extraordinário terá, de qualquer maneira, de impetrar o mandado de segurança dentro do prazo de 120 dias a que se refere o art. 23 da Lei nº 12.016/2009.[24] Estabelece o parágrafo único do art. 3º da lei que esse prazo será "contado da notificação". A interpretação desse dispositivo gera controvérsias.

Há quem entenda que a notificação exigida para que o legitimado extraordinário possa impetrar o mandado de segurança não amplia o prazo de 120 dias a que se refere o art. 23 da Lei nº 12.016/2009. Assim sendo, caberia ao interessado diligenciar para que sua demanda fosse ajuizada ainda dentro do prazo de 120 dias de que dispunha o legitimado ordinário.[25]

Há, porém, quem entenda que para o legitimado extraordinário corre um novo prazo, de 120 dias, contados da notificação que se faz ao legitimado ordinário.[26] Para os defensores desta corrente, efetuada a notificação, o (suposto) titular do direito originário teria 30 dias para impetrar o mandado de segurança e, no caso de sua inércia, o legitimado extraordinário teria mais 90 *dias* para ajuizar sua demanda.[27]

Esta segunda parece ser, mesmo, a melhor interpretação. Afinal, se é preciso que o (suposto) titular do direito originário tenha se quedado inerte para que se possa reconhecer a legitimidade extraordinária do (suposto) titular do direito decorrente, impõe-se que pelo menos uma boa parte do prazo de que aquele primeiro dispõe tenha sido ultrapassada. A adoção da primeira corrente poderia levar ao absurdo de permitir que se sustentasse, por exemplo, que o titular do direito derivado notificasse o titular do direito originário no primeiro dia do prazo de 120 dias e, decorridos apenas 30 dias, já estivesse legitimado a impetrar em seu próprio nome a demanda de mandado de segurança. Isso não é nem um pouco razoável.

Muito melhor, realmente, considerar que o objetivo da lei é permitir o exercício, pelo (suposto) titular do direito derivado apenas no caso de inércia do (suposto) titular do direito originário. Assim, seria preciso que este fosse notificado com o prazo já razoavelmente decorrido, de modo a poder impetrar, em 30 dias,

---

[23] Humberto Theodoro Júnior, *O mandado de segurança segundo a Lei n. 12.016, de 7 de agosto de 2009*, p. 5.

[24] Sobre este prazo se tratará mais adiante, em capítulo a tal tema especialmente dedicado.

[25] Assim, por todos, Humberto Theodoro Júnior, *O mandado de segurança segundo a Lei n. 12.016, de 7 de agosto de 2009*, p. 5.

[26] Mauro Luís Rocha Lopes, *Comentários à nova lei do mandado de segurança*, p. 52.

[27] André Ramos Tavares, *Manual do novo mandado de segurança*, p. 53.

o mandado de segurança.[28] Ultrapassado esse prazo, aí sim começaria a correr outro, também de 120 dias, para que o legitimado extraordinário pudesse impetrar em seu próprio nome o mandado de segurança (dos quais os primeiros 30 são destinados a aguardar a manifestação do primeiro legitimado). Na prática, então, o prazo para impetração do mandado de segurança nesses casos chegará a, no máximo, 210 dias.[29]

Por fim, não se pode deixar de examinar um caso muito interessante, que foi objeto de uma decisão do Superior Tribunal de Justiça que – com todas as vênias devidas – não me parece ter solucionado o caso de forma correta.

Foi o caso em que a demanda de mandado de segurança foi impetrada por um Município, representado em juízo pela Câmara Municipal, já que o Prefeito Municipal se quedou inerte. Aproximando-se o fim do prazo de 120 dias para a impetração, o Legislativo Municipal assumiu a representação em juízo da pessoa jurídica de direito público e ajuizou a demanda de mandado de segurança. O acórdão está assim ementado:[30]

> "Mandado de Segurança. Processual Civil. Lei Estadual Dividindo Área Territorial para Criar Novo Município. Inércia do Executivo. Câmara Municipal. Legitimação Ativa para Impetrar Segurança. C.F, artigo 31 – lei 1.533 (arts. 1º, § 2º e 3º). CPC, artigos 12, II, e 267, VI.
>
> 1. O Município tem personalidade jurídica e a Câmara de Vereadores 'personalidade judiciária' (capacidade processual) para a defesa dos seus interesses e prerrogativas institucionais. Porém, afetados os direitos do Município e inerte o Executivo (Prefeito), no caso concreto, influindo fortemente os chamados direitos-função (impondo deveres), existente causa concreta e atual, afetados os direitos do Município, manifesta-se o direito subjetivo público, seja ordinariamente ou supletiva extraordinária, legitimando-se ativamente ad causam a Câmara Municipal para impetrar segurança.
>
> 2. Recurso provido."

O caso era de um mandado de segurança impetrado por Município contra ato do Governador do Estado que criou um novo Município com parte de seu territó-

---

[28] Veja-se, então, que a notificação – que, insista-se, poderá ser feita por qualquer meio idôneo – terá de ser realizada no máximo até o nonagésimo dia do prazo de 120 dias de que o legitimado ordinário dispõe para ajuizar sua demanda.

[29] Ressalvada, apenas, a possibilidade, teoricamente existente, de haver ainda alguém cujo direito, para ser exercido, dependa da atuação do legitimado extraordinário, caso em que o ordenamento processual deve ser interpretado no sentido de que também este, titular de "direito derivado do direito derivado", poderá notificar aquele para, nos mesmos termos dispostos no art. 3º da Lei nº 12.016/2009, impetrar em seu próprio nome o mandado de segurança. E assim por diante...

[30] STJ, RMS 10339/PR, rel. Min. Milton Luiz Pereira, j. em 6.4.2000.

rio. O tribunal local extinguiu o processo sem resolução do mérito, por falta de legitimidade ativa da Câmara Municipal, entendendo que a defesa dos interesses municipais deveria ser feita pelo Poder Executivo, isto é, pelo Prefeito. O Superior Tribunal de Justiça, porém, reformou a decisão do tribunal local, entendendo que a Câmara Municipal, dada a inércia do Prefeito, poderia ter assumido – como assumiu – a defesa dos interesses da municipalidade. Há um trecho do voto do relator que merece ser examinado:

> "À evidência plena, pautou-se impetração decorrente de situação específica, diante da qual o representante natural do Município (art. 12, II, Código de Processo Civil), já complementando-se o prazo decadencial, não agiu judicialmente. É certo que, para deixar granítica a omissão, não foi notificado judicialmente (art. 3º, Lei 1.533/51). Conquanto esta realidade, fora a faculdade constitucional (art. 5º, LXIX, CF), é importante ressaltar que, essencialmente, fluiu situação concreta e emergencial para a impetração. De efeito, a defesa institucional do Município não é exclusiva do Executivo, concorrentemente competindo ao Legislativo Municipal (art. 31, CF)."

Veja-se que o eminente Min. Milton Luiz Pereira, em sua manifestação, faz alusão ao art. 3º da Lei nº 1.533/1951, que corresponde ao art. 3º da Lei nº 12.016/2009. Disse aquele magistrado, em seu voto, que no caso não foi feita a notificação prévia ao Prefeito, mas tal questão processual acabou por ser superada, invocando-se para tanto o disposto no art. 31 da Constituição da República (segundo o qual "a fiscalização do Município será exercida pelo Poder Legislativo Municipal, mediante controle externo, e pelos sistemas de controle interno do Poder Executivo Municipal, na forma da lei").[31]

O importante, porém, é perceber – e isso se extrai de outros trechos do voto do relator – que não se está, aqui, diante da hipótese prevista no art. 3º da Lei nº 12.016/2009 (ou no art. 3º da Lei nº 1.533/1951, que estava em vigor ao tempo deste julgamento). É que não se cogita, aqui, de um "direito decorrente" de outro, "originário". A posição jurídica de direito material que a Câmara Municipal buscava defender em juízo era *a mesma* para a qual o Prefeito poderia buscar tutela jurisdicional. Tanto que o relator chega a admitir que a impetração pela Câmara não se dava na qualidade de legitimada extraordinária, mas no exercício de um direito próprio.

---

[31] Vale registrar, aqui, que o STJ atribuiu ao art. 31 da Constituição da República, nesse julgamento, um alcance inédito. Não há notícia de que se tenha extraído, desse dispositivo, o entendimento segundo o qual incumbe ao Legislativo Municipal atuar concorrentemente com o Executivo na defesa institucional do Município. O art. 31 da Constituição da República trata, na verdade, da fiscalização contábil, financeira, orçamentária, operacional e patrimonial, realizada pelo Poder Legislativo, da Administração direta e indireta do Município (José Afonso da Silva, *Comentário contextual à Constituição*, p. 312).

50 Manual do Mandado de Segurança • Câmara

A minha principal divergência em relação a esse interessantíssimo caso está em que, a meu juízo, o caso não se resolve no plano da legitimidade *ad causam*, mas no da representação processual. Não tenho dúvida em afirmar que o impetrante do mandado de segurança era, aqui, o Município. A questão era saber quem estava autorizado a representar em juízo a pessoa jurídica de direito público: só o Prefeito ou, também – e em caráter subsidiário –, a Câmara Municipal. Em outros termos, a questão é saber se a inércia do chefe do Executivo cria para o Poder Legislativo um "poder de representação processual subsidiário". A decisão do STJ leva a crer que sim. E esta me parece, mesmo, a melhor solução (sob pena de se dar ao Prefeito o poder absoluto e praticamente incontrolável de decidir se vai ou não defender em juízo os interesses da pessoa jurídica de direito público). Mas o problema, do ponto de vista da teoria do direito processual, não se resolve à luz das "condições da ação", mas a partir dos pressupostos processuais.

Vistos os legitimados ativos para a demanda de mandado de segurança, deve-se passar ao exame do outro polo da demanda, examinando-se a legitimidade passiva *ad causam*.

§ 8º Legitimidade passiva

Um dos temas mais complexos e mais controvertidos que todo o estudo do processo do mandado de segurança envolve é o da legitimidade passiva *ad causam*. E isso porque desde sempre se controverte a respeito de quem deve ser o ocupante da posição passiva da demanda de mandado de segurança, se a autoridade apontada como coatora ou se a pessoa jurídica a que aquela autoridade se vincula. Sobre esse ponto, doutrina e jurisprudência jamais chegaram a um acordo.

A controvérsia sobre o ponto é tanta que houve mesmo quem cogitasse de sustentar que o processo do mandado de segurança seria um "processo sem réu", em que ninguém ocuparia o polo passivo, nem a autoridade, nem a pessoa jurídica de direito público.[32]

A doutrina se divide, sobre o tema, em duas grandes correntes (divisão esta que se reflete na jurisprudência). A primeira delas afirma que a posição passiva na demanda de mandado de segurança deve ser ocupada pela autoridade apontada pelo impetrante como coatora (isto é, como responsável pelo ato gerador da lesão ou ameaça ao direito líquido e certo). A segunda corrente, por sua vez, afirma que a legitimidade passiva para a demanda de mandado de segurança não é da autoridade, mas da pessoa jurídica (de direito público ou privado) a que aquela autoridade se vincula. Há, além disso, quem sustente existir um litis-

---

[32] José Ignácio Botelho de Mesquita, Aspectos processuais do mandado de segurança, *in* José Ignácio Botelho de Mesquita, *Teses, estudos e pareceres de processo civil*, v. 3, p. 52-53.

consórcio necessário entre a autoridade e a pessoa jurídica. Todas essas posições devem ser examinadas.

Em primeiro lugar, vale mencionar a posição daqueles que afirmam que a demanda de mandado de segurança deve ser proposta em face da autoridade apontada como responsável pelo ato violador (ou ensejador da ameaça) ao direito líquido e certo, tradicionalmente chamada, na linguagem processual brasileira, de *autoridade coatora*.[33] Há, pois, quem considere que é a autoridade apontada como coatora o legitimado passivo para a demanda de mandado de segurança.

Neste sentido, por exemplo, pode-se conferir a lição clássica de Hely Lopes Meirelles, para quem "o *impetrado é a autoridade coatora*, e não a pessoa jurídica ou o órgão a que pertence e ao qual seu ato é imputado em razão do ofício".[34]

Essa mesma orientação era a preconizada pelo saudoso Ministro Carlos Alberto Menezes Direito, profundo estudioso do mandado de segurança:[35]

> "O impetrado é a autoridade coatora, devendo ficar claro que esta se não confunde com o órgão a que pertença. Isto é de fundamental importância, porque somente a autoridade coatora tem legitimação passiva, devendo prestar e assinar as informações no prazo de 10 dias e cumprir o que for determinado na liminar ou na sentença."

Em opinião manifestada já sob a égide da Lei nº 12.016/2009, importante jurista defendeu essa mesma ideia, assim analisando o ponto:[36]

> "O mandado de segurança é manejável quando o responsável pela ilegalidade ou abuso de poder for autoridade pública ou agente de pessoa jurídica no exercício de atribuições do Poder Público. Surge aí a chamada legitimidade passiva na ação, que guarda contornos próprios, diferenciados das outras demandas.
>
> É que, nas demais ações, a parte passiva é sempre a *pessoa física ou jurídica* que sofre os efeitos da decisão judicial contra si proferida. Assim, em mandado de segurança, a seguir referida regra, a legitimação passiva seria

---

[33] A rigor, é mais apropriado chamá-la de "autoridade apontada como coatora", já que nem sempre o ato por ela praticado é, efetivamente, um ato "coator", no sentido de ilegal ou abusivo e capaz de ensejar lesão ou ameaça a direito. Todavia, esta é terminologia já consagrada, empregada até mesmo no texto constitucional (art. 108, I, *d*, da Constituição da República), e da qual já não se consegue mais afastar.

[34] Hely Lopes Meirelles, *Mandado de segurança*, p. 61. No mesmo sentido, considerando que o impetrado é a autoridade coatora, Alfredo Buzaid, *Do mandado de segurança*, p. 165.

[35] Carlos Alberto Menezes Direito, *Manual do mandado de segurança*, p. 100.

[36] Mantovanni Colares Cavalcanti, *Mandado de segurança*, p. 67.

da pessoa jurídica de direito público que suportaria a decisão proferida na ação de segurança.

Ocorre que, no mandado de segurança, o juiz, ao despachar a inicial, ordena 'que se notifique o coator do conteúdo da petição inicial, enviando-lhe a segunda via apresentada com as cópias dos documentos, a fim de que, no prazo de 10 (dez) dias, preste as informações', de modo que nessa ação *o responsável pela prática do ato é a parte passiva*."

Essa posição doutrinária sempre contou com aceitação jurisprudencial.[37] Não é, porém, aceita tranquilamente. Na doutrina, sempre houve quem sustentasse que o legitimado passivo para a demanda de mandado de segurança é a pessoa jurídica de direito público (ou, quando for o caso, a pessoa jurídica de direito privado) responsável pela prática do ato impugnado, da qual a autoridade coatora é apenas um agente. Sobre o tema, vale transcrever a límpida lição de Celso Agrícola Barbi:[38]

"A parte passiva no mandado de segurança é a pessoa jurídica de direito público a cujos quadros pertence a autoridade apontada como coatora. Como já vimos anteriormente, o ato do funcionário é ato da entidade pública a que ele se subordina. Seus efeitos se operam em relação à pessoa jurídica de direito público. E, por lei, só esta tem 'capacidade de ser parte' do nosso direito processual civil."

Esse entendimento conta com o apoio de vários outros tratadistas do mandado de segurança, como é o caso de Sérgio Ferraz, para quem *"sujeito passivo, no mandado de segurança, é a pessoa jurídica que vai suportar os efeitos defluentes da ação"*.[39] Sob a égide da Lei nº 12.016/2009 este é, também, o entendimento que prevalece na doutrina.[40] Também na jurisprudência esse entendimento tem tido muita aceitação.[41] Entre as decisões que acataram essa tese, merece destaque um

---

[37] Assim, por exemplo, no STJ, REsp 838413/BA, rel. Min, Mauro Campbell Marques, j. em 19.8.2010. No STF este sempre foi o entendimento dominante. Por todos, vale conferir o acórdão proferido em RMS 28193, rel. Min. Eros Grau, j. em 11.5.2010. Posteriormente, no mesmo sentido, MS 27851, rel. Min. Dias Toffoli, rel. p/ acórdão Min. Luiz Fux, j. em 27.9.2011.

[38] Celso Agrícola Barbi, *Do mandado de segurança*, p. 141.

[39] Sérgio Ferraz, *Mandado de segurança*, p. 89.

[40] Assim, entre outros, Fernando Gonzaga Jayme, *Mandado de segurança*, p. 27; Humberto Theodoro Júnior, *O mandado de segurança segundo a Lei n. 12.016, de 07 de agosto de 2009*, p. 7-8; José Henrique Mouta Araújo, *Mandado de segurança*, p. 202.

[41] Assim, por exemplo, os acórdãos proferidos pelo STJ no julgamento dos seguintes casos: RMS 3033/MA, rel. Min. José Dantas, j. em 27.10.1993; AgRg no RMS 35638/MA, rel. Min. Herman Benjamin, j. em 12.4.2012. No STF esse entendimento já foi acolhido, por exemplo, no julgamento do MS 26662, rel. Min. Ayres Britto, j. em 10.11.2010. Aqui vale registrar que o Tribunal de Justiça do Estado do Rio de Janeiro incluiu em sua Súmula de Jurisprudência Dominante um enunciado

acórdão do Supremo Tribunal Federal, para cuja redação foi designado o Min. Sepúlveda Pertence,[42] assim ementado:

> "Mandado de segurança: legitimação passiva da pessoa de direito público ou assemelhada, à qual seja imputável o ato coator, cabendo à autoridade coatora o papel de seu representante processual, posto que de identificação necessária: consequente possibilidade de sanar-se o erro do impetrante na identificação da autoridade coatora, mediante emenda da inicial, para o que se determina a intimação da parte: voto médio do relator para o acórdão."

Do voto do eminente Min. Sepúlveda Pertence extraem-se alguns trechos que são fundamentais para a compreensão da tese segundo a qual a legitimidade passiva para a demanda de mandado de segurança é da pessoa jurídica (de direito público ou privado, conforme o caso), e não da autoridade coatora:

> "As partes são elementos de identificação da ação. Ao juiz, competente para julgar a ação por elas identificada, cumpre decidir o processo, com ou sem resolução de mérito; jamais à vista do princípio dispositivo, alterar de ofício a indicação pelo autor do sujeito passivo da demanda a fim de julgar ou remeter o juízo competente a ação contra outrem, que ninguém propôs.
>
> Essa solução, entretanto, traz consigo as iniquidades ou, quando menos as inconveniências anotadas no voto do Min. Ilmar Galvão. Estou convencido porém obviá-las, não é preciso violentá-la nem transgredir com os princípios. Basta dar à lei a inteligência já acolhida por julgados e estudiosos de nomeada, a qual, mais que simplesmente razoável, se me afigura a de melhor adequação ao sistema brasileiro de controle jurisdicional dos atos administrativos: refiro-me ao entendimento segundo o qual o sujeito passivo no processo do mandado de segurança é sempre a pessoa jurídica de direito público – ou, sendo o caso, a de direito privado (CF, art. 5º, LXIX *in fine*; L. 1533, art. 1º, §1º – parte final) –, à qual seja imputável o ato ou omissão impugnados, reduzindo-se no processo o papel da autoridade coatora ao de representante processual da parte ré, para fins limitados: – a prestação das informações e o cumprimento da decisão concessiva da ordem.
>
> [...]
>
> O que se dá, portanto, é que – seja por força da reminiscência histórica dos *writs* (cf. Barbi, supra), seja por razões de conveniência, como quer Dinamarco (ob. cit. Rev. Proc. 19/208), fundada 'na premissa de que ninguém conhece tão bem o ato praticado e suas razões quanto quem o praticou' – o

---

(nº 114) sobre o tema, assim redigido: "Legitimado passivo do mandado de segurança é o ente público a que está vinculada a autoridade coatora."

[42] Rcl 367, rel. Min. Marco Aurélio, rel. p/ acórdão Min. Sepúlveda Pertence, j. em 4.2.1993.

papel da autoridade coatora, no mandado de segurança, não lhe confere legitimação passiva *ad causam*, mas se desenvolve todo ele, no campo da legitimação *ad processum* ou da representação da parte – que é a pessoa de direito público, da qual seja órgão; e, ainda aí, para fins limitados.

[...]

Certo, parto da premissa de que a indicação como autoridade coatora de agente que não seja o autor da coação questionada não se resolve pela ilegitimidade passiva, que esta há de ser verificada em relação à entidade pública a que imputável o ato ou a omissão.

É, sim, tema atinente à representação da parte pública legitimada para responder à ação de segurança.

De regra, no procedimento ordinário, não é ônus do autor a indicação, na petição inicial, do representante *ad processum* da parte adversa (C. Proc. Civ., art. 282), a cuja identificação procederá de ofício o agente do juízo, quando da citação, na conformidade do art. 12 do C. Pr. Civil.

No mandado de segurança é diferente. A indicação da autoridade coatora é essencial à formação e ao desenvolvimento do processo e ao cumprimento do julgado: à formação e ao desenvolvimento do processo, uma vez que dela decorrerá a fixação da competência do juízo e a identificação do destinatário do ato de chamamento ao feito da parte passiva, que, então, não se determina em razão dos critérios genéricos do art. 12 do C. Pr. Civil.; ao cumprimento do julgado, porque, concedida a segurança, é à autoridade coatora, embora como órgão da entidade estatal, que se dirige o mandado consequente (L. 1.533/51, art. 11).

Daí, o ônus que excepcionalmente toca ao impetrante, no processo do mandado de segurança, de indicar, na petição inicial, a autoridade coatora.

[...]

Ora, sendo ônus do impetrante a indicação da autoridade coatora, dado essencial da impetração, se o juiz – à vista petição ou já à luz das informações – lhe verifica o erro, estou em que não lhe cabe o poder de corrigi-lo.

[...]

Onde, porém, data venia, não acompanho a orientação de tais julgados é no ponto em que, da errada indicação da autoridade coatora, extraem, desde logo, deva o juiz indeferir a segurança. E – aqui, talvez, dissentindo do entendimento que parece subjacente ao voto do Min. Moreira Alves na Recl. 333, antes referida –, também não me parece que, na mesma hipótese, seja a extinção do processo sem julgamento de mérito.

[...]

Quando, porém, se entende, como entendo eu, que a autoridade coatora não é parte, mas órgão necessário de representação da parte passiva no processo do mandado de segurança –, ainda que, excepcionalmente, incumba ao impetrante a sua indicação –, estou que, do erro da indicação, não impõe os princípios a consequência necessária da extinção do processo, com ou sem julgamento do mérito.

Cuidando-se de defeito de representação da parte, a regra geral não é a extinção do processo, mas, sempre que possível, seu saneamento (C. Pr. Civ., art. 13)

Certo, de regra, a providência saneadora incumbirá à parte defeituosamente representada.

Se, no entanto, no mandado de segurança, ao impetrante, pelas peculiaridades já anotadas, é que se incumbe indicar a autoridade coatora, que no processo deva atuar pela parte passiva, a ele, autor, é que se deve facultar, para salvar o processo, que corrija o erro da indicação, seja com a petição inicial, seja após as informações.

Quando dela não resultar alteração da competência do juízo, da nova indicação não advirão maiores problemas: se anteceder à notificação inicial, essa tenderá à correção da inicial; se posterior, novas informações se requisitarão.

Só ante o silêncio do impetrante ou a sua recusa no corrigir o equívoco, é que deve o juiz declarar a nulidade do processo e extingui-lo sem julgamento do mérito.

Acrescento, por fim, que não me impressiona a objeção de que, admitido, nos termos assinalados, o saneamento do processo, estaria eu, via de consequência, a desconhecer a consumação do prazo de decadência para requerer mandado de segurança.

Data venia, não: a segurança terá sido impetrada tempestivamente contra o ato coator identificado na impetração, de cuja providência decorre a legitimação passiva da União. O erro na indicação do representante processual da parte passiva – a que, sob minha ótica, se reduz o problema da equivocada identificação da autoridade coatora –, é irregularidade sanável, que, por si só, não importa caducidade do direito oportunamente exercido."

Extrai-se, do voto do culto Min. Sepúlveda Pertence, muito do que há de essencial para a compreensão do problema. A legitimidade passiva para a demanda de mandado de segurança, diz ele, é da pessoa jurídica (de Direito Público ou Privado, conforme o caso), e não da autoridade apontada como coatora. Efeito disso é que a errônea indicação da autoridade coatora, ainda que tenha consequências processuais, não acarreta a automática extinção do processo por falta de "condição da ação". Ainda que se vá, neste trabalho, sustentar um ou outro ponto de vista distinto do que defendeu o Min. Sepúlveda Pertence em seu voto (em pontos acidentais, pois a ideia fundamental, de que a legitimidade passiva é da pessoa jurídica, e não da autoridade coatora, é a que defendo, como ficará mais claramente exposto adiante), é inegável o brilhantismo da manifestação aqui mencionada.

Há, porém, quem sustente haver, no polo passivo da demanda de mandado de segurança, um litisconsórcio passivo necessário entre a pessoa jurídica (de Direito Público ou Privado, conforme o caso) e a autoridade coatora. Esta é posição que originariamente foi sustentada por uma grande cultora do Direito Administrativo,[43] e que conta, sob o regime da Lei nº 12.016/2009, com a adesão de importante processualista:[44]

> "O que se extrai da previsão normativa atual, contudo, é que a Lei n. 12.016/2009, mesmo que involuntariamente, acabou cedendo à prática do foro e retornando ao sistema da Lei n. 191/1936 e do Código de Processo Civil de 1939 ao estabelecer um litisconsórcio passivo e *necessário* entre a autoridade coatora e o órgão ou pessoa jurídica a que pertence. Aquela, a autoridade, será *notificada* para prestar as informações que entender necessárias, isto é, para justificar o ato que praticou ou que está na iminência de praticar perante o órgão jurisdicional. Este, o órgão ou pessoa jurídica, será *cientificado* para, querendo, apresentar a defesa que entender importante em seu próprio nome, secundando, ou não, o ato coator tal qual individuado na petição inicial. Apesar da nomenclatura empregada pelo legislador mais recente, posta em itálico, o caso deve ser entendido, para o sistema processual civil vigente, como *dupla citação*. Por isso, trata-se de litisconsórcio *passivo* e *necessário*, diferentemente do que era mais correto interpretar à luz do direito que vigeu desde o art. 3º da Lei n. 4.348/1964, não modificado, no particular, pela redação que lhe deu o art. 19 da Lei n. 10.910/2004."

Há, então, sobre o tema, três correntes, que podem assim ser sintetizadas: *(a)* legitimado passivo para a demanda de mandado de segurança é a autoridade coatora; *(b)* legitimado passivo para a demanda de mandado de segurança é a pessoa jurídica, de Direito Público ou Privado, a cujos quadros pertença a autoridade coatora; *(c)* deve-se formar entre a autoridade coatora e a pessoa jurídica que integra um litisconsórcio passivo necessário.

Não tenho qualquer dúvida – com as vênias devidas aos defensores das demais opiniões – em sustentar a segunda corrente, isto é, a de que a legitimidade passiva para a demanda de mandado de segurança é da pessoa jurídica (de Direito Público

---

[43] Lúcia Valle Figueiredo, *A autoridade coatora e o sujeito passivo do mandado de segurança*, p. 33-39.

[44] Cassio Scarpinella Bueno, *A nova lei do mandado de segurança*, p. 60-61.

ou Privado, conforme o caso) a que pertence a autoridade apontada como responsável pelo ato coator. Passo, agora, a expor as razões que me levam a tal defesa.

Primeiramente, impõe-se recordar aqui a própria ideia fundamental de legitimidade passiva *ad causam*. Esta, como disse respeitado estudioso do tema, "pertence ao contrainteressado, isto é, àquele perante quem o provimento demandado deverá produzir seus efeitos, aquele perante quem deverá operar a tutela jurisdicional invocada pelo autor".[45] Sobre o tema, sempre vale recordar o precioso ensinamento de Donaldo Armelin:[46]

> "[...] a legitimidade passiva *ad causam* não pode ser vista, pura e simplesmente, como a titularidade do direito de defesa. Este, como se remarcou supra, deriva exclusivamente da situação de réu no processo, que constitui a preliminar inarredável daquela legitimidade. Com efeito, só pode ser legitimado passivamente aquele que for parte no processo, mas nem toda parte o será. Tal como ocorre no polo ativo, a qualidade de parte é *conditio sine qua non* da legitimidade *ad causam*. A legitimidade passiva advém-lhe da circunstância de estar situada como obrigada, ou seja, no polo passivo da obrigação de direito material que se pretende fazer valer em juízo, ou como integrante da relação jurídica a ser desconstituída ou declarada, ou, ainda, como titular do direito a ser declarado inexistente. Em suma, decorre de uma situação criada no processo com a apresentação do pedido do autor, onde um conflito de interesses é suscitado e aí adquire consistência jurídico-processual, mesmo que inexistente o direito nele questionado. Portanto, sempre que o réu, além de citado no processo, estiver vinculado como parte passiva ou integrante de uma situação jurídica criada pela alegação do autor, real ou não, na sua petição inicial, estará ele legitimado *ad causam*, de forma a possibilitar uma apreciação judicial do mérito do processo".

Vê-se, pois, que a legitimidade *ad causam* passiva é – ao menos ordinariamente – atribuída a quem é sujeito da relação jurídica de direito material deduzida no processo. Afinal, é perante tal sujeito que a providência jurisdicional postulada pelo demandante vai produzir efeitos. E não faria mesmo sentido atribuir-se a legitimidade *ordinária* a sujeito diverso daquele que teria de suportar os efeitos jurídicos decorrentes de um provimento jurisdicional adverso.

Ora, uma análise perfunctória do que ocorre na demanda de mandado de segurança já permite verificar que o provimento jurisdicional postulado pelo impetrante busca produzir seus efeitos sobre a esfera jurídica da pessoa jurídica (de Direito Público ou Privado, conforme o caso), e não sobre a esfera de direitos da

---

45   Enrico Tullio Liebman, *Manuale di diritto processuale civile*, v. I, p. 150.
46   Donaldo Armelin, *Legitimidade para agir no direito processual civil*, p. 102-103.

autoridade coatora. Um simples exemplo demonstraria isso: pense-se em um mandado de segurança contra ato de Secretário de Saúde que tenha por objeto o fornecimento de medicamentos.[47] Parece evidente que, julgado procedente o pedido de concessão do mandado de segurança, caberá ao Estado (e não ao Secretário de Saúde, pessoalmente) fornecer os medicamentos a que o demandante tem direito.

Sendo assim, é inegável que a legitimidade passiva ordinária para a demanda de mandado de segurança só pode ser, mesmo, da pessoa jurídica que a autoridade coatora integra.

De qualquer maneira, isso não afastaria a possibilidade de se ter, no processo do mandado de segurança, um caso de substituição processual, em que a autoridade coatora atuaria no exercício de uma legitimidade extraordinária, defendendo – em nome próprio – interesse alheio. Isso, porém, não é capaz de explicar por que se tem reconhecido, desde sempre, que uma vez proferida a sentença cabe à pessoa jurídica (e não à autoridade coatora) a legitimidade para recorrer.[48] Afinal, não haveria nenhum sentido em se atribuir à autoridade coatora a posição de substituto processual da pessoa jurídica apenas até a prolação da sentença, não lhe cabendo prosseguir em sua atuação no processo a partir daí. Não há razão para se cogitar de "meia" substituição processual.

Pelo mesmo motivo, não há razão para se pensar em litisconsórcio necessário entre a pessoa jurídica e a autoridade coatora. Esta não tem legitimidade extraordinária, não atua em nome próprio na defesa de interesse alheio (da pessoa jurídica). Suas funções no processo do mandado de segurança são outras (e serão objeto de estudo em capítulo posterior deste livro).

O que aqui se sustenta, a legitimidade passiva da pessoa jurídica de Direito Público (ou Privado, conforme o caso), encontra apoio na própria Lei nº 12.016/2009. A petição inicial, nos termos do art. 6º da lei, deve indicar essa pessoa jurídica. O juízo da causa mandará "dar ciência" da demanda de mandado de segurança (art. 7º, II) à pessoa jurídica, o que – como se verá melhor adiante – equivale a uma verdadeira citação. Além disso, o art. 9º da lei diz expressamente que incumbe à autoridade coatora fornecer à pessoa jurídica a que está vinculada elementos para que esta promova a *defesa* do ato impugnado através do mandado de segurança. Ora, parece claro que se à pessoa jurídica cabe a defesa do ato, é porque a ela cabe ocupar a posição passiva na demanda de mandado de segurança. Afinal, e se pede vênia pela obviedade, é ao demandado que cabe apresentar defesa.

---

[47] Trata-se de hipótese bastante frequente na prática judiciária. Veja-se, por exemplo, o acórdão proferido pelo STJ no julgamento do AgRg no Ag 842866/MT, rel. Min. Luiz Fux, j. em 12.6.2007.

[48] Assim, por exemplo, decidiu o STJ no julgamento do AgRg no AREsp 72398/RO, rel. Min. Herman Benjamin, j. em 10.4.2012. Da ementa extrai-se o seguinte excerto: "A Primeira Seção do STJ pacificou o entendimento de que a intimação do Procurador da Fazenda Nacional se faz necessária, uma vez que a autoridade coatora é notificada para prestar informações e a legitimidade para recorrer é da pessoa jurídica de Direito Público afetada pela concessão do writ."

Assim, é a pessoa jurídica – e não a autoridade coatora – que ocupa o polo passivo da demanda de mandado de segurança. E isso tem uma importantíssima consequência. É que muitas vezes acontece de o impetrante, em sua petição inicial, indicar erroneamente a autoridade responsável pelo ato que impugna.[49] Para aqueles que consideram que a autoridade coatora ocupa o polo passivo da demanda, a errônea indicação desta implica ilegitimidade passiva *ad causam*, com a inevitável consequência de extinguir-se o processo sem resolução do mérito.[50]

A se admitir o acerto do que aqui se sustenta, porém, essa solução não é adequada. Sendo legitimada passiva para o mandado de segurança a pessoa jurídica (de Direito Público ou Privado, conforme o caso), a errônea indicação da autoridade coatora não implica falta de legitimidade passiva *ad causam*. O processo, então, só deverá ser extinto por falta de legitimidade passiva se a correção da autoridade coatora implicar mudança da própria pessoa jurídica (como se daria, por exemplo, no caso de se ter indicado como autoridade coatora o Secretário de Estado – caso em que a pessoa jurídica demandada seria o próprio Estado – e a autoridade realmente responsável pelo ato fosse o Presidente de uma autarquia estadual, caso em que a legitimidade passiva seria desta outra pessoa jurídica). Já no caso de se indicar de forma equivocada a autoridade coatora mas a correção não acarretar a modificação da pessoa jurídica demandada, será perfeitamente possível corrigir-se o vício, até mesmo de ofício, determinando-se o prosseguimento do feito (com declínio de competência, se for o caso).[51]

Fundamental é perceber, pois, que o polo passivo da demanda de mandado de segurança é – e deve ser – ocupado pela pessoa jurídica, e não pela autoridade apontada como responsável pelo ato impugnado. A ela caberá oferecer resposta defendendo o ato impugnado pelo impetrante. Mas sobre isso se tratará mais adiante.

§ 9º A autoridade apontada como coatora

Não sendo o polo passivo ocupado pela autoridade apontada na petição inicial como coatora, isto é, como responsável por ter praticado (ou estar na iminência de praticar) o ato impugnado, é preciso, de todo modo, verificar qual função processual lhe incumbe exercer nesse tipo de processo. A esse tema se dedica o presente item.

---

[49]   E é relevante perceber que a Lei nº 12.016/2009 exige, expressamente, que tal indicação conste da petição inicial (art. 6º).

[50]   Assim decidiu o STJ, por exemplo, no julgamento do REsp 838413/BA, rel. Min. Mauro Campbell Marques, j. em 19.8.2010.

[51]   Assim teve oportunidade de decidir o TJRJ em acórdão de que fui relator: TJRJ, MS 0027124-07.2010.8.19.0000, rel. Des. Alexandre Freitas Câmara, j. em 15.9.2010. Em doutrina, confira-se no mesmo sentido José Henrique Mouta Araújo, *Mandado de segurança*, p. 203.

Há, porém, outro ponto a ser considerado. É que, além da função processual da autoridade coatora, é preciso examiná-la sob um aspecto que se poderia dizer "substancial", destinado a permitir verificar como se determina quem é a autoridade coatora em cada caso concreto. Pois esse tema também será aqui apreciado.

O primeiro ponto a considerar, então, é o da função processual da autoridade coatora. Afinal, se ela não é a parte passiva da demanda de mandado de segurança, o que faz ela nesse tipo de processo?

Pois essa pergunta tem uma resposta que se divide em três partes. A autoridade coatora, na verdade, exerce, no processo do mandado de segurança, *tripla função processual*.

A *primeira função processual* da autoridade coatora é servir como fonte de prova. Afinal, cabe à autoridade coatora *prestar informações* ao juízo acerca dos fatos da causa. Sobre o ponto, vale a pena transcrever a lição de Fredie Didier Júnior:[52]

> "A participação da autoridade coatora, ao que nos parece, pode ser visualizada muito melhor de acordo com a teoria geral da prova: trata-se de colheita de prova, por escrito, feita em momento procedimental anterior ao da apresentação da defesa. Da mesma forma que se podem colher informações de uma testemunha, por meio do procedimento oral previsto no CPC, criou o legislador uma forma original e típica, embora diferente, de colheita de material probatório, em que o magistrado contenta-se com as informações por escrito. Fê-lo, sem dúvida, por essas razões: a) celeridade processual; b) característica do procedimento documental do mandado de segurança, avesso ao princípio da imediatidade da coleta de prova; c) para identificar o autor do ato apontado como abusivo e ouvir as suas razões, como espécie testemunha-chave dos fatos; d) para, a partir disso, fixar a competência jurisdicional."

Essa não é posição isolada, havendo quem a tenha sustentado também sob a égide da Lei nº 12.016/2009.[53] Mas não há qualquer repercussão desta ideia na jurisprudência.

É fundamental perceber, porém, que à autoridade coatora não incumbe apresentar defesa, mas *prestar informações*. E estas consistem em um depoimento (escrito) a respeito do ato impugnado. O exame dessas informações à luz da teoria da prova permite verificar que têm elas natureza de *meio de prova*, o que faz da autoridade coatora uma *fonte de prova*.

---

[52] Fredie Didier Júnior, "Natureza jurídica das informações da autoridade coatora no mandado de segurança", *in* Cassio Scarpinella Bueno, Eduardo Arruda Alvim e Teresa Arruda Alvim Wambier (Coord.). *Aspectos polêmicos e atuais do mandado de segurança 51 anos depois*, p. 370-371.

[53] José Henrique Mouta Araújo, *Mandado de segurança*, p. 202.

Para aclarar estas ideias, impende aqui estabelecer uma distinção entre o que seja *fonte de prova* e o que seja um *meio de prova*. Para tanto, valho-me das precisas palavras de Juan Montero Aroca:[54]

> "Conceptualmente hay que distinguir, pues, entre lo que ya existe en la realidad (fuente) y el cómo se aporta al proceso (medio) con el fin de obtener la certeza del juzgador. Desde esta perspectiva y como decía Sentís:
>
> 1) Fuente es un concepto extrajurídico, metajurídico o ajurídico, que se corresponde forzosamente con una realidad anterior al proceso y extraña al mismo; mientras que medio es un concepto jurídico y, más específicamente, procesal.
>
> 2) La fuente existe con independencia de que llegue a realizarse o no un proceso, si bien éste no se produce no tendrá repercusiones procesales, aunque pueda tenerlas materiales; el medio se forma en el proceso, en un proceso concreto, y siempre producirá efectos de esta naturaleza.
>
> 3) Las partes, antes de iniciar el proceso, buscarán las fuentes de prueba mediante una actividad de investigación y, contando con ellas, incoarán el proceso proponiendo en él los medios para incorporar las fuentes, de modo que en éste se realiza sólo un labor de verificación.
>
> 4) Las fuentes preexisten todas al proceso, mientras que en éste sólo se practican los medios; sin proceso no hay medios de prueba, pero las fuentes son independientes en su existencia y no dependen que se realice o no proceso.
>
> 5) La fuente es lo sustantivo y material; el medio es actividad.
>
> La distinción conceptual entre fuentes y medios arranca de la constatación de que en el proceso se realiza una actividad de verificación, y de que para que ésta sea posible tiene que existir algo con lo que verificar; ese algo no puede crearse desde la nada en el proceso, sino que tiene que preexistir al mismo. El medio de prueba es así esencialmente actividad, actuación procesal por la parte que una fuente se introduce en el proceso."

Veja-se que, como ensina Santiago Sentís Melendo (citado por Montero Aroca no trecho anteriormente referido), "a prova é verificação de afirmações, formuladas pelas partes, relativas em geral a fatos e excepcionalmente a normas jurídicas, que se realizam utilizando fontes, as quais se levam ao processo por determinados meios".[55] Em outros termos, a prova é produzida a partir de *fontes* (que preexistem ao processo, e cuja existência independe do processo), e é levada ao processo através de *meios* (os quais existem no processo, e neste produzem efeitos).

---

[54] Juan Montero Aroca, *La prueba en el proceso civil*, p. 84-85.

[55] Santiago Sentís Melendo, *La prueba*, p. 16.

62 Manual do Mandado de Segurança • Câmara

Pois assim é com a autoridade coatora. Este é um conceito que preexiste ao processo, e sua existência independe – por completo – da existência de um processo de mandado de segurança. Mas é através de uma atividade dela que se trarão ao processo as informações necessárias para que o juízo obtenha conhecimento acerca do ato impugnado. A autoridade coatora é, então, uma *fonte de prova*. As informações que presta compõem uma sua *atividade processual* e, portanto, um *meio* através do qual leva a autoridade elementos para que o juízo obtenha elementos para formação de seu convencimento acerca de fatos de que precisa tomar conhecimento para poder julgar a causa. As informações, então, têm natureza de *meio de prova*, os quais são produzidos pela autoridade, sua *fonte*.

O que se tem aí, pois, é algo próximo, do ponto de vista da teoria da prova, do depoimento de uma testemunha. Afinal, assim como se dá na prova testemunhal, nas informações da autoridade coatora o que se traz para o processo é o depoimento de um terceiro, estranho ao processo, acerca dos fatos relevantes para a causa. Como ensina importante processualista acerca da testemunha, esta é

> "il soggetto, diverso dalle parti ed estraneo alla lite, il quale sia citato in giudizio ad iniziativa di parte (od anche, eccezionalmente, su ordine del giudice), al fine di rendere in forma orale una dichiarazione avente per oggetto la ricostruzione storica o la rappresentazione narrata di fatti rilevanti per il giudizio, accaduti in precedenza e da lui a suo tempo avvertiti o percepiti con i propri sensi, *de visu vel auditu*".[56]

Pois a autoridade coatora é, assim como a testemunha, um sujeito estranho ao processo que vem a juízo a fim de prestar uma declaração (chamada *informações*) acerca de fatos relevantes para o processo, dos quais ele tem conhecimento próprio. Só há uma diferença fundamental entre as informações da autoridade coatora e o depoimento de uma testemunha. É que este normalmente se presta oralmente, enquanto as informações são prestadas por escrito. Mas nada impede que, no Direito brasileiro, como se fora uma *prova testemunhal atípica*, se colha o depoimento de um terceiro sobre fatos da causa por escrito.[57] Pois em matéria de mandado de segurança as informações da autoridade coatora têm natureza de

---

[56] Luigi Paolo Comoglio, *Le prove civili*, p. 572-573. Em vernáculo, em tradução livre, o texto é o seguinte: testemunha é "o sujeito, diverso das partes e estranho à lide, o qual é chamado ao processo por iniciativa das partes (ou também, excepcionalmente, por ordem do juiz), com o fim de prestar *em forma oral* uma declaração que tenha por objeto a reconstrução histórica ou a representação narrada de fatos relevantes para o processo, que ocorreram anteriormente e que ele, à época, advertiu ou percebeu com seus próprios sentidos, *de visu vel auditu*". Vale ainda dizer que a expressão latina *de visu vel auditu* significa "com a visão ou a audição".

[57] Sobre essa possibilidade, José Carlos Barbosa Moreira, "Provas atípicas", *in* Repro 76/114-120. No Direito Processual Civil francês existe a previsão de um meio de prova típico denominado *preuve par attestation*, que consiste exatamente nisso: a obtenção de um testemunho escrito em lugar do oral.

prova típica, de produção obrigatória, essencial para o regular desenvolvimento do processo.[58]

O que aqui se sustenta permite compreender algo que, de outro modo, seria inexplicável: por que não se exige que as informações da autoridade coatora venham subscritas por advogado?[59] Ora, não haveria qualquer sentido em dispensar-se a participação do advogado logo na defesa do interesse público quando para qualquer particular sua participação é exigida. A subscrição das informações pela própria autoridade coatora só faz sentido quando se considera que elas não constituem defesa, mas meio de prova. A defesa será apresentada em outra ocasião, e será – evidentemente – subscrita pelo advogado (privado ou público) que patrocine os interesses da pessoa jurídica demandada.

Esta, pois, a primeira função processual da autoridade coatora: atuar como *fonte de prova*, prestando informações acerca do ato impugnado.

Há, também, uma *segunda função processual* da autoridade coatora: complementar o procedimento citatório da pessoa jurídica demandada.

Pode parecer (e realmente é) estranho que à autoridade coatora caiba uma função como esta, mas assim tem sido desde muito antes da vigência da Lei nº 12.016/2009.

A Lei nº 4.348/1964 foi a responsável por criar esta função processual para a autoridade coatora. Era a seguinte a redação original de seu art. 3º:

> "Art. 3º As autoridades administrativas, no prazo de (48) quarenta e oito horas da notificação da medida liminar, remeterão ao Ministério ou ao órgão a que se acham subordinadas e ao Procurador-Geral da República ou a quem tiver a representação judicial da União, do Estado, do Município ou entidade apontada como coatora, cópia autenticada do mandado notificatório, assim como indicações e elementos outros assim como indicações e elementos outros necessários às providências a serem tomadas para a eventual suspensão da medida e defesa do ato apontado como ilegal ou abusivo de poder."

Cabia, então, à autoridade coatora, após ser notificada para prestar informações, remeter à entidade pública a que estivesse vinculada e ao órgão responsável pela sua defesa judicial, no prazo de 48 horas, cópia autenticada do mandado de

---

[58] Não deve causar espanto a afirmação de que é obrigatória a produção da prova. Há alguns outros procedimentos em que a lei processual estabelece a obrigatoriedade de produção de alguma prova. Basta lembrar aqui do procedimento da curatela dos interditos, no qual é obrigatória a colheita do depoimento do interditando (art. 1.181 do Código de Processo Civil).

[59] Mantovanni Colares Cavalcante, *Mandado de segurança*, p. 188. Afirma esse autor que as informações devem ser "subscritas pela *própria autoridade*".

notificação, assim como os elementos necessários à elaboração da defesa do ato impugnado.[60]

Em 2004 a redação desse dispositivo foi alterada, passando a ser a seguinte:

> "Art. 3º Os representantes judiciais da União, dos Estados, do Distrito Federal, dos Municípios ou de suas respectivas autarquias e fundações serão intimados pessoalmente pelo juiz, no prazo de 48 (quarenta e oito) horas, das decisões judiciais em que suas autoridades administrativas figurem como coatoras, com a entrega de cópias dos documentos nelas mencionados, para eventual suspensão da decisão e defesa do ato apontado como ilegal ou abusivo de poder."

Essa nova redação, estabelecida pela Lei nº 10.910/2004, aboliu o que aqui se tem chamado de *segunda função processual* da autoridade coatora, já que passou a determinar que a pessoa jurídica de Direito Público (ou de Direito Privado, se fosse o caso, não obstante o silêncio do texto normativo) fosse pessoalmente convocada a participar do processo. Nesta convocação se entregavam ao órgão de representação judicial da entidade que ocupasse o polo passivo da demanda de mandado de segurança os documentos que acompanhassem a petição inicial, para elaboração da defesa.

A Lei nº 12.016/2009, porém, recriou aquela função processual, optando por um procedimento que se revela mais complexo.

Nos termos do que dispõe o art. 7º, I, da Lei nº 12.016/2009, a autoridade coatora será notificada para prestar informações, e essa notificação será acompanhada da segunda via de todos os documentos que instruíram a petição inicial do mandado de segurança. Já o inciso II do mesmo art. 7º estabelece que a pessoa jurídica demandada será "cientificada", para que ingresse no processo, mas essa comunicação se faz sem que lhe sejam entregues cópias daqueles documentos.

Em seguida, dispõe o art. 9º da Lei nº 12.016/2009 (o qual é uma versão mais moderna da redação original do art. 3º da Lei nº 4.348/1964) que

> "as autoridades administrativas, no prazo de 48 (quarenta e oito) horas da notificação da medida liminar, remeterão ao ministério ou órgão a que se acham subordinadas e ao advogado-geral da união ou a quem tiver a representação judicial da união, do estado, do município ou da entidade apontada como coatora cópia autenticada do mandado notificatório, assim

---

[60] Embora o dispositivo só fizesse referência aos casos em que fosse concedida a medida liminar, não havia dúvida acerca do fato de que também quando essa medida não fosse deferida a autoridade coatora deveria promover a comunicação mencionada no dispositivo aqui analisado. Por todos, Cassio Scarpinella Bueno, *Mandado de segurança*, p. 174-176. Via na regra do art. 3º da Lei nº 4.348/1964 uma determinação para que a autoridade coatora completasse a citação Fredie Didier Júnior, "Natureza jurídica das informações da autoridade coatora", p. 370.

como indicações e elementos outros necessários às providências a serem tomadas para a eventual suspensão da medida e defesa do ato apontado como ilegal ou abusivo de poder".[61]

Assim, caberá à autoridade coatora, uma vez notificada para prestar informações ao juízo, encaminhar – no prazo de 48 horas – à pessoa jurídica a que se vincula, e ao órgão de representação judicial da mesma, cópias dos documentos que instruíram a petição inicial e outros elementos de que disponha para viabilizar a prática dos atos necessários para a defesa do ato impugnado pelo impetrante. Esse envio de cópias complementa a citação da pessoa jurídica demandada, uma vez que – como visto – esta, ao ser "cientificada" (para usar, uma vez mais, a terminologia da lei) da impetração do mandado de segurança, não recebe cópias dos documentos que instruem a petição inicial.

Vistas as duas primeiras funções processuais da autoridade coatora (atuar como *fonte de prova* e *complementar a citação da pessoa jurídica demandada*), resta examinar sua terceira função processual: servir como elemento definidor da competência para o processo do mandado de segurança.[62]

É que, segundo clássica lição,

> "a competência judiciária para o mandado de segurança está assentada em dois princípios: a) o da qualificação da autoridade como *federal* ou *local* (do que depende a discriminação no dualismo jurisdicional do regime, *Justiça Federal* e *Justiça comum* ou local); b) o da *hierarquia*, isto é, o da graduação hierárquica da autoridade, para o efeito da competência no mecanismo das instâncias em cada um daquelas jurisdições. É uma competência *ratione autoritatis*, porque depende da qualificação da autoridade pelo critério acima; e *ratione muneris*, isto é, em razão do cargo ou função da autoridade contra a qual se requer o mandado".[63]

Assim é que, nos termos do art. 102. I, *d*, da Constituição da República, compete originariamente ao Supremo Tribunal Federal julgar os mandados de segu-

---

[61] Aqui, não obstante fale a lei na concessão da liminar, aplica-se a regra também se a medida não tiver sido deferida. Nesse sentido, André Vasconcelos Roque e Francisco Carlos Duarte, *Mandado de segurança*, p. 82. Não se aprofundará, nesse ponto, no exame da regra veiculada pelo art. 9º da Lei nº 12.016/2009 por não ser este o momento adequado para tal. No exame do procedimento do mandado de segurança, esse aprofundamento acontecerá. Aqui tudo o que se busca é o exame da segunda função processual da autoridade coatora, nada mais.

[62] Reconheceu a importância da autoridade coatora para definir a competência o STJ no julgamento do AgRg no MS 15774/DF, rel. Min. Luiz Fux, j. em 7.4.2011, em cuja ementa se afirma que "A competência para processar e julgar mandado de segurança é determinada pela natureza e hierarquia funcional da autoridade coatora".

[63] Castro Nunes, *Do mandado de segurança*, p. 227/228, *apud* Mantovanni Colares Cavalcante, *Mandado de segurança*, p. 53.

rança impetrados com o objetivo de impugnar atos do Presidente da República, das Mesas da Câmara dos Deputados e do Senado Federal, do Tribunal de Contas da União, do Procurador-Geral da República e do próprio STF. Também é da competência originária do STF julgar os mandados de segurança contra atos do Conselho Nacional de Justiça e do Conselho Nacional do Ministério Público (art. 102, I, *r*, da Constituição da República).[64] Do mesmo modo, caberá ao Superior Tribunal de Justiça a competência originária para conhecer de mandado de segurança contra ato de Ministro de Estado ou dos Comandantes da Marinha, do Exército ou da Aeronáutica ou do próprio Tribunal (art. 105, I, *b*, da Constituição da República).

Além disso, há leis federais definindo a competência dos demais Tribunais Superiores. A Lei de Organização Judiciária Militar (Lei nº 8.457/1992), por exemplo, estabelece, em seu art. 6º, I, *d*, a competência do Superior Tribunal Militar para conhecer de mandado de segurança contra ato do próprio Tribunal, de seu Presidente e de outras autoridades da Justiça Militar.

O art. 22, I, *e*, do Código Eleitoral, que atribuiu competência originária ao Tribunal Superior Eleitoral para conhecer de mandados de segurança, foi considerado parcialmente inconstitucional pelo Supremo Tribunal Federal, ainda ao tempo do regime constitucional anterior a 1988.[65] Daí por que tal dispositivo teve sua eficácia (parcialmente) suspensa por resolução do Senado Federal, sendo retirado do ordenamento jurídico brasileiro.[66] Atualmente se deve, então, entender que o

---

[64]   Olavo Augusto Vianna Alves Ferreira, Competências do Supremo Tribunal Federal e do Superior Tribunal de Justiça na Emenda Constitucional 45/2004, *in* André Ramos Tavares, Pedro Lenza e Pietro de Jesús Lora Alarcón (Coord.). *Reforma do Judiciário analisada e comentada*, p. 202.

[65]   STF, MS 20409/DF, rel. Min. Djaci Falcão, j. em 31.8.1983. Ressalte-se que tal dispositivo era mesmo inconstitucional, já que atribuía ao TSE competências que eram (e ainda são, sob a égide da Constituição da República de 1988) do STF.

[66]   Esta informação consta, aliás, do *site* da Presidência da República (<http://www.planalto.gov. br/ccivil_03/leis/L4737.htm>), onde se lê que o art. 22, I, *e* do Código Eleitoral foi suspenso pela RSF nº 132, de 1984. É preciso, porém, perceber o exato alcance da suspensão. Apenas a competência do TSE para julgar mandado de segurança contra ato do Presidente da República foi considerada inconstitucional. As demais competências foram mantidas, como já entendeu o próprio STF (RE 163727, rel. Min. Ilmar Galvão, j. em 7.4.1994). O TSE reconhece sua competência originária nos termos do art. 22, I, *e*, do Código Eleitoral, expurgado este apenas da referência ao Presidente da República, em razão da decisão do STF (TSE, MS 3628-42.2010.6.00.0000, rel. Min. Marco Aurélio, j. em 30.11.2010). Curiosamente, porém, a doutrina parece não se ter dado conta desses fatos. Em várias obras posteriores, há referências ao dispositivo como se ele ainda produzisse todos os seus efeitos. Consulte-se, por exemplo, Joel J. Cândido, *Direito eleitoral brasileiro*, p. 254, que se refere ao art. 22, I, *e*, do Código Eleitoral como se ele ainda fosse plenamente eficaz. De outro lado, um importante autor, Tito Costa, faz alusão à decisão do STF, diz que diante disso o dispositivo se torna "letra morta", mas não alude ao fato de que o mesmo teve parte de sua eficácia suspensa pelo Senado (Tito Costa, *Recursos em matéria eleitoral*, p. 159). Com todas as vênias, mas a suspensão da eficácia, pelo Senado, do dispositivo legal declarado inconstitucional pelo STF faz com que a norma por ele veiculada pare de produzir quaisquer efeitos (assim, por todos, Nagib Slaibi Filho, *Direito constitucional*, p. 241), motivo pelo qual o art. 22, I, *e*, do Código Eleitoral não é mais capaz

TSE é originariamente competente para conhecer de mandado de segurança em matéria eleitoral quando o ato impugnado for de Tribunal Regional Eleitoral ou dos Ministros de Estado.

O Tribunal Superior do Trabalho tem competência originária para julgar mandados de segurança, na forma da Lei nº 7.701/1988. Naquela Corte, cabe à Seção Especializada em Dissídios Coletivos a competência originária para conhecer de mandado de segurança contra ato do Presidente do TST ou por qualquer dos Ministros integrantes daquela Seção *se o ato tiver sido praticado em processo de competência de tal Seção* (art. 2º, I, *d*). De outro lado, cabe à Seção de Dissídios Individuais conhecer, originariamente, de mandado de segurança contra ato do Presidente do Tribunal ou dos seus próprios integrantes *se o ato impugnado tiver sido praticado em processo de sua competência* (art. 3º, I, *b*). Além disso, compete ao Tribunal Pleno conhecer de atos praticados pelo Presidente do TST ou por qualquer de seus Ministros (art. 73, III, *a*, nº 2, do Regimento Interno do TST).[67]

Por força do disposto no art. 108, I, *c*, da Constituição da República, compete aos Tribunais Regionais Federais julgar os mandados de segurança contra atos do próprio Tribunal ou de juízes federais. E nos termos do art. 109, VIII, da Constituição da República, compete aos juízos federais de primeira instância conhecer dos mandados de segurança contra atos de autoridades federais, excetuadas as hipóteses de competência dos Tribunais de Superposição.

Também os Tribunais Regionais do Trabalho e os Tribunais Regionais Eleitorais têm competências originárias para conhecer de mandado de segurança, todas definidas em lei federal. Já os Tribunais de Justiça têm suas competências originárias para conhecer de mandado de segurança fixadas pelas Constituições Estaduais.[68]

Há, também, evidentemente, casos de competência originária dos juízos de Primeira Instância, os quais são fixados por exclusão. Será competente o juízo de Primeira Instância naqueles casos em que não se tenha fixado a competência originária de qualquer tribunal (como se dá, por exemplo, no caso de se impetrar mandado de segurança contra ato de um Presidente de autarquia municipal).

---

de produzir todas as consequências jurídicas a que se destinava. A partir da resolução do Senado, e com o alcance que o próprio STF lhe atribui, a competência originária do TSE para julgar mandado de segurança ficou reduzida (mas não inteiramente eliminada).

[67] Francisco Ferreira Jorge Neto e Jouberto de Quadros Pessoa Cavalcante, *Direito processual do trubalho*, t. II, p. 1.275.

[68] Apenas à guisa de exemplo, cita-se aqui a Constituição do Estado do Rio de Janeiro, cujo art. 161, IV, *e*, prevê a competência originária do Tribunal de Justiça para julgar mandado de segurança contra atos: (1) do Governador; (2) do próprio Tribunal; (3) da Mesa Diretora e do Presidente da Assembleia Legislativa; (4) do Tribunal de Contas do Estado; (5) dos Secretários de Estado; (6) dos Procuradores-Gerais da Justiça, do Estado e da Defensoria Pública; (7) do Prefeito da Capital e dos Municípios com mais de 200.000 eleitores.

Nesse ponto, impõe-se uma última observação acerca dessa terceira função processual da autoridade coatora. É que, nos termos do art. 2º da Lei nº 12.016/2009, considera-se federal a autoridade no caso em que as consequências de ordem patrimonial do ato contra o qual se postulou o mandado de segurança tiverem de ser suportadas pela União ou por alguma entidade por ela controlada (como é o caso das empresas públicas federais ou das sociedades de economia mista controladas pela União). Essa é uma disposição importante por força dos reflexos que provoca na determinação da competência para conhecer do mandado de segurança. É que, nos termos do art. 109, VIII, da Constituição da República, compete aos juízos federais (de Primeira Instância) conhecer de mandado de segurança contra ato de autoridade federal. Assim, sempre que a autoridade coatora seja, na forma do art. 2º da Lei nº 12.016/2009, considerada autoridade federal, o processo do mandado de segurança terá de tramitar perante a Justiça Federal. Isso é relevante principalmente porque no caso de não ter o demandante ido a juízo pela via excepcional do mandado de segurança, mas pelas chamadas "vias ordinárias", aplicar-se-á o disposto no inciso I do art. 109 da Constituição da República, e a Justiça Federal só será competente para conhecer da causa se for parte no processo a União, Empresa Pública Federal ou Autarquia Federal.

Chama a atenção, aqui, a diferença de tratamento estabelecida para o caso das sociedades de economia mista controladas pela União. No caso de se impugnar o ato por elas praticado pela via ordinária, a competência constitucional será da Justiça Estadual; tendo sido impetrado mandado de segurança, a competência constitucional será da Justiça Federal.[69]

Vê-se, pois, que é a partir da autoridade coatora que se define a competência para conhecer do mandado de segurança. Dependendo de quem seja a autoridade responsável pelo ato impugnado se define se a competência é do STF, de algum Tribunal Superior, de tribunal regional ou estadual ou, por fim, de um Juízo de Primeira Instância, da Justiça Especializada ou da Justiça Comum (Federal ou Estadual).

São, pois, três as *funções processuais da autoridade coatora*. Vistas essas três funções, porém, deve-se passar a outro ponto absolutamente fundamental: quem é essa autoridade responsável pelo ato que se impugna através da demanda de mandado de segurança? É o que se passa a ver.

Dispõe o art. 6º, § 3º, da Lei nº 12.016/2009, que se considera autoridade coatora "aquela que tenha praticado o ato impugnado ou da qual emane a ordem para sua prática". Deve ela, de outro lado, e nos termos do inciso LXIX do art. 5º da Constituição da República, ser "autoridade pública ou agente de pessoa jurídica no exercício de atribuições do Poder Público". A estas se equiparam, para fins

---

[69] Afirmou a competência da Justiça Federal para conhecer de mandado de segurança contra ato de dirigente de sociedade de economia mista federal o STJ no julgamento do AgRg no CC 97899/SP, rel. Min. Benedito Gonçalves, j. em 8.6.2011.

de mandado de segurança, nos termos do art. 1º, § 1º, da Lei nº 12.016/2009, os representantes ou órgãos de partidos políticos e os administradores de entidades autárquicas, bem como os dirigentes de pessoas jurídicas ou as pessoas naturais no exercício de atribuições do Poder Público, *somente no que disser respeito a essas atribuições*.

Da conjugação desses dispositivos é que se deve buscar determinar o conceito de autoridade coatora. Importante estudioso do tema já afirmou que

> "autoridade coatora é aquela que detém poder e competência para decidir, ou seja, é a única que, além de poder praticar atos executórios, pratica atos decisórios. É aquela autoridade da qual emana o ato ilegal ou abusivo de poder e a legitima para dispor de condições para restaurar o *status quo ante*. De outro tanto, o agente público é o executor do ato, que pode ou não se confundir na pessoa da autoridade coatora".[70]

Outro importante estudioso do mandado de segurança afirma que autoridade coatora é "a pessoa que ordena a prática ou a abstenção impugnáveis", isto é, "a que efetivamente pratica o ato lesivo; e não outra que, conquanto hierarquicamente superior, não se envolve na prática do ato". Aduz, ainda, que "'ordenar', aí, significa determinar específica e impositivamente, sem possibilidade de contraste, o desempenho comissivo ou omissivo. Ou seja, a autoridade coatora, por integração de sua vontade, concretiza a lesão ou a ameaça ao direito individual".[71]

A jurisprudência tem caminhado neste mesmo sentido, afirmando-se, reiteradamente, que autoridade coatora é aquela que "pratica ou ordena a prática do ato administrativo concreto, que materializa a norma geral e abstrata anteriormente editada".[72] Ou, como se disse em outra decisão, "a autoridade coatora, para fins de impetração de mandado de segurança, é aquela que pratica ou ordena, de forma concreta e específica, o ato ilegal, ou, ainda, aquela que detém competência para corrigir a suposta ilegalidade".[73] Mais acurada, porém, foi a afirmação feita neste outro aresto: "autoridade coatora, no mandado de segurança, é aquela que pratica, ordena *ou omite* a prática do ato impugnado".[74]

Coatora é a autoridade que pratica, ordena ou omite o ato. Não seu mero executor.[75] Nem é autoridade coatora quem não *ordena*, mas apenas *recomenda*

---

[70] Antonio César Bochenek, A autoridade coatora e o ato coator no mandado de segurança individual, *in* Cassio Scarpinella Bueno, Eduardo Arruda Alvim e Teresa Arruda Alvim Wambier (Coord.), *Aspectos polêmicos e atuais do mandado de segurança – 51 anos depois*, p. 55.

[71] Sérgio Ferraz, *Mandado de segurança*, p. 98-99.

[72] STJ, MS 15104/DF, rel. Min. Laurita Vaz, j. em 25.4.2012.

[73] STJ, AgRg nos EDcl no RMS 23429/PA, rel. Min. Jorge Mussi, j. em 20.3.2012.

[74] STJ, RMS 21082/BA, rel. Min. Celso Limongi, j. em 4.11.2010 (o grifo não está no original).

[75] STJ, RMS 28213/DF, rel. Min. Laurita Vaz, j. em 22.11.2011.

que o ato administrativo seja praticado.[76] Não é, tampouco, autoridade coatora aquela que fixa as regras gerais a serem observadas pela Administração Pública, mas não tem ingerência nem atribuição para atuar no caso concreto, cumprindo eventual determinação judicial.[77]

Não obstante pareça simples determinar quem seja a autoridade coatora, há aspectos que precisam ser esmiuçados.

Em primeiro lugar, impõe-se ter claro que, segundo entendimento pacífico, autoridade coatora é aquela que tem competência para a prática do ato ou sua correção *no momento da impetração do mandado de segurança*. Este é entendimento firmado no Supremo Tribunal Federal, como se pode ver pela seguinte ementa:[78]

"RECURSO ORDINÁRIO. MANDADO DE SEGURANÇA. REFORMA AGRÁRIA. AUTORIDADE COATORA. PAGAMENTO DE EXPURGOS INFLACIONÁRIOS E/OU JUROS MORATÓRIOS E COMPENSATÓRIOS SOBRE TÍTULOS DA DÍVIDA AGRÁRIA (TDA) CONCEDIDOS POR MEIO DE AÇÃO ORDINÁRIA. ILEGITIMIDADE PASSIVA DO MINISTRO DE ESTADO DA FAZENDA APÓS A PUBLICAÇÃO DA PORTARIA N. 141/2008 [11.7.08]. COMPETÊNCIA DO SECRETÁRIO DO TESOURO NACIONAL. RECURSO IMPROVIDO. 1. *A autoridade administrativa legítima para figurar no polo passivo da impetração é a competente para a prática do ato no momento do ajuizamento do writ.* 2. A competência para o pagamento de expurgos inflacionários, juros compensatórios e juros moratórios dos títulos da dívida agrária reconhecidos em ação ordinária a partir de 11.7.08 é do Secretário do Tesouro Nacional, nos termos do disposto nos artigos 1º, I e II, 20, VI e IX, e 23, III, do Regimento Interno da Secretaria do Tesouro Nacional, aprovado pela Portaria do Ministério da Fazenda n. 141, de 10.7.08. Recurso ordinário a que se nega provimento."

Isso pode levar, como facilmente se vê, a que se indique como autoridade coatora pessoa natural diversa daquela que efetivamente tenha praticado o ato (ou ordenado sua prática). Nenhum problema há nisso, porém. É que todas as fun-

---

[76] Sérgio Ferraz, *Mandado de segurança*, p. 104.

[77] Foi o que decidiu o STF no julgamento do RMS 30536/RJ, rel. Min. Cármen Lúcia, j. em 30.8.2011. Neste processo, impetrou-se mandado de segurança contra ato do Ministro da Educação em que se pretendia obter colação de grau em curso de nível superior, o que lhe fora vedado por não ter prestado o Exame Nacional de Desempenho de Estudantes em razão de não ter sido notificado de forma específica e individualizada de sua seleção para participar de tal exame, e o Pretório Excelso entendeu que o impetrante "não poderia se insurgir contra uma autoridade que não deteria ingerência nem atribuição para determinar o cumprimento de eventual ordem judicial, pois o Ministro da Educação não teria legitimidade para afastar a exigência de regularização do aluno junto àquele órgão, visto que sua atuação estaria restrita à regulamentação dos procedimentos", não podendo, então, afastar a obrigatoriedade de regularização a fim de que pudesse colar grau.

[78] STF, RMS 28193, rel. Min. Eros Grau, j. em 11.05.2010. Não há trecho em itálico no original.

ções processuais da autoridade coatora serão exercidos pelo ocupante do cargo público no momento da propositura da demanda, pouco importando saber se foi ele próprio a praticar o ato (ou a ordenar sua prática) ou seu antecessor. Inclusive prestar informações, o que se dará com base nos registros necessariamente existentes no órgão público, relativos a tudo quanto ali tenha acontecido.

Também é preciso recordar que no caso de ter sido o ato impugnado praticado no exercício de competência delegada, será considerada autoridade coatora aquela que praticou o ato, e não aquela que delegou a competência para praticá-lo. Neste sentido, aliás, foi aprovado o Enunciado nº 510 da Súmula da Jurisprudência Dominante do STF, segundo o qual "praticado o ato por autoridade, no exercício de competência delegada, contra ela cabe o mandado de segurança ou a medida judicial".

Esse verbete sumular foi editado a partir de um único precedente, o MS 18555/ DF, rel. Min. Themístocles Cavalcanti, que foi julgado em 14.6.1968, assim ementado:

> "Ato do Ministro de Estado praticado por delegação. Art. 83, parágrafo único da Constituição e art. 11 da L. 200, de 1967. Transferência da competência, em razão da autoridade que praticou a função delegada. Mandado de segurança. Competência do Tribunal Federal de Recursos."

No seu voto, o eminente Min. Themístocles Cavalcanti, um dos maiores administrativistas que o Brasil já teve, tece pertinentes considerações sobre o tema, que merecem ser aqui transcritas. Diz o saudoso jurista:

> "A primeira questão a ser examinada é a da competência. É ela a seguinte:
>
> No exercício da função delegada, quem a exerce o faz em nome próprio ou em nome da autoridade que a delega.
>
> No ato da delegação o poder delegante transfere também para o seu delegado a jurisdição própria para conhecer do seu ato ou a conserva.
>
> Em outras palavras: o ato é de quem pratica ou continua vinculado à autoridade que delega.
>
> Embora seja prática antiga em nosso sistema administrativo, a delegação se tem limitado à prática de atos de rotina, como o despacho de expediente, mas não tem abrangido a transferência de competência para a prática de atos administrativos.
>
> Foi talvez a Lei 200, de reforma administrativa, em 1967, que primeiro tratou do assunto em seus artigos 11 e 12, sendo que este último dispõe expressamente:
>
> [...]

É óbvio que a única dúvida que poderia haver quanto à delegação é a possibilidade de admiti-la quando a competência é privativa da autoridade que delega, era daí, havendo autorização legislativa, embora genérica, a delegação será legítima e extremamente útil para a administração.

Transferida a competência, nenhuma reserva é feita à autoridade delegante, ficando o delegado responsável pela solução administrativa, e a aplicação da lei.

Nem teria sentido, transferir a função e reservar-se a responsabilidade pelo ato.

Em boa doutrina é a solução. Laubadére (*Traité de Contentieux Administratif*, II, p. 572), distingue a delegação da assinatura, da delegação de funções.

Na primeira, a autoridade delegante apenas autoriza o delegado a assinar o seu expediente. Nesse caso, ele conserva a sua autoridade, e continua a orientar os trabalhos a seu cargo. Apenas distribui com a autoridade delegada o pesado encargo de assinar o expediente.

Na delegação de funções é diferente, porque os fundamentos do ato, as razões de decidir pertencem à autoridade delegada.

É preciso, entretanto, que ela se revista de algumas exigências que se refiram:

1º – ao ato que autoriza a delegação;

2º – ao próprio ato de delegação;

3º – à maneira pela qual é exercida a função delegada.

A inobservância de qualquer das exigências legais pode acarretar a nulidade do ato.

Não temos ainda jurisprudência sobre a matéria e convém firmá-la, acompanhando outros Países que já desenvolvem o seu processo de descentralização administrativa."

E adiante, no exame do caso concreto, afirmou o Min. Themístocles Cavalcanti, com precisão, que não poderia "o Presidente da República responder pelos erros, ou ilegalidades de um ato que não praticou".

Pois a ideia é exatamente esta. Havendo a delegação da função, a competência para a prática do ato passa a ser do delegatário, a quem incumbirá observar as normas jurídicas vigentes de modo a não violar direitos subjetivos quando do exercício da função que lhe tenha sido delegada. Aquele que se sinta lesado (ou ameaçado de lesão) poderá, por óbvio, impetrar mandado de segurança, mas neste caso a autoridade coatora será a delegatária, e não a delegante, a quem não se pode imputar a responsabilidade por atos que não praticou.

Tema mais difícil é o de determinar a autoridade coatora quando se trate de *ato administrativo composto*. Este é ato administrativo composto de uma só manifestação de vontade autônoma, de conteúdo próprio, a que se somam outras, meramente instrumentais, pois que se limitam à verificação da legitimidade do ato de conteúdo próprio, como se dá, por exemplo, no ato de autorização sujeito a outro ato confirmatório.[79] Haverá, pois, um *ato principal*, a que se somará outro, de aprovação ou ratificação.

Há quem sustente que no caso de ser o ato impugnado um ato composto deve-se considerar como autoridade coatora aquela responsável pelo *ato principal*.[80] Não é essa, porém, solução que conte com a adesão de toda a doutrina, havendo quem sustente que se deve verificar o momento da impetração, indicando-se como autoridades coatoras todos aqueles que já se tenham manifestado até então.[81] Aqui a razão está, a meu sentir, com a primeira corrente. Deve-se considerar que a autoridade coatora é a responsável pelo ato principal, o qual é meramente *aprovado* ou *ratificado* por outro órgão administrativo. O mandado de segurança se voltará, por certo, a impugnar o ato principal e, cassado este, também cairá o ato que o tenha aprovado ou ratificado.

Discussão equivalente se tem no caso de *atos administrativos complexos*. Estes se definem como atos administrativos que se formam "pela conjugação de vontades de mais de um órgão administrativo",[82] de que é exemplo a nomeação de um Ministro do Superior Tribunal de Justiça.[83] Pois neste caso há quem entenda que tudo dependerá do momento da impetração, quando se deverá verificar quais vontades já foram manifestadas para que se verifique quem deverá ser considerado autoridade coatora.[84] E há quem entenda que neste caso a autoridade coatora é o responsável pelo último ato integrante do complexo de manifestações de vontades administrativas.[85] Já a jurisprudência se firmou no sentido de que neste caso devem figurar como autoridades coatoras *todas* as participantes na formação do ato administrativo.[86] Tenho para mim que o entendimento correto é o que vem sendo adotado pelos Tribunais. E isso porque há uma diferença fundamental entre o *ato administrativo complexo* e o *ato administrativo composto*, a qual é, a meu sentir, essencial para a solução da questão que aqui se põe.

---

[79]   José dos Santos Carvalho Filho, *Manual de direito administrativo*, p. 130.

[80]   Por todos, Hely Lopes Meirelles, *Mandado de segurança*, p. 65.

[81]   Cassio Scarpinella Bueno, *Mandado de segurança*, p. 23.

[82]   Hely Lopes Meirelles, *Direito administrativo brasileiro*, p. 147.

[83]   Como se sabe, os Ministros do STJ são nomeados pelo Presidente da República a partir de uma lista tríplice que lhe é encaminhada pelo próprio STJ (e que, no caso de vaga destinada a advogado, é formada a partir de uma lista sêxtupla composta pela Ordem dos Advogados do Brasil).

[84]   Cassio Scarpinella Bueno, *Mandado de segurança*, p. 23.

[85]   Hely Lopes Meirelles, *Mandado de segurança*, p. 65.

[86]   Assim, por exemplo, STJ, REsp 113378/DF, rel. Min. Edson Vidigal, j. em 5.5.1998, em cuja ementa se lê: "tratando-se, portanto, de ato complexo, todos os órgãos participantes devem ser considerados como autoridades coatoras".

No assim chamado "ato administrativo composto" são praticados, na verdade, dois (ou mais) atos administrativos distintos, os quais se unem para produzir um só efeito jurídico. Fenômeno diferente se tem, porém, no "ato administrativo complexo". Aqui, na verdade, há *um só ato administrativo*, formado por duas (ou mais) manifestações de vontade. Como já se disse em superior sede doutrinária, "no ato complexo integram-se as vontades de vários órgãos para a obtenção de *um mesmo ato*".[87] Essa diferença foi muito bem apontada por importante jurista brasileira: "Enquanto no ato complexo, fundem-se vontades para praticar *um ato só*, no ato composto, praticam-se dois atos, um principal e outro acessório."[88]

Ora, se no ato administrativo complexo as vontades dos órgãos se fundem para formar *um só e mesmo ato*, uma vez sendo este impugnado por meio de mandado de segurança, todas as autoridades cujas vontades se manifestaram para compor o ato complexo impugnado deverão ser reunidas como autoridades coatoras.[89] Afinal, tem-se aí uma incindibilidade jurídica cuja consequência não pode ser outra que não a necessária reunião de todos os sujeitos participantes da situação jurídica deduzida no processo.[90]

Também merece referência o caso em que o ato impugnado é um ato provindo de um órgão colegiado. Nesse caso, autoridade coatora é o próprio colegiado, e não seu Presidente.[91] A este, porém, como representante do colegiado, caberá prestar informações ao juízo da causa.

Veja-se que a afirmação de que no caso de ato oriundo de colegiado a autoridade coatora é o próprio órgão colegiado e não seu Presidente pode ter relevantes consequências sobre a determinação da competência. Basta pensar naqueles casos em que o Presidente do colegiado é daquelas autoridades para cujos atos se reservou a competência originária de algum tribunal. Considerando-se que a autoridade coatora, na hipótese, não é o Presidente, mas o colegiado, e não ha-

---

[87] Hely Lopes Meirelles, *Direito administrativo brasileiro*, p. 148 (não há itálico no original).

[88] Maria Sylvia Zanella Di Pietro, *Direito administrativo*, p. 169.

[89] Nesse caso, havendo alguma autoridade cuja presença no processo fixe a competência originária de algum tribunal, esta prevalecerá sobre a do órgão jurisdicional inferior.

[90] E é impossível não se fazer, aqui, uma aproximação (mas nada mais do que uma aproximação) entre a necessária presença de duas ou mais autoridades coatoras, responsáveis pela prática de ato administrativo complexo, e o que se tem nas hipóteses de litisconsórcio necessário pela natureza incindível da relação jurídica de direito material deduzida no processo (sobre o tema, seja permitido remeter o leitor ao que vai em Alexandre Freitas Câmara, *Lições de direito processual civil*, v. 1, p. 192-193). Aqui, porém, não se pode propriamente falar em litisconsórcio necessário, já que as autoridades coatoras sequer são partes na demanda de mandado de segurança. Mas a incindibilidade do ato complexo é fundamento da participação necessária, no processo do mandado de segurança, de todas as autoridades que tenham atuado na sua formação.

[91] No sentido do texto, Sérgio Ferraz, *Mandado de segurança*, p. 106. Em sentido contrário, entendendo que neste caso autoridade coatora é o Presidente do colegiado, Hely Lopes Meirelles, *Mandado de segurança*, p. 65.

vendo previsão de competência originária do tribunal para conhecer de mandado de segurança que impugne ato oriundo deste, a competência será dos órgãos jurisdicionais de primeira instância.[92]

Encerro este tópico com uma última consideração: há tremenda discussão na doutrina e na jurisprudência acerca das consequências da equivocada indicação, pelo impetrante, da autoridade coatora. Essa discussão, porém, é influenciada por outra, que lhe é preliminar, e que já foi neste trabalho enfrentada, acerca de ser a autoridade coatora ou não a ocupante do polo passivo da demanda de mandado de segurança. Reafirmo, aqui, então, o que disse anteriormente: a demanda de mandado de segurança é proposta em face da pessoa jurídica (de Direito Público ou Privado, conforme o caso) que terá de suportar os efeitos da decisão postulada pelo impetrante. A autoridade coatora não é, pelas razões já expostas suficientemente, a demandada. Assim, não se pode dizer que o erro na indicação da autoridade deva levar à extinção do processo por ilegitimidade passiva (pois a autoridade sequer é parte na demanda). O mero erro na indicação da autoridade deverá, então, levar o juízo a promover a correção do vício. Deve-se, porém, sempre tomar o cuidado de verificar se o impetrante não terá, *também*, errado na indicação da pessoa jurídica demandada, pois neste caso, sim, ter-se-á uma ilegitimidade passiva que impedirá a apreciação do mérito da causa.

Não sendo ilegítima a pessoa jurídica demandada, porém, não há razão para extinguir-se o processo, mas se deverá, tão somente, corrigir a autoridade coatora. E isso se não for possível manter a própria autoridade indicada pelo impetrante, o que acontecerá nos casos em que seja possível aplicar aquilo que na jurisprudência ficou conhecido como "teoria da encampação". Esta se aplica sempre que a autoridade apontada como coatora não é a responsável pelo ato impugnado,

---

[92] Foi o que corretamente decidiu o Supremo Tribunal Federal ao examinar a questão da competência para conhecer de mandado de segurança contra ato do Conselho Curador do Fundo de Garantia do Tempo de Serviço, o qual é presidido pelo Ministro do Trabalho por força do disposto no art. 3º, § 1º, da Lei nº 8.036/1990. Afirmou o Pretório Excelso que a competência, na hipótese, era do Juízo Federal de Primeira Instância, e não do Superior Tribunal de Justiça (STF, RMS 21560/DF, rel. Min, Marco Aurélio, j. em 24.11.1992). Nesta decisão se faz alusão a um precedente ainda mais antigo, da lavra do eminente Min. Pedro Chaves, julgado em 1962. No mesmo sentido, vale mencionar o Enunciado 177 da Súmula do STJ: "O Superior Tribunal de Justiça é incompetente para processar e julgar, originariamente, mandado de segurança contra ato de órgão colegiado presidido por Ministro de Estado." Merece referência, aqui, porém, o entendimento do STJ acerca de sua competência originária no especial caso em que o órgão impugnado provém de colegiado formado exclusivamente por Ministros de Estado (como é o caso da Câmara de Comércio Exterior, formada pelos Ministros do Desenvolvimento, Indústria e Comércio Exterior, Chefe da Casa Civil, Fazenda, Planejamento, Orçamento e Gestão, Relações Exteriores, Agricultura, Pecuária e Abastecimento). Este entendimento, acertado (já que todos os integrantes do colegiado têm a função de fixar a competência do STJ para conhecer do mandado de segurança), foi afirmado pioneiramente por aquela Corte Superior no julgamento da Rcl 1887/ES, rel. Min. Luiz Fux, j. em 22.11.2006, e reproduzido em julgados posteriores, de que é exemplo o acórdão proferido no MS 14670/DF, rel. Min. Humberto Martins, j. em 9.12.2009.

mas – sendo superior a ela – presta informações e *encampa* o ato praticado pela autoridade inferior, afirmando sua legitimidade.[93]

§ 10. Litisconsórcio, intervenção de terceiros e *amicus curiae* no processo do mandado de segurança

Não se pode falar dos sujeitos do processo que se forma em sede de mandado de segurança sem que se teçam algumas considerações acerca de litisconsórcio e intervenção de terceiros nesse tipo de processo. É preciso, ainda, tratar de temas afins a estes, como é o caso da intervenção do *amicus curiae*. É o que se passa a fazer.

A respeito do litisconsórcio,[94] qualquer raciocínio em matéria de mandado de segurança deve ser feito a partir do fato de que o art. 24 da Lei nº 12.016/2009 afirma, expressamente, que se aplicam a esse tipo de processo os arts. 46 a 49 do Código de Processo Civil, que são, como sabido, os artigos que tratam do litisconsórcio.

Este dispositivo reproduz, ainda que com redação distinta, o que constava do art. 19 da Lei nº 1.533/1951 (que dispunha: "Aplicam-se ao processo do mandado de segurança os artigos do Código de Processo Civil que regulam o litisconsórcio"). Trata-se de disposição legal que em nada contribui para a melhoria do sistema, e que não deveria sequer existir.[95]

A disposição contida no art. 24 da Lei nº 12.016/2009 veicula regra jurídica que pode servir para gerar uma inaceitável interpretação restritiva da aplicação subsidiária do Código de Processo Civil ao processo do mandado de segurança (tema sobre o qual já se falou em tópico anterior deste trabalho) por conta da

---

[93] O STJ admitiu a aplicação da "teoria da encampação", por exemplo, ao julgar o REsp 1185275/PR, rel. Min. Mauro Campbell Marques, j. em 5.4.2011. Neste acórdão, afirmou a Corte Superior que a aplicação dessa teoria exige a presença de três requisitos: (a) discussão do mérito nas informações; (b) subordinação hierárquica entre a autoridade efetivamente coatora e a apontada como tal pela petição inicial; (c) inexistência de modificação de competência. Os mesmos critérios para aplicação da "teoria da encampação" já vinham sendo apontados em precedentes anteriores, como no acórdão proferido no julgamento do REsp 818473/MT, rel. Min. Luiz Fux, j. em 14.12.2010. O *leading case* a respeito da matéria, porém, foi o acórdão proferido no julgamento do MS 10484/DF, rel. Min. José Delgado, j. em 24.8.2005.

[94] Desnecessário alongar qualquer explicação sobre o litisconsórcio nesta sede. Basta recordar aqui que litisconsórcio é "presença simultânea de pessoas que, de alguma forma, adquiriram a qualidade de autores ou de réus no mesmo processo" (Cândido Rangel Dinamarco, *Litisconsórcio*, p. 39-40).

[95] Como disse, com precisão, Cassio Scarpinella Bueno, "a repetição das regras, com o devido respeito, é incompreensível nos dias de hoje e, infelizmente, tem condições de fornecer elementos para interpretações restritivas relativas à aplicação subsidiária do Código de Processo Civil ao mandado de segurança com o que, insista-se, não há como e por que concordar" (*A nova lei do mandado de segurança*, p. 188).

equivocada invocação da parêmia *inclusio unius, exclusio alterius*. Sobre o ponto, vale transcrever aqui a precisa lição do mestre Barbosa Moreira, escrita ainda sob a égide da Lei nº 1.533/1951, mas ainda válida:[96]

> "Objeta-se que às vezes a Lei nº 1.533 faz remissão expressa a dispositivos do Código, em matérias específicas: requisitos da petição inicial (art. 6º), litisconsórcio (art. 19). Daí se pretende inferir que em tudo mais ficaria preexcluída a incidência das regras codificadas. É um exemplo didático dos péssimos resultados hermenêuticos a que se corre o risco de chegar pela invocação mecânica e inconsiderada do princípio (de valor muito relativo) *inclusio unius, exclusio alterius*.
>
> Com efeito: a ser exata a ilação, de que maneira verificará o juiz, no processo do mandado de segurança, se está ou não impedido de exercer função judicante, se a parte é ou não capaz, se um ato foi ou não praticado tempestivamente etc.? A existência de remissões expressas, cujo número é reduzidíssimo, apenas mostra a preocupação do legislador em *explicitar* certos pontos, que por uma ou outra razão lhe terão parecido mais importantes, ou mais suscetíveis de causar dúvida. Não autoriza, em absoluto, as consequências extremas que dela se quer tirar."

Certo é, porém, que – existindo ou não o texto deste art. 24 da Lei nº 12.016/2009 – é admissível a formação de litisconsórcio no processo do mandado de segurança.

Sobre o cabimento do litisconsórcio ativo não há dúvidas. Este é admissível, sendo sempre facultativo. Nada impede que impetrantes, em situações jurídicas afins, valham-se de um só processo de mandado de segurança para postular proteção para seus direitos líquidos e certos, lesados ou ameaçados de lesão por atos de autoridade. Surge aqui, porém, um problema, criado pelo disposto no art. 10, § 2º, da Lei nº 12.016/2009. É que este dispositivo afirma que "o ingresso de litisconsorte ativo não será admitido após o despacho da petição inicial".

Trata-se, aí, de regulamentar a *intervenção litisconsorcial voluntária*. Esta pode ser definida como o ingresso, em processo já instaurado, de alguém que pretende ser litisconsorte ativo, fazendo valer direito próprio. É o que se dá, por exemplo, quando um servidor público impetra mandado de segurança para buscar alguma vantagem pecuniária (como algum adicional em sua remuneração) e, posteriormente, outro servidor, titular de situação jurídica conexa, pretende intervir no processo como litisconsorte para o fim de obter, ele também, idêntica vantagem.

Sempre houve, em doutrina, grande debate acerca da admissibilidade da intervenção litisconsorcial voluntária. Argumentos favoráveis à sua admissão foram

---

[96] José Carlos Barbosa Moreira, Recorribilidade das decisões interlocutórias no processo do mandado de segurança, *in* José Carlos Barbosa Moreira, *Temas de direito processual* – sexta série, p. 213-214.

apresentados por muitos juristas,[97] enquanto outros se manifestaram contrariamente à sua admissão.[98]

Na jurisprudência anterior à Lei nº 12.016/2009, o Superior Tribunal de Justiça tinha firmado entendimento no sentido de que o ingresso de litisconsorte ulterior no processo, após a propositura da demanda, é inadmissível por violar o princípio do juiz natural, já que permite ao interveniente escolher o juiz da sua causa. Nesse sentido, vale conferir a seguinte decisão:[99]

> "MANDADO DE SEGURANÇA. CONTRIBUIÇÃO PREVIDENCIÁRIA. ADMINISTRADORES, AUTÔNOMOS E AVULSOS. INCONSTITUCIONALIDADE. PRESCRIÇÃO. TESE DO 'CINCO MAIS CINCO'. LITISCONSÓRCIO ATIVO FACULTATIVO POSTERIOR AO AJUIZAMENTO DA AÇÃO. IMPOSSIBILIDADE. EXTINÇÃO DO PROCESSO SEM JULGAMENTO DE MÉRITO.
>
> I – A inclusão de litisconsortes ativos facultativos em momento ulterior ao ajuizamento da ação fere o princípio do juiz natural, insculpido no art. 5º, incisos XXXVII e LIII, da CF/88, independentemente da apreciação da liminar e da efetivação da citação do réu. Precedente: REsp nº 24.743/RJ, Rel. Min. EDSON VIDIGAL, DJ de 14/09/98.
>
> II – Não há que se falar em incompetência absoluta do juízo, seja material, seja funcional, suficiente para determinar a redistribuição do feito ao juiz competente (art. 113, § 2º, do CPC), na hipótese de o julgador indeferir a inclusão de litisconsortes ativos na lide, pois ocorreu, na verdade, distribuição irregularmente dirigida.
>
> III – A Primeira Seção do Superior Tribunal de Justiça, no julgamento dos Embargos de Divergência no Recurso Especial nº 435.835-SC (relator para o acórdão Ministro José Delgado), firmou o entendimento de que, na hipótese de tributo sujeito a lançamento por homologação, o prazo prescricional para se pleitear a compensação ou a restituição do crédito tributário somente se opera quando decorridos cinco anos da ocorrência do fato gerador, acrescidos de mais cinco anos, contados a partir da homologação tácita.
>
> Precedentes: REsp nº 422.531/MG, Rel. Min. JOÃO OTÁVIO DE NORONHA, DJ de 30/06/04; AGREsp nº 615.819/RS, Rel. Min. LUIZ FUX, DJ

---

[97] Por todos, Cândido Rangel Dinamarco, *Litisconsórcio*, p. 337-340.

[98] Neste sentido, entre outros, Nelson Nery Júnior e Rosa Maria Andrade Nery, *Código de Processo Civil comentado*, p. 220. Sustentei este entendimento desde sempre, como se pode ver em Alexandre Freitas Câmara, *Lições de direito processual civil*, v. 1, p. 202-203.

[99] STJ, REsp 931535/RJ, rel. Min. Francisco Falcão, j. em 25.10.2007. O *leading case* sobre a matéria no STJ é o acórdão proferido no julgamento do AgRg no MS 615/DF, rel. Min. Bueno de Souza, j. em 13.6.1991. Neste *leading case*, registre-se, foi afirmado que não seria admissível a intervenção litisconsorcial voluntária em mandado de segurança após o pedido de informações à autoridade coatora.

de 28/06/04 e REsp nº 614.002/RS, Rel. Min. JOSÉ DELGADO, DJ de 31/05/04.

IV – Recursos especiais de SUPERMOTOR COMÉRCIO E IMPORTAÇÃO DE EQUIPAMENTOS AUTOMOTIVOS LTDA. e OUTROS e de TRANSPORTES SANTA MARIA LTDA. e OUTRO IMPROVIDOS e apelo especial do INSTI-TUTO NACIONAL DO SEGURO SOCIAL – INSS PROVIDO."

A jurisprudência do STJ veio, então, se firmando no sentido de não se admitir a intervenção de litisconsortes ativos após a distribuição da petição inicial. Veja--se, por exemplo, esta outra decisão:[100]

"PROCESSUAL CIVIL. OFENSA AO ART. 535 DO CPC NÃO CONFIGURADA. LITISCONSÓRCIO FACULTATIVO ATIVO ULTERIOR. IMPOSSIBILIDADE. VIOLAÇÃO DO PRINCÍPIO DO JUIZ NATURAL. ALÍNEA 'C'. NÃO-DEMONS-TRAÇÃO DA DIVERGÊNCIA.

1. A solução integral da controvérsia, com fundamento suficiente, não caracteriza ofensa ao art. 535 do CPC.

2. Inadmissível a formação de litisconsórcio facultativo ativo após a distribuição do feito, sob pena de violação ao Princípio do Juiz Natural, em face de propiciar ao jurisdicionado a escolha do juiz.

Precedentes do STJ.

3. A divergência jurisprudencial deve ser comprovada, cabendo ao recorrente demonstrar as circunstâncias que identificam ou assemelham os casos confrontados, com indicação da similitude fática e jurídica entre eles. Indispensável a transcrição de trechos do relatório e do voto dos acórdãos recorrido e paradigma, realizando-se o cotejo analítico entre ambos, com o intuito de bem caracterizar a interpretação legal divergente. O desrespeito a esses requisitos legais e regimentais (art. 541, parágrafo único, do CPC e art. 255 do RI/STJ) impede o conhecimento do Recurso Especial, com base no art. 105, III, 'c', da Constituição Federal.

4. Agravo Regimental não provido."

Tenho para mim que, não obstante o disposto no § 2º do art. 10 da Lei nº 12.016/2009, não há como admitir-se a intervenção de litisconsortes ativos em mandado de segurança após a distribuição da petição inicial. É que neste caso ter-

---

[100] STJ, AgRg no REsp 1022615/RS, rel. Min. Herman Benjamin, j. em 10.3.2009. Para meu desvanecimento, neste precedente o eminente Ministro Herman Benjamin fez expressa referência à opinião por mim manifestada nas minhas *Lições de direito processual civil* acerca do tema, no sentido de que a intervenção litisconsorcial voluntária viola o princípio do juiz natural por ser uma forma de permitir ao interveniente a escolha do juiz de sua causa, elegendo-o livremente.

-se-á criado a possibilidade de o interveniente, após a distribuição (e, portanto, já sabendo quem será o juiz da causa, o que lhe permitirá verificar a conveniência de se submeter à sua decisão ou não), decidir se ingressa ou não no processo. O § 2º do art. 10 da Lei nº 12.016/2009, então, viola aquilo que no direito alemão ficou conhecido como *Willkürverbot*, o "princípio da proibição da escolha do juiz",[101] o qual é um corolário do princípio do juiz natural. É, pois, inconstitucional este § 2º do art. 10 da Lei nº 12.016/2009, não se podendo admitir a intervenção de litisconsortes ativos após a impetração do mandado de segurança.[102]

Em relação ao litisconsórcio passivo, a questão que se põe em sede de mandado de segurança é bastante diferente. Aqui se trata de examinar em que casos haverá a formação de *litisconsórcio passivo necessário* neste tipo de processo.

Pois é pacífico o entendimento de que deverá figurar no polo passivo da demanda de mandado de segurança, como litisconsorte passivo necessário da pessoa jurídica (de Direito Público ou Privado) a que pertença a autoridade coatora, o *beneficiário do ato impugnado* pelo impetrante.[103] Afinal, como ensinou um dos mais notáveis estudiosos do tema,

> "toda vez que o mandado de segurança implicar modificação da posição jurídica de outras pessoas, que foram diretamente beneficiadas pelo ato impugnado, ou, mais precisamente, quando a sentença modificar o direito subjetivo criado pelo ato impugnado em favor de outras pessoas, haverá 'litisconsórcio necessário', e a sentença não poderá ser dada sem que esses terceiros sejam citados como partes passivas na ação. Se o impetrante não tiver pedido a citação, deverá o juiz determiná-la, na forma do art. 47, parágrafo único, do Código de Processo Civil".[104]

Este entendimento é firme também em sede jurisprudencial, tendo o Supremo Tribunal Federal, inclusive, aprovado um Enunciado Sumular (nº 631), segundo o qual "extingue-se o processo de mandado de segurança se o impetrante não promove, no prazo assinado, a citação do litisconsorte passivo necessário" (o que

---

[101]   Nelson Nery Júnior, *Princípios do processo na Constituição Federal*, p. 136.

[102]   Em sentido aproximado, Eduardo Arruda Alvim, *Mandado de segurança*, p. 41; Bruno Garcia Redondo, Guilherme Peres de Oliveira e Ronaldo Cramer, *Mandado de segurança*, p. 117. Não parece ver qualquer inconstitucionalidade no dispositivo André Ramos Tavares, *Manual do novo mandado de segurança*, p. 52.

[103]   Assim, na doutrina, Carlos Alberto Menezes Direito, *Manual do mandado de segurança*, p. 111, para quem "o litisconsorte passivo necessário, que deve ser citado, é aquele em favor do qual foi praticado o ato da autoridade apontada como coatora".

[104]   Celso Agrícola Barbi, *Do mandado de segurança*, p. 148.

Sujeitos do Processo do Mandado de Segurança Individual **81**

nada mais é do que a afirmação de que incide, no processo do mandado de segurança, a regra prevista no art. 47 e seu parágrafo único do CPC).[105]

Sempre que o ato impugnado tiver beneficiado alguém, pois, este beneficiário será litisconsorte passivo necessário da pessoa jurídica (pública ou privada) que normalmente já figuraria no polo passivo da demanda de mandado de segurança. Este é entendimento que conta, também, com o apoio da jurisprudência, como se pode ver por antiga ementa de acórdão do Supremo Tribunal Federal, proferido ainda ao tempo da legislação anterior à atual:[106]

> "Mandado de segurança. Litisconsórcio passivo necessário. Se o ato impugnado conferiu direito subjetivo em favor de terceiro, este há de ser citado para integrar a lide, como parte passiva, pois a decisão a ser proferida diz diretamente com sua situação jurídica, e assim, não é lícito impedir participe o terceiro do devido processo legal, omitindo seu chamamento a juízo, a fim de se defender. Inteligência do art. 19 da lei n. 1.533, de 31.12.51, com a redação da lei n. 6.071, de 3.7.74, e do art. 47 do CPC. Precedentes do S.T.F. Conhecimento e provimento parcial do recurso."

O caso era de um mandado de segurança impetrado por síndico de falência contra ato de juiz que acolheu uma proposta de venda dos ativos da sociedade falida, determinando a expedição de alvará de venda dos bens, quando os pareceres do síndico, do Ministério Público e dos credores privilegiados indicavam que a proposta que deveria ser aceita era a que tinha sido feita por outro interessado. Entendeu o Supremo Tribunal Federal, com razão, que a autora da proposta acolhida pelo ato impugnado deveria ter sido citada, como litisconsorte passiva necessária, no processo do mandado de segurança. O voto do relator, apoiado em anteriores precedentes do próprio STF e em decisão do Tribunal de Justiça de São Paulo, além de opinião doutrinária,[107] entendeu que se o mandado de segurança tem por objetivo desconstituir ato que criou direito subjetivo para alguém, seu titular deve participar do processo como litisconsorte necessário passivo. E este é entendimento absolutamente tranquilo, desde sempre, em sede jurisprudencial.

Mais complexo é o exame do cabimento da *intervenção de terceiros* no processo do mandado de segurança. Pois é esse exame que se passa a fazer.

Inicialmente, é de se dizer que algumas modalidades de intervenção de terceiro são, evidentemente, inadmissíveis no processo do mandado de segurança, por não haver qualquer relação entre as finalidades deste e o objeto delas. Assim

---

[105] O que, aliás, é dito expressamente, por exemplo, em um dos precedentes indicados na Súmula como tendo servido de base para a formulação do referido enunciado: STF, MS 21496 QO, rel. Min. Moreira Alves, j. em 5.2.1993.

[106] STF, RE 91246/BA, rel. Min. Cordeiro Guerra, j. em 3.11.1981.

[107] Do mestre Hely Lopes Meirelles.

82 Manual do Mandado de Segurança • Câmara

é que não se pode cogitar de *oposição*, nomeação à autoria, denunciação da lide ou chamamento ao processo em sede de mandado de segurança.[108]

Tem-se admitido, de outro lado, a assistência, em ambas as suas modalidades (*simples* e *qualificada ou litisconsorcial*).[109] Sobre ela, então, é preciso tecer algumas considerações.

Já se afirmou em nobre sede doutrinária que

"a assistência é o instituto pelo qual um terceiro ingressa voluntariamente em feito pendente para atuar, de forma mais ou menos livre, em prol de uma das partes (assistido) objetivando obter decisão favorável a ela e beneficiar-se dos efeitos dessa decisão. Seu ingresso em juízo não altera a estrutura subjetiva ou objetiva da demanda originária. As partes (autor e réu) e o objeto da ação (o que havia sido pedido pelo autor em face do réu) não sofrem qualquer modificação, apesar de sua intervenção".[110]

Ora, pode evidentemente acontecer de um terceiro, titular de interesse jurídico em que uma das partes (o impetrante ou a pessoa jurídica impetrada) obtenha, no processo do mandado de segurança, sentença favorável, querer intervir no processo para assisti-la.[111]

---

[108] Sobre o não cabimento dessas figuras no processo do mandado de segurança, Cassio Scarpinella Bueno, *A nova lei do mandado de segurança*, p. 191.

[109] Admite expressamente a assistência no processo do mandado de segurança Luiz Fux, Comentário ao art. 24, *in* Napoleão Nunes Maia Filho, Caio Cesar Vieira Rocha e Tiago Asfor Rocha Lima (Org.). *Comentários à nova lei do mandado de segurança*, p. 356.

[110] Cassio Scarpinella Bueno, *Partes e terceiros no processo civil brasileiro*, p. 135. Na mais clássica doutrina italiana, falou Sergio Costa, tratando do *intervento adesivo in senso stretto*, que este seria "a intervenção do terceiro que, tendo um interesse próprio, sustenta as razões de uma das partes" (Sergio Costa, *L'intervento in causa*, p. 36).

[111] O Supremo Tribunal Federal, porém, já decidiu no sentido de não ser admissível a intervenção de assistente em processo de mandado de segurança: STF, MS 26552 AgR-AgR/DF, rel. Min. Celso de Mello, j. em 22.11.2007, assim ementado: "Mandado de segurança – Petição inicial desacompanhada dos documentos necessários à comprovação liminar dos fatos alegados – Indispensabilidade de prova pré-constituída – Conceito de direito líquido e certo – Fatos incontroversos e incontestáveis – Pretendida intervenção de terceiro, na condição de 'amicus curiae', no processo mandamental – Inadmissibilidade – Recursos de agravo improvidos. – Refoge, aos estreitos limites da ação mandamental, o exame de fatos despojados da necessária liquidez, não se revelando possível a instauração, no âmbito do processo de mandado de segurança, de fase incidental de dilação probatória. Precedentes. – A noção de direito líquido e certo ajusta-se, em seu específico sentido jurídico-processual, ao conceito de situação decorrente de fato incontestável e inequívoco, suscetível de imediata demonstração mediante prova literal pré-constituída. Precedentes. – Não se revela juridicamente possível a invocação da Lei nº 9.868/99 (art. 7º, § 2º) para justificar o ingresso de terceiro interessado, em mandado de segurança, na condição de 'amicus curiae'. É que a Lei nº 9.868/99 – por referir-se a processos de índole eminentemente objetiva, como o são os processos de controle normativo abstrato (RTJ 113/22 – RTJ 131/1001 – RTJ 136/467 – RTJ 164/506-507, *v. g.*) – não se aplica aos processos de caráter meramente subjetivo, como o processo mandamental. – Não se revela

Há na doutrina, é certo, quem negue o cabimento da assistência no processo do mandado de segurança.[112] Este entendimento, porém, é – com todas as vênias devidas – inaceitável. A assistência é perfeitamente compatível com o processo do mandado de segurança, dada a aplicabilidade subsidiária do Código de Processo Civil à Lei nº 12.016/2009 (já demonstrada em capítulo anterior deste trabalho). O fato de a lei de regência só fazer expressa referência ao cabimento do litisconsórcio, à toda evidência, não é suficiente para excluir a assistência, de todo compatível com o instituto do mandado de segurança.

A melhor doutrina tem admitido a assistência em mandado de segurança.[113] E não há, mesmo, motivo para não a admitir. A assistência, como diz o art. 50, parágrafo único, do CPC, é admissível em todos os tipos de procedimento. Até mesmo no procedimento sumário, que em tese deve ser bastante concentrado, ela é admitida (art. 280 do CPC). E nenhum incidente pode aí ser provocado que se revele capaz de atrasar o procedimento (como temem alguns autores). Basta recordar que o incidente processual que se instaura no caso de alguma das partes da demanda impugnar o requerimento de intervenção do terceiro como assistente não suspende o processo (art. 51, I, do CPC).

Há precedentes – poucos, é verdade – admitindo a intervenção de assistente em processo de mandado de segurança.[114] Mas não há qualquer razão para que

---

admissível a intervenção voluntária de terceiro, 'ad coadjuvandum', na condição de assistente, no processo de mandado de segurança. Doutrina. Precedentes." No seu voto, em que cita precedentes do próprio STF e o escólio doutrinário do saudoso Min. Carlos Alberto Menezes Direito, o relator afirma que a lei do mandado de segurança "restringiu a intervenção de terceiros, no procedimento do *writ*, ao instituto do litisconsórcio". Com todas as vênias ao eminente Min. Celso de Mello, nem há na lei essa restrição, nem o litisconsórcio é uma modalidade de intervenção de terceiros...

[112]   Assim, por exemplo, Mantovanni Colares Cavalcante, *Mandado de segurança*, p. 197, para quem a assistência é inadmissível no processo do mandado de segurança por criar "incidentes processuais que certamente afetarão o ritmo sumário [a] que a causa deve se submeter". No mesmo sentido, Fernando Gonzaga Jayme, *Mandado de segurança*, p. 105.

[113]   André Vasconcelos Roque e Francisco Carlos Duarte, *Mandado de segurança*, p. 188; José Henrique Mouta Araújo, *Mandado de segurança*, p. 218-219. Consideram cabível a assistência simples, mas não a litisconsorcial, José Miguel Garcia Medina e Fábio Caldas de Araújo, *Mandado de segurança individual e coletivo*, p. 233.

[114]   Assim, por exemplo, a decisão proferida pelo TJRJ no julgamento da Apelação Cível 0000066-18.2005.8.19.0028, rel. Des. Caetano Fonseca Costa, j. em 8.11.2005, assim ementado: "Mandado de Segurança. Validade de questões incluídas em concurso público, que se alega fora dos limites do edital. Sentença de parcial acolhimento. Reforma do julgado. Denegação da ordem. Conhecimento e Provimento de ambos os Recursos. Inicialmente deve ser conhecida a 1ª Apelação. Não se tem notícia do Agravo mas o certo é que a Apelante ostenta real interesse no litígio, por isso que se admite sua intervenção, na qualidade de Assistente. No mérito provimento de ambas as Apelações. As questões impugnadas, relativas ao Estatuto do Idoso, da Criança e do Adolescente têm nítida vinculação com o serviço a ser prestado pelo SUS, notoriamente no campo do atendimento aos seus associados. Matéria que não era estranha ao âmbito do edital, que incluía toda legislação pertinente. Reforma da sentença. Denegação da ordem. Recursos providos."

se negue, em tese, o cabimento da assistência. Pense-se, por exemplo, no caso de mandado de segurança impetrado por espólio.[115] Não há qualquer razão para não se admitir, em um caso assim, a intervenção como assistente de qualquer dos herdeiros.[116]

Outra modalidade de intervenção de terceiro cabível no processo do mandado de segurança é o *recurso de terceiro*.[117] Basta dizer que aqueles mesmos terceiros que poderiam intervir como assistentes também podem interpor recurso contra decisões proferidas no curso do processo do mandado de segurança. Mas, além disso, é preciso considerar a existência, na Lei nº 12.016/2009, de uma regra específica acerca do cabimento de recurso de terceiro. Trata-se do disposto no art. 14, § 2º, por força do qual "estende-se à autoridade coatora o direito de recorrer".

Trata-se, sem dúvida, da expressa afirmação da legitimidade da autoridade coatora para recorrer como *terceiro*.[118] Afinal, pode acontecer de a decisão afetar diretamente sua esfera individual de interesses, e não se poderia mesmo impedir que a autoridade coatora impugnasse a decisão – cujos efeitos podem vir a atingi-la – vedando o recurso.[119] Veja-se, porém, que a autoridade está legitimada a recorrer para defender interesse próprio,[120] razão pela qual deverá demonstrar, na petição de interposição do recurso, que tem interesse jurídico na causa e que a decisão recorrida acarreta prejuízo à sua esfera de interesses.[121] Além disso, sempre vale a pena frisar que, por se tratar este recurso de ato postulatório, terá ele de ser subscrito por advogado (não podendo ser subscrito pela própria autoridade, como esta faz com as informações, a não ser que esteja ela legalmente habilitada a advogar).

---

[115] Perceba-se que não é sequer objeto de discussão a possibilidade de um espólio impetrar mandado de segurança. Veja-se, por exemplo, o mandado de segurança julgado pelo STF sob o nº MS 25870/DF, rel. Min. Marco Aurélio, j. em 1º.9.2011.

[116] A hipótese é de assistência qualificada ou litisconsorcial, conforme a mais autorizada doutrina. Confira-se, sobre o ponto, Genacéia da Silva Alberton, *Assistência litisconsorcial*, p. 108-110.

[117] Inegável que o recurso de terceiro é modalidade de intervenção de terceiro. Sobre o ponto, confira-se a mais importante obra já escrita sobre a matéria no Brasil: Fredie Didier Júnior, *Recurso de terceiro – juízo de admissibilidade*, p. 37.

[118] Nesse sentido, entre outros, Bruno Garcia Redondo, Guilherme Peres de Oliveira e Ronaldo Cramer, *Mandado de segurança*, p. 122; José Miguel Garcia Medina e Fábio Caldas de Araújo, *Mandado de segurança individual e coletivo*, p. 170; Mauro Luís Rocha Lopes, *Comentários à nova lei do mandado de segurança*, p. 129. Contra, entendendo que a autoridade coatora recorre na qualidade de parte (mas coerentemente com sua ideia de que há litisconsórcio necessário passivo entre a autoridade coatora e a pessoa jurídica que ela integra), Cassio Scarpinella Bueno, *A nova lei do mandado de segurança*, p. 112.

[119] Deixe-se claro que a autoridade coatora tem legitimidade para a interposição de qualquer recurso, e não só a apelação.

[120] Como corretamente decidiu o STJ, REsp 264632/SP, rel. Min. Maria Thereza de Assis Moura, j. em 4.9.2007.

[121] Alexandre Freitas Câmara, *Lições de direito processual civil*, v. 1, p. 237.

Sujeitos do Processo do Mandado de Segurança Individual **85**

Não se pode pôr termo a este item sem algumas considerações acerca da intervenção, no processo do mandado de segurança, do *amicus curiae*. Este pode ser definido como "sujeito processual, pessoa natural ou jurídica, de representatividade adequada, que atua em processos objetivos e alguns subjetivos cuja matéria for relevante".[122] Sujeito enigmático,[123] o *amicus curiae* intervém no processo para ampliar o contraditório e, com isso, conferir legitimidade democrática ao seu resultado.[124]

Já não há mais espaço para se questionar o cabimento da intervenção, no direito processual, do *amicus curiae*. Previsto em vários diplomas,[125] o *amicus curiae* tem sido reiteradamente admitido pelos tribunais brasileiros (como facilmente se vê ao pesquisar o tema nas páginas eletrônicas mantidas pelas Cortes, especialmente o STF e o STJ). A questão que aqui se põe, todavia, é a de saber se é admissível – e, caso positivo, em que limites – a intervenção do *amicus curiae* no processo do mandado de segurança.

O Supremo Tribunal Federal já teve oportunidade de enfrentar a questão, e decidiu que não seria admissível a intervenção de *amicus curiae* no processo do mandado de segurança, ao fundamento de que a legislação que prevê essa modalidade de intervenção só faria referência a "processos objetivos", e o mandado de segurança seria um processo eminentemente "subjetivo".[126] Também o Superior Tribunal de Justiça já decidiu pela inadmissibilidade da intervenção de *amicus curiae* em processo de mandado de segurança,[127] ao fundamento de que não se pode correr o risco de universalizar a intervenção de terceiros para situações não previstas no sistema, o que poderia tumultuar o andamento do processo. Esta mesma Corte, porém, admitiu intervenção de *amicus curiae* em outro processo.[128]

---

[122] Rodrigo Strobel Pinto, "*Amicus curiae*: atuação plena segundo o princípio da cooperação e o poder instrutório judicial", *in RePro*, v. 151, p. 131.

[123] A qualificação do *amicus curiae* como um sujeito enigmático aparece no subtítulo da mais importante obra escrita na literatura jurídica brasileira sobre o tema. Confira-se, pois, Cassio Scarpinella Bueno, *Amicus curiae no processo civil brasileiro – um terceiro enigmático*, *passim*.

[124] Discute-se muito em sede doutrinária se a intervenção do *amicus curiae* deve ser compreendida como modalidade de intervenção de terceiro (como entende Cassio Scarpinella Bueno, *Amicus curiae no processo civil brasileiro – um terceiro enigmático*, p. 599) ou se o *amicus curiae* deve ser considerado um auxiliar da justiça (entendimento sustentado, por exemplo, por Fredie Didier Júnior, *Curso de direito processual civil*, v. 1, p. 404). Sempre sustentei este segundo entendimento, como se pode ver em Alexandre Freitas Câmara, *Lições de direito processual civil*, v. 1, p. 247.

[125] De que são exemplos as leis que regulam os processos de controle direto de constitucionalidade, como a "ação direta de inconstitucionalidade", a "ação declaratória de constitucionalidade" e a "arguição de descumprimento de preceito fundamental", entre várias outras.

[126] STF, MS 26552 AgR-AgR/DF, rel. Min. Celso de Mello, j. em 22.11.2007. No mesmo sentido decidiu monocraticamente, naquela Corte Suprema, a Min. Cármen Lúcia, MS 30531/DF, j. em 23.4.2012.

[127] STJ, AgRg no RMS 29475/RJ, rel. Min. Teori Albino Zavascki, j. em 26.10.2011.

[128] STJ, AgRg no MS 12549/DF, rel. Min. João Otávio de Noronha, j. em 24.10.2007.

Em sede doutrinária, tem havido importantes manifestações no sentido de se admitir a intervenção do *amicus curiae* no processo do mandado de segurança.[129] E este é, mesmo, o melhor entendimento.

Impõe-se, porém, que se diga desde logo que o que acaba de ser afirmado não implica dizer que em qualquer caso de mandado de segurança será admitida a intervenção de algum *amicus curiae*. O que se sustenta aqui é que haverá casos nos quais a participação deste sujeito certamente será adequada e capaz de, ampliando a participação, legitimar democraticamente o resultado do processo de mandado de segurança.

É que, sabidamente, há processos de mandado de segurança (assim como há processos "subjetivos" de outras espécies) capazes de produzir resultados que transcendem dos interesses subjetivos das partes. Basta pensar no mandado de segurança coletivo. Também em mandados de segurança individuais este fenômeno pode se produzir, quando a tese de direito nele discutida seja de "repercussão geral".[130]

Pense-se, por exemplo, em um mandado de segurança no qual se discuta os limites do direito líquido e certo ao fornecimento gratuito de medicamentos pelo Poder Público. Ou em um mandado de segurança no qual se discutam a existência do direito subjetivo à nomeação dos aprovados em concurso público dentro do número de vagas indicado no edital do certame.[131] Em processos nos quais teses assim são debatidas, a decisão que se venha a proferir tem condições de tornar-se um importante precedente, com eficácia persuasiva ou mesmo vinculante de futuras decisões.[132] Daí a importância de se produzirem tais decisões através de

---

[129] Por todos, consulte-se Cassio Scarpinella Bueno, *Amicus curiae no processo civil brasileiro* – um terceiro enigmático, p. 540-543.

[130] Não limito, aqui, o emprego da expressão "repercussão geral" às questões constitucionais, convencido que estou de que também questões infraconstitucionais podem transcender dos interesses subjetivos das partes, nos termos do que dispõe o § 1º do art. 543-A do Código de Processo Civil: "questões relevantes do ponto de vista econômico, político, social ou jurídico, que ultrapassem os interesses subjetivos da causa". A meu sentir, é em processos ("subjetivos") nos quais surjam questões desse tipo que se justifica a intervenção do *amicus curiae*, como sustentei em Alexandre Freitas Câmara, *Lições de direito processual civil*, v. 1, p. 249-250.

[131] Ambas as questões são frequentemente suscitadas em processos de mandado de segurança. Quanto à segunda questão mencionada no texto, o STF firmou entendimento no sentido de que "os candidatos aprovados em concurso público dentro do número de vagas previstas no edital possuem direito subjetivo à nomeação para posse" (RE 466543 AgR/RS, rel. Min, Dias Toffoli, j. em 3.4.2012).

[132] Não se pode negar que, em alguns casos, o precedente judicial já tem, no Direito brasileiro, capacidade de produzir eficácia vinculante, ainda que indiretamente, o que se dá no caso em que dos precedentes se extrai, no Supremo Tribunal Federal, um *enunciado de súmula vinculante*. Nos demais casos a eficácia do precedente é persuasiva (mas a força dos precedentes do STF e do STJ, notadamente das decisões proferidas pelo Pretório Excelso nos processos em que se reconhece a repercussão geral da questão constitucional e pelo STJ quando se vale da técnica de julgamento por amostragem dos recursos especiais repetitivos é, pede-se vênia para usar aqui uma expressão pouco

um processo que se desenvolva de forma extremamente cooperativa entre todos os sujeitos interessados, com plena observância do princípio constitucional do contraditório, o qual deve desenvolver-se de forma efetiva e equilibrada, a fim de que se legitime politicamente o resultado final do processo judicial.

A intervenção do *amicus curiae* (ou mesmo de vários *amici curiae*) em processos assim é, então, uma poderosa forma de ampliar o contraditório, ampliar a participação da sociedade na formação dos resultados desses processos e, com isso, conferir legitimidade democrática às decisões neles proferidas (o que certamente conferirá ainda mais legitimidade à eficácia – persuasiva ou vinculante – que tais decisões produzirão como precedentes).

Há, porém, um aspecto do qual não se pode descurar: o procedimental. No processo do mandado de segurança deve-se observar um procedimento concentrado, expedito, muito sumário. A não ser assim, frustrar-se-ão muitos dos objetivos constitucionalmente estabelecidos para esse tipo de processo. Em razão disso, impõe-se que a participação do *amicus curiae* no processo de mandado de segurança se dê com respeito às regras procedimentais e às características processuais desse instituto. Significa isso dizer que o *amicus curiae* não poderá, no processo do mandado de segurança, produzir provas (a não ser os documentos que acompanharão sua manifestação nos autos, o *amicus curiae brief*).[133] Qualquer interferência indevida do *amicus curiae* no desenvolvimento do procedimento do mandado de segurança será intolerável. Dito de outro modo, o procedimento do mandado de segurança não poderá ser desvirtuado pela intervenção do *amicus curiae*.

---

técnica, "quase-vinculante"). Além disso, não se desconhece a existência de decisões com eficácia vinculante proferidas em "processos objetivos", mas destas não se trata no texto, já que o mandado de segurança não se enquadra entre os processos dessa natureza.

[133] *Amicus curiae brief* é o nome tradicionalmente empregado na literatura jurídica norte-americana para designar o memorial apresentado pelo *amicus curiae* ao juízo da causa, em que são deduzidas, a um só tempo, as razões de sua intervenção e os motivos que entende que devam ser levados em conta quando do julgamento da causa (Cassio Scarpinella Bueno, *Amicus curiae no processo civil brasileiro* – um terceiro enigmático, p. 508).

4

O Bem da Vida Tutelável Através de Mandado de Segurança: Direito Líquido e Certo

§ 11. Conceito de direito líquido e certo

O inciso LXIX do art. 5º da Constituição da República – em texto que é reproduzido pelo art. 1º da Lei nº 12.016/2009 – estabelece, muito claramente, que o mandado de segurança será concedido para proteger "direito líquido e certo, não amparado por 'habeas-corpus' ou 'habeas-data'". Pretende-se, nesta parte do trabalho, examinar o conceito de direito líquido e certo, a fim de se determinar qual é, exatamente, o bem da vida tutelável através do mandado de segurança.

Deve-se dizer, porém, que – ao contrário do que se costuma dizer – não é qualquer direito líquido e certo que terá proteção através do mandado de segurança. O próprio texto constitucional deixa isso claro, ao excluir do campo de atuação do mandado de segurança os casos em que se revele cabível a utilização de *habeas corpus* ou *habeas data*.[1]

---

[1] Há, aliás, uma grave falha na redação do texto constitucional (que se repete, também, no art. 1º da Lei nº 12.016/2009). Fala-se, ali, em direito líquido e certo "não amparado" por *habeas corpus* ou *habeas data*. Na verdade, basta que o direito líquido e certo seja "não amparável" por aqueles dois outros remédios constitucionais. Caso fosse interpretado literalmente o texto constitucional, sempre seria preciso que se impetrasse primeiro *habeas corpus* e *habeas data*, ficando o impetrante vencido em ambos os processos para, só depois, demonstrando que seu direito não foi amparado nem por meio de *habeas corpus* nem por meio de *habeas data*, pudesse ele pleitear a proteção por meio de mandado de segurança. Evidentemente não é disso que se trata. Basta que o direito para o qual se busca proteção não seja, em tese, tutelável por *habeas corpus* ou *habeas data* (e que se possa enquadrar na categoria "direito líquido e certo") para que se possa utilizar a via do mandado de segurança. Bem percebeu o ponto Guilherme Peña de Moraes: "O regular exercício do mandado de segurança é sujeito a duas condições específicas, quais sejam: (i) direito líquido e certo, não *amparável* por *habeas corpus* ou *habeas data*, ameaçado ou lesado, e (ii) ato coator imputado à au-

É preciso, pois, em primeiro lugar, estabelecer quais são os direitos tuteláveis por meio de *habeas corpus* e de *habeas data*, pois estes não serão amparáveis por mandado de segurança. A impetração de mandado de segurança para postular tutela jurisdicional para direito líquido e certo amparável por meio de *habeas corpus* ou *habeas data* implicará a extinção do processo sem resolução do mérito por falta de interesse de agir (já que ausente o "interesse-adequação").

O *habeas corpus* é um remédio constitucional destinado à tutela do direito à liberdade de locomoção. Como ensina um dos mais importantes processualistas penais brasileiros,

> "o *habeas corpus* dirige-se contra ato atentatório da liberdade de locomoção. Para que se configure um ato atentatório ao direito de locomoção não é necessário que haja já uma ordem de prisão determinada por autoridade judiciária ou que o seu titular (do direito) já se encontre preso. Será objeto do *writ* tanto a ameaça real, concretizada, como a ameaça potencial".[2]

Já o *habeas data* tem por objeto a proteção aos direitos *ao conhecimento de dados constantes de bancos ou registros; à retificação de dados inexatos* e à anotação de contestações ou explicações.[3] Em outros termos, e como já se disse em estudo destinado especificamente ao trato da matéria, o *habeas data* se destina à proteção do *direito à autodeterminação informativa*.[4]

Assim, o direito à liberdade de locomoção e o direito à autodeterminação informativa, por serem amparáveis por *habeas corpus* e por *habeas data*, não podem ser protegidos por meio do mandado de segurança. Este servirá para tutela de outros direitos que, sendo líquidos e certos, tenham sido lesados – ou estejam na iminência de o ser – por ato ilegal ou abusivo de autoridade.

Estabelecidas essas ideias iniciais, impõe-se agora buscar definir o que se deve entender, exatamente, por *direito líquido e certo*. E para isso não se pode deixar de registrar que esse é um conceito cuja definição é capaz de ensejar perplexidade, embora pareça haver certa tendência, em sede doutrinária e jurisprudencial, a se chegar ao consenso acerca do ponto.

Buscando esclarecer esse conceito, Alfredo Buzaid afirmava que, para ele, o que

---

toridade pública ou agente delegado, eivado de ilegalidade ou abuso de poder" (*Curso de direito constitucional*, p. 650, sem grifos no original).

[2] Eugênio Pacelli, *Curso de processo penal*, p. 935.

[3] José Carlos Barbosa Moreira, O *habeas data* brasileiro e sua lei regulamentadora, *in* Teresa Arruda Alvim Wambier (Coord.). *Habeas data*, p. 135.

[4] Sérgio Nojiri, O *habeas data* e o direito à autodeterminação informativa, *in* Teresa Arruda Alvim Wambier (Coord.). *Habeas data*, p. 362.

"esclarece o conceito de direito líquido e certo é a ideia de sua *incontestabilidade*, isto é, uma afirmação jurídica que não pode ser séria e validamente impugnada pela autoridade pública, que pratica um ato ilegal ou de abuso de direito. Ele tem, na realidade, dois polos: um positivo, porque se funda na Constituição ou na lei; outro negativo, porque nasce da violação da Constituição ou da lei. Ora, a norma constitucional ou legal há de ser certa em atribuir à pessoa o direito subjetivo, tornando-o insuscetível de dúvida. Se surgir a seu respeito qualquer controvérsia, quer de interpretação, quer de aplicação, já não pode constituir fundamento para a impetração de mandado de segurança".[5]

De seu turno, afirmava Celso Agrícola Barbi que

"o conceito de direito líquido e certo é tipicamente *processual*, pois atende ao modo de ser de um direito subjetivo no *processo*; a circunstância de um determinado direito subjetivo realmente existir não lhe dá a caracterização de liquidez e certeza; esta só lhe é atribuída se os fatos em que se fundar puderem ser provados de forma incontestável, certa, no *processo*. E isto normalmente se dá quando a prova for documental, pois esta é adequada a uma demonstração imediata e segura dos fatos".[6]

Já para José de Moura Rocha,

"direito líquido e certo é o que se apoia em fatos incontroversos, incontestáveis. Ante eles vai o juiz decidir questão de direito. Concluindo o juiz que a regra jurídica que incide sobre os fatos que configuram o direito da parte, então, haverá direito líquido e certo".[7]

Outro estudioso a examinar o ponto foi Carlos Mário da Silva Velloso, para quem direito líquido e certo é o fundado em "fatos incontroversos, fatos incontestáveis".[8]

O saudoso Ministro Carlos Alberto Menezes Direito, para quem a expressão originariamente empregada na Constituição de 1934, "direito certo e incontestável", era mais feliz que a atual,[9] definiu direito líquido e certo como

"direito manifesto, evidente, que exsurge da lei com claridade, 'que é sobranceiro a qualquer dúvida razoável e maior do que qualquer controvérsia

---

[5] Alfredo Buzaid, *Do mandado de segurança*, p. 88.

[6] Celso Agrícola Barbi, *Do mandado de segurança*, p. 56-57.

[7] José de Moura Rocha, *Mandado de segurança*, p. 113.

[8] Carlos Mário da Silva Velloso, Direito líquido e certo. Decadência, *in* Sérgio Ferraz (Org.). *Mandado de segurança*, p. 57.

[9] Carlos Alberto Menezes Direito, *Manual do mandado de segurança*, p. 65.

sensata', dispensando 'a alta indagação de fatos intrincados, complexos ou duvidosos', para buscar expressões clássicas do mestre Orozimbo Nonato".[10]

Em clássica definição, Hely Lopes Meirelles ensinava que

> *"direito líquido e certo* é o que se apresenta manifesto na sua existência, delimitado na sua extensão e apto a ser exercitado no momento da impetração. Por outras palavras, o direito invocado, para ser amparável por mandado de segurança, há de vir expresso em norma legal e trazer em si todos os requisitos e condições de sua aplicação ao impetrante: se sua existência for duvidosa; se sua extensão ainda não estiver delimitada; se seu exercício depender de situações e fatos ainda indeterminados, não rende ensejo à segurança, embora possa ser defendido por outros meios judiciais".[11]

Adiante, acrescenta o ilustre jurisconsulto que "direito líquido e certo é direito comprovado de plano. Se depender de comprovação posterior, não é líquido nem certo, para fins de segurança".[12]

Por sua vez, leciona Sérgio Ferraz:

> "registra-se o direito líquido e certo quando a regra jurídica pertinente incide sobre fatos reais, de regra documentalmente comprovados com a impetração. Nessa angulação, cabe dizer que a expressão sob comento ostenta significado marcantemente *processual*, traduzindo-se como aquele direito cuja base fática é demonstrável de plano, de regra sem necessidade de dilação probatória".[13]

Na doutrina mais moderna, produzida já após a vigência da Lei nº 12.016/2009, não se tem chegado a resultados muito diferentes. Assim é que, por exemplo, Fernando Gonzaga Jayme afirma que direito líquido e certo é conceito que deve ser construído a partir do entendimento que sobre o tema manifestou o Supremo Tribunal Federal, e que ali se tem afirmado que essa expressão designa o direito "que resulta de fato certo", sendo que "fato certo é aquele capaz de ser comprovado de plano, por documento inequívoco".[14] Em sentido muito próximo, lecionam Fernando da Fonseca Gajardoni e Olavo A. Vianna Alves Ferreira que "direito

---

[10] Idem, p. 66.

[11] Hely Lopes Meirelles, *Mandado de segurança*, p. 36-37.

[12] Idem, p. 37.

[13] Sérgio Ferraz, *Mandado de segurança*, p. 35.

[14] Fernando Gonzaga Jayme, *Mandado de segurança*, p. 17, citando trecho do voto do Min. Soares Muñoz, do STF, publicado na *RTJ* 83/130, o qual foi, por sua vez, mencionado no voto do Min. Celso de Mello no julgamento do MS 26.552.

líquido e certo é aquele comprovado de plano, mediante prova pré-constituída, por documentos".[15]

Importantes professores do Rio de Janeiro ensinam, em obra produzida já sob a égide da Lei nº 12.016/2009, que a expressão "direito líquido e certo" "significa apenas a possibilidade de demonstração, em tese, da ilegalidade ou abusividade do ato coator, sem necessidade de dilação probatória, uma vez que esta se revela incompatível com a celeridade do procedimento especial do mandado de segurança".[16] Já os professores José Miguel Garcia Medina e Fábio Caldas de Araújo afirmam que a expressão "direito líquido e certo"

> "deve ser interpretada sistemática e finalisticamente: o ato considerado ilegal ou abusivo é aquele que pode ser *demonstrado de plano, mediante prova meramente documental*. Tutela-se um *direito evidente*. Caso exista a necessidade de cognição profunda para a averiguação da ilegalidade ou prática do abuso, a situação não permitirá o uso da via estreita do mandado de segurança".[17]

Como se vê, ainda que haja uma ou outra pequena variação, para todos os autores citados o conceito de direito líquido e certo está ligado a uma certa "incontestabilidade" dos fatos narrados pelo impetrante, dos quais resultaria seu direito subjetivo, fatos esses que seriam demonstrados em juízo com documentos preconstituídos. Na jurisprudência o conceito de direito líquido e certo não se afasta dessa ideia. Basta dizer que, no Supremo Tribunal Federal, há precedente no qual se lê que "a noção de direito líquido e certo, para efeito de impetração de mandado de segurança, ajusta-se, em seu específico sentido jurídico, ao conceito de situação que deriva de fato incontestável, vale dizer, de fato passível de comprovação documental imediata e inequívoca".[18] E, já sob a égide da Lei nº 12.016/2009, o Pretório Excelso reproduziu esta definição em pronunciamento no qual se lê que "a noção de direito líquido e certo ajusta-se, em seu específico sentido jurídico-processual, ao conceito de situação decorrente de fato incontestável e inequívoco, suscetível de imediata demonstração mediante prova literal pré-constituída".[19]

A exata compreensão do que seja o direito líquido e certo, ao meu sentir, exige que se tenha claro que este é um conceito que deve ser construído a partir da pró-

---

[15]   Fernando da Fonseca Gajardoni e Olavo A. Vianna Alves Ferreira, *in* Fernando da Fonseca Gajardoni, Márcio Henrique Mendes da Silva e Olavo A. Vianna Alves Ferreira, *Comentários à nova lei de mandado de segurança*, p. 20.

[16]   Bruno Garcia Redondo, Guilherme Peres de Oliveira e Ronaldo Cramer, *Mandado de segurança*, p. 42.

[17]   José Miguel Garcia Medina e Fábio Caldas de Araújo, *Mandado de segurança individual e coletivo*, p. 34-35.

[18]   STF, MS 21865/RJ, rel. Min. Celso de Mello, j. em 17.10.1995.

[19]   STF, MS 31241/DF, rel. Min. Gilmar Mendes, j. em 12.4.2012.

pria concepção que se consolidou acerca do processo do mandado de segurança. Afinal, este é um processo que se desenvolve para tutela desta categoria, que a Constituição da República chamou de "direito líquido e certo", e esta posição jurídica de vantagem será tutelável através do procedimento especial do mandado de segurança, no qual só se admite a produção, pelo impetrante, de prova documental preconstituída. Pois é a partir dessas ideias que se deve buscar definir o conceito de direito líquido e certo.

Isso que acaba de ser dito foi bem apreendido por todos quantos foram citados anteriormente, doutrinadores e julgadores. Mas é preciso, com todas as vênias, fixar um conceito que seja mais preciso, mais consentâneo com a técnica do direito processual. E para isso, impõe-se transcrever, aqui, uma precisa lição do grande processualista José Carlos Barbosa Moreira sobre o ponto:[20]

> "Outra expressão que se consagrou nos textos é a de 'direito líquido e certo'. Mandado de segurança sempre, ou quase sempre, se tem identificado como remédio que se destina à proteção de direitos líquidos e certos. Essa locução, na verdade, tecnicamente discutível, deu inicialmente margem a controvérsias em sua interpretação. Houve quem pretendesse que só seria líquido e certo, para o fim de ensejar a impetração da segurança, o direito a cujo respeito não se pudesse levantar nenhuma controvérsia revestida de seriedade: o direito incontestável; aliás, essa expressão apareceu em textos normativos.
>
> Ora, na verdade, nós que lidamos com a matéria jurídica sabemos perfeitamente que seria muito difícil imaginar uma situação que se pudesse dizer ao abrigo de toda e qualquer controvérsia, de toda e qualquer contestação. Na prática do foro, a utilidade do mandado de segurança ficaria reduzida a quase nada, porque bastaria que, ao prestar informações, a autoridade apontada como coatora discutisse a existência do alegado direito, com argumentos que não fossem totalmente vazios de sentido, para que já não se pudesse falar de direito líquido e certo, portanto o remédio se tornasse inadmissível.
>
> Logo se percebeu que não era por esse caminho que se chegaria a nenhum resultado realmente proveitoso. Hoje parece consolidada, seja na doutrina, seja na jurisprudência, outra maneira de entender a expressão. O direito de alguém é elemento de uma relação jurídica, que pertence ao mundo dos efeitos jurídicos. Toda relação jurídica é efeito jurídico. Efeito de quê? Efeito da incidência de uma norma sobre determinado fato ou conjunto de fatos. O direito de alguém está sempre dependendo desse casamento, dessa conjugação entre uma norma e um fato ou um conjunto de fatos.

---

[20] José Carlos Barbosa Moreira, Mandado de segurança – uma apresentação, *in* José Carlos Barbosa Moreira, *Temas de direito processual* – sexta série, p. 201-203.

Ora, a norma, o juiz presume-se que a conheça: não há dúvida. Quanto ao fato é que pode haver dúvida. Aí é que brota, aí é que nasce a necessidade da certeza. De que maneira? De maneira a permitir que se desenvolva o processo segundo rito rápido, expedito, célere, que permita uma proteção segura, uma proteção que não tarde a ser dispensada. Ora, para isso é necessário excluirmos do processo de mandado de segurança as diligências probatórias. Na medida em que tivéssemos de mandar realizar perícia, por exemplo, ou ouvir testemunhas, então evidentemente o procedimento se tornaria mais complexo e, por conseguinte, mais demorado. O que se quer é uma proteção imediata, fulminante, se possível: mas, para isso, temos de limitar o campo da admissibilidade das provas. Não há outra maneira de conciliar esses objetivos. Temos, portanto, de restringir, no processo de mandado de segurança, toda a atividade probatória ao exame de documentos, e de documentos pré-constituídos. Eis aí, afinal, a que se reduz, no consenso hoje da doutrina e da jurisprudência, esta expressão, à primeira vista um pouco enigmática: 'direito líquido e certo'.

Para fins de mandado de segurança, para a feição do cabimento desse remédio, trata-se de saber se os fatos, ou o fato de que se originou o alegado direito, comportam, ou não, a demonstração mediante apresentação da prova documental pré-constituída. É esse o sentido último, é esse o resultado final a que se chega quando se analisa a exigência de que exista um direito líquido e certo. A exigência é, na verdade, a de que o fato de que se afirma ter nascido esse direito seja suscetível de comprovação mediante documento pré-constituído."

Deve-se, então, entender o *direito líquido e certo* como o direito subjetivo cujo fato constitutivo é demonstrável em juízo através de prova documental preconstituída.[21] Em outras palavras, e dadas as limitações probatórias existentes no procedimento especial do mandado de segurança, através deste remédio processual só se pode proteger o direito subjetivo se seu fato constitutivo puder ter sua veracidade demonstrada em juízo através de prova exclusivamente documental e preconstituída. Havendo necessidade de produção de outras provas além destas, não se terá direito líquido e certo (ainda que haja direito subjetivo) e, por conta disso, não se poderá conceder o mandado de segurança.

Estabelecido o conceito de direito líquido e certo, torna-se necessário determinar qual a posição que o mesmo ocupa na cognição judicial. Este é ponto de extrema importância para a correta compreensão do sistema processual do mandado de segurança e dos resultados que através deste processo se produz (notada-

---

[21] Não há qualquer ligação entre o conceito de direito líquido e certo e a maior ou menor complexidade da matéria de direito posta em juízo no processo do mandado de segurança. Daí, aliás, o teor do Enunciado nº 625 da Súmula do STF: "controvérsia sobre matéria de direito não impede concessão de mandado de segurança".

mente quando o resultado não é a concessão do mandado de segurança). Afinal, é de extrema importância saber se a sentença que afirma que o impetrante não tem direito líquido e certo é uma sentença terminativa (isto é, que põe termo ao processo *sem resolução do mérito*) ou definitiva (que põe termo ao processo *com resolução do mérito*). Pois é isso que se passa a examinar.

§ 12. Colocação do direito líquido e certo no objeto da cognição judicial

Há, em doutrina – e com reflexos jurisprudenciais evidentes –, uma tremenda divergência acerca de ser o direito líquido e certo uma questão de mérito no processo do mandado de segurança, ou se seria ele algo anterior, integrante do plano dos requisitos necessários ao exame do *meritum causae*.

Resolver esse problema é de suma importância por diversas razões. Basta lembrar que as sentenças de mérito são aptas a alcançar a autoridade de coisa julgada material, o que não acontece com as sentenças meramente terminativas. Passa-se, então, ao trato do ponto.

Impõe-se, porém, e antes de tudo, excluir dessa discussão a opinião do saudoso processualista Celso Agrícola Barbi. É que para esse notável jurista o direito líquido e certo era a primeira "condição da ação" de mandado de segurança,[22] mas esse autor sustentava – diferentemente da doutrina brasileira amplamente majoritária de sua época e dos dias de hoje – uma concepção concreta acerca da ação, entendendo que esta só existe se o seu titular preencher os requisitos necessários para a obtenção de um pronunciamento judicial favorável.[23] Sendo certo que toda a doutrina brasileira moderna defende uma concepção abstrata da ação, afirmando sua existência ainda que o demandante não tenha o direito material afirmado, a teoria de Barbi torna-se absolutamente estranha a essa discussão, não podendo ser levada em consideração. Por isso, apenas aqueles que afirmam a natureza abstrata da ação podem ter sua opinião aqui considerada.

Entre estes, alguns autores afirmaram, ainda ao tempo da vigência da Lei nº 1.533/1951, que o direito líquido e certo se manifestava, no objeto da cognição judicial, em dois diferentes pontos, primeiro como "condição da ação" e depois como questão atinente ao mérito da causa. Entre os defensores dessa ideia vale

---

[22] Celso Agrícola Barbi, *Do mandado de segurança*, p. 50.

[23] Idem, ibidem. São palavras de Barbi: "Os requisitos exigíveis para que exista a ação, isto é, para a sentença favorável ao autor, são as denominadas 'condições da ação'. Segundo Chiovenda, três são essas condições, as quais variam dentro de certos limites, conforme o tipo de garantia jurisdicional pretendida, isto é, segundo a sentença desejada seja condenatória, declaratória ou constitutiva, ou a ação seja de cognição, de execução ou cautelar."

mencionar a opinião de Lucia Valle Figueiredo, de cuja obra se transcreve o seguinte trecho:[24]

"É importante assinalar: o direito líquido e certo aparece em duas fases distintas no mandado de segurança. Aparece, inicialmente, como condição da ação. É o direito líquido e certo, ao lado das demais condições da ação, requisito de admissibilidade do mandado de segurança.

Em consequência, o próprio conceito de direito líquido e certo incide duas vezes. Incide de início no controle do juiz. Quando se apresenta a inicial, impende ao juiz verificar se há – como diz o Professor Sérgio Ferraz – a *plausibilidade da existência do direito líquido e certo*.

O problema que se coloca, a seguir, é de como aparece o direito líquido e certo no final do mandado de segurança. É dizer, instruído o mandado de segurança, se ao juiz se apresentou o direito como líquido e certo inicialmente, mesmo assim poderá, a final, o juiz dizer que inexiste tal direito.

Nessa oportunidade, abrem-se duas opções: é possível, com a vinda das informações, a verificação, pelo juiz, de que o direito, apresentado inicialmente como indene de controvérsias, não o é, por não ter o impetrante exposto todo o contexto factual.

Em outro falar: não foram apresentados os fatos como efetivamente aconteceram. De conseguinte, o que parecera ao juiz extremamente plausível de existir, a lume da prova carreada aos autos, pode-se aferir que inexiste.

É necessário deixar clara a existência de *dois momentos processuais diferentes*. No *primeiro momento*, há plausibilidade da existência do direito líquido e certo; no *segundo momento*, de cognição completa do mandado de segurança – portanto, na hora da sentença –, é possível a ocorrência de duas hipóteses. Primeiro, a inexistência daquela plausibilidade que parecera presente ao juiz. Neste caso, teremos extinção sem julgamento de mérito; ou é possível, ainda, que a hipótese descrita na inicial não leve necessariamente àquela conclusão. Portanto, não há, pelo mérito, possibilidade de aquele impetrante vir a ser beneficiado pela concessão da ordem."

Essa mesma linha de raciocínio, afirmando que o direito líquido e certo aparece em *dois momentos processuais distintos*, devendo ser examinado no plano das "condições da ação" e, também, no plano do mérito, foi sustentado, ao tempo da Lei nº 1.533/1951, por outros autores de nomeada, como Sergio Ferraz e Arnoldo Wald.[25]

---

[24] Lucia Valle Figueiredo, *Mandado de segurança*, p. 15.

[25] Sergio Ferraz, *Mandado de segurança*, p. 42-43; Arnoldo Wald, *Do mandado de segurança na prática judiciária*, p. 131.

O Bem da Vida Tutelável Através de Mandado de Segurança: Direito Líquido e Certo **97**

Outros autores, porém, ao tempo da vigência da Lei nº 1.533/1951, sustenta-ram que o direito líquido e certo seria uma "condição da ação" de mandado de segurança. Foi essa, por exemplo, a opinião de Cassio Scarpinella Bueno, para quem "direito líquido e certo é apenas uma *condição da ação* do mandado de segurança, assimilável ao *interesse de agir* e que, uma vez presente, autoriza o questionamento do ato coator por essa via especial e de rito sumaríssimo, desconhecido pelas demais ações processuais civis".[26] Houve, ainda, quem – também considerando o direito líquido e certo um requisito de admissibilidade do julgamento do mérito do mandado de segurança – afirmasse ser ele um *pressuposto processual*.[27]

Por fim, entre os que escreveram ao tempo da Lei nº 1.533/1951, alguns autores afirmaram ser o direito líquido e certo o próprio mérito do processo de mandado de segurança. Era esta, por exemplo, a opinião de Hely Lopes Meirelles, para quem "a *sentença de mérito* decidirá sobre o direito invocado, apreciando desde a sua existência até a sua liquidez e certeza diante do ato impugnado, para concluir pela concessão ou denegação da segurança".[28]

Também a jurisprudência se dividia sobre o ponto. Assim é que, por exemplo, o Supremo Tribunal Federal já proferiu acórdão em que afirmou expressamente ser o direito líquido e certo a "primeira condição da ação" de mandado de segurança:[29]

> "MANDADO DE SEGURANÇA – ADEQUAÇÃO – INCISO LXIX, DO ARTIGO 5º, DA CONSTITUIÇÃO FEDERAL. Uma vez assentado no acórdão proferido o concurso da primeira condição da ação mandamental – direito líquido e certo – descabe concluir pela transgressão ao inciso LXIX do artigo 5º da Constituição Federal. SAÚDE – AQUISIÇÃO E FORNECIMENTO DE MEDICAMENTOS – DOENÇA RARA. Incumbe ao Estado (gênero) proporcionar meios visando a alcançar a saúde, especialmente quando envolvida criança e adolescente. O Sistema Único de Saúde torna a responsabilidade linear alcançando a União, os Estados, o Distrito Federal e os Municípios."

Aliás, nessa mesma linha há uma emblemática decisão do STF que merece ser mencionada:[30]

> "AGRAVO REGIMENTAL. MANDADO DE SEGURANÇA. DIREITO LÍQUIDO E CERTO. REQUISITO DE ORDEM PROCESSUAL. MATÉRIA INFRACONS-TITUCIONAL. A jurisprudência desta Corte é no sentido de que o direito

---

[26] Cassio Scarpinella Bueno, *Mandado de segurança*, p. 13-14.

[27] Arruda Alvim, Mandado de segurança, *in* Arruda Alvim, *Mandado de segurança e direito público*, p. 349.

[28] Hely Lopes Meirelles, *Mandado de segurança*, p. 101.

[29] STF, RE 195192/RS, rel. Min. Marco Aurélio, j. em 22.2.2000.

[30] STF, AI 560154/RS AgR, rel. Min. Joaquim Barbosa, j. em 22.8.2006.

líquido e certo é pressuposto do mandado de segurança de ordem processual e nada tem a ver com o mérito da demanda. Por essa razão, incabível o recurso extraordinário, visto que não há ofensa direta à Constituição federal. Agravo regimental a que se nega provimento."

Houve, também, decisão – proferida, como as que acabam de ser citadas, ao tempo em que vigorava o regime legal anterior ao da Lei nº 12.016/2009 – considerando o direito líquido e certo como matéria atinente ao mérito da causa no processo do mandado de segurança. O Superior Tribunal de Justiça, por exemplo, logo no início de suas atividades, pronunciou-se expressamente nesse sentido em acórdão assim ementado:[31]

> "Administrativo. Processual Civil. Mandado de Segurança. Sentença que decide pela inocorrência de direito líquido e certo: sentença de mérito. Apreciação do recurso pelo tribunal ad quem: possibilidade de ser completado o julgamento, se o tribunal entende incontroversos os fatos.
>
> I – Quando a sentença decide pela inocorrência de direito líquido e certo, entendendo controversos os fatos, ou porque certa circunstancia deveria ter sido comprovada, decide de meritis. Destarte, se o tribunal ad quem, entendendo de modo contrario, vale dizer, entendendo incontroversos os fatos, ou que é prescindível a comprovação da circunstância que a sentença entendera de comprovação necessária, poderá completar o julgamento, praticando a operação de fazer incidir a norma de direito positivo aos fatos incontroversos, deferindo ou indeferindo a segurança, sem que isto represente violação ao principio do duplo grau de jurisdição.
>
> II – Recurso especial não conhecido."

Com a entrada em vigor da Lei nº 12.016/2009 o panorama não se alterou. A divergência continuou, tanto na doutrina como na jurisprudência.

Autores há que afirmam ser o direito líquido e certo matéria a ser examinada no plano das "condições da ação". Assim, por exemplo, Fernando Gonzaga Jayme afirma que o direito líquido e certo é uma "condição especial da ação de mandado de segurança".[32]

---

[31] STJ, REsp 523/SP, rel. Min. Carlos Velloso, j. em 18.9.1989.

[32] Fernando Gonzaga Jayme, *Mandado de segurança*, p. 17. Curiosamente, um pouco mais adiante, o respeitado professor mineiro afirma que o direito líquido e certo seria um "pressuposto processual" (ob. cit., p. 20), voltando, em seguida (ob. cit., p. 21), a falar em "condição especial da ação de mandado de segurança", o que torna um pouco confuso, *data venia*, o seu pensamento, embora não deixe dúvida de que para ele o direito líquido e certo é requisito de admissibilidade do julgamento do mérito, não integrando o objeto do processo do mandado de segurança.

Outros autores há que consideram estar o direito líquido e certo no plano das "condições da ação". Assim, por exemplo, André Vasconcelos Roque e Francisco Carlos Duarte, sobre o tema, afirmam que "o direito líquido e certo ou seja, aquele que se encontra documentalmente comprovado de plano, constitui condição específica da ação no mandado de segurança".[33] Assim, também, já se pronunciou Eduardo Arruda Alvim, para quem "a ausência de direito líquido e certo haverá de levar à carência do mandado de segurança. Isto porque o direito 'líquido e certo' configura verdadeira condição da ação do mandado de segurança (estabelecida no patamar constitucional)".[34]

Para Fernando da Fonseca Gajardoni e Olavo A. Vianna Alves Ferreira, o direito líquido e certo integra o plano das "condições da ação", inserindo-se no interesse de agir, já que na sua ausência o mandado de segurança não seria a via processual adequada para pleitear-se tutela jurisdicional.[35]

Há, também, quem entenda que o exame do direito líquido e certo pode ser, conforme o momento em que se dê a profundidade da cognição exercida, um exame de "condição da ação" ou de mérito.[36]

Por fim, há quem sustente que o direito líquido e certo constitui o próprio mérito da causa no processo do mandado de segurança. É a opinião manifestada por Sidney Palharini Júnior, para quem "no mandado de segurança o mérito representa o direito líquido e certo que o impetrante alega possuir".[37]

Na jurisprudência posterior à Lei nº 12.016/2009 já houve decisão tratando o direito líquido e certo como "condição da ação" de mandado de segurança.[38]

Já houve, também, decisão em que se afirmou, expressamente, que a alegação de ausência de direito líquido e certo, apresentada como preliminar de falta de "condição da ação", versava, na verdade, sobre o próprio mérito da causa:[39]

---

[33] André Vasconcelos Roque e Francisco Carlos Duarte, *Mandado de segurança*, p. 143.

[34] Eduardo Arruda Alvim, *Mandado de segurança*, p. 103.

[35] Fernando da Fonseca Gajardoni e Olavo A. Vianna Alves Ferreira, *in* Fernando da Fonseca Gajardoni, Marcio Henrique Mendes da Silva e Olavo A. Vianna Alves Ferreira, *Comentários à nova lei de mandado de segurança*, p. 24. Opinião idêntica é a manifestada por Bruno Garcia Redondo, Guilherme Peres de Oliveira e Ronaldo Cramer, *Mandado de segurança*, p. 35-36.

[36] Essa a opinião manifestada por José Henrique Mouta Araújo, *Mandado de segurança*, p. 42.

[37] Sidney Palharini Júnior, *in* Luiz Manoel Gomes Júnior, Luana Pedrosa de Figueiredo Cruz, Luís Otávio Sequeira de Cerqueira, Rogério Favreto e Sidney Palharini Júnior, *Comentários à nova lei do mandado de segurança*, p. 158.

[38] STJ, AgRg no RMS 30389/CE, rel. Min. Napoleão Nunes Maia Filho, j. em 4.12.2009. Afirma o relator, em seu voto, que o direito líquido e certo é "pressuposto, requisito ou condição intransponível" para a apreciação do pedido em mandado de segurança.

[39] STF, MS 25116/DF, rel. Min. Carlos Ayres Britto, j. em 8.9.2010.

"MANDADO DE SEGURANÇA. ATO DO TRIBUNAL DE CONTAS DA UNIÃO. COMPETÊNCIA DO SUPREMO TRIBUNAL FEDERAL. NEGATIVA DE REGISTRO A APOSENTADORIA. PRINCÍPIO DA SEGURANÇA JURÍDICA. GARANTIAS CONSTITUCIONAIS DO CONTRADITÓRIO E DA AMPLA DEFESA. 1. O impetrante se volta contra o acórdão do TCU, publicado no Diário Oficial da União. Não exatamente contra o IBGE, para que este comprove o recolhimento das questionadas contribuições previdenciárias. Preliminar de ilegitimidade passiva rejeitada. 2. Infundada alegação de carência de ação, por ausência de direito líquido e certo. Preliminar que se confunde com o mérito da impetração. 3. A inércia da Corte de Contas, por mais de cinco anos, a contar da aposentadoria, consolidou afirmativamente a expectativa do ex-servidor quanto ao recebimento de verba de caráter alimentar. Esse aspecto temporal diz intimamente com: a) o princípio da segurança jurídica, projeção objetiva do princípio da dignidade da pessoa humana e elemento conceitual do Estado de Direito; b) a lealdade, um dos conteúdos do princípio constitucional da moralidade administrativa (caput do art. 37). São de se reconhecer, portanto, certas situações jurídicas subjetivas ante o Poder Público, mormente quando tais situações se formalizam por ato de qualquer das instâncias administrativas desse Poder, como se dá com o ato formal de aposentadoria. 4. A manifestação do órgão constitucional de controle externo há de se formalizar em tempo que não desborde das pautas elementares da razoabilidade. Todo o Direito Positivo é permeado por essa preocupação com o tempo enquanto figura jurídica, para que sua prolongada passagem em aberto não opere como fator de séria instabilidade inter-subjetiva ou mesmo intergrupal. A própria Constituição Federal de 1988 dá conta de institutos que têm no perfazimento de um certo lapso temporal a sua própria razão de ser. Pelo que existe uma espécie de tempo constitucional médio que resume em si, objetivamente, o desejado critério da razoabilidade. Tempo que é de cinco anos (inciso XXIX do art. 7º e arts. 183 e 191 da CF; bem como art. 19 do ADCT). 5. O prazo de cinco anos é de ser aplicado aos processos de contas que tenham por objeto o exame de legalidade dos atos concessivos de aposentadorias, reformas e pensões. Transcorrido in albis o interregno quinquenal, a contar da aposentadoria, é de se convocar os particulares para participarem do processo de seu interesse, a fim de desfrutar das garantias constitucionais do contraditório e da ampla defesa (inciso LV do art. 5º). 6. Segurança concedida."

Impõe-se, então, analisar aqui se o "direito líquido e certo" é tema que, no objeto da cognição exercida no processo do mandado de segurança, se insere no mérito da causa ou deve ser examinado antes deste, no plano dos requisitos de admissibilidade da apreciação do mérito (entre as "condições da ação"). É o que se passa a fazer.

Pois para que se realize esta análise impende, aqui, recordar que o processo do mandado de segurança se insere, perfeitamente, no campo do Direito Processual (integrando aquilo que venho chamando de direito processual público), e portanto deve ser compreendido à luz da teoria geral do direito processual.[40] Assim, a definição sobre se o direito líquido e certo é matéria atinente ao *meritum causae* ou a ele estranha deve se dar a partir de conceitos estabelecidos pela teoria geral do Direito Processual.

Pois para isso se impõe recordar, aqui, que a aferição das "condições da ação" deve se dar pelo manejo de uma técnica conhecida como *teoria da asserção*.[41]

Por força dessa técnica, as "condições da ação" são examinadas *in statu assertionis*, isto é, com base apenas nas asserções, ou seja, nas alegações, formuladas pelo demandante em sua petição inicial. Incumbe ao juiz da causa, ao ler a inicial, estabelecer um *juízo hipotético de veracidade* das asserções contidas na inicial e verificar se, admitidas tais alegações como verdadeiras, seria o caso de acolher-se a demanda proposta. Caso seja positivo esse juízo, devem ser tidas por presentes todas as "condições da ação". Negativo o juízo que aí se faz, porém, deve-se ter por ausente alguma das "condições da ação", o que acarreta a extinção do processo sem resolução do mérito.

Como já se afirmou em respeitada sede doutrinária, "as 'condições da ação' são aferidas no *plano lógico* e da *mera asserção* do direito, e a *cognição* a que o juiz procede consiste em simplesmente confrontar a afirmativa do autor com o esquema abstrato da lei. Não se procede, ainda, ao acertamento do direito afirmado".[42] E isso se dá porque, como ensina Barbosa Moreira,

> "o exame da legitimidade, pois – como o de qualquer das 'condições da ação' –, tem de ser feito *com abstração* das possibilidades que, no juízo de mérito, vão deparar-se ao julgador: a de proclamar existente ou a de declarar inexistente a relação jurídica que constitui a *res in iudicium deducta*. Significa isso que o órgão judicial, ao apreciar a legitimidade das partes,

---

[40] Merece aqui ser lembrada preciosa afirmação do Mestre Barbosa Moreira: "Cumpre abandonar de uma vez por todas o vezo de pôr o mandado de segurança ao relento, de expulsá-lo sem dó nem piedade do recinto do sistema processual vigente. Essa tendência – quase íamos escrevendo *mania* – já é responsável por grandes equívocos, como o do pretendido descabimento da condenação da parte vencida em honorários advocatícios, em má hora consagrado na *Súmula da Jurisprudência Predominante* do Supremo Tribunal Federal (nº 512). Dê-se-lhe um basta, antes que ela faça mais estragos" (José Carlos Barbosa Moreira, Recorribilidade das decisões interlocutórias no processo do mandado de segurança, in José Carlos Barbosa Moreira, *Temas de direito processual* – sexta série, p. 224).

[41] A rigor, não obstante o nome tradicionalmente empregado, não se tem aqui propriamente uma "teoria", mas uma "técnica" da asserção. Não obstante isso, e dado o fato de este nome já ser de uso corrente, continuarei a falar em "teoria da asserção". Já tive oportunidade de sustentar a teoria da asserção em Alexandre Freitas Câmara, *Lições de direito processual civil*, v. 1, p. 154-156.

[42] Kazuo Watanabe, *Da cognição no processo civil*, p. 94.

considera tal relação jurídica *in statu assertionis*, ou seja, à vista do que se afirmou. Tem ele de raciocinar como quem admita, por hipótese, e em caráter provisório, a veracidade da narrativa, deixando para a ocasião própria (o juízo de mérito) a respectiva apuração, ante os elementos de convicção ministrados pela atividade instrutória".[43]

É que, como já ensinava o clássico Hélio Tornaghi, "o exame das condições da ação pressupõe a veracidade dos fatos; o juiz aceita-a como hipótese".[44]

Na doutrina italiana, encontra-se essa mesma sustentação. Veja-se, por exemplo, o que ensina Mandrioli:[45]

> "Antes de examinar singularmente estes requisitos ou 'condições da ação', deve-se começar por verificar-se que esses podem ser considerados, em conjunto, como aspectos de um único requisito ou modo de ser da demanda e que é o que podemos chamar de sua *hipotética acolhibilidade*.
>
> Em realidade, e como aparece já evidente à luz do bom-senso, se a demanda quer aspirar a ser acolhida, deve apresentar-se como acolhível; o que não ocorreria se a demanda não contivesse a representação ou exposição ou afirmação de que um direito substancial existe; que ele pertence a quem pede a tutela, e que necessita de tutela. Só com tais condições, de fato, haveria sentido, para o juiz, começar a desenvolver aquela atividade que deveria conduzi-lo à pronúncia sobre o mérito da demanda, através de um exame da veracidade do quanto afirmado (mais precisamente: dos fatos constitutivos afirmados) na própria demanda. Em caso contrário (isto é, se a demanda não contivesse a afirmação de que existe um direito ou contivesse a afirmação de que este direito não pertence àquele que pede a tutela, e que este direito não tem necessidade de tutela porque ninguém o violou) o juiz não teria motivo algum para encontrar a verdade do quanto exposto, e pois de prosseguir com o processo, porque – verdadeiros ou não verdadeiros os fatos afirmados na demanda –, a demanda mesma não poderia ser acolhida em razão do que resulta dela própria.
>
> A lógica quer, portanto, que a '*não acolhibilidade*' da demanda emergente da falta de um dos requisitos supramencionados (que, como se viu, condicionam tal acolhibilidade sob o plano lógico), imponha ao juiz que reconheça tal ausência com um pronunciamento 'sobre o processo'; enquanto somente a '*acolhibilidade hipotética*' (hipotética: ou seja, para a hipótese de que

---

[43] José Carlos Barbosa Moreira, Legitimação para agir. Indeferimento da petição inicial, *in* José Carlos Barbosa Moreira, *Temas de direito processual* – primeira série, p. 200.

[44] Hélio Tornaghi, *Comentários ao Código de Processo Civil*, v. I, p. 91.

[45] Crisanto Mandrioli, *Corso di diritto processuale civle*, v. I, p. 47-48. É minha a tradução livre do texto italiano.

os fatos afirmados sejam realmente verdadeiros) consequente à presença daqueles requisitos, pode consentir ao juiz o desenvolvimento daquela sua ulterior atividade processual que deverá conduzi-lo ao pronunciamento sobre o mérito. Isto significa que só na presença daqueles requisitos o exercício do poder de propor a demanda – que pertence a 'todos' – pode, em vez de exaurir-se em uma imediata e estéril pronúncia 'sobre o processo', introduzir a ulterior série processual de situações e de atos destinados ao pronunciamento 'sobre o mérito' e que – com particular relação àquele que propôs a demanda – introduzir aquela ulterior série de seus poderes cujo exercício atua, destinados ao pronunciamento sobre o mérito, o 'agir' de quem propôs a demanda, ou, em outros termos, sua 'ação'."

A verificação das "condições da ação", pois, se dá com base naquilo que tenha sido *afirmado* pelo demandante, sem que haja, durante seu exame, qualquer preocupação em se saber se tais afirmações são *mesmo* verdadeiras ou não. Esse exame é feito a partir de um juízo hipotético (e provisório) de veracidade de tais asserções. O que se busca aqui é, tão somente, determinar se a demanda proposta é "hipoteticamente acolhível". Caso o exame das asserções contidas na petição inicial leve o juiz a verificar que a demanda proposta não é – nem hipoteticamente – acolhível, pois mesmo que as alegações ali contidas sejam verdadeiras se poderia conceder ao demandante a tutela jurisdicional por ele postulada – ter-se-á de afirmar que o demandante é "carecedor de ação", ou seja, que lhe faltam requisitos para que o Estado-Juiz possa prover sobre o mérito da causa. Afinal, nenhuma utilidade haveria em desenvolver-se a atividade processual se já se sabe que nem em tese a demanda proposta poderia ser tida por procedente.[46]

Assim, fica claro que o exame das "condições da ação", por ser destinado a verificar a "acolhibilidade hipotética" da demanda, é feito *apenas* sobre as alegações contidas na petição inicial, sem qualquer análise do material probatório produzido no processo. Exerce-se cognição, tão somente, sobre as alegações contidas na petição inicial para se verificar se, admitidas tais alegações por hipótese como verdadeiras, seria acolhível a pretensão deduzida pelo demandante. Positivo que seja o juízo aí realizado, passar-se-á, então, ao exame do mérito. De outro lado, negativo este juízo (ou seja, verificando-se que nem em tese a demanda poderia ser acolhida), deverá o processo ser extinto *sem resolução do mérito*.

---

[46] Falando sobre uma das "condições da ação", a legitimidade das partes, em lição que é válida também para as demais "condições", ensinou o grande Elio Fazzalari (em minha tradução livre) que "a legitimação para agir no processo jurisdicional civil se determina, da mesma forma como em qualquer processo, sob a ótica do provimento a que este se dirige, isto é, contemplando, *em hipótese e para futura memória*, aquela que deve ser a 'medida jurisdicional' (prescindindo-se – é óbvio – daquele que será efetivamente o êxito do processo, ou se tal 'medida' será emanada ou não)". Confira-se, pois, Elio Fazzalari, *Istituzioni di diritto processuale*, p. 306.

Apenas no caso de ser ultrapassado este juízo preliminar é que se poderá, então, realizar exame de provas e, então, se deve considerar que qualquer decisão proferida a partir de cognição exercida sobre material probatório é uma decisão *de meritis*.[47]

Tudo isso teve de ser dito para que se possa, aqui, sustentar a ideia que, a partir de agora, se defenderá: a de que a análise da presença ou não do direito líquido e certo se dá no plano do mérito, e não – como se tem majoritariamente sustentado – no das "condições da ação".

Isso se afirma por coerência com o que sempre afirmei a respeito da adoção da técnica conhecida como "teoria da asserção" para aferição das "condições da ação" e, também, para ser coerente com o conceito de direito líquido e certo.

Como já se viu, direito líquido e certo é aquele cujo fato constitutivo pode ser demonstrado através de prova documental preconstituída. Esse é conceito sobre o qual não pode mais haver qualquer dúvida. Ora, se o direito líquido e certo assim se caracteriza por ser decorrente de fatos demonstráveis através de prova documental preconstituída, a afirmação judicial de que existe (ou de que não existe) direito líquido e certo *só pode ser feita após exame do material probatório* trazido aos autos pelo impetrante. É tal decisão, pois, baseada em cognição que necessariamente se exerce sobre material probatório. E se assim é, então esta é uma decisão sobre o mérito da causa.

Em outros termos, a decisão judicial que afirme inexistir direito líquido e certo será, necessariamente, proferida após exame das provas carreadas ao processo do mandado de segurança pelo impetrante. E será, portanto, uma decisão *de meritis*, a pronunciar a improcedência do pedido formulado pelo demandante.

É que a acolhibilidade hipotética da demanda de mandado de segurança não depende da *efetiva existência* do direito líquido e certo, mas de sua afirmação. Em outros termos, basta que o impetrante *alegue ser o titular de direito líquido e certo* violado ou ameaçado de lesão por ato da autoridade para que seja *hipoteticamente acolhível* sua demanda e, pois, estejam presentes as "condições da ação". A partir

---

[47] É farta a jurisprudência brasileira no sentido da aplicação da técnica conhecida como "teoria da asserção" para verificação da presença das "condições da ação". Desnecessário alongar as citações sobre o ponto. Apenas exemplificativamente, merece menção uma decisão proferida, no Supremo Tribunal Federal, pelo eminente Min. Marco Aurélio Mello (ACO 1763/MT, j. em 6.12.2011), em que aquele culto magistrado afirma, *verbis*: "Relativamente às condições da ação, sabe-se que o Direito brasileiro adota a denominada 'teoria da asserção', segundo a qual cabe verificá-las com base na narrativa veiculada na peça primeira do processo." No STJ já foram proferidas incontáveis decisões acolhendo essa mesma técnica. Exemplificativamente, confiram-se as seguintes: AgRg no REsp 877161/RJ, rel. Min. Francisco Falcão, j. em 5.12.2006; REsp 832370/MG, rel. Min. Nancy Andrighi, j. em 2.8.2007; REsp 470675/SP, rel. Min. Humberto Martins, j. em 16.10.2007; REsp 753512/ RJ, rel. Min. João Otávio de Noronha, rel. p/ acórdão Min. Luis Felipe Salomão, j. em 16.3.2010; REsp 1052680/RS, rel. Min. Nancy Andrighi, j. em 27.9.2011; REsp 595188/RS, rel. Min. Antonio Carlos Ferreira, j. em 22.11.2011.

daí, desenvolver-se-á a atividade processual destinada a verificar se o impetrante é, *mesmo*, titular de direito líquido e certo violado ou ameaçado de violação por ato ilegal ou abusivo da autoridade coatora. Caso o exame da prova documental preconstituída trazida aos autos pelo impetrante não permita, *in concreto*, o acolhimento de sua demanda, deverá o Estado-Juiz proferir uma sentença de rejeição da demanda, ou seja, de improcedência, já que não se faz presente o direito líquido e certo. Esta é, pois, uma sentença de mérito, e não meramente terminativa.

Impõe-se, aqui, uma relevante distinção: em tese pode acontecer de o impetrante sequer *alegar* ser titular de direito líquido e certo. Pense-se, por exemplo, no caso de ter sido impetrado o mandado de segurança e na petição inicial o impetrante afirmar que precisará, para demonstrar a veracidade de suas alegações, produzir provas outras além da documental preconstituída que acompanha a petição inicial.[48] Em um caso assim, ter-se-á de considerar que o impetrante se vale de via processual inadequada para buscar o acolhimento de sua pretensão, já que não é *hipoteticamente acolhível* uma demanda de mandado de segurança formulada nesses termos. Nesse caso, faltará interesse de agir (por ausência de *interesse-adequação*), não podendo desenvolver-se regularmente o processo de mandado de segurança.[49]

A situação que aqui mais interessa, porém, é aquela em que o impetrante *alega* ser titular de direito líquido e certo mas, após o exame da prova, verifica-se que tal direito líquido e certo não existe. Neste caso, por ser a decisão proferida após desenvolver-se cognição sobre o material probatório, estar-se-á diante de um pronunciamento sobre o mérito da causa, uma sentença de rejeição da demanda de mandado de segurança, ou seja, de improcedência do pedido.

Saber se existe ou não direito líquido e certo, pois, é questão de mérito. E isso é absolutamente coerente com o conceito de mérito da causa que vem da teoria geral do direito processual.

É que o mérito da causa, como se sabe, é o objeto do processo (o *Streitgegenstand* da doutrina alemã). E se deve considerar que o mérito da causa corresponde à pretensão processual deduzida em juízo pelo demandante, isto é, a exigência formulada pelo demandante no sentido de obter um provimento jurisdicional

---

[48] Já tive oportunidade de ver petição inicial de mandado de segurança impetrado junto ao Superior Tribunal de Justiça em que o demandante expressamente requereu a produção de prova pericial. Em um caso assim, deve-se considerar que o demandante sequer *alega* ser titular de direito líquido e certo.

[49] Normalmente, em casos assim, a solução seria extinguir-se o processo sem resolução do mérito por falta de interesse de agir. Nada impede, porém, em nome da instrumentalidade do processo, que se receba esta petição inicial como de uma demanda "ordinária", determinando-se ao demandante que faça as emendas à petição inicial que eventualmente se revelem necessárias, de modo a aproveitar-se o processo já instaurado. Poderá acontecer, inclusive, de se ter aí a necessidade de, convertido o procedimento especial do mandado de segurança para as vias ordinárias, declinar-se da competência para outro juízo. Mas sempre que possível deve-se aproveitar o processo já instaurado.

capaz de lhe assegurar tutela jurisdicional.[50] Admitida essa ideia,[51] fica ainda mais fácil compreender por que se deve considerar que o direito líquido e certo é questão de mérito.

Isso se diz porque no processo do mandado de segurança manifesta-se uma pretensão de tutela do direito líquido e certo. Isso se extrai até mesmo do texto constitucional (reproduzido na Lei nº 12.016/2009), por força do qual o mandado de segurança é concedido para proteger direito líquido e certo. Ora, se assim é, então o impetrante, em sua petição inicial, deduzirá uma pretensão que, evidentemente, é a de obter tutela para seu afirmado direito líquido e certo. Caberá ao juízo, pois, verificar se o demandante é ou não titular de direito líquido e certo violado ou ameaçado de violação por ato ilegal ou abusivo de autoridade pública. E caso o órgão jurisdicional verifique que o demandante não é titular de direito líquido e certo, terá de proferir um pronunciamento jurisdicional afirmando que o impetrante não faz jus à concessão do mandado de segurança. Este é, claramente, um pronunciamento de rejeição da pretensão deduzida pelo demandante e, pois, um juízo negativo de mérito.

Direito líquido e certo é, pois, matéria atinente ao mérito da causa no processo de mandado de segurança, e não se refere às "condições da ação".

§ 13. Hipóteses de não cabimento do mandado de segurança

O art. 5º da Lei nº 12.016/2009 estabelece casos nos quais não se pode, nem em tese, conceder mandado de segurança. Além desses, outros casos há, reconhecidos pela doutrina e pela jurisprudência, nos quais não se admite a concessão de mandado de segurança. É dessas hipóteses que se passa a tratar.

É preciso, porém, deixar claro antes de examinar individualizadamente cada um desses casos que neles se manifestam hipóteses nas quais a demanda de mandado de segurança é, para usar uma expressão empregada no item anterior deste trabalho, *hipoteticamente inacolhível*. Dito de outro modo, o que se tem aí é uma vedação *a priori* da concessão de mandado de segurança, por força da qual se sabe, de antemão e em tese, que a demanda de mandado de segurança não poderia de maneira nenhuma ser acolhida. Está-se aí, pois, no plano das "condições da ação"

---

[50] Sobre o ponto, seja permitido remeter o leitor a Alexandre Freitas Câmara, *Lições de direito processual civil*, v. 1, p. 260.

[51] Sobre a qual muitos processualistas já se debruçaram. A respeito do tema, um dos mais complexos de toda a ciência processual, consulte-se Cândido Rangel Dinamarco, O conceito de mérito em processo civil, *in* Cândido Rangel Dinamarco, *Fundamentos do processo civil moderno*, t. I, p. 232-276.

e, mais especificamente, o que se tem aí são casos de *impossibilidade jurídica da demanda de mandado de segurança*.[52]

Isso se diz porque a impossibilidade jurídica da demanda ocorre exatamente nos casos em que há uma vedação expressa e apriorística à concessão de determinada providência jurisdicional. Sobre o ponto, vale transcrever a lição de Cândido Rangel Dinamarco:[53]

> "A demanda é juridicamente impossível quando de algum modo colide com regras superiores do direito nacional e, por isso, sequer comporta apreciação mediante exame de seus elementos concretos. Já *a priori* ela se mostra inadmissível e o autor carece de ação por impossibilidade jurídica da demanda. A *possibilidade* jurídica é a admissibilidade desta *em tese* e, sem ela, sequer se indagará se o demandante é parte legítima, se o provimento que pede é adequado, se é apto a lhe trazer proveito ou se ele tem razão ou não pelo mérito (se venho cobrar um crédito decorrente do jogo, de nada importa saber se ganhei honestamente, se realmente ganhei ou quanto ganhei – CC, art. 814).
>
> Para que a demanda seja juridicamente possível, é necessária a compatibilidade de *cada um de seus elementos* com a ordem jurídica. O *petitum* é juridicamente impossível quando se choca com preceitos de direito material, de modo que jamais poderá ser atendido, independentemente dos fatos e das circunstâncias do caso concreto (pedir o desligamento de um Estado da Federação). A *causa petendi* gera a impossibilidade da demanda quando a ordem jurídica nega que fatos como os alegados pelo autor possam gerar direitos (pedir a condenação com fundamento em dívida de jogo). As *partes* podem ser causa de impossibilidade jurídica, como no caso da Administração Pública, em relação à qual a Constituição e a lei negam a possibilidade de execução mediante penhora e expropriação pelo Juiz (Const., art. 100 – CPC, arts. 730 ss.)."

Pois é exatamente isso que se tem nos casos que ora se passa a tratar: uma vedação apriorística à concessão de mandado de segurança, decorrente de nor-

---

[52] Faz-se aqui referência à possibilidade jurídica como "condição da ação" autônoma, por força do sistema adotado pelo Código de Processo Civil de 1973, embora sempre tenha sustentado que, em tese, a possibilidade jurídica poderia ser absorvida pelo interesse de agir, sendo na verdade uma forma de manifestação deste (ou, em outras palavras, onde houver uma impossibilidade jurídica ter-se-á, na verdade, ausência de interesse de agir). Sobre o ponto, seja permitido remeter o leitor para o que escrevi em Alexandre Freitas Câmara, *Lições de direito processual civil*, v. 1, p. 152. Já tive também oportunidade de escrever sobre o ponto à luz do projeto de novo Código de Processo Civil. Consulte-se, então, Alexandre Freitas Câmara, Será o fim da categoria "condição da ação"? Uma resposta a Fredie Didier Júnior, *in RePro* 197, p. 263-265.

[53] Cândido Rangel Dinamarco, *Instituições de direito processual civil*, v. II, p. 307-308.

mas jurídicas integrantes do ordenamento nacional. Nesses casos, a concessão de mandado de segurança é incompatível com o sistema e, pois, a demanda de mandado de segurança é hipoteticamente inacolhível, devendo-se considerar que ao impetrante falta uma "condição da ação", a possibilidade jurídica. Deverá, então, caso se impetre mandado de segurança nesses casos, extinguir-se o processo sem resolução do mérito.[54]

Estabelecidas essas ideias, passa-se ao exame dos casos em que é juridicamente impossível a demanda de mandado de segurança. Os três primeiros casos são, precisamente, aqueles descritos nos incisos do art. 5º da Lei nº 12.016/2009, segundo os quais não se concederá mandado de segurança quando se tratar: "I – de ato do qual caiba recurso administrativo com efeito suspensivo; II – de decisão judicial da qual caiba recurso com efeito suspensivo; III – de decisão judicial transitada em julgado." Há, ainda, um caso estabelecido pelo art. 1º, § 2º, da Lei nº 12.016/2009: não se admite mandado de segurança contra "atos de gestão". Além desses casos, porém, há outros em que não se admite a concessão de mandado de segurança,[55] a saber: (a) contra lei em tese; (b) contra atos *interna corporis* e atos políticos; (c) como sucedâneo da "ação popular"; (d) como sucedâneo de "ação de cobrança". Por fim, será preciso examinar a tese – acolhida pela jurisprudência do Supremo Tribunal Federal (e com a qual, *data venia*, não concordo) do não cabimento de mandado de segurança para impugnação de decisões judiciais proferidas nos processos submetidos ao microssistema dos Juizados Especiais.

Passa-se, então, ao exame de todas essas hipóteses, começando pelos casos enumerados nos três incisos do art. 5º da Lei nº 12.016/2009.

I – Impossibilidade jurídica da demanda de mandado de segurança contra ato de que caiba recurso administrativo com efeito suspensivo independentemente de caução

A Lei nº 12.016/2009 afirma a impossibilidade jurídica da demanda de mandado de segurança contra ato administrativo que tenha sido impugnado por recurso administrativo dotado de efeito suspensivo "independentemente de caução". É preciso ter claro, porém, que essa disposição não pode ser interpretada no sentido de se exigir – em qualquer hipótese – o exaurimento das instâncias administrativas para que, só após, se possa ir a juízo. O que se tem aqui é a previsão de que, no caso de o ato administrativo que se pretende impugnar ser uma decisão profe-

---

[54] Também consideram que a regra veiculada pelo art. 5º da Lei nº 12.016/2009 é fonte de impossibilidade jurídica José Miguel Garcia Medina e Fábio Caldas de Araújo, *Mandado de segurança individual e coletivo*, p. 72.

[55] Daí por que já se afirmou, em doutrina, que a enumeração contida no art. 5º da Lei nº 12.016/2009 é meramente exemplificativa (Márcio Henrique Mendes da Silva e Olavo A. Vianna Alves Ferreira, *in* Fernando da Fonseca Gajardoni, Márcio Henrique Mendes da Silva e Olavo A. Vianna Alves Ferreira, *Comentários à nova lei de mandado de segurança*, p. 44).

rida em processo administrativo, e havendo para este a previsão de cabimento de recurso administrativo que seja dotado de efeito suspensivo independentemente da prestação de caução, poderá o interessado optar entre interpor o recurso administrativo ou impetrar desde logo o mandado de segurança.[56]

Impende observar, porém, que como regra os recursos administrativos não são dotados de efeito suspensivo.[57] Pode haver, porém, casos em que a lei expressamente atribua efeito suspensivo ao recurso administrativo. É o que se tem, por exemplo, no caso de recurso administrativo contra decisão que, em processo de licitação, se pronuncie sobre habilitação ou inabilitação de licitante ou sobre o julgamento das propostas (art. 109, I, *a* e *b*, c/c § 2º, da Lei nº 8.666/1993). Em casos assim, portanto, poderá o interessado escolher entre duas vias: interpor o recurso administrativo ou impetrar mandado de segurança. É preciso, porém, que o interessado escolha uma das duas vias, não se admitindo a utilização simultânea de ambas.[58] Interposto o recurso administrativo, e recebido este com efeito suspensivo, o ato administrativo não será capaz de produzir efeitos e, portanto, não haverá qualquer utilidade na impetração imediata do mandado de segurança.[59]

Afirma o inciso I do art. 5º, porém, que só há vedação ao manejo do mandado de segurança se tiver sido interposto recurso administrativo dotado de efeito suspensivo *independentemente de caução*. Impõe-se, porém, recordar que o Enunciado nº 21 da Súmula Vinculante do Supremo Tribunal Federal é expresso em afirmar que "é inconstitucional a exigência de depósito ou arrolamento prévio de dinheiro ou bens para admissibilidade de recurso administrativo". Sobre o tema há vários precedentes do próprio STF, valendo destacar, por sua objetividade, o seguinte:[60]

> "RECURSO ADMINISTRATIVO – DEPÓSITO – §§ 1º E 2º DO ARTIGO 126 DA LEI Nº 8.213/1991 – INCONSTITUCIONALIDADE. A garantia constitucional da ampla defesa afasta a exigência do depósito como pressuposto de admissibilidade de recurso administrativo."

---

[56] Leonardo José Carneiro da Cunha, Comentário ao art. 5º, *in* Napoleão Nunes Maia Filho, Caio Cesar Vieira Rocha e Tiago Asfor Rocha Lima (Org.). *Comentários à nova lei do mandado de segurança*, p. 85.

[57] José dos Santos Carvalho Filho, *Processo administrativo federal*, p. 284.

[58] A esse respeito é expresso o teor de decisão do STF, proferida no julgamento do MS 30822/DF, rel. Min. Ricardo Lewandowski, j. em 5.6.2012, em cuja ementa se lê, *verbis*: "O art. 5º, I, da Lei 12.016/2009 não configura uma condição de procedibilidade, mas tão somente uma causa impeditiva de que se utilize simultaneamente o recurso administrativo com efeito suspensivo e o *mandamus*."

[59] Observe-se que se não há utilidade, falta *interesse de agir*. Apesar disso, o que se tem no caso em exame é uma impossibilidade jurídica, já que há uma vedação apriorística, estabelecida em lei, de utilização do mandado de segurança na hipótese. Isso, porém, só corrobora a afirmação, que fiz anteriormente, de que a possibilidade jurídica é uma manifestação do interesse de agir.

[60] STF, AI 545063 AgR/BA, rel. Min. Marco Aurélio, j. em 21.6.2011.

Assim, não há maior relevância na parte final do texto do inciso I do art. 5º da Lei nº 12.016/2009, já que a concessão de efeito suspensivo ao recurso administrativo não estará, jamais, condicionada à prestação de qualquer tipo de caução.

Tudo quanto aqui se disse, porém, só faz sentido quando se trate de ato administrativo *comissivo*.[61] No caso dos atos omissivos, porém, é preciso fazer outras considerações.

Em primeiro lugar, deve-se esclarecer que, sem qualquer sombra de dúvida, é admissível a impetração de mandado de segurança para impugnar atos omissivos.[62] A questão aqui, porém, é que não há como admitir-se recurso administrativo com efeito suspensivo contra uma omissão do agente público que gere, para o interessado, alguma utilidade.[63] O ponto, aliás, é objeto do Enunciado 429 da Súmula da Jurisprudência Dominante do STF: "a existência de recurso administrativo com efeito suspensivo não impede o uso do mandado de segurança contra omissão da autoridade".[64] Há importante precedente do Supremo Tribunal Federal acerca do ponto, da relatoria do eminente Min. Victor Nunes Leal, em cujo voto se lê o seguinte:[65]

> "Mas qual o sentido da condição de não haver recurso administrativo, com efeito suspensivo, independentemente de caução? – É que, em tais casos, a parte, sem o ônus da caução, pode impedir os efeitos do ato danoso, mediante recurso perante a própria administração pública. Mas isto somente ocorrerá, quando se tratar de ato ou procedimento comissivo da autoridade. Quando esta se abstém ou se omite, o gravame perdura, sem que o possa remediar o efeito suspensivo do recurso hierárquico. Não fica, pois, o particular impedido de recorrer ao mandado de segurança, sob pena de se extrair da lei uma consequência contrária àquela que teve em mira."

---

[61] José Miguel Garcia Medina e Fábio Caldas de Araújo, *Mandado de segurança individual e coletivo*, p.74.

[62] Cassio Scarpinella Bueno, *A nova lei do mandado de segurança*, p. 35-36. O STF, por exemplo, já considerou admissível mandado de segurança para impugnar ato omissivo consistente no não cumprimento de Portaria do Ministério da Justiça que reconheceu o impetrante como anistiado político, fixando-lhe indenização de valor certo e determinado (RMS 27357/DF, rel. Min. Cármen Lúcia, j. em 25.5.2010).

[63] José Miguel Garcia Medina e Fábio Caldas de Araújo, *Mandado de segurança individual e coletivo*, p. 74.

[64] Uma observação não pode deixar de ser feita acerca desse enunciado sumular: na Súmula do STF há a indicação de três precedentes que lhe deram origem. No primeiro deles (RMS 9359/SP, rel. Min. Ribeiro da Costa, j. em 9.5.1962), nenhuma observação há quanto ao caráter omissivo do ato impugnado. Tampouco o segundo precedente indicado (RMS 10871/DF, rel. Min. Ribeiro da Costa, j. em 21.11.1962) trata do ponto. Apenas o terceiro precedente indicado na Súmula, o RE 52588/GB, rel. Min. Victor Nunes, j. em 9.7.1963, trata especificamente do assunto.

[65] RE 52588/GB, rel. Min. Victor Nunes, j. em 9.7.1963.

Esse é entendimento que encontra amparo em antiga lição doutrinária, que aqui merece ser lembrada:[66]

> "Desde que o ato da autoridade possa ser reparado por via de recurso administrativo, e que o recurso, sem dependência de caução, tenha efeito suspensivo, não se dará o mandado de segurança.
>
> Trata-se dos atos que, em virtude do recurso, ficarão suspensos, deixando subsistente o direito que se quer assegurar, caso em que o interessado nenhum prejuízo sofre com a demora. Nos casos, porém, em que a ameaça ou a violação do direito decorram da recusa ou mesmo da simples omissão, por parte da autoridade pública, em praticar o ato que se faz necessário ao exercício do direito do impetrante, admite-se o mandado de segurança, mesmo que caiba recurso administrativo com efeito suspensivo independentemente de caução, e isto porque, não obstante o recurso, a fruição do direito continua vedada.
>
> Assim julgou a Côrte Suprema no mandado de segurança n. 232, em que os advogados provisionados impetraram o remédio judiciário por lhes ter sido negada pelo Conselho da Secção da Ordem dos Advogados do Brasil inscrição de suas provisões. Da decisão que negava a inscrição cabe recurso administrativo com efeito suspensivo, sem dependência de caução. Mas êsse recurso com tal efeito em nada modificava a situação dos impetrantes, que, apesar dele, continuariam sem inscrição, mesmo a título provisório.
>
> Em tal hipótese a possibilidade de recorrer e o efeito dêsse ato não são impedientes do amparo buscado pelo meio do mandado de segurança."

O raciocínio aqui é exatamente o proposto no excerto acima transcrito. A interposição de recurso administrativo com efeito suspensivo obsta a eficácia do ato impugnado, tornando assim desnecessária a impetração do mandado de segurança. Desprovido o recurso administrativo, aí sim a decisão administrativa contrária aos interesses da parte passará a produzir efeitos, o que tornará justificável a impetração do mandado de segurança. No caso dos atos omissivos, porém, assim não é. Isso porque, sendo omissivo o ato, ainda que se interponha recurso administrativo dotado de efeito suspensivo, o particular não terá como fruir da situação jurídica a que faz jus. Assim, o efeito suspensivo do recurso não retira, no caso, a utilidade do mandado de segurança, o qual será perfeitamente admissível.

---

[66] Luiz Antônio de Andrade e Luiz Machado Guimarães, *Comentários ao Código de Processo Civil* [de 1939], v. IV, p. 344.

II – Impossibilidade jurídica da demanda de mandado de segurança contra decisão judicial da qual caiba recurso com efeito suspensivo.

Aqui se tem uma situação análoga à anterior (com a diferença de que neste inciso II do art. 5º da Lei nº 12.016/2009 o ato impugnado é judicial).[67] Proferida decisão judicial impugnável por recurso dotado de efeito suspensivo, o ato judicial não será capaz de produzir efeitos e, pois, o recurso terá sido eficiente na defesa imediata do interesse do recorrente, que poderá continuar a valer-se da situação jurídica em que anteriormente se encontrava, já que obstada a produção de efeitos da decisão recorrida. Não haveria, assim, lesão ou ameaça iminente que justificasse a impetração do mandado de segurança.

Há, porém, uma necessária observação a ser feita: no sistema processual civil brasileiro, há recursos dotados de efeito suspensivo *ope legis* (isto é, por determinação legal), como se dá na maior parte dos casos de cabimento da apelação (art. 520 do CPC). Casos há, porém, em que o efeito suspensivo do recurso não é atribuído automaticamente por lei, mas *pode* ser deferido por decisão judicial (casos, portanto, nos quais haverá efeito suspensivo *ope iudicis*, isto é, por determinação judicial). É o que se dá, *e. g.*, com o agravo de instrumento (art. 558 do Código de Processo Civil). Dúvida não pode haver, porém, de que também nesses casos de efeito suspensivo *ope iudicis* o mero fato de ser possível a atribuição de efeito suspensivo ao recurso já é suficiente para afastar o cabimento do mandado de segurança.[68]

O Superior Tribunal de Justiça já acolheu expressamente este entendimento:[69]

"HABEAS CORPUS. ESTATUTO DA CRIANÇA E DO ADOLESCENTE. INADMISSÃO DA VÍTIMA COMO ASSISTENTE DE ACUSAÇÃO. APELAÇÃO DE TERCEIRO INTERESSADO NÃO ADMITIDA POR FALTA DE LEGITIMI-

---

[67] Não se tratará, neste item do trabalho, do mandado de segurança contra ato judicial, o qual constitui objeto de capítulo próprio neste livro. Limita-se a análise que aqui se realiza ao não cabimento de mandado de segurança destinado a impugnar decisão judicial contra a qual se admita recurso dotado de efeito suspensivo.

[68] Sobre o ponto é pacífica a doutrina. Por todos, consulte-se o que vai em Cassio Scarpinella Bueno, *A nova lei do mandado de segurança*, p. 36; Leonardo José Carneiro da Cunha, Comentário ao art. 5º, *in* Napoleão Nunes Maia Filho, Caio Cesar Vieira Rocha e Tiago Asfor Rocha Lima (Org.). *Comentários à nova lei do mandado de segurança*, p. 86.

[69] STJ, HC 190651/SC, rel. Min. Jorge Mussi, j. em 8.11.2011. É meu o grifo, não constante do original. Registre-se a existência, na ementa citada, de evidente *lapsus calami*: faz-se ali alusão à lei que instituiu a possibilidade de atribuição *ope iudicis* de efeito suspensivo ao agravo de instrumento, mas há um equívoco na referência. Na verdade, a lei mencionada é a de nº 9139/1995 (e não 9.138/1995, como consta do aresto citado). Registro, aqui, que já tive oportunidade de atuar como relator em processo no qual se decidiu nesse mesmo sentido, considerando-se inadmissível o mandado de segurança quando voltado a impugnar decisão judicial contra a qual cabe recurso a que se *pode* atribuir efeito suspensivo: TJRJ, AInt no MS 0034664-43.2009.8.19.0000, rel. Des. Alexandre Freitas Câmara, j. em 21.10.2009.

DADE RECURSAL. IMPETRAÇÃO DE MANDADO DE SEGURANÇA. EXIS-
TÊNCIA DE RECURSO CABÍVEL PASSÍVEL DE SER DOTADO DE EFEITO
SUSPENSIVO. INADEQUAÇÃO. OFENSA AO DISPOSTO NO ARTIGO 5º,
INCISO II, DA LEI N. 12.016/09.1. Nos termos do artigo 5º, inciso II, da
Lei n. 12.016/09, não se admite a impetração de mandado de segurança
visando impugnar decisão judicial contra a qual seria cabível a interposição de recurso dotado de efeito suspensivo. Precedentes. 2. **Na hipótese,
contra a decisão que não admitiu a apelação de terceiro interessado
seria cabível a interposição do recurso de agravo de instrumento, nos
termos do artigo 522 do Código de Processo Civil – sistema recursal
expressamente adotado pelo Estatuto da Criança e do Adolescente
–, ao qual, a partir da vigência da Lei n. 9.138/95, o Relator poderá
atribuir efeito suspensivo, razão pela qual mostra-se inadequada a
impetração do mandado de segurança.** PROCEDIMENTO PARA APURA-
ÇÃO DA PRÁTICA DE ATO INFRACIONAL. ASSISTENTE DE ACUSAÇÃO.
INADMISSIBILIDADE. ORDEM CONCEDIDA.

1. O artigo 206 do Estatuto da Criança e do Adolescente, ao admitir a intervenção nos procedimentos ali regulados de qualquer pessoa que tenha
legítimo interesse na solução da lide deve ser interpretado de acordo com
os princípios que regem a legislação menorista, nos termos do seu artigo
6º, dentre os quais destaca-se o da proteção integral.

2. Não se admite a intervenção no procedimento para apuração de ato infracional que não seja a voltada para a garantia dos interesses do menor.

3. Ordem concedida, nos termos do voto do Relator."

Não se pode, aqui, deixar de referir o fato de que o Supremo Tribunal Federal
incluiu, na Súmula de sua Jurisprudência Dominante, um verbete (nº 267) – aprovado ainda ao tempo da Lei nº 1.533/1951 – segundo o qual "não cabe mandado
de segurança contra ato judicial passível de recurso ou correição".[70] Não obstante
a diferença existente entre a redação do verbete sumular (por força do qual é inadmissível o mandado de segurança contra decisão judicial de que caiba recurso) e
a do texto legal em vigor (segundo o qual não se admite mandado de segurança
contra decisão judicial de que caiba recurso *com efeito suspensivo*), o STF continua

---

[70] Registre-se que ao tempo da Lei nº 1.533/1951 a redação do texto legal que tratava da hipótese aqui versada era distinta. O art. 5º, II, daquele diploma legal estabelecia, *verbis:* "Não se dará
mandado de segurança quando se tratar: II – de despacho ou decisão judicial, quando haja recurso
previsto nas leis processuais ou possa ser modificado por via de correição." Vale aqui recordar que
a Lei nº 1.533/1951 foi editada ao tempo do Código de Processo Civil de 1939, que estabelecia um
sistema recursal bastante diferente do que decorre do Código de Processo Civil de 1973 (vigente ao
tempo da edição da Lei nº 12.016/2009).

114   Manual do Mandado de Segurança • Câmara

a invocar aquele enunciado de Súmula em decisões que têm sido proferidas já à luz da Lei nº 12.016/2009. Confira-se, por exemplo, a seguinte decisão:[71]

> "PROCESSUAL CIVIL. RECURSO ORDINÁRIO EM MANDADO DE SEGU-RANÇA. ATO COATOR CONSISTENTE EM DECISÃO JUDICIAL. USO DO MANDADO DE SEGURANÇA COMO SUCEDÂNEO DE RECURSO OU DE AÇÃO RESCISÓRIA. INADMISSIBILIDADE. 1. O mandado de segurança não se presta a substituir recurso previsto no ordenamento jurídico, tampouco pode ser utilizado como sucedâneo de ação rescisória (Súmulas 267 e 268 do Supremo Tribunal Federal). Precedentes. 2. Recurso ordinário em mandado de segurança ao qual se nega provimento."

A diferença entre os textos legais (da Lei nº 1.533/1951 e da Lei nº 12.016/2009) deve levar, necessariamente, a que se reconheça que houve uma modificação no sistema: ao tempo da lei anterior era inadmissível o mandado de segurança contra decisão judicial pelo mero fato de ser ela recorrível. No regime da lei vigente, porém, o que afasta o cabimento do mandado de segurança, tornando-o juridicamente impossível, é o fato de ser o mesmo voltado a impugnar decisão judicial contra a qual caiba recurso que *tenha ou possa ter* efeito suspensivo (*ope legis* ou *ope iudicis*).

Tratando-se, portanto, de ato judicial irrecorrível, deverá ser admitida a utilização do mandado de segurança. É o que se dá, por exemplo, no caso de ser o ato impugnado a decisão do relator que converte agravo de instrumento em agravo retido. Este é, por força do disposto no parágrafo único do art. 527 do CPC, um pronunciamento irrecorrível e, por conseguinte, será admissível sua impugnação por meio de mandado de segurança.[72]

O mesmo raciocínio leva à admissibilidade do mandado de segurança como sucedâneo recursal nos processos que tramitam perante os Juizados Especiais Cíveis, nos quais se tem considerado inadmissível a utilização do agravo de instrumento contra as decisões interlocutórias, as quais seriam irrecorríveis. Merece, porém, registro o fato de que o Supremo Tribunal Federal, em decisão na qual se reconheceu a repercussão geral da questão aí enfrentada, afirmou expressamente a inadmissibilidade do mandado de segurança contra as decisões proferidas nos Juizados Especiais Cíveis.[73]

---

[71]   STF, RMS 29222/MT, rel. Min. Cármen Lúcia, j. em 15.9.2011. No acórdão não há qualquer referência ao fato de ter ou não o recurso – que era em tese cabível contra a decisão judicial impugnada por via do mandado de segurança – aptidão para produzir efeito suspensivo. Vale registrar, ainda, que nesse acórdão do STF há várias menções a precedentes produzidos antes da vigência da Lei nº 12.016/2009, como se nenhuma modificação tivesse havido.

[72]   Assim já decidiu o STJ. Confira-se, por todos, o acórdão proferido na apreciação do RMS 33853/RS, rel. Min. Mauro Campbell Marques, j. em 8.11.2011.

[73]   STF, RE 576847/BA, rel. Min. Eros Grau, j. em 20.5.2009. A ementa é a seguinte: "RECURSO EXTRAORDINÁRIO. PROCESSO CIVIL. REPERCUSSÃO GERAL RECONHECIDA. MANDADO DE SE-

O entendimento do Pretório Excelso, *data venia*, não pode prevalecer.[74] E isso porque há casos em que é preciso admitir-se algum mecanismo destinado a viabilizar o controle das decisões interlocutórias proferidas nos processos submetidos aos Juizados Especiais Cíveis. Basta pensar, por exemplo, nas decisões interlocutórias proferidas em sede de execução. Imagine-se, por exemplo, que em um processo em curso perante Juizado Especial Cível se tenha efetuado a penhora de um bem absolutamente impenhorável. Inadmissível a interposição de agravo de instrumento (o que é afirmado de forma absolutamente pacífica), e não sendo possível utilizar o mandado de segurança, ficará o executado desprovido de meios capazes de permitir seu acesso a uma tutela jurisdicional efetiva, o que vai contra o disposto no art. 5º, XXXV, da Constituição da República. Impõe-se, pois (ao menos enquanto não se promover uma reforma profunda no sistema recursal dos Juizados Especiais Cíveis, o que é urgente que se faça), admitir o mandado de segurança nessas – e em outras – hipóteses.

Aliás, vale aqui mencionar que o Superior Tribunal de Justiça incluiu em sua Súmula de Jurisprudência Dominante o verbete nº 376 ("Compete à turma recursal processar e julgar o mandado de segurança contra ato de juizado especial"), do qual se extrai o cabimento do mandado de segurança como sucedâneo de recurso nos processos que tramitam perante os Juizados Especiais Cíveis.[75]

Anote-se, por fim, que a jurisprudência formada pelos órgãos jurisdicionais que compõem o sistema dos Juizados Especiais a respeito do tema não está, ainda,

---

GURANÇA. CABIMENTO. DECISÃO LIMINAR NOS JUIZADOS ESPECIAIS. LEI N. 9.099/95. ART. 5º, LV DA CONSTITUIÇÃO DO BRASIL. PRINCÍPIO CONSTITUCIONAL DA AMPLA DEFESA. AUSÊNCIA DE VIOLAÇÃO. 1. Não cabe mandado de segurança das decisões interlocutórias exaradas em processos submetidos ao rito da Lei n. 9.099/95. 2. A Lei n. 9.099/95 está voltada à promoção de celeridade no processamento e julgamento de causas cíveis de complexidade menor. Daí ter consagrado a regra da irrecorribilidade das decisões interlocutórias, inarredável. 3. Não cabe, nos casos por ela abrangidos, aplicação subsidiária do Código de Processo Civil, sob a forma do agravo de instrumento, ou o uso do instituto do mandado de segurança. 4. Não há afronta ao princípio constitucional da ampla defesa (art. 5º, LV da CB), vez que decisões interlocutórias podem ser impugnadas quando da interposição de recurso inominado. Recurso extraordinário a que se nega provimento." Este entendimento tem sido respeitado pelo STF em decisões posteriores, de que são exemplos os acórdãos exarados nos seguintes casos: AI 794005/RJ, rel. Min. Ricardo Lewandowski, j. em 19.10.2010; RE 643284/PB, rel. Min. Celso de Mello, j. em 9.8.2011; AI 681037 AgR/BA, rel. Min. Marco Aurélio, j. em 20.9.2011; RE 650293/PB, rel. Min. Dias Toffoli, j. em 17.4.2012.

[74] Já tive oportunidade de sustentar o mesmo em outros trabalhos: seja, então, permitido remeter o leitor ao que vai em Alexandre Freitas Câmara, *Juizados Especiais Cíveis Estaduais, Federais e da Fazenda Pública* – uma abordagem crítica, p. 151; Alexandre Freitas Câmara e Bruno Garcia Redondo, "Da possibilidade de impugnação imediata de decisão interlocutória em juizado estadual: crítica ao posicionamento adotado no RE 576.847/BA", *in* RePro 176, pp. 124-142.

[75] Merece ser mencionado o fato de que o verbete nº 376 da Súmula do STJ foi aprovado em 18.3.2009, apenas dois meses antes do julgamento, pelo STF, do RE 576847/BA. Esse enunciado, porém, tem sido invocado como fundamento de decisões posteriores daquela Corte Superior (de que é exemplo o AgRg no RMS 32489/MT, rel. Min. Luis Felipe Salomão, j. em 16.2.2012). Neste julgamento, registre-se, não se faz qualquer alusão ao entendimento do STF, como o este sequer existisse.

firmada. Encontram-se decisões acolhendo o entendimento do STF no sentido de não se admitir mandado de segurança como sucedâneo de recurso contra decisão interlocutória proferida em sede de Juizados Especiais Cíveis,[76] mas também se encontram decisões admitindo mandado de segurança nesses casos.[77] Sobre esse tema, porém, se voltará mais adiante.

Não só contra atos judiciais irrecorríveis, porém, será cabível o mandado de segurança. Pelo regime atual, deve-se considerar também possível a impetração de mandado de segurança contra ato judicial impugnável por recurso que não tem (nem pode passar a ter *ope iudicis*) efeito suspensivo. É o caso do recurso especial e do recurso extraordinário. A jurisprudência dos tribunais superiores, é certo, pacificou-se no sentido de que a via processual adequada para obtenção de efeito suspensivo para esses recursos é a do processo cautelar.[78] Isso, porém, não pode ser interpretado no sentido de que seria inadmissível a utilização do mandado de segurança. Este poderia ser considerado *hipoteticamente acolhível* e, pois, juridicamente possível.[79] É que sempre pode haver algum caso em que o recebimento do recurso excepcional *com efeito suspensivo* pode ser considerado direito líquido e certo do impetrante, sendo ilegal o ato de autoridade que o recebe sem tal efeito. Isso acontecerá naqueles casos em que a lei subordine o início da produção de efeitos da decisão judicial ao seu trânsito em julgado, o que implica, inexoravelmente, a atribuição de efeito suspensivo a todos os recursos cabíveis, mesmo

---

[76] Assim, por exemplo, o acórdão proferido pelo Conselho Recursal Cível do RJ no julgamento do MS 0000419-64.2012.8.19.9000, rel. Juiz Livingstone dos Santos Silva Filho, j. em 10.4.2012: "Mandado de Segurança. Sustenta o impetrante sua ilegitimidade passiva e a impossibilidade do cumprimento da decisão de antecipação de tutela. É o relatório. DECIDO. Entendo que o presente writ não deve ser julgado no mérito por duas razões. A primeira deriva da impossibilidade de analisar, antecipadamente, a alegada preliminar em mandado de segurança. Isto porque, em última análise, a matéria sustentada pelo impetrante confunde-se com o próprio mérito, cabendo ao Juiz da causa analisar se o impetrante é, ou não, responsável pelo cumprimento das obrigações do plano de saúde. Em segundo plano, tem-se que o presente mandado de segurança impugna especificamente uma decisão interlocutória não passível de recurso. Sabe-se que, em recente julgado (RE 576.847/BA), o E. Supremo Tribunal Federal decidiu pelo não cabimento de mandado de segurança para 'impugnar decisão interlocutória exarada em processo submetido ao rito da Lei nº 9.099/95'. E, sendo assim, não merece ser julgado no mérito o presente writ pelas duas razões apontadas. Diante do exposto, voto pelo indeferimento da petição inicial. Custas pelo impetrante. Sem honorários, conforme verbetes nº 105 e 512 das Súmulas de Jurisprudência do E. STJ e do E. STF, respectivamente. Oficie-se ao Juízo impetrado encaminhando cópia do presente acórdão."

[77] Assim, por exemplo, a decisão proferida pelo Conselho Recursal Cível do RJ no julgamento do MS 2012.700.005609-1, rel. Juíza Claudia Cardoso de Menezes, j. em 8.5.2012, em que se julgou procedente o pedido de mandado de segurança formulado para impugnar decisão interlocutória proferida em sede de execução em processo em trâmite perante Juizado Especial Cível.

[78] O que se pode extrair, por exemplo, da interpretação *a contrario sensu* do Enunciado nº 634 da Súmula do STF: "não compete ao Supremo Tribunal Federal conceder medida cautelar para dar efeito suspensivo a recurso extraordinário que ainda não foi objeto de juízo de admissibilidade na origem".

[79] No mesmo sentido, José Miguel Garcia Medina e Fábio Caldas de Araújo, *Mandado de segurança individual e coletivo*, p. 79.

ao especial e ao extraordinário. É o que se tem, por exemplo, no caso previsto no art. 466-A do CPC (por força do qual a sentença substitutiva de declaração de vontade só produz efeitos ao transitar em julgado). Ora, nesse caso, receber *sem efeito suspensivo* um recurso especial ou extraordinário implicaria admitir que a decisão judicial produzisse efeitos antes do seu trânsito em julgado, o que contraria frontalmente a determinação legal. Em hipóteses assim, deve-se considerar presente o direito líquido e certo à atribuição de efeito suspensivo ao recurso excepcional, o que permite o manejo do mandado de segurança para atribuir efeito suspensivo ao recurso.

III – Impossibilidade jurídica da demanda de mandado de segurança contra decisão judicial transitada em julgado

O inciso III do art. 5º da Lei nº 12.016/2009 veda expressamente a concessão de mandado de segurança contra decisões judiciais transitadas em julgado. Essa norma, aliás, também é veiculada pelo Enunciado nº 268 da Súmula do STF ("não cabe mandado de segurança contra decisão judicial com trânsito em julgado").

Desse inciso III do art. 5º da Lei nº 12.016/2009 o que se extrai é a impossibilidade de utilização do mandado de segurança como sucedâneo de "ação rescisória". Explique-se: a coisa julgada é posta, no sistema constitucional brasileiro, como uma *garantia de direitos fundamentais*, mais especificamente uma garantia do direito fundamental à segurança jurídica.[80] Assim, os casos de afastamento da coisa julgada são absolutamente excepcionais, e têm de ser interpretados restritivamente. Como regra, só se admite o afastamento da coisa julgada através da "ação rescisória", nos casos expressamente previstos em lei.[81] Além disso, excepcionalmente, deve-se admitir o afastamento da coisa julgada independentemente de "ação rescisória" nos casos em que é cabível a assim chamada "relativização" (que prefiro chamar de "desconsideração") da coisa julgada.[82] O mandado de

---

[80] Vale lembrar, aqui, a lição de Canotilho, para quem a inalterabilidade da coisa julgada é elemento integrante do princípio geral da segurança jurídica (J. J. Gomes Canotilho, *Direito constitucional e teoria da Constituição*, p. 250). No direito brasileiro o *status* constitucional do direito fundamental à segurança é inegável, estando ele expressamente previsto no *caput* do art. 5º da Constituição da República. Além disso, a coisa julgada é referida, de forma expressa, no inciso XXXVI do mesmo art. 5º.

[81] Sobre a "ação rescisória", seja permitido remeter o leitor a Alexandre Freitas Câmara, *Ação rescisória, passim*.

[82] Já tive oportunidade de tratar desse tema em algumas oportunidades. O leitor interessado poderá conferir o que vai em Alexandre Freitas Câmara, Relativização da coisa julgada material, *in* Fredie Didier Júnior (Coord.). *Relativização da coisa julgada – enfoque crítico*, p. 17-38; Alexandre Freitas Câmara, Bens sujeitos à proteção do direito constitucional processual, *in* Carlos Valder do Nascimento e José Augusto Delgado (Org.). *Coisa julgada inconstitucional*, p. 283-300. Tratei também do tema em Alexandre Freitas Câmara, *Lições de direito processual civil*, v. 1, p. 527-531.

segurança, porém, não é – nem pode ser – meio adequado para a desconstituição ou a desconsideração da coisa julgada.[83]

Há de se recordar, porém, que em pelo menos um caso a jurisprudência tem admitido o afastamento da regra aqui examinada, considerando-se possível o ajuizamento de mandado de segurança destinado a impugnar decisão judicial transitada em julgado. É a hipótese de mandado de segurança destinado a provocar o controle da competência dos Juizados Especiais Cíveis. Sobre o ponto, vale conferir o seguinte acórdão, emanado do Colendo Superior Tribunal de Justiça:[84]

> "PROCESSO CIVIL. COMPETÊNCIA DOS JUIZADOS ESPECIAIS. CONTROLE. MANDADO DE SEGURANÇA PERANTE O TRIBUNAL DE JUSTIÇA. CABIMENTO. IMPETRAÇÃO. PRAZO. EXCEÇÃO À REGRA GERAL.
>
> 1. É cabível a impetração de mandado de segurança perante o Tribunal de Justiça para realizar o controle da competência dos Juizados Especiais, ressalvada a autonomia dos Juizados quanto ao mérito das demandas. Precedentes.
>
> 2. O mandado de segurança contra decisão judicial deve, via de regra, ser impetrado antes do trânsito em julgado desta sob pena de caracterizar a incabível equiparação do *mandamus* à ação rescisória.
>
> 3. Como exceção à regra geral, porém, admite-se a impetração de mandado de segurança frente aos Tribunais de Justiça dos Estados para o exercício do controle da competência dos Juizados Especiais, ainda que a decisão a ser anulada já tenha transitado em julgado.
>
> 4. Recurso ordinário em mandado de segurança provido."

O voto da eminente relatora traz uma série de considerações acerca do tema, que aqui vale a pena transcrever:

> "Entretanto, atenta à necessidade de uma prestação jurisdicional efetiva, considero apropriado tecer algumas considerações acerca da aplicabilidade do referido enunciado sumular à hipótese dos autos, que encerra uma particularidade: contra a decisão objeto do *mandamus* não existe previsão legal de recurso cabível. Aliás, não foi por outro motivo que, no julgamento do RMS 17.524/BA, a Corte Especial concluiu que a melhor forma de exercer o controle da competência das decisões proferidas pelos Juizados Especiais seria justamente por meio do mandado de segurança.

---

[83] Leonardo José Carneiro da Cunha, Comentário ao art. 5º, *in* Napoleão Nunes Maia Filho, Caio Cesar Vieira Rocha e Tiago Asfor Rocha Lima (Org.). *Comentários à nova lei do mandado de segurança*, p. 90.

[84] STJ, RMS 32850/BA, rel. Min. Nancy Andrighi, j. em 1.12.2011.

Diante disso, a primeira questão que se põe é saber se, inexistindo recurso cabível contra decisão judicial reputada coatora, o respectivo *writ* deverá ser impetrado antes do trânsito em julgado dessa decisão ou poderá observar o prazo de 120 dias do art. 23 da Lei nº 16.012/09.

Da análise dos precedentes que deram origem ao enunciado nº 268 da Súmula/STF, bem como de outros mais recentes, constata-se que o entendimento neles contido objetiva a evitar a utilização do mandado de segurança como sucedâneo da ação rescisória, impondo a sua impetração antes do trânsito em julgado da decisão.

Nesse sentido, ao julgar mandado de segurança impetrado contra decisão de cunho jurisdicional não sujeita a recurso, o STF denegou o *writ* sob o argumento de que, 'no momento da impetração, a decisão atacada já havia transitado em julgado' (AgRg no MS 25.689/DF, Pleno, Rel. Min. Joaquim Barbosa, DJ de 18.08.2006).

Em outro julgado, o STF consignou que 'a ação de mandado de segurança que se qualifica como ação autônoma de impugnação não constitui sucedâneo da ação rescisória, não podendo ser utilizada como meio de desconstituição de decisões já transitadas em julgado' (AgRg no MS 23.975/ DF, Pleno, Rel. Min. Celso de Mello, DJ de 05.10.2001).

Vale mencionar, por fim, o RMS 21.533/DF, 1ª Turma, Rel. Min. Octavio Gallotti, DJ de 08.09.1992, no qual o STF ressalta que, 'no tocante ao trânsito em julgado da decisão judicial atacada [...], a sustentação de que só haveria de prevalecer, na espécie, o prazo de 120 dias para a impetração da segurança (não o prazo de interposição do recurso cabível) contraria o enunciado da Súmula 268, deste Supremo Tribunal, fazendo, do mandado, inaceitável substituto da ação rescisória'.

Nota-se, pois, que, consoante jurisprudência pacífica do STF, o mandado de segurança contra decisão judicial deve ser impetrado antes do trânsito em julgado sob pena de caracterizar a incabível equiparação do *mandamus* à ação rescisória.

A regra, aliás, foi incorporada ao ordenamento jurídico com a edição da Lei nº 12.016/09, cujo art. 5º, III, dispõe expressamente que não se concederá mandado de segurança quando se tratar de 'decisão judicial transitada em julgado'.

Esse dispositivo, inclusive, se concatena logicamente com a alteração imposta pela Lei nº 11.280/06 ao art. 489 do CPC, que passou a admitir 'a concessão, caso imprescindíveis e sob os pressupostos previstos em lei, de medidas de natureza cautelar ou antecipatória de tutela'.

Dessa forma, a sistemática processual vigente não apenas incorporou o entendimento contido no enunciado nº 268 da Súmula/STF, como conferiu maior força à sua aplicabilidade, visto que, atualmente, é possível evitar dano ou ameaça de dano no âmbito da própria ação rescisória, dispensando a utilização de medida autônoma para tanto.

No particular, porém, há uma segunda peculiaridade que deve ser levada em consideração: a decisão judicial atacada foi proferida por Turma Recursal de Juizado Especial.

Nosso sistema processual civil admite, como regra, o ajuizamento de ação rescisória contra sentença de mérito proferida por Juiz ou Tribunal absolutamente incompetente, nos termos do art. 485, II, do CPC. O art. 59 da Lei 9.099/95, contudo, veda a propositura de ação rescisória contra decisões prolatadas no âmbito dos Juizados Especiais.

Por ocasião do julgamento da MC 15.465/SC, 3ª Turma, minha relatoria, DJe de 03.09.2009, tive a oportunidade de analisar situação análoga, tendo então me manifestado no sentido de que a interpretação que melhor compatibiliza a vedação do art. 59 da Lei 9.099/95 com o entendimento pacificado no STJ de que incumbe aos Tribunais de Justiça exercer o controle da competência dos Juizados Especiais é a de que 'se deve admitir a impetração de mandado de segurança frente aos Tribunais de Justiça dos Estados para controle da competência dos Juizados Especiais, ainda que a decisão a ser anulada já tenha transitado em julgado, sob pena de se inviabilizar, ou ao menos limitar, tal controle, que nos processos não submetidos ao Juizado Especial se faz possível por intermédio da ação rescisória'.

Ao analisar a questão, José Ignácio Botelho de Mesquita conclui que, não oferecendo o sistema processual alternativa adequada e efetiva para a preservação dos direitos afirmados pelo interessado, 'cabe o mandado de segurança contra qualquer decisão judicial, ainda que transitada em julgado' (O mandado de segurança: contribuição para o seu estudo, RePro 66/122-137, abr.-jun. 1992, p. 130).

No mesmo sentido é o entendimento de Cassio Scarpinella Bueno, firmado já sob a égide das modificações trazidas pelas Leis nºs 11.280/06 e 12.016/09, no sentido de que, não obstante o remédio constitucional somente deva ser utilizado em hipóteses excepcionalíssimas, 'toda vez que o sistema recursal não tiver aptidão para evitar a consumação de lesão ou ameaça na esfera jurídica do recorrente, toda vez que não se aceitar uma interpretação suficientemente ampla das regras processuais para evitar situação de ameaça ou de lesão ao recorrente, o mandado de segurança contra ato judicial tem pleno cabimento' (A nova lei do mandado de segurança, 2ª ed., São Paulo: Saraiva, 2010, p. 38-39).

Acrescente-se, por oportuno, que a Lei 9.099/95 não obsta a utilização da ação declaratória de inexistência de ato jurisdicional como meio de se reconhecer a ausência de pressupostos de existência e/ou validade da

O Bem da Vida Tutelável Através de Mandado de Segurança: Direito Líquido e Certo **121**

relação processual no particular, a competência do juízo de sorte que a admissão do mandado de segurança não implica, necessariamente, sua equiparação à ação rescisória, podendo o *writ* ser igualado ao ajuizamento da *querella nullitatis*.

Em outras palavras, sendo a ação juridicamente nula e/ou inexistente, a rigor haverá apenas uma aparência de trânsito em julgado, de sorte que a admissão do mandado de segurança não viola o art. 5º, III, da Lei nº 12.016/09 nem o enunciado nº 268 da Súmula/STF.

Em síntese do quanto exposto, trago a lição de Hely Lopes Meirelles, Arnoldo Wald e Gilmar Mendes, de que a regra de inadmissibilidade do mandado de segurança contra a coisa julgada se excepciona nas hipóteses em que o julgado for 'substancialmente inexistente ou nulo de pleno direito, ou não alcance o impetrante nos seus pretendidos efeitos' (Mandado de segurança e ações constitucionais, 33ª ed., São Paulo: Malheiros, 2010, p. 51).

Dessarte, permanece válida a premissa fixada na decisão unipessoal de fls. 317/319, e-STJ, no sentido de que como a Lei nº 9.099/95 não prevê expressamente um mecanismo de controle da competência das decisões proferidas pelos Juizados Especiais, a maneira mais adequada de promovê-lo é por intermédio da impetração de mandado de segurança frente ao Tribunal de Justiça local."

O STJ, então, tem admitido o manejo do mandado de segurança contra decisão judicial transitada em julgado proferida por Turma Recursal de Juizados Especiais Cíveis nos casos em que estes sejam absolutamente incompetentes, por considerar inexistir outro meio processual adequado para o controle dessa competência. Com todas as vênias ao STJ, mas sempre me pareceu que nesses casos deve-se considerar adequada a utilização da *querella nullitatis*, admitindo-se o ajuizamento dessa demanda destinada a desconstituir a decisão proferida por órgão jurisdicional incompetente.[85]

Outro caso em que se tem admitido o afastamento da regra que veda o mandado de segurança contra decisão judicial transitada em julgado é aquele em que

---

[85] Em apertadíssima síntese, adequada para o espaço de uma nota de rodapé, o que sustento é que a vedação legal ao cabimento de "ação rescisória" nos Juizados Especiais Cíveis não pode ser interpretada no sentido de que nos casos previstos no art. 485 do CPC não se deva reconhecer a existência do direito material à rescisão da sentença transitada em julgado. Apenas não seria adequada a utilização da "ação rescisória", que é de competência originária dos tribunais, já que estes não atuam nos processos submetidos ao microssistema dos Juizados Especiais Cíveis. Penso, então, dever-se admitir, nessas hipóteses, uma demanda destinada a desconstituir a decisão transitada em julgado, a qual levará à instauração de processo de procedimento comum, a tramitar perante juízo de primeira instância, para a qual se pode reservar a denominação *querella nullitatis*. Para maiores considerações sobre o tema, Alexandre Freitas Câmara, *Juizados Especiais Cíveis Estaduais, Federais e da Fazenda Pública*, p. 152-156.

Manual do Mandado de Segurança • Câmara

o impetrante foi terceiro em relação ao processo em que a decisão impugnada foi proferida. Confira-se o seguinte precedente do STJ:[86]

> "PROCESSO CIVIL. RECURSO ORDINÁRIO EM MANDADO DE SEGURANÇA. SENTENÇA QUE CONDENA TERCEIRO QUE NÃO INTEGROU A LIDE. TRÂNSITO EM JULGADO DA DECISÃO. TERCEIRO PREJUDICADO. CABIMENTO DO MANDADO DE SEGURANÇA. AFASTAMENTO DOS EFEITOS DA SENTENÇA EM RELAÇÃO AO TERCEIRO.
>
> I – O terceiro prejudicado por decisão judicial, prolatada em processo do qual não foi parte, pode impetrar mandado de segurança para defender direito violado, mesmo que a decisão tenha transitado em julgado, vez que o processo judicial transcorreu sem o seu conhecimento.
>
> II – A URBS – URBANIZAÇÃO DE CURITIBA S/A é a responsável pela aplicação das multas de trânsito de competência do município e também pela notificação destas ao proprietário do veículo. Por esta razão, é imprescindível que integre o polo passivo de ação que visa à liberação do licenciamento do veículo independentemente do pagamento das multas, a fim de que possa apresentar os comprovantes das notificações efetuadas e, dessa forma, afastar a incidência da Súmula 127 do STJ.
>
> III – Recurso ordinário parcialmente provido."

Em seu voto, o relator afirma expressamente que em casos nos quais o impetrante não tenha participado do processo em que se produziu a decisão transitada em julgado, dela só tomando conhecimento após a formação da coisa julgada,

> "deve o Judiciário receber a impetração de terceiro atingido em seu direito, por decisão prolatada em processo judicial para o qual não foi citado ou intimado, vez que patente o prejuízo, sendo irrelevante que a decisão judicial impugnada tenha transitado em julgado. Ademais, o raciocínio contrário acarretaria violação aos limites subjetivos da coisa julgada (art. 472 do Código de Processo Civil), isto é, as pessoas atingidas pela autoridade da coisa julgada, visto que admitiríamos que os efeitos da decisão judicial, proferida em ação cautelar atingiriam, de forma direta, quem não foi parte no processo".[87]

Realmente, aquele que se vê atingido por decisão judicial proferida em processo do qual não participou (e, por isso, é terceiro) deve ter à mão todos os meios

---

[86] STJ, RMS 14554/PR, rel. Min. Francisco Falcão, j. em 28.10.2003.

[87] Esta posição do STJ tem contado com o aplauso da doutrina. Confira-se, por todos, o que vai em José Miguel Garcia Medina e Fábio Caldas de Araújo, *Mandado de segurança individual e coletivo*, p. 80-82.

eficientes para a defesa de sua esfera jurídica individual, entre os quais sobreleva de importância o mandado de segurança. Impõe-se, porém, considerar que ele só poderá se valer dessa via processual se demonstrar a existência de justificadas razões para não ter interposto recurso contra a decisão que pretende impugnar. Neste sentido já decidiu o Superior Tribunal de Justiça:[88]

> "RECURSO ORDINÁRIO EM MANDADO DE SEGURANÇA. SERVIDOR PÚBLICO. PENSÃO. ANTECIPAÇÃO DE TUTELA. DEFERIMENTO. TERCEIRO INTERESSADO. RECURSO PRÓPRIO. INTERPOSIÇÃO. MANDADO DE SEGURANÇA. DESCABIMENTO.
>
> I – O enunciado nº 202 da Súmula deste c. STJ ('a impetração de segurança por terceiro, contra ato judicial, não se condiciona a interposição de recurso') socorre tão somente àquele que não teve condições de tomar ciência da decisão que lhe prejudicou, restando impossibilitado de se utilizar do recurso cabível. Precedentes.
>
> II – In casu, o v. acórdão recorrido concluiu que a recorrente integrou a lide originária, tendo formulado pedido de reconsideração contra a antecipação de tutela e, posteriormente, manejado embargos de terceiro, pelo que não se lhe aplica o disposto na referida súmula. Recurso ordinário desprovido."

Assim, não tendo sido possível ao terceiro – por razões justificáveis – interpor recurso contra a decisão judicial que o atinge, poderá ele valer-se da via excepcional do mandado de segurança para proteger sua esfera jurídica individual.

IV – Impossibilidade jurídica da demanda de mandado de segurança contra atos de gestão

Dispõe o § 2º do art. 1º da Lei nº 12.016/2009 que "não cabe mandado de segurança contra os atos de gestão comercial praticados pelos administradores de empresas públicas, de sociedade de economia mista e de concessionárias de

---

[88] STJ, RMS 29793/GO, rel. Min. Felix Fischer, j. em 26.11.2009. Esta não é uma decisão isolada. No mesmo sentido, por exemplo, pode ser citado o acórdão proferido no julgamento do RMS 30688/SC, rel. Min. Herman Benjamin, j. em 6.5.2010. Já tive também oportunidade de enfrentar a questão em decisão monocrática proferida em mandado de segurança de competência originária do TJRJ, assim ementada: "Direito processual civil. Mandado de segurança contra ato judicial. Impetrante que afirma sua condição de terceiro em relação ao processo em que proferida a decisão impugnada. Verbete 202 da Súmula do STJ. Aplicabilidade deste apenas aos casos em que o terceiro impetrante demonstra haver razões justificadas para não ter interposto recurso contra a decisão judicial. Inexistência, *in casu*, de tal demonstração. Impetrante, ademais, que teve sua citação determinada no processo, a ele compareceu espontaneamente e ofereceu contestação, tendo adquirido a condição de parte, razão pela qual não pode ser considerado terceiro. Mandado de segurança juridicamente impossível, já que a decisão atacada poderia ter sido impugnada por recurso a que se poderia atribuir efeito suspensivo *ope iudicis*. Petição inicial que se indefere" (TJRJ, MS 0050665-69.2010.8.19.0000, rel. Des. Alexandre Freitas Câmara, j. em 25.10.2010).

serviço público". Este é mais um caso de impossibilidade jurídica da demanda de mandado de segurança, não obstante o fato de não estar a vedação em um dos incisos do art. 5º da lei (o que, do ponto de vista sistemático, seria melhor).

Deve-se dizer, antes de tudo, que não há qualquer dúvida acerca do cabimento de mandado de segurança para impugnar atos praticados por administradores de empresas públicas, sociedades de economia mista ou concessionárias de serviço público, não obstante sejam elas pessoas jurídicas de direito privado.[89] Essas pessoas jurídicas, porém, praticam atos de duas diversas naturezas: *atos de império* e *atos de gestão*. E apenas aqueles primeiros são impugnáveis por meio de mandado de segurança.[90]

Ensina José dos Santos Carvalho Filho que

> "*atos de império* são os que se caracterizam pelo poder de coerção decorrente do poder de império (*ius imperii*), não intervindo a vontade dos administrados para sua prática. Como exemplo, os atos de polícia (apreensão de bens, embargo de obra), os decretos de regulamentação etc. O Estado, entretanto, atua no mesmo plano jurídico dos particulares quando se volta para a gestão da coisa pública (*ius gestionis*). Nessa hipótese, pratica *atos de gestão*, intervindo frequentemente a vontade de particulares. Exemplo: os negócios contratuais (aquisição ou alienação de bens). Não tendo a coercibilidade dos atos de império, os atos de gestão reclamam na maioria das vezes soluções negociadas, não dispondo o Estado da garantia da unilateralidade que caracteriza sua atuação".[91]

Há, é certo, quem rejeite essa classificação, afirmando ser a mesma ultrapassada.[92] Ainda que cientificamente criticável, porém, certo é que a classificação foi expressamente acolhida pela Lei nº 12.016/2009, motivo pelo qual precisa ser ela estabelecida em sede doutrinária para compreensão do sistema proposto pela lei.

Assim é que os atos de império praticados pelas empresas públicas, sociedades de economia mista ou concessionárias de serviços públicos são impugnáveis por meio de mandado de segurança. É o caso, por exemplo, dos atos praticados

---

[89]   Sobre o ponto, vale recordar aqui a decisão proferida pelo STF no julgamento do RE 78895/ DF, rel. Min. Rodrigues Alckmin, j. em 22.8.1975, cuja ementa é a seguinte: "Mandado de segurança. Impetração contra empresa pública, concessionária de serviço público. Cabimento. – Recurso extraordinário conhecido e provido."

[90]   José Miguel Garcia Medina e Fábio Caldas de Araújo, *Mandado de segurança individual e coletivo*, p. 40.

[91]   José dos Santos Carvalho Filho, *Manual de direito administrativo*, p. 128.

[92]   Assim, por exemplo, Celso Antônio Bandeira de Mello, *Curso de direito administrativo*, p. 408-409, que prefere outra classificação, que considera mais precisa, distinguindo os *atos de Direito Privado* dos *atos regidos pelo Direito Público*.

pelas comissões de licitação dessas pessoas jurídicas.[93] A matéria, aliás, é objeto do verbete n.º 333 da Súmula da Jurisprudência Dominante do Superior Tribunal de Justiça: "cabe mandado de segurança contra ato praticado em licitação promovida por sociedade de economia mista ou empresa pública".

Num dos precedentes deste verbete sumular, o REsp 683668/RS,[94] o Superior Tribunal de Justiça decidiu o seguinte:

"PROCESSUAL CIVIL. RECURSO ESPECIAL. MANDADO DE SEGURANÇA. ATO COATOR PRATICADO POR DIRETOR DE SOCIEDADE DE ECONOMIA MISTA (BANRISUL). LICITAÇÃO. CABIMENTO.

1. Consoante a doutrina clássica e a jurisprudência dominante, o conceito de autoridade coatora deve ser interpretado da forma mais abrangente possível.

2. Sob esse ângulo, a decisão proferida em processo de licitação em que figure sociedade de economia mista é ato de autoridade coatora, alvo de impugnação via Mandado de Segurança, nos moldes do § 1.º, do art. 1.º da Lei 1.533/51. Precedente: REsp 598.534/RS, Rel. Min. Eliana Calmon, DJ 19.09.2005. 3. É cediço na Corte que o 'dirigente de sociedade de economia está legitimado para ser demandado em mandado de segurança impetrado contra ato decisório em licitação'. (REsp 122.762/RS, Rel. Min. Castro Meira, DJ 12.09.2005) 4. Deveras, a doutrina do tema não discrepa desse entendimento, ao revés, reforça-o ao assentar: 'Cumpre, ademais, que a violação do direito aplicável a estes fatos tenha procedido de autoridade pública. Este conceito é amplo, Entende-se por autoridade pública tanto o funcionário público, quanto o servidor público ou o agente público em geral. Vale dizer: quem quer que haja praticado um ato funcionalmente administrativo. Daí que um dirigente de autarquia, de sociedade de economia mista, de empresa pública, de fundação pública, obrigados a atender, quando menos aos princípios da licitação, são autoridades públicas, sujeitos passivos de mandado de segurança em relação aos atos de licitação (seja quando esta receber tal nome, seja rotulada concorrência, convocação geral ou designações quejandas, não importando o nome que se dê ao certame destinado à obtenção de bens, obras ou serviços)' (Licitações, pág. 90)'(Celso Antônio Bandeira de Mello, citado pelo e. Min. Demócrito Reinaldo, no julgamento do RESP n.º 100.168/DF, DJ de 15.05.1998).'

---

[93] O STJ já afirmou ser cabível mandado de segurança para impugnar ato praticado por comissão de licitação de sociedade de economia mista ou de empresa pública em diversos precedentes. Cite-se, a título exemplificativo, o que ficou decidido no REsp 789749/RS, rel. Min. Luiz Fux, j. em 17.5.2007; no REsp 594117/RS, rel. Min. Luiz Fux, j. em 18.5.2006; e no REsp 639239/DF, rel. Min. Luiz Fux, j. em 16.11.2004.

[94] STJ, REsp 683668/RS, rel. Min. Teori Albino Zavascki, j. em 4.5.2006.

(REsp 639.239/DF, Rel. Min. Luiz Fux, DJ 06.12.2004) 5. Recurso Especial provido."

Também são sindicáveis por meio do mandado de segurança, por serem considerados atos de império, os destinados à contratação de pessoal.[95]

De outro lado, são considerados *atos de gestão*, não impugnáveis por mandado de segurança, os destinados à imposição de multa decorrente de contrato;[96] o cancelamento da inscrição de dependente em plano de assistência médica;[97] contratações realizadas por concessionárias de serviços públicos;[98] a demissão de empregado de sociedade de economia mista com fundamento na CLT.[99]

Assim, impetrado o mandado de segurança com o fim de impugnar atos de mera gestão realizados pelos administradores de empresas públicas, sociedades de economia mista ou concessionárias de serviços públicos, deve-se considerar *juridicamente impossível* a demanda, o que acarretará a extinção do processo de mandado de segurança sem resolução do mérito.

V – Impossibilidade jurídica da demanda de mandado de segurança contra lei em tese

Dispõe o Enunciado nº 266 da Súmula do STF que "não cabe mandado de segurança contra lei em tese". Este verbete foi estabelecido a partir de alguns precedentes, dos quais o primeiro está assim ementado:[100]

"Trigo. Moinhos com fábrica de massas biscoitos e outros derivados. Concessão de quota especial pelo Decreto n. 50.123, de 26-1-61, depois revo-

---

[95] STJ, AgRg no Ag. 1427253/BA, rel. Min. Herman Benjamin, j. em 15.2.2012.

[96] STJ, REsp 1078342/PR, rel. Min. Luiz Fux, j. em 9.2.2010.

[97] STJ, REsp 577396/PE, rel. Min. Castro Filho, j. em 6.12.2005.

[98] STJ, REsp 429849/RS, rel. Min. Francisco Falcão, rel. p/ acórdão Min. Teori Albino Zavascki, j. em 9.9.2003. No caso em exame, tratava-se da contratação, pela Distribuidora Gaúcha de Energia Elétrica, de empresa que executasse o serviço de leitura dos medidores e entrega das contas de consumo de energia elétrica. Em seu voto, o eminente Min. Teori Zavascki afirma, textualmente, que "as empresas privadas, embora concessionárias de serviço público, não estão obrigadas a submeter suas compras ou a contratação de serviços ao regime de licitação, como ocorre com a administração pública. Se os submetem, o fazem por interesse próprio, apenas como método de melhor gerenciar seus negócios. Portanto, não se pode ver, nessa espécie de atos das concessionárias (que sequer têm a participação do capital estatal), um ato de autoridade, nem mesmo delegada. O contrato que surge dessa licitação não se transforma em contrato de Direito Público e a forma de selecionar o contratado não se transmuta em procedimento ou ato administrativo. Continua, como é da sua natureza, um simples ato particular de gestão, típico ato jurídico privado. Não sendo ato de autoridade, não há como supor-se presente a viabilidade de atacá-lo pela via do mandado de segurança".

[99] STJ, REsp 204270/PR, rel. Min. Sálvio de Figueiredo Teixeira, j. em 19.12.2002.

[100] STF, MS 9077/DF, rel. Min. Gonçalves de Oliveira, j. em 24.1.1962.

gado. A matéria está na esfera do poder regulamentar, pelo que a concessão de quotas é passível de revogação, a qualquer tempo, não constituindo direito adquirido, salvo quanto ao período de vigência da quota de 26-1-61, data do Decreto n. 50.123, até 16-3-1961, data do Decreto n. 50.358, que o revogou."

No caso mencionado, o impetrante pretendeu impugnar o conteúdo de um decreto normativo, que era prejudicial aos seus interesses. A decisão, tomada por maioria de votos,[101] foi no sentido da denegação da segurança. Do voto do Min. Cândido Motta Filho (que acompanhou o relator), extrai-se o trecho mais relevante para o tema que aqui se examina. Disse Sua Excelência:

"Não sei, por mais impressionantes que sejam as razões da impetrante, como ela possa valer-se da segurança contra um decreto de ordem geral."

O segundo precedente do Verbete nº 266, indicado na Súmula de Jurisprudência Dominante do STF, contém ementa simples, direta e objetiva:[102]

Não cabe mandado de segurança contra lei em tese.

Do voto do relator se extrai a afirmação de que "é torrencial a jurisprudência do Supremo Tribunal no sentido de que não cabe mandado de segurança contra lei em tese".

Já no terceiro precedente citado na Súmula,[103] o *inteiro teor* do voto do relator é o seguinte, *verbis*: "Indefiro o pedido. Não cabe mandado de segurança contra a lei em tese."

Por fim, o último precedente indicado na Súmula está assim ementado:[104]

Mandado de segurança, incabível para o efeito de revogar ato administrativo, em tese. Pressupostos legais dos arts. 141, par 24, e 1 da lei 1533, de 1951.

Observa-se, pois, que os precedentes citados na Súmula do STF como tendo sido a base do Enunciado nº 266 não permitem apreender os fundamentos que levaram o Pretório Excelso a concluir pela impossibilidade jurídica da demanda de mandado de segurança voltada a impugnar lei em tese. Há, porém, decisões

---

[101] A segurança foi denegada, nos termos do voto do relator, o qual foi acompanhado pelos Ministros Victor Nunes, Cândido Motta Filho, Luiz Gallotti e Hahnemann Guimarães. Divergiram os eminentes Ministros Pedro Chaves e Ary Franco, que concediam parcialmente a segurança, e o Ministro Antonio Villas Bôas, que a concedia integralmente.

[102] STF, RMS 9973/PE, rel. Min. Victor Nunes, j. em 30.7.1962.

[103] STF, MS 10287/SP, rel. Min. Ari Franco, j. em 25.3.1963.

[104] STF, RE 51351/DF, rel. Min. Ribeiro da Costa, j. em 25.6.1963.

do Supremo Tribunal Federal que são anteriores àqueles acórdãos citados na Súmula como precedentes do Verbete n° 266.

Há, por exemplo, um antigo julgado da Corte Suprema em que se afirma que "o mandado de segurança não serve à declaração de inconstitucionalidade da lei em tese, mas serve à anulação de ato porventura baseado em lei inconstitucional".[105]

Em outro antigo julgado, o Supremo Tribunal Federal deixou claro que "mandado de segurança; não é meio idôneo para enfrentar-se o aspecto da validade da norma legal, fora de ato concreto de autoridade; jurisprudência assente a respeito".[106]

Há vários outros julgados do STF nesse mesmo sentido. Mas em todos eles o que se percebe é que a decisão se limita à dogmática afirmação de que o mandado de segurança é inidôneo para impugnar lei em tese, sem que se apontem os motivos que justificam essa conclusão. E isso se repete até decisões mais recentes, em que o não cabimento de mandado de segurança contra lei em tese é afirmado sem maiores explicações que o justifiquem.[107]

Certo é, porém, que não pode mesmo ser admitida a utilização do mandado de segurança contra lei em tese. Como muito bem afirma Eduardo Arruda Alvim, "a regra é a separação de poderes [*rectius*, separação das funções estatais do poder, que é uno], inviabilizando o controle em tese dos atos do Legislativo, salvo os específicos meios criados pelo próprio sistema para esse fim".[108]

Impende, então, ter claro que só se pode ter um processo cujo objeto seja o controle de *lei em tese* quando se esteja diante dos remédios processuais destinados a viabilizar o controle abstrato de constitucionalidade (de que são exemplos mais importantes a "ação direta de inconstitucionalidade", a "ação declaratória de constitucionalidade" e a "arguição de descumprimento de preceito fundamental").[109] Não sendo este o objeto do mandado de segurança, fácil concluir não ser o mesmo admissível contra lei em tese.

---

[105]   STF, RMS 1219/GO, rel. Min. Luiz Gallotti, j. em 30.11.1950. O trecho citado entre aspas é um excerto do voto do relator.

[106]   STF, RMS 1139/CE, rel. Min. Macedo Ludolf, j. em 30.11.1950.

[107]   Assim, por exemplo, STF, MS 28108 AgR/DF, rel. Min. Cármen Lúcia, j. em 27.3.2012.

[108]   Eduardo Arruda Alvim, *Mandado de segurança*, p. 140. Merece menção uma afirmação do notável Min. Miguel Seabra Fagundes, *verbis*: "Nenhuma ação cabe contra a lei em tese. Mas a jurisprudência só se lembrou de dizê-lo, em relação ao Mandado de Segurança" (Miguel Seabra Fagundes, Intervenção, *in* Carlos Mário Velloso, Direito líquido e certo. Decadência, *in* Sérgio Ferraz (Org.). *Mandado de segurança*, p. 65. Deve-se, porém, ressalvar – com a devida vênia ao grande jurista que foi Seabra Fagundes – que contra lei em tese são admissíveis os remédios processuais destinados ao controle abstrato de constitucionalidade, como se verá adiante no texto.

[109]   Assim, por exemplo, afirma expressamente Daniel Amorim Assumpção Neves: "na ação direta de inconstitucionalidade analisa-se a lei em tese, decidindo-se pela adequação das normas infraconstitucionais às normas constitucionais" (*Ações constitucionais*, p. 1).

VI – Impossibilidade jurídica da demanda de mandado de segurança contra atos *interna corporis* e atos políticos

Um antigo precedente do Supremo Tribunal Federal iniciou a tendência, hoje tranquilamente aceita, de que é juridicamente impossível a demanda de mandado de segurança cujo objeto seja o controle jurisdicional dos chamados "atos *interna corporis*" (assim entendidos aqueles que dizem respeito exclusivamente às questões internas do Poder ou de seus órgãos, como, por exemplo, a elaboração dos regimentos internos das Casas Legislativas).[110] Tal decisão foi assim ementada:[111]

> "Mandado de segurança contra ato do Presidente do Senado, que, na presidência da sessão do Congresso Nacional, indeferiu requerimento de anexação de projeto de Emenda Constitucional por entender inexistir, no caso, analogia ou conexidade. – Trata-se de questão 'interna corporis' que se resolve, exclusivamente, no âmbito do Poder Legislativo, sendo vedada sua apreciação pelo Judiciário. Mandado de segurança indeferido."

Em outra importante decisão do STF,[112] o eminente Min. Clóvis Ramalhete esclareceu bem os limites da insindicabilidade do ato *interna corporis*. Afirmou Sua Excelência:

> "Será decisão política, *interna corporis*, infensa ao controle judicial, aquela, com pertinência interna e estrita às suas atividades é certo; mas somente enquanto não fira a Constituição e, ainda, enquanto, por efeito imediato do ato, não cause lesão a situações jurídicas subjetivas, regularmente constituídas."

Vários são os exemplos de atos que foram considerados *interna corporis* e, por isso, imunes a controle jurisdicional por via de mandado de segurança (e, na verdade, imunes a controle jurisdicional por qualquer via processual). Entre eles encontram-se os seguintes: ato do Presidente do Congresso Nacional que reconheceu que proposta de Emenda Constitucional está em condições de ser submetida ao Plenário e o será, oportunamente, a juízo da Presidência ou de conformidade com acordo de lideranças;[113] substituição de Presidente de comissão parlamentar de inquérito;[114] ato de interpretação, pelo Presidente do Congresso Nacional,

---

[110] Márcio Henrique Mendes da Silva e Olavo A. Vianna Alves Ferreira, *in* Fernando da Fonseca Gajardoni, Márcio Henrique Mendes da Silva e Olavo A. Vianna Alves Ferreira, *Comentários à nova lei de mandado de segurança*, p. 50-51.

[111] STF, MS 20247/DF, rel. Min. Moreira Alves, j. em 18.9.1980.

[112] STF, RE 95778/RS, rel. Min. Clóvis Ramalhete, j. em 5.5.1982.

[113] STF, MS 20464/DF, rel. Min. Soares Muñoz, j. em 31.10.1984.

[114] STF, MS 20415/DF, rel. Min. Aldir Passarinho, j. em 19.12.1984.

130 Manual do Mandado de Segurança • Câmara

de normas de regimento legislativo;[115] deliberações do Presidente da Câmara dos Deputados relativas a composição de comissões e distribuição de tempo para comunicações em Plenário;[116] ato do Presidente da Câmara dos Deputados que, com base no Regimento Interno, rejeitou requerimento de urgência-urgentíssima para tramitação de projeto de lei;[117] ato do Presidente da Câmara dos Deputados que, com apoio no Regimento Interno, indefere inscrição de candidato ao cargo de Terceiro Secretário da Mesa Diretora daquela Casa Legislativa;[118] a sistemática interna dos procedimentos da Presidência da Câmara dos Deputados para processar os recursos dirigidos ao Plenário daquela Casa Legislativa.[119]

Além dos atos *interna corporis*, também são imunes a controle jurisdicional (seja por via do mandado de segurança, seja por qualquer outra via processual) os atos políticos. Sobre esse tema, é imperiosa a transcrição de uma clássica lição que, não obstante longa, precisa ser integralmente reproduzida:[120]

> "As Constituições de 1934 e 1937 dispuseram expressamente que o Poder Judiciário não poderia conhecer de *questões exclusivamente políticas*. A atual silencia a respeito. Mas, não obstante isto, a vedação persiste. É que ela decorre da índole do regime e de imperativos do seu funcionamento. Aos Poderes Legislativo e Executivo, a Constituição delega atribuições de cunho estritamente político, que, pela sua natureza específica, são incompatíveis com a interferência do Poder Judiciário, do mesmo modo que excluem da intervenção do Executivo atos políticos privativos do Legislativo e vice-versa.
>
> Questão exclusivamente política é a que resulta do ato administrativo de sentido exclusivamente político. E, assim sendo, para delimitar a restrição, que acarreta ao controle jurisdicional, faz-se precisa fixar o conceito desse ato.
>
> Para tal se devem estabelecer três gradações de atos: o *ato administrativo* como gênero. O *ato político* como espécie, e o *ato exclusivamente político* como subespécie. O ato administrativo já foi estudado, devidamente, noutra oportunidade. O ato administrativo político admite uma conceituação muito elástica, sendo dificílimo defini-lo precisamente, o que, aliás, reconhecem doutrinadores dos mais notáveis. Um único elemento, a *finalidade*, dá base para distingui-lo do ato administrativo não político. Esse

---

[115] STF, MS 20471/DF, rel. Min. Francisco Rezek, j. em 19.12.1984.

[116] STF, MS 20509/DF, rel. Min. Octavio Gallotti, j. em 16.10.1985.

[117] STF, MS 21374/DF, rel. Min. Moreira Alves, j. em 13.8.1992.

[118] STF, MS 22183/DF, rel. Min. Marco Aurélio, rel. p/ acórdão Min. Maurício Corrêa, j. em 5.4.1995.

[119] STF, MS 25588 AgR/DF, rel. Min. Menezes Direito, j. em 2.4.2009.

[120] Miguel Seabra Fagundes, *O controle dos atos administrativos pelo Poder Judiciário*, p. 196-203.

é, no entanto, um precário índice distintivo, dependente, como elemento de caracterização, do ponto de vista pessoal de cada autor, uns vendo a finalidade política com mais extensão, outros vendo-a mais restritamente. Mas ao nosso objetivo imediato (fixação do conceito dos atos exclusivamente políticos), essa indeterminação dos confins do ato político perde o relevo. A determinação do ato estritamente político se nos afigura mais simples e fácil. Sim, porque aqui, além da *finalidade,* há também, como elemento distintivo, o *conteúdo,* isto é, o limite da sua repercussão jurídica. Para que o ato administrativo seja estritamente político, há de conter medida de fins unicamente políticos (finalidade) e, ao mesmo tempo, há de circunscrever-se ao âmbito interno do mecanismo estatal, e, se o exceder, não deve alcançar direitos individuais explicitamente reconhecidos, mas apenas interesses (conteúdo).

Tendo em consideração este último aspecto, à primeira vista poder-se-ia dizer supérfluo o estabelecimento do limite do controle jurisdicional à base da natureza do ato, uma vez que, não afetando ele direito subjetivo, já por esta razão excluiria a oportunidade do exame em juízo. Porque, se a apreciação jurisdicional só tem cabimento em caso de conflito, na aplicação individualizada do direito não poderia ter lugar onde o conteúdo do ato, por si, afastasse a ideia de lesão.

Acontece, no entanto, que, se o ato exclusivamente político não afeta, de imediato, direitos subjetivos, pode, em certos casos, implicar a prática de outros com repercussão sobre tais direitos. No primeiro caso, a questão que se suscitasse sobre o ato seria exclusivamente política, mas, no segundo, já não aconteceria o mesmo. Poder-se-ia provocar o pronunciamento jurisdicional, em face de atos consequentes do ato político e remontar até este.

O procedimento deixa de ser unicamente político quando, não obstante ter no ato político a sua origem, é seguido de medidas que afetam direitos expressamente amparados pela ordem jurídica. E, então, desaparece a impossibilidade do controle. O Judiciário é levado, embora indiretamente, ao exame do ato político.

"Todavia, nunca o apreciará de modo integral, ferindo o campo da *discrição política* deixado ao Poder Executivo. Cingir-se-á, tão-somente, ao exame da competência pela conexidade entre os dois atos (puramente político e não-político). Rui Barbosa entendia que, em tais casos, apenas lhe competiria indagar se o ato político importara no exercício de 'atribuição inexistente' ou na 'exorbitância de atribuição existente'."

E foi seguindo esta mesma linha que o STF se pronunciou:[121]

---

[121] STF, RMS 11140/MT, rel. Min. Luiz Gallotti, j. em 10.6.1963.

"As medidas políticas são discricionárias, como observa Castro Nunes, apenas no sentido de que pertencem à discrição do Congresso Nacional ou do governo os aspectos de sua conveniência ou oportunidade, a apreciação das circunstancias que possam autorizá-las, escolha dos meios, etc... Mas a discrição legislativa ou administrativa não pode exercitar-se fora dos limites constitucionais ou legais, ultrapassar as raias que condicionam o exercício legítimo do poder. Ultrapassados estes limites, começa a esfera jurisdicional. Desde que se recorra ao Judiciário, alegando que um direito individual foi lesado por ato de outro poder, cabe-lhe examinar se esse direito existe e foi lesado. Eximir-se com a escusa de tratar-se de ato político seria fugir ao dever que a Constituição lhe impõe, máxime após ter ela inscrito, entre as garantias fundamentais, como nenhuma outra antes fizera, o princípio de que nem a lei poderá excluir da apreciação do Poder Judiciário qualquer lesão de direito individual."

Em outros termos: tratando-se de ato *puramente político*, este é infenso ao controle jurisdicional, desde que não viole qualquer limite constitucional ou legal. Neste caso o Poder Judiciário, guardião dos direitos subjetivos, exercerá controle jurisdicional, o qual é inafastável (por força do disposto no art. 5º, XXXV, da Constituição da República).

VII – O curioso caso da impossibilidade jurídica da demanda de mandado de segurança ser usada como sucedâneo da "ação popular"

O Supremo Tribunal Federal, em 1963, editou verbete sumular (nº 101) segundo o qual "o mandado de segurança não substitui a ação popular". Resulta daí a impossibilidade jurídica da demanda de mandado de segurança como sucedâneo da "ação popular".[122]

Esse enunciado da Súmula da Jurisprudência Dominante do STF está apoiado em três precedentes do Pretório Excelso. O primeiro deles foi assim ementado:[123]

"Mandado de segurança; não sendo o ato impugnado originário das Mesas de Câmara e do Senado, seria o Supremo Tribunal incompetente para conhecer do mandado. O art. 141, § 38, da Constituição Federal institui a chamada 'ação popular', que se não confunde nem identifica com o mandado de Segurança; traços diferenciais e fundamentais entre ambos. – Incabível é o mandado para invalidar ato legislativo que aumentou o subsídio dos deputados e senadores, só o fundamento de ser lesivo do patrimônio

---

[122] Ou, o que daria na mesma do ponto de vista prático, faltaria interesse-adequação, do que resultaria ausência de interesse de agir, quando se ajuizasse mandado de segurança no caso em que seria cabível o ajuizamento da "ação popular".

[123] STF, MS 1000/DF, rel. Min. Edgard Costa, j. em 28.9.1949.

da união, por estar em causa, não a defesa de um direito subjetivo dos requerentes, mas de interesse geral."

No caso ali examinado, os impetrantes demandaram mandado de segurança para impugnar atos das Mesas Diretoras da Câmara dos Deputados e do Senado Federal, destinados a determinar o pagamento, aos parlamentares, de acréscimos, subsídios e ajudas de custo, ao fundamento de que tais atos seriam lesivos ao patrimônio público. Entendeu o STF que a impugnação desses atos não poderia ocorrer por meio de mandado de segurança, mas apenas através de "ação popular". No voto do relator colhe-se o seguinte trecho:

> "O que pretendem os requerentes é o reconhecimento judicial de ser o ato que impugnam lesivo do interesse público por baseado em lei inconstitucional, e, por via de consequência, como elementos integrantes que são da coletividade prejudicada, deles impetrantes também.
>
> Buscam os requerentes amparo expresso para o pedido no dispositivo do art. 141, § 38, da Constituição [*de 1946*], que inicialmente invocam. Sabido é, porém, que esse dispositivo, – que confere a qualquer cidadão legitimidade para pleitear a anulação ou a declaração de nulidade de atos lesivos do patrimônio público, institui a chamada ação popular, que não se confunde nem se identifica com o mandado de segurança. Se este bastasse à consecução do prescrito naquele dispositivo, tratar-se-ia de uma redundância inadmissível no legislador constituinte. Inscritos ambos, – o que autoriza o mandado de segurança e o que faculta a ação popular, – como incisos ou parágrafos do mesmo artigo (artigo 141, §§ 24 e 38), – o que desde logo evidencia tratar-se de hipóteses diversas, – há de fato entre eles um traço fundamental: ao passo que o mandado de segurança é uma garantia concedida a todos indistintamente, a faculdade conferida pelo § 28, – seja, a ação popular, – é restrita ao *cidadão*.
>
> O que visa o mandado de segurança é a proteção dos direitos individuais, não amparados pelo *habeas-corpus*. Na sua destinação constitucional, – como escreve *Castro Nunes*, – 'tem por fim a tutela de direitos, – 'para proteger direito...' – direito que há de ser do próprio impetrante, e não mero interesse, admitida a distinção corrente na exposição doutrinária' (*Do Mandado de Segurança*, nº 115). Se o que através ele se exercita é sempre um direito subjetivo do particular contra o poder público, tal direito 'só tem real existência – no dizer de Seabra Fagundes, – quando individualizado no titular, isto é, 'quando tenha este interesse direto na prestação', ou por outras palavras, – quando o ato o atinja imediatamente, não quando a ilegalidade do ato só possa lhe interessar remotamente como parte da sociedade' (*O Controle dos Atos Administrativos pelo Poder Judiciário*, pág. 134). E como acrescenta o mesmo eminente jurista, 'a possibilidade

de acionar simplesmente como parte da coletividade, com fundamento no interesse geral pelo bom andamento dos serviços públicos, ou em defesa dos bens públicos, são razões de ser da ação popular'. Essa é a ação que, abolida pelo art. 76 do Código Civil, foi autorizada pela Constituição de 1934 (art. 113, nº 38), suprimida na Carta de 1937, e restaurada e ampliada aos atos da administração pública indireta, pela Constituição vigente [*de 1946*], art. 141, § 38.

A impugnação dos requerentes não pode, assim, ser escolhida através o remédio judicial de que lançaram mão; a via regular que se lhes abre é o da ação instituída pelo § 38 do cit. art. 141. Di-lo, com a sua acatada e reconhecida autoridade o eminente Castro Nunes na sua obra sobre o *Mandado de Segurança* ao se referir àquele dispositivo: 'o que aí se assegura é um direito cívico, restrito ao *cidadão*, para *pleitear* a invalidação de atos lesivos, não a um direito subjetivo do autor, mas ao interesse geral. A ação está admitida 'para pleitear', *não pode ser admitida pelo mandado de segurança*, salvo se requerido este para assegurar ao cidadão o exercício mesmo daquele direito, isto é, do direito de intentar a ação popular, caso lhe seja obstado sob qualquer coação do poder público (loc. cit., nº 116)'."

Entendeu, portanto, o Min. Edgard Costa, relator daquele primeiro precedente, que era inadequada a utilização do mandado de segurança quando se buscasse a invalidação de atos lesivos ao patrimônio público, pois nessas hipóteses cabível seria o manejo da "ação popular".[124]

Vale mencionar, porém, que nesse julgamento foi proferido um voto vencido sobre a inidoneidade do mandado de segurança substituir a "ação popular", da lavra do culto Min. Hahnemann Guimarães (que foi, quanto ao ponto, acompanhado pelo não menos eminente Ministro Orosimbo Nonato), do qual se extrai o seguinte excerto:

"Sr. Presidente, parece-me que a ação popular, de que cuida o § 38 do art. 141 da Constituição [*de 1946*], pode ser ajustada ao processo sumaríssimo do mandado de segurança. Não se opõe a esta conclusão o ensinamento do egrégio Castro Nunes, porque ele mesmo assinala que, quando a lesão do patrimônio público, federal, estadual ou municipal, redundar em ofensa de direito individual, cabe ao cidadão pedir seja reparada ela pelo mandado de segurança.

Coincide, aliás, esta afirmação com o que já dispõe o art. 319, § 1º, do Código de Processo Civil [*de 1939*], onde se diz:

---

[124] Vê-se, pois, que a solução dada ao caso pelo eminente relator seria, nos termos da mais atualizada doutrina, a de extinguir o processo por ausência de interesse-adequação.

O Bem da Vida Tutelável Através de Mandado de Segurança: Direito Líquido e Certo **135**

'Quando o direito ameaçado ou violado couber a uma categoria de pessoas indeterminadas, qualquer delas poderá requerer mandado de segurança.'

Assim, pode ser o cidadão atingido através da lesão causada ao patrimônio público federal, estadual ou municipal; pode ser atingido no seu direito subjetivo, no seu direito individual.

Deste modo Sr. Presidente, parece-me que é possível promover-se a ação popular, por meio do processo sumaríssimo do mandado de segurança."

Pode-se mesmo dizer que este voto vencido do Min. Hahnemann Guimarães foi uma antevisão do mandado de segurança coletivo, já que ali se admitia a utilização do mandado de segurança para proteção de interesses transindividuais. Ocorre que na época em que tal julgamento foi proferido (recorde-se que esse processo foi julgado em 1949) só se admitia a utilização do mandado de segurança para tutela de interesses individuais.

O segundo precedente citado na Súmula tratou de caso bastante diferente do anterior.[125] Foi o caso de um concurso para preenchimento de dois cargos de Professor Catedrático (de Piano) da Escola Nacional de Música. Durante a realização do certame, faleceu o titular da terceira cátedra. Encerrado o concurso, e empossados os dois primeiros colocados nas duas cátedras a que o concurso se referia, a terceira colocada requereu (e obteve) sua nomeação para a terceira cátedra. Os impetrantes, então, postularam mandado de segurança para impugnar essa nomeação, ao argumento de que não participaram do concurso porque não pretendiam concorrer com os professores que obtiveram os dois primeiros lugares, mas teriam concorrido à terceira cátedra e não tinham qualquer problema em disputar com a professora que ficou em terceiro lugar no concurso.

Entendeu o Supremo Tribunal Federal que não era caso de mandado de segurança porque não tinham os impetrantes direito subjetivo a proteger, mas "mero interesse", equivalente ao de qualquer outra pessoa que poderia, em tese, ter participado de concurso daquele tipo, razão pela qual não seria caso de mandado de segurança.

Por fim, no terceiro precedente citado na Súmula da Jurisprudência Predominante do STF como base do Verbete nº 101,[126] o impetrante expressamente afirmou ajuizar "ação popular" pela via do mandado de segurança (para impugnar ato do Presidente da República que autorizou a ocupação ou permanência de força militar estrangeira, com apetrechos bélicos, na Ilha de Fernando de Noronha). O Pretório Excelso decidiu por acórdão assim ementado:

---

[125] STF, MS 1768/DF, rel. Min. Luiz Gallotti, j. em 10.10.1952.

[126] STF, MS 4503/SP, rel. Min. Ribeiro da Costa, j. em 9.9.1957.

"Inidoneidade do mandado de segurança, para através dele veicular uma ação popular. Constituição Federal, art. 141, parágrafo 38; idem parágrafo 24. Não conhecimento."

O Supremo Tribunal Federal, mais de sessenta anos depois daquele primeiro precedente, e sob um regime constitucional completamente diferente, continua a invocar o enunciado 101 de sua Súmula. Confira-se, por exemplo, a seguinte ementa:[127]

"EMBARGOS DE DECLARAÇÃO EM MANDADO DE SEGURANÇA – CONVERSÃO EM AGRAVO REGIMENTAL – APLICAÇÃO DE RECURSOS PÚBLICOS – AUSÊNCIA DE ARGUMENTOS SUSCETÍVEIS DE MODIFICAR A DECISÃO AGRAVADA – SÚMULA STF Nº 101 – AGRAVO REGIMENTAL NÃO PROVIDO. 1. Nos termos da pacífica jurisprudência desta Corte, não se admitem embargos de declaração contra decisão monocrática de relator. Embargos declaratórios recebidos como agravo regimental. Precedentes. 2. Legitimidade dos cidadãos para a propositura de ação popular na defesa de interesses difusos (art. 5º, LXXIII, CF/88), na qual o autor não visa à proteção de direito próprio, mas de toda a comunidade – no caso, a aplicação de recursos públicos arrecadados às finalidades para as quais foram criadas as exações tributárias. 3. O mandado de segurança não pode ser usado como sucedâneo de ação popular (Súmula STF nº 101). 4. Agravo regimental não provido."

No caso ora mencionado, o mandado de segurança foi impetrado com o fim de impugnar ato do Presidente da República consistente na omissão em aplicar adequadamente os recursos arrecadados para o Fundo de Fiscalização das Telecomunicações (FISTEL), o Fundo de Universalização das Telecomunicações (FUST), bem como os recursos advindos da Contribuição de Intervenção no Domínio Econômico (CIDE) e da Taxa de Fiscalização da Agência Nacional de Energia Elétrica (ANEEL).

O eminente Min. Dias Toffoli, em seu voto, assim se pronunciou:

"Não existe no ordenamento jurídico brasileiro a figura do '*mandado de segurança difuso*'. Essa importante ação de defesa contra abusos cometidos por autoridades públicas ou equiparadas limita-se às modalidades individual e coletiva, encontrando-se o rol de legitimados ativos para essa última espécie devidamente registrado no texto constitucional (art. 5º, inciso LXX).

[...]

---

[127] STF, MS 25743 ED/DF, rel. Min. Dias Toffoli, j. em 4.10.2011.

Ressalte-se ademais, que reservou-se aos cidadãos a legitimidade para propor ação popular na defesa de interesses difusos (art. 5º, LXXIII, CF/88). Nessas, o autor não visa à proteção de direito próprio, mas de interesse de toda uma comunidade contra ato, comissivo ou omissivo, ilegal ou ilegítimo que seja lesivo ou tenha potencial de gerar lesão ao patrimônio público."

E, citando a lição do eminente jurista Hely Lopes Meirelles, o relator reafirma o valor do Enunciado 101 da Súmula do STF.

Impõe-se observar, porém (embora não seja esta a sede adequada para tratar do tema, que será objeto de exame mais adiante, no capítulo deste trabalho destinado ao trato do mandado de segurança coletivo), que se deve admitir o manejo do mandado de segurança coletivo para tutela de interesses difusos. A solução, pois, de casos como esses que vez por outra têm sido submetidos ao Poder Judiciário, nos quais se impetra mandado de segurança como sucedâneo de "ação popular", passa a ser outra: em vez de uma *impossibilidade jurídica*, o que se tem, simplesmente, é uma *ilegitimidade ativa* (já que qualquer cidadão é legitimado para a propositura de "ação popular", mas são outros os legitimados para a impetração do mandado de segurança coletivo, nos termos do inciso LXX do art. 5º da Constituição da República).

VIII – Impossibilidade jurídica da demanda de mandado de segurança como sucedâneo de demanda de cobrança

O Enunciado nº 269 da Súmula da Jurisprudência Predominante do STF estabelece, expressamente, que "o mandado de segurança não é substitutivo de ação de cobrança". Esse enunciado foi editado com apoio em quatro precedentes, todos da década de 1960. No primeiro deles,[128] tratava-se de um servidor público municipal aposentado que era, também, tenente reformado, e pretendia receber, cumulativamente, os dois proventos. O (extinto) Tribunal Federal de Recursos denegou a segurança ao fundamento de que a cumulação só seria possível quando uma das verbas fosse paga pelos cofres públicos e a outra por entidade de Previdência Social, isto é, Institutos e Caixas de Aposentadoria, o que não ocorria na hipótese (já que ambos os proventos a que o impetrante afirmava ter direito seriam devidos pelos cofres públicos). O caso chegou ao Supremo Tribunal Federal em grau de recurso ordinário, e do voto do relator se extrai o seguinte excerto:

> "Não se trata de um pedido de segunda aposentadoria, mas de uma verdadeira ação de cobrança de proventos de reforma militar. A esses proventos, por força da lei de desacumulações, o impetrante renunciou há muitos anos, pretendendo que tem, de novo, direito aos mesmos. O pedido não é, pois,

---

[128] STF, RMS 10149/DF, rel. Min. Victor Nunes, j. em 17.8.1962.

daqueles que se enquadram em mandado de segurança, pois apropriada é a via ordinária."

No segundo precedente,[129] julgado no mesmo dia que o anterior, o impetrante reclamava, através de sua demanda de mandado de segurança, diferença de vencimento relativa a um período pretérito. A decisão do STF, que se limitou a acolher os fundamentos da decisão de primeiro grau (sem os reproduzir), afirma – de forma dogmática, *data venia* – que "o mandado de segurança não é substitutivo da ação de cobrança".

O precedente seguinte está assim ementado:[130]

"O mandado de segurança não se destina a vantagens econômicas pretéritas."

O relatório elaborado pelo eminente Min. Ari Franco esclarece o caso:

"Sr. Presidente, a recorrente se julgava com direito a uma subversão que está consignada no orçamento do Ministério da Saúde, no valor de Cr$ 450.000,00, e outra do Ministério da Educação de Cr$ 150.000,00.

O Governo, não pagando a subversão, impetrou ela mandado de segurança. A decisão lhe foi desfavorável. E o Tribunal Federal de Recursos confirmou a decisão de primeira instância, decidindo:

'O mandado de segurança não é meio de pedir vantagens econômicas pretéritas, nem de declaração de direito em tese.'

Este o caso, sobre o qual se manifesta, contrariamente ao provimento do recurso, a douta Procuradoria Geral da República."

E o inteiro teor do voto do relator, acompanhado por unanimidade por seus pares, foi o seguinte:

"Meu voto é confirmando a decisão recorrida.

Pacífico, entre nós, que o mandado de segurança não se destina à obtenção de vantagens econômicas pretéritas.

Nego provimento ao recurso."

Por fim, o último precedente indicado na Súmula está assim ementado:[131]

---

[129] STF, RMS 10065, rel. Min. Victor Nunes, j. em 17.8.1962.

[130] STF, RMS 10629/PB, rel. Min. Ari Franco, j. em 11.3.1963.

[131] STF, RMS 6747/GB, rel. Min. Victor Nunes, j. em 27.5.1963.

"A nomeação, para fins funcionais, deve anteceder a efetivação dos interinos, determinada em lei posterior ao concurso, embora da concessão da segurança não resultem diretamente efeitos patrimoniais pretéritos."

O caso em análise foi o seguinte. Havia sido realizado concurso para contratação de professores de ensino técnico para o antigo Distrito Federal (que, na altura do julgamento, já se havia tornado o Estado da Guanabara). Os resultados estavam sendo homologados escalonadamente, quando sobreveio lei determinando a efetivação de todos os professores aprovados naquele concurso. Vetada a lei, foi rejeitado o veto, razão pela qual o então Prefeito do Distrito Federal efetivou os professores interinos, com preterição de candidatos aprovados. Os preteridos, então, impetraram mandado de segurança, que lhes foi deferido pela 6ª Câmara Cível do Tribunal de Justiça do Distrito Federal (que hoje é o Tribunal de Justiça do Estado do Rio de Janeiro). Dessa decisão recorreram, ordinariamente, os impetrantes (e a Prefeitura do Distrito Federal interpôs recurso extraordinário, mas o julgamento de que aqui se trata apreciou, apenas, o recurso ordinário dos impetrantes). Pleiteavam os impetrantes que seus direitos, reconhecidos pelo acórdão do Tribunal de Justiça, retroagissem à data da efetivação dos interinos. O voto do relator trata do tema nos seguintes termos:

"É certo, como diz a Prefeitura, que o mandado de segurança não produz, diretamente, efeitos patrimoniais pretéritos, mas a antecedência da investidura dos aprovados relativamente à efetivação dos interinos, acarreta outras consequências jurídicas, independentemente do pagamento de atrasados. Quanto a estes, os recorrentes não têm razão, porque devem pleiteá-los, ou na via administrativa, ou mediante ação direta, mas no tocante a efeitos não patrimoniais é incontestável que sua nomeação deve ser considerada anterior à efetivação dos interinos.

Nestes termos, dou provimento em parte ao recurso dos impetrantes."

A leitura dos precedentes que deram origem ao enunciado sumular, portanto, não dá muitas pistas de como teria o Supremo Tribunal Federal chegado à conclusão de que o mandado de segurança não pode ser usado como substitutivo de uma demanda de cobrança, não se prestando à cobrança de valores pretéritos. Certo é, porém, que essa mesma ideia é reproduzida em outro verbete sumular do STF, o de nº 271: "concessão de mandado de segurança não produz efeitos patrimoniais em relação a período pretérito, os quais devem ser reclamados administrativamente ou pela via judicial própria".[132] No primeiro precedente deste outro enunciado,[133] o eminente relator afirma o seguinte:

---

[132] Este verbete aparece na Súmula do STF apoiado em três precedentes, um dos quais é, também, indicado como base do Enunciado nº 269: STF, RMS 6747/GB, rel. Min. Victor Nunes, j. em 27.5.1963.

[133] STF, RE 48567/CE, rel. Min. Victor Nunes, j. em 15.5.1962.

"Sem dúvida, consequências de ordem patrimonial podem advir da concessão de mandado de segurança, por via indireta; mas não se pode obter, pelo mandado de segurança, diretamente, uma ordem de pagamento. E foi isto o que aconteceu no caso dos autos, onde não se limitou a decisão concessiva do writ a determinar atos materiais, como lavratura de apostilas, mas foi além, ordenando o pagamento, por que a tanto equivale haver deferido in totum o pedido inicial, que abrangia aquela especificação. Somente para o efeito de excluir este mandamento exorbitante é que dou provimento ao recurso, dele conhecendo em virtude de notório dissídio de julgados."

O outro precedente que merece ser aqui mencionado está assim ementado:[134]

"1) Interpretação e aplicação de lei local não enseja recurso extraordinário. 2) O mandado de segurança não substitui ação de cobrança de vencimentos atrazados."

Pois neste acórdão, em relação ao tema aqui examinado, tudo o que se lê no voto do relator é que se dá provimento ao recurso "na parte em que considera exorbitante o deferimento da segurança para mandar pagar atrazados (*sic*) aos impetrantes, correspondentes a diferença de remuneração. Já temos decidido numerosas vezes que o mandado de segurança não pode suprir a ação de cobrança".

O que se vê, então, dos precedentes que dão suporte aos enunciados nos 269 e 271 do STF, é que nenhum apresenta verdadeiramente os fundamentos que indicam as razões pelas quais a demanda de mandado de segurança não pode veicular um pedido de cobrança de dinheiro.

Em várias outras decisões o STF invocou os Enunciados nos 269 e 271. Na imensa maioria deles, porém, não há qualquer explicação que justifique a norma neles identificada. Ressalve-se, porém, um acórdão da lavra do eminente Min. Sydney Sanches, assim ementado:[135]

"Direito Processual Civil. Mandado de Segurança. Cumulação de pedidos. Descabimento da ordem, quanto a um deles. Indeferimento, quanto ao outro. Súmulas 269 e 271. 1. Envolvendo o segundo pedido pretensão ao pagamento de diferencas atrasadas de vencimentos, não é de ser conhecida a impetração, nesse ponto, em face das Súmulas 269 e 271 do S.T.F., a saber: 269 – O mandado de segurança não é substitutivo de ação de cobrança. 271 – Concessão de mandado de segurança não produz efeitos patrimoniais, em relação a período pretérito, os quais devem ser reclamados administrativamente ou pela via judicial própria. Precedentes. 2. É de ser

---

[134] STF, AI 26672/SP, rel. Min. Victor Nunes, j. em 12.3.1963.

[135] STF, MS 21977/DF, rel. Min. Sydney Sanches, j. em 4.5.1995.

conhecido o pedido de mandado de segurança, na parte em que reclama, apenas, seja compelida a Mesa da Câmara dos Deputados a examinar, por inteiro, os requerimentos feitos, administrativamente, pelo impetrante, perante aquela Casa do Congresso Nacional. Deve, porém, ser indeferido, em se verificando que a Mesa da Câmara ja apreciou, por inteiro, tais requerimentos. 3. Mandado de Segurança conhecido, em parte, e, nessa parte, indeferido."

Neste acórdão, afirma o relator sobre o Verbete nº 269 da Súmula do STF:

"Tal orientação se firmou com base em interpretação do art. 141, § 24, da Constituição Federal de 1946, e dos arts. 7º, II, e 15 da Lei nº 1.533/51.

E manteve-se incólume, com o advento da Constituição Federal de 1967, da E.C. nº 1/69, e da atual Constituição de 5.10.1988.

Aliás, a Súmula 271 completa a orientação da Súmula 269 quando diz: concessão de mandado de segurança não produz efeitos patrimoniais, em relação a período pretérito, os quais devem ser reclamados administrativamente ou pela via judicial própria."

O art. 141, § 24, da Constituição da República de 1946 era o dispositivo responsável por estabelecer, naquela Carta, o direito ao mandado de segurança, e o fazia nos seguintes termos: "para proteger direito líquido e certo não amparado por *habeas corpus,* conceder-se-á mandado de segurança, seja qual for a autoridade responsável pela ilegalidade ou abuso de poder". Já o art. 7º, II, da Lei nº 1.533/1951 tratava da medida liminar no processo do mandado de segurança. Tais dispositivos, com todas as vênias devidas ao eminente Min. Sydney Sanches, não trazem nenhum subsídio para a compreensão da regra que veda a utilização do mandado de segurança como sucedâneo de "ação de cobrança".

O art. 15 da Lei nº 1.533/1951, por sua vez, dizia que "a decisão do mandado de segurança não impedirá que o requerente, por ação própria, pleiteie os seus direitos e os respectivos efeitos patrimoniais". Este dispositivo, quando vigente, era interpretado pela doutrina como fundamento da vedação ao uso do mandado de segurança como demanda de cobrança. Assim, por exemplo, dizia – ao tempo da legislação anterior – importante estudioso do tema, ao comentar o referido art.15, que "enquanto entendimento de que o mandado de segurança não pode ser confundido ou substituído por mera ação indenizatória, não há observação alguma a ser feita com relação a nenhuma destas duas Súmulas. Mormente na de número 269".[136]

É preciso, porém, observar que em 1966 (posteriormente à aprovação dos verbetes sumulares nos 269 e 271 do STF, portanto) foi editada a Lei nº 5.021, que

---

[136] Cassio Scarpinella Bueno, *Mandado de segurança*, p. 131.

dispôs sobre o pagamento de vencimentos e vantagens pecuniárias asseguradas, em sentença concessiva de mandado de segurança, a servidor público civil. Esse diploma – posteriormente revogado pela Lei nº 12.016/2009 – estabelecia, em seu art. 1º, *verbis*:

> "Art. 1º O pagamento de vencimentos e vantagens pecuniárias asseguradas, em sentença concessiva de mandado de segurança, a servidor público federal, da administração direta ou autárquica, e a servidor público estadual e municipal, somente será efetuado relativamente às prestações que se vencerem a contar da data do ajuizamento da inicial."

E os §§ 2º e 3º desse mesmo artigo estabeleciam:[137]

> "§ 2º Na falta de crédito, a autoridade coatora ou a repartição responsável pelo cumprimento da decisão, encaminhará, de imediato, a quem de direito, o pedido de suprimento de recursos, de acordo com as normas em vigor.
>
> § 3º A sentença que implicar em pagamento de atrasados será objeto, nessa parte, de liquidação por cálculos (artigos 906 a 908 do Código de Processo Civil), procedendo-se, em seguida, de acordo com o art. 204 da Constituição Federal."

O que se extraía da Lei nº 5.021/1966 é que, nos casos em que a sentença concessiva de mandado de segurança implicasse algum efeito patrimonial em favor de servidor público, tudo aquilo que dissesse respeito a valores devidos com relação ao período posterior à impetração deveria ser pago imediatamente, independentemente da instauração de execução contra a Fazenda Pública. Já os atrasados (isto é, os valores referentes ao período anterior à impetração) seriam pagos por precatório.[138]

Não obstante isso, porém, o Supremo Tribunal Federal continuou a decidir nos termos dos Enunciados nºs 269 e 271 de sua Súmula, afirmando expressamente que tais verbetes não foram revogados pela superveniência da Lei nº 5.021/1966. Veja-se, por exemplo, o seguinte precedente:

> "Mandado de segurança. Efeitos patrimoniais. Prestações vencidas antes e depois da impetração. Sumulas 271 e 267. Lei n. 5.021, de 9.6.1966, art. 1, parágrafo 3. 1. Diz a súmula 267 que o mandado de segurança não é substitutivo da ação de cobrança. 2. E a súmula 271 que a concessão de mandado de segurança não produz efeitos patrimoniais, em relação a pe-

---

[137] Anote-se que a referência ao Código de Processo Civil deve ser entendida como sendo ao CPC de 1939, assim como o dispositivo constitucional citado é da Carta de 1946, já que estes eram os diplomas vigentes ao tempo da edição da Lei nº 5.021/1966.

[138] Assim, por todos, Cassio Scarpinella Bueno, *Mandado de segurança*, p. 134-135.

ríodo pretérito, os quais devem ser reclamados administrativamente ou pela via judicial própria. 3. Tais orientações continuam em vigor, mesmo após o advento da Lei n. 5.021, de 9.6.1966, pois os atrasados, a que se refere o parágrafo 3 de seu art. 1, sobre a liquidação, por cálculo, da sentença, não compreendem prestações vencidas anteriormente ao ajuizamento do pedido, senão, unicamente, as vencidas entre a impetração e a concessão do mandado de segurança. R.E. conhecido e provido para que se excluam da liquidação da sentença as prestações vencidas antes da impetração."

Esse entendimento, porém, foi combatido em sede doutrinária. Seja permitida a seguinte transcrição:[139]

> "Não obstante as considerações feitas no Título anterior, é certo que a Lei n. 5.021/66 nunca alcançou plena aplicabilidade na prática. Muito dessa sua *ineficácia* deve-se às Súmulas 269 e 271 do Supremo Tribunal Federal, que têm, respectivamente, as seguintes redações: 'O mandado de segurança não é substitutivo de ação de cobrança' e 'Concessão de mandado de segurança não produz efeitos patrimoniais em relação a período pretérito, os quais devem ser reclamados administrativamente ou pela via judicial própria'.
>
> Não há maiores dificuldades em verificar que ambos os enunciados são contrários à diretriz da Lei de 1966. Como as Súmulas datam de precedentes julgados nos idos de 1962 e 1963, seria de esperar que, com a nova lei, fossem elas canceladas, revistas ou, dada sua inescondível força normativa, posto que fática, 'revogadas'.
>
> Nada disso ocorreu, entretanto.
>
> São diversos os julgados, inclusive do Supremo Tribunal Federal, que já tiveram oportunidade de acentuar que as precitadas Súmulas sobreviveram à Lei n. 5.021/66 e que têm, consequentemente, plena aplicação. Mesmo depois do advento desse diploma legal, a concessão de mandado de segurança continua a não ter efeitos patrimoniais pretéritos.
>
> Para esses julgados, o mandado de segurança não serve para buscar, de nenhuma maneira, nem direta nem indiretamente, valores pecuniários em si mesmos considerados. Mais: como o mandado de segurança não pode ter efeitos patrimoniais pretéritos, tudo aquilo que se venceu antes da impetração deve ser reclamado administrativamente ou pela via judicial própria.
>
> De acordo com esse entendimento – que é, largamente, o predominante em sede jurisprudencial –, os 'atrasados' referidos no § 3º do art. 1º da Lei n.

---

[139] Cassio Scarpinella Bueno, *Mandado de segurança*, p. 218-221. Pede-se vênia pela longa transcrição, mas o trecho é absolutamente essencial para a compreensão do problema. Registra-se aqui, porém, minha divergência com o notável jurista citado – e que será no momento oportuno aprofundada – acerca da natureza da sentença que concede o mandado de segurança.

5.021/66 só podem ser aqueles que se vencerem *ao longo* da impetração, isto é, desde a distribuição da ação até seu julgamento definitivo. Nunca os que se venceram *antes* da impetração.

Os comentários especificamente traçados ao art. 1º, *caput* e ao art. 1º, § 3º, são suficientes para demonstrar a impossibilidade de concordar com essa corrente de pensamento. Permito-me, aqui, apresentar um argumento a mais. Nada justifica do ponto de vista jurídico – absolutamente nada – que a data da distribuição da ação possa representar um verdadeiro marco na vida funcional do servidor público. Não há como imputar ao 'tempo' (tempo da distribuição da ação) um divisor de águas na remuneração do servidor público quando reconhecido erro na forma de seu cálculo ou cômputo. Distribuído o mandado de segurança, o servidor faz jus a determinado padrão de remuneração. Antes da impetração, no entanto, o padrão de remuneração será diverso, baseado, aliás, em ilegalidade ou abusividade de poder, que justificam, em juízo, a concessão do mandado de segurança. Até porque, mesmo que administrativamente ou pela 'via judicial própria' venha o servidor a afastar a ilegalidade ou abusividade relativa a seus 'atrasados', não há qualquer garantia de que, para aquele período pretérito, a decisão relativa aos 'valores devidos desde a impetração' seja a prevalecente.

Como o tempo é *neutro* para o direito (Celso Antônio Bandeira de Mello, *O conteúdo jurídico do princípio da igualdade*, p. 30-5), não pode ele ser empregado para fins de qualquer discriminação ou *justificativa* de tratamento diverso. Mormente quando não há como, *valendo-se da data em que impetrado o mandado de segurança – aleatória*, diferenciar o padrão de remuneração do servidor ao longo de sua vida funcional. Não há, *em função do tempo*, como *justificar* dois padrões diversos de retribuição, como se a ilegalidade ou a abusividade declaradas quando da concessão do mandado de segurança pudessem não existir ou desaparecer antes do ingresso do servidor no Poder Judiciário. Na letra de Bandeira de Mello (*O conteúdo jurídico do princípio da igualdade*, p. 34): '[...] ao se examinar algum discrímen legal, para fins de buscar-lhe afinamento ou desafinamento com o preceito isonômico, o que se tem de perquirir é se os fatos ou situações alojados no tempo transacto são, eles mesmos, distintos, ao invés de se indagar pura e simplesmente se transcorreram em momentos passados diferentes'.

Nem se diga, para secundar a orientação da Súmula 271 do Supremo Tribunal Federal, que os 'atrasados' só podem ser os que se vencem entre o ajuizamento da ação e seu final julgamento em virtude da *vedação* da liminar para efeitos de pagamento, em conformidade com o § 4º do art. 1º da Lei n. 5.021/66.

A uma porque se trata de norma inconstitucional, porque restritiva de ação constitucionalmente potencializada para permitir ao impetrante a garantia *in natura* e *imediata*, se for o caso, de seu direito.

A duas porque, com ou sem liminar, a efetivação da *sentença* que concede mandado de segurança não tem, preponderantemente, caráter *condenató-rio*. Muito pelo contrário, trata-se de sentença *mandamental*, que, por sua própria natureza e predisposição para surtir efeitos imediatos e independentemente de processo de execução, afasta a aplicação do § 3º do art. 1º da Lei n. 5.021/66, que cuida nitidamente de *execução* contra a Fazenda Pública.

A três porque é o próprio *caput* do art. 1º da Lei n. 5.021/66 que faz cair por terra esse entendimento. O dispositivo refere-se especificamente às 'prestações que se vencerem a contar da data do ajuizamento da inicial'. Para todas elas, o caráter *mandamental* do mandado de segurança é indesmentível, o que se confirma, aliás, pela possibilidade de complementação da receita orçamentária nos termos do art. 1º, § 2º, da Lei n. 5.021/66. Tudo o que se vencer durante a tramitação do mandado de segurança deverá ser englobado no *imediato* pagamento, independentemente de processo de execução, que caracteriza essa ação como tal. Eventual liminar (não obstante a vedação literal do § 4º do art. 1º da Lei n. 5.021/66) só significará que tais pagamentos deverão ser efetuados antes mesmo do proferimento da decisão final. Nada mais do que isso, entretanto."

Vê-se, pois, que desde a edição da Lei nº 5.021/1966 o mandado de segurança passou a poder ser usado como demanda de cobrança de valores pretéritos devidos a servidores públicos.[140] Não obstante isso, porém – e como já visto – não foi esse o entendimento que prevaleceu na jurisprudência. Mesmo decisões mais recentes, bastante posteriores àquelas que até aqui foram mencionadas, seguiram essa mesma orientação. Veja-se, por exemplo, o seguinte precedente:[141]

"MANDADO DE SEGURANÇA. DECADÊNCIA ADMINISTRATIVA. INOCORRÊNCIA. CUMULAÇÃO DE PROVENTOS DA RESERVA MILITAR COM OS DE APOSENTADORIA EM CARGO CIVIL ANTES DA EC 20/98. POSSIBILIDADE. ART. 11 DA EC 20/98. PAGAMENTO DE PARCELAS ATRASADAS. IMPOSSIBILIDADE. ART. 1º DA LEI N. 5.021/66. 1. O ato de aposentadoria configura ato administrativo complexo, aperfeiçoando-se somente com o registro perante o Tribunal de Contas. Submetido a condição resolutiva,

---

[140] Nesse mesmo sentido, Celso Agrícola Barbi, *Do mandado de segurança*, p. 203, para quem "Quando se tratar de vencimentos e vantagens vinculados à sentença concessiva do mandado, o art. 1º da Lei nº 5.021, de 09.06.1966,dispõe que o pagamento dessas parcelas somente será efetuado relativamente às prestações que se vencerem, a contar da data do ajuizamento da ação." E prossegue o mestre: "Se houver prestações anteriores àquela data, diz o § 3º do citado artigo que a sentença valerá como título executivo delas, devendo pois o impetrante proceder à sua execução, instruindo o pedido com a memória discriminada e atualizada do cálculo [...]. Essa execução se dará na forma do art. 730 do aludido Código [*de Processo Civil*] e do art. 100 da Constituição Federal."

[141] STF, MS 25113/DF, rel. Min. Eros Grau, j. em 7.4.2005.

não se operam os efeitos da decadência antes da vontade final da Administração. 2. O art. 93, § 9º, da Constituição do Brasil de 1967, na redação da EC 1/69, bem como a Constituição de 1988, antes da EC 20/98, não obstavam o retorno do militar reformado ao serviço público e a posterior aposentadoria no cargo civil, acumulando os respectivos proventos. Precedentes [MS n. 24.997 e MS n. 25.015, Relator o Ministro EROS GRAU, DJ 01.04.05; e MS n. 24.958, Relator o Ministro MARCO AURÉLIO, DJ 01.04.05]. 3. Reformado o militar instituidor da pensão sob a Constituição de 1967 e aposentado como servidor civil na vigência da Constituição de 1988, antes da edição da EC 20/98, não há falar-se em acumulação de proventos do art. 40 da CB/88, vedada pelo art. 11 da EC n. 20/98, mas a percepção de provento civil [art. 40 CB/88] cumulado com provento militar [art. 42 CB/88], situação não abarcada pela proibição da emenda. 4. Impossibilidade de pagamento das parcelas atrasadas decorrentes do período em que a impetrante permaneceu excluída da folha de pagamento [art. 1º da Lei n. 5.021/66]. O pagamento de vencimentos assegurados por sentença concessiva de mandado de segurança a servidor público será efetuado somente quanto às prestações que venceram a contar da data do ajuizamento da inicial. 5. Segurança concedida."

Há, porém, um novo dado a considerar. A Lei nº 12.016/2009 revogou expressamente a Lei nº 5.021/1966 e a Lei nº 1.533/1951, passando a tratar integralmente do processo do mandado de segurança. E na lei vigente a matéria de que aqui se cogita é expressamente tratada no art. 14, § 4º, cuja redação é a seguinte:

"§ 4º O pagamento de vencimentos e vantagens pecuniárias assegurados em sentença concessiva de mandado de segurança a servidor público da administração direta ou autárquica federal, estadual e municipal somente será efetuado relativamente às prestações que se vencerem a contar da data do ajuizamento da inicial."

O que se verifica, então, é que a lei atualmente em vigor acabou por acolher, expressamente, a norma que era identificada pelos Verbetes 269 e 271 da Súmula da Jurisprudência Predominante do Supremo Tribunal Federal. Houve como que uma "repristinação" desses enunciados.[142] A doutrina tem, também, reconhecido a vinculação entre a norma carreada ao sistema por este § 4º do art. 14 e o Enunciado 271 do STF.[143]

---

[142]   O Supremo Tribunal Federal continua a aplicar os Enunciados 269 e 271 de sua Súmula após a entrada em vigor da Lei nº 12.016/2009. Confira-se, por todos, o acórdão STF MS 26740 ED/DF, rel. Min. Ayres Britto, j. em 7.2.2012.

[143]   Assim, por exemplo, Márcio Henriques Mendes da Silva, *in* Fernando da Fonseca Gajardoni, Márcio Henrique Mendes da Silva e Olavo A. Vianna Alves Ferreira, *Comentários à nova lei de mandado de segurança*, p. 86; Bruno Garcia Redondo, Guilherme Peres de Oliveira e Ronaldo Cramer,

Em síntese, o que se pode concluir é que, se durante a vigência da Lei nº 5.021/1966 era discutível a afirmação de que não se admite a utilização do mandado de segurança como demanda de cobrança, com a entrada em vigor da Lei nº 12.016/2009 essa *impossibilidade jurídica* tornou-se clara, decorrendo do § 4º do art. 14 da lei, não se podendo mesmo utilizar a via processual do mandado de segurança para cobrança de valores em pecúnia devidos em relação a períodos anteriores ao ajuizamento da demanda de mandado de segurança.

IX – Um caso de falsa impossibilidade jurídica da demanda de mandado de segurança: como sucedâneo de recurso no sistema dos Juizados Especiais

Como já foi dito, o Supremo Tribunal Federal firmou o entendimento segundo o qual não é admissível a utilização do mandado de segurança como sucedâneo de recurso contra as decisões interlocutórias proferidas nos processos que tramitam segundo o regime estabelecido no microssistema dos Juizados Especiais.[144] Esse entendimento – perdoe-se a repetição – tornou-se pacífico no Supremo Tribunal Federal e dominante na jurisprudência das próprias Turmas Recursais.[145] Com ele, porém, como disse anteriormente, não se pode concordar. É chegada a hora de expor mais detalhadamente as razões para essa divergência, que se manifesta com todas as vênias devidas à Suprema Corte.

Mandado de segurança, p. 124; José Miguel Garcia Medina e Fábio Caldas de Araújo, *Mandado de segurança individual e coletivo*, p. 172. Registre-se, porém, a existência de entendimento em sentido contrário, no sentido de que ainda é possível a execução dos valores anteriores ao ajuizamento da demanda de mandado de segurança, pois isso decorreria da eficácia condenatória da sentença, a qual estaria "diretamente ligada à revogação do ato coator quando, por exemplo, o reconhecimento da ilegalidade de certa limitação nos vencimentos de servidor público implique, automaticamente, o pagamento dos valores que, na vigência do ato coator, tenham sido indevidamente retidos pela autoridade" (Flávio Luiz Yarshell e Viviane Siqueira Rodrigues, Comentário ao art. 14, *in* Napoleão Nunes Maia Filho, Caio Cesar Vieira Rocha e Tiago Asfor Rocha Lima (Org.). *Comentários à nova lei do mandado de segurança*, p. 193).

[144] STF, STF, RE 576847/BA, rel. Min. Eros Grau, j. em 20.5.2009. Seja permitido reproduzir, uma vez mais, a ementa da referida decisão: "RECURSO EXTRAORDINÁRIO. PROCESSO CIVIL. REPERCUSSÃO GERAL RECONHECIDA. MANDADO DE SEGURANÇA. CABIMENTO. DECISÃO LIMINAR NOS JUIZADOS ESPECIAIS. LEI N. 9.099/95. ART. 5º, LV DA CONSTITUIÇÃO DO BRASIL. PRINCÍPIO CONSTITUCIONAL DA AMPLA DEFESA. AUSÊNCIA DE VIOLAÇÃO. 1. Não cabe mandado de segurança das decisões interlocutórias exaradas em processos submetidos ao rito da Lei n. 9.099/95. 2. A Lei n. 9.099/95 está voltada à promoção de celeridade no processamento e julgamento de causas cíveis de complexidade menor. Daí ter consagrado a regra da irrecorribilidade das decisões interlocutórias, inarredável. 3. Não cabe, nos casos por ela abrangidos, aplicação subsidiária do Código de Processo Civil, sob a forma do agravo de instrumento, ou o uso do instituto do mandado de segurança. 4. Não há afronta ao princípio constitucional da ampla defesa (art. 5º, LV da CB), vez que decisões interlocutórias podem ser impugnadas quando da interposição de recurso inominado. Recurso extraordinário a que se nega provimento."

[145] Confira-se, a propósito, as notas de rodapé nos 73 e 76 deste capítulo, *supra*.

Para compreender as razões do que aqui se sustenta, porém, impõe-se uma rápida exposição do sistema recursal estabelecido para os Juizados Especiais (tanto para os Estaduais – Cíveis ou da Fazenda Pública – como para os Federais Cíveis). E essa exposição só poderá ser adequadamente compreendida se for historicamente contextualizada.[146]

É preciso, então, recordar que os Juizados Especiais nasceram em 1984, através da Lei nº 7.244/1984, que instituiu os Juizados Especiais de Pequenas Causas. Estes eram competentes apenas para o processo de conhecimento (a execução se fazia no juízo cível, comum), e foram instituídos em uma época em que não se cogitava, ainda, no sistema do Código de Processo Civil, da tutela antecipada (a qual só foi inserida no Código com a reforma operada pela Lei nº 8.952/1994). Além disso, é preciso destacar que a Lei nº 7.244/1984 foi editada ainda antes da Constituição da República de 1988, quando vigorava a Emenda Constitucional nº 1/1969 (que, formalmente, foi uma Constituição).

Pois ao tempo da Lei nº 7.244/1984 só havia a previsão de dois recursos no sistema processual dos Juizados de Pequenas Causas: embargos de declaração (cabíveis contra sentença e acórdão) e um recurso contra sentença (que ficaria conhecido como "recurso inominado", mas que é a própria apelação).

Com a promulgação da Constituição da República de 1988, passaria a ser possível a utilização do recurso extraordinário contra as decisões proferidas pelas Turmas Recursais, aplicando-se aí diretamente o texto constitucional e, posteriormente, a Lei nº 8.038/1990 e o Código de Processo Civil.

Editada a Lei nº 9.099/1995, porém, surge um sério problema. É que – não obstante já tivesse sido promulgada a Constituição da República de 1988 e tivesse sido, também, operada a reforma do Código de Processo Civil – o sistema recursal dos Juizados Especiais Cíveis Estaduais foi simplesmente copiado da Lei nº 7.244/1984, como se nenhuma modificação tivesse de ser feita.

Prova disso é que nenhuma referência há, na Lei nº 9.099/1995, ao recurso extraordinário. Além disso, o regime dos embargos de declaração na Lei nº 9.099/1995 é rigorosamente idêntico ao da Lei nº 7.244/1984 e, portanto, distinto do trazido para o sistema do CPC com a reforma ocorrida em 1994. Nos Juizados Especiais os embargos de declaração *suspendem* (e não interrompem) o prazo para interposição de outro recurso contra a sentença, e são cabíveis quando houver, na sentença ou acórdão, obscuridade, contradição, omissão ou *dúvida*. Copiou-se a Lei nº 7.244/1984, sem se levar em consideração as modificações legislativas posteriores à sua edição.

---

[146] Para uma descrição mais completa de todo esse sistema recursal, bem assim de outros mecanismos de impugnação de decisões judiciais admissíveis nos Juizados Especiais, seja consentido remeter o leitor para Alexandre Freitas Câmara, *Juizados Especiais Cíveis Estaduais, Federais e da Fazenda Pública* – uma abordagem crítica, p. 125-157 e 239-249. Tudo o que se dirá neste tópico tem base no que se expôs mais detalhadamente nesse outro trabalho.

O Bem da Vida Tutelável Através de Mandado de Segurança: Direito Líquido e Certo **149**

Para piorar as coisas, por força da Lei nº 9.099/1995 os Juizados Especiais Cíveis Estaduais têm competência também para execução (de suas próprias decisões e de títulos extrajudiciais), mas não há previsão de recurso contra as decisões interlocutórias proferidas *in executivis*.

Com a edição, posteriormente, das duas leis que regularam os Juizados Especiais Federais (Lei nº 10.259/2001) e os Juizados Especiais da Fazenda Pública (Lei nº 12.153/2009), tornou-se expressamente possível a interposição de recurso (que, evidentemente, é um agravo) contra a decisão interlocutória que, nesses Juizados, delibera sobre tutelas de urgência. Tenho sustentado desde a entrada em vigor daquela primeira lei que tal agravo é cabível, também, nos Juizados Especiais Cíveis Estaduais, o que faço invocando a técnica conhecida como *diálogo das fontes*.

Admitido o agravo nesse caso, há pelo menos dois outros em que é preciso estabelecer-se um sistema de controle das decisões interlocutórias proferidas nos Juizados. Refiro-me à decisão que não recebe a apelação (recuso-me a falar em "recurso inominado") e às decisões interlocutórias proferidas em sede de execução.

Quanto às demais decisões interlocutórias, proferidas ao longo do processo de conhecimento (*rectius*, fase cognitiva do processo), pode-se aplicar a técnica segundo a qual tais decisões são irrecorríveis em separado, podendo ser impugnadas na apelação. Mas não é possível adotar-se esse modelo com relação às duas espécies de decisão a que se acaba de fazer referência.

No caso da decisão que não recebe a apelação, não há como estabelecer-se um sistema de total imunidade do pronunciamento judicial a mecanismos de controle. Não sendo possível a interposição de agravo, só se pode então pensar no manejo do mandado de segurança como sucedâneo recursal. Basta pensar, por exemplo, no caso de ter o juízo por equívoco considerado intempestivo um recurso interposto dentro do prazo. Não pode haver dúvida de que na espécie se terá um ato de autoridade, ilegal, a violar o direito líquido e certo do recorrente à admissão de seu recurso.

O mesmo se diga em relação às decisões interlocutórias proferidas *in executivis*. É que em sede executiva as decisões interlocutórias têm uma carga decisória muito mais relevante do que a sentença, limitando-se esta a declarar extinta a execução (enquanto as decisões interlocutórias proveem sobre temas como, *e. g.*, impenhorabilidade de bens, vilania do preço do bem penhorado, adjudicação do bem penhorado, entre outros temas da maior relevância). Nesses casos, afirmar-se a impossibilidade de controle em separado da decisão interlocutória, devendo-se aguardar a sentença e a interposição do recurso próprio para a impugnação deste pronunciamento para, aí então, suscitar-se qualquer irresignação com a decisão interlocutória tornaria este meio de impugnação do provimento interlocutório absolutamente *inútil*.

Aliás, vale aqui recordar que o processo trabalhista – sabidamente um dos modelos em que se inspirou o legislador para criar o microssistema processual dos

Juizados Especiais – não permite recurso contra as decisões interlocutórias proferidas no processo de conhecimento, mas criou um recurso específico (o agravo de petição) para a impugnação das decisões interlocutórias proferidas em sede executiva.

Pense-se, então, no que aconteceria no caso de, em um processo que tramita em um Juizado Especial, determinar-se a penhora de bem absolutamente impenhorável. Inadmissível o manejo do agravo, e juridicamente impossível o mandado de segurança, tal decisão ficaria imune a qualquer controle eficiente, o que certamente viola o modelo constitucional de processo estabelecido para o ordenamento jurídico brasileiro.

Impõe-se, portanto, e com todas as vênias ao Supremo Tribunal Federal, admitir como juridicamente possível a demanda de mandado de segurança como meio de impugnação de decisões interlocutórias proferidas nos processos que tramitam perante os Juizados Especiais em pelo menos duas hipóteses: (a) decisão que não recebe a apelação; (b) decisões interlocutórias proferidas em sede de execução. Além disso, fica também sujeita a controle (mas por via de agravo, e não de mandado de segurança) a decisão que provê sobre tutela de urgência nesses processos.

5

O Procedimento do Mandado de Segurança Individual

§ 14. Petição inicial

A descrição do procedimento a ser observado para o desenvolvimento do processo do mandado de segurança começa, evidentemente, pela petição inicial. Afinal, é através desta que se ajuíza a demanda de mandado de segurança. Limitar-se-á esta exposição, porém, ao que há de peculiar à petição inicial do mandado de segurança, não havendo qualquer necessidade de se alongar as considerações acerca do que é comum a todas as petições iniciais (assim como não há razão para se aprofundar o exame do próprio conceito de petição inicial, que se supõe conhecido do leitor).[1]

Diz o art. 6º da Lei nº 12.016/2009 que a petição inicial através da qual se ajuíza a demanda de mandado de segurança deve "preencher os requisitos estabelecidos pela lei processual". Significa isso dizer, então, que a petição inicial do mandado de segurança deverá atender aos requisitos genericamente exigidos para qualquer petição inicial, os quais se encontram elencados nos arts. 282 e 39, I, do CPC. Em relação a tais requisitos há algumas poucas considerações a fazer aqui.

A inicial deverá, evidentemente, indicar o juízo ou tribunal a que é dirigida (art. 282, I, do Código de Processo Civil). Deve, também, trazer a precisa indicação das partes, com sua qualificação (art. 282, II).

Em relação a esse segundo requisito, porém, é preciso observar que, na forma do art. 6º da Lei nº 12.016/2009, a petição inicial deverá indicar a pessoa jurídica

---

[1] De toda sorte, para maiores considerações acerca da petição inicial, pede-se vênia para remeter o leitor ao que vai em Alexandre Freitas Câmara, *Lições de direito processual civil*, v. 1, p. 353-366.

152 Manual do Mandado de Segurança • Câmara

demandada e, também, a autoridade apontada como coatora. Vale aqui, então, recordar o que já foi dito em passagens anteriores deste livro: o polo passivo da demanda de mandado de segurança é ocupado pela pessoa jurídica (de Direito Público ou Privado, conforme o caso), e não pela autoridade coatora. Esta, porém, responsável que é pelo ato impugnado, e tendo uma série de funções a exercer no processo do mandado de segurança (funções essas anteriormente examinadas nesta obra) tem, também, de ser indicada na petição inicial.

Deve, ainda, a inicial indicar a causa de pedir (art. 282, III) e o pedido (art. 282, IV, do CPC). Tem também a petição inicial de indicar o valor da causa, que deverá corresponder ao proveito econômico que se busca obter com a demanda de mandado de segurança.[2]

A petição inicial tem, também, de trazer a indicação das provas que o impetrante pretende produzir (art. 282, VI, do CPC), e que não podem ser outras senão as provas documentais que necessariamente acompanharão a própria inicial, eis que, como já visto, no processo do mandado de segurança o impetrante só pode produzir prova documental preexistente para demonstrar a veracidade de suas alegações acerca dos fatos constitutivos do direito de que alega ser o titular. Pode acontecer, porém, de o impetrante não ter conseguido acesso a algum documento de que necessitava, estando o mesmo em alguma repartição ou estabelecimento público, ou em poder de autoridade que se recuse a fornecê-lo por certidão, ou de terceiro. Neste caso, deverá o impetrante requerer – na petição inicial – ao juízo que ordene, preliminarmente, a expedição de um ofício determinando a exibição do referido documento em original ou cópia autenticada, o que deverá ocorrer no prazo de dez dias (art. 6º, § 1º, da Lei nº 12.016/2009). Estando esse documento em poder da autoridade coatora, a determinação para sua exibição se fará no mesmo mandado através do qual é ela notificada para prestar informações (art. 6º, § 2º).

Ademais, a petição inicial deve trazer o "requerimento para a citação do réu" (art. 282, VII, do CPC). Esse requerimento, no processo do mandado de segurança, corresponde ao requerimento para "que se dê ciência do feito ao órgão de representação judicial da pessoa jurídica interessada" (art. 7º, II, da Lei nº 12.016/2009). Essa "cientificação" corresponde, como se verá melhor adiante,

---

2   STJ, Pet 8816/DF, rel. Min. Marco Aurélio Bellizze, j. em 23.11.2011, assim ementada: "IMPUG-NAÇÃO AO VALOR DA CAUSA. MANDADO DE SEGURANÇA. ANISTIA POLÍTICA. REPARAÇÃO ECONÔMICA. PRETENSÃO DE RECEBER O MONTANTE RETROATIVO. QUANTIA ESPECIFICA-DA NA PORTARIA DE ANISTIA. NECESSIDADE DE QUE O VALOR DA CAUSA CORRESPONDA AO PROVEITO ECONÔMICO BUSCADO PELO IMPETRANTE. 1. O valor da causa deve ser definido de acordo com o conteúdo econômico da demanda, critério aplicável inclusive aos mandados de segurança. 2. A indicação de valor da causa que não traduza o verdadeiro proveito econômico buscado pelo impetrante não conduz, por si só, à declaração da inépcia da inicial, cabendo ao magistrado ajustar tal valor, de ofício ou no julgamento de eventual impugnação. Precedente. 3. Impugnação julgada parcialmente procedente para fixar, como valor da causa, a quantia especificada na portaria de anistia."

a uma citação. Não há necessidade, de outro lado, de que se requeira expressamente a "notificação" (vocábulo usado pela Lei nº 12.016/2009, em ato que tem natureza jurídica de intimação) da autoridade coatora, já que esta não é a ré da demanda de mandado de segurança, e o requerimento de sua "notificação" não é requisito da petição inicial.

Por fim, deve a petição inicial trazer a indicação do endereço do advogado do impetrante (art. 39, I, do CPC),[3] a fim de que este possa ser regularmente intimado quando necessário.

Importante, ainda, observar que a petição inicial da demanda de mandado de segurança deverá ser apresentada em duas vias, a segunda devendo vir instruída com cópias de todos os documentos que acompanham a primeira (art. 6º da Lei nº 12.016/2009). Surge, aqui, porém, um problema "operacional". A primeira via da petição inicial (e dos documentos) ficará nos autos do processo. A segunda via (da petição e dos documentos) deverá ser encaminhada à autoridade coatora (art. 7º, I, da Lei nº 12.016/2009). Ocorre que o art. 7º, II, da Lei nº 12.016/2009 impõe que se encaminhe à pessoa jurídica demandada (através de seu órgão de representação jurídica) uma cópia da petição inicial (desacompanhada esta de cópia dos documentos). É preciso, então, considerar que, na verdade, o impetrante tem o ônus de apresentar uma terceira via da petição inicial, mas esta não precisa vir acompanhada de cópias dos documentos que acompanham a primeira via da petição. E isso porque as cópias dos documentos que acompanham a segunda via da petição, após chegarem às mãos da autoridade coatora, por esta deverão ser encaminhadas à pessoa jurídica demandada, nos termos do art. 9º da mesma Lei nº 12.016/2009 (através de um procedimento desnecessariamente complexo, sobre o qual se versará mais adiante). Muito melhor seria, registre-se, que se tivesse restaurado o modelo estabelecido pelo art. 7º da vetusta Lei nº 191/1936, que exigia que a petição inicial viesse em três vias.[4]

---

[3]   Há, ainda, um outro requisito a que se deve fazer referência: estabelece o art. 15 da Lei nº 11.419/2006 que, ressalvados os casos nos quais esta exigência constitua obstáculo ao acesso à Justiça, a petição inicial deverá conter a indicação do número de inscrição do demandante no Cadastro de Pessoas Físicas (CPF) ou no Cadastro Nacional de Pessoas Jurídicas (CNPJ). A ressalva deve ser interpretada no sentido de que não se exige essa indicação nos casos em que o impetrante não esteja obrigado a estar registrado nesses cadastros, como se dá no caso de estrangeiros em trânsito pelo Brasil, menores de idade ou entes sem personalidade jurídica, por exemplo.

[4]   Tudo isso, claro, fica sem sentido quando se pensa na utilização de mecanismos informatizados para a formação dos autos dos processos, na forma da Lei nº 11.419/2006. A Lei nº 12.016/2009, porém, foi elaborada sem qualquer atenção àquela outra lei, não obstante seja ela praticamente três anos anterior à Lei do Mandado de Segurança. Basta dizer que a Lei nº 12.016/2009 estabelece, em seu art. 4º, que "em caso de urgência, é permitido, observados os requisitos legais, impetrar mandado de segurança por telegrama, radiograma, fax ou outro meio eletrônico de idoneidade comprovada". É evidente, porém, que o uso de meios eletrônicos não fica restrito aos casos de urgência. Em qualquer hipótese, é possível utilizar-se meios eletrônicos para a impetração de mandado de segurança (já que a Lei nº 11.419/2006 é aplicável, indistintamente, a qualquer tipo de processo judicial, na

154 Manual do Mandado de Segurança • Câmara

Ajuizada a petição inicial, será ela levada à conclusão, incumbindo ao juízo fazer dela uma análise, a fim de verificar se estão ou não presentes todos os seus requisitos. Surgem, aqui, então, algumas questões que precisam ser examinadas.

Primeiro, deve-se verificar se é possível ao juízo, verificando haver na petição inicial algum vício sanável, ou não ter vindo ela acompanhada de algum documento essencial, determinar sua emenda, na forma do art. 284 do CPC. A jurisprudência, corretamente, tem entendido ser possível determinar-se a emenda da inicial, como se pode ver pela seguinte ementa:[5]

> "PROCESSUAL CIVIL. RECURSO ESPECIAL. MANDADO DE SEGURANÇA. PROFESSORES. DEMISSÃO. PROCEDIMENTO ADMINISTRATIVO EIVADO DE NULIDADES DEVIDAMENTE RECONHECIDO PELO TRIBUNAL A QUO. PRELIMINARES. DEFICIÊNCIA FORMAL. FALTA DA SEGUNDA VIA DOS DOCUMENTOS. DECADÊNCIA. REJEIÇÃO.
>
> I – Eivada a petição inicial do writ de defeito simplesmente formal, deve o juiz facultar a sua emenda. Aplicação subsidiária do art. 284 do CPC. (Precedentes.)
>
> II – Sem afronta ao art. 18 da Lei nº 1.533/51, quando a ação mandamental é apresentada e despachada pelo juiz no prazo de 120 dias.
>
> Recurso não conhecido."

Pois uma vez identificado algum vício sanável na petição inicial, deverá o juízo da causa determinar sua emenda, na forma do art. 284 do CPC, sob pena de indeferimento.

Aliás, é expresso o art. 6º, § 5º, da Lei nº 12.016/2009, em afirmar que o mandado de segurança deverá ser indeferido nos casos previstos no art. 267 do CPC, o que inclui as hipóteses de indeferimento da petição inicial (art. 267, I). É preciso recordar, porém, que nos termos do art. 295, VI, do Código de Processo Civil, a inicial só será indeferida se não tiver sido atendido o prescrito no art. 284 daquele diploma. Fica claro, assim, que é possível a emenda da petição inicial do mandado de segurança (mesmo para aqueles que não admitem a aplicação subsidiária do CPC ao processo do mandado de segurança).

---

forma de seu art. 1º, § 1º). Há tribunais, aliás, que só admitem a impetração de mandado de segurança por meio de petição eletrônica, como é o caso, por exemplo, do STF (art. 19, X, da Resolução 427/2010, do Presidente do Supremo Tribunal Federal).

[5] STJ, REsp 480211/ES, rel. Min. Felix Fischer, j. em 9.3.2004. Há outra interessante decisão acerca do ponto: STJ, REsp 783165/SP, rel. Min. Luiz Fux, j. em 27.2.2007. Neste acórdão se lê que "a petição inicial do mandado de segurança é passível de emenda, na forma do art. 284, do CPC, aplicado subsidiariamente à lei do writ, na parte compatível com a ratio do remédio heroico". Curioso é notar que em ambas as decisões o STJ admitiu a aplicação subsidiária do Código de Processo Civil, não obstante toda a controvérsia – anteriormente examinada – acerca da possibilidade de se aplicar subsidiariamente o CPC ao processo do mandado de segurança.

Outra questão que precisa ser examinada é exatamente a das causas de indeferimento da petição inicial do mandado de segurança. Sobre o tema, dispõe o art. 10 da Lei nº 12.016/2009 que "a inicial será desde logo indeferida, por decisão motivada, quando não for o caso de mandado de segurança ou lhe faltar algum dos requisitos legais ou quando decorrido o prazo legal para a impetração".

Assim é que, impetrado o mandado de segurança após o decurso do prazo a que se refere o art. 23 da Lei nº 12.016/2009, deverá a petição inicial ser desde logo indeferida.[6] Também será ela indeferida "quando não for o caso de mandado de segurança ou lhe faltar algum dos requisitos legais". Em qualquer hipótese, porém, será preciso – antes de se proferir a sentença de indeferimento da petição inicial –, abrir-se prazo ao impetrante para emendá-la ou, ao menos, para se manifestar sobre o possível indeferimento.[7]

Quando, porém, não for mesmo caso de mandado de segurança (isto é, nos casos de *impossibilidade jurídica da demanda de mandado de segurança*, anteriormente apontados), ou nos casos em que falte algum requisito para a apreciação do mérito da causa, deverá ser indeferida a petição inicial.

Como regra geral, o indeferimento da petição inicial do mandado de segurança não deve se dar por razões de mérito. Apenas a ausência de algum pressuposto processual ou de alguma "condição da ação" deve levar ao indeferimento da inicial.[8] Não se pode, de outro lado, indeferir a petição inicial por ausência de direito líquido e certo por ser este, como anteriormente demonstrado, questão que integra o mérito da causa.

Há, porém, duas hipóteses em que se admite o indeferimento da petição inicial por razões de mérito, sem que isso viole a garantia do devido processo.[9] A primeira delas é a do reconhecimento de prescrição ou decadência (art. 295, IV, do CPC).[10] E o segundo é o caso do indeferimento da inicial por aplicação da re-

---

[6] Não se tratará, aqui, da questão atinente à natureza desse prazo, ou à forma de sua contagem, temas sobre os quais se dedicará um capítulo específico, mais adiante, neste livro.

[7] Em sentido aproximado, Cassio Scarpinella Bueno, *A nova lei do mandado de segurança*, p. 92.

[8] STJ, AgRg no RMS 30409/RS, rel. Min. Og Fernandes, j. em 2.8.2011, em cuja ementa se lê, *verbis*: "Este Superior Tribunal de Justiça firmou orientação no sentido de ser inadmissível o indeferimento da petição inicial do mandado de segurança, lastreado em questões de mérito."

[9] O Superior Tribunal de Justiça já teve oportunidade de afirmar expressamente que o indeferimento da petição inicial de mandado de segurança por razões de mérito ofende o devido processo legal: STJ, RMS 2239/MG, rel. Min. Edson Vidigal, j. em 18.2.1999. A ementa é a seguinte: "MANDADO DE SEGURANÇA. INDEFERIMENTO LIMINAR. LEI 1.533/51, ART. 8º EXAME DE MÉRITO SEM O DEVIDO PROCESSO LEGAL. – Não cabe o indeferimento liminar da segurança com base na Lei 1.533/51, art. 8º quando se adentra razões meritórias sem o devido processo legal."

[10] STJ, RMS 32710/MG, rel. Min. Arnaldo Esteves Lima, j. em 2.12.2010.

gra veiculada pelo art. 285-A do Código de Processo Civil.[11] É que pode acontecer de serem ajuizadas demandas de mandado de segurança repetitivas, todas idênticas, versando sobre matéria exclusivamente de direito (isto é, sem que haja controvérsia acerca de matéria fática), firmando-se o entendimento de que tais demandas são improcedentes. Nesse caso, tendo-se consolidado a jurisprudência nesse sentido, pode-se aplicar a regra instituída pelo art. 285-A do CPC, ficando o juízo autorizado a rejeitar de plano a demanda, indeferindo a petição inicial através de uma sentença de improcedência (a qual, evidentemente, dá solução ao mérito da causa).

Sobre a petição inicial, uma última observação: nenhuma norma jurídica existe que limite o número de laudas que a mesma pode ter. Pode parecer desnecessário dizer isso, mas por incrível que pareça há precedentes no sentido de se determinar ao impetrante que emende a petição inicial para resumi-la porque a mesma era muito extensa (e, felizmente, há decisão também em sentido contrário, na qual se afirma que ao magistrado não cabe estabelecer qual deve ser a extensão da petição).

Examine-se um caso em que essa questão foi suscitada. O Município de Presidente Getúlio, no Estado de Santa Catarina, impetrou mandado de segurança em que figurou no polo passivo a União. A petição inicial tinha 115 laudas. O juízo de primeiro grau, então, determinou a emenda da petição inicial, por entender que a mesma era demasiado extensa. Não tendo a impetrante cumprido sua determinação ou interposto recurso contra seu ato, e tendo sido por duas vezes instada a promover a dita emenda, viu sua petição inicial ser indeferida. Interposto o recurso cabível, ao mesmo foi negado provimento pelo Tribunal Regional Federal da Quarta Região.[12]

Em sede de recurso especial, porém, o Egrégio Superior Tribunal de Justiça reformou essa decisão, por acórdão assim ementado:[13]

> "PROCESSUAL CIVIL. INEXISTÊNCIA DE OMISSÃO OU CONTRADIÇÃO NO ACÓRDÃO RECORRIDO. MANDADO DE SEGURANÇA. PETIÇÃO INICIAL. 115 LAUDAS.
>
> INDEFERIMENTO. AUSÊNCIA DE AMPARO LEGAL. MUNICÍPIO. ADVOGADO CONTRATADO. EXIGÊNCIA DE COMPROVAÇÃO DA REGULARIDADE DO PROCESSO LICITATÓRIO. IMPOSSIBILIDADE.

---

[11]   Cassio Scarpinella Bueno, *A nova lei do mandado de segurança*, p. 93-94; José Miguel Garcia Medina e Fábio Caldas de Araújo, *Mandado de segurança individual e coletivo*, p. 145.

[12]   TRF4, Ap. Civ. 2008.72.05.004636-0/SC, rel. Juíza Federal Eloy Bernst Justo, j. em 30.6.2009.

[13]   STJ, REsp 1218630/SC, rel. Min. Mauro Campbell Marques, j. em 17.2.2011.

O Procedimento do Mandado de Segurança Individual **157**

1. Não havendo no acórdão omissão, contradição ou obscuridade capaz de ensejar o acolhimento da medida integrativa, tal não é servil para forçar a reforma do julgado nesta instância extraordinária.

2. O Código de Processo Civil não prevê a possibilidade de se exigir do advogado a redução da exordial para um número de folhas considerado pelo juiz como razoável, muito menos que se indefira a petição inicial em razão da quantidade de laudas da peça (no caso, 115 folhas).

3. Muito embora seja censurável a postura do impetrante, que precisou se valer de mais de uma centena de laudas para expor suas razões, não há óbice jurídico que limite o exercício do direito de ação pela parte a determinado número de páginas. Esse quantum fica a critério exclusivo do bom senso do advogado, a quem se recomenda buscar sempre a empatia do julgador, facilitando o seu acesso às teses jurídicas tratadas na lide.

4. Cumpre ao magistrado observar a presença de procuração que confira poderes ao advogado para procurar em juízo, não sendo permitido exigir a juntada do processo licitatório que tenha autorizado a contratação do representante do município, para verificar a regularidade do ajuste.

5. Eventuais dúvidas quanto à regularidade da licitação deverão ser sanadas na sede adequada, que não é a da presente demanda, em que se impetrou o mandado de segurança apenas para discutir a cobrança de tributo e assegurar a emissão de CDA em favor da municipalidade.

6. Recurso especial provido."

O eminente relator, em seu voto, assim se pronunciou:

> "Muito embora seja censurável a postura do impetrante, que precisou se valer de mais de uma centena de laudas para expor suas razões, não há óbice jurídico que limite o exercício do direito de ação pela parte a determinado número de páginas. Esse *quantum* fica a critério exclusivo do bom senso do advogado, a quem se recomenda buscar sempre a empatia do julgador, facilitando o seu acesso às teses jurídicas tratadas na lide.
>
> Dessa forma, conclui-se que o Código de Processo Civil não prevê a possibilidade de se exigir do advogado a redução da exordial para um número de folhas considerado pelo juiz como razoável, muito menos que se indefira a petição inicial em razão da quantidade de laudas da peça."

Inegável, porém, que uma petição excessivamente extensa pode se revelar antipática, o que – como muito bem indicado pelo eminente Min. Campbell Marques, deve ser evitado pelo advogado.

158 Manual do Mandado de Segurança • Câmara

Não se pode encerrar este tópico sem recordar que o pronunciamento que indefere a petição inicial é sentença, contra a qual caberá apelação (art. 10, § 1º).[14]

§ 15. Pronunciamento liminar

Corretamente elaborada a petição inicial, caberá ao juiz da causa proferir um pronunciamento liminar *positivo*. Deste trata o art. 7º da Lei nº 12.016/2009. É preciso que se tenha claro, porém, que quando se fala em *liminar* no processo do mandado de segurança está-se a cogitar, normalmente, da medida que defere tutela jurisdicional de urgência nesse tipo de processo. O pronunciamento liminar, porém, não se limita a isso. Afinal, *liminar* é tudo aquilo que acontece *in limine*, isto é, no início. Assim, deve-se considerar pronunciamento *liminar* aquele provimento emanado do juiz ao prover sobre a petição inicial, ainda que não haja concessão de tutela de urgência.

O pronunciamento liminar no processo do mandado de segurança abarca três tópicos, a saber: (I) determinação de notificação da autoridade coatora; (II) determinação de cientificação da pessoa jurídica demandada; (III) tutela de urgência. Sobre esses três tópicos é que se passa a tratar.

I – Determinação de notificação da autoridade coatora

O pronunciamento liminar *positivo* deve, em primeiro lugar, determinar a *notificação* da autoridade coatora para que preste informações em dez dias. Não é este o local adequado para tratar da autoridade coatora e de suas informações (o que já se fez anteriormente), nem da natureza jurídica dessa "notificação" (o que se fará no próximo parágrafo deste capítulo). Aqui é preciso dizer, apenas, que o ato do juiz que determina a notificação da autoridade tem natureza de *despacho*, já que se trata de um pronunciamento destinado a, tão somente, dar andamento ao processo, sem qualquer carga decisória relevante.

II – Determinação de cientificação da pessoa jurídica demandada

Também aqui não se tratará da posição processual da pessoa jurídica (o que já foi feito) ou da natureza jurídica da sua "cientificação" (o que será objeto do próximo parágrafo deste capítulo). Deve-se dizer, porém, que o pronunciamento do juiz que determina a "cientificação" da pessoa jurídica demandada é, também,

---

[14] Não examino, aqui, a hipótese de indeferimento da petição inicial pelo relator nos casos de competência originária dos tribunais – e do recurso cabível contra tal pronunciamento – por haver neste livro, mais adiante, um tópico especificamente dedicado ao trato das especificidades processuais e procedimentais do mandado de segurança quando é originariamente competente um tribunal.

um mero *despacho*, também não se vislumbrando, aqui, qualquer carga decisória relevante.

Não se pode deixar de recordar, porém, que no caso de haver algum outro ocupante do polo passivo (em litisconsórcio com a pessoa jurídica), deverá o juiz, também, determinar neste momento sua citação.

III – Tutela de urgência no processo de mandado de segurança

É chegado o momento de falar da medida que tradicionalmente é chamada de *liminar* em mandado de segurança.[15] Dela trata o art. 7º, III, da Lei nº 12.016/2009, nos seguintes termos:

> "Art. 7º Ao despachar a inicial, o juiz ordenará:
>
> III – que se suspenda o ato que deu motivo ao pedido, quando houver fundamento relevante e do ato impugnado puder resultar a ineficácia da medida, caso seja finalmente deferida, sendo facultado exigir do impetrante caução, fiança ou depósito, com o objetivo de assegurar o ressarcimento à pessoa jurídica."

Trata a Lei nº 12.016/2009, portanto, reproduzindo o disposto no anterior art. 7º, II, da Lei nº 1.533/1951,[16] de um pronunciamento judicial de inegável caráter decisório (e é absolutamente desnecessário explicar por que tal provimento é uma *decisão interlocutória*) a ser proferido *in limine litis* (daí ser chamado de "liminar")

---

[15] Merece referência, por seu apuro, a lição de Hamilton de Moraes e Barros, que não limitava o emprego do vocábulo *liminar* à decisão que defere tutela de urgência em mandado de segurança. Veja-se o ensinamento do saudoso mestre: "Três liminares estão previstas na Lei nº 1.533, a que atualmente regulamenta o mandado de segurança, revogando, nesta parte, expressamente, o Código de Processo Civil (art. 20). Apresenta-se cada uma delas com fisionomia própria e condições especiais de existência. Cuida a primeira do indeferimento, desde logo, da petição inicial, quando não for caso de mandado de segurança, ou lhe faltar algum dos requisitos da lei (art. 8º). A segunda, prevista no artigo 7º, inciso II, vai ocorrer, se o juiz ordenar que se suspenda o ato que deu motivo ao pedido, quando for relevante o fundamento e do ato puder resultar a ineficácia da medida, caso deferida. A terceira decisão, finalmente, é do Presidente do Supremo Tribunal Federal, ou do Tribunal Federal de Recursos, ou do Tribunal de Justiça, ao ordenar ao juiz a suspensão da execução da sentença que concedeu a segurança (art. 13) ou da liminar concedida nos termos do art. 7º, II, quanto a essa última, por construção jurisprudencial. Porque são decisões que apresentam diferenças nos seus requisitos e nas suas consequências, devem ser tratadas separadamente" (Hamilton de Moraes e Barros, *As liminares do mandado de segurança*, p. 37). Doravante, porém, quando neste livro se falar em "liminar" *tout-court* é ao provimento que defere tutela de urgência em mandado de segurança que se trata.

[16] Inova o texto da Lei nº 12.016/2009 apenas quando, na parte final do inciso II do art. 7º, trata da possibilidade de determinar o juiz ao impetrante que preste caução, fiança ou depósito com o fim de assegurar o ressarcimento da pessoa jurídica. Desta possibilidade tratar-se-á adiante.

por força do qual, desde que presentes os requisitos ali previstos, suspende-se o ato impugnado.

Muito se discutiu – e ainda se discute – em sede doutrinária acerca da natureza jurídica dessa liminar, se cautelar ou antecipatória da tutela satisfativa.[17] Essa é uma questão que precisa ser aqui enfrentada.

Alguns autores sustentam que a liminar prevista no art. 7º, II, da Lei nº 12.016/2009 (ou em seu antecessor, o art. 7º, II, da Lei nº 1.533/1951, que era substancialmente idêntico no trato do tema) tem natureza antecipatória da tutela satisfativa postulada no mandado de segurança. Assim, por exemplo, manifestava-se Celso Agrícola Barbi:[18]

> "Ordenando a suspensão, terá o juiz antecipado, em caráter 'provisório', a providência que caberia à sentença final, e isso para 'evitar o dano' que decorreria da natural demora na instrução do processo."

Também era nesse sentido a lição do Min. Carlos Alberto Menezes Direito:[19]

> "A liminar protege o impetrante logo ao início do processo. Concretamente, os efeitos da medida liminar deferida correspondem a uma antecipação da providência definitiva, tanto que se a ordem, afinal, vier a ser concedida, a sentença confirmará a liminar, no todo ou em parte."
>
> [...]
>
> "A liminar em mandado de segurança, na prática, tem a mesma consequência da tutela antecipada deferida liminarmente, sem a audiência da parte contrária. Quando o juiz determina que o ato seja suspenso, o que ele está ordenando tem o mesmo conteúdo da providência final, ou seja, que a autoridade não pratique o ato apontado como violador do direito líquido e certo do impetrante."

---

[17] Não é esta a sede adequada para aprofundar a análise das diferenças entre a tutela cautelar e a tutela satisfativa de urgência (ou antecipação urgente da tutela satisfativa). Certo é que são, ambas, medidas jurisdicionais de urgência, cuja concessão exige fundamentalmente a presença dos requisitos do *fumus boni iuris* e do *periculum in mora*. A medida cautelar, porém, não satisfaz o direito material, limitando-se a assegurar sua futura satisfação, enquanto a medida satisfativa de urgência permite a realização antecipada do direito material alegado pela parte. Sobre a distinção, Alexandre Freitas Câmara, *Lições de direito processual civil*, v. 1, p. 97-98.

[18] Celso Agrícola Barbi, *Do mandado de segurança*, p. 160. Importante mencionar, porém, que o grande processualista mineiro acompanhava as lições de Calamandrei, sustentando a natureza cautelar da medida que antecipa, em caráter provisório, a providência final (como se pode ver na sequência do texto transcrito acima). Sobre a opinião do autor italiano, confira-se Piero Calamandrei, *Introduzione allo studio sistematico dei provvedimenti cautelari*, p. 185. A natureza não cautelar dos provimentos satisfativos provisórios, porém, é hoje amplamente dominante na doutrina brasileira, razão pela qual sobre o ponto aqui sequer se fará qualquer digressão.

[19] Carlos Alberto Menezes Direito, *Manual do mandado de segurança*, p. 125-126.

De outro lado, houve quem tenha afirmado a natureza cautelar da medida liminar em mandado de segurança. Assim, por exemplo, Alfredo Buzaid:[20]

> "No mandado de segurança, porém, servindo-nos de um conceito de Chiovenda, a liminar corresponde à necessidade efetiva e atual de afastar o receio de um dano jurídico. Os dois requisitos, que autorizam a concessão da liminar em mandado de segurança, são a relevância do fundamento e o receio de lesão ao direito. A liminar tem duração limitada e provisória e, como tal, pode ser, a qualquer tempo, revogada. *Não é a liminar uma antecipação provisória dos efeitos definitivos da sentença que acolhe a segurança*. O juiz que concede a liminar não é obrigado a mantê-la no momento de proferir a sentença final, em que reconhece ou nega o direito invocado pelo impetrante."

No mesmo sentido se manifestou José de Moura Rocha:[21]

> "Nestes termos é que devemos considerar a medida liminar como providência cautelar que se destina a preservar a possibilidade de satisfação a ser declarada em sentença, do direito do impetrante."

Tenho para mim, porém, que é preciso fazer, aqui, algumas considerações. Em primeiro lugar, parece-me necessário distinguir o mandado de segurança preventivo do mandado de segurança repressivo. Neste, o ato impugnado já ocorreu, e sua suspensão não corresponde à providência final postulada pelo impetrante. Pense-se, por exemplo, no caso em que o impetrante impugna o ato de nomeação de alguém para um determinado cargo. O objetivo do impetrante, certamente, não é a mera suspensão da nomeação, mas o reconhecimento de que é ele o verdadeiro titular do direito ao cargo para o qual outrem foi nomeado.[22] Em casos assim, não me parece possível qualquer dúvida acerca da natureza *cautelar* da medida liminar descrita no art. 7º, III, da Lei nº 12.016/2009.

De outro lado, no caso de se estar diante de um mandado de segurança preventivo, a decisão que determina a suspensão do ato implica, em termos práticos, uma ordem para que o mesmo não seja praticado. E isso leva à conclusão de que

---

[20] Alfredo Buzaid, *Do mandado de segurança*, p. 216-217. Não há itálicos no original.

[21] José de Moura Rocha, *Mandado de segurança*, p. 205.

[22] É o caso, por exemplo, do MS 30585/DF, impetrado junto ao STF, da relatoria do Min. Ricardo Lewandowski, em que um dos impetrantes (que atua em litisconsórcio com associações de magistrados), magistrado federal, impugna ato da Presidente da República que nomeou outro magistrado federal para o Tribunal Regional Federal, promovendo-o por merecimento, não obstante o fato de que o impetrante figurasse pela terceira vez em lista tríplice. O pedido formulado pelo impetrante não é a mera suspensão do ato, mas sua própria nomeação.

se tem, aí, uma antecipação, em regime de urgência, da providência final, satisfativa, que se busca com a demanda de mandado de segurança.

É que o mandado de segurança preventivo é um mecanismo de prestação de tutela jurisdicional inibitória,[23] isto é, uma tutela jurisdicional de prevenção do ato ilícito. Em outros termos, o resultado prático que se busca com o processo nesse caso consiste em *inibir* a própria prática do ato ilícito que está na iminência de ser perpetrado. Nessa hipótese, como parece evidente, suspender a prática do ato corresponde a antecipar o próprio resultado final buscado pelo impetrante e, portanto, a liminar prevista no art. 7º, III, da Lei nº 12.016/2009 tem nítido caráter satisfativo.

Em síntese: a liminar a que se refere o art. 7º, III, da Lei nº 12.016/2009 terá natureza cautelar no mandado de segurança repressivo, e natureza satisfativa, antecipatória do resultado final, no mandado de segurança preventivo.

Impende perceber, porém, que até aqui se falou apenas da liminar prevista no art. 7º, III, da Lei nº 12.016/2009. É que, por ser o Código de Processo Civil subsidiariamente aplicável ao processo do mandado de segurança, nada impede a concessão de tutela antecipada de urgência, satisfativa do direito do impetrante, com base no art. 273 do CPC, em processos de mandado de segurança.

Perceba-se a diferença entre as duas liminares: em um processo de mandado de segurança no qual o impetrante impugna o ato pelo qual se nomeou outra pessoa para determinado cargo público, será *cautelar* a medida liminar que se limita a, com apoio no art. 7º, III, da Lei nº 12.016/2009, suspender o ato impugnado, determinando que ninguém tome posse no referido cargo até o julgamento do mérito; e será *satisfativa* a medida liminar que, com base no art. 273 do CPC, determina que se dê, imediatamente, posse ao impetrante.

A doutrina mais moderna percebeu com clareza que ambas as espécies de liminares – cautelar e satisfativa – podem ser deferidas no processo do mandado de segurança. Veja-se, por exemplo, a lição de André Vasconcelos Roque e Francisco Carlos Duarte:[24]

> "A liminar poderá tanto ser antecipatória, hipótese em que o risco de dano iminente recairá sobre o direito material (ex: fornecimento de um medicamento), como cautelar, caso em que se resguardará a efetividade do processo mandamental (ex: suspensão da exigibilidade do crédito tributário questionado na impetração). Ao contrário do que consta no texto da norma, portanto, não é somente o receio de ineficácia da medida que autoriza a concessão da liminar, mas qualquer situação de urgência, ainda que o risco de dano iminente venha a recair sobre o direito material alegado."

---

[23] Assim, por todos, Luiz Guilherme Marinoni, *Tutela inibitória (individual e coletiva)*, p. 300-303.

[24] André Vasconcelos Roque e Francisco Carlos Duarte, *Mandado de segurança*, p. 65-66.

Assim, também, é a lição de Márcio Henrique Mendes da Silva e Olavo A. Vianna Alves Ferreira:[25]

> "A liminar, às vezes, é antecipação da tutela quando o pedido de liminar coincidir com o pedido de mérito, noutras, apenas assegura o resultado prático do processo, sustando provisoriamente os efeitos do ato impugnado. Devemos nos curvar ao casuísmo para determinar a natureza jurídica de liminar no mandado de segurança."

Deve-se considerar, então, possível o deferimento, no processo do mandado de segurança, de liminares de ambas as naturezas, cautelar ou satisfativa. Os requisitos para a concessão serão, evidentemente, a existência de uma situação de perigo de dano iminente (*periculum in mora*), e a formação, em cognição sumária, de um juízo de probabilidade acerca da existência do direito material afirmado pelo impetrante (*fumus boni iuris*).[26] Impõe-se ter claro que tanto a liminar cautelar como a liminar satisfativa exigem a presença de *periculum in mora* e de *fumus boni iuris*. Distinguem-se os casos de cabimento de uma e outra dessas medidas de urgência, porém, pelo tipo de situação de perigo que se manifeste no caso concreto. Havendo risco de dano iminente para a efetividade do resultado do processo (*perigo de infrutuosidade*), será adequada a concessão de uma medida liminar de natureza cautelar; de outro lado, no caso em que haja o risco de dano iminente para o próprio direito material, que esteja em vias de perecimento (*perigo de morosidade*), será o caso de se deferir uma medida liminar de natureza satisfativa.

Vale registrar, aqui, que não há qualquer óbice à concessão de liminares satisfativas no processo do mandado de segurança decorrente do disposto no art. 1º, § 3º, da Lei nº 8.437/1992. Estabelece esse dispositivo que é vedada a concessão de liminares contra o Poder Público que esgotem "no todo ou em qualquer parte, o objeto da ação". Ocorre que tal dispositivo – seja qual for a interpretação que se lhe dê – não é aplicável ao processo do mandado de segurança. Neste sentido, vale conferir a seguinte decisão do STJ:[27]

> "ADMINISTRATIVO. MANDADO DE SEGURANÇA. LIMINAR.
>
> – O art. 1º, § 3º, da Lei nº 8.437/92, não se aplica às liminares em mandado de segurança ante o caráter satisfativo do writ.

---

[25] Márcio Henrique Mendes da Silva e Olavo A. Vianna Alves Ferreira, *in* Fernando da Fonseca Gajardoni, Márcio Henrique Mendes da Silva e Olavo A. Vianna Alves Ferreira, *Comentários à nova lei de mandado de segurança*, p. 67.

[26] No art. 7º, III, da Lei nº 12.016/2009 o *periculum in mora* aparece descrito como o risco de que do ato impugnado possa "resultar a ineficácia da medida", enquanto o *fumus boni iuris* é descrito como "fundamento relevante" do mandado de segurança.

[27] STJ, AgRg no MS 8130/DF, rel. Min. Luiz Fux, j. em 13.3.2002.

164 Manual do Mandado de Segurança • Câmara

– Legitimidade e interesse de agir da instituição presentes ante a Teoria do Fato Consumado quanto aos alunos que estão prestes a concluir o curso submetido ao ato dito 'abusivo' da autoridade.

– A avaliação do MEC e seus consectários encartam-se no poder da Administração Pública cuja conveniência e oportunidade são insindicáveis pelo Poder Judiciário, salvo a ocorrência de ilegalidade ou abuso de poder.

– Agravo Regimental parcialmente provido, tão somente, para permitir o término do curso pelos alunos que estão na iminência de concluí-lo."

Sobre o ponto, aliás, vale transcrever trecho extraído do voto do relator, o eminente Ministro Luiz Fux, Professor Titular de Direito Processual Civil da Faculdade de Direito da UERJ e que ascendeu do STJ a uma das cátedras de Ministro do Supremo Tribunal Federal:

"Preliminarmente, impõe-se afastar a incidência do veto do art. 1º, § 3º, da Lei nº 8.437/92, sobre a medida esgotar o mérito da impetração.

O referido diploma não incide sobre a ação satisfativa mandamental, onde há previsão quase secular de tutela antecipatória de mérito.

Aliás, um remédio heroico como sói ser o Mandado de Segurança, de eminência constitucional, se não provido no seu organismo ritual da liminar antecipatória, redundaria em mera divagação acadêmica.

É possível, assim, conferir-se, em liminar mandamental, aquilo que a parte formula como sendo sua pretensão final."

Afastada a incidência da norma veiculada pelo art. 1º, § 3º, da Lei nº 8.437/1992, porém, impõe-se examinar os casos em que a lei expressamente veda a concessão de liminares no processo de mandado de segurança. Trata do ponto o § 2º do art. 7º da Lei nº 12.016/2009, assim redigido:

"§ 2º Não será concedida medida liminar que tenha por objeto a compensação de créditos tributários, a entrega de mercadorias e bens provenientes do exterior, a reclassificação ou equiparação de servidores públicos e a concessão de aumento ou a extensão de vantagens ou pagamento de qualquer natureza."

A este dispositivo se soma pelo menos mais um, o art. 29-B da Lei nº 8.036/1990 (incluído pela *Medida Provisória Permanente* nº 2.197-43/2001),[28] segundo o qual "não será cabível medida liminar em manda-

---

[28] Chamo de "Medida Provisória Permanente" às "medidas provisórias" que estavam em vigor quando da edição da Emenda Constitucional nº 32/2001 e, por esta, passaram a vigorar por prazo

O Procedimento do Mandado de Segurança Individual **165**

do de segurança, no procedimento cautelar ou em quaisquer outras ações de natureza cautelar ou preventiva, nem a tutela antecipada prevista nos arts. 273 e 461 do Código de Processo Civil que impliquem saque ou movimentação da conta vinculada do trabalhador no FGTS".

Impõe-se, aqui, não só o exame do conteúdo dessas normas restritivas das liminares em mandado de segurança, mas também de sua compatibilidade com o modelo constitucional de direito processual brasileiro.

Inicia-se esse exame pela vedação à concessão de liminar em mandado de segurança que tenha por objeto a movimentação ou o saque em conta vinculada do trabalhador no FGTS, estabelecida pelo art. 29-B da Lei nº 8.036/1990 (incluído pela *Medida Provisória Permanente* nº 2.197-43/2001). Sobre o tema há poucas decisões, mas pelo menos uma merece destaque:[29]

"PROCESSUAL CIVIL. MANDADO DE SEGURANÇA. LIMINAR. LIBERAÇÃO DE SALDO DE CONTA VINCULADA AO FGTS. VEDAÇÃO LEGAL. ART. 29-B, DA LEI Nº 8.036/90, INTRODUZIDO PELA MEDIDA PROVISÓRIA Nº 2.197-43 E ART. 1º, § 3º DA LEI Nº 8.437/92.

1. Segundo o disposto no art. 29-B da Lei nº 8.036/90, introduzido pela Medida Provisória nº 2.197-43/2001, é expressamente vedada a concessão de medida liminar que implique saque ou movimentação da conta vinculada no FGTS.

2. A concessão de medida dessa natureza, que esgota o próprio objeto da ação, encontra óbice no parágrafo 3º do art. 1º da Lei nº 8.437/92, salvo em caso de possibilidade de dano de difícil reparação, em que o princípio do acesso irrestrito ao Poder Judiciário justifica o deferimento da liminar (CF, art. 5º, XXXV).

2. Agravo a que se nega provimento."

Percebe-se, pois, que o Egrégio Tribunal Regional Federal da Primeira Região deu cumprimento à regra que veda a concessão de liminar em mandado de segurança cujo objeto é a movimentação ou o saque em conta vinculada ao FGTS. Importa registrar, porém, que em seu voto a relatora afirma que a liminar não poderia ser deferida no caso, ainda que não existisse o art. 29-B da Lei nº 8.036/1990,

---

indeterminado, independentemente de reedição, até que as matérias por elas reguladas venham a ser disciplinadas por lei. A Emenda Constitucional 32 operou, de fato, uma conversão daquelas Medidas Provisórias em Leis. Até que ponto isso é compatível com um regime constitucional em que a Separação de Poderes é cláusula pétrea, porém, não cabe a um processualista examinar...

[29] TRF1, AG 2001.01.00.045505-0/DF, rel. Des. Maria Isabel Gallotti Rodrigues, j. em 2.9.2002. Essa decisão merece destaque pelo evidente fato de que sua relatora tornar-se-ia, posteriormente, Ministra do Superior Tribunal de Justiça.

pois a medida, na hipótese, teria natureza satisfativa, esgotando "totalmente o objeto da ação", invocando o art. 1º, § 3º, da Lei nº 8.437/1992 (que, como visto anteriormente, é inaplicável ao processo do mandado de segurança). De outro lado, afirma a relatora, expressamente, que a vedação poderia ser afastada se o impetrante demonstrasse alguma situação especial de risco que exigisse a imediata concessão da tutela jurisdicional, sob pena de dano irreparável, como forma de se assegurar o respeito à garantia maior decorrente da norma constitucional veiculada pelo inciso XXXV do art. 5º da Constituição da República (o que não estaria presente no caso dos autos).

De toda sorte, e reservando para momento posterior o exame da constitucionalidade das restrições à concessão de liminares no processo do mandado de segurança, parece pelo menos razoável afirmar que a restrição estabelecida pelo art. 29-B da Lei nº 8.036/1990 estaria vinculada à mesma ideia que serve de base ao § 2º do art. 273 do CPC: a de que *em regra* não se deve conceder tutela jurisdicional satisfativa de caráter provisório, baseada em cognição sumária, que seja irreversível.[30] É que, uma vez deferida a liminar, seria efetuado o saque (ou realizada a movimentação) na conta vinculada ao FGTS e, no caso de se vir a julgar posteriormente improcedente a demanda proposta pelo impetrante, não haveria como retornar-se ao *status quo ante*. Afinal, não se trataria apenas de o impetrante restituir o dinheiro que levantou, mas a este seria preciso adicionar todos os consectários que, por força de lei, se somam ao saldo da conta vinculada (como, por exemplo, o resultado das aplicações dos recursos do FGTS), não se podendo impor ao trabalhador o ônus de arcar com tais valores.

Essa vedação, porém, como corretamente afirmado no voto da eminente Ministra Maria Isabel Gallotti Rodrigues anteriormente citado, pode ser afastada em casos excepcionais, daqueles que se qualificam como "irreversibilidade recíproca".[31] Em casos assim fica autorizada a concessão da liminar, não obstante a expressa proibição legal.[32]

---

[30] Sobre a irreversibilidade da tutela antecipada como obstáculo à sua concessão e sobre a "irreversibilidade recíproca" como mecanismo de afastamento de tal obstáculo, Alexandre Freitas Câmara, *Lições de direito processual civil*, v. 1, p. 505-506.

[31] Dá-se a irreversibilidade recíproca naquelas hipóteses em que a concessão da tutela jurisdicional fundada em cognição sumária produziria efeitos irreversíveis, mas sua denegação produziria outros efeitos, também irreversíveis. Um caso clássico é o da medida que determina o fornecimento de medicamento. Uma vez fornecido o remédio, os efeitos da decisão judicial são irreversíveis (afinal, tomado o medicamento não há como o paciente, depois, retornar ao estado anterior). Negada a medida, os efeitos da decisão de indeferimento são, também, irreversíveis. Neste caso, não se faz presente a *ratio* da vedação, que é evitar que uma decisão baseada em juízo de probabilidade produza efeitos irreversíveis, o que afasta a incidência da norma veiculada pelo § 2º do art. 273 do CPC (ou de qualquer outra norma afim).

[32] Como se verá adiante, essa não é uma peculiaridade desse caso de restrição à concessão de liminar em mandado de segurança, mas algo que se aplica a todos os casos: nenhuma vedação é absoluta.

Visto este caso, previsto na Lei nº 8.036/1990, passa-se ao exame das restrições à concessão de liminar em mandado de segurança previstas na Lei nº 12.016/2009. E a primeira dessas restrições, prevista (como também as demais) no § 2º do art. 7º, diz respeito à compensação de créditos tributários.

O tema, aliás, é objeto do Enunciado 212 da Súmula da Jurisprudência Dominante do STJ, assim redigido:[33]

> "A compensação de créditos tributários não pode ser deferida em ação cautelar ou por medida liminar cautelar ou antecipatória."

Veja-se que é vedada a concessão de medida liminar que tenha por objeto a compensação tributária, não obstante seja o processo do mandado de segurança adequado para obter-se a declaração do direito a tal tipo de compensação.[34] O que se proíbe, portanto, não é a declaração da compensação tributária por via de mandado de segurança, mas tão somente que tal compensação seja assegurada por intermédio de uma medida liminar.

Há importante precedente do Superior Tribunal de Justiça em que se afirma que a impossibilidade de concessão de medida liminar nesse caso decorre da inexistência de *periculum in mora*.[35] O relator, em seu voto, afirmou:

> "O deferimento liminar pressupõe a iminência de lesão irreversível. Na compensação tributária, tal ameaça não existe, vez que se o contribuinte não efetuar, de imediato, a compensação, poderá, oportunamente, pleitear a restituição de débito."

Outra decisão do STJ sobre a matéria invocou fundamento diverso para negar a liminar nesse caso. Ali se afirmou que a concessão da liminar para assegurar a compensação tributária "teria caráter satisfativo", esbarrando no óbice criado pelo art. 1º, § 3º, da Lei nº 8.437/1992.[36] Confira-se a ementa:[37]

---

[33] Essa não é a redação original do enunciado. Anteriormente o verbete tinha o seguinte teor: "A compensação de créditos tributários não pode ser deferida por medida liminar." Este texto, porém, foi modificado por deliberação tomada pela Primeira Seção do STJ em 11.5.2005.

[34] Nesse sentido é expresso o Verbete nº 213 do STJ: "O mandado de segurança constitui ação adequada para a declaração do direito à compensação tributária."

[35] STJ, REsp 150796/CE, rel. Min. Helio Mosimann, j. em 3.11.1997.

[36] Aqui é preciso recordar, porém, a existência de precedente (anteriormente citado) do próprio STJ afastando a incidência do art. 1º, § 3º, da Lei nº 8.437/1992 nos processos de mandado de segurança. Ademais, segundo a própria jurisprudência daquela Corte Superior, aquele dispositivo deve ser interpretado no sentido de que é vedada a concessão de liminares que produzam efeitos irreversíveis, o que – com todas as vênias – não se daria no caso da compensação tributária, já que nada impediria a cobrança posterior do tributo no caso de denegação da segurança na sentença.

[37] STJ, RMS 8206/SP, rel. Min. Adhemar Maciel, j. em 27.11.1997.

"Tributário. Mandado de segurança contra decisão denegatória de liminar em cautelar. Compensação de contribuição previdenciária.

Impossibilidade pela via eleita.

I – É entendimento pacífico desta Corte a inadmissibilidade do reconhecimento de compensação tributária através de medidas cautelares e liminares.

II – Recurso improvido."

Em seu voto, o eminente Min. Adhemar Maciel afirmou:

"A jurisprudência desta Corte tem sido uniforme para inadmitir o reconhecimento da compensação tributária por intermédio de medidas cautelares, ou em liminares, em razão da ausência do <u>periculum in mora</u> (art. 798 do CPC). No caso, no âmbito do procedimento administrativo do lançamento, a recorrente pode ainda valer-se das reclamações e recursos pertinentes (art. 151 do CTN). Além do mais, a medida liminar tem caráter nitidamente satisfativo, encontrando óbice igualmente na Lei n. 8.437/92, art. 1º, § 3º."

Dentre todos os arestos do Superior Tribunal de Justiça que trataram do tema, porém, o que me parece ter o fundamento mais adequado para justificar a impossibilidade de concessão da medida liminar que defira a compensação tributária é o seguinte:[38]

"Compensação – COFINS – FINSOCIAL – Liminar – Mandado de segurança – Impossibilidade.

O Superior Tribunal de Justiça, em reiterados precedentes, não tem admitido concessão de liminar em mandado de segurança para autorizar compensação de tributos.

Recurso provido."

No voto do relator pode-se colher o seguinte excerto:

"No caso concreto, a não concessão da liminar para autorizar a compensação, não causara à impetrante nenhum dano irreparável ou de difícil reparação e o ato impugnado não padece de nenhuma ilegalidade. O STJ, em reiterados precedentes, não tem admitido a concessão da liminar em mandado de segurança para autorizar compensação, porque só se autoriza compensação de débitos e créditos líquidos e certos e da mesma espécie e, em liminar em mandado de segurança não tem o Juiz condições de verificar, sequer, a existência dos débitos e créditos, de que espécie são eles, se são líquidos e certos e da mesma espécie."

---

[38] STJ, REsp 137489/PE, rel. Min. Garcia Vieira, j. em 19.2.1998.

O Procedimento do Mandado de Segurança Individual **169**

Vê-se, pois, que o fundamento do voto do Min. Garcia Vieira para justificar a impossibilidade de concessão da liminar que defere compensação tributária é a *sumariedade da cognição* exercida pelo juiz para concessão da medida liminar em mandado de segurança. E a questão, como se poderá ver melhor adiante, é exatamente esta: sendo a liminar concedida com base em *fumus boni iuris* e, pois, em cognição sumária, torna-se impossível que, através desse tipo de decisão, se conceda uma compensação tributária.

Como cediço, compensação é "a extinção de dois débitos recíprocos, existentes entre as mesmas pessoas".[39] E sobre a compensação no Direito Tributário, vale transcrever a lição de Ricardo Lobo Torres:[40]

> "A compensação é admitida no direito tributário. A lei pode, nas condições e sob as garantias que estipular, ou cuja estipulação em cada caso atribuir à autoridade administrativa, autorizar a compensação de créditos tributários com créditos líquidos e certos, vencidos ou vincendos, do sujeito passivo contra a Fazenda Pública (art. 170, do CTN)."

Vale recordar, também, que o art. 170-A do Código Tributário Nacional, inserido nesse diploma pela Lei Complementar nº 104, estabelece, *verbis*:

> "Art. 170-A. É vedada a compensação mediante o aproveitamento de tributo, objeto de contestação judicial pelo sujeito passivo, antes do trânsito em julgado da respectiva decisão judicial."

Essa disposição do CTN já levou o Superior Tribunal de Justiça a afirmar que a norma dali decorrente é fundamento para a vedação da concessão de liminar que autorize a compensação tributária.[41] Em seu voto, o eminente Min. Luiz Fux afirmou:

> "Com efeito, quando se declara no art. 170-A do Código Tributário Nacional que um crédito 'sub judice' *não é suscetível de* compensação, nada mais se faz do que extrair um corolário do requisito da certeza que é indispensável à compensabilidade de um crédito. Se a compensação apenas se pode efetuar, nos termos do art. 369 do Código Civil, entre dívidas líquidas, vencidas e de coisas fungíveis – e que só se consideram líquidas as que sejam certas quanto ao seu quantitativo e existência – claro está que um crédito contra o Fisco, resultante de pagamento indevido ou a maior de tributo 'objeto de contestação judicial pelo sujeito passivo', não pode considerar-

---

[39] Pietro Trimarchi, *Istituzioni di diritto privato*, p. 362.

[40] Ricardo Lobo Torres, *Curso de direito financeiro e tributário*, p. 297.

[41] STJ, REsp 658972/RJ, rel. Min. Luiz Fux, j. em 23.8.2005.

-se certo, líquido e, portanto compensável, antes do trânsito em julgado de decisão judicial que o tenha por objeto.

Assim, em relação a crédito litigioso não só o contribuinte não pode, na pendência da lide, espontaneamente considerar operada a compensação na sua escrituração ou declaração, para efeitos do art. 66 da Lei nº 8.383/91 e do art. 74 da Lei nº 9.430/96, como o Poder Judiciário não pode, através de medidas provisórias, como as liminares, declarar a existência do direito à sua utilização com os efeitos extintivos próprios da compensação."

Esse dispositivo da legislação tributária tem levado também a doutrina daquela área da Ciência Jurídica a afirmar que "só os créditos definitivamente constituídos podem ser compensados".[42]

Inegável é que, como dito no culto voto do Min. Garcia Vieira e, posteriormente, no erudito voto do Min. Luiz Fux, só se pode cogitar de compensação tributária quando se tem *certeza* da existência dos requisitos de tal causa de extinção do crédito tributário. Isso, a rigor, sequer dependeria da existência de expressa previsão normativa no sentido da vedação da concessão de liminares. O que não se pode admitir é que seja deferida a compensação tributária sem que se tenha *certeza* da existência de *ambos* os créditos: o do fisco e o do contribuinte.

Ocorre que a medida liminar em mandado de segurança (e não só em mandado de segurança, mas também em outros tipos de processo) é deferida com base em uma cognição menos profunda, sumária, que só permite a formação de juízos de probabilidade. É precisamente isso que se busca com a expressão *fumus boni iuris*, ou qualquer outra expressão equivalente (como é, por exemplo, a expressão "fundamento relevante" no inciso III do art. 7º da Lei nº 12.016/2009). Através dessas expressões busca-se afirmar que a medida liminar é baseada em um juízo de probabilidade, e não em um juízo de certeza. Em outros termos, quer-se com isso afirmar que ao deferir a liminar tem-se um pronunciamento judicial que não *declara*, não permite o acertamento judicial da existência ou inexistência do direito.

Ora, não se pode cogitar de uma declaração onde não haja certeza. Mesmo os autores que admitem a concessão de tutela antecipada, de natureza satisfativa, em processos que tenham por objeto pretensões meramente declaratórias reconhecem que não se pode, com base em cognição sumária, antecipar o efeito declaratório de uma sentença.[43] Assim, não seria possível *antecipar-se*, provisoriamente, a *declaração* da compensação tributária. Isso seria incompatível com a profundidade da cognição exercida para a concessão da liminar.

---

[42] Claudio Carneiro, *Curso de direito tributário e financeiro*, p. 581.

[43] Assim, por todos, João Batista Lopes, *Tutela antecipada no processo civil brasileiro*, p. 46: "Insista-se, porém: a eficácia declaratória (juízo de segurança) ou certeza (na linha da doutrina majoritária) é contemporânea do trânsito em julgado, não podendo, pois, ser antecipada. A declaração, para conferir segurança ou certeza, não pode ser provisória, revogável ao longo do procedimento."

Impõe-se observar, porém, que a vedação estabelecida pela lei se restringe à liminar que determina (*rectius*, declara) a compensação tributária, mas não à liminar que suspende a exigibilidade do tributo. Vale recordar, aliás, que o Código Tributário Nacional expressamente admite a concessão da liminar para tal fim (art. 151, IV, do CTN). Assim, impetrado o mandado de segurança para obter-se a declaração do direito à compensação tributária, é possível a obtenção de medida liminar que suspenda a exigibilidade do crédito tributário, na forma do art. 151, IV, do CTN, o que obstará o curso de eventual execução fiscal contra o contribuinte,[44] embora não impeça o lançamento do crédito tributário.[45]

O segundo caso em que o art. 7º, § 2º, da Lei nº 12.016/2009 veda a concessão de medida liminar em mandado de segurança é o de entrega de mercadorias e bens provenientes do exterior. Aqui, uma vez mais, a lógica da vedação legal é a mesma que está por trás do que consta do § 2º do art. 273 do CPC. O que se quer é impedir a concessão de medidas satisfativas, baseadas em cognição sumária, e que sejam capazes de produzir efeitos irreversíveis. Afinal, no caso de ter sido o bem ou a mercadoria alvo de retenção alfandegária, sua liberação liminar geraria um efeito irreversível.[46] Basta pensar que, no caso de se vir a julgar improcedente o pedido, o bem – já desembaraçado – não seria devolvido à alfândega...[47]

Podem aqui, porém, surgir casos de *irreversibilidade recíproca*. Basta pensar nos casos de bens ou mercadorias perecíveis. Nessas hipóteses, a necessidade de se aguardar por um julgamento baseado em cognição mais profunda poderia acarretar o perecimento da mercadoria e, por conseguinte, a própria inutilidade do processo de mandado de segurança. Pois em casos assim é admissível a concessão da liminar, não obstante a expressa vedação legal.[48] E isso porque, como já se afirmou, onde há irreversibilidade recíproca não se faz presente a *ratio* da

---

44 STJ, AgRg no REsp 1143490/PR, rel. Min. Hamilton Carvalhido, j. em 6.5.2010.

45 STJ, AgRg no REsp 1058581/RS, rel. Min, Mauro Campbell Marques, j. em 7.5.2009.

46 Há decisão monocrática, proferida no Tribunal Regional Federal da Quarta Região, em que se denega liminar em mandado de segurança que tem por objeto a liberação de mercadorias provenientes do exterior invocando-se, precisamente, este fundamento: a irreversibilidade da medida: TRF4, AG 5003501-05.2012.404.0000, rel. Des. Fed. Joel Ilan Paciornik, j. em 29.3.2012.

47 E é preciso considerar que há casos, previstos no Regulamento Aduaneiro, em que o bem ou a mercadoria importada se sujeita a um procedimento especial de controle aduaneiro e, no caso de se constatar alguma irregularidade, a sanção prevista é a de perdimento dos bens. Parece evidente que, deferida a liminar, tornar-se ia impossível a aplicação dessa sanção.

48 Admitiu a flexibilização da regra estabelecida pelo art. 7º, § 2º, da Lei nº 12.016/2009 no caso de serem perecíveis as mercadorias retidas na Aduana, em decisão monocrática, o TRF da Quarta Região: TRF4, AG 5010440-98.2012.404.0000, rel. Des. Fed. Joel Ilan Paciornik, j. em 6.7.2012: "De início, consigno que não desconheço o comando legal inserto no § 2º do art. 7º da Lei nº 12.016/09, que veda a concessão de liminar que tenha por objeto a entrega de mercadorias e bens provenientes do exterior, no entanto, há atentar que tal regra, assim como aquela prevista no art. 1º da Lei nº 2.770/56, não possui natureza absoluta. Deveras, tal regra deve ser flexibilizada naqueles casos em que se trate de mercadorias perecíveis, ou mesmo nas hipóteses em que não se vislumbra qualquer

172 Manual do Mandado de Segurança • Câmara

restrição à concessão da medida liminar, que é precisamente a de evitar a produção de efeitos irreversíveis a partir de uma decisão provisória, baseada em mero juízo de probabilidade.

Por fim, veda o § 2º do art. 7º da Lei nº 12.016/2009 a concessão de medida liminar em mandado de segurança nos casos de "reclassificação ou equiparação de servidores públicos e a concessão de aumento ou a extensão de vantagens ou pagamento de qualquer natureza". É a mesma, aqui, a *ratio* da vedação à concessão da liminar. É que, concedida a medida, ter-se-ia como consequência inexorável o pagamento, ao impetrante, de verbas com natureza alimentar e, não obstante o caráter provisório da decisão liminar, em caso de vir a mesma ser posteriormente revogada, não seria possível o retorno ao estado anterior, dada a irrepetibilidade do indébito alimentar.[49]

A irrepetibilidade é uma característica dos alimentos, reconhecida pela mais autorizada doutrina do Direito Privado.[50] A remuneração do servidor público tem inegável natureza alimentar,[51] não havendo motivo para lhe dar tratamento diverso. Sendo irrepetíveis as verbas alimentares, a medida liminar que implique pagamento de valores de tal natureza seria irreversível, a contrariar a norma veiculada pelo art. 273, § 2º, do CPC, da qual a vedação à concessão de liminar contida na parte final do art. 7º, § 2º, da Lei nº 12.016/2009 aparece como mera especialização.

Vistas as hipóteses em que a lei cria restrição à concessão de liminares em mandado de segurança, impõe-se o exame da compatibilidade de tais restrições com o modelo constitucional de direito processual brasileiro. E isso porque, de um modo geral, a doutrina brasileira tem afirmado a inconstitucionalidade de tais restrições. Nesse sentido, por exemplo, a lição de Cassio Scarpinella Bueno:[52]

> "As previsões são todas, sem exceção, flagrantemente inconstitucionais, destoando, por completo, da ordem constitucional e do modelo por ela criado para o mandado de segurança, individual e coletivo. Impensável

---

indício de fraude na importação ou burla à fiscalização aduaneira, sob pena de se consubstanciar em verdadeiro entrave à efetividade da jurisdição."

[49] Embora haja precedente do STJ admitindo a repetição do indébito nesse caso: STJ, REsp 725118/RJ, rel. Min. Paulo Gallotti, j. em 9.12.2005. Nessa decisão, invoca-se o disposto no art. 46 da Lei nº 8.112/1990, que autoriza o desconto dos valores recebidos indevidamente, em parcelas mensais que não podem ultrapassar a décima parte da remuneração ou provento do servidor. Deve-se registrar que este acórdão foi proferido por maioria, tendo sido o voto do relator acompanhado pelos eminentes Ministros Hélio Quaglia Barbosa e Hamilton Carvalhido, enquanto dele divergiram, afirmando a irrepetibilidade do que foi recebido de boa-fé e tem caráter alimentar, os Ministros Paulo Medina e Nilson Naves.

[50] Assim, por exemplo, Yussef Said Cahali, *Dos alimentos*, p. 114-118.

[51] Hely Lopes Meirelles, *Direito administrativo brasileiro*, p. 399.

[52] Cassio Scarpinella Bueno, *A nova lei do mandado de segurança*, p. 71.

que a grandeza constitucional do mandado de segurança e sua aptidão para assegurar a fruição integral e *in natura* do bem da vida (o que decorre imediatamente do art. 5º, XXXV e LXIX, da Constituição Federal) sejam obstaculizadas, frustradas ou, quando menos, minimizadas por qualquer disposição infraconstitucional."

No mesmo sentido, confira-se a lição de Bruno Garcia Redondo, Guilherme Peres de Oliveira e Ronaldo Cramer:[53]

> "Ainda que seja de certo modo compreensível a motivação política revelada por esses dispositivos, não há como defender sua constitucionalidade, especialmente após o advento da Constituição de 1988, que consagra, muito clara e firmemente, a inafastabilidade do controle jurisdicional entre suas garantias fundamentais, fazendo-o por meio da fórmula imperativa: 'a lei não excluirá da apreciação do Poder Judiciário lesão ou ameaça a direito'. Como se viu, a concessão de medida de urgência, seja de que natureza for, está intimamente ligada a essa garantia e, muitas vezes, pode constituir o único instrumento para que ela seja prestigiada. Em diversas situações concretas a espera pelo trâmite regular do procedimento do mandado de segurança até a prolação de sentença – e, mais grave ainda, até seu trânsito em julgado – pode significar lesão grave ou irreparável a direito, dano que, como visto, a Constituição busca de todo modo evitar."

O entendimento aqui referido, porém, não é pacífico. Há quem sustente a constitucionalidade das restrições previstas em lei à concessão das liminares no processo do mandado de segurança.[54] E como deve ter sido possível perceber pelo que até aqui se expôs, não me parece haver qualquer inconstitucionalidade em tais vedações. São elas, a meu sentir, perfeitamente compatíveis com o modelo constitucional de direito processual instituído pela Constituição da República de 1988.

Isso porque não ofende o sistema constitucional a criação de um modelo por força do qual se estabelece uma ponderação entre valores, fazendo-se com que prevaleça a *segurança jurídica* – decorrente da exigência de que a segurança não possa ser concedida liminarmente, vedada a concessão da liminar – quando se verifica que a decisão provisória, baseada em cognição sumária, seria capaz de produzir efeitos irreversíveis. Tal restrição à concessão de medidas de urgência sempre foi considerada compatível com o ordenamento jurídico brasileiro, não

---

[53] Bruno Garcia Redondo, Guilherme Peres de Oliveira e Ronaldo Cramer, *Mandado de segurança*, p. 101-102.

[54] Como é o caso de José Miguel Garcia Medina e Fábio Caldas de Araújo, *Mandado de segurança individual e coletivo*, p. 124-126.

174 Manual do Mandado de Segurança • Câmara

havendo notícia de que se tenha suscitado a inconstitucionalidade do § 2º do art. 273 do CPC.[55]

A compatibilidade das regras restritivas de liminares em mandado de segurança com o modelo constitucional de direito processual, porém, depende de serem elas interpretadas como aqui proposto, ou seja, é preciso que se considere que tais restrições não são absolutas, e podem ser afastadas nos casos de *irreversibilidade recíproca*. Dito de outro modo: a *ratio* das normas que restringem a concessão de medidas liminares no processo do mandado de segurança é evitar que se produza, por força de uma decisão judicial baseada em cognição sumária, a qual produz um juízo de probabilidade, efeitos irreversíveis. Casos há, porém, em que a concessão da medida é capaz de produzir efeitos irreversíveis, mas seu indeferimento também leva à produção de efeitos irreversíveis. Nesse caso, a irreversibilidade é recíproca (ou seja: deferida a medida, a consequência é irreversível; indeferida a medida, a consequência também é irreversível) e, portanto, não está presente a razão de ser da incidência da norma que veda a concessão da liminar. Em casos assim, não incide a proibição, e fica autorizada a concessão da medida liminar, não obstante a lei que a restringe.[56]

Vale registrar, aliás, que o Supremo Tribunal Federal já afirmou a constitucionalidade de dispositivos legais que criam restrições à concessão de medidas de urgência contra o Poder Público em casos equivalentes a esses em que se veda a concessão de liminar no processo de mandado de segurança.[57]

---

[55] Mas não se pode deixar de registrar que a constitucionalidade do art. 7º, § 2º (e de alguns outros dispositivos) da Lei nº 12.016/2009 foi questionada perante o STF, através da ADI nº 4296-3/ DF, de que é relator o Min. Marco Aurélio.

[56] Como se dá no exemplo, anteriormente citado, da liberação de mercadorias perecíveis provenientes do exterior. Vale registrar que o Min. Celso de Mello, em decisão monocrática proferida em 20.9.2013, expressamente acolheu a opinião, sustentada desde a primeira edição deste *Manual*, acerca da constitucionalidade das restrições à concessão de medidas liminares em mandado de segurança (MS 32306 MC/DF).

[57] STF, ADC 4/DF, rel. Min. Sidney Sanches, rel. p/ acórdão o Min. Celso de Mello, j. em 1.10.2008. Algumas observações se impõem sobre esse acórdão: (a) o Min. Sidney Sanches, relator, embora não tenha ficado vencido, não ficou encarregado de redigir o acórdão porque já estava aposentado quando o julgamento foi concluído. Assim, na forma regimental, da redação do acórdão foi encarregado o Min. Celso de Mello; (b) o julgamento foi iniciado em 21.10.1999, tendo sido suspenso por um pedido de vista do Min. Sepúlveda Pertence. Só se retomou o julgamento em 1.10.2008, quando, então, a decisão foi tomada, por maioria, vencido o Min. Marco Aurélio. Quando este livro estava sendo escrito, no segundo semestre de 2012, o acórdão ainda não havia sido publicado; (c) O STF, nesse julgamento, declarou a constitucionalidade do art. 1º da Lei nº 9.494/1997, o qual amplia à tutela antecipada as restrições existentes à concessão de outras liminares contra o Poder Público, inclusive no processo do mandado de segurança (o dispositivo faz expressa referência ao então vigente art. 1º, e ao seu § 4º, da Lei nº 5.021/1966). Esses dispositivos foram substancialmente reproduzidos pela Lei nº 12.016/2009 (especialmente pelo art. 7º, § 2º, aqui examinado, e pelo seu § 5º). A afirmação da constitucionalidade do art. 1º da Lei nº 9.494/1997 pelo STF, portanto, permite considerar que a Suprema Corte também afirmaria a constitucionalidade desses dispositivos da Lei do Mandado de Segurança.

O Procedimento do Mandado de Segurança Individual **175**

Vista a compatibilidade entre as restrições à concessão de liminares em mandado de segurança e o modelo constitucional de processo, outro ponto surge para ser analisado. É que o inciso III do art. 7º da Lei nº 12.016/2009, em sua parte final, inovou em relação ao direito anterior ao estabelecer que é "facultado" ao juiz exigir do impetrante que preste caução, fiança ou depósito, com o objetivo de assegurar o ressarcimento à pessoa jurídica.[58] E muito se tem discutido, também, sobre este poder do juiz de determinar a fixação de uma caução (empregado o termo, aqui, em sentido amplo, para designar o que na lei se chamou de "caução, fiança ou depósito") quando da concessão da liminar em mandado de segurança.

Assim é que, por exemplo, importante processualista mineiro afirmou sobre o tema o seguinte:[59]

"A permissão contida no art. 7º, inc. III, da Lei nº 12.016/2009, de se condicionar a concessão de medida liminar em Mandado de Segurança à prestação de caução, fiança ou depósito, com o objetivo de assegurar o ressarcimento à pessoa jurídica é, de acordo com a jurisprudência do STF, inconstitucional."

E, mais adiante, prossegue o emérito professor mineiro:[60]

---

[58] Explico, aqui, por que escrevi entre aspas o vocábulo "facultado". É que, embora conste ele do texto da lei, não me parece esteja correto seu emprego. Não acredito na existência de faculdades para o juiz no processo. A faculdade jurídica é, como disse Carnelutti, "a liberdade de exercer o próprio interesse" (Francesco Carnelutti, *Teoria geral do direito*, p. 267). Assim, para admitir a existência de uma faculdade para o juiz no processo, seria preciso admitir a existência de interesses próprios dele no processo, o que é inadmissível. Merece registro, aqui, aliás, o sugestivo fato de que Cândido Dinamarco, em suas monumentais *Instituições de direito processual civil*, escreveu um item com o sugestivo título "O juiz não tem faculdades nem ônus processuais" (Cândido Rangel Dinamarco, *Instituições de direito processual civil*, v. II, p. 213). Não admito, sequer, a existência de poderes discricionários do juiz. Valho-me, aqui, da lição de Eros Grau: "De minha exposição resulta nitidamente evidenciado que nego a possibilidade de o intérprete autêntico produzir normas *livremente*, no exercício de *discricionariedade*. Todo intérprete autêntico estará sempre vinculado pelos textos de direito, em especial pelos que vinculam *princípios* que interprete. [...] Além disso, outra razão, maior, nos impele a repudiar o entendimento de que o intérprete autêntico atua no campo de uma certa 'discricionariedade'. Essa razão repousa sobre a circunstância de ao intérprete autêntico não estar atribuída a formulação de *juízos de oportunidade*, porém, exclusivamente, de *juízos de legalidade*. Ainda que não seja o juiz, meramente, a 'boca que pronuncia as palavras da lei', sua *função – dever-poder* – está contida nos lindes da *legalidade* (e da *constitucionalidade*). Interpretar o direito é formular juízos de legalidade. A discricionariedade – não será demasiado esta repetição – é exercida em campo onde se formulam *juízos de oportunidade*, exclusivamente, porém, quando uma norma jurídica tenha atribuído à autoridade pública sua formulação" (Eros Roberto Grau, *O direito posto e o direito pressuposto*, p. 155-156).

[59] Fernando Gonzaga Jayme, *Mandado de segurança*, p. 95-96.

[60] Idem, p. 96.

"[...] o dispositivo em questão, art. 7º, inc. III, da Lei nº 12.016/2009, é manifestamente inconstitucional por violar o direito fundamental à garantia de proteção judicial, que compreende o direito de acesso à justiça como meio de se obter, em tempo razoável, uma decisão jurisdicional eficaz, destinada a reparar lesões ou prevenir ameaças a direitos.

A Constituição da República, portanto, ao assegurar, incondicionalmente, a todo indivíduo o direito de acesso à justiça efetiva, impôs ao Estado o dever de prestar tutela jurisdicional, preventiva ou repressiva, apta a assegurar a fruição dos direitos conferidos pelo ordenamento jurídico. Entretanto, ao se exigir a contracautela como condição para a concessão de medida liminar em mandado de segurança, retira-se desta ação constitucional a sua própria essência, a função garantística, deixando o indivíduo à mercê do arbítrio estatal".

Essa não é opinião isolada, sendo compartilhada por diversos outros autores.[61] Não se trata, porém, de entendimento unânime, havendo quem considere o poder de o juiz determinar a prestação de caução compatível com o modelo constitucional de processo.[62]

O Supremo Tribunal Federal já teve oportunidade de enfrentar a questão da constitucionalidade de dispositivo que permitia a fixação de caução em decisão que concede medida de urgência contra o Poder Público. Isso se deu em relação ao art. 2º da Medida Provisória nº 1.570/1997, que acrescentou ao art. 1º da Lei nº 8.437/1992 um § 4º, assim redigido:

"Sempre que houver possibilidade de a pessoa jurídica de direito público requerida vir a sofrer dano, em virtude da concessão da liminar, ou de qualquer medida de caráter antecipatório, o juiz ou o relator determinará a prestação de garantia real ou fidejussória."

Ao examinar o pedido de liminar na ação direta de inconstitucionalidade nº 1576/DF,[63] o Supremo Tribunal Federal acabou por deferir a medida e suspender os efeitos do referido dispositivo até o julgamento final daquele processo de controle direto de constitucionalidade. É interessante, porém, fazer uma observação

---

[61] Apenas a título exemplificativo: Bruno Garcia Redondo, Guilherme Peres de Oliveira e Ronaldo Cramer, *Mandado de segurança*, p. 103; Márcio Henriques Mendes da Silva e Olavo A. Vianna Alves Ferreira, *in* Fernando da Fonseca Gajardoni, Márcio Henriques Mendes da Silva e Olavo A. Vianna Alves Ferreira, *Comentários à nova lei do mandado de segurança*, p. 67.

[62] Nesse sentido, entre outros, André Vasconcelos Roque e Francisco Carlos Duarte, *Mandado de segurança*, p. 64, Marcelo Navarro Ribeiro Dantas, Comentário ao art. 7º, *in* Napoleão Nunes Maia Filho, Caio Cesar Vieira Rocha e Tiago Asfor Rocha Lima (Org.). *Comentários à nova lei do mandado de segurança*, p. 137.

[63] Rel. Min. Marco Aurélio, j. em 16.4.1997.

sobre o resultado daquele julgamento. Isso porque a decisão acerca do referido dispositivo não foi unânime.

Votaram pela suspensão daquele dispositivo os Ministros Celso de Mello, Maurício Corrêa, Ilmar Galvão, Carlos Velloso, Néri da Silveira e Sepúlveda Pertence. De outro lado, ficaram vencidos os Ministros Marco Aurélio (relator), Nelson Jobim, Octávio Gallotti, Sydney Sanches e Moreira Alves. Proclamou-se, então, o resultado por apertada maioria (seis votos pela suspensão dos efeitos do dispositivo e cinco votos contrários). Só que há um relevante detalhe que passou despercebido: dos seis votos pela inconstitucionalidade, três (os dos Ministros Maurício Corrêa, Carlos Velloso e Néri da Silveira) tiveram por fundamento a incompatibilidade entre a possibilidade de exigir caução para o deferimento da medida liminar contra o Poder Público e a norma veiculada pelo inciso XXXV do art. 5º da Constituição da República, que consagra a garantia de inafastabilidade do controle jurisdicional, enquanto outros três (os dos Ministros Celso de Mello, Ilmar Galvão e Sepúlveda Pertence) tiveram fundamento diverso: o de que a matéria não deveria ter sido objeto de medida provisória, já que lhe faltava o requisito, constitucionalmente exigido, da urgência.

Este dado é fundamental para perceber que, com todas as vênias devidas ao Supremo Tribunal Federal e aos eminentes Ministros que àquela altura o compunham, houve um equívoco na proclamação daquele resultado.

Isso se diz porque, no processo da "ação direta de inconstitucionalidade", cada possível incompatibilidade entre a norma cujo controle *in abstrato* se realiza e a Constituição configura uma distinta causa de pedir. Sobre o ponto, veja-se a seguinte lição:[64]

> "O procedimento da ADIN e da ADC inicia-se, necessariamente, mediante provocação de um dos legitimados indicados, respectivamente, nos arts. 2º e 13 da Lei 9.868/99 e 103 da Constituição Federal. Essa provocação deverá ser concretizada em uma petição inicial.
>
> A petição inicial, que será endereçada ao Supremo Tribunal Federal – único com competência para conhecer desse tipo de ação (art. 102, I, 'a', CF) – deverá indicar qual o dispositivo de lei ou o ato normativo que é objeto da ação, bem como os fundamentos jurídicos que levam à sua compatibilidade ou incompatibilidade com a Constituição. Ao contrário das demandas comuns, em que é prescindível a indicação ou a transcrição do dispositivo de lei em que se baseia o autor para formular sua pretensão, nas ações de controle concentrado é fundamental que esse dispositivo seja indicado, uma vez que

---

[64] Fredie Didier Júnior, Paula Sarno Braga e Rafael Oliveira, Aspectos processuais da ADIN (ação direta de inconstitucionalidade) e da ADC (ação declaratória de constitucionalidade), *in* Fredie Didier Júnior (Org.), *Ações constitucionais*, p. 436-437.

o objeto dessas demandas consiste, justamente, em perquirir a validade/invalidade do ato normativo (sentido lato) em face da ordem constitucional.

Do mesmo modo, é imprescindível a dedução dos fatos e fundamentos jurídicos do pedido, consistentes na demonstração de como o ato normativo *lato sensu* viola ou, no caso da ADC, se compatibiliza com o ordenamento constitucional. 'É necessário, em ação direta de inconstitucionalidade, que venham expostos os fundamentos jurídicos do pedido com relação às normas impugnadas, não sendo de admitir-se alegação genérica sem qualquer demonstração razoável, nem ataque a quase duas dezenas de medidas provisórias em sua totalidade com alegações por amostragem'.

Entende-se, no entanto, que o STF não fica adstrito 'aos fundamentos jurídicos' trazidos pelo demandante. É o que se diz em doutrina e em jurisprudência. Daí que a 'arguição pode ter-se fundado na alegada incompatibilidade entre a lei ou o ato normativo e a regra x, e o tribunal declarar inconstitucional uma ou outro, por incompatível com a regra y'.

Trata-se de entendimento correto, mas com fundamentos equivocados – decorrentes, em parte, de uma impropriedade terminológica.

A incompatibilidade entre a lei (ou ato normativo) e o dispositivo da CF é questão de fato – e não o fundamento legal ou hipótese normativa em que se subsumem os fatos, que de resto, é sempre a mesma (o direito de controlar a constitucionalidade). A violação à CF é o fato jurídico que faz nascer o direito potestativo de invalidação da lei (ou ato normativo). É a causa de pedir remota, que, a princípio, não poderia ser alterada de ofício pelo STF, sob pena de ofensa aos princípios da demanda e da congruência. No entanto, admite-se que o STF o faça, em razão da natureza objetiva do processo de controle concentrado de constitucionalidade."

Ora, se a causa de pedir da "ação direta de inconstitucionalidade" é a incompatibilidade entre a lei (ou outro ato normativo) e uma norma constitucional, então no caso de haver duas possíveis incompatibilidades, haverá duas causas de pedir.[65]

---

[65] O STF tem reiteradamente afirmado que nos processos de controle direto de constitucionalidade a causa de pedir é "aberta" (o que foi dito, por exemplo, na ementa do acórdão proferido no julgamento do RE 372535 AgR ED/SP, rel. Min. Carlos Britto, j. em 9.10.2007: "CONSTITUCIONAL. TRIBUTÁRIO. EMBARGOS DE DECLARAÇÃO EM AGRAVO REGIMENTAL EM RECURSO EXTRAORDINÁRIO. CPMF. CONSTITUCIONALIDADE. O Plenário desta colenda Corte, ao julgar a ADI 2.031, rejeitou todas as alegações de inconstitucionalidade do caput e dos §§ 1º e 2º do art. 75 do ADCT, introduzidos pela Emenda Constitucional 21/99. Isto porque as ações diretas de inconstitucionalidade possuem causa de pedir aberta. É dizer: ao julgar improcedentes ações dessa natureza, o Supremo Tribunal Federal afirma a integral constitucionalidade dos dispositivos questionados (Precedente: RE 343.818, Relator Ministro Moreira Alves). Embargos de declaração rejeitados." Entenda-se por "causa de pedir aberta" o afastamento, pelo STF, do princípio da congruência entre demanda e decisão no processo da "ação direta de inconstitucionalidade", de modo que pode o Supremo Tribunal declarar a inconstitucionalidade da lei (ou ato normativo) por fundamento não

O Procedimento do Mandado de Segurança Individual **179**

Assim, se na ADIn se afirma que a lei cujo controle de constitucionalidade se postula viola a norma constitucional x e, também, a norma constitucional y, sendo qualquer dessas violações, isoladamente, suficiente para sustentar uma declaração de inconstitucionalidade, haverá duas causas de pedir cumuladas. Pense-se, por exemplo, numa fictícia lei estadual que proibisse a interposição de recursos especiais contra os acórdãos proferidos pelo Tribunal de Justiça de certo Estado da Federação. Haveria, aí, incompatibilidade entre a lei estadual e a norma constitucional que atribui à União competência privativa para legislar sobre Direito Processual e, além disso, a mesma lei estadual seria incompatível com a norma constitucional que afirma o cabimento de recurso especial contra decisões proferidas pelos Tribunais dos Estados. Cada um desses fundamentos, isoladamente, considerado, seria suficiente para justificar a declaração de inconstitucionalidade da lei e, por isso, configuraria uma causa de pedir autônoma.

Essa digressão se fez necessária porque, em um órgão colegiado, sempre que se vai apreciar um processo em que haja pluralidade de causas de pedir, impõe-se que se colham os votos separadamente em relação a cada uma delas.[66]

O que se extrai disso é que, no caso aqui comentado, o pedido de liminar foi examinado sob dois distintos fundamentos (incompatibilidade da norma infraconstitucional com o princípio constitucional da inafastabilidade do controle jurisdicional e com a exigência constitucional de urgência como requisito para edição de medidas provisórias). Ora, parece claro que se só houve três votos no sentido de que a liminar deveria ser deferida pelo primeiro fundamento, foi ele rejeitado por maioria. E o mesmo aconteceu com relação ao segundo fundamento, acolhido pelo voto de apenas três ministros. Então, e com redobradas vênias, a liminar foi, na verdade, *indeferida*, e não se deveria ter determinado a suspensão do dispositivo.[67]

Tudo isso foi dito para que aqui se possa afirmar que o conteúdo dos cinco votos que formalmente foram anunciados como "vencidos" (mas que, na verdade, foram vencedores, já que constituíram a maioria) é o correto. A existência de uma regra que permite ao juiz determinar a prestação de caução quando verifica que uma medida liminar pode gerar danos ao demandado, buscando com isso protegê-lo, nada mais é do que afirmação do poder cautelar geral do magistrado,

---

invocado na petição inicial e, como corolário disso, ao decidir pela constitucionalidade da lei ou ato normativo, terá o Pretório Excelso afirmado a compatibilidade entre a norma fiscalizada e todo o ordenamento constitucional. Isso, porém, não afasta o acerto do que vai no texto: cada afirmada incompatibilidade entre uma lei ou ato normativo e uma certa norma constitucional configura uma distinta causa de pedir na "ação direta de inconstitucionalidade".

[66] Assim, por todos, José Carlos Barbosa Moreira, Julgamento colegiado e pluralidade de causas de pedir, *in* José Carlos Barbosa Moreira, *Temas de direito processual* – terceira série, p. 132-133.

[67] Certo é, porém, que na prática isso não acarretou, no caso concreto, maiores consequências, dado o fato de que o processo foi extinto, sem resolução do mérito, em razão de ter sido a medida provisória reeditada com alterações e não ter sido aditada a petição inicial da ADIn. Tornou-se, assim, insubsistente a medida liminar.

180 Manual do Mandado de Segurança • Câmara

que poderá determinar a prestação de uma *caução de contracautela*. E isso nada tem de contrário ao modelo constitucional de processo.

As cauções de contracautela estão entre as espécies de medidas cautelares tradicionalmente reconhecidas pela mais clássica doutrina.[68] No sistema processual brasileiro a possibilidade de o juiz determinar a prestação da *caução de contracautela* é expressa no art. 804 do CPC. E dada a aplicabilidade subsidiária do sistema do Código à Lei do Mandado de Segurança, é inegável que o juiz teria o poder de determinar a prestação de caução, como forma de assegurar eventual ressarcimento da pessoa jurídica demandada, ainda que a Lei nº 12.016/2009 não o previsse expressamente.

É que o poder do juiz de deferir medidas cautelares (entre as quais as *cauções de contracautela*) é inerente à própria função jurisdicional,[69] razão pela qual não se poderia, mesmo, excluir a possibilidade de fixação, pelo juiz, de uma caução de contracautela quando defere a medida liminar. Importante destacar, porém, que não há a obrigatoriedade de que seja fixada a caução sempre que se defere a liminar.[70] A caução só será exigida quando houver o *periculum in mora* inverso, isto é, quando houver o risco de que a imediata produção de efeitos da liminar gere, para o demandado, risco de dano grave, de difícil reparação. Assim, verificando o juiz que existe *periculum in mora* inverso, deverá – ao deferir a liminar – determinar que o impetrante preste caução (ou, como diz a Lei nº 12.016/2009, "caução, fiança ou depósito") a fim de assegurar à pessoa jurídica demandada o ressarcimento que eventualmente se revele devido.[71]

O exame da liminar em mandado de segurança impõe analisar uma outra questão: será possível o deferimento *ex officio* da liminar? Ou tal medida precisa ser expressamente postulada pelo impetrante? A questão é controvertida e não pode deixar de ser enfrentada.

---

[68] Assim, por todos, Piero Calamandrei, *Introduzione allo studio sistematico dei provvedimenti cautelari*, p. 189-190: "Meritano di esser trattati a se come quarto gruppo quei provvedimenti, la cui denominazione rivela tipicamente lo scopo cautelare, che consistono nella imposizione della parte dal giudice di una *cauzione*, la prestazione della quale è ordinata all'interessato come condizione per ottenere un ulteriore provvedimento giudiziale" (em vernáculo: "merecem ser tratadas per si como quarto grupo aquelas medidas, cuja denominação revela tipicamente o escopo cautelar, que consistem na imposição, por parte do juiz, de uma *caução*, cuja prestação é ordenada ao interessado como condição para obter um ulterior provimento judicial").

[69] O STF já teve oportunidade de afirmar que o poder cautelar geral é "inerente a qualquer órgão do Poder Judiciário" (STF, Rcl 1756/RN, rel. Min. Celso de Mello, j. em 28.4.2003).

[70] Assim, tratando especificamente do art. 804 do CPC, Galeno Lacerda, *Comentários ao Código de Processo Civil*, v. VIII, t. I, p. 245.

[71] Substancialmente no mesmo sentido, invocando o poder cautelar geral como fundamento para que o juiz determine a prestação da caução, e afirmando sua compatibilidade com o modelo constitucional de processo, Cassio Scarpinella Bueno, *A nova lei do mandado de segurança*, p. 66.

O Procedimento do Mandado de Segurança Individual **181**

Na jurisprudência encontra-se precedente que admitiu a concessão de ofício da medida liminar em mandado de segurança:[72]

"AGRAVO REGIMENTAL. CONCESSÃO DE LIMINAR. EFEITO SUSPENSIVO. RECURSO ADMINISTRATIVO. POSSIBILIDADE. LEI 1.533/51.

1 – Cabe ao Relator, de ofício, verificando a relevância do pedido e a possibilidade de ineficácia da medida até o seu julgamento final, determinar a suspensão, liminarmente, do ato que motivou o pedido, nos termos do art. 7º, II, da Lei 1.533/51 e do art. 213, § 1º, do RISTJ, máxime se trata a espécie de prestação de natureza alimentar.

Decisão agravada que subsiste por seus próprios fundamentos, porquanto presentes o fumus boni iuris e o periculum in mora.

2 – Agravo regimental improvido."

Na doutrina, a questão é extremamente controvertida. Entre os defensores da concessão *ex officio* da medida liminar em mandado de segurança, encontra-se a Ministra Cármen Lúcia Antunes Rocha:[73]

"Por outra parte, é de se salientar a desnecessidade do pedido de liminar pelo impetrante como condição para a ordem determinada pelo julgador. Cabendo-lhe a prestação eficiente da garantia constitucional do mandado de segurança, compete-lhe tomar todas as providências cabíveis para a realização da finalidade posta na norma fundamental e que é de sua estrita função ver aperfeiçoada, o que inclui, evidentemente, a medida acautelatória liminar asseguradora da plena eficácia do mandado que poderá vir, ao final, a ser concedido. Destarte, conquanto seja ela, em regra, requerida pelo impetrante, preocupado em ver restabelecida a sua segurança jurídica

---

[72] STJ, AgRg no MS 6905/DF, rel. Min. Fernando Gonçalves, j. em 28.6.2000. No voto do relator, registre-se, consta uma reprodução da afirmação contida na ementa, segundo a qual a medida pode ser deferida de ofício, sem nenhuma justificativa para isso. No mesmo sentido, porém, encontra-se outro precedente do STJ (AgRg no MS 6197/DF, rel. Min. Vicente Leal, j. em 1.7.1999), no qual se afirma expressamente que a concessão *ex officio* da liminar em mandado de segurança seria autorizada pelo art. 213, § 1º, do Regimento Interno da Corte. O referido dispositivo regimental tem a seguinte redação: "Se o relator entender relevante o fundamento do pedido, e do ato impugnado puder resultar a ineficácia da medida, caso deferida, ordenará a respectiva suspensão liminar até o julgamento." Veja-se que o texto do Regimento Interno do STJ, na verdade, não afirma expressamente que a liminar pode ser deferida de ofício. Limita-se ele a reproduzir – ainda que não com as mesmas palavras – o que está na lei do mandado de segurança. Portanto, sendo polêmica a existência do poder do juiz de deferir a liminar de ofício, não é o Regimento Interno do STJ suficiente para solucionar a questão, nem mesmo no âmbito daquele Tribunal.

[73] Carmen Lúcia Antunes Rocha, A liminar no mandado de segurança, *in* Sálvio de Figueiredo Teixeira (Coord.). *Mandados de segurança e de injunção*, p. 218-219.

rompida pela nódoa da ilegalidade maculadora do comportamento público questionado, nada há a impedir que o julgador aja de ofício na concessão da liminar, cumprindo a sua função especificada na norma constitucional concernente ao mandado de segurança. Esta não poderia ficar ao desabrigo pela inapetência processual do impetrante ou pela inabilidade técnica do seu representante."

De outro lado, sustenta a necessidade de que haja requerimento expresso do impetrante para que se possa deferir a liminar o eminente professor paulista Cassio Scarpinella Bueno:[74]

"Não discordo do entendimento de que a concessão da liminar é verdadeiro *dever* para o magistrado quando presentes os pressupostos legais. No entanto, sempre defendi a tese de que, não obstante a grandeza constitucional do instituto, é necessário vincular a concessão de liminar a pedido expresso do impetrante, considerando que, se a final, o resultado do mandado de segurança lhe for desfavorável, ele – e não o magistrado – é que será *objetivamente* responsabilizado pelos danos experimentados (CPC, art. 811, I)."

A doutrina que se produziu à luz da Lei nº 12.016/2009 também se dividiu. Entre os que negam a possibilidade de concessão *ex officio* da liminar em mandado de segurança, confira-se o que ensina Eduardo Arruda Alvim:[75]

"Nossa posição é no sentido de que inexiste a possibilidade de concessão *ex officio* de liminar em mandado de segurança, a qual encontra-se no campo dispositivo do impetrante. Pelas mesmíssimas razões, não concordamos com aqueles que entendem que o magistrado pode conceder a liminar em termos mais amplos do que o pedido, sob pena de decidir *ultra petita*."

De outro lado, entenderam admissível a concessão de ofício da liminar em mandado de segurança os professores cariocas Bruno Garcia Redondo, Guilherme Peres de Oliveira e Ronaldo Cramer:[76]

"O entendimento predominante nos planos da doutrina e da jurisprudência considera, com razão, possível a concessão da liminar de ofício pelo magistrado. A concessão *ex officio* da tutela em liminar se justifica por diversos fundamentos.

---

[74] Cassio Scarpinella Bueno, *Mandado de segurança*, p.65.

[75] Eduardo Arruda Alvim, *Mandado de segurança*, p. 190.

[76] Bruno Garcia Redondo, Guilherme Peres de Oliveira e Ronaldo Cramer, *Mandado de segurança*, p. 104-105.

Primeiramente, a leitura atenta do art. 128 do CPC revela que apenas nos casos expressos em lei é defeso ao juiz conhecer, de ofício, de alguma questão relativa ao processo. A regra, portanto, é o inverso da que normalmente se enuncia, sendo assim amplo o conhecimento de ofício das mais diversas questões, a menos que a lei exija, expressamente, iniciativa da parte.

Também a análise histórica demonstra ser atualmente possível a concessão *ex officio* da medida liminar, visto que a exigência de requerimento da parte para concessão da liminar em mandado de segurança foi extirpada na transição da Lei 191/1936 para o Código de Processo Civil de 1939.

Por seu turno, os arts. 798 e 799 do CPC – que constituem a positivação do poder geral de cautela no ordenamento jurídico brasileiro – deixam claro que, diante dos requisitos específicos, é dever do magistrado a concessão de medidas cautelares independentemente de requerimento da parte, para que seja resguardado o direito versado na lide.

Somam-se a essas razões de cunho infraconstitucional o modelo constitucional do mandado de segurança, que pressupõe a indisponibilidade de seu objeto, a maximização da eficácia do *writ* e a prestação *in natura* do bem da vida almejado. Não há como admitir que, por força de equivocada compreensão sobre o conteúdo do princípio dispositivo, o juiz, apesar de convencido da presença dos requisitos, se considere impedido de conceder a medida liminar somente pelo fato de inexistir requerimento específico nesse sentido."

A meu juízo, porém, a questão só pode ser resolvida quando se torna à análise da natureza jurídica da medida liminar que se defere em mandado de segurança. Como se viu anteriormente, essa liminar tanto pode ter natureza cautelar como pode ser satisfativa, antecipatória da tutela jurisdicional final. Pois dependendo da natureza da liminar será ou não possível sua concessão *ex officio*.

Isso porque as liminares cautelares podem ser deferidas de ofício, com apoio no art. 797 do CPC e, de outro lado, as medidas provisórias satisfativas, antecipatórias de tutela, só podem ser deferidas mediante requerimento, nos termos do que dispõe o *caput* do art. 273 do Código de Processo Civil. Assim, em cada caso concreto, caberá ao juiz verificar se a medida liminar seria cautelar ou satisfativa. Sendo ela meramente cautelar, nada impedirá sua concessão *ex officio*, o que atende à exigência de que se maximize a eficácia do processo do mandado de segurança, dada a natureza fundamental do direito ao mandado de segurança, já que as medidas cautelares se destinam a preservar a efetividade da futura tutela jurisdicional satisfativa. Já as medidas provisórias satisfativas, antecipatórias de tutela, só podem ser deferidas mediante requerimento em atenção ao princípio dispositivo, já que não se pode – ao menos em regra – impor ao demandante a obtenção de um resultado satisfativo de sua pretensão que não coincide com aquilo que ele tenha expressamente postulado.

184 Manual do Mandado de Segurança • Câmara

Estabelece o art. 7º, § 3º, da Lei nº 12.016/2009 que a liminar pode ser revogada ou cassada. A cassação e a revogação podem se dar, evidentemente, em grau de recurso (e o recurso cabível, aí, é o agravo de instrumento, como decorreria naturalmente do art. 522 do CPC, mas está expresso no art. 7º, § 1º, da Lei nº 12.016/2009). Mas o próprio juízo que concedeu a liminar pode, posteriormente, cassá-la, modificá-la ou revogá-la, dada a sumariedade da cognição exercida para se decidir sobre ela. Afinal, qualquer medida baseada em juízos de probabilidade (seja cautelar ou satisfativa) pode ser revogada ou modificada a qualquer tempo, desde que tenham vindo ao processo novos elementos de convicção, capazes de indicar que a decisão anterior não deve mais prevalecer.

Não tendo sido a liminar, porém, cassada ou revogada, estabelece o § 3º do art. 7º da Lei nº 12.016/2009 que essa decisão produz seus efeitos até a sentença. Tem-se, aí, uma regra expressa sobre o efeito substitutivo da sentença, a qual passará a ocupar o lugar que anteriormente era da liminar, já que se trata de decisão proferida com base em cognição exauriente.[77]

Há, aqui, de se fazer uma consideração importante. Pode acontecer de a liminar ter sido deferida em grau de recurso (seja por se ter *dado provimento* ao recurso contra a decisão que indeferiu a liminar, seja por se ter *negado provimento* a recurso contra decisão que concedeu a liminar, pois em ambos os casos se manifesta o efeito substitutivo do julgamento do recurso, conforme dispõe o art. 512 do CPC). Ainda assim, proferida a sentença pelo juízo inferior, essa decisão prevalecerá sobre o pronunciamento do órgão jurisdicional superior que deferiu a liminar. É que aí prevalece o critério da profundidade da cognição, e não o da hierarquia.[78] Desse modo, proferida a sentença, esta substituirá a liminar, passando a produzir efeitos em seu lugar.

---

[77] Em sentido análogo, Marcelo Navarro Ribeiro Dantas, Comentário ao art. 7º, *in* Napoleão Nunes Maia Filho, Caio Cesar Vieira Rocha e Tiago Asfor Rocha Lima (Org.), *Comentários à nova lei do mandado de segurança*, p. 142.

[78] Essa questão já foi enfrentada em decisão – proferida em julgamento não unânime – do Superior Tribunal de Justiça (REsp 742512/DF, rel. Min. Castro Meira, j. em 11.10.2005). Nessa decisão entendeu a douta maioria que "Se não houver alteração do quadro, mantendo-se os mesmos elementos de fato e de prova existentes quando da concessão da liminar pelo tribunal, a sentença não atinge o agravo, mantendo-se a liminar. Nesse caso, prevalece o critério da hierarquia. Se, entretanto, a sentença está fundada em elementos que não existiam ou em situação que afasta o quadro inicial levado em consideração pelo tribunal, então a sentença atinge o agravo, desfazendo-se a liminar." Votaram vencidos, porém, os Ministros Eliana Calmon e João Otávio de Noronha. A Min. Eliana Calmon, em seu voto, tratou do tema de forma absolutamente precisa, com todas as vênias àqueles que se manifestaram em sentido diverso. Disse S. Exa.: "Entendo que a sentença tem prevalência sobre a decisão do Tribunal. É natural que caia por terra a decisão interlocutória que foi examinada no Tribunal, à vista dos pressupostos pertinentes a uma interlocutória, em cognição sumária. Este é o princípio, mas naturalmente existem exceções. Excepcionalmente, diante do *periculum in mora*, quando comprovada a inutilidade do processo se não se preservar a situação fática, será possível a quebra do princípio." Penso que tudo se resolve, aqui, a partir do efeito substitutivo do julgamento do recurso. A decisão proferida em sede de agravo de instrumento limita-se a substituir a decisão

Uma vez deferida a liminar que tenha sido deferida, impõe a Lei nº 12.016/2009 ao impetrante o ônus de preservar o regular andamento do processo do mandado de segurança. Assim, nos termos do art. 8º, "será decretada a perempção ou caducidade da medida liminar *ex officio* ou a requerimento do Ministério Público quando, concedida a medida, o impetrante criar obstáculo ao andamento normal do processo ou deixar de promover, por mais de 3 (três) dias úteis, os atos e diligências que lhe cumprirem".

Os termos "perempção" e "caducidade", empregados no texto legal, devem ser considerados sinônimos,[79] significando que nos casos previstos nesse art. 8º a liminar deve ser *cassada*.[80] A norma aqui examinada deve ser bem compreendida. A regra geral no sistema processual brasileiro é a do *impulso oficial* (art. 262 do CPC). Assim, uma vez instaurado o processo – e tenha ou não sido deferida a liminar – caberá ao próprio órgão jurisdicional dar andamento ao processo. Pode haver, no entanto, algum caso (*excepcional*) em que se determine ao impetrante que cumpra alguma diligência. Basta pensar, por exemplo, na hipótese de ter sido deferida a medida liminar em um caso de extrema urgência em que o impetrante não apresentou a segunda via dos documentos que acompanham a petição inicial. É perfeitamente legítimo considerar que, em um caso assim, não tendo o impetrante – intimado a fazê-lo – apresentado as cópias em três dias úteis, seja cassada a liminar.

Do mesmo modo, deverá ser cassada a liminar se o impetrante criar algum obstáculo ao regular andamento do processo, o que ele poderia fazer com o propósito de eternizar a liminar já deferida (a qual, como já visto, só produzirá efeitos até a prolação da sentença). Nesse caso, e por aplicação da máxima segundo a qual ninguém pode valer-se da própria torpeza, estabelece a lei, como sanção, a cassação da liminar, o que se revela proporcional ao comportamento ímprobo

---

proferida pelo juízo de primeiro grau acerca da liminar. Nada mais. E a sentença prevalece sobre a liminar. Não se deve olhar para a questão sob o prisma da hierarquia, que é administrativa, mas não jurisdicional. Do ponto de vista jurisdicional o que há é, simplesmente, uma distribuição de competências, em que um juízo faz o primeiro exame da postulação e outro o reexamina em grau de recurso. Competências distintas, pouco importando se há ou não distinção hierárquica entre os órgãos jurisdicionais. Aliás, o "critério da hierarquia" não explicaria o fenômeno quando não houvesse essa distinção (como se dá, por exemplo, quando a competência originária é de tribunal, caso em que a liminar e a decisão final são oriundas de pronunciamentos do mesmo órgão jurisdicional, ou de órgãos distintos de mesma hierarquia, como o relator – atuando como órgão monocrático – e o colegiado). Só através do "critério da cognição" a matéria poderia ser resolvida. A Lei nº 12.016/2009, portanto, deu a mais adequada solução ao problema.

[79] Cassio Scarpinella Bueno, *A nova lei do mandado de segurança*, p. 84.

[80] Entende Cassio Scarpinella Bueno (*A nova lei do mandado de segurança*, p. 85) que a norma veiculada pelo art. 8º é inconstitucional, ao argumento de que não existe qualquer vinculação entre os efeitos da liminar e o "bom comportamento processual" do impetrante. Considera o jurista citado que no caso de comportamento ímprobo o impetrante deve suportar as sanções previstas para a litigância de má-fé.

186 Manual do Mandado de Segurança • Câmara

e, portanto, compatível com o modelo constitucional de direito processual a que o mandado de segurança deve obediência. Trata-se de manifestação do princípio da boa-fé processual, que é corolário da própria garantia do *due process*.

§ 16. Notificação da autoridade coatora e "ciência" da pessoa jurídica. Informações da autoridade e resposta da pessoa jurídica

Proferido o pronunciamento liminar, como se viu, ter-se-á determinado a *notificação* da autoridade coatora e que se dê "ciência" da demanda de mandado de segurança à pessoa jurídica. Sobre esses atos já se falou, anteriormente, mas agora é preciso voltar a eles, examinando sua natureza jurídica e o modo de efetivá-los.

Como já foi visto, o juiz, ao proferir seu pronunciamento liminar positivo, deverá determinar a "notificação" da autoridade coatora. Partindo-se da premissa – anteriormente estabelecida neste trabalho – de que tal sujeito não é parte da demanda de mandado de segurança e, portanto, é um *terceiro*, essa "notificação" deve ser compreendida como uma verdadeira *intimação*.[81]

Este ato deve ser praticado com observância do disposto na parte final do inciso I do art. 7º da Lei nº 12.016/2009, que determina que à autoridade coatora será enviada a segunda via da petição inicial com a cópia dos documentos que a instruem, para que preste informações no prazo de dez dias.

Já se afirmou em boa doutrina que "a forma de realização dessa notificação tem sido a remessa direta de ofício, pelo correio, com aviso de recebimento (AR), telegrama, telefonema, fac-símile, e até por *e-mail*, sem a necessidade de expedição de carta precatória ou de ordem, o que vem a colaborar com a preconizada celeridade processual do mandado de segurança. Contudo, o meio mais seguro de comunicação é o mandado judicial cumprido por oficial de justiça".[82]

É preciso, porém, recordar que o art. 4º, § 1º, da Lei nº 12.016/2009 estabelece que "poderá o juiz, em caso de urgência, notificar a autoridade por telegrama, radiograma ou outro meio que assegure a autenticidade do documento e a imediata ciência pela autoridade". Esse dispositivo veicula regra que (assim como a que provém do *caput*, que trata da impetração do mandado de segurança, em casos de urgência, por telegrama, radiograma, *fax* ou outro meio eletrônico de

---

[81] Em sentido diverso, entendendo essa "notificação" como a citação da pessoa jurídica demandada, de quem a autoridade coatora seria "presentante", José Miguel Garcia Medina e Fábio Caldas de Araújo, *Mandado de segurança individual e coletivo*, p. 109.

[82] Márcio Henrique Mendes da Silva e Olavo A. Vianna Alves Ferreira, *in* Fernando da Fonseca Gajardoni, Márcio Henrique Mendes da Silva e Olavo A. Vianna Alves Ferreira, *Comentários à nova lei de mandado de segurança*, p. 66.

autenticidade comprovada) foi produzida sem que se levasse em consideração o que consta da Lei n⁰ 11.419/2006, a qual autoriza a prática de atos processuais por meios eletrônicos em qualquer tipo de processo judicial, haja ou não urgência. Por conta desta última lei, aliás, é que o Supremo Tribunal Federal já editou resolução estabelecendo que os mandados de segurança de sua competência originária tramitam *exclusivamente* por meios eletrônicos, não se admitindo mais a utilização de petições impressas em papel (art. 19 da Resolução n⁰ 427/2010). Vê-se, pois, que o art. 4⁰ e seus parágrafos da Lei n⁰ 12.016/2009 tornaram-se *letra morta*. A "notificação" (*rectius*, intimação) da autoridade coatora, assim como qualquer outro ato processual no mandado de segurança, poderá ser praticada por meios eletrônicos, independentemente da existência de uma situação de urgência.[83] Nesse caso, será observada a sistemática estabelecida pela Lei n⁰ 11.419/2006.

Seja por meios eletrônicos ou não, a autoridade coatora receberá a segunda via da petição inicial e dos documentos que a instruem e, no prazo de dez dias, prestará suas informações.

"Notificada" a autoridade coatora, terá ela o prazo de dez dias para prestar informações ao juízo do mandado de segurança (art. 7⁰, I, da Lei n⁰ 12.016/2009). O prazo correrá da juntada aos autos da prova da "notificação" da autoridade coatora, nos termos (não muito precisos, registre-se) do art. 11 da Lei n⁰ 12.016/2009.[84]

Sobre a natureza dessas informações já se falou anteriormente, não havendo necessidade de se voltar ao ponto. Basta, para clareza da exposição, recordar que – por não ser a autoridade coatora a demandada, mas um terceiro – as informações não podem ser vistas como a *defesa* do réu, mas como mero meio de prova, a ser trazido ao processo do mandado de segurança através da autoridade responsável pelo ato impugnado.

Assim, no caso de se ultrapassar o decêndio sem que sejam apresentadas as informações pela autoridade coatora, não há que se falar em revelia,[85] uma vez

---

[83] Em sentido assemelhado, considerando o art. 4⁰ da Lei n⁰ 12.016/2009 "anacrônico", André Vasconcelos Roque e Francisco Carlos Duarta, *Mandado de segurança*, p. 34.

[84] Neste sentido, André Vasconcelos Roque e Francisco Carlos Duarte, *Mandado de segurança*, p. 92; Cassio Scarpinella Bueno, *A nova lei do mandado de segurança*, p. 99.

[85] A jurisprudência do Superior Tribunal de Justiça pacificou-se no sentido de que a falta de apresentação tempestiva das informações pela autoridade coatora não induz revelia, já que incumbiria ao impetrante o ônus de provar a veracidade de todas as suas alegações com os documentos que têm de acompanhar a petição inicial (assim, por exemplo, STJ, RMS 26170/RO, rel. Min. Francisco Falcão, j. em 4.12.2008). Com todas as vênias devidas àquela Corte Superior, há duas críticas às decisões que ali têm sido proferidas sobre a matéria: a primeira está em que o Tribunal tem confundido os conceitos de "revelia" e de "efeitos da revelia". Afinal, se o réu não apresenta defesa tempestivamente é ele revel, ainda que dessa revelia não se extraia o efeito de se presumirem verdadeiras as alegações feitas pelo demandante. A segunda está em que não poderia mesmo haver revelia (ou efeitos da revelia) se um ato deixou de ser praticado tempestivamente por quem não é o demandado (já que o réu é a pessoa jurídica, e não a autoridade).

188 Manual do Mandado de Segurança • Câmara

que as informações não têm natureza de contestação. Ademais, e como já visto anteriormente, as informações podem vir subscritas pela própria autoridade, sem necessidade de que esta se faça assistir por advogado, já que não tem natureza de ato postulatório, mas de meio de prova.

No mesmo ato em que determina a "notificação" (*rectius*, intimação) da autoridade coatora, o juiz deverá determinar que se dê "ciência" à pessoa jurídica sobre a impetração do mandado de segurança. Essa "ciência" é uma verdadeira *citação*, já que se trata do ato pelo qual a parte demandada é transformada em sujeito do processo.[86]

Essa citação será feita pelas formas usualmente empregadas para que tal ato de comunicação processual se realize, inclusive por meios eletrônicos (na forma da Lei nº 11.419/2006), observando-se o disposto no inciso II do art. 7º da Lei nº 12.016/2009: à autoridade coatora será encaminhada uma cópia da petição inicial sem, contudo, vir esta acompanhada dos documentos. É que optou o legislador por atribuir à autoridade coatora uma *função processual* (que já foi objeto de exame em passagem anterior deste trabalho, no § 9º *supra*, para o qual se remete o leitor) consistente em complementar o procedimento citatório da pessoa jurídica demandada. Essa é uma função processual da autoridade coatora que já havia existido, foi posteriormente abolida e tornou a ser inserida no sistema com a Lei nº 12.016/2009.

Incumbe à autoridade coatora, portanto, no prazo de 48 horas a contar do recebimento da "notificação" que lhe é dirigida, remeter "ao Ministério ou outro órgão a que se ache subordinada *e* ao Advogado-Geral da União ou a quem tiver a representação judicial da União, do Estado, do Município ou da entidade apontada como coatora, cópia autenticada do mandado notificatório, assim como indicações e elementos outros necessários às providências a serem tomadas para a eventual suspensão da medida e defesa do ato apontado como ilegal ou abusivo de poder" (art. 9º da Lei nº 12.016/2009).[87]

---

[86] Falam também em citação para se referir à convocação da pessoa jurídica demandada Bruno Garcia Redondo, Guilherme Peres de Oliveira e Ronaldo Cramer, *Mandado de segurança*, p. 95.

[87] Não posso deixar de registrar aqui, uma vez mais, o que já tive oportunidade de dizer anteriormente neste mesmo capítulo: teria sido muito melhor adotar-se um sistema em que se exigisse do impetrante que a petição inicial viesse em três vias, todas acompanhadas de cópias dos documentos, o que permitiria que a citação da pessoa jurídica demandada dispensasse essa atuação da autoridade coatora, a qual nem sempre acontece. Dever-se-ia, então ter promovido um resgate do sistema criado pela velha Lei nº 191/1936. Em sentido contrário, porém, entendendo que essa atribuição não devia mesmo ser do órgão jurisdicional, tendo acertado a lei ao imputar a função de promover essa comunicação à autoridade coatora, Sidney Palharini Júnior, *in* Luiz Manoel Gomes Júnior, Luana Pedrosa de Figueiredo Cruz, Luís Otávio Sequeira de Cerqueira, Rogério Favreto e Sidney Palharini Júnior, *Comentários à nova lei do mandado de segurança*, p. 97. Tudo isso, porém, é dito considerando o processo que tramita em autos de papel. Sendo os autos digitais, não haveria necessidade de cópias de documentos ou de petições, já que o acesso à íntegra dos autos se fará por meios eletrônicos e por redes de comunicação telemática.

O Procedimento do Mandado de Segurança Individual **189**

Citada a pessoa jurídica demandada, a ela incumbe, na forma do que dispõe a parte final do art. 9º da Lei nº 12.016/2009, a "defesa" do ato impugnado. Em outras palavras, cabe à pessoa jurídica demandada apresentar sua resposta.

Além do evidente cabimento de exceção (de incompetência,[88] impedimento ou suspeição), pode a pessoa jurídica demandada oferecer sua *contestação*.[89] Embora a lei de regência não use esse *nomen iuris*, outro não há que seja adequado para designar o ato pelo qual o demandado apresenta sua defesa no processo cognitivo.[90]

Trata-se da manifestação pela qual a pessoa jurídica demandada poderá defender o ato impugnado, buscando com isso a extinção do processo do mandado de segurança sem resolução do mérito ou a improcedência da demanda de mandado de segurança. Nada impede, porém, a meu juízo, que a pessoa jurídica demandada se manifeste pela procedência do pedido, passando a atuar ao lado do impetrante em busca do acolhimento de sua pretensão. Não se trata, aqui, de se afirmar a possibilidade de a pessoa jurídica demandada reconhecer a procedência do pedido, nos termos do art. 269, II, do CPC. É que o reconhecimento jurídico do pedido só é eficaz quando se está diante de um processo que verse sobre direitos disponíveis,[91] o que não se tem no caso do mandado de segurança. O que se afirma aqui é a existência de zonas de interesse, entre as quais podem os sujeitos do processo transitar, não havendo necessidade de se afirmar o caráter estático das posições ocupadas pelos participantes do processo (como se houvesse necessariamente um ocupante de posição ativa a pedir tutela jurisdicional a litigar com um ocupante de posição passiva que resiste a tal pretensão).[92] Pode, então, a pessoa jurídica demandada atuar, no processo do mandado de segurança, nos termos preconizados pelo art. 6º, § 3º, da Lei nº 4.717/1965 (Lei da Ação Popular), aplicável por disposição expressa ao processo da "ação de improbidade administrati-

---

[88] Afirmou expressamente o cabimento de exceção de incompetência em mandado de segurança, assim como a prorrogação da competência por sua não apresentação o STJ, no julgamento do REsp 485536/PR, rel. Min. João Otávio de Noronha, j. em 3.8.2006.

[89] Não se pode, por razões evidentes, admitir a reconvenção, que seria absolutamente incompatível com a sumariedade formal do procedimento do mandado de segurança.

[90] Há quem diga que a Lei nº 12.016/2009 teria adotado um sistema de "dupla defesa" (informações da autoridade coatora e a defesa a ser apresentada pela pessoa jurídica). Assim, por todos, Marcelo Navarro Ribeiro Dantas, Comentário ao art. 7º, *in* Napoleão Nunes Maia Filho, Caio Cesar Vieira Rocha e Tiagos Asfor Rocha Lima (Org.). *Comentários à nova lei do mandado de segurança*, p. 129-135. Com todas as vênias, mas assim não se deve entender. É que só há uma defesa no processo do mandado de segurança: a que é apresentada pela pessoa jurídica demandada. As informações, perdoe-se a insistência em repetir, não têm natureza de defesa, mas probatória.

[91] Clito Fornaciari Júnior, *Reconhecimento jurídico do pedido*, p. 19.

[92] Sobre o ponto, consulte-se o pioneiro e lapidar trabalho de Antônio do Passo Cabral, Despolarização do processo e "zonas de interesse": sobre a migração entre polos da demanda, *in Custos Legis – Revista Eletrônica do Ministério Público Federal*, no endereço <http://www.prrj.mpf.gov.br/custoslegis/revista_2009/2009/aprovados/2009a_Tut_Col_Cabral%2001.pdf>, *passim*, acesso em 2.9.2012.

va" (art. 17, § 3º, da Lei nº 8.429/1992), e que veicula uma norma jurídica que, na verdade, pode incidir em qualquer tipo de processo não penal.

Questão complexa – por incrível que pareça – é a de se determinar qual o prazo para que a pessoa jurídica demandada apresente sua defesa. Tal dificuldade, evidentemente, decorre do fato de que não há, na Lei nº 12.016/2009, qualquer disposição expressa sobre o ponto.

Entende parte da doutrina que, diante do silêncio da Lei nº 12.016/2009, o prazo para que a pessoa jurídica demandada apresente sua defesa deve coincidir com o prazo de dez dias de que dispõe a autoridade coatora para prestar suas notificações.[93] Há, também, quem considere que não existe prazo certo para que a pessoa jurídica demandada se manifeste, podendo sua defesa vir a qualquer tempo ao longo do processo, respeitadas as fases já preclusas.[94]

Manifesto, aqui, minha adesão à primeira dessas correntes, para sustentar que o prazo para que a pessoa jurídica demandada apresente sua defesa é, também, de dez dias (contados da juntada aos autos da prova da citação, nos termos do art. 11). Os prazos para a apresentação das informações pela autoridade coatora e para apresentação de defesa pela pessoa jurídica demandada, porém, correm independentemente, cada um deles tendo início com a juntada do comprovante da "notificação" ou da citação.

O fundamento de que me valho para sustentar que o prazo para oferecimento de resposta pela pessoa jurídica demandada é de dez dias, porém, não é o mesmo que tradicionalmente invocam os defensores da tese. É que, a meu ver, há um único fundamento legal – expresso – para afirmar que o prazo da defesa é de dez dias. Refiro-me ao disposto no art. 12 da Lei nº 12.016/2009, por força do qual será ouvido o Ministério Público após o decurso do decêndio previsto no art. 7º da lei. Ora, sendo certo que o MP, nos processos em que atua como *custos legis*, sempre se manifesta depois das partes (CPC, art. 83, I), só se pode considerar, então, que decorrido o prazo de dez dias mencionado no art. 7º já estará ultrapassada a oportunidade para que a pessoa jurídica demandada apresente sua defesa.

Ultrapassado o prazo legal sem o oferecimento de defesa pela pessoa jurídica demandada, é ela *revel*. Essa revelia, porém, não produz os efeitos que a tal fato processual normalmente se atribui, em razão da indisponibilidade dos direitos que através da demanda de mandado de segurança se busca proteger (art. 320, II, do CPC).

---

[93] Assim, por todos, Cassio Scarpinella Bueno, *A nova lei do mandado de segurança*, p. 49, que invoca expressas previsões, nesse sentido, da há muito revogada Lei nº 191/1936 e do Código de Processo Civil de 1939. Funda-se o pensamento do notável autor paulista, porém, numa premissa que é expressamente rejeitada neste trabalho: o da existência de litisconsórcio passivo entre a autoridade coatora e a pessoa jurídica demandada.

[94] Humberto Theodoro Júnior, *O mandado de segurança segundo a Lei n. 12.016, de 07 de agosto de 2009*, p. 21.

O Procedimento do Mandado de Segurança Individual **191**

§ 17. Manifestação do Ministério Público

Dispõe o art. 12 da Lei nº 12.016/2009 que o Ministério Público intervém obrigatoriamente no processo do mandado de segurança. Trata-se de intervenção como *custos legis* ou, como se costuma dizer, "fiscal da lei".[95]

Há quem não concorde com a interpretação literal do dispositivo, afirmando que se deve considerar obrigatório, tão somente, que se dê ciência ao Ministério Público da impetração do mandado de segurança, cabendo ao órgão ministerial intervir apenas quando estiver presente alguma das hipóteses previstas no art. 82 do CPC.[96] Existe, inclusive, uma recomendação do Conselho Nacional do Ministério Público (CNMP) no sentido de se considerar desnecessária a intervenção do MP nos processos de mandado de segurança (Recomendação nº 16, de 28 de abril de 2010, art. 5º, XXII).

Seguindo essa mesma linha de raciocínio, importante jurista mineiro disse que

"a compreender a atuação do Ministério Público como *custos legis* universal na ação de mandado de segurança, sem considerar a natureza do direito ou interesse deduzido na impetração, ampliar-se-ia injustificavelmente a noção de interesse público, transformando-se o *Parquet* em órgão de repre-

---

[95] A rigor, seria melhor dizer que o Ministério Público atua como fiscal da ordem jurídica, e não simplesmente como fiscal da lei, expressão que apequena a atuação de uma instituição grandiosa como é o MP.

[96] José Eduardo de Melo Vilar Filho, Comentário ao art. 12, *in* Napoleão Nunes Maia Filho, Caio Cesar Vieira Rocha e Tiago Asfor Rocha Lima (Org.), *Comentários à nova lei do mandado de segurança*, p. 169-170. Merece registro, aqui, opinião singular de José Carlos Barbosa Moreira, sustentada sob o regime constitucional anterior e ainda sob a égide da Lei nº 1.533/1951. Afirmou o notável processualista carioca que a anterior lei de regência do mandado de segurança previu a oitiva do Ministério Público após o decurso do prazo para a autoridade apontada como coatora prestar informações "com os olhos postos na sistemática do direito federal", afirmando que, conforme o regime constitucional inaugurado em 1946 (e reproduzido em 1967 e 1969), cabia ao Ministério Público Federal a representação judicial da União. Assim, a participação do MP no processo do mandado de segurança não se daria como *custos legis*, mas no exercício da representação judicial dos interesses da União. Segundo Barbosa Moreira, não havia qualquer razão – a não ser uma interpretação meramente literal do texto legal – para que se ouvisse o Ministério Público no plano local, onde o *parquet* não exercia a representação judicial do Estado, a não ser para considerar que *também* ao Ministério Público se deveria proporcionar oportunidade para se manifestar, mas sem se abrir mão da oitiva da própria pessoa jurídica impetrada (José Carlos Barbosa Moreira, Mandado de segurança e condenação em honorários de advogado, *in* José Carlos Barbosa Moreira, *Direito processual civil (ensaios e pareceres)*, p. 242-243. Ainda que se considerasse correto esse entendimento, porém, é preciso recordar que com a Constituição da República de 1988 o Ministério Público deixou de exercer essa função de representação judicial da União e, não obstante isso, a Lei nº 12.016/2009 manteve a oitiva obrigatória do Ministério Público. Hoje, então – e pelo menos – a intervenção do *parquet* se dá a outro título.

sentação judicial da Administração Pública, conclusão esta incompatível com sua envergadura constitucional".[97]

De outro lado, há quem considere que a intervenção do Ministério Público no processo do mandado de segurança é obrigatória. É a opinião de Cassio Scarpinella Bueno:[98]

> "A leitura do art. 12 da Lei n. 12.016/2009, contudo, deixa clara a opção mais recente do legislador, em ampla consonância com as finalidades constitucionalmente impostas àquela instituição: a atuação do Ministério Público em mandado de segurança, na qualidade de fiscal da lei, é imperativa. Não há, no caso, qualquer margem de escolha a ser feita por aquele órgão quanto a intervir ou deixar de intervir em mandado de segurança como, para os fins do art. 82, III, do Código de Processo Civil, é possível sustentar. Em se tratando de mandado de segurança, independentemente de seu objeto, o Ministério Público *deve intervir*. Ser mandado de segurança, no caso, faz toda a diferença. Não devem subsistir à nova disciplina legal, destarte, todos os atos expedidos pelos Ministérios Públicos federais e estaduais sobre as hipóteses que justificariam, ou não, a intervenção daquela instituição em mandados de segurança."

Penso ser correta esta segunda corrente. Há, no texto que acaba de ser citado, do notável processualista Cassio Scarpinella Bueno, uma frase que serve de justificativa para isso: "Ser mandado de segurança, no caso, faz toda a diferença." O art. 82, III, do CPC estabelece que o Ministério Público intervém obrigatoriamente, como *custos legis*, nos processos em que o interesse público é determinado pela "natureza da lide". Pois o que determina a existência de interesse público, presumido absolutamente, *iuris et de iure*, a justificar a intervenção ministerial, é o fato de *ser mandado de segurança*. Afinal, o direito ao mandado de segurança é, como visto anteriormente, direito fundamental. E seria impensável, no modelo constitucional de Direito Processual adotado no Brasil, que se desenvolvesse um processo que tem por objeto uma pretensão de tutela de direito fundamental que não contasse com a participação do Ministério Público.

Poder-se-ia dizer que o impetrante poderia ter optado por ajuizar sua demanda pelas vias ordinárias, caso em que talvez não se justificasse a intervenção do Ministério Público. É verdade. Pense-se, por exemplo, num mandado de segurança em que se busca a anulação de uma multa de trânsito. Fosse o demandante a juízo pelas vias ordinárias e o *parquet* certamente não interviria. Mas o fato de ter ele optado por impetrar mandado de segurança é suficiente para que a atuação ministerial se torne obrigatória.

---

[97] Fernando Gonzaga Jayme, *Mandado de segurança*, p. 103.

[98] Cassio Scarpinella Bueno, *A nova lei do mandado de segurança*, p. 102-103.

O que precisa ficar claro é que no caso de o demandante ir a juízo pela via do mandado de segurança ele não estará, apenas, fazendo valer um seu direito subjetivo perante o ente público (*lato sensu*). Estará ele buscando fazer valer o seu *direito fundamental ao mandado de segurança*, insculpido no sistema pelo art. 5º, LXIX, da Constituição da República, e consequência disso é a necessária intervenção do Ministério Público no processo.

Assim, em todos os processos de mandado de segurança será obrigatoriamente intimado o Ministério Público para que intervenha, como *custos legis*, no prazo de dez dias.[99] Trata-se, porém, de prazo próprio, findo o qual os autos irão à conclusão do juiz, que decidirá independentemente de manifestação do MP (art. 12, parágrafo único, da Lei nº 12.016/2009).

Não há, nisso, qualquer contradição com o que foi sustentado anteriormente. O papel institucional do Ministério Público quando atua no papel de *custos legis* é ser um guardião da ordem jurídica, buscando ampliar o debate processual, a fim de aumentar a legitimidade do resultado do processo. Há, portanto, uma intensa ligação entre a participação do Ministério Público e o princípio constitucional do contraditório.

Ocorre que o princípio do contraditório, no processo não penal, não exige a manifestação obrigatória, contentando-se com a *possibilidade de intervenção*. Daí a legitimidade constitucional da revelia, por exemplo, sem que se tenha de nomear defensor dativo para o demandado que não contesta. Do mesmo modo, o fato de ser o Ministério Público um sujeito do contraditório no processo do mandado de segurança torna obrigatória sua intimação, com a consequente possibilidade de manifestação. Ultrapassado o prazo para que tal manifestação ocorra, porém, seguirá o processo adiante, decidindo o juiz sem ouvir o *parquet*.

---

[99] Alguns autores observaram o fato de que a Lei nº 12.016/2009 ampliou para dez dias esse prazo, que na legislação anterior era de cinco dias, e tentaram justificar esse aumento de prazo buscando demonstrar que não haveria, aí, qualquer ofensa ao princípio da duração razoável do processo. Fiaram-se, então, no fato de que a realidade encontrada pela lei de 2009 é completamente diferente da que havia em 1951, quando da edição da lei de regência anterior, e isso justificaria o aumento do prazo (neste sentido, por todos, André Vasconcelos Roque e Francisco Carlos Duarte, *Mandado de segurança*, p. 93-94. Concordo com a afirmação de que o aumento do prazo não implica violação ao direito fundamental à duração razoável do processo, mas não me parece necessário explicar isso à luz da mudança da realidade. Estou convencido de que o direito à duração razoável do processo não pode ser visto como um "direito ao processo rápido", e que cabe ao legislador fixar os prazos que considere razoáveis para a prática dos atos processuais. O aumento ou diminuição do prazo previsto para a prática de um ato processual nada tem que ver, portanto, com aquele princípio (desde que respeitada a razoabilidade do prazo, evidentemente). A garantia constitucional da duração razoável do processo é, apenas, a exigência constitucional de que o processo não demore *nem mais, nem menos* do que o necessário para produzir resultados justos. Não será um redimensionamento de um prazo, aumentando-o ou o diminuindo em alguns dias, que afetará essa garantia. Afinal, o problema da duração do processo no Brasil não se conta em dias, mas em anos...

§ 18. Sentença

Decorrido o prazo para manifestação do Ministério Público, tenha o órgão ministerial se pronunciado ou não, deverá a sentença ser proferida no prazo (impróprio) de 30 dias, nos termos do que dispõe o art. 12, parágrafo único, *in fine*, da Lei nº 12.016/2009. Não é este o local apropriado para tratar do conteúdo da sentença que resolve o mérito no processo de mandado de segurança. A tanto será dedicado outro segmento deste trabalho. Nesta sede interessa, apenas, o exame da sentença como integrante da cadeia de atos que compõem o procedimento. É, pois, um exame muito mais de *forma* do que de *conteúdo*.

No processo do mandado de segurança, como em qualquer outro processo não penal, chama-se sentença ao ato de encerramento do módulo processual, contenha ele ou não a resolução do mérito.[100] Assim, concluída a fase instrutória do processo – o que se dará com o decurso do prazo para manifestação do Ministério Público, tenha este ou não oferecido sua promoção – deverá o juízo da causa proferir a sentença e, através desse ato, encerrar o procedimento do mandado de segurança.

Estabelece o art. 12, parágrafo único, da Lei nº 12.016/2009 que a sentença deverá ser proferida necessariamente no prazo de 30 dias. Não há, porém, qualquer dúvida na doutrina acerca da natureza desse prazo, que é unanimemente tido como *impróprio*.[101] Vale registrar, aqui, porém, a relevante observação de Cassio Scarpinella Bueno sobre o ponto:[102]

> "A doutrina, em geral, refere-se aos prazos dos magistrados como *impróprios*, isto é, como prazos meramente indicativos cuja não observância não acarreta nenhuma preclusão ou vício processual. O entendimento, com o devido respeito, precisa ser revisto urgentemente, mormente diante da abrangência do inciso LXXVIII do art. 5º da Constituição Federal.
>
> Para os que não concordarem com o entendimento destacado o parágrafo anterior e não nota que quer ilustrá-lo, podem concordar com o do saudoso Calmon de Passos, que, em estudo clássico sobre o mandado de se-

---

[100] Não obstante a redação dos dispositivos do CPC que tratam da sentença não fazerem mais alusão à "extinção do processo" para defini-la, não pode haver dúvida de que no Direito brasileiro a sentença é definida por um critério "topológico", que leva em consideração a localização do ato no procedimento. Assim, deve-se considerar sentença o ato do juiz que põe termo ao processo ou a alguma de suas fases (cognitiva ou executiva), resolvendo ou não o mérito da causa. Sobre o ponto, seja permitido remeter a Alexandre Freitas Câmara, *Lições de direito processual civil*, v. 1, p. 467-471.

[101] Desnecessário alongar as citações sobre o ponto. Por todos, André Vasconcelos Roque e Francisco Carlos Duarte, *Mandado de segurança*, p. 97.

[102] Cassio Scarpinella Bueno, *A nova lei do mandado de segurança*, p. 104-105.

gurança contra ato judicial, no início da década de 1960, já escrevia sobre tema similar:

'[...] negando-se, como se nega, reiteradamente, qualquer sanção ao juiz moroso, seja de primeira instância, seja da mais alta instância, a verdade é que os prazos existem na lei e não na prática, no referente aos magistrados; e os processos de mandado de segurança duram o que acham devam eles durar a boa ou má formação do juiz, sua maior ou menor diligência, seu mais apurado ou menor apurado saber, sua real ou aparente probidade'.

Assim, importa que, para o sucesso desejado, desde a Constituição Federal, ao mandado de segurança e ao direito nele questionado, os prazos legais sejam exemplarmente cumpridos por todos aqueles que desempenham, desde a mesma ordem constitucional, as *funções essenciais à Justiça*. Esse *comprometimento* é essencial ao funcionamento do sistema, sob pena de sua própria ruína. O dispositivo ora estudado fez, de sua parte, o que lhe cabia, valendo-se de expressão verbal e de advérbio que, por si sós, deixam clara a intenção do legislador: a sentença '*deverá ser necessariamente proferida em 30 (trinta) dias*'."

Impõe-se aqui, porém, uma observação acerca da *impropriedade* do prazo de 30 dias para a prolação de sentença em mandado de segurança. É evidente que o decurso desse prazo não pode gerar, para o Estado-juiz, uma preclusão temporal do poder de sentenciar. A se admitir tal preclusão, ter-se-ia de considerar que nesse caso o processo do mandado de segurança jamais receberia sentença. Isso não quer dizer, porém, que nenhuma consequência advenha do decurso do prazo. É que se pode, aí, invocar a regra veiculada pelo art. 198 do CPC:

"Art. 198. Qualquer das partes ou o órgão do Ministério Público poderá representar ao presidente do Tribunal de Justiça contra o juiz que excedeu os prazos previstos em lei. Distribuída a representação ao órgão competente, instaurar-se-á procedimento para apuração da responsabilidade. O relator, conforme as circunstâncias, poderá avocar os autos em que ocorreu excesso de prazo, designando outro juiz para decidir a causa."

Com o decurso do prazo, então, surge para as partes e para o Ministério Público a possibilidade de representar ao Tribunal (aquele que em tese seria competente para conhecer de reclamações correicionais contra o magistrado, isto é, o tribunal a que o magistrado esteja vinculado), a fim de que este apure a responsabilidade do juiz. Neste caso, o relator da representação, verificado o excesso de prazo, deverá – conforme as circunstâncias, como diz a lei processual – fixar prazo peremptório para a prolação da sentença ou designar outro juiz (que terá de ser o substituto legal do juiz que excedeu do prazo, sob pena de afronta ao princípio do juiz natural) para proferir a sentença.[103]

Dentro do trintídio, portanto, deverá o juízo proferir a sentença, resolvendo ou não o mérito da causa. Essa sentença, evidentemente, deverá ser elaborada nos termos do art. 458 do CPC, sendo seus elementos essenciais o *relatório*, a *fundamentação* e o *dispositivo*.[104]

No capítulo principal da sentença, o juízo se pronunciará sobre a extinção do processo de mandado de segurança sem resolução do mérito (se for terminativa a sentença), ou decidirá o pedido, pronunciando sua procedência ou improcedência (se a sentença for definitiva). E aqui cabe voltar a uma observação de índole terminológica feita anteriormente neste trabalho. A prática forense consagrou uma espécie de "linguagem própria" para o mandado de segurança, diferente da terminologia técnica do Direito Processual. Isso se vê, particularmente, nas decisões proferidas nesses processos.

Raro é o caso em que se vê uma sentença dar pela procedência do pedido formulado na demanda de mandado de segurança. O que se vê escrito na sentença é algo como "concede-se a segurança", "concede-se a ordem" ou qualquer coisa parecida com isso. De outro lado, se a sentença não é de procedência, fala-se simplesmente em "denegação da segurança" ou em "denegação da ordem" (e isso tanto nos casos em que se tenha julgado improcedente o pedido como naqueles em que se tenha determinado a extinção do processo sem resolução do mérito, o que torna ainda mais perniciosa a impropriedade terminológica).[105] Sobre o tema, não se pode deixar de transcrever precioso ensinamento de importante professor da Universidade do Estado do Rio de Janeiro:[106]

> "Merece particular destaque que, nesta matéria, se algo contribui enormemente para embaraçar a compreensão do conteúdo das decisões proferi-

---

[103] Sobre essa representação e acerca das soluções possíveis para a hipótese, Antônio Dall'Agnol, *Comentários ao Código de Processo Civil*, v. 2, p. 418-419.

[104] Sobre a necessidade de que a sentença tenha dispositivo, não poderia mesmo haver qualquer dúvida, pois sentença sem dispositivo sequer pode ser considerada sentença, devendo ser tida por inexistente. Também a fundamentação é exigida sem dúvida, já que se trata de uma imposição constitucional, e sua falta eiva a sentença de nulidade. Não se pode, porém, deixar de registrar que o relatório só é exigido por força da aplicação subsidiária do Código de Processo Civil à Lei do Mandado de Segurança, e curiosamente nem mesmo os mais fervorosos adversários dessa aplicação subsidiária foram capazes de sustentar a dispensabilidade do relatório nas sentenças que se proferem nesse tipo de processo.

[105] Este é ponto tão pernicioso que a ele se voltará ainda uma vez, em tópico especificamente destinado ao trato do assunto, no capítulo seguinte deste livro, dedicado ao exame das "sentenças denegatórias da segurança".

[106] Helcio Alves de Assumpção, Mandado de segurança: a comprovação dos fatos como pressuposto específico de admissibilidade do *writ*, *Revista do Ministério Público*, v. 1, nº 2, p. 43.

das no mandado de segurança, e perturbar gravemente a verificação dos efeitos que dele resultam é o arraigado vezo de deixar de empregar-se, no mandado de segurança, a terminologia técnica tradicional que se utiliza de um modo generalizado para as ações, e o hábito – que sem nenhum prejuízo se poderia banir da lei e da prática forense – de adotar-se, indistintamente para todos os casos em que o impetrante não logra obter bom êxito, a expressão 'denegação' da segurança.

Não há dúvida de que se trata, a palavra 'denegação', de expressão tradicional, que a própria Constituição e a Lei 1533 utilizam – não sem suscitar, aliás, aqui e ali, ponderáveis polêmicas. Cuida-se, porém, de termo impreciso e ambíguo, que dá margem a dúvidas sobre o objeto da decisão, e, embora proporcione certa comodidade para o juiz, que, por meio dele, não precisa preocupar-se em dizer se está ou não julgando o pedido, cobra mais tarde o seu preço, ao exigir que, nem sempre com facilidade, se interpretem as sentenças, para todos os efeitos que tiverem por pressuposto determinar se se trata, ou não, de decisão de mérito."

Assim, e para evitar transtornos posteriores, o ideal será que a sentença – especialmente a que não acolhe o pedido de mandado de segurança – deixe claro se houve ou não resolução do mérito, o que só será possível com o emprego de terminologia processual adequada, não se falando genericamente em "denegação da segurança", mas em improcedência do pedido (quando for definitiva a sentença) ou em extinção sem resolução do mérito (quando terminativa).

Além do capítulo principal, a sentença deverá conter um capítulo acessório, que tratará do custo econômico do processo, condenando o vencido a pagar as despesas processuais. Não se cogita, porém, de condenação ao pagamento de honorários advocatícios (os chamados "honorários de sucumbência"), por força do que expressamente determina o art. 25 da Lei nº 12.016/2009).

A respeito do não cabimento de condenação em honorários advocatícios no processo do mandado de segurança, cabe uma observação. Afinal, a Lei nº 12.016/2009 veio consagrar expressamente o que antes era, apenas, um entendimento jurisprudencial, sumulado, e que jamais contou com o apoio unânime da doutrina. Trata-se, pois, de ponto que merece ser submetido a um exame crítico.

O não cabimento de condenação ao pagamento de honorários advocatícios no processo do mandado de segurança foi um ponto que ficou definido na jurisprudência a partir da edição do Enunciado nº 512 da Súmula da Jurisprudência Predominante do STF: "não cabe condenação em honorários de advogado na ação de mandado de segurança". O principal precedente a servir de base ao aludido enunciado foi o acórdão prolatado no julgamento do RE 61097, assim ementado:[107]

---

[107]   STF, RE 61097, rel. Min. Amaral Santos, j. em 12.9.1968.

> "O ANTIGO IMPOSTO DE VENDAS E CONSIGNAÇÕES NÃO INCIDIA SO-
> BRE O VALOR DA TAXA COBRADA POR GUIA E DEVIDA AO INSTITUTO
> DO AÇÚCAR E DO ÁLCOOL. NÃO CABE, EM MANDADO DE SEGURANÇA,
> CONDENAÇÃO AO PAGAMENTO DE HONORÁRIOS DE ADVOGADO. RE-
> CURSO EXTRAORDINÁRIO CONHECIDO E PROVIDO EM PARTE."

O fundamento principal da referida decisão, relatada por um dos mais eminentes processualistas que o Brasil teve em todas as épocas, o Ministro Moacyr
Amaral Santos (que restou vencido quanto ao ponto, já que afirmou o cabimento
da condenação ao pagamento de honorários), foi a inaplicabilidade subsidiária
do Código de Processo Civil à Lei do Mandado de Segurança (tema sobre o qual já
se discorreu em passagem anterior deste livro). Mas outros fundamentos também
aparecem naquela decisão, como a inexistência de parte vencedora e vencida nos
termos empregados pelo CPC de 1939, então vigente; a natureza constitucional do
mandado de segurança, a exemplo do *habeas corpus*; a observância do princípio
da igualdade e do acesso à Justiça, já que inconveniente a condenação do autor
ao pagamento de honorários em caso de denegação de segurança; a inexistência,
por vezes, de sentença final, já que a parte, podendo repropor a demanda, não
restaria definitivamente vencida.

Vale a pena transcrever aqui trechos do voto proferido, naquele julgamento,
pelo eminente Min. Eloy da Rocha:

> "O princípio da sucumbência, consagrado no art. 64 do C. Proc. Civil, com
> a redação da Lei 4.632, de 18.5.1965, vale nos processos regulados no Có-
> digo de Processo Civil; não em mandado de segurança, que é disciplinado
> por lei especial. [...] O mandado de segurança era regulado pelo Código
> de Processo Civil, no Livro IV, Título V, arts. 319 a 331. Mas a Lei 1.533, de
> 31.12.1951, revogou, substituiu e revogou sobre a matéria os dispositivos
> do Cód. Proc. Civil. Dispôs, de modo especial, no art. 6º, sobre o preenchi-
> mento, pela petição inicial, dos requisitos dos arts. 158 e 159 do Código
> de Processo Civil, e no art. 19, sobre a aplicação, ao processo do mandado
> de segurança, dos arts. 88 a 94 do mesmo Código, referentes aos litiscon-
> sortes. [...] A regra da sucumbência, inscrita no art. 64 do Código de Pro-
> cesso Civil, não pode se estender, a não ser quando a lei especial manda
> aplicar, subsidiariamente o Código de Processo Civil, como acontece nos
> executivos fiscais. O DL 960, de 17.12.68, no art. 76, determina a aplicação
> subsidiária da legislação processual. Mas isso não acontece no mandado
> de segurança, pela natureza especial desta ação.
>
> [...]
>
> Argumenta-se que não há, no *writ*, parte vencida e parte vencedora, no
> sentido em que estas expressões são empregadas no art. 64. A doutrina
> assinala a peculiaridade, no mandado de segurança, da relação jurídico

O Procedimento do Mandado de Segurança Individual **199**

processual e a dificuldade de conceituar as partes, tendo em vista o sujeito passivo. Impetra-se o mandado de segurança contra ato de autoridade, que envolve pessoa jurídica de direito público. [...] Não se depara no mandado de segurança, a rigor, a caracterização de autor e réu, das ações em geral, nomeadamente quanto ao sujeito passivo.

[...]

Admitir-se-á pela aplicação sem reservas da regra de sucumbência, em mandado de segurança, do princípio da sucumbência que o impetrante, quando denegado o pedido, venha a ser condenado ao pagamento de honorários de advogado? Não há condenação, em nenhuma hipótese, ao pagamento de honorários advocatícios, no mandado de segurança como no habeas corpus, duas medidas que constituem garantias constitucionais irmãs. No mandado de segurança, como no habeas corpus, apresentam-se duas garantias constitucionais, duas ações especiais, a que não se estendem quaisquer regras referentes à generalidade dos processos, em matéria civil ou penal."

Aquela decisão, porém, não foi unânime. Votou vencido, entendendo ser cabível a condenação ao pagamento de honorários, o eminente jurista e Ministro do STF Aliomar Baleeiro:

"[...] não obstante a penúltima disposição da Lei 1.533/51 mandando observar-se certos artigos do Código de Processo, parece estar implícito que aquelas demais disposições de caráter geral do Código de Processo, que regulam de apresentar petição, representação das partes, a maneira de fazer petição inicial, etc., tudo isso também fica extensivo ao processo do mandado de segurança. Pelo menos a isso conduz uma interpretação sistemática, num país de legislação codificada, como o nosso.

[...] na construção que estamos fazendo, a melhor conclusão é esta de condenar a Fazenda nos honorários, como também condenaria o réu, o impetrante, se ele levianamente, inaptamente requeresse o mandado de segurança".

Dessa leitura se extrai que o Supremo Tribunal Federal adotou, *data venia*, como premissa fundamental da decisão, um postulado errôneo. Afinal, como já se demonstrou em passagem anterior deste trabalho, o CPC é – e sempre foi – subsidiariamente aplicável à lei do mandado de segurança.

Outro precedente do Enunciado 512 da Súmula do STF é o acórdão proferido no julgamento do RE 66843, assim sucintamente ementado:[108]

---

[108] STF, RE 66.843, rel. Min, Themístocles Cavalcanti, j. em 11.4.1969.

"Não há condenação em honorários em processo de mandado de segurança."

No seu voto, o relator assim se pronunciou:

"O mandado de segurança é requerido contra ato de autoridade e é ela que responde pelo ato e sua legalidade. O Estado não é defendido por seu representante e, portanto, não é a pessoa de direito público parte no processo. [...] A Fazenda não é sequer citada para a ação. Não há pois, como condená-la em honorários, como parte vencida no processo, o que, aliás, não foi pedido na inicial."

Mais uma vez, com todas as vênias ao Pretório Excelso, o raciocínio é equivocado. Primeiro, a pessoa jurídica é a parte do processo de mandado de segurança, e não a autoridade coatora. Segundo, a condenação ao pagamento de honorários advocatícios, como cediço, não depende de pedido expresso na petição inicial.

Firmado, porém, esse entendimento no STF, foi ele posteriormente reiterado no STJ, especialmente a partir da aprovação do Enunciado nº 105 da Súmula da Jurisprudência desta Corte de Superposição. O principal precedente desse enunciado foi o julgamento proferido no EREsp 27879/RJ, assim ementado:[109]

"Mandado de segurança. Honorários de advogado. Não cabimento. Em hipótese nenhuma (seja de concessão ou de denegação da segurança, ou de extinção do processo, seja a título de sucumbência ou em termos de responsabilidade civil da pessoa jurídica de direito público), é dado ao juiz impor condenação em honorários de advogado.

Princípio da Súmula 512/STF (que teve por referência o art. 64 do CPC/39, na redação da Lei n. 4632/65, e que foi mantido após a edição do CPC/73), acolhido pela Corte Especial do STJ.

Jurisprudência e doutrina sobre a matéria, num e noutro sentido.

Divergência verificada entre a 6ª Turma (acórdão embargado, pelo não cabimento dos honorários) e a 1ª Turma (acórdão paradigma, pelo cabimento dos honorários), ambas do STJ. Embargos conhecidos mas rejeitados."

Naquela decisão, o eminente relator se pronunciou pelo não cabimento de condenação ao pagamento de honorários advocatícios no processo do mandado de segurança destacando dois fundamentos:

"[...] aquele que destaca o aspecto particular do mandado de segurança, ou a especial natureza desta ação, de índole tão nobre que se confunde, constitucionalmente, com o <u>habeas corpus</u> e aquele da dificuldade da con-

---

[109] STJ, EREsp 27879/RJ, rel. Min. Nilson Naves, j. em 23.9.1993

denação, particularmente quando se tratar de mandado requerido contra ato judicial. [...] Ao que creio, a melhor das soluções é a que propõe que o mandado de segurança não comporta, mesmo, condenação de honorários, em qualquer hipótese".

Também essa decisão não foi unânime. Em seu voto vencido, assim se pronunciou o Min. Cesar Asfor Rocha:

"É preciso observar que o verbete nº 512 em análise foi plasmado, após calorosas discussões, tomando-se como base o art. 64 do Código de Processo Civil de 1939. É verdade que na vigência da Lei Adjetiva Civil atual a polêmica foi vivificada, mas o último grande debate de que pude colher é de 1977, quando o mandado de segurança ainda era um rito sagrado uma palavra mágica, o remédio heroico, de utilização limitada, sem a frequência, senão a vulgaridade, com que hoje é utilizado. E mais: naquele momento ainda era muito forte a influência das ideias concebidas, firmadas, com fincas no Código revogado.

[...]

É preciso observar que o novo CPC traz novos argumentos em favor da aplicação da sucumbência em relação ao mandado de segurança, quando regula os vários processos e procedimentos especiais (art. 270); mandando aplicá-los a todas as causas o procedimento comum, salvo disposição em contrário do próprio Código ou de Lei especial (art. 271); aplicando subsidiariamente as disposições do procedimento ordinário aos procedimentos especiais que se regem pelas disposições que lhe são próprias (Art. 273).

[...]

Existem outros remédios constitucionais como a ação popular e a ação civil pública, cujas leis estabelecem o cabimento de honorários (Lei nº 4.717, arts. 12 e 13 e Lei nº 7.437, arts. 17 e 18). A contrario sensu, a ausência de normas na Lei nº 1.533, importa, pois, na aplicação análoga do Código de Processo Civil.

Acresce que, como o juiz tem a faculdade de fixar equitativamente os honorários, poderá fazê-lo tendo em conta a índole constitucional do mandado de segurança, utilizando a equidade para, em determinados casos, não conceder a sucumbência, ou mandar pagar honorários simbólicos, e, em outros, verificar sobre quem deve incidir, no todo ou em parte, a responsabilidade pelo pagamento da verba honorária, seja em relação à autoridade coatora, seja no tocante à pessoa jurídica de direito público.

Com esses temperamentos, a analogia se justifica por ser compatível com a índole do mandado se segurança [...]."

Na jurisprudência do Superior Tribunal de Justiça há um outro precedente que merece destaque. É o acórdão proferido no julgamento dos Embargos de Divergência nº 18649/RJ, relatados pelo Min. José de Jesus Filho, assim ementado:[110]

> "Embargos de divergência.
>
> Não cabe condenação em honorários de advogado na ação de mandado de segurança. Súmula 512 do STF. Embargos de divergência conhecidos e recebidos."

Neste acórdão podem ser encontrados votos que tratam do ponto a partir de óticas bastante diversas. Confira-se:

> **Min. Bueno de Souza**: "O mandado de segurança [...] perderia, ademais, muito de sua prestância, porquanto desembocaria, necessariamente, em processos de liquidação e execução pelas verbas de sucumbência."
>
> **Min. Pádua Ribeiro**: "[...] admitir-se condenação em honorários em mandado de segurança, ensejará, em última análise, o congestionamento do Poder Judiciário. Tantas serão as condenações quanto as seguranças impetradas. Todos os feitos pertinentes, concessivos ou não da ordem, ou mesmo extintivo do processo, passarão sempre a ensejar a liquidação de sentença para a execução dos honorários, com todos os problemas daí derivados [...] embora as ações de segurança não percam a sua magnitude constitucional, despir-se-ão de parte da sua grandiosidade, porquanto o seu respectivo processo deixará sempre um resíduo, de alto poder poluidor, cujo saneamento só poderá ser feito a custa do alto preço decorrente da maior demora da administração da Justiça".
>
> **Min. Costa Leite**: "A despeito de discordar da orientação estampada na Súmula nº 512 do STF, certo é que vem balizando os rumos da jurisprudência de longa data. Posição contrária do STJ acabaria se constituindo em fator de insegurança. A esta altura, só se justifica modificação via legislativa."

Houve, porém, voto divergente do Min. Eduardo Ribeiro:

> "[...] o processo não resultará em dano para quem tenha razão. Negando os honorários em casos que tais, o direito, obviamente, não será inteiramente reparado, o processo terá causado dano ao autor, apesar de se reconhecer a liquidez e a certeza de seu direito".

Os dois enunciados sumulares, é certo, pacificaram o tema na jurisprudência. A doutrina, de outro lado, sempre debateu a questão enquanto vigente a Lei nº 1.533/1951.

---

[110] STJ, EREsp 18649/RJ, rel. Min. José de Jesus Filho, j. em 22.10.1993.

Veja-se sobre o ponto, por exemplo, o ensinamento de Celso Agrícola Barbi:[111]

"A nosso ver, mesmo na vigência do Código de 1939, com a modificação feita pela Lei nº 4.632, deveria ela ser aplicada ao mandado de segurança. Trata-se de disposição de caráter geral, aplicável a todos os procedimentos, e não apenas aos regulados no Código. Tanto assim que o Supremo Tribunal Federal assentou jurisprudência no sentido de ser aplicável ao executivo fiscal o princípio da sucumbência previsto no art. 64 daquele Código, como se vê na Súmula nº 519, formulada em 03.12.1969. E esse executivo, na ocasião, era regido pelo Dec.-Lei nº 960, no qual não havia nenhuma norma expressa mandando aplicar o art. 64 do Código.

Posteriormente, o Código de Processo Civil de 1973 manteve o princípio vigorante à época de sua publicação e dispõe no art. 20 que 'a sentença condenará o vencido a pagar ao vencedor as despesas que antecipou e os honorários advocatícios'.

Essa posição do novo Código reforça a nossa convicção expressa mais acima. Acrescente-se que no § 4º do seu art. 20 regula ele a condenação em honorários, quando a Fazenda Pública for vencida, e não exclui de sua incidência os procedimentos regulados por lei especial.

Cumpre acrescentar, ainda, que a Lei nº 1.533 nada dispõe acerca da atribuição de honorários de advogado, isto é, não determina que a sentença se abstenha de decidir a respeito. E não existe nenhum princípio geral em nosso direito que mande que cada uma das partes fique responsável pelas despesas com seu advogado.

Por todos esses motivos, entendemos que a jurisprudência do Supremo Tribunal Federal, consolidada na Súmula nº 512, não deu a melhor solução possível ao assunto e desatende ao princípio da sucumbência, que é geralmente adotado no direito das nações cultas."

Em trabalho especificamente escrito sobre o tema, ainda sob o império do CPC de 1939, sobre o tema se manifestou o Mestre José Carlos Barbosa Moreira.[112] Examinou ele, um a um, todos os fundamentos que costumavam ser empregados para afastar-se a condenação ao pagamento de honorários de advogado no processo do mandado de segurança. Vale a pena transcrever as lições do maior dos processualistas brasileiros.

---

[111] Celso Agrícola Barbi, *Do mandado de segurança*, p. 197-198.

[112] José Carlos Barbosa Moreira, Mandado de segurança e condenação em honorários de advogado, *in* José Carlos Barbosa Moreira, *Direito processual civil (ensaios e pareceres)*, p. 238-247.

Ao primeiro fundamento que costuma ser invocado ("regendo-se por lei especial o processo do mandado de segurança, não se lhe aplicaria o disposto no CPC"), disse Barbosa Moreira:[113]

> "A isso se responde dizendo que as normas do Código constituem fonte subsidiária da disciplina de qualquer processo especial, regulado por lei anterior ou posterior a ele, e incidem em tudo que não contrarie o regime específico traçado pelo diploma pertinente. O direito processual civil cristalizado no Código é *direito processual civil comum*, que só cede ante a existência de regra peculiar a tal ou qual processo, mas que cobre toda a área deixada em branco pela regulamentação específica, na medida em que seja com esta compatível. E isso independentemente de remissão expressa – que, onde a faça a lei especial, deve reputar-se *meramente explicitante*."

Ao segundo fundamento ("o art. 64 do CPC de 1939, referindo-se a 'parte vencida' e 'parte contrária', não se aplicaria ao processo de mandado de segurança, em que não há partes"), ensinou o notável processualista carioca:[114]

> "O argumento decorre logicamente da recalcitrância em admitir a existência de 'ação' no processo do mandado de segurança, e está refutado, *ipso facto*, com a demonstração da inconsistência de tal escrúpulo. Tratando-se, como se trata, de processo jurisdicional, de processo de ação, é evidente que não pode deixar de haver partes: seria uma contradição nos termos. *Partes*, em qualquer processo, são aquele que pede em aquele em face de quem se pede – num e noutro caso, em nome próprio – a tutela jurisdicional do Estado. No processo do mandado de segurança, parte ativa é o impetrante, sem dúvida alguma; parte passiva, de acordo com a doutrina prevalecente, é a pessoa jurídica (de direito público, as mais das vezes) em cujos quadros se insere a autoridade dita coatora.
>
> [...]
>
> Ora, se há partes, há necessariamente, ao fim do processo (e abstraindo-se da hipótese de sucumbimento recíproco), uma *parte vencida* e outra *parte vencedora* – a 'parte contrária' a que alude o art. 64 do Código [*de 1939*], e à qual deve a primeira pagar honorários de advogado. A não ser, é claro, que o juiz, como aquele da velha anedota, julgue a causa empatada e condene o escrivão nas custas – e também, quem sabe, nos honorários de ambos os advogados... Vencida será a pessoa jurídica, quando se conceda a segurança; vencido o impetrante, quando se denegue a segurança, ou se extinga o processo, por qualquer razão, sem julgamento do mérito. À

---

[113] Ob. cit., p. 240-241.

[114] Ob. cit., p. 241-242.

pessoa jurídica ali, ao impetrante aqui, tem-se de impor a condenação na verba honorária."

A respeito do terceiro argumento contrário à condenação em honorários ("não ocorreria, no processo do mandado de segurança, a atuação de um advogado da entidade contra a qual se dirige a impetração"), ensinou Barbosa Moreira:[115]

> "Liga-se a ideia a um equívoco infelizmente consagrado na prática judiciária. O art. 10 da Lei n. 1.533 determina que, findo o prazo para a prestação de informações pela autoridade apontada como coatora, se abra vista dos autos, por cinco dias, ao 'representante do Ministério Público', e sejam eles em seguida conclusos ao juiz, para sentença. A expressa aspeada, usou-o o legislador, à evidência, com os olhos postos na sistemática do direito federal, em que ao Ministério Público se atribui a função de representar a União em juízo (Constituição de 1946, art. 126 e parágrafo único; de 1967, art. 138 e § 2º; menos explicitamente, Emenda Constitucional nº 1, de 1969, art. 95 e § 2º). Um entendimento *literal* do texto, contido, impôs a praxe de ouvir-se, ainda no plano local, o Ministério Público, que não representa judicialmente o Estado, admitindo-se, na melhor hipótese, que *também a este* se deva proporcionar o ensejo de falar no processo, através do órgão próprio.
>
> Se com isso já se desatendia ao espírito da própria Lei nº 1.533, já agora contraria manifestamente direito expresso, ao menos no caso de concessão liminar, a imposição de silêncio ao representante judicial da entidade contra a qual se impetrou a segurança. Reza, com efeito, o art. 3º da Lei nº 4.348, de 26-6-1694, que 'as autoridades administrativas, no prazo de 48 horas da notificação da medida liminar, remeterão ao Ministério ou órgão a que se acham subordinadas e ao Procurador-Geral da República ou a quem tiver a representação judicial da União, do Estado, do Município ou entidade apontada como coatora, cópia autenticada do mandado notificatório, assim como indicações e elementos outros necessários às providências a serem tomadas para a eventual suspensão da medida e defesa do ato apontado como ilegal ou abusivo do poder'. Mas é claro que a 'defesa do ato' não há de limitar-se às hipóteses de segurança concedida *in limine litis*. A lógica mais elementar reclama a abertura de oportunidade ao representante judicial da pessoa jurídica para que, em qualquer caso, tente demonstrar a improcedência do pedido, ou argua as preliminares porventura cabíveis. Não há como fugir a tal conclusão, se se reconhece à pessoa jurídica a posição de parte passiva no processo do mandado de segurança:

---

[115] Idem, p. 242-244.

estaria a vulnerar-se frontalmente o princípio do contraditório, que informa todo o nosso direito processual: *audiatur et altera pars*.

Atua, pois, necessariamente, no processo do mandado de segurança, um 'advogado' da pessoa jurídica, seja ela de direito privado ou, como ocorre com mais frequência, de direito público. Na segunda hipótese, o 'advogado' será naturalmente aquele a quem a Constituição ou a lei defira a representação judicial da entidade. Por sua voz é que esta exercerá, *v.g.*, o 'direito de sustentação perante o tribunal *ad quem*', no julgamento do agravo de petição.

Aliás, mesmo que assim não se entendesse, a incidência do art. 64 do Código de Processo Civil [de 1939] não se poderia excluir senão nos mandados de segurança impetrados contra pessoa jurídica de direito público; e, ainda nesse âmbito, unicamente quando vencido o impetrante. Tal circunstância, por si só, põe a nu a fragilidade do argumento."

A respeito do quarto fundamento ("o representante judicial da pessoa jurídica de direito público, na qualidade de funcionário, já recebe dela o estipêndio correspondente ao seu cargo, e com isso está recompensado de todos os serviços nos processos em que a defenda"), leciona o notável processualista:[116]

"A ser verdadeiro este argumento – cumpre logo observar –, de um lado provaria demais, e de outro provaria de menos. Provaria *demais* porque, com base nele, teria logicamente de sustentar-se a inaplicabilidade do art. 64 do Código de Processo Civil [de 1939] não apenas no mandado de segurança, mas *em qualquer feito onde fosse parte alguma pessoa jurídica de direito público*. Ou antes: *em qualquer feito onde fosse parte alguém que renumere, com prestações sucessivas e periódicas, o advogado incumbido de atuar*. O art. 64 seria inaplicável onde quer que atuasse advogado contratado, por exemplo, sob o regime trabalhista, para defender em juízo uma sociedade comercial. Jamais se chegou, tanto quanto saibamos, a cogitar disso; mas a conclusão, no rigor da lógica, é inevitável.

[...]

Provaria *de menos* o argumento porque, segundo já se acentuou, nem todos os mandados de segurança se impetram contra pessoas jurídicas de direito público; e, ademais, porque o impetrante tanto pode sucumbir quanto vencer, e nesta última hipótese o raciocínio sob exame não encontraria cabimento algum. Mas como condicionar ao *eventum litis* o nascimento da obrigação de pagar honorários? Seria criar, *sem nenhum apoio legal*, diferença de tratamento entre os litigantes."

---

[116] Idem, p. 244.

A respeito do quinto e último argumento que se costumava apontar como base do entendimento que negava a condenação em honorários ("sendo garantia constitucional, e guardando afinidade com o habeas corpus, não se compadeceria o mandado de segurança com a condenação em honorário, pela mesma razão por que com ela não se compadece o habeas corpus"), é a seguinte a lição do Professor Titular da Faculdade de Direito da UERJ:[117]

> "Mas a razão fundamental por que não ocorre, no *habeas corpus*, a condenação em honorários, consiste em que esse instituto é disciplinado pelo direito processual *penal*. Manifesto absurdo seria inovar essa *mesma* razão a propósito do mandado de segurança. Por mais *afins* que se queira considerar, noutros aspectos, os dois institutos, é evidentíssimo que não se pode pôr em iguais termos, para um e outro, a questão da aplicabilidade de norma inserta na lei processual *civil*."

Assim, sempre houve quem sustentasse – *com razão* – ser perfeitamente cabível a condenação em honorários advocatícios no processo do mandado de segurança. Mesmo em sede doutrinária, porém, tal entendimento nunca foi tranquilo. Havia, por exemplo, quem afirmasse que só deveria haver essa condenação no caso de ser vencida a pessoa jurídica impetrada, mas não nos casos em que o impetrante restasse vencido.[118] Não obstante todos esses argumentos, porém, a jurisprudência permaneceu firme – salvo um ou outro acórdão isolado em sentido diverso – a acolher o entendimento preconizado pelos verbetes sumulares do STF e do STJ.

A Lei nº 12.016/2009, porém, em seu art. 25, afastou qualquer espaço para a discussão. Estabeleceu-se ali, expressamente, não ser cabível a condenação do vencido, no processo de mandado de segurança, a pagar honorários advocatícios. *Legem habemus*, pois, ainda que com ela não se possa concordar. E isso porque, como visto, não há qualquer razão para se dar ao processo do mandado de segurança tratamento diferenciado *nessa* matéria.

Sobre esse dispositivo, houve quem não o considerasse de todo ruim. É o caso, por exemplo, de Cassio Scarpinella Bueno:[119]

> "Depois de alguma hesitação inicial, sempre me pareceu que a vedação dos honorários advocatícios em mandado de segurança era a melhor solução para a espécie. Não por recusar aplicação subsidiária ao Código de Processo Civil mas porque, do ponto de vista de seu 'modelo constitucional',

---

[117] Idem, p. 246.

[118] Assim, por todos, Sergio Ferraz, *Mandado de segurança*, p. 312.313.

[119] Cassio Scarpinella Bueno, *A nova lei do mandado de segurança*, p. 194. Entendimento análogo é sustentado por Luís Otávio Sequeira de Cerqueira, *in* Luiz Manoel Gomes Júnior, Luana Pedrosa de Figueiredo Cruz, Luís Otávio Sequeira de Cerqueira, Rogerio Favreto e Sidney Palharini Júnior, *Comentários à nova lei do mandado de segurança*, p. 224-225.

o entendimento acabava por *incentivar* que o particular, diante de ilegalidade ou abusividade praticada pelo Poder Público ou por quem lhe faça as vezes, questionasse o ato perante o Estado-juiz, buscando, sem receio de sua responsabilização pela verba honorária da parte contrária, tutela jurisdicional.

O entendimento de que os honorários só seriam devidos ao impetrante, quando acolhido o seu pedido – o que tornaria ainda mais claro o incentivo para o contraste, perante o Poder Judiciário, dos atos violadores dos direitos dos particulares –, defendido mais recentemente, em interessante artigo doutrinário subscrito por Gilberto Gomes Bruschi e por Denis Donoso, precisaria de expresso acolhimento legal. Não foi a opção da lei mais recente."

Há, também, quem discorde frontalmente da opção da lei. É o caso de Bruno Garcia Redondo, Guilherme Peres de Oliveira e Ronaldo Cramer:[120]

"Discordamos desse posicionamento. O mandado de segurança não é uma ação especial, mas ação como outra qualquer, que apenas segue um procedimento especial previsto em lei específica. Nem mesmo o fato de ser uma via judicial semelhante à ação popular e à ação civil pública em que não há condenação em sucumbência da parte autora (na ação civil pública, apenas a associação é beneficiada por essa regra), justifica o afastamento dos honorários de sucumbência, pois aquelas duas ações são usadas apenas para defesa de direitos coletivos *lato sensu*, ao passo que o mandado de segurança pode ser impetrado para a defesa de interesses exclusivos de uma pessoa jurídica ou natural. Por que uma sociedade que impetra um mandado de segurança contra um edital de licitação não pode ser condenada em honorários de sucumbência? Qual a diferença entre a derrota no mandado de segurança que pede a nulidade do edital de licitação e a derrota em ação de conhecimento com igual pedido? Inexiste motivo para que o mandado de segurança [receba] tratamento diferenciado daquele previsto para outros processos. Ademais, a condenação em honorários de sucumbência desestimula o ajuizamento de ações completamente descabidas, contribuindo para a criação de efetiva responsabilidade processual. Finalmente, quanto ao argumento de que o mandado de segurança não teria polos determinados, viu-se que a ação mandamental é proposta pela vítima do ato impugnado contra a pessoa jurídica de direito público a que está vinculado o agente que praticou esse ato. Logo, deve imperar a lógica de qualquer processo, cabendo à parte sucumbente arcar com o custo de sua derrota."

---

[120] Bruno Garcia Redondo, Guilherme Peres de Oliveira e Ronaldo Cramer, *Mandado de segurança*, p. 165-166.

O Conselho Federal da Ordem dos Advogados do Brasil ajuizou, inclusive, "ação direta de inconstitucionalidade" junto ao Supremo Tribunal Federal para impugnar o art. 25 da Lei nº 12.016/2009.[121] Afirmou o Conselho Federal da OAB que a vedação à condenação do vencido a pagar honorários advocatícios ofenderia o comando veiculado pelo art. 113 da Constituição da República (segundo o qual o advogado é essencial à administração da Justiça), já que a regra estabelecida pela lei desmereceria o trabalho do advogado, aviltando-o, já que lhe impõe trabalho sem remuneração. Sustentou-se, na petição inicial da "ação direta", que a fixação da verba honorária teria caráter pedagógico, já que o mandado de segurança é usado em casos nos quais o Poder Público atua com ilegalidade ou abusividade, não devendo o administrado, prejudicado pelo atuar da Administração, ser punido por ter de contratar advogado.

Instaurado o processo de controle direto da constitucionalidade, manifestou-se a Advocacia Geral da União, prestando informações pelo Presidente da República, pela legitimidade constitucional do dispositivo, invocando os enunciados de súmula (do STF e do STJ) sobre o tema, e sustentando que nas "ações constitucionais" não deve, mesmo, haver incidência de honorários advocatícios.

A Câmara dos Deputados prestou informações apenas para dizer que o projeto de lei que resultou na Lei nº 12.016/2009 seguiu regularmente o processo legislativo quando tramitou naquela Casa Legislativa.

Posteriormente, veio a manifestação do Advogado-Geral da União (atuando como curador da lei), na qual se sustentou a constitucionalidade do dispositivo, o qual teria por fim ampliar a efetividade do mandado de segurança. Afirmou-se, ainda, que não há como se extrair do art. 133 da Constituição da República a exigência de condenação ao pagamento de honorários.

Em seguida veio manifestação do Senado Federal, prestando informações, tendo sido afirmado que a exclusão da verba honorária no processo de mandado de segurança decorre da necessidade de se estimular o manejo dessa via processual e, por consequência, o controle jurisdicional dos atos ilegais e abusivos do Poder Público. Afirmou-se, então, que a condenação em honorários poderia funcionar como um desestímulo ao uso do mandado de segurança, reduzindo-se a efetividade dessa garantia constitucional.

Por fim, manifestou-se o Procurador-Geral da República, sustentando a constitucionalidade do dispositivo em razão da *liberdade de conformação do legislador,*

---

[121] Trata-se da ADI 4296/DF, de que é relator o Min. Marco Aurélio. A referida "ação direta de inconstitucionalidade" impugna, além do art. 25, outros dispositivos da Lei nº 12.016/2009, a saber: art. 1º, § 2º (inadmissibilidade de mandado de segurança para impugnar atos de gestão comercial); art. 7º, III (possibilidade de exigência de caução na decisão que defere medida liminar); art. 7º, § 2º (vedações à concessão de medida liminar); art. 22, § 2º (exigência de prévia oitiva da pessoa jurídica demandada para concessão de liminar em mandado de segurança coletivo) e art. 23 (fixação de prazo para impetração de mandado de segurança).

além de sustentar que a Constituição da República não trata, sequer reflexamente, de honorários advocatícios. Reiterou, ainda, a tese da necessidade de estímulo ao acesso à garantia constitucional do mandado de segurança.

No momento em que este livro era escrito, o Supremo Tribunal Federal ainda não havia proferido decisão na ADI 4296.

Impõe-se, aqui, porém, a manifestação de uma opinião acerca do ponto, extremamente relevante. E para isso devo esclarecer que não me agrada a ideia veiculada pelo art. 25 da Lei nº 12.016/2009. Não vejo qualquer motivo para que se estabeleça, no processo do mandado de segurança, tratamento diferenciado em relação às verbas honorárias. Todos os argumentos anteriormente apresentados pelos juristas que sustentaram – ao tempo da legislação anterior – o cabimento da condenação me parecem irrespondíveis. Ademais, não vejo como essa regra pudesse funcionar como um "estímulo" à utilização da via do mandado de segurança. Pelo contrário, penso que a afirmação de que não haverá condenação ao pagamento de honorários em processos de mandado de segurança serve como um desestímulo ao seu uso. É que o advogado do demandante, sabedor disso, pode preferir optar pelo uso das vias ordinárias, postulando a concessão de medidas de urgência se for o caso, por saber que tais vias também serão adequadas para a obtenção de tutela jurisdicional e nelas haverá, se for exitosa a demanda, a condenação da parte contrária ao pagamento de seus honorários advocatícios.

Estou, pois, absolutamente convencido de que essa disposição da lei é ruim, infeliz mesmo. Mas não extraio daí sua inconstitucionalidade. E isso por conta do princípio da *liberdade de conformação do legislador*,[122] o qual deve ser visto como o reconhecimento de um poder discricionário do legislador, autorizado a criar as leis que lhe pareçam convenientes (desde que não atentem contra o ordenamento constitucional).[123] E no caso da vedação à condenação em honorários no processo do mandado de segurança não há qualquer inconstitucionalidade pelo simples fato de que da Constituição da República não se extrai qualquer exigência de que haja esse tipo de condenação em qualquer processo.

É evidente que o advogado tem de ser remunerado por seu trabalho. Mas quem tem o dever jurídico de o remunerar é aquele que contrata seus serviços. Seu cliente, portanto. Os honorários "de sucumbência" constituem um *plus* nessa remuneração, estabelecido por lei ordinária.[124] E no caso de a parte não ter condições de

---

[122]   J. J. Gomes Canotilho, *Direito constitucional e teoria da Constituição*, p. 417.

[123]   Associando a liberdade de conformação do legislador à discricionariedade legislativa, Gilmar Ferreira Mendes, *in* Gilmar Ferreira Mendes, Inocêncio Mártires Coelho e Paulo Gustavo Gonet Branco, *Curso de direito constitucional*, p. 963.

[124]   Não posso deixar de registrar, aliás, que sempre me pareceu muito mais adequado que a condenação ao pagamento de honorários tivesse por destinatário a parte, e não seu advogado, de modo a reparar o dano por ela sofrido em razão da necessidade de ter de contratar quem patrocinasse sua causa em juízo. Não foi essa, porém, a opção legislativa. Os honorários "de sucumbência" pertencem

pagar os honorários de um advogado, fará jus à assistência judiciária gratuita, a ser prestada pela Defensoria Pública ou por algum advogado que atue *pro bono*. Inconstitucional, com todas as vênias, a lei só seria se proibisse os advogados de cobrar de seus clientes pelo patrocínio dos mandados de segurança. Mas a tanto não chegou a imaginação do legislador.

Assim, e lamentavelmente, a conclusão é mesmo a de que, por força do disposto na parte final do art. 25 da Lei nº 12.016/2009, não haverá condenação ao pagamento de verba honorária no processo do mandado de segurança.

Proferida a sentença, substitui ela a medida liminar eventualmente deferida (como já se tinha visto em passagem anterior deste trabalho). É que aí prevalece, como já se afirmou, o critério da cognição sobre o da hierarquia. Assim, por exemplo, denegada a segurança na sentença, fica automaticamente revogada a liminar. Do mesmo modo, a sentença que concede a segurança confirma, automaticamente, a liminar que anteriormente tivesse sido deferida. Neste sentido, aliás, é expresso o enunciado nº 405 da Súmula do STF: "denegado o mandado de segurança pela sentença, ou no julgamento do agravo, dela interposto, fica sem efeito a liminar concedida, retroagindo os efeitos da decisão contrária".[125]

Em um dos precedentes indicados na Súmula como tendo sido a origem desse enunciado, o relator, Min. Evandro Lins e Silva, assim se pronunciou:[126]

> "Não é possível que prevaleça uma medida liminar, provisória, concedida no início da lide, sobre uma decisão final, proferida após o exame e estudo de todos os elementos informativos do processo. A liminar desaparece com a sentença de 1ª instância: quando concede o mandado passa a substituí--la; quando o nega, revoga-a, automaticamente."

Pois a ideia é exatamente esta. A liminar, como se pôde ver anteriormente, é decisão que se profere com base em uma cognição menos profunda, sumária, da causa. Essa decisão não pode prevalecer sobre outro pronunciamento judicial que, proferido posteriormente, é o fruto de um exame mais profundo, exauriente, da causa. A decisão baseada em cognição exauriente sempre prevalecerá sobre a que tem por fundamento uma cognição meramente fundada em probabilidades.

---

ao advogado, que é, assim, duplamente remunerado: por seu cliente e, quando este sai vitorioso, também pela parte contrária (a quem não prestou serviço algum).

[125] Vale registrar que o Enunciado 405 da Súmula do STF foi editado em 1964, quando ainda vigente o CPC de 1939 e, por isso, fala seu texto em agravo contra sentença. É que por força da redação original da Lei nº 1.533/1951 (que só foi alterada com a aprovação do CPC de 1973) o recurso cabível contra a sentença proferida no processo do mandado de segurança era o *agravo de petição*.

[126] STF, RMS 11106/SP, rel. Min. Evandro Lins e Silva, j. em 6.11.1963.

§ 19. Peculiaridades do procedimento nos casos de competência originária dos tribunais

A Lei nº 12.016/2009 traz regras expressas acerca do procedimento a ser observado nos processos de mandado de segurança de competência originária dos tribunais. Evidentemente, apenas aqueles pontos que merecem tratamento diferenciado são tratados especificamente, aplicando-se, quanto ao mais, as regras gerais do processo do mandado de segurança.

Assim é que, por força do disposto no art. 16 da Lei nº 12.016/2009, "nos casos de competência originária dos tribunais, caberá ao relator a instrução do processo, sendo assegurada a defesa oral na sessão do julgamento".

Importa extrair daí, em primeiro lugar, o importante papel atribuído pela lei ao relator.

Como se sabe, os tribunais são órgãos colegiados. Não obstante isso, seria contraproducente, contrário ao princípio da efetividade que deve nortear a atividade jurisdicional, exigir que todos os integrantes do colegiado se pronunciassem sempre que o órgão jurisdicional tivesse de praticar um ato qualquer no processo. Assim, a lei atribui ao relator (a quem o processo de mandado de segurança – como todo e qualquer feito que se instaure perante um tribunal – é distribuído) a incumbência de conduzir a instrução do processo.

Significa isso dizer, em termos práticos, que o relator atuará exatamente como o faria o magistrado de primeira instância, conduzindo o processo e o preparando para receber o julgamento final, este reservado ao colegiado. Todos os pronunciamentos anteriores ao julgamento final da causa, portanto, deverão ser emitidos pelo relator. A ele incumbirá, por exemplo, decidir sobre a concessão ou não de medida liminar (e quanto ao ponto é expresso o art. 16, parágrafo único, da Lei nº 12.016/2009). Ao relator, também, incumbe proferir quaisquer outros pronunciamentos que se façam necessários para a condução do processo até o momento em que a causa esteja pronta – "madura", como se costuma dizer na prática forense – para ser julgada. Não se trata, como muito bem afirmou importante estudioso do mandado de segurança, de interpretar a referência a "instrução" contida no art. 16 como referente à produção de provas, mas em ver o relator como um "juiz preparador" do processo de mandado de segurança.[127]

O único caso em que a lei autoriza o relator a emitir um pronunciamento final, terminativo, no processo do mandado de segurança é o do indeferimento da petição inicial (art. 10, § 1º, da Lei nº 12.016/2009). Em qualquer outra hipótese de competência originária de tribunal, o pronunciamento de encerramento do processo do mandado de segurança, com força de sentença, provirá do órgão colegiado.

---

[127] Cassio Scarpinella Bueno, *A nova lei do mandado de segurança*, p. 142.

O Procedimento do Mandado de Segurança Individual **213**

Ao relator, então, incumbirá conduzir todo o processo do mandado de segurança e, vindo os autos a ele conclusos para verificar se a causa está pronta para ser decidida, deverá o feito ser levado a julgamento na sessão seguinte (art. 20, § 1º).

Surge daqui uma importante consideração de ordem prática, a respeito de um ponto que passou despercebido a quase toda a doutrina.[128] Nos tribunais, quando um processo (ou um recurso, ou um incidente) vai ser levado a julgamento na sessão do órgão colegiado, ele pode ou não ter de ser incluído na pauta de julgamentos.

A regra geral, estabelecida pelo art. 552 do CPC, é que o relator (ou revisor, se houver) encaminhe os autos ao Presidente do órgão colegiado, a quem incumbirá determinar a inclusão do feito em pauta, devendo esta ser publicada pelo menos 48 horas antes da realização da sessão de julgamento (além de ser afixada na porta da sala de sessões: art. 552, §§ 1º e 2º, do CPC). Casos há, porém, em que o feito é levado a julgamento sem ser incluído na pauta. É o que, na linguagem forense, se costuma designar por "inclusão do feito *em mesa* para julgamento". Nesses casos, o feito é julgado pelo colegiado sem prévia inclusão na pauta previamente publicada na imprensa oficial.

É o que se dá, por exemplo, com os embargos de declaração, os quais, por força do art. 537 do CPC, o relator deve apresentar "em mesa" na sessão subsequente à sua oposição.[129] A mesma técnica é empregada pelo CPC para o julgamento do agravo interno (art. 557, § 1º), recurso que, não tendo havido retratação do relator, será apresentado pelo relator "em mesa".

Essa mesma técnica é empregada para o julgamento, nos tribunais, do *habeas corpus*, por força do disposto no art. 661 do CPP. Sobre o ponto, já se pronunciou o Superior Tribunal de Justiça:[130]

> "PENAL. PROCESSUAL. HOMICÍDIO. PRISÃO PREVENTIVA. EXCESSO DE PRAZO.
>
> 'HABEAS CORPUS'. FALTA DE SUSTENTAÇÃO ORAL. RECURSO.
>
> 1. SE O ACUSADO DESAPARECE DEPOIS DO CRIME MAIS UMA RAZÃO PARA SE MANTER O DECRETO DE PRISÃO PREVENTIVA. A CONCLUSÃO DO INQUÉRITO PREJUDICA A ALEGAÇÃO DE EXCESSO DE PRAZO NAS INVESTIGAÇÕES.

---

[128] Ressalve-se, aqui, o fato de que sobre o ponto se manifestaram André Vasconcelos Roque e Francisco Carlos Duarte, *Mandado de segurança*, p. 150, ainda que os ilustres autores tenham sustentado ponto de vista distinto do que aqui será defendido.

[129] Ensina Barbosa Moreira, com absoluta precisão, que nos embargos de declaração a serem julgados nos tribunais, por força do que dispõe o art. 537 do CPC, não se observam as "formalidades previstas no art. 552, que não incide" (José Carlos Barbosa Moreira, *Comentários ao Código de Processo Civil*, v. V, p. 560).

[130] STJ, RHC 4053/RS, rel. Min. Edson Vidigal, j. em 19.10.1994.

214 Manual do Mandado de Segurança • Câmara

> 2. NÃO SE INTIMA IMPETRANTE PARA JULGAMENTO DE 'HABEAS COR-PUS', QUE SENDO REMÉDIO URGENTE DISPENSA INCLUSÃO EM PAUTA. A FALTA DE SUSTENTAÇÃO ORAL NÃO CONFIGURA PREJUÍZO AO DIREITO A AMPLA DEFESA.
>
> 3. RECURSO CONHECIDO MAS IMPROVIDO."

Em seu voto, o relator, Min. Edson Vidigal, afirmou que o *habeas corpus* "é levado à mesa de julgamentos pelo Relator independentemente de pauta". É importante perceber, porém, que há precedente do STJ afirmando a nulidade do julgamento de *habeas corpus* realizado por tribunal sem prévia intimação da data da sessão de julgamento em caso no qual houve expresso requerimento de que tal intimação se fizesse para que o advogado pudesse realizar sustentação oral.[131] De toda maneira, entendeu o STJ que nesse caso não haveria necessidade de inclusão do processo em pauta, bastando a comunicação, pelo sistema informatizado de acompanhamento processual do tribunal, da data em que o processo seria julgado. Confira-se a ementa:

> "HABEAS CORPUS. REQUERIMENTO DE SUSTENTAÇÃO ORAL. FALTA DE COMUNICAÇÃO AO DEFENSOR. OCORRÊNCIA DE NULIDADE. ORDEM CONCEDIDA.
>
> 1. Havendo pedido de sustentação oral pelo impetrante, deve a ele ser possibilitada a ciência da data de colocação do feito em mesa para julgamento.
>
> 2. Segundo entendimento desta Corte e do Supremo Tribunal Federal, a ciência do impetrante, interessado em sustentar oralmente na sessão de julgamento, pode ser por meio de informação disponibilizada no sistema informatizado de acompanhamento processual.
>
> 3. Ordem concedida apenas para declarar a nulidade no julgamento do *writ* originário, para que outro seja realizado com prévia notificação do impetrante."

Há, é certo, quem sustente, em boa doutrina, a ilegitimidade constitucional do julgamento do *habeas corpus* "em mesa", sem sua inclusão na pauta de julgamentos.[132] Mas a solução dada pelo Superior Tribunal de Justiça parece bastante adequada.[133]

---

[131]   STJ, HC 93557/AM, rel. Min. Arnaldo Esteves Lima, j. em 19.2.2008.

[132]   Assim, por todos, Aury Lopes Jr., *Direito processual penal e sua conformidade constitucional*, v. II, p. 618.

[133]   Há decisão do STF entendendo que só há nulidade do julgamento se o advogado estiver presente à sessão, manifestar sua intenção de sustentar oralmente suas razões e tiver sua postulação negada (STF, RHC 89550/SP, rel. Min. Eros Grau, j. em 27.3.2007). Com todas as vênias devidas ao Pretório Excelso, a solução preconizada pelo STJ é mais adequada ao modelo constitucional de processo, por assegurar à parte a prévia informação acerca da data em que se realizará a sessão de julgamento, mas sem comprometer a celeridade com a necessária inclusão do processo em pauta

O art. 20, § 1º, da Lei nº 12.016/2009, ao afirmar que nos tribunais o mandado de segurança deverá ser levado a julgamento na primeira sessão seguinte à ida dos autos à conclusão do relator significa que o processo é posto "em mesa" para julgamento, não havendo necessidade de sua inclusão na pauta. Aproximam-se, assim, os procedimentos do mandado de segurança e do *habeas corpus* nos tribunais.[134] Impõe-se, porém, por respeito ao modelo constitucional de direito processual, a fim de que se observe o princípio do contraditório, que do sistema informatizado de acompanhamento processual dos tribunais conste a informação da data da sessão em que o mandado de segurança será levado "em mesa" para julgamento pelo órgão colegiado.[135]

Incumbe ao colegiado, como dito, o julgamento do mandado de segurança. O relator não está autorizado a decidir sozinho, monocraticamente, salvo no caso de indeferimento da petição inicial. É inaplicável, aqui, o disposto no art. 557 do CPC, de incidência limitada aos recursos.[136]

Quanto à dinâmica da sessão de julgamento, nada há que fuja dos padrões. O relator apresentará seu relatório, dando-se em seguida a palavra aos advogados (do impetrante e da pessoa jurídica demandada) para suas sustentações orais, na forma do art. 16 da Lei nº 12.016/2009. Como a lei não diz qual é o prazo para essa sustentação oral, aplica-se subsidiariamente o CPC, cujo art. 554 estipula um prazo de 15 minutos. Em seguida, manifesta-se o Ministério Público, pelo Procurador de Justiça presente à sessão de julgamentos. Findas essas manifestações, são colhidos os votos, a começar pelo do relator.

---

de julgamento. Perceba-se que a exigência de inclusão em pauta, com antecedência mínima de 48 horas, pode atrasar sobremaneira o julgamento do *habeas corpus*. Basta pensar no seguinte exemplo: conclusos os autos numa terça-feira e considerando o relator que já há elementos para julgar, poderia ele levar o feito em mesa na sessão que se realizasse na quarta-feira. Caso houvesse necessidade de prévia inclusão em pauta, seria preciso aguardar-se até a sessão da semana seguinte. E enquanto isso, fica o paciente preso, talvez injustamente, a aguardar por mais uma semana o julgamento de seu remédio constitucional.

[134]   Contra, entendendo necessária a inclusão do mandado de segurança na pauta de julgamentos, e reconhecendo que isso implicará atrasos no processamento, André Vasconcelos Roque e Francisco Carlos Duarte, *Mandado de segurança*, p. 150.

[135]   Não se pode, porém, deixar de registrar o fato de que o Regimento Interno do Supremo Tribunal Federal estabelece, em seu art. 205, que o relator "pedirá dia para julgamento", o que normalmente se interpreta como uma exigência de que haja inclusão em pauta. É possível, porém, dar ao Regimento Interno interpretação que o compatibilize com a lei, no sentido de que o relator pedirá a designação da sessão em que o mandado de segurança será julgado, independentemente de sua inclusão em pauta, devendo essa informação ser tornada pública através do sistema de acompanhamento processual da Corte, a fim de que os interessados possam tomar conhecimento da data em que o processo será levado "em mesa" para julgamento. O Regimento Interno do STJ tem disposição semelhante (art. 214, parágrafo único), que deve ser interpretada nos mesmos moldes aqui propostos.

[136]   Mas o Regimento Interno do STF permite – de forma contrária à lei, *data venia* – o julgamento monocrático de mandado de segurança pelo relator quando a matéria for objeto de jurisprudência consolidada na Corte (art. 205, *in fine*).

6

Sentença e Coisa Julgada em Mandado de Segurança Individual

§ 20. A sentença de procedência do pedido

Presentes todos os requisitos para a apreciação do mérito da causa, incumbirá ao órgão jurisdicional apreciar a pretensão formulada pelo impetrante, a fim de decidir pela concessão ou não do mandado de segurança postulado. A sentença que acolhe o pedido, julgando-o procedente, é a que, para usar a expressão contida no texto constitucional, "concede o mandado de segurança".

A procedência do pedido formulado na demanda de mandado de segurança significa o reconhecimento do *direito ao mandado de segurança*. Como se viu em passagem anterior deste trabalho, não se confundem o "direito ao mandado de segurança" e o "processo do mandado de segurança", sendo este o instrumento de realização daquele. Só será procedente, portanto, o pedido se estiver presente aquela posição jurídica de vantagem que aqui se vem designando como *direito ao mandado de segurança*.

Para que tal posição jurídica esteja presente e – por conseguinte – seja acolhida a pretensão do impetrante, impõe-se que, no caso concreto, se verifique a existência de um direito líquido e certo violado ou ameaçado de violação por um ato ilegal ou abusivo praticado pela autoridade coatora. Impende, então, neste ponto, que sejam apresentadas algumas considerações sobre alguns desses requisitos da procedência do pedido (mas não sobre todos, já que o direito líquido e certo foi objeto de análise anteriormente).

Assim é que, para a procedência do pedido, é preciso, antes de tudo, que se verifique a presença de um direito líquido e certo. Esse direito líquido e certo precisa ter sido, porém, violado ou ameaçado de lesão por um ato *ilegal ou abusivo* praticado pela autoridade coatora. Sem a ilegalidade ou abusividade do ato coator, não se pode acolher o pedido do impetrante. Necessário se faz, pois, que se examinem, aqui, os conceitos de *ilegalidade* e de *abusividade*.

Em boa doutrina já se afirmou, sobre a legalidade, que

"a lei, ou, mais precisamente, o sistema legal, é o fundamento jurídico de toda e qualquer ação administrativa. A expressão 'legalidade' deve, pois, ser entendida como 'conformidade à lei e, sucessivamente, às subsequentes normas que, com base nela, a Administração expeça para regular mais estritamente sua própria discrição', adquirindo então um sentido mais extenso. Ou seja, é desdobramento de um dos aspectos do princípio da legalidade o respeito, quando da prática de atos individuais, aos atos genéricos que a Administração, com base na lei, haja produzido para regular seus comportamentos ulteriores".[1]

Assim, será *ilegal* o ato da autoridade sempre que contrariar a *lei* (aí incluída a própria Constituição da República) em sentido formal mas, também, quando for contrário a atos emanados da própria Administração, destinados a regular sua atuação posterior.

Os estudiosos do mandado de segurança não têm dúvida acerca do fato de que o conceito de *ilegalidade* adotado pela Constituição da República e pela Lei de Regência é bastante amplo, incluindo-se nele também a inconstitucionalidade e o abuso de poder.[2] E não pode mesmo haver dúvida acerca da inserção, no conceito de ilegalidade, do abuso de poder. É que este se define, na mais autorizada doutrina, como "a conduta ilegítima do administrador, quando atua fora dos objetivos expressa ou implicitamente traçados na lei".[3] Ora, se há abuso de poder quando se atua fora dos objetivos traçados *na lei*, tem-se aí, evidentemente, uma *ilegalidade*.

O Superior Tribunal de Justiça já teve oportunidade de afirmar a ocorrência de abuso de poder em processos de mandado de segurança nos quais foram examinados casos como os seguintes: (i) tratamento desigual a anistiados;[4] (ii) negativa de nomeação de candidato aprovado em concurso público no âmbito estadual em virtude de anterior demissão no âmbito do Poder Público federal se não havia previsão em lei ou no edital do certame;[5] (iii) demora na prolação de decisão em processo administrativo em que se formulou requerimento de anistia;[6] (iv) indeferimento de compensação tributária, por via administrativa, com cré-

---

1 Celso Antônio Bandeira de Mello, *Curso de direito administrativo*, p. 73.

2 Sobre o ponto, por todos, Arnoldo Wald, *Do mandado de segurança na prática judiciária*, p. 120-121.

3 José dos Santos Carvalho Filho, *Manual de direito administrativo*, p. 46.

4 STJ, MS 15958/DF, rel. Min. Humberto Martins, j. em 22.8.2012.

5 STJ, RMS 30518/RR, rel. Min. Maria Thereza de Assis Moura, j. em 19.6.2012.

6 STJ, MS 12701/DF, rel. Min. Maria Thereza de Assis Moura, j. em 23.2.2011.

dito consubstanciado em precatório sujeito à sistemática do art. 78 do ADCT;[7] (v) avocação, por Conselho Federal de fiscalização profissional, da competência para rever ato cuja atribuição é das instituições de ensino superior, impedindo o registro de diploma,[8] entre outros. O exame da jurisprudência mostra, claramente, como todos os casos em que se identifica o abuso de poder são, a rigor, casos de *ilegalidade*.

Assim, havendo direito líquido e certo violado ou ameaçado por ato ilegal da autoridade coatora, deverá ser julgado procedente o pedido formulado na demanda de mandado de segurança.

Surge, aqui, a questão acerca da natureza jurídica dessa sentença. E é conhecida a respeito a tese, originária da monumental obra de Pontes de Miranda, segundo a qual esta seria uma sentença *mandamental*. Disse o grande jurista:[9]

> "A prestação jurisdicional, no mandado de segurança, é *mandamento*. O juiz ou tribunal manda; o que ele manda já é conteúdo dessa prestação: manda que se tenha como existente, ou como não existente, alguma relação jurídica, que a autoridade pública teve por inexistente, ou por existente, contra a Constituição, ou contra a lei; manda que se tenha como constituído, ou por desconstituído, algum ato jurídico, porque, contra a Constituição, ou contra a lei, a autoridade pública, ou o teve por inconstituível, ou como constituído; manda que se emposse, ou que se desemposse, ou que se reintegre, ou que se destitua algum funcionário público, ou pessoa que foi ofendida, ou cujo atendimento pela autoridade pública, contra a Constituição ou contra a lei, ofenderia a outrem. A sentença, no mandado de segurança, não é executiva; a eficácia executiva, que possa ter, há de ser pequena. O juiz ou tribunal, que manda, não emposse, não reintegra, não readmite, não faz cessar a infração; manda que se emposse, que se reintegre, que se readmita. A eficácia condenatória que possa ter a sentença no mandado de segurança é, também, mediata: ao lado da força mandamental, ou, melhor, envolvida por ela, está a eficácia declarativa, ou a eficácia constitutiva negativa, ou positiva, de que pode defluir, como eficácia posterior, a eficácia de condenação. Por isso, o juiz ou o tribunal não pode condenar à indenização o Estado, ou a autoridade pública, posto que, com a coisa julgada da sentença mandamental-declarativa, possa o vencedor pedir a condenação."

É conhecida de todos a tese de Pontes de Miranda acerca das sentenças, sustentando que todas têm cinco eficácias (declaratória, constitutiva, condenatória,

---

[7] STJ, EDcl no RMS 29433/PR, rel. Min. Benedito Gonçalves, j. em 15.4.2010.

[8] STJ, REsp 668468/RJ, rel. Min. Luiz Fux, j. em 6.12.2005.

[9] Pontes de Miranda, *Tratado das ações*, v. 6, atualizado por Vilson Rodrigues Alves, p. 73-74.

executiva e mandamental), e que a natureza da sentença é determinada por sua eficácia preponderante (por ele chamada de *força*). Daí por que para esse monumental jurista a sentença de acolhimento do pedido proferida no processo de mandado de segurança teria – em diferentes medidas – cinco diferentes eficácias, dentre elas se destacando o *mandamento*. É preciso, porém, ter claro que o próprio Pontes de Miranda jamais se preocupou em estabelecer de forma precisa um conceito de sentença mandamental.[10]

Pois segundo a lição do saudoso professor gaúcho Ovídio Baptista da Silva,

> "a ação mandamental tem por fim obter, como eficácia preponderante, da respectiva sentença de procedência, que o juiz emita uma ordem a ser observada pelo demandado, ao invés de limitar-se a condená-lo a fazer ou não fazer alguma coisa. É da essência, portanto, da ação mandamental que a sentença que lhe reconheça a procedência contenha uma ordem para que se expeça um mandado. Daí a designação de sentença mandamental. Neste tipo de sentença, o juiz *ordena* e não simplesmente *condena*. E nisto reside, precisamente, o elemento eficacial que a faz diferente das sentenças próprias do Processo de Conhecimento. Tal como acontece com as ações executivas, também as mandamentais contêm atividade jurisdicional em momento posterior ao trânsito em julgado da sentença de procedência. Na mesma relação processual de conhecimento. Pode-se dizer, talvez com algum exagero ou excessiva simplificação, que Pontes não foi muito além disso, pois o jurista, como se sabe, tinha basicamente interesse em sustentar sua construção teórica sob o ponto de vista dogmático, sem procurar estabelecer as linhas da evolução histórica de cada instituto, de modo a revelar suas relações com os demais fenômenos sociais, históricos e as vicissitudes a que ficariam expostos os antecedentes romanos da tutela mandamental".

E é o mesmo autor citado quem faz questão de incluir, entre os exemplos de sentença mandamental, a que se profere no processo do mandado de segurança.[11]

Impende reconhecer, porém, que o próprio conceito de sentença mandamental não é pacífico entre seus defensores. Veja-se, por exemplo, o que afirma Luiz Guilherme Marinoni:[12]

> "[...] a sentença mandamental manda que se cumpra a prestação mediante coerção indireta. [...] Na sentença mandamental não há apenas exortação

---

[10] O que é reconhecido por aquele que, sem qualquer sombra de dúvida, foi o processualista que mais se dedicou à busca dessa definição: Ovídio Baptista da Silva (*Curso de processo civil*, v. 2, p. 334).

[11] Idem, p. 352.

[12] Luiz Guilherme Marinoni, *Tutela específica*, p. 44-45.

ao cumprimento; e há ordem de adimplemento que não é mera ordem, mas ordem atrelada à coerção indireta".

Já tive oportunidade de me pronunciar acerca do tema, reconhecendo a existência da sentença mandamental, mas não como uma categoria autônoma. A meu sentir, a sentença mandamental é uma subespécie de sentença condenatória. Seja permitido reproduzir, aqui, o que escrevi em outra obra:[13]

> "De outro lado, a corrente doutrinária aqui referida, liderada por Pontes de Miranda, reconhece a existência de uma outra categoria de sentenças, as *mandamentais*. Estas poderiam ser definidas como aquelas que têm por fim obter, como eficácia preponderante, 'que o juiz emita uma ordem a ser observada pelo demandado, em vez de limitar-se a condená-lo a fazer ou não fazer alguma coisa'. Seria de sua essência, pois, conter uma ordem para que fosse expedido um mandado, donde a designação 'sentença mandamental'. Aqui, também, haveria exercício de atividade jurisdicional posterior à sentença, na mesma relação processual, sem que se fizesse necessária a instauração de processo novo. Difeririam as sentenças mandamentais das executivas pelo fato de a execução ser ato do juiz, que substitui atividade que a parte poderia ter exercido *sponte sua*, enquanto o mandado contém ato que só a parte poderia praticar. Exemplo típico de sentença mandamental seria a do mandado de segurança. Assim, porém, não me parece. A sentença que concede a segurança (*rectius*, que julga procedente o pedido de mandado de segurança) pode assumir, conforme as características do caso concreto, natureza meramente declaratória, constitutiva ou condenatória. A categoria das sentenças mandamentais, a meu juízo, é desnecessária, assim como a das sentenças executivas, pois que o conceito de sentença condenatória é amplo o suficiente para incluí-las. O fato de a sentença conter uma ordem dirigida ao demandado não a desnatura como sentença condenatória, mesmo porque não concordo com a proposição teórica que vê nas sentenças condenatórias mera declaração da sanção aplicável. A meu sentir, a sentença condenatória contém um comando dirigido ao demandado, para que este cumpra uma prestação de dar, fazer ou não fazer, da mesma forma que nas sentenças 'mandamentais'.

> A rigor, o que se pode aceitar como cientificamente correto é que a sentença condenatória pode ser objeto de uma *subclassificação*, dividindo-se em duas categorias: sentença condenatória executiva e sentença condenatória mandamental. Considera-se *executiva* a sentença condenatória sempre que seu cumprimento puder se dar através de meios de execução (ou seja, mecanismos de substituição da atividade do devedor capazes de produzir

---

[13] Alexandre Freitas Câmara, *Lições de direito processual civil*, v. 1, p. 490-491.

resultado prático equivalente ao do adimplemento da obrigação) e *mandamental* a sentença condenatória cuja efetivação se dá, *exclusivamente*, pelo emprego de meios de coerção (ou seja, meios destinados a pressionar psicologicamente o demandado a fim de que este, pessoalmente, cumpra o comando contido na sentença)."

A ideia fundamentalmente por mim sustentada, pois, é a de que a sentença mandamental deve ser reconhecida como uma subespécie de sentença condenatória. E isso se diz porque a sentença mandamental tem a mesma estrutura lógica (ou seja, o mesmo conteúdo) de qualquer sentença condenatória: um *primeiro momento lógico*, declaratório da existência do direito do demandante; seguido de um *segundo momento lógico*, em que se impõe ao demandado o cumprimento de um dever jurídico.[14] Distingue-se a condenação *executiva* da condenação *mandamental* apenas por um ponto. É que o comando contido na condenação executiva é cumprido através do emprego de meios de sub-rogação, isto é, de mecanismos através dos quais o Estado-Juiz substitui a atividade da parte (como se dá, por exemplo, na execução por expropriação); enquanto na condenação mandamental o cumprimento do comando contido na decisão se dá, exclusivamente, através de meios de coerção (como, por exemplo, as *astreintes*). O que determina a natureza da sentença, portanto, é seu *conteúdo*, aquilo que lhe é intrínseco, e não os efeitos que dela advêm, os quais – lhe sendo evidentemente externos – não poderiam ser usados para determinar sua natureza.

Consequência que daí se extrai inevitavelmente é que a sentença de procedência do pedido no processo de mandado de segurança não é necessariamente "mandamental" (embora até possa ter essa natureza). A sentença de procedência do pedido de mandado de segurança poderá, conforme o caso, ser declaratória, constitutiva ou condenatória (e, neste último caso, será uma condenação *mandamental*), tudo a depender da providência que se tenha pedido ao órgão jurisdicional.

Nesse sentido, já houve quem tenha, em respeitada sede doutrinária, afirmado que "a sentença no mandado de segurança tanto pode ser declaratória, como constitutiva, ou condenatória, dependendo do impetrante".[15] E assim, realmente, é. A sentença que acolhe o pedido formulado em sede de mandado de segurança será, conforme o caso, *meramente declaratória, constitutiva* ou *condenatória*.

Será *meramente declaratória* a sentença quando a pretensão do impetrante – acolhida pelo órgão jurisdicional – for, tão somente, a de declaração de nulidade do ato administrativo. É que a invalidação do ato administrativo nulo opera efeitos *ex tunc*, tudo retornando ao estado anterior.[16]

---

[14] No mesmo sentido, Cândido Rangel Dinamarco, *Instituições de direito processual civil*, v. III, p. 250.

[15] Carlos Alberto Menezes Direito, *Manual do mandado de segurança*, p. 143. Em sentido conforme, Celso Agrícola Barbi, *Do mandado de segurança*, p. 202.

[16] José dos Santos Carvalho Filho, *Manual de direito administrativo*, p. 160.

De outro lado, será constitutiva a sentença quando, por exemplo, cassar o ato pelo qual se eliminou de concurso público um candidato. E, por fim, será condenatória a sentença (*condenação mandamental*) quando, por exemplo, se determinar à Administração que dê posse a um candidato aprovado em concurso público dentro do número de vagas previsto no edital do certame.

Seja qual for o conteúdo da sentença que concede a segurança – meramente declaratória, constitutiva ou condenatória –, tornada ela irrecorrível se formará a autoridade de coisa julgada material.

A coisa julgada que se forma sobre a sentença que concede a segurança não tem, a rigor, qualquer peculiaridade digna de nota. Simplesmente se torna imutável e indiscutível aquilo que tenha sido decidido, não sendo mais possível tornar a discutir-se a mesma causa em outro processo (ressalvado, tão somente, o cabimento – nos casos previstos em lei – da "ação rescisória").[17]

§ 21. As sentenças denegatórias de mandado de segurança

Como já se teve oportunidade de afirmar anteriormente, é praxe na linguagem forense – e aparece até mesmo em textos normativos – afirmar-se, em qualquer caso no qual não se tenha julgado procedente o pedido formulado pelo impetrante, que se proferiu "sentença denegatória". Essa técnica (ou "falta de..."), porém, acarreta uma série de dificuldades, já que torna difícil, muitas vezes, saber-se em que casos houve ou não a resolução do mérito da causa, o que é de extrema relevância, por exemplo, para se determinar se está ou não formada a coisa julgada material – e, por conseguinte, se é ou não cabível ajuizar "ação rescisória" – entre outros pontos em que se distinguem sentenças definitivas e terminativas.

Impõe-se, então, distinguir, antes de tudo, em que casos o processo do mandado de segurança será extinto *sem resolução do mérito* e, em seguida, em que casos *haverá resolução do mérito*, tudo na forma dos arts. 267 e 269 do CPC. E isso é importante, entre outros motivos, para exata compreensão do que consta do Enunciado nº 304 da Súmula do STF ("decisão denegatória de mandado de segurança, não fazendo coisa julgada contra o impetrante, não impede o uso da ação própria"). Ademais, há de recordar-se o disposto no art. 19 da Lei nº 12.016/2009, segundo o qual "a sentença ou o acórdão que denegar mandado de segurança, sem decidir o mérito, não impedirá que o requerente, por ação própria, pleiteie os seus direitos e os respectivos efeitos patrimoniais".

O processo do mandado de segurança será extinto sem resolução do mérito em todos os casos previstos no art. 267 do CPC.[18] E em todas essas hipóteses, não

---

[17] Cassio Scarpinella Bueno, *A nova lei do mandado de segurança*, p. 152.

[18] A enumeração das hipóteses de extinção do processo sem resolução do mérito, bem assim sua análise individualizada, é absolutamente desnecessária nesta sede. Para o trato do tema, seja per-

tendo havido resolução do mérito, a sentença – uma vez tornada irrecorrível – será alcançada pela coisa julgada formal, mas não pela autoridade de coisa julgada material, o que significa dizer, em termos práticos, que nada mais será possível apreciar naquele processo, já encerrado, mas sempre será possível instaurar-se novo processo para apreciação da mesma demanda, não ficando o Estado-Juiz, no novo processo, de qualquer maneira vinculado ao que se decidiu no primeiro processo.[19]

Por conta disso, o art. 19 da Lei nº 12.016/2009 diz o óbvio ao afirmar que não tendo havido resolução do mérito (e, portanto, não se tendo formado a coisa julgada material) fica aberta para o demandante a possibilidade de retornar a juízo para tentar fazer valer seu direito. Vale perceber, porém, que esse dispositivo precisa ser interpretado em conjunto com o disposto no art. 6º, § 6º, da mesma Lei nº 12.016/2009, segundo o qual "o pedido de mandado de segurança poderá ser renovado dentro do prazo decadencial, se a decisão denegatória não lhe houver apreciado o mérito". Em outros termos, extinto o processo de mandado de segurança sem resolução do mérito, e ainda não se tendo encerrado o prazo de 120 dias para impetração a que se refere o art. 23 (de que se tratará mais adiante), é possível ajuizar-se novo mandado de segurança. Já ultrapassado este prazo, porém, e não sendo mais possível impetrar mandado de segurança, de qualquer maneira continuará possível ao impetrante voltar a demandar, agora pelas vias ordinárias.

De outro lado, pode haver a denegação da segurança em casos nos quais se tenha efetivamente resolvido o mérito da causa. São as hipóteses em que se julga *improcedente o pedido do impetrante*. E isso pode ocorrer por duas razões distintas: ou o impetrante não tem o direito subjetivo afirmado (ou seja, não é ele titular de qualquer posição jurídica de vantagem que mereça tutela jurisdicional, seja por não ter, mesmo, qualquer direito, seja por não ter havido ilegalidade – *lato sensu* – no ato impugnado); ou não demonstrou ele ter direito líquido e certo.[20] E é preciso distinguir aqui essas duas hipóteses, até pelo fato de que, indubitavelmente, sentenças de mérito, inclusive as que são proferidas no processo do mandado de segurança, são cobertas pela autoridade de coisa julgada material.[21]

---

mitido remeter o leitor para o que escrevi em Alexandre Freitas Câmara, *Lições de direito processual civil*, v. 1, p. 331-340.

[19] Sobre o ponto, superiormente, Enrico Tullio Liebman, *Eficácia e autoridade da sentença*, p. 60-61, especialmente nota de rodapé "p".

[20] Relembre-se, aqui, o que se sustentou em passagem anterior deste trabalho: o direito líquido e certo é tema que, ao contrário do que sustenta a maioria dos estudiosos, integra o mérito da causa no processo do mandado de segurança.

[21] Sobre a aptidão das sentenças de mérito para alcançarem a autoridade de coisa julgada material, consulte-se Enrico Tullio Liebman, *Eficácia e autoridade da sentença*, p. 60-61. A respeito da formação da coisa julgada material sobre as sentenças de mérito proferidas no processo de mandado de segurança, em razão da cognição exauriente que se exerce nesse tipo de processo, Ana de Lourdes Coutinho Silva Pistilli, *Mandado de segurança e coisa julgada*, p. 134.

224 Manual do Mandado de Segurança • Câmara

No primeiro caso, em que a sentença de improcedência afirma a própria inexistência de qualquer direito do impetrante, não parece haver qualquer dúvida a respeito de seu alcance (e, por conseguinte, do alcance da coisa julgada material que sobre essa sentença se forma), ficando obstado o reexame da matéria em qualquer processo posterior.[22]

O problema está, exatamente, na sentença que denega a segurança por ausência de direito líquido e certo. E aqui é preciso – como em tudo o mais na vida – que se tenha coerência. A afirmação, anteriormente feita, de que o direito líquido e certo é tema que integra o mérito da causa no processo do mandado de segurança tem reflexos inegáveis, e inevitáveis, no trato do conteúdo da sentença e da coisa julgada em mandado de segurança.

Reiterada, pois, a afirmação anteriormente feita de que a sentença que afirma a inexistência de direito líquido e certo é uma sentença de improcedência (e, pois, uma sentença de mérito), não há como negar que, uma vez tornada irrecorrível, será ela alcançada pela autoridade de coisa julgada material.[23] É preciso, então, tecer algumas considerações sobre a diferença entre as duas diferentes improcedências (a fundada na inexistência do direito subjetivo e a que tem por fundamento a inexistência de direito líquido e certo), para que se perceba como são diferentes os limites objetivos das coisas julgadas que nesses casos se formam.

É preciso, então, perceber que há um primeiro caso de improcedência no qual a sentença declara a própria inexistência do direito subjetivo afirmado pelo impetrante. Pode isso ocorrer por diversos motivos: não ser ele titular de qualquer posição jurídica de vantagem; não ter sofrido qualquer lesão ou ameaça a direito seu; não haver qualquer ilegalidade (*lato sensu*) no ato da autoridade apontada como coatora e que através do mandado de segurança se impugnou. Em qualquer desses casos, a sentença julgará improcedente o pedido formulado pelo impetrante, declarará a inexistência do direito material por ele afirmado e, por conseguinte, a coisa julgada material que aí se formará será suficiente para impedir o reexame da causa por qualquer via processual.[24]

---

[22] Desnecessário alongar as citações sobre o ponto. Por todos, Humberto Theodoro Júnior, *O mandado de segurança segundo a Lei n. 12.016, de 7 de agosto de 2009*, p. 34.

[23] Evidentemente, esta afirmação não encontrará apoio naqueles autores que tratam o direito líquido e certo como questão preliminar ao mérito. Entre os que comungam do pensamento aqui sustentado, porém, pode-se recordar a lição de Sidney Palharini Júnior, *in* Luiz Manoel Gomes Júnior, Luana Pedrosa de Figueiredo Cruz, Luís Otávio Sequeira de Cerqueira, Rogério Favreto e Sidney Palharini Júnior, *Comentários à nova lei do mandado de segurança*, p. 158, para quem o direito líquido e certo constitui o próprio mérito do mandado de segurança.

[24] Sobre o ponto, José Miguel Garcia Medina e Fábio Caldas de Araújo se pronunciam: "[...] a limitação quanto à cognição não impede a formação da coisa julgada, desde que a matéria posta em juízo permita uma análise ampla e profunda por parte do juiz. Quando a questão controvertida permite uma análise cabal, através do exame da produção da prova documental, não há como afastar a formação da coisa julgada material, após o trânsito em julgado. Por este motivo, as decisões

De outro lado, porém, pode ser proferida sentença de improcedência do pedido por inexistência de direito líquido e certo. Nesse caso, a sentença não afirmará que o impetrante não é titular de direito subjetivo, mas que não tem direito líquido e certo, especial categoria jurídica tutelável pela via do mandado de segurança (e sobre a qual já se dissertou anteriormente neste estudo). E nessa hipótese, tudo o que vai transitar em julgado é essa declaração: a de que não existe o direito líquido e certo.

Este é um ponto que necessita ser mais aprofundadamente examinado. E para isso, é preciso recordar, em primeiro lugar, que toda sentença de improcedência é meramente declaratória.[25] Assim, a sentença que rejeita a demanda de mandado de segurança por ausência de direito líquido e certo é, como qualquer sentença de improcedência, uma sentença meramente declaratória. Mas nesse caso não se terá o acertamento da inexistência de direito subjetivo. Essa sentença se limitará à declaração da inexistência do direito líquido e certo, considerado como categoria jurídica autônoma.

Estabelecido que é este o conteúdo da sentença aqui considerada, impende agora recordar que a coisa julgada material deve ser compreendida como a imutabilidade do *conteúdo* da sentença de mérito irrecorrível.[26] Assim, é de se afirmar

---

de procedência ou improcedência fazem coisa julgada material e impedem a repropositura do pedido pela via ordinária" (*Mandado de segurança individual e coletivo*, p. 196-197). Perceba-se que a limitação cognitiva de que falam os autores se dá no plano horizontal, da amplitude, dado que no processo do mandado de segurança há limitações probatórias intensas. Não há, porém, limitações no plano vertical, da profundidade, sendo exauriente a cognição aí exercida, o que autoriza a formação da coisa julgada material.

[25] Friedrich Lent, *Diritto processuale civile tedesco.* Trad. ital. de Edoardo F. Ricci, p. 230.

[26] Manifesto, aqui, uma vez mais, minha adesão à ideia segundo a qual a coisa julgada material deve ser compreendida como imutabilidade do conteúdo – e não dos efeitos – da sentença de mérito. Sobre o tema me manifestei em Alexandre Freitas Câmara, *Lições de direito processual civil*, v. 1, p. 521-523. Vale recordar, aqui, o precioso ensinamento de Barbosa Moreira: "Ao nosso ver, porém, o que se coloca sob o pálio da incontrastabilidade, 'com referência à situação existente ao tempo em que a sentença foi prolatada', não são os efeitos, mas a própria sentença, ou, mais precisamente, a norma jurídica concreta nela contida. Assim, posto que o devedor venha a pagar a dívida, e com esse ato faça desaparecer o efeito 'certificativo' da sentença que a declarara existente, jamais se poderá voltar a pôr em dúvida, de maneira juridicamente relevante, que, para a situação considerada na sentença, devia ser aquela, e não outra, a norma jurídica concreta. Suponhamos que o vencido, tendo pago a dívida, proponha ação para reaver o que pagou, alegando que o pagamento fora indevido, porque inexistente a obrigação. É inquestionável que a tanto obstará a coisa julgada. Não, todavia, por causa do *efeito* da sentença anterior, que a essa altura já cessou, em virtude do próprio pagamento. A subsistência do obstáculo, apesar disso, mostra que ele não consiste na imutabilidade (ou na indiscutibilidade) do *efeito*, mas na imutabilidade (e na incontrovertibilidade) *da sentença mesma*, ou da norma jurídica concreta nela enunciada" (José Carlos Barbosa Moreira, Eficácia da sentença e autoridade da coisa julgada, *in* José Carlos Barbosa Moreira, *Temas de direito processual* – terceira série, p. 110). E, mais adiante, afirma o mestre de todos os processualistas brasileiros: "A imutabilidade consequente ao trânsito em julgado reveste, em suma, o *conteúdo* da sentença, não os seus efeitos. Reveste, convém frisar, *todo* o conteúdo decisório" (idem, p. 112).

que, com o trânsito em julgado da sentença que julga improcedente o pedido de mandado de segurança por ausência de direito líquido e certo, tornar-se-á imutável e indiscutível *todo o conteúdo* (e *apenas o conteúdo*) do que tenha sido decidido: a declaração de inexistência do direito líquido e certo.

Em outras palavras: se de um lado é possível julgar improcedente o pedido declarando-se a inexistência do direito subjetivo, e nesse caso a declaração de que o direito subjetivo se torna imutável e indiscutível; de outro lado também é possível julgar-se improcedente o pedido de mandado de segurança tão somente com a declaração de inexistência de direito líquido e certo, e nesse caso se tornará imutável e indiscutível, apenas, a declaração de que o direito líquido e certo não existe.

Consequência prática dessa declaração transitada em julgado, então, será a absoluta impossibilidade de impetração de novo mandado de segurança, ainda que dentro do prazo, afastada a incidência da regra veiculada pelo art. 6º, § 6º, da Lei nº 12.016/2009. Mas não ficará obstada a utilização das vias ordinárias por que nessas não se postula proteção para direitos líquidos e certos, mas para direitos subjetivos "comuns", não integrantes daquela especial categoria, e não terá havido, ainda, pronunciamento sobre sua existência ou inexistência.

A conclusão semelhante, escrevendo ainda ao tempo da legislação anterior, chegou o eminente processualista mineiro Ernane Fidélis dos Santos:[27]

> "No pedido de segurança, a parte pleiteia não apenas o reconhecimento do direito, como também a forma procedimental sumária de ser ele reconhecido. Isto faz com que o mérito não seja apenas o pedido de proteção do direito, mas também do que se faz referentemente ao procedimento. Julgando-se a existência ou inexistência do direito e sua certeza e liquidez, julga-se o mérito.
>
> Quando o juiz deixar de apreciar o pedido relativamente ao direito, por lhe faltarem os requisitos da certeza e liquidez processuais, a coisa julgada se limita à proteção especial pleiteada, ou seja, ao mandado de segurança que não poderá ser repetido, a não ser que se alterem os fatos; se, todavia, o mandado não chega a ser decidido por falta de pressupostos processuais ou condições da ação (CPC, art. 267, IV e VI), o pedido pode ser renovado (art. 1º).
>
> Embora a questão de mérito, relativamente à forma de proteção jurídica, tenha decisão trânsita, se não houve pronunciamento sobre o direito, poderá este ser pleiteado nas vias ordinárias, com seus respectivos efeitos patrimoniais (art. 15). Havendo, porém, decisão expressa a respeito, ocorre coisa julgada, já que o mandado de segurança é mero procedimento espe-

---

[27] Ernane Fidélis dos Santos, *Manual de direito processual civil*, v. 3, p. 198.

cial e as decisões que nele se proferirem poderão adquirir as mesmas qualidades de qualquer outra, principalmente no que se refere à coisa julgada.

No mandado de segurança, há também lide, e a sentença que a julgar terá força de lei nos seus exatos limites (art. 468), o que vem a significar que, negando o direito, com a decisão trânsita, o pedido não pode ser renovado nas vias comuns.

No mandado de segurança há, na verdade, a existência de duas lides: a primeira caracterizada pela forma especial de proteção jurídica, revelada pela liquidez e certeza processuais do direito; a segunda, pela pretensão resistida em si. Decidindo-se pela iliquidez ou incerteza do direito tão somente, há definitividade do julgamento com relação à especial forma de proteção jurídica, de modo que outro mandado não pode ser interposto; vencida esta fase, o julgamento já passa a abranger uma segunda lide, que é relacionada com a própria pretensão resistida e com direito que se quer reconhecer, de forma tal que a coisa julgada vem a qualificar todo o julgamento, resguardados apenas os limites que lhe são próprios. O julgamento de incerteza ou iliquidez, todavia, embora não mais permita o novo mandado, não impede o socorro do impetrante às vias ordinárias."

Vê-se, pois, que a sentença que denega a segurança por ausência de direito líquido e certo, que é sentença de mérito, alcança a autoridade de coisa julgada material, tornando imutável e indiscutível a declaração que nela se contém (e nada mais): a de que o impetrante não tem direito líquido e certo. Apenas isso se torna imutável e indiscutível e, portanto, não se poderá admitir a impetração de novo mandado de segurança, ainda que se estivesse dentro do prazo de que trata o art. 23 da Lei nº 12.016/2009. Nada impedirá, porém, que se vá às vias ordinárias, pois não terá havido, ainda, declaração sobre a existência ou inexistência do próprio direito subjetivo.

Dito isso tudo, pode-se agora tentar compreender o verdadeiro significado do Verbete 304 da Súmula do STF, segundo o qual "decisão denegatória de mandado de segurança, não fazendo coisa julgada contra o impetrante, não impede o uso da ação própria".

Esse enunciado de súmula foi editado a partir de quatro precedentes. O mais antigo deles é o acórdão proferido no julgamento dos EDcl no RE 46283/CE.[28] Neste, curiosamente, não há uma palavra sequer sobre o tema aqui enfrentado. O que se discute no aludido acórdão é se seria ou não o caso de submeter a reexame necessário sentenças proferidas depois da Lei nº 2.804/1956, que extinguiu aquela figura.

---

[28] STF, EDcl no RE 46283/CE, rel. Min. Antonio Martins Vilas Boas, j. em 4.12.1961 (mas com encerramento do julgamento só em 15.1.1962, em razão de pedido de vista do Min. Cândido Motta).

O segundo precedente citado na Súmula é o julgamento do RE 50816/SP,[29] assim ementado:

> "A denegação do mandado de segurança não impede a reformulação do pedido e dos seus efeitos em ação ordinária, consoante jurisprudência que assim interpreta o art. 15 da lei 1.533."

Tratava o caso de demanda ajuizada por Professor da Faculdade de Medicina da Universidade de São Paulo em face da própria Faculdade, da USP e do Estado de São Paulo, tendo sido o processo extinto sem exame do mérito por reconhecer que sobre a matéria já haveria coisa julgada. O acórdão do tribunal local acolheu a preliminar com o seguinte argumento:

> "Unificando-se o curso de cirurgia no Departamento de Clínica Cirúrgica, nos termos de direito, se excluiu deste regime tão somente a cadeira do A., conforme decisão no anterior mandado de segurança. Na verdade, com isso prejudicou o A. o funcionamento integral daquele Departamento, enquanto no exercício da cátedra. Agora, ao buscar lecionar não só a sua cadeira como a extinta, que se integrou no Departamento referido, procura impedir a execução daquele regime novo de cadeiras departamentais. Ora, pelo mandado de segurança, já se decidiu que este novo sistema escolar é legítimo e deve funcionar segundo a sua organização, respeitada a situação do A., professor do 5º ano. Com a presente pretensão, portanto, objetiva alterar o que ficou decidido no referido mandado de segurança. Realmente, hoje inexistem catedráticos de técnica cirúrgica, de propedêutica cirúrgica e de cirurgia geral, mas catedráticos de clínica cirúrgica, lecionando três aspectos da mesma disciplina, outrora consideradas disciplinas autônomas. Com a concessão do mandado de segurança ao A., ressalvou-se-lhe simplesmente o seu direito à 17ª Cadeira. Se, por vezes, há dualidade de ensino e de programas, isso decorre do momento de transição e da oposição do A. de sujeitar-se ao novo regime em que se sistematizaram as cadeiras em Departamentos."

Entendeu o eminente relator, Min. Vilas Boas, que o acórdão do tribunal intermediário desprezou "o preceito do art. 15 da Lei 1.533, quanto à possibilidade de postular direito porventura não reconhecido em processo de mandado de segurança". E prosseguiu o relator afirmando que "a pretensão do ilustre Professor talvez não tenha assento em lei. Mas isso lhe deve ser dito em sentença que declare a improcedência do pedido, e não através da *exceptio rei iudicatæ*, que o citado art. 15 exclui em tese". Foi, então, provido o recurso extraordinário para que se examinasse o mérito da causa.

---

[29] STF, RE 50816/SP, rel. Min. Antonio Vilas Boas, j. em 30.11.1962.

Percebe-se, pela leitura do precedente, que este nada tem a ver com o teor do enunciado, já que trata de um caso em que o mandado de segurança havia sido *concedido* ao impetrante, que tivera seu pedido julgado procedente, enquanto o verbete se refere a casos de denegação da segurança.

O terceiro precedente é o acórdão proferido no RMS 9598/SP.[30] Neste, havia sido impetrado um primeiro mandado de segurança, no qual foi proferida decisão denegatória. Transitada em julgado esta, impetrou-se novo mandado de segurança, e este segundo processo foi extinto sem resolução do mérito em razão da existência de coisa julgada. O que se discutia no recurso extraordinário era, precisamente, o acerto desta última decisão.

O relator, em seu voto, transcreveu o dispositivo da decisão, transitada em julgado, proferida no primeiro processo de mandado de segurança. Pois ali se afirmou, expressamente, que não existiu "qualquer manifestação da Administração Pública a propósito dos fatos ventilados na postulação. Por outras palavras, a Administração não foi, por qualquer modo, provocada a manifestar-se sobre a pretendida isenção tributária".

Asseverou-se, então, no julgamento do primeiro mandado de segurança, que "não existe, portanto, qualquer ato, omissivo ou comissivo, patenteando a violação de direito de forma positiva", o que levou a considerar não existir, "sequer em princípio, qualquer violação de direito que possa ser reparada por via de mandado de segurança".

Fica fácil perceber, então, que o primeiro mandado de segurança foi denegado não por mera inexistência de direito líquido e certo, mas pela própria inexistência do direito subjetivo, já que não houve qualquer ato ilegal (*lato sensu*) de autoridade. E nesse caso, sem qualquer sombra de dúvida, não poderia ser novamente ajuizada a mesma demanda, nem pela via do mandado de segurança, nem pelas vias ordinárias.[31]

Por fim, o último precedente citado na Súmula é o acórdão proferido pelo STF no julgamento da "ação rescisória" 569/RS.[32] O acórdão está assim ementado:

> "Ação rescisória de decisão denegatória de mandado de segurança. Carência de ação, por não haver coisa julgada, e porque baseada a decisão anterior em dois fundamentos, um dos quais não foi atacado."

---

[30] STF, RMS 9598/SP, rel. Min. Pedro Chaves, j. em 3.7.1963.

[31] Vale registrar, porém, que no referido acórdão foi proferido voto pelo eminente Min. Victor Nunes Leal no sentido de que a denegação do primeiro mandado de segurança não faria coisa julgada, pois esta impediria o manejo das vias ordinárias – o que, segundo S. Exa., não se daria no caso ali examinado – e não seria só obstáculo à impetração de novo mandado de segurança. Como no caso concreto se estava diante de um segundo mandado de segurança, porém, fica claro que o pronunciamento do Min. Nunes Leal só pode ser interpretado como *obiter dictum*.

[32] STF, AR 569/RS, rel. Min. Victor Nunes, j. em 7.6.1993.

O voto do relator, extremamente conciso, foi o seguinte:

> "Julgo o autor carecedor de ação, acolhendo a defesa apresentada pela douta Procuradoria Geral da República (f. 23).
>
> O acórdão, que se quer rescindir, teve dois fundamentos. Ainda que o primeiro pudesse considerar-se insubsistente, bastaria o segundo. Homologado o concurso, teria de ser exonerado o interino, por força do art. 19, § 7º, do Estatuto dos Funcionários.
>
> Se o concurso foi processado irregularmente, como pretende o autor, essa discussão não cabia em mandado de segurança, por exigir exame de prova controvertida (vd. f. 2). Não se justifica, pois, o pedido de rescisão do julgado que o indeferiu.
>
> Nem há qualquer prejuízo processual para o autor, porque, denegada que foi a segurança, a lei lhe concede a via ordinária, para postulação de seu alegado direito (L 1.533, de 1951, art. 15). Dispondo de caminho mais suave, preferiu o mais difícil, faltando o requisito da coisa julgada para cabimento de ação rescisória."

Essa é a íntegra do voto do relator, que foi inteiramente acompanhado pelos seus pares. E sua leitura permite perceber que ali não há maiores considerações acerca das razões que levariam a considerar por que não há coisa julgada material na sentença que denega o mandado de segurança. O que há, *data venia*, é uma confusão entre "ausência de coisa julgada material" e "possibilidade de utilização das vias ordinárias".

Insista-se, pois, neste ponto: a sentença que rejeita o pedido de mandado de segurança por inexistência de direito líquido e certo, sendo de mérito, alcança a autoridade de coisa julgada material. Mas o que se torna imutável é, apenas, a declaração nela contida, de que não há direito líquido e certo. Daí justificar-se, aliás, a afirmação, feita pelo Min. Victor Nunes Leal ao votar na AR 569/RS, de que nesse caso não poderia ser impetrado novo mandado de segurança. Mas essa declaração (de inexistência de direito líquido e certo), mesmo tornada incontestável, não impede o ajuizamento – e o exame no mérito – de demanda que leve ao que se convencionou chamar de "vias ordinárias", já que não terá (ainda, pelo menos) havido declaração de inexistência de direito subjetivo.

Sintetizando: a sentença que extingue o processo de mandado de segurança sem resolução do mérito faz coisa julgada formal, mas não alcança a autoridade de coisa julgada material e, pois, não impede a reproprositura da demanda, até mesmo pela via do mandado de segurança se ainda dentro do prazo a que se refere o art. 23 da Lei nº 12.016/2009, nos termos do art. 6º, § 6º, do mesmo diploma. A sentença de mérito, por sua vez, pode ser de procedência ou de improcedência do pedido.

A sentença de procedência, uma vez tornada irrecorrível (coisa julgada formal) alcança a autoridade de coisa julgada material, tornando-se seu conteúdo imutável e indiscutível.

De outro lado, no caso da sentença de improcedência, impõe-se uma distinção: sendo a sentença de improcedência por mera ausência de direito líquido e certo, haverá coisa julgada material, mas esta só impedirá a impetração de novo mandado de segurança, ainda que dentro do prazo legal; sendo a sentença de improcedência por inexistência do próprio direito subjetivo, também haverá coisa julgada material, mas agora esta autoridade impedirá o reexame da demanda por qualquer via, inclusive pelas "ordinárias".

Nas sentenças de improcedência do pedido de mandado de segurança, pois, tem-se uma verdadeira coisa julgada *secundum eventum probationis*.[33] Esta é uma técnica de que normalmente se cogita em sede de direito processual coletivo, mas que também é adotada em processos individuais.[34] Como ensina Eduardo Cambi,

> "a técnica da cognição *secundum eventum probationis* foi utilizada pelo legislador brasileiro em diversos procedimentos especiais, para, em razão da falta ou da insuficiência das provas, impedir que a questão seja decidida – remetendo-se as partes para as 'vias ordinárias' ou para discussão a ser travada em 'ação própria' – ou para permitir que a causa seja decidida sem caráter de definitividade, a fim de que não seja alcançada com a autoridade da coisa julgada material".[35]

E inclui o autor citado no "primeiro grupo" (isto é, no grupo das causas em que a falta ou insuficiência das provas remete as partes para as vias ordinárias, sem que haja exame do mérito) cinco exemplos:

> "(i) o existente no procedimento de inventário e partilha, quando do exame de questões de mais alta indagação (arts. 984, 1.000, par. ún., 1.016, § 2º e 1.018, *caput*, CPC); (ii) o que surge no procedimento de desapropriação para evitar discussões sobre certos assuntos (art. 34, par. ún., do Dec.-lei 3.364/41); (iii) no procedimento dos Juizados Especiais Cíveis,

---

[33] Faz essa ligação entre a sentença de rejeição da demanda de mandado de segurança e a coisa julgada *secundum eventum probationis*, entre outros, Kazuo Watanabe, *Da cognição no processo civil*, p. 118-119. Afirma o renomado autor, porém, neste ensaio que se tornou um dos maiores clássicos da literatura processual brasileira, que "o exame exauriente do mérito da causa é dependente da existência de elementos probatórios necessários para tanto" (ob. cit., p. 119). Aceitar essa assertiva levaria, porém, a considerar que nesse caso não se formaria a coisa julgada material. Como vem sendo exposto no texto, não é essa a opinião sustentada neste estudo, divergindo-se, pois, ainda que parcialmente, do grande mestre paulista.

[34] Como muito bem recordado por Rodolfo de Camargo Mancuso, *Jurisdição coletiva e coisa julgada – teoria geral das ações coletivas*, p. 283.

[35] Eduardo Cambi, Coisa julgada e cognição *secundum eventum probationis*, in *RePro* 109, p. 77.

para o julgamento das causas complexas (art. 3º da Lei nº 9.099/95); (iv) no procedimento sumário, para a análise de questões que dependam de provas técnicas mais intrincadas (art. 277, § 5º, CPC); v) no mandado de segurança, quando não se puder verificar a liquidez e certeza do direito (Lei 1.533/51, arts. 15 e 16)".[36]

No segundo grupo (o das hipóteses em que o resultado da cognição *secundum eventum probationis* leva a que não se forme a coisa julgada material embora ocorra a resolução do mérito), Cambi inclui processos coletivos.[37]

Ouso, aqui, porém, divergir do que tradicionalmente se diz. Penso que no caso específico do mandado de segurança há uma peculiaridade. A sentença de improcedência do pedido, a meu sentir, e como tem sido insistentemente dito – e repetido *ad nauseam* – pode declarar a inexistência do direito subjetivo ou se limitar a afirmar a inexistência de direito líquido e certo. Em qualquer caso, a meu ver, essa sentença será apta a alcançar a autoridade de coisa julgada material. Mas os limites objetivos da coisa julgada material (que se restringem, como não poderia deixar de ser, ao dispositivo da sentença), variam *secundum eventum probationis* (isto é, conforme o resultado da atividade probatória).

Caso a atividade de produção de prova tenha sido suficiente para o juiz formar um juízo de certeza acerca da própria inexistência do direito subjetivo, a sentença fará coisa julgada de modo a tornar imutável e indiscutível essa declaração. Assim, não será mais possível, nem em processo de mandado de segurança, nem pelas vias ordinárias, tornar a discutir esse mesmo direito, cuja existência já está definitivamente negada.

De outro lado, caso a atividade de produção de prova não tenha sido suficiente para produzir tal juízo de certeza, tendo a sentença de mérito se limitado a dizer que rejeita a pretensão por inexistência de direito líquido e certo, a coisa julgada aí formada se limita a impedir nova impetração de mandado de segurança, não ficando vedado, porém, o acesso às vias ordinárias.

Tem-se, pois, limites objetivos *secundum eventum probationis* da coisa julgada material na sentença de improcedência proferida no processo do mandado de segurança individual.

---

[36] Idem, ibidem.

[37] Idem, ibidem.

7

Recursos no Processo do Mandado de Segurança

§ 22. Considerações gerais

A Lei nº 12.016/2009 contém algumas disposições que fazem alusão aos recursos cabíveis (e aos inadmissíveis) no processo do mandado de segurança. Assim é que à apelação se referem o art. 10, § 1º e o art. 14. Ao agravo contra decisões proferidas em primeira instância fazem referência o art. 7º, § 1º e o art. 15, §§ 2º e 3º. Do agravo interno tratam o art. 10, § 1º, o art. 15, *caput* e § 1º e o art. 16, parágrafo único. Sobre o não cabimento dos embargos infringentes dispõe o art. 25 da lei. Do recurso ordinário trata o art. 18, dispositivo que também faz alusão ao cabimento dos recursos especial e extraordinário. Estes dois últimos também são mencionados no art. 15, § 1º.

Nada há, porém, na Lei nº 12.016/2009 acerca dos embargos de declaração e sobre os embargos de divergência, recursos sobre cujo cabimento no processo do mandado de segurança não há qualquer discussão.

Pouco há, porém, na lei além de breves referências ao cabimento do recurso. A maior parte do regime desses mecanismos de impugnação das decisões proferidas no processo do mandado de segurança virá, inevitavelmente, do regime processual comum, principalmente do CPC. O objetivo deste capítulo do livro é examinar o que há de peculiar ao sistema recursal no processo do mandado de segurança.

§ 23. Apelação

É expresso o art. 14 da Lei nº 12.016/2009 em afirmar que "da sentença, denegando ou concedendo o mandado, cabe apelação". Este é, portanto, o recurso cabível contra qualquer sentença proferida nesse tipo de processo.

Diz a lei que a apelação será cabível contra a sentença que negue ou conceda o mandado de segurança. Por sentença concessiva deve-se entender a que julga procedente a pretensão deduzida pelo demandante. Já "sentença denegatória" é expressão genérica, que comporta duas distintas espécies: a sentença de improcedência da pretensão e a sentença terminativa (ou seja, a sentença que não contém a resolução do mérito da causa).

A apelação será cabível no prazo de 15 dias, mesmo que se trate de processo que verse sobre matéria regulada no Estatuto da Criança e do Adolescente (não obstante o teor do art. 198 do ECA).[1] A Fazenda Pública e o Ministério Público têm prazo em dobro para recorrer, por força do disposto no art. 188 do Código de Processo Civil,[2] mas quem nega a aplicação subsidiária do CPC ao processo do mandado de segurança, por razões evidentes, terá de afirmar que o prazo nesses casos não é duplicado.[3]

---

[1] STJ, REsp 345875/RS, rel. Min. Paulo Medina, j. em 21.2.2002. A ementa do acórdão, absolutamente elucidativa, é a seguinte: "Processual Civil – Mandado de segurança – Apelação – Prazo recursal – Aplicação subsidiária das normas do Código de Processo Civil – Prazo determinado pelo Estatuto da Criança e do Adolescente afastado – Recurso provido. O mandado de segurança possui natureza processual de ação civil, prestando-se ao resguardo de quaisquer direitos líquidos e certos ofendidos ou ameaçados de lesão, não importando se têm eles natureza civil, penal, administrativa, etc.. Diante da ausência de previsão na Lei n.º 1.533/51 a respeito do prazo recursal da apelação manifestada contra sentença concessiva ou denegatória de segurança, e tendo em vista a aplicação subsidiária das normas do Estatuto Processual Civil, deve incidir o lapso temporal de 15 (quinze) dias para a interposição do apelo, segundo o disposto no artigo 508 da referida legislação. Ainda que no mérito a controvérsia dos autos relacione-se ao Estatuto da Criança e do Adolescente, não há como prevalecer o prazo recursal de 10 (dez) dias determinado por seu art. 198, inciso segundo. Recurso especial provido."

[2] Assim, por exemplo, STJ, REsp 37312/SP, rel. Min. Humberto Gomes de Barros, j. em 9.3.1994: "Processual – Mandado de Segurança – Apelação – Autarquia – Prazo em dobro. No processo de mandado de segurança, conta-se em dobro o prazo concedido a autarquia, para apelar da sentença concessiva da ordem. Aliás, o tribunal de apelação fica obrigado a reapreciar tal sentença, quer sob o rotulo de apelação, quer a titulo de remessa 'ex officio' (lei 1533/51, art. 12, parágrafo único)."

[3] É interessante notar que o STF, ao julgar o RE 98816/RJ, rel. Min. Soares Muñoz, j. em 5.6.1984, decidiu por maioria pela aplicabilidade do art. 188 do CPC ao processo do mandado de segurança. Votou vencido o Min. Alfredo Buzaid, que sustentou em seu voto a inaplicabilidade subsidiária do Código de Processo Civil ao processo do mandado de segurança, salvo onde a lei específica determinasse expressamente tal aplicação (o que não aconteceria nesse caso). Digo que esse julgamento é interessante por causa do prolator do voto vencido, o eminente processualista Alfredo Buzaid. É que em obra doutrinária, o professor das Arcadas sustentou o ponto de vista oposto. Confira-se, pois, Alfredo Buzaid, *Do mandado de segurança*, p. 267: "O Código de Processo Civil rege o processo para a interposição de apelação, inclusive de terceiro prejudicado, bem como do agravo de instrumento, a resposta do recorrido, a manifestação sobre documentos oferecidos pela parte contrária, o preparo e o julgamento. O recurso extraordinário deve ser interposto de conformidade com o disposto nos arts. 541 e seguintes do Código de Processo Civil e 321 e seguintes do Regimento Interno do Supremo Tribunal Federal. Tratando-se da Fazenda Pública e do Ministério Público conta-se em dobro o prazo para recorrer (CPC, arts. 188 e 191)."

Têm legitimidade para recorrer, além das partes (o impetrante e a pessoa jurídica impetrada), o Ministério Público e a autoridade coatora, esta exclusivamente na qualidade de terceiro prejudicado (art. 14, § 2º, da Lei nº 12.016/2009).[4]

Vistas as questões relevantes referentes à admissibilidade da apelação, é de se examinar os efeitos que a interposição da mesma produz.

O efeito devolutivo, que lhe é essencial, é produzido pela apelação proferida em sede de mandado de segurança, nos mesmos termos em que se produz o efeito devolutivo de qualquer apelação, conforme o disposto nos arts. 515 e 516 do CPC. Já o efeito suspensivo é excluído pelo § 3º do art. 14 da Lei nº 12.016/2009, que permite a efetivação imediata da sentença. Há, porém, uma ressalva contida na parte final do texto do parágrafo que precisa ser, também, examinada. Analise-se, primeiro, porém, a regra geral.

Essa regra é a de que a apelação em mandado de segurança deve ser recebida *sem efeito suspensivo* quando interposta contra a sentença que *concede a segurança*, isto é, que julga o pedido de mandado de segurança procedente.[5] Nos demais casos, em que a segurança é denegada, seja em razão da improcedência do pedido, seja por se ter julgado extinto o processo sem resolução do mérito, a apelação deverá ser recebida *com efeito suspensivo*, aplicando-se por inteiro o regime do art. 520 do CPC.[6]

É, porém, aplicável à hipótese o disposto no parágrafo único do art. 558 do Código de Processo Civil, permitindo-se a atribuição *ope iudicis* do efeito suspensivo sempre que houver o risco de que a imediata produção de efeitos da sentença gere danos de difícil ou impossível reparação, sendo relevante a fundamentação do recurso. Em outras palavras, havendo *periculum in mora* e *fumus boni iuris* em favor do recorrente, será possível a atribuição de efeito suspensivo à apelação.[7]

---

[4]   Sobre o recurso de terceiro e a legitimidade da autoridade coatora para sua interposição, seja permitido remeter o leitor para item específico deste trabalho que ao ponto foi dedicado. Cfr., pois, o que vai no § 10, no Capítulo 3 deste trabalho.

[5]   Assim, por todos, Cassio Scarpinella Bueno, *A nova lei do mandado de segurança*, p. 113.

[6]   Neste sentido, também, José Miguel Garcia Medina e Fábio Caldas de Araújo, *Mandado de segurança individual e coletivo*, p. 169, acrescentando ainda os autores – com razão – que a sentença denegatória, mesmo que sujeita a apelação, produz imediatamente o efeito de revogar a medida liminar. Mas isso decorre, deve-se esclarecer, do próprio regime do art. 520 do CPC, já que se recebe sem efeito suspensivo, por força da interpretação que se tem dado ao inciso VII daquele artigo, a apelação contra o capítulo da sentença que confirma, concede ou revoga tutela de urgência. A jurisprudência, porém, tem se firmado no sentido de que a apelação em mandado de segurança deve ser, sempre, recebida *sem efeito suspensivo*, ainda que seja denegatória a sentença apelada. Neste sentido, por exemplo, STJ, REsp 787051/PA, rel. Min. Eliana Calmon, j. em 3.8.2006.

[7]   Sobre a aplicabilidade do disposto no parágrafo único do art. 558 do CPC aos casos regidos pela legislação extravagante, José Carlos Barbosa Moreira, *Comentários ao Código de Processo Civil*, v. V, p. 693. O Superior Tribunal de Justiça já admitiu a aplicação do regime do art. 558 do CPC à apelação contra sentença proferida em mandado de segurança, por exemplo, ao apreciar o REsp 789993/SP, rel. Min. Luiz Fux, j. em 14.8.2007.

236 Manual do Mandado de Segurança • Câmara

Por fim, é preciso dizer que – como consta da parte final do § 3º do art. 14 da Lei nº 12.016/2009 – a apelação será recebida *com efeito suspensivo* nos casos em que a sentença julgue procedente o pedido mas seja vedada a concessão de liminares. É que nesses casos também a execução provisória da sentença fica afastada, o que significa atribuir-se, ainda que com outras palavras, efeito suspensivo à apelação nessas hipóteses.[8]

Quanto ao mais, aplica-se integralmente o regime da apelação estabelecido pelo Código de Processo Civil.

§ 24. Agravo contra decisão proferida em primeira instância

Tema que antes da Lei nº 12.016/2009 gerava muita controvérsia era o do cabimento de agravo contra as decisões interlocutórias proferidas pelos juízos de primeira instância no processo de mandado de segurança. Havia, de um lado, quem se opusesse totalmente a tal possibilidade.[9] De outro lado, porém, sempre houve quem sustentasse o cabimento do recurso.[10]

A Lei nº 12.016/2009, porém, resolveu de vez essa controvérsia, afirmando expressamente o cabimento do agravo de instrumento contra a decisão que conceder ou denegar a medida liminar (art. 7º, § 1º e art. 15, §§ 2º e 3º). Impende deixar claro, porém, que o legislador não se valeu, aqui, da técnica conhecida como *inclusio unius, exclusio alterius*. O fato de só se ter feito expressa referência ao cabimento de agravo contra a decisão que defere ou indefere a medida liminar

---

[8] Bruno Garcia Redondo, Guilherme Peres de Oliveira e Ronaldo Cramer, *Mandado de segurança*, p. 121-122.

[9] Assim, por exemplo, Alfredo Buzaid, *Do mandado de segurança*, p. 261. Na jurisprudência, STJ, RMS 2051/PB, rel. Min. Humberto Gomes de Barros, j. em 17.3.1993, assim ementado: "Processual – Liminar – Agravo de instrumento – Descabimento – Mandado de segurança contra deferimento liminar de segurança em outro processo – Impossibilidade – Existência de remédio específico – (Lei n. 1533/51 – art. 5., II e Lei n. 4348/64 art. 4.) 1. Não cabe agravo de instrumento contra decisão que defere liminarmente mandado de segurança. O remédio específico para enfrentar esta decisão é aquele previsto no art. 4. da Lei n. 4.348/64. 2. O deferimento liminar de segurança, por estar exposto a suspensão prevista na Lei n. 4.348/64, não pode ser combatido por outro MS (Lei n. 1533/51 – art. 5., II)."

[10] Por todos, José Carlos Barbosa Moreira, Recorribilidade das decisões interlocutórias no processo do mandado de segurança, *in* Barbosa Moreira, *Temas de direito processual*, Sexta Série. São Paulo: Saraiva, 1997, p. 211 *et seq*. Na jurisprudência, merece referência o acórdão proferido pelo STJ no julgamento do RMS 1070/PR, rel. Min. Américo Luz, j. em 5.5.1993, cuja ementa foi a seguinte: "Mandado de segurança contra liminar concedida em outra ação mandamental. É inadmissível a utilização de mandado de segurança contra decisão concessiva de liminar em outra ação mandamental. O recurso próprio é o agravo de instrumento. Trata-se de medida anômala de caráter acautelatório, admitindo-se, excepcionalmente, o *writ*, quando demonstrada a ilegalidade do ato, dano irreparável ou abuso de poder do juiz. Recurso desprovido. Decisão unânime."

não exclui a admissibilidade do recurso contra outras decisões interlocutórias que também sejam proferidas ao longo do procedimento do mandado de segurança em primeira instância.[11]

O regime do agravo contra decisões interlocutórias proferidas em primeira instância no processo do mandado de segurança é o estabelecido pelo CPC, em seus arts. 522 a 529, sem qualquer alteração.

§ 25. Agravo interno

No processo do mandado de segurança pode ser proferida alguma decisão monocrática nos tribunais. Isso tanto pode acontecer quando o relator (do mandado de segurança de competência originária ou de um recurso em mandado de segurança) provê monocraticamente, como nos casos em que a lei prevê que caberá ao Presidente do tribunal manifestar-se (o que acontece no incidente de suspensão de segurança, de que se tratará mais adiante). Pois contra as decisões monocráticas proferidas nos tribunais cabe um recurso denominado *agravo interno*.

Sobre esse recurso, já tive oportunidade de me manifestar em outro ensaio, apresentando uma definição que agora reproduzo: "Chama-se agravo interno ao *remédio processual que permite o controle pelos tribunais (ou seus órgãos fracionários) das decisões monocráticas proferidas pelos relatores ou pelos seus presidentes.*"[12]

Pois proferida em um tribunal alguma decisão monocrática em processo de mandado de segurança, seja em caso de competência originária, seja em caso de competência recursal, de tal decisão caberá agravo interno. E para isso pouco im-

---

[11]   No mesmo sentido, invocando como fundamento a aplicabilidade subsidiária do CPC à Lei do Mandado de Segurança, Cassio Scarpinella Bueno, *A nova lei do mandado de segurança*, p. 79-80. Na jurisprudência, confira-se o acórdão proferido pelo Superior Tribunal de Justiça no julgamento do REsp 687457/SP, rel. Min, Denise Arruda, j. em 17.5.2007, assim ementado: "Recurso especial. Processual civil. Mandado de segurança. Decisão interlocutória. Agravo de instrumento. Cabimento. Recurso provido. Retorno dos autos ao tribunal de origem. 1. Este Superior Tribunal de Justiça pacificou entendimento no sentido de se admitir a interposição de agravo de instrumento contra decisões interlocutórias proferidas em sede de mandado de segurança, tendo em vista a sistemática processual prevista na Lei 9.139/95, que instituiu o regime de interposição direta do agravo de instrumento ao Tribunal, com processamento em autos apartados, de maneira a não ocasionar nenhum tumulto ou atraso no andamento do mandamus (EREsp 471.513/MG, Corte Especial, Rel. Min. Fernando Gonçalves, Rel. p/ acórdão Min. Gilson Dipp, DJ de 7.8.2006). 2. Salvo quando existir preceito específico em sentido contrário, as normas do Código de Processo Civil aplicam-se subsidiariamente às ações de rito especial, incluindo-se aí o mandado de segurança. 3. Recurso especial provido, determinando-se o retorno dos autos ao Tribunal de origem, a fim de que seja analisado o mérito do agravo de instrumento."

[12]   Alexandre Freitas Câmara, O agravo interno no direito processual civil brasileiro, *in* José Miguel Garcia Medina, Luana Pedrosa de Figueiredo Cruz, Luís Otávio Sequeira de Cerqueira e Luiz Manoel Gomes Júnior (Coord.), *Os poderes do juiz e o controle das decisões judiciais* – Estudos em homenagem à Professora Teresa Arruda Alvim Wambier, p. 614.

porta saber se a decisão foi proferida pelo relator (do mandado de segurança ou do recurso) ou pelo Presidente do tribunal (em suspensão de segurança).

A Lei nº 12.016/2009 prevê expressamente o cabimento do agravo interno em algumas hipóteses. A primeira delas, prevista no art. 10, § 1º, é a do indeferimento da petição inicial do mandado de segurança de competência originária de tribunal pelo relator, decisão impugnável pelo recurso de que aqui se trata. A segunda, a que se refere o art. 15, é a decisão do Presidente de tribunal que defere o requerimento de suspensão de segurança. Por fim, a Lei nº 12.016/2009 prevê o cabimento de agravo interno contra a decisão do relator que, em mandado de segurança de competência originária de tribunal, concede ou denega medida liminar (art. 16, parágrafo único).

Vale registrar que em duas dessas três hipóteses (exatamente aquelas em que a decisão agravável terá sido proferida pelo relator) a Lei nº 12.016/2009 nada mais faz além de afirmar o cabimento do agravo interno, o que implica, necessariamente, a aplicação subsidiária do CPC para que se defina o modo como será tratado o recurso. Já no caso previsto no art. 15 da lei (agravo interno contra decisão que defere o requerimento de suspensão de segurança), a Lei nº 12.016/2009 vai um pouco além, estabelecendo o prazo dentro do qual o recurso é admissível: cinco dias.[13]

Impõe-se, aqui, porém, enfrentar uma questão relevante. Como se deve interpretar o fato de que a Lei nº 12.016/2009 só prevê expressamente o cabimento do agravo interno nessas três hipóteses? Seriam irrecorríveis as demais decisões monocráticas proferidas nos tribunais em processos de mandado de segurança?

Veja-se que a questão é relevante. Basta pensar que, pela redação do art. 15 da lei, admite-se o agravo interno contra a decisão que *defere*, mas não contra a que indefere o requerimento de suspensão de segurança. E muitas outras decisões monocráticas podem ser proferidas em processos de mandado de segurança que tramitam nos tribunais, seja nos casos de competência originária, seja nos casos de competência recursal.

Alguns exemplos podem ser, aqui, figurados (todos exemplos de decisões monocráticas do relator): a decisão que determina a exclusão de litisconsorte do processo; a que corrige de ofício o valor da causa; a que indefere a expedição de ofício para exibição de documento que se ache em poder de repartição ou estabelecimento público ou em poder de autoridade no caso previsto no art. 6º, § 1º, da Lei nº 12.016/2009; a decisão do relator que decreta a cessação de eficácia da medida liminar (art. 8º da Lei nº 12.016/2009) *etc.* Em todos esses casos são pronunciadas decisões monocráticas nos tribunais para as quais não há expressa previsão de agravo interno.

---

[13] Prazo este que, por coincidência, é também o prazo de cabimento do agravo interno no regime do CPC.

Nos casos em que o processo de mandado de segurança tramite no Supremo Tribunal Federal ou no Superior Tribunal de Justiça, pouco importando aqui se essas Cortes estarão a exercer suas competências originárias ou recursais, a solução da questão aqui proposta é simples. Isso porque, em razão do disposto no art. 39 da Lei nº 8.038/1990, de qualquer decisão monocrática proferida naquelas Cortes se admite agravo interno, no prazo de cinco dias.[14]

Nos demais tribunais, porém, não pode ser outra a solução, devendo-se admitir a aplicação analógica do art. 39 da Lei nº 8.038/1990 aos demais tribunais.[15] Ficam excluídas, apenas, aquelas decisões monocráticas que, por força de lei, tenham sido expressamente declaradas irrecorríveis, como é o caso dos pronunciamentos previstos no parágrafo único do art. 527 do CPC.

Ao agravo interno se aplicam, por inteiro, os regimes do CPC e da Lei nº 8.038/1990 (esta, como visto, aplicável por analogia a todos os Tribunais).

§ 26. Embargos de declaração

Não há qualquer dúvida acerca do cabimento de embargos de declaração contra as decisões proferidas no processo do mandado de segurança, não obstante o fato

---

[14] Não pode deixar de ser mencionado o fato de que o Enunciado nº 622 da Súmula da Jurisprudência Predominante do STF estabeleceu que "não cabe agravo regimental contra decisão do relator que concede ou indefere liminar em mandado de segurança". Como sabido, a expressão "agravo regimental" é usada – equivocadamente – para designar o recurso que mais corretamente se chama *agravo interno*. Esse enunciado era, com todas as vênias devidas ao STF, absolutamente inaceitável, já que manifestamente contrário ao disposto no art. 39 da Lei nº 8.038/1990. O enunciado, porém, foi declarado insubsistente após a edição da Lei nº 12.016/2009, quando do julgamento proferido em MS 28177 MC-AgR/DF, rel. Min. Marco Aurélio, rel. p/ acórdão Min. Ricardo Lewandowski. J. em 30.9.2009. Registre-se que não houve qualquer divergência naquele julgamento acerca da questão aqui posta.

[15] Assim já decidiu expressamente o Superior Tribunal de Justiça, no RMS 21786/MT, rel. Min. Castro Meira, j. em 27.3.2007: "Processual civil. Mandado de segurança. Decisão judicial. Súmula 267/STF. Ação cautelar incidental. Liminar. Recurso cabível. Agravo. Princípio da colegialidade dos Tribunais. Art. 39 da Lei nº 8.038/90. Aplicação analógica. 1. 'Não cabe mandado de segurança contra ato judicial passível de recurso ou correição' (Súmula 267/STF). 2. A decisão monocrática de relator que defere liminar em ação cautelar incidental ajuizada perante tribunal de segunda instância pode ser impugnada por recurso interno ao colegiado, ainda que ausente a previsão regimental. 3. O art. 39 da Lei nº 8.038/90, que disciplina o cabimento do agravo interno contra decisão singular proferida por membro do Superior Tribunal de Justiça e do Supremo Tribunal Federal, deve ser aplicado, por analogia, a todos os tribunais do País, em razão do princípio da colegialidade dos tribunais. Precedentes. 4. Recurso ordinário improvido." Já defendi esse mesmo entendimento em Alexandre Freitas Câmara, O agravo interno no direito processual civil brasileiro, *in* José Miguel Garcia Medina, Luana Pedrosa de Figueiredo Cruz, Luís Otávio Sequeira de Cerqueira e Luiz Manoel Gomes Júnior (Coord.), *Os poderes do juiz e o controle das decisões judiciais* – Estudos em homenagem à Professora Teresa Arruda Alvim Wambier, p. 615.

240 Manual do Mandado de Segurança • Câmara

de a Lei nº 12.016/2009 não fazer qualquer alusão a esse remédio processual. A questão é tão pacífica que sequer exige demonstração.[16] Pode-se afirmar, com a mais absoluta certeza, que jamais houve qualquer discussão acerca do cabimento dos embargos de declaração nesse tipo de processo. E isso é curioso, já que essa foi a postura adotada também por aqueles que sustentaram a inaplicabilidade subsidiária do CPC às leis de regência do mandado de segurança.[17]

O regime dos embargos de declaração é, sem qualquer diferença, o previsto no CPC.

§ 27. Recurso ordinário constitucional

Nos processos de mandado de segurança de competência originária dos tribunais pode ser cabível um recurso a que se costuma designar, em doutrina, *recurso ordinário constitucional*.[18] Trata-se do recurso criado pelos arts. 102, II, e 105, II, da Constituição da República, e regulamentado pelos arts. 539 e 540 do CPC.

É admissível o recurso ordinário constitucional *para o Supremo Tribunal Federal* contra decisões denegatórias proferidas em mandados de segurança de competência originária dos Tribunais Superiores (TSE, TST, STM e STJ), nos termos do art. 102, II, *a*, da Constituição da República. De maneira análoga, é admissível o recurso ordinário constitucional *para o Superior Tribunal de Justiça* contra decisões denegatórias proferidas em mandados de segurança de competência originária dos Tribunais Regionais Federais ou dos Tribunais de Justiça.[19] Apenas se denegatória a decisão o recurso é admissível, o que significa dizer, em outros termos,

---

[16] As decisões proferidas em sede de embargos de declaração em processos de mandado de segurança se contam aos milhares. Basta dizer que, quando da pesquisa realizada para a elaboração deste trabalho, consulta feita na página eletrônica do Superior Tribunal de Justiça com as palavras-chave "embargos", "declaração", "mandado" e "segurança" apresentou mais de quatro mil acórdãos.

[17] Cite-se, aqui, uma vez mais, o acórdão proferido pelo STF no julgamento do RE 83246/SP, rel. Min. Leitão de Abreu, j. em 27.10.1976, o qual foi anteriormente mencionado quando neste livro se tratou do exame da aplicação subsidiária do CPC ao processo do mandado de segurança fora dos casos expressamente previstos na lei. Nesse acórdão, o eminente Min. Moreira Alves teceu longas considerações sustentando que o mandado de segurança teria um sistema recursal próprio, a ele não se aplicando o sistema recursal comum do Código de Processo Civil. Esse voto é aqui mencionado pelo fato de que o próprio Min. Moreira Alves sempre admitiu, sem qualquer discussão, a oposição de embargos de declaração contra decisões proferidas nos processos de mandado de segurança (como se pode ver, por exemplo, pela decisão proferida em RMS 24196 ED/DF, rel. Min. Moreira Alves, j. em 5.11.2002).

[18] Denominação que aparece, por exemplo, na obra de Nelson Luiz Pinto, *Manual dos recursos cíveis*, p. 165.

[19] Evidentemente não é só nesses casos que se admite o recurso ordinário constitucional. Estes são, porém, os casos de cabimento do recurso *em mandado de segurança* e, por isso, os únicos que interessam ao presente estudo.

que o recurso ordinário constitucional é um recurso para cuja interposição apenas o impetrante estará legitimado.[20] Tendo havido concessão parcial da segurança, então, poderá o impetrante valer-se do recurso ordinário constitucional para impugnar o capítulo da decisão que lhe é desfavorável.[21]

Fala o texto constitucional no cabimento do recurso apenas contra *decisões denegatórias*. Deve-se interpretar essa expressão da forma mais ampla possível, admitindo-se o recurso tanto contra decisões de improcedência como no caso de se ter julgado improcedente o pedido de mandado de segurança,[22] o que é perfeitamente coerente com o modo como se tem interpretado, de forma geral, a expressão "decisão denegatória" (o que já foi objeto de exame em passagem anterior deste estudo).

Não se pode deixar, porém, de ter claro que só é admissível o recurso contra acórdãos, nunca contra decisões monocráticas, já que estas são impugnáveis por agravo interno.[23] Nesse ponto, porém, tem surgido um problema sério na jurisprudência do Superior Tribunal de Justiça, o qual precisa aqui ser enfrentado.

O STJ tem entendido, corretamente, que só se admite o recurso ordinário constitucional contra acórdãos, não aceitando sua interposição contra decisões monocráticas,[24] já que estas são impugnáveis por agravo interno. Pode ocorrer, porém (e na prática tem ocorrido) de se decidir monocraticamente um mandado de segurança e, contra tal decisão, serem opostos embargos de declaração que, em

---

[20] Araken de Assis, *Manual dos recursos cíveis*, p. 673.

[21] STJ, RMS 31848/AC, rel. Min. Mauro Campbell Marques, j. em 17.5.2011, onde se lê: "É perfeitamente cabível a interposição de recurso ordinário contra acórdão que concede parcialmente a segurança."

[22] STJ, RMS 28326/RJ, rel. Min. Og Fernandes, j. em 3.5.2012; STF, RMS 24639/DF, rel. Min. Carlos Britto, j. em 11.11.203. Na doutrina, por todos, Bernardo Pimentel Souza, *Dos recursos constitucionais*, p. 77. Vale aqui registrar que o STJ tem considerado *erro grosseiro* a interposição de recurso especial contra acórdão que, em processo de mandado de segurança de competência originária de Tribunal de Justiça ou Tribunal Regional Federal, põe termo ao processo sem resolução do mérito, como se vê, por exemplo, em STJ, AgRg no REsp 1157654/PI, Rel. Min. Napoleão Nunes Maia Filho, j. em 28.2.2012.

[23] Nesse sentido vem reiteradamente decidindo o STJ, como se pode ver, por exemplo, em RMS 32767/SP, rel. Min. Mauro Campbell Marques, j. em 5.4.2011; AgRg no Ag 1424574/GO, rel. Min. Herman Benjamin, j. em 28.2.2012; AgRg no RMS 38.533/BA, rel. Min. Castro Meira, j. em 4.9.2012.

[24] Na doutrina, em abono dessa tese, corretamente, José Carlos Barbosa Moreira, *Comentários ao Código de Processo Civil*, v. V, p. 575. Há decisões em que se sustenta uma suposta aplicação analógica do Verbete nº 281 da Súmula do STF ("É inadmissível o recurso extraordinário, quando couber na justiça de origem, recurso ordinário da decisão impugnada"), o que, *data venia*, não se afigura correto, dada a diversa – e inteiramente divergente – fundamentação dos precedentes que levaram à edição do referido enunciado, uma vez que este decorre da regra constitucional que exige, para o cabimento dos recursos excepcionais, que a decisão recorrida tenha sido proferida em "única ou última instância", enquanto para o recurso ordinário só fala o texto constitucional em "única instância" (mas não em última).

vez de serem decididos também monocraticamente pelo relator (como seria correto), são submetidos a decisão pelo órgão colegiado de que o relator é integrante.

Nesse caso, uma vez decididos os embargos de declaração, vem a parte a interpor o recurso ordinário constitucional, que não tem sido admitido pelo STJ ao fundamento de que não houve o "esgotamento da instância ordinária" por não ter havido a interposição de agravo contra a decisão monocrática do relator, mas tão somente a oposição de embargos de declaração.[25] Assim, o que se percebe é que, para o STJ, mesmo que os embargos de declaração opostos à decisão monocrática sejam julgados pelo órgão colegiado, seria preciso interpor agravo interno para, só depois, admitir-se a interposição de recurso ordinário constitucional.

Ocorre que o próprio STJ tem reiteradamente afirmado não ser admissível a interposição de agravo interno contra acórdãos.[26] Esse entendimento, com todas as vênias devidas, deixa a parte de mãos atadas. Afinal, opostos os embargos de declaração contra a decisão monocrática, e equivocadamente tendo sido eles levados a julgamento pelo órgão colegiado (já que o correto seria sua apreciação pelo próprio relator), só se admitirá o recurso ordinário constitucional se for, depois, interposto um agravo interno que o próprio STJ diz não se poder interpor. Perdoe-se o comentário, mas a situação é kafkiana...

Aqui, de duas uma: ou se admite a interposição direta do recurso ordinário constitucional, ou se passa a admitir a interposição de agravo interno contra acórdão. Penso que a solução adequada é a primeira, mais consentânea com princípios processuais como o da duração razoável do processo e da economia processual (este a inspirar um processo em que se obtenha o máximo de proveito com o mínimo de dispêndio de tempo e energias). Assim, caso seja proferida decisão monocrática denegatória de mandado de segurança e, contra ela, venham a ser opostos embargos de declaração equivocadamente levados a julgamento pelo órgão colegiado, deve-se admitir a interposição, contra o acórdão – ainda que meramente integrativo – proferido no julgamento dos embargos declaratórios, de recurso ordinário constitucional (nas hipóteses previstas nos arts. 102, II e 105, II, da Constituição da República).[27]

---

[25] Nesse sentido, entre outros, STJ, RMS 22410/RS, rel. Min. Eliana Calmon, j. em 18.3.2008; RMS 38796/SP, rel. Min. Herman Benjamin, j. em 4.9.2012.

[26] STJ, AgRg nos EDcl no RMS 32421/MS, rel. Min. Herman Benjamin, j. em 14.2.2012.Vale, aliás, mencionar o fato de que nesse acórdão o STJ afirmou a inadmissibilidade de agravo contra decisão proferida, em colegiado, no julgamento de embargos de declaração contra decisão monocrática de relator proferida em processo de mandado de segurança.

[27] Registre-se a existência de uma decisão do Superior Tribunal de Justiça no sentido de que, julgados pelo colegiado os embargos de declaração opostos a uma decisão monocrática, poderia a parte valer-se de dois diferentes caminhos: ou interpõe agravo interno, que seria ainda admissível, ou opõe novos embargos de declaração, alegando erro de procedimento, a fim de viabilizar a posterior interposição de recurso especial em que se alegará contrariedade ao art. 557 do CPC. Foi o que se decidiu no julgamento do AgRg no REsp 1231070/ES, rel. Min. Castro Meira, j. em 3.10.2012.

O recurso ordinário constitucional, então, só é admissível em processos de mandado de segurança de competência originária dos tribunais. Chegando o mandado de segurança a um desses tribunais em grau de recurso, não se poderá, em hipótese alguma, cogitar da admissibilidade do recurso ordinário constitucional. É que a função do recurso ordinário constitucional no processo de mandado de segurança é assegurar a observância do *duplo grau de jurisdição*, provocando uma devolução ampla da causa ao tribunal *ad quem*, o qual atuará, nesses casos, como Corte de segundo grau de jurisdição.[28]

Exatamente por isso o recurso ordinário constitucional pode ser comparado, nesses casos, a uma *apelação*, tendo inclusive o CPC expressamente estabelecido que a ele se aplicam, quanto aos requisitos de admissibilidade e ao procedimento no juízo de origem, as disposições acerca da apelação (art. 540).

O recurso ordinário constitucional é, na verdade, uma "apelação constitucional",[29] a ele se aplicando todo o regime da apelação, não só quanto aos requisitos de admissibilidade e aos efeitos, como estabelece o art. 540 do CPC, mas quanto a todas as demais questões (como, por exemplo, os efeitos do recurso).[30]

O prazo para interposição do recurso ordinário constitucional, nos expressos termos do art. 508 do CPC, é de 15 dias, e idêntico será o prazo para oferecimento de contrarrazões, por força do mesmo dispositivo legal.[31]

Posteriormente, outras decisões vieram a ser proferidas no mesmo sentido (como, por exemplo, no AgRg no RMS 35814/MT, rel. Min. Benedito Gonçalves, j. em 9.10.2012). Espera-se que assim se resolva o sério problema indicado no texto.

[28] Bernardo Pimentel Souza, *Dos recursos constitucionais*, p. 44.

[29] Aproximando o recurso ordinário constitucional da apelação, expressamente, Alcides de Mendonça Lima, *O Poder Judiciário e a nova Constituição*, p. 83. O STJ, aliás, tem diversas decisões afirmando ser aplicável o princípio da fungibilidade nos casos em que, cabível o recurso ordinário constitucional, a parte interpõe apelação (RMS 20652/MT, rel. Min. Arnaldo Esteves Lima, j. em 3.4.2007; RMS 23173/AM, rel. Min. Humberto Martins, j. em 10.4.2007; RMS 36805/SP, rel. Min. Laurita Vaz, j. em 15.3.2012). Há, porém, acórdãos em sentido diverso, afirmando ser inaplicável esse princípio (RMS 31992/BA, rel. Min. Herman Benjamin, j. em 5.8.2010; EDcl no RMS 31891/PR, rel. Min. Teori Albino Zavascki, j. em 28.2.2012). A solução adequada para essa controvérsia, salvo melhor juízo, é a que foi dada pelo STJ ao decidir um dos casos citados, o RMS 23173/AM, de relatoria do eminente Min. Humberto Martins, onde se afirmou que tudo não passa de um caso de "denominação errônea" do recurso, eis que o recurso ordinário constitucional é, substancialmente, uma apelação.

[30] Mais adiante se enfrentará, especificamente, a controvertida questão referente à aplicabilidade, ao recurso ordinário constitucional em mandado de segurança, do disposto no § 3º do art. 515 do CPC.

[31] Vale aqui lembrar que as pessoas jurídicas de direito público têm prazo em dobro para recorrer, o que não afeta o recurso ordinário constitucional, que é recurso que só pode ser interposto pelo impetrante (salvo se o próprio impetrante for uma pessoa jurídica de direito público, caso em que se beneficiará do prazo em dobro para recorrer previsto no art. 188 do CPC). De outro lado, as entidades públicas não têm benefício de prazo para contra-arrazoar recursos, de modo que o prazo nesse caso será, mesmo, de 15 dias.

O procedimento do recurso no tribunal de origem é o mesmo da apelação (art. 540 do CPC). Já no tribunal *ad quem* o procedimento será o previsto no Regimento Interno da Corte (incidindo, aí, também, o disposto na Lei nº 8.038/1990).

A grande questão a enfrentar no estudo do recurso ordinário constitucional em mandado de segurança diz respeito aos efeitos da interposição do recurso, especialmente no que concerne ao efeito devolutivo. É a isso que se passa agora.

Não se pode deixar de dizer, antes de qualquer outra afirmação, que a interposição do recurso ordinário constitucional (desde que admissível) obsta o trânsito em julgado da decisão recorrida.[32]

Quanto à produção do efeito suspensivo, o recurso ordinário constitucional em mandado de segurança segue o regime da apelação, o qual se extrai do art. 14, § 3º, da Lei nº 12.016/2009, e que foi objeto de exame anterior neste estudo. Não se poderia, porém, deixar de pontuar um detalhe relevante: sendo o recurso admissível apenas contra decisões denegatórias, o efeito suspensivo aqui se torna, como já foi dito em relevante obra doutrinária, "de escassa relevância".[33]

Por fim, no que concerne ao efeito devolutivo, é preciso partir-se da premissa, aqui tantas vezes repetida, de que o recurso ordinário constitucional é, substancialmente, uma apelação. Por conta disso, incidem as normas que se extraem do art. 515 e seus parágrafos, assim como do art. 516 do CPC. O recurso ordinário, portanto, devolve ao tribunal (seja o STJ, seja o STF) o conhecimento da matéria impugnada (art. 515, *caput*), o que inclui tanto as questões de fato quanto as de direito.[34] Permite-se, ainda, ao tribunal, também, que conheça de questões anteriores à decisão recorrida que não tenham sido decididas pelo tribunal *a quo* (art. 516).[35]

Incumbirá, ainda, ao tribunal, conhecer de questões que, suscitadas e discutidas ao longo do processo, não tenham sido apreciadas por inteiro (art. 515, § 1º),[36] e se a demanda do impetrante ou a defesa da pessoa jurídica demandada tiver mais de um fundamento e a decisão recorrida tiver acolhido apenas um de-

---

[32] Assim, por todos, José Carlos Barbosa Moreira, *Comentários ao Código de Processo Civil*, v. V, p. 578.

[33] José Carlos Barbosa Moreira, *Comentários ao Código de Processo Civil*, v. V, p. 578, com a ressalva das "condenações acessórias", como a condenação ao pagamento de custas.

[34] STJ, RMS 19895/GO, rel. Min. Jorge Mussi, rel. p/ acórdão Min. Gilson Dipp, j. em 23.11.2010.

[35] O Superior Tribunal de Justiça expressamente afirmou a aplicação do art. 516 do CPC no recurso ordinário em mandado de segurança ao julgar o RMS 10178/RO, rel. Min. Felix Fischer, j. em 13.4.1999.

[36] Há precedente do STJ expressamente reconhecendo a aplicação do art. 515, § 1º, do CPC ao recurso ordinário constitucional em mandado de segurança: STJ, RMS 27813/RJ, rel. Min. Eliana Calmon, j. em 2.4.2009.

les, o recurso ordinário devolverá ao tribunal *ad quem* o conhecimento dos demais (art. 515, § 2º).[37]

A grande discussão existente a respeito da matéria aqui apreciada concerne à incidência, no recurso ordinário constitucional em mandado de segurança, da regra veiculada pelo § 3º do art. 515 do CPC. Este, como se sabe, é o dispositivo que prevê a incidência, na apelação, da chamada "teoria da causa madura", por força da qual fica o tribunal *ad quem* autorizado a apreciar o mérito da causa mesmo no caso em que o órgão jurisdicional *a quo* não tenha sobre ele se pronunciado se o processo estiver em condições de receber imediato julgamento.[38] Pois é tremendamente controvertida a aplicabilidade dessa técnica ao recurso ordinário constitucional em mandado de segurança.

Há decisões do Superior Tribunal de Justiça que admitem essa aplicação, fazendo incidir o disposto no § 3º do art. 515 do CPC ao recurso ordinário em mandado de segurança. Confira-se o seguinte:[39]

> "PROCESSUAL CIVIL E PREVIDENCIÁRIO. RECURSO ORDINÁRIO EM MANDADO DE SEGURANÇA. IMPETRAÇÃO DO *MANDAMUS* CONTRA ATO DE JUIZ SINGULAR DO JUIZADO ESPECIAL. CABIMENTO. EXTINÇÃO DO PROCESSO SEM JULGAMENTO DO MÉRITO. REFORMA DO JULGADO. POSSIBILIDADE DE CONHECIMENTO DA MATÉRIA MERITÓRIA POR ESTA CORTE. PREENCHIMENTO DOS REQUISITOS DO ART. 515, § 3º, DO CPC. AÇÃO PREVIDENCIÁRIA AJUIZADA NO JUIZADO ESPECIAL ESTADUAL. UTILIZAÇÃO DO RITO DO JUIZADO ESPECIAL FEDERAL.
>
> POSSIBILIDADE. VEDAÇÃO DO ART. 20 DA LEI N.º 10.259/2001.
>
> NÃO APLICAÇÃO ÀS CAUSAS PREVIDENCIÁRIAS. ART. 109, § 3º, DA CONSTITUIÇÃO FEDERAL.
>
> 1. Cabível a impetração do mandado de segurança contra decisão irrecorrível de Juiz singular do Juizado Especial.
>
> 2. Presentes os pressupostos estabelecidos no § 3º, do art. 515 do Código de Processo Civil, aplica-o por analogia ao recurso ordinário de mandado de segurança, apreciando-se, portanto, desde logo o mérito da impetração.

---

[37] Também sobre a aplicabilidade do § 2º do art. 515 do CPC existe precedente do STJ: EDcl no RMS 22725/PE, rel. Min. Luiz Fux, j. em 16.12.2008, de cuja ementa se extrai o seguinte trecho: "Os requisitos de admissibilidade e o procedimento do recurso ordinário em mandado de segurança observam as regras atinentes à apelação, devolvendo em profundidade, portanto, o conhecimento da matéria impugnada, ainda que não resolvida pelo Juízo a quo, nos termos dos §§ 1º e 2º, do artigo 515, do CPC."

[38] Sobre a "teoria da causa madura", Alexandre Freitas Câmara, *Lições de direito processual civil*, v. 2, p. 95-98.

[39] STJ, RMS 17113/MG, rel. Min. Laurita Vaz, j. em 24.8.2004.

3. A proibição expressa na parte final do art. 20 da Lei dos Juizados Especiais Federais não se aplica às causas previdenciárias, diante do que dispõe o § 3º, do art. 109 da Carta Magna. Precedente desta Corte.

4. Na interpretação do novo texto infraconstitucional é importante observar o princípio da supremacia da Constituição, bem como a viabilização do acesso à justiça.

5. Recurso conhecido, mas desprovido."

Destaque-se, na ementa que acaba de ser transcrita, o item nº 2, no qual se afirma que "presentes os pressupostos estabelecidos no § 3º do art. 515 do Código de Processo Civil, aplica-o por analogia ao recurso ordinário de mandado de segurança, apreciando-se, portanto, desde logo o mérito da impetração". Em seu voto, a relatora do acórdão afirma que "o recurso ordinário em mandado de segurança tem natureza similar ao recurso de apelação, tendo aplicação, portanto, todos os princípios que regem este último recurso".

Há outro precedente do STJ que aplica o § 3º do art. 515 do CPC ao recurso ordinário constitucional em mandado de segurança, invocando para tanto fundamentos principiológicos, buscando demonstrar que há perfeita harmonia entre essa aplicação e o modelo constitucional de processo:[40]

"PROCESSUAL CIVIL. TRIBUTÁRIO. MANDADO DE SEGURANÇA. RECURSO ORDINÁRIO. TEORIA DA CAUSA MADURA. POSSIBILIDADE. AQUISIÇÃO DE BENS DESTINADOS AO ATIVO FIXO. LIMITAÇÕES LEGAIS AO CREDITAMENTO DE ICMS.

CONSTITUCIONALIDADE E LEGALIDADE.

1. Na ação mandamental, a impetrante pretende ser autorizada a compensar crédito de ICMS oriundo da aquisição de bens destinados ao ativo permanente, uso e consumo da impetrante, bem como quanto à aquisição de energia elétrica e serviços de comunicação, sem a incidência das restrições qualitativas e temporais impostas pelas Leis Complementares nos 99/1999, 102/2000 e pelas Leis Estaduais nos 3.419/2000 e 3.453/2000, tendo essas últimas reproduzido as limitações contidas na apontada legislação federal.

2. No caso, é desnecessária nova remessa dos autos ao Tribunal a quo, uma vez que a causa está madura para julgamento, por envolver matéria exclusivamente de direito, permitindo a aplicação do art. 515, § 3º, do CPC. Essa providência coaduna-se com os princípios da celeridade e instrumentalidade processuais e com a razoável duração do processo, consagrada no art. 5º, LXXVIII, do Texto Constitucional. Precedentes.

---

[40] STJ, RMS 20491/RJ, rel. Min. Castro Meira, j. em 13.10.2009.

3. É possível o creditamento de ICMS na aquisição de bens destinados ao ativo fixo após a vigência da Lei Complementar 87/96. Entretanto, não há ilegalidade ou inconstitucionalidade nas restrições qualitativas e temporais estabelecidas por Leis Complementares posteriores. Do mesmo modo, não há vícios nas leis estaduais que reproduzem as limitações estabelecidas na legislação federal.

Precedentes do STJ e do STF.

4. Recurso ordinário em mandado se segurança não provido."

Há, porém, no próprio Superior Tribunal de Justiça, decisões que afirmam a inaplicabilidade daquele mesmo § 3º do art. 515 no recurso ordinário em mandado de segurança. Confira-se:[41]

"RECURSO ORDINÁRIO. MANDADO DE SEGURANÇA. IMPETRAÇÃO CONTRA ATO DE INDEFERIMENTO DE REVISÃO DE PROVENTOS. LEGITIMIDADE DA PENSIONISTA PARA IMPETRAR O WRIT. DEFESA DE DIREITO PRÓPRIO. ART. 515, § 3º, DO CPC. NÃO APLICAÇÃO AO RECURSO ORDINÁRIO, SOB PENA DE TRANSFORMAÇÃO DA COMPETÊNCIA RECURSAL DO STJ EM ORIGINÁRIA. OBEDIÊNCIA AO TEXTO CONSTITUCIONAL. PRECEDENTES DO STF. RETORNO DOS AUTOS À ORIGEM.

1. Contra o ato de indeferimento de pedido de revisão de proventos formulado por seu marido, que veio a falecer antes da resposta da Administração ao requerimento, tem a impetrante legitimidade para impetrar mandado de segurança em defesa de direito subjetivo próprio consubstanciado na consequente revisão do valor da sua pensão.

2. A Constituição Federal previu expressamente as hipóteses de competência originária e recursal deste Superior Tribunal de Justiça (art. 105, incisos I e II). Desse modo, a aplicação do art. 515, § 3º, do CPC ao recurso ordinário, com a consequente transformação da competência recursal desta Corte em originária, incorreria em flagrante contrariedade ao texto constitucional e configuraria usurpação da competência do Tribunal local para apreciação do mérito da demanda. Precedentes do Supremo Tribunal Federal.

3. Recurso ordinário provido. Retorno dos autos à Corte de origem para julgamento do mérito da segurança."

Perceba-se que o fundamento dessa decisão é a impossibilidade de se autorizar o STJ a pronunciar-se sobre o mérito que não fora anteriormente examinado pelo órgão jurisdicional *a quo*, sob pena de atribuir-se ao tribunal superior uma competência que não seria propriamente recursal, mas originária, e isso sem previsão

---

[41] STJ, RMS 18460/PR, rel. Min. Maria Thereza de Assis Moura, j. em 29.9.2009.

constitucional. Esse fundamento é bem explicado no voto da eminente relatora, como se verifica pelo seguinte trecho:

> "A Constituição Federal previu expressamente as hipóteses de competência originária e recursal deste Superior Tribunal de Justiça (art. 105, incisos I e II). Desse modo, a aplicação do art. 515, § 3º, do CPC ao recurso ordinário, com a consequente transformação da competência recursal desta Corte em originária, incorreria em flagrante contrariedade ao texto constitucional e configuraria evidente usurpação da competência do Tribunal local para apreciação do mérito da demanda."

A decisão que acaba de ser citada invoca outro precedente do STJ como fundamento de sua decisão, relatado pelo eminente Ministro Luiz Fux:[42]

> "PROCESSUAL CIVIL. MANDADO DE SEGURANÇA. ATO DE DESEMBARGADOR.
>
> COMPETÊNCIA. TRIBUNAL DE ORIGEM. ART. 21 DA LOMAN. SÚMULA 624/STJ.
>
> CONVERSÃO DE AGRAVO DE INSTRUMENTO EM AGRAVO RETIDO. ART. 527, II, DO CPC. DECISÃO QUE CAUSA LESÃO GRAVE E DE DIFÍCIL REPARAÇÃO.
>
> INICIAL INDEFERIDA IN LIMINE. ART. 515, DO CPC. INAPLICABILIDADE.
>
> 1. A competência para processar e julgar Mandado de Segurança impetrado contra ato de Desembargador é do próprio Tribunal a que pertence, à luz da exegese do art. 21, da LOMAN, coadjuvada pelo teor da Súmula 624 do STF, aplicável, mutatis mutandis, ao caso concreto. Precedentes jurisprudenciais: STF: MS 26839 AgR, Relator Ministro Ricardo Lewandowski, Tribunal Pleno, DJ de 08-08-2008 e MS 25865 AgR, Relator Ministro Joaquim Barbosa, Tribunal Pleno, DJ 18-08-2006; STJ: RMS 21.334/RS, Relator Ministro Fernando Gonçalves, Quarta Turma, DJ 03/12/2007 e RMS 19588/RS, Relator Ministro Castro Filho, Terceira Turma, DJ 20/02/2006.
>
> 2. O mandado de segurança não pode ser utilizado como sucedâneo do recurso legalmente cabível, sendo medida excepcional e extrema, admissível somente em casos de ilegalidade ou abuso de poder por parte do prolator do ato processual impugnado.
>
> 3. A hodierna jurisprudência desta Corte, à luz do entendimento emanado da Corte Especial, admite a impetração de mandado de segurança contra ato judicial na hipótese de flagrante ilegalidade ou teratologia da decisão, bem como perigo de lesão irreversível (MS 9.304/SP, Corte Especial, Min.

---

[42] STJ, RMS 23356/RS, rel. Min. Luiz Fux, j. em 9.12.2008.

Arnaldo Esteves Lima, DJ de 18.02.2008; AgRg no MS 12.954/DF, Corte Especial, Min. Eliana Calmon, DJ de 26.11.2007).

4. In casu, conversão do Agravo de Instrumento nº 70014714885, o qual objetivava a inclusão da Anatel na lide, como litisconsorte passivo necessário, e, consectariamente, o reconhecimento da competência da Justiça Federal, em agravo retido, revela-se teratológica, mercê de afrontar o art. 527, II, do CPC, por isso que passível de discussão na via mandamental. Precedentes do STJ: RMS 26.319/AM, Segunda Turma, DJ de 16/09/2008; RMS 26693/AM, Primeira Turma, DJ de 30/06/2008 e RMS 23536/BA, Primeira Turma, DJ de 16/04/2008.

5. O art. 515, § 3º do CPC admite discussão de mérito do recurso ordinário nas hipóteses em que o mesmo restou analisado e sujeito ao contraditório na instância local, mercê de ter sido extinto por decisão terminativa.

6. A ausência de análise meritória do mandamus, cuja inicial restou indeferida in limine pelo Tribunal local, conduz à inaplicabilidade do § 3º do art. 515, do CPC.

7. Recurso Ordinário provido para que o Tribunal a quo julgue o mérito do mandamus."

A leitura deste pronunciamento, porém, com todas as vênias à eminente Min. Maria Thereza de Assis Moura, mostra ser absolutamente inadequada a invocação do precedente relatado pelo Min. Fux como indicativo da tese que no seu voto se sustenta. É que no acórdão relatado pelo eminente processualista, posteriormente alçado a uma das Cátedras do Supremo Tribunal Federal, o que afastou a aplicação do art. 515, § 3º, do CPC ao recurso interposto em mandado de segurança foi o fato de que o tribunal *a quo* indeferira liminarmente a petição inicial do mandado de segurança, o que levou à conclusão de que a causa ainda não estava madura para julgamento. Confira-se o seguinte trecho do voto proferido pelo relator no RMS 23356/RS:

> "Deveras, o art. 515, § 3º do CPC admite discussão de mérito do recurso ordinário nas hipóteses em que o mesmo resultou analisado e sujeito ao contraditório na instância local, mercê de ter sido extinto por decisão terminativa.
>
> Nada obstante, a ausência de análise meritória do *mandamus*, cuja inicial restou indeferida in limine pelo Tribunal local, conduz à inaplicabilidade do § 3º do art. 515, do CPC."

Vê-se, pois, pelo trecho citado do voto, que para o Min. Luiz Fux o disposto no § 3º do art. 515 do CPC é, em princípio, aplicável ao recurso ordinário em mandado de segurança, mas para isso é preciso – e não poderia mesmo ser diferente – que a causa esteja pronta para ser julgada pelo tribunal *ad quem*, o que só ocorre se tiver

250 Manual do Mandado de Segurança • Câmara

havido pleno contraditório acerca das questões de mérito na instância inferior, não obstante tenha esta proferido decisão meramente terminativa, extinguindo o processo sem resolução do mérito.

Há, também, decisões do Supremo Tribunal Federal rejeitando a aplicação do art. 515, § 3º, do CPC ao recurso ordinário constitucional em mandado de segurança. Veja-se, por exemplo, a seguinte ementa:[43]

> "EMBARGOS DECLARATÓRIOS – OMISSÃO. Para que se configure a omissão é preciso que o tema tenha sido articulado. Isso não ocorre quando inexistente, nos autos, notícia sobre a duplicidade de ações e a Corte se limita a assentar a legitimidade da parte, determinando a baixa dos autos à origem para a sequência do julgamento. RECURSO ORDINÁRIO CONSTITUCIONAL – MANDADO DE SEGURANÇA – DEVOLUTIVIDADE. O disposto no § 3º do artigo 515 do Código de Processo Civil não se aplica ao recurso ordinário em mandado de segurança, cuja previsão, no tocante à competência, decorre de texto da Constituição Federal."

No voto do relator encontra-se a seguinte relevante passagem:

> "Em primeiro lugar, tenha-se em conta a natureza especial da norma do citado § 3º, dirigida às hipóteses em que se tem a competência originária do Juízo e não de Tribunal Superior. Se é certo que o recurso ordinário conta com devolutividade semelhante à da apelação, não menos correto é que envolve dois tribunais e, aí, não se pode queimar etapas. De qualquer sorte, havendo o Colegiado silenciado sobre o § 3º do art. 515 do Código de Processo Civil – no que revelado que, nos casos de extinção do processo sem julgamento do mérito – artigo 267 – o tribunal pode julgar desde logo a lide, se a causa versar sobre questão exclusivamente de direito e estiver em condições de imediato julgamento – isso defrontando-se com a apelação, sinalizou no sentido da impropriedade da observância do preceito.
>
> Para deixar explicitada a matéria, acolho parcialmente os declaratórios, proclamando que o disposto no § 3º do artigo 515 do Código de Processo Civil não guarda adequação com o recurso ordinário constitucional alusivo à denegação do mandado de segurança na origem.
>
> Concluo que o caso não enseja o julgamento de imediato do mérito do mandado de segurança, que não se confunde com as lides em geral, devendo ser apreciado pelo órgão competente, mesmo porque descabe concluir que o § 3º do artigo 515 do Código de Processo Civil, na redação imprimida pela Lei nº 10.352, de 26 de dezembro de 2001, veio a mitigar a competência do Superior Tribunal de Justiça prevista na Carta da República."

---

[43] STF, RMS 24309 ED/DF, rel. Min. Marco Aurélio, j. em 17.2.2004.

Vê-se, então, nas conclusões do voto do relator, que para ele há uma vinculação entre o âmbito de incidência do art. 515, § 3º, do CPC e as competências constitucionalmente estabelecidas para o STJ e para o STF. Assim, aplicar a norma ali veiculada ao recurso ordinário em mandado de segurança implicaria mitigar a competência originária do Tribunal Superior para conhecer de certos mandados de segurança, permitindo-se ao STF realizar o primeiro exame de mérito dessas causas.

Outra decisão do STF no mesmo sentido foi assim ementada:[44]

> "RECURSO EM MANDADO DE SEGURANÇA. PROCESSUAL CIVIL. LEGITIMIDADE PASSIVA. SECRETÁRIO DE ADMINISTRAÇÃO FEDERAL. IMÓVEL FUNCIONAL. LEI N. 8.025/90. ART. 515, § 3º, DO CPC. INAPLICABILIDADE AO RECURSO ORDINÁRIO EM MANDADO DE SEGURANÇA. 1. O Secretário de Administração Federal é parte legítima para figurar como autoridade coatora em mandado de segurança quando administrador do imóvel funcional na data de publicação da Medida Provisória n. 149, convertida na Lei n. 8.025/90. 2. O direito, do ocupante, ao recadastramento, avaliação, manifestação do direito de preferência e aquisição do imóvel funcional consuma-se na data de publicação da MP n. 149, tornando irrelevante a posterior transferência da administração do bem. Precedentes [RMS n. 22.095, Ministro OCTAVIO GALLOTTI, DJ 08.03.96 e RMS n. 22.977, Relator o Ministro NELSON JOBIM, DJ 01.03.2000]. 3. Inaplicabilidade do art. 515, § 3º, do CPC – inserido no capítulo da apelação – aos casos de recurso ordinário em mandado de segurança, visto tratar-se de competência definida no texto constitucional. Precedentes [RMS n. 24.309, Relator o Ministro Marco Aurélio, DJ 30.04.2004 e RMS n. 24.789, Relator o Ministro EROS GRAU, DJ 26.11.2004]. 4. Recurso ordinário julgado parcialmente procedente, determinando-se a remessa dos autos ao Superior Tribunal de Justiça para apreciação do mérito da impetração."

Em seu voto, afirmou o relator que "o § 3º do art. 515 do CPC está inserido no capítulo da apelação, entendida como o recurso interposto de sentença prolatada em processos de competência originária do Juízo de primeiro grau". E continua o voto do relator afirmando que "em se tratando de recurso ordinário em mandado de segurança, com competência originária definida no texto constitucional [art. 105, I, 'b'], que não pode ser alterada por lei processual, há de ser prestigiado o Superior Tribunal de Justiça para apreciação do mérito da demanda, sem que se dê qualquer salto de grau jurisdicional".

O fundamento para afastar a incidência do § 3º do art. 515 é, pois, a fixação das competências constitucionais do STJ e do STF, não podendo o Pretório Ex-

---

[44] STF, RMS 22180/DF, rel. Min. Eros Grau, j. em 22.6.2005.

celso apreciar originariamente matéria para a qual a Constituição da República estabeleceu uma competência originária do STJ em um caso no qual esta Corte Superior não apreciou o *meritum causæ*.

Divergente a matéria na jurisprudência, há de se verificar como a doutrina trata do tema. Pois há autores que sustentam a aplicabilidade do disposto no tantas vezes referido § 3º do art. 515 ao recurso ordinário constitucional em mandado de segurança,[45] em entendimento claramente dominante. Não é o ponto, porém, pacífico na doutrina, havendo quem sustente a inaplicabilidade da regra.[46]

Com todo o respeito devido ao Supremo Tribunal Federal e à posição que em sua jurisprudência consolidou-se, deve ser considerado correto o posicionamento acolhido pela doutrina dominante. Em outros termos: aplica-se ao recurso ordinário constitucional em mandado de segurança o disposto no § 3º do art. 515 do CPC. E isso porque a possibilidade de que o órgão *ad quem* exerça cognição sobre o mérito da causa, em grau de recurso ordinário, em um caso no qual o tribunal *a quo* não o tenha enfrentado não implica atribuir-se a órgão jurisdicional distinto daquele previsto na Constituição da República uma competência originária para a apreciação do objeto do processo. A possibilidade de cognição sobre o mérito sem que o tribunal *a quo* o tenha enfrentado é, na verdade, manifestação da própria competência recursal ordinária que os arts. 102, II e 105, II, da Constituição da República atribuem ao STF e ao STJ.

O exame dessa questão impõe, em primeiro lugar, que se relembre lição de um dos mais importantes constitucionalistas brasileiros, ele próprio Ministro do Supremo Tribunal Federal, que afirma que

> "o sistema constitucional não repudia a ideia de competências implícitas complementares, desde que necessárias para colmatar lacunas constitucionais evidentes. Parece que o argumento da competência estrita do STF não encontra respaldo na práxis jurisprudencial. Afigura-se, pois, incorreta e contrária à jurisprudência pacífica a afirmação, corrente em inúmeros manuais, segundo a qual a competência da Corte há de ser interpretada de forma restritiva".[47]

---

[45] Assim, entre outros, José Carlos Barbosa Moreira, *Comentários ao Código de Processo Civil*, v. V, p. 579; Araken de Assis, *Manual dos recursos*, p. 677; Fernando Gonzaga Jayme, *Mandado de segurança*, p. 133-134; Luiz Manoel Gomes Júnior, *in* Luiz Manoel Gomes Júnior, Luana Pedrosa de Figueiredo Cruz, Luís Otávio Sequeira de Cerqueira, Rogério Favreto e Sidney Palharini Júnior, *Comentários à nova lei do mandado de segurança*, p. 153; José Miguel Garcia Medina e Fábio Caldas de Araújo, *Mandado de segurança individual e coletivo*, p. 194.

[46] José Henrique Mouta Araújo, *Mandado de segurança*, p. 262-263; Mauro Luís Rocha Lopes, *Comentários à nova lei do mandado de segurança*, p. 140.

[47] Gilmar Ferreira Mendes, *in* Gilmar Ferreira Mendes, Inocêncio Mártires Coelho e Paulo Gustavo Gonet Branco, *Curso de direito constitucional*, p. 906.

Extrai-se daí que não é adequada uma interpretação restritiva, próxima da literalidade, dos dispositivos constitucionais que atribuem competência originária ou recursal ao Supremo Tribunal Federal (ou ao Superior Tribunal de Justiça).

Consequência disso é a imperiosa necessidade de se considerar que a atribuição, pelo texto constitucional, de competência recursal ordinária àquelas duas Cortes deve ser interpretada no sentido mais amplo que tal texto pode receber, de forma a considerar que essa competência constitucional para conhecer de recursos ordinários deve levar a que o STF e o STJ atuem como tribunais de segundo grau, ou seja, como tribunais de apelação. Pois no exercício dessa competência incumbe-lhe apreciar tudo aquilo que a apelação (e o recurso ordinário constitucional, como vem sendo dito, apelação é) devolve ao tribunal *ad quem*. Aplicar-se a "teoria da causa madura" ao recurso ordinário constitucional em mandado de segurança é, pois, perfeitamente compatível com a competência *recursal* do STF e do STJ e com o modo como devem ser interpretadas todas as normas que estabelecem as competências dessas Cortes.

§ 28. Recursos excepcionais

Estabelece o art. 18 da Lei nº 12.016/2009 que "das decisões em mandado de segurança proferidas em única instância pelos tribunais cabe recurso especial e extraordinário, nos casos legalmente previstos, e recurso ordinário, quando a ordem for denegada". A redação do dispositivo é claramente voltada a regular o sistema recursal do processo de mandado de segurança quando a competência originária para dele conhecer é de um tribunal, caso em que sendo denegatória a decisão só se admitirá o recurso ordinário constitucional (de que se tratou no item anterior deste estudo) e, sendo concessiva da ordem a decisão, poderá ser admitido o recurso especial ou extraordinário.

Há, porém, problemas na redação desse texto. É que ele pode dar a impressão de que só seria cabível a interposição de recurso especial ou extraordinário em processo de mandado de segurança quando este fosse de competência originária de algum tribunal. Nada mais equivocado, porém. O recurso especial e o recurso extraordinário não são cabíveis apenas contra decisões proferidas pelos tribunais "em única instância". Nos expressos termos dos arts. 102, III, e 105, III, da Constituição da República, esses recursos também serão admissíveis contra decisões proferidas "em última instância".

Assim, julgado em um tribunal algum recurso em um processo de mandado de segurança (como, *e. g.*, a apelação que se tenha interposto contra a sentença proferida pelo juízo de primeira instância) ou o reexame necessário a que se submete a sentença concessiva da segurança (art. 14, § 1º, da Lei nº 12.016/2009), poderá ser admitido recurso especial ou extraordinário, nos casos inseridos nos permissivos constitucionais. Também poderá ser cabível o recurso especial ou extraordinário em mandado de segurança de competência originária de tribunal, mas nesse caso só se a segurança tiver sido concedida, julgando-se procedente o pedido formulado pelo impetrante, já que o recurso adequado para a impugnação da decisão denegatória da segurança, nesta hipótese, é o recurso ordinário constitucional.

O recurso extraordinário e o recurso especial, então, serão cabíveis nos casos previstos na Constituição da República (art. 102, III, e 105, III, respectivamente), e serão processados e julgados na forma prevista no CPC e na Lei nº 8.038/1990, aplicando-se, também, os Regimentos Internos do STF e do STJ. Não há, aqui, qualquer peculiaridade digna de nota.

Contra a decisão proferida no julgamento de recurso extraordinário ou de recurso especial podem ser cabíveis embargos de divergência, nos termos previstos no art. 546 do CPC. Tratando-se este de recurso destinado a eliminar divergências que tenham surgido *intra muros* no STF ou no STJ, sua admissibilidade exige a demonstração de dissídio jurisprudencial, sendo encargo do recorrente comprovar que a decisão recorrida diverge de outra, proferida por órgão colegiado distinto da mesma Corte.[48]

Pois ao apreciar esse recurso, o Superior Tribunal de Justiça tem reiteradamente afirmado que sua admissibilidade exige a demonstração de dissídio entre a decisão recorrida (que, naquela Corte, é necessariamente uma decisão proferida no julgamento de um recurso especial) e outra decisão, oriunda de órgão colegiado distinto – mas que integre o próprio STJ – proferida em outro recurso especial. É frequente encontrar-se a afirmação de que decisões proferidas em mandado de segurança (e em outros tipos de processos de competência originária do STJ) não podem ser usadas como paradigma para demonstração do dissídio jurisprudencial para fins de admissibilidade dos embargos de divergência.[49] Com todas as vênias, não parece ser este o melhor entendimento. Não há qualquer razão para afastar-se

---

[48]   Ensina Marcelo Pires Torreão que "o fim dos embargos de divergência diz respeito à uniformização jurisprudencial interna de uma mesma corte superior, ou seja, esse recurso busca a unidade de interpretação do direito dentro do Superior Tribunal de Justiça ou dentro do Supremo Tribunal Federal" (Marcelo Pires Torreão, *Dos embargos de divergência*, p. 31).

[49]   Assim, por exemplo, decidiu-se em STJ, AgRg nos EREsp 998249/RS, rel. Min. Sebastião Reis Júnior, j. em 12.9.2012: "Agravo regimental. Embargos de divergência. Falta dos pressupostos. Acórdãos paradigma. Prolação no âmbito de habeas corpus e de recurso em habeas corpus. Impossibilidade. Precedentes. Decisão monocrática não serve para demonstrar dissídio. 1. A jurisprudência deste Superior Tribunal de Justiça é pacífica quanto à impossibilidade de acórdão proferido em sede de habeas corpus, mandado de segurança e recurso ordinário servir de paradigma para fins de alegado dissídio jurisprudencial, ainda que se trate de dissídio notório, eis que os remédios constitucionais não guardam o mesmo objeto/natureza e a mesma extensão material almejados no recurso especial. Precedentes (AgRg nos EREsp n. 1.265.884/RS, Ministro Jorge Mussi, Terceira Seção, DJe 21/6/2012). 2. Decisões monocráticas também não servem para demonstrar eventual divergência. 3. Cumpre à parte, no momento da interposição dos embargos de divergência, fazer a demonstração

a priori a possibilidade de haver divergência entre a tese acolhida no julgamento de um recurso especial em processo de mandado de segurança e outra tese, tida como correta no julgamento de um mandado de segurança de competência originária do próprio STJ (e o mesmo se diga, *mutatis mutandis*, dos embargos de divergência contra decisão proferida em sede de recurso extraordinário). Afinal, nada impede que nesses dois feitos se tenha interpretado (de formas diferentes) a mesma norma jurídica, sendo imperioso, por razões de segurança jurídica e isonomia, que haja uniformidade interna na jurisprudência das mais altas Cortes brasileiras.

§ 29. Não cabimento de embargos infringentes

O art. 25 da Lei nº 12.016/2009 expressamente exclui o cabimento, no processo do mandado de segurança, do recurso de embargos infringentes, regido pelos arts. 530 a 534 do CPC. Consagrou-se, assim, em texto expresso de lei, o que anteriormente já era entendimento dominante na jurisprudência, consolidado nos verbetes 597 da Súmula do STF ("não cabem embargos infringentes de acórdão que, em mandado de segurança decidiu, por maioria de votos, a apelação") e 169 da Súmula do STJ ("são inadmissíveis embargos infringentes no processo de mandado de segurança").

Diante do texto da lei vigente não há o que discutir, e definitivamente não são cabíveis embargos infringentes nos processos de mandado de segurança, afastando-se por completo a incidência do art. 530 do CPC. É bastante questionável, porém, o modo como se chegou a essa conclusão que acabou por ser consagrada no texto normativo.

O Enunciado 597 da Súmula do STF foi editado a partir de dois únicos precedentes. No primeiro deles,[50] o relator expressou seu entendimento nos seguintes termos:

> "Continuo pensando que a decisão proferida pelo Tribunal, por maioria de votos, ainda que apreciando recurso de apelação, não comporta oposição de embargos infringentes.
>
> Antes do advento da Lei n. 6.014/73, que alterou a redação dos arts. 12 e 13 da Lei n. 1.533/51, e, bem assim, da Lei n. 6.071/74, que igualmente procedeu com alusão ao seu art. 19, introduzindo, outrossim, alteração do

---

do apontado dissídio, juntando o inteiro teor do acórdão tido por divergente, prolatado no âmbito de recurso especial, e fazendo o indispensável cotejo analítico, o que, na espécie, não ocorreu.

4. Agravo regimental improvido."

[50] STF, RE 85340/SP, rel. Min. Thompson Flores, j. em 27.10.1976.

parágrafo único daquele primeiro artigo (12), firmara-se a jurisprudência desta Corte, no sentido de inadmitir embargos infringentes das decisões colegiadas, proferidas em grau de recurso ou originariamente.

Reporto-me, no particular, ao longo debate travado neste Plenário, ao seu julgado o RE n. 70.800, da Guanabara, o qual findou em 30.9.72. Houve um único voto vencido, o do eminente Ministro Amaral Santos (RTJ, 59/818).

É decisório por demais conhecido, e, porque já publicado, dispenso-me de rememorar os fundamentos nele aduzidos, mas aos quais me reporto; comportam melhor esteio com o que foi decidido no RE n. 68.947, do qual também fui relator, apreciado igualmente aqui, em 21 de maio de 1970 (RTJ, 54/267).

A controvérsia cinge-se, agora, em saber se com a vigência das leis especiais antes citadas, as quais se originaram com o advento do vigente Código de Processo Civil, vieram a proporcionar mudança daquela jurisprudência.

Minha resposta é negativa.

Com efeito.

Dizem os arts. 3º e 1º, respectivamente, das citadas Leis ns. 6.014/73 e 6.071/74.

'Art. 3º. Os artigos 12 e 13 da Lei n. 1.533, de 31 de dezembro de 1951, passam a ter a seguinte redação:

[...]

Pelo fato de substituir o recurso de agravo de petição, como era, para o de apelação, como passou a ser, considero que só por isso, não poderia ter ensejado a via dos embargos infringentes a que se refere o vigente Diploma Processual, em seu art. 530 e seguintes.

Apesar de opiniões em contrário, especialmente Haroldo Valadão (Coments. ao C.P.C., XIII, 145), Celso A. Barbi (Do mandado de segurança, 1976, ps. 281 e seguintes), considero que perduram as razões que afastem do instituto o uso dos embargos em questão.

Realmente.

É absolutamente certo que o mandado de segurança continua regido por lei especial, a Lei n. 1.533/51, com as modificações emergentes das posteriores, que direta ou obliquamente sobre ela influíram (Leis nºs 2.410/55; 2.770/56; 4.348/64 e 5.021/66).

Confirma-o o próprio Código, através de seu art. 1.217.

A que vieram, pois, as leis especiais referidas, notadamente, nos preceitos delas antes transcritos?

A solução para mim parece-me de clareza solar: mera adaptação de suas disposições à nova nomenclatura processual.

Substituiu-se agravo de petição, recurso do Código anterior, pela apelação. E isto porque já não impera aquela modalidade de agravo, de alcance limitado, nos termos do primitivo art. 846, tornando-se a apelação a via própria a tais fins, como ficou disposto no atual art. 513, notadamente com as referências aos arts. 267 e 269.

E em prol da mesma sistematização, desapareceu a expressão 'recurso de ofício', substituído que foi por 'duplo grau de jurisdição' (Cód. atual, art. 475), como se substituiu, outra vez, o 'agravo de petição' do art. 15 da Lei n. 1.533/51, simplesmente, pela palavra 'agravo'. E ainda com o mesmo fim as referências do art. 19.

Tudo está a mostrar que a transformação do recurso principal – agravo de petição – por apelação não teve escopo diverso se não o de mera adaptação formal, de linguagem, de uniformidade nominal, sem afetar a essência do instituto que, repita-se, prosseguia e prossegue regulado, essencialmente, pela lei especial comentada.

Não fora assim, comprometida ficaria a própria índole do instituto do remédio, do qual se requer, pelo seu aspecto heroico, pronto desfecho e célere execução, inscrito como se encontra na Constituição, no elenco dos direitos individuais, e como que nivelado ao <u>habeas</u> <u>corpus</u>.

Dir-se-á que, instituída a apelação, como recurso próprio para atacar a sentença, impõe-se daí, lógica e irremediavelmente, extrair todas as decorrências processuais.

Só na aparência é correta a conclusão.

É peculiar da apelação, nos termos do art. 520 do Código de Processo Civil, seu duplo efeito: suspensivo e devolutivo.

Assim, concedido o mandado pelo juiz, sujeita a sentença ao duplo grau de jurisdição, interposta apelação voluntária, ficaria suspensa a execução; e, se mantida, por maioria de votos, aguardaria ainda suspensa, o julgamento dos embargos. E, tanto aquela (apelação), como estes (embargos), teriam tramitação demorada, sujeitas à revisão, como dispõe o art. 551 do Estatuto Processual.

Seria tudo isso compatível com a celeridade que o procedimento impõe, até por injunção constitucional?

[...]

O recurso teve, pois, apenas o nome alterado e pelas razões já expendidas, mas continua sendo regido pelo sistema da lei especial, que desprendeu o instituto do mandado de segurança, do Código de Processo Civil de 1939, e assim deve prosseguir, como o dispunha o art. 19 da Lei 1.533/51 e o estatui agora, em sua nova redação, preceito que não teria sentido se à lei especial se aplicasse por inteiro a lei geral."

No segundo precedente,[51] julgado no mesmo dia que o anterior, a questão foi enfrentada e cinco votos foram proferidos acerca da matéria: três no sentido de que não seriam admissíveis os embargos infringentes e dois pela admissibilidade daquele recurso.[52]

O eminente Ministro José Carlos Moreira Alves, em seu voto, fundou-se no disposto no art. 1.217 do CPC, que manteve os recursos dos processos regidos por leis especiais até que fosse editada lei específica que as alterasse, adaptando-as ao regime inaugurado pelo Código de 1973. Afirmou, então, que o fato de as leis posteriores (Lei nº 6.014/1973 e 6.071/1974) terem promovido essas adaptações demonstraria que o legislador teria endossado a tese segundo a qual o mandado de segurança é disciplinado em lei específica, só lhe sendo aplicáveis as disposições do CPC quando compatíveis com seu "processo especial". Afirmou que tais alterações limitaram-se a substituir institutos compatíveis com o regime processual do CPC de 1939 por outros, adequados ao regime instituído pelo CPC de 1973, o que indicaria que a adaptação teria se limitado a uma "simples atualização de correspondência entre a lei especial e o novo Código, não implicando a substituição do sistema próprio de recursos daquela pelo sistema geral de recursos deste". Afirmou o Min. Moreira Alves que se a intenção fosse inserir o processo do mandado de segurança no regime geral do CPC, então seria preciso que as leis de adaptação tivessem atribuído efeito suspensivo à apelação, já que a sentença que concede a segurança não se encontra entre as exceções previstas no art. 520 do Código. Aduziu, ainda, que se coubessem embargos infringentes, dado o efeito suspensivo desse recurso, haveria um problema consistente em ter-se de se considerar suspensa a eficácia do acórdão que, por maioria, concedesse a segurança reformando a sentença de primeiro grau, já que nesse caso a única decisão favorável ao impetrante estaria com sua eficácia obstada pelo recurso, o que – segundo aquele magistrado – seria incompatível com o regime do mandado de segurança.

De sua vez, o Min. Rodrigues Alckmin acrescentou a esses fundamentos mais um: segundo ele, a Lei nº 1.533/1951 precisou indicar, expressamente, que passagens do CPC se aplicavam ao processo do mandado de segurança, como fez em relação ao litisconsórcio, e não havia naquela lei dispositivo análogo afirmando o cabimento dos embargos infringentes.[53]

---

[51] STF, RE 83246/SP, rel. Min. Leitão de Abreu, j. em 27.10.1976.

[52] Votaram pela inadmissibilidade dos embargos infringentes os Ministros Moreira Alves, Rodrigues Alckmin e Xavier de Albuquerque. Ficaram vencidos os Ministros Leitão de Abreu e Cunha Peixoto.

[53] O terceiro voto a compor a corrente vencedora, do Min. Xavier de Albuquerque, foi limitado à afirmação de que se acompanhava o entendimento esposado nos votos anteriormente mencionados.

De outro lado, o Min. Leitão de Abreu, em sua manifestação sobre o ponto, afirmou que o fato de ter a Lei nº 1.533/1951 sido alterada, após a edição do CPC de 1973, para que se estabelecesse que contra a sentença seria admissível a interposição de apelação atrairia a regra segundo a qual o julgamento não unânime de apelação seria impugnável por meio de embargos infringentes (na redação original do art. 530 do CPC).

Já o Min. Cunha Peixoto, que acompanhou o voto do relator nesse ponto, iniciou sua manifestação deixando claro que "a matéria de recurso em mandado de segurança nunca foi tratada com felicidade pelo legislador". Fez uma análise da evolução histórica do sistema recursal aplicável ao processo do mandado de segurança para dizer que, com a edição do CPC de 1973, fez-se notar seu art. 1.217, segundo o qual os recursos dos processos regulados em lei especial ficariam mantidos até a edição de lei que os adaptasse ao novo regime. Aduz, então, que esse dispositivo afirma que os recursos previstos nas leis especiais "serão adaptados ao sistema do Código de Processo, e isto foi feito pela Lei nº 6.014, de 27 de dezembro de 1973". Asseverou, então, que por força dessa lei passou a incidir o regime codificado, que inclui os embargos infringentes. O Min. Cunha Peixoto criticou, em seu voto, o argumento segundo o qual a adoção dos embargos infringentes exigiria que se atribuísse efeito suspensivo à apelação. E o fez firme no argumento segundo o qual a negação do efeito suspensivo à apelação contra a sentença que concede a segurança não foi uma construção pretoriana, mas uma decorrência de texto expresso de lei. Sustentou, ainda, não haver fundamento para considerar-se que os embargos infringentes seriam contrários à índole do mandado de segurança, afirmando inclusive que os embargos infringentes deveriam ser recebidos sempre com os mesmos efeitos com que recebida a apelação anteriormente interposta, o que significaria não terem efeito suspensivo os embargos infringentes em mandado de segurança.

Percebe-se, então, que todo o debate girava em torno da aplicabilidade ou não, ao processo do mandado de segurança, do sistema do CPC.

O Superior Tribunal de Justiça inseriu em sua súmula de jurisprudência dominante o Verbete nº 169 a partir de treze precedentes. O primeiro deles foi assim ementado:[54]

> "PROCESSUAL CIVIL. MANDADO DE SEGURANÇA. EMBARGOS INFRINGENTES.
>
> SÚMULA NR. 597/STF.
>
> I – NÃO CABEM EMBARGOS INFRINGENTES DE ACORDÃO QUE, EM MANDADO DE SEGURANÇA, DECIDIU POR MAIORIA DE VOTOS A APELAÇÃO. SÚMULA NR. 597-STF.

---

[54] STJ, REsp 1122/RS, rel. Min. Carlos Velloso, j. em 20.11.1989.

II – RECURSO ESPECIAL CONHECIDO E PROVIDO."

O voto do relator nesse acórdão invoca os mesmos argumentos que tinham sido usados no STF para sustentar a interpretação que resultou no Enunciado nº 597 da Súmula daquela Corte, invocando-o, aliás, de forma expressa. De um modo geral, a mesma linha é seguida em todos os outros precedentes. Há até decisões em que se invoca, expressamente, o voto do Min. Moreira Alves há pouco examinado.[55]

Tal entendimento, porém, nunca contou com o beneplácito da doutrina majoritária. E isso porque, como visto em passagem anterior deste trabalho, não é correto o entendimento segundo o qual o Código de Processo Civil não é aplicável subsidiariamente ao processo do mandado de segurança. Tratando especificamente do cabimento dos embargos infringentes nesse tipo de processo, vale conferir uma relevante lição doutrinária:[56]

> "Pois bem, prevalecendo, como regra, a aplicação subsidiária do Código de Processo Civil aos procedimentos regidos por leis especiais, é fora de dúvida o cabimento desses embargos contra acórdãos proferidos em tais demandas, no julgamento não unânime da apelação, porquanto, a toda evidência, inexiste distinção entre apelação em mandado de segurança e outras ações. Cumpre ressaltar, no entanto, a possibilidade de hipóteses (expressas ou tácitas) de inaplicabilidade subsidiária das normas do Código, o que, sem dúvida, não se verifica na lei especial do mandado de segurança."

São, realmente, muito frágeis os argumentos – com todo o respeito que merecem – apresentados para afastar o cabimento dos embargos infringentes. Não há necessidade, nesta passagem, de se retornar ao estudo anteriormente feito acerca da aplicabilidade subsidiária do Código de Processo Civil ao regime do mandado de segurança. Certo é que os embargos infringentes eram, sim, admissíveis nesse tipo de processo, mas a jurisprudência consolidou-se, equivocadamente, em sentido contrário.

Mais importante do que isso, porém, é a segurança jurídica. O fato de a jurisprudência ter-se consolidado em um sentido mas haver doutrina em outro poderia levar – como durante anos levou – as partes a interporem embargos infringentes contra acórdãos proferidos em sede de apelação em mandado de segurança e,

---

[55] STJ, REsp 40494/SP, rel. Min. Cesar Asfor Rocha, j. em 15.12.1993. Nesse acórdão, há interessante transcrição de trecho de declaração de voto, contida no acórdão recorrido, do TJSP, da lavra do então Des. Cezar Peluso, que posteriormente se tornou Ministro do Supremo Tribunal Federal, sustentando o cabimento dos embargos infringentes em mandado de segurança e criticando o Enunciado nº 597 da Súmula do STF.

[56] José Horácio Cintra Gonçalves Pereira, Mandado de segurança: recursos, *in* Cassio Scarpinella Bueno, Eduardo Arruda Alvim e Teresa Arruda Alvim Wambier (Coord.). *Aspectos polêmicos e atuais do mandado de segurança* – 51 anos depois, p. 453

inadmitido esse recurso, não conseguir, depois, interpor recurso admissível (afinal, teria deixado decorrer o prazo para interposição de recurso especial ou extraordinário sem o apresentar). É, pois, digna de elogios a conduta do legislador de 2009 que, eliminando qualquer risco de novas discussões, expressamente estabeleceu uma solução para o problema. Afinal, nada impede que a lei extravagante excepcione a incidência de normas estabelecidas no CPC. A aplicação subsidiária, como já se viu anteriormente, só se dá onde não haja norma específica na lei de regência. A partir da vigência da Lei nº 12.016/2009, portanto, pode-se afirmar, com a mais absoluta segurança, que *não são admissíveis embargos infringentes no processo do mandado de segurança.*

8

Reexame Necessário em Mandado de Segurança

§ 30. O reexame necessário da sentença concessiva de mandado de segurança

Por força do disposto no § 1º do art. 14 da Lei nº 12.016/2009, a sentença que concede a segurança, isto é, a sentença que julga procedente o pedido formulado na demanda de mandado de segurança, submete-se a reexame necessário. Há aí, pois, *duplo grau de jurisdição obrigatório*.

A regra se aplica, tão somente, aos casos de competência originária dos juízos de primeira instância, não se cogitando de reexame necessário nos mandados de segurança de competência originária de tribunais.[1]

O reexame necessário, como é sabido, não tem natureza recursal, sendo uma verdadeira condição de eficácia da sentença.[2] Impõe-se, porém, observar uma peculiaridade no reexame necessário da sentença concessiva do mandado de segurança, quando se compara esse fenômeno ao reexame necessário de outras sentenças, o que se dá nos termos do art. 475 do CPC.

É que no regime codificado as sentenças que se sujeitam a reexame necessário *não produzem efeitos senão depois de confirmadas pelo tribunal*. Decorre daí o acerto da afirmação, feita em doutrina especializada sobre o tema, de que o reexame necessário é uma *condição suspensiva da eficácia da sentença*.[3] No caso da sentença que concede a segurança, porém, não é assim. É que, nos exatos termos

---

[1] André Vasconcelos Roque e Francisco Carlos Duarte, *Mandado de segurança*, p. 103.

[2] Por todos, Nelson Nery Júnior, *Teoria geral dos recursos*, p. 78.

[3] Jorge Tosta, *Do reexame necessário*, p. 167-169.

do § 3º do art. 14 da Lei nº 12.016/2009, a sentença que concede a segurança pode ser executada provisoriamente. Significa isso dizer que, não obstante sujeita a reexame necessário, é ela plenamente eficaz ainda antes de ser confirmada pelo tribunal *ad quem*.

Deve-se considerar, então, que o reexame necessário da sentença concessiva do mandado de segurança é verdadeira *condição resolutiva de eficácia da sentença*. É que a sentença produzirá efeitos desde o momento em que prolatada, mas deixará de produzi-los se for reformada ou anulada pelo tribunal, o que inverte a lógica do regime estabelecido pelo art. 475 do CPC. Só não será assim, registre-se, naqueles casos em que a apelação tenha de ser recebida *com efeito suspensivo*, já que inadmissível a execução provisória (como se viu em passagem anterior deste estudo), hipóteses nas quais o reexame necessário funcionará, também, como *condição suspensiva* de eficácia da sentença concessiva da segurança.

O confronto entre o estabelecido no art. 14, § 1º, da Lei nº 12.016/2009 e o art. 475 do CPC, porém, não se limita à definição da natureza jurídica do reexame necessário. Impõe-se, aqui, enfrentar outra questão: a de se definir se são ou não aplicáveis ao processo do mandado de segurança as exceções previstas nos §§ 2º e 3º do art. 475 do Código ao reexame necessário em mandado de segurança.

Como sabido, o reexame necessário é um instituto criado para aumentar as garantias do Poder Público em juízo.[4] Por conta disso, o legislador, realizando um juízo de ponderação de interesses, estabeleceu, a partir da edição da Lei nº 10.352/2001, que em alguns casos a sentença contrária ao Poder Público não se sujeitaria ao duplo grau de jurisdição obrigatório.

Isso se dá em dois casos. O primeiro, previsto no § 1º do art. 475 do CPC, é o da sentença proferida contra o ente público em casos nos quais a condenação ou o direito controvertido é de valor certo, não excedente de sessenta salários mínimos (ou no caso de procedência de embargos do executado opostos em execução fiscal até esse valor).[5] O segundo, estabelecido pelo § 2º do mesmo artigo, é o da sentença fundada em jurisprudência do Plenário do STF ou em súmula do próprio Supremo Tribunal ou do tribunal superior competente.

Quando criadas essas exceções, o que se deu – como anteriormente afirmado – por uma lei editada em 2001, muito se discutiu acerca de sua incidência no processo do mandado de segurança.

---

4   Daí por que não se admite *reformatio in peius* em reexame necessário (Enunciado nº 45 da Súmula do STJ).

5   Exceção que não incide se a sentença for "ilíquida" (*rectius*, se a obrigação nela reconhecida for ilíquida), nos termos do Enunciado nº 490 da Súmula do STJ.

Houve, logo nos primeiros momentos, decisão no sentido da incidência das regras excepcionais dos parágrafos do art. 475 ao mandado de segurança. Confira-se, por exemplo, o seguinte pronunciamento do Superior Tribunal de Justiça:[6]

"PROCESSUAL CIVIL. MANDADO DE SEGURANÇA. DIREITO CONTROVERTIDO DE VALOR NÃO EXCEDENTE A 60 SALÁRIOS MÍNIMOS. SENTENÇA CONCESSIVA DO 'WRIT'. REEXAME NECESSÁRIO. NÃO SUJEIÇÃO. APLICABILIDADE DA REGRA PREVISTA NO PARÁGRAFO 2º DO ART. 475 DO CPC.

1. Em sede de mandado de segurança impetrado por Sérgio Tadeu Evangelista foi proferida decisão interlocutória de seguinte teor: '1. Trata-se de reexame obrigatório de sentença que julgou Mandado de Segurança, não tendo sido interposto recurso voluntário. 2. No presente caso, o valor do direito controvertido e/ou da condenação não ultrapassa 60 (sessenta) salários mínimos, motivo pelo qual, nos termos do artigo 475, parágrafo 2º e/ou 3º, do Código de Processo Civil, criados pelo art. 1º, da Lei Federal nº 10.352/2.001 (norma processual aplicável aos feitos em curso), tornou-se inexigível aquele reexame oficial, devendo, portanto, os autos serem remetidos, após o trânsito em julgado, ao juízo de origem, sem prejuízo da apuração dos acessórios.'

2. Discute-se no especial se a alteração introduzida pelo art. 1º da Lei 10.352/2001 no parágrafo 2º do art. 475 do Código de Processo Civil se aplica à ação mandamental. O recorrente defende a inaplicabilidade do dispositivo epigrafado, sob o argumento de que o mandado de segurança configura ação de procedimento próprio, regulado por lei especial, que determina, sem qualquer ressalva, o reexame obrigatório da sentença concessiva do 'writ'. A insurgência recursal encontra-se respaldada, portanto, nos seguintes argumentos: – de que o Código de Processo Civil aplica-se apenas subsidiariamente à Lei 1533/51, a qual, sendo lei especial, deve prevalecer; – nas ações mandamentais não existe valor da causa, passível de ser aferido de forma a aplicar-se o parágrafo 2º do artigo 475 do Código de Processo Civil; – tratando-se de ação em que se busca fornecimento de medicamento, não se cuida de aplicar o parágrafo 3º do artigo 475 do CPC.

3. O legislador, por ocasião da Lei 10.352/01, com o intuito de reduzir as hipóteses sujeitas à remessa ex officio, alterando o art. 475 do CPC, dispôs que, mesmo sendo a sentença proferida contra a União, os Estados, os Municípios, e as respectivas autarquias e fundações de direito público, não se sujeitará ao duplo grau de jurisdição se a condenação, ou o direito controvertido, for de valor certo não excedente a 60 (sessenta) salários mínimos (§ 2º).

---

[6]   STJ, REsp 654839/SP, rel. Min. José Delgado, j. em 26.10.2004.

4. Com essa alteração, o legislador visou conferir maior celeridade aos processos, de forma a solucionar esse tipo de litígio com a maior brevidade possível.

5. A não aplicação do novo texto ao mandado de segurança significa um retrocesso, pois a remessa oficial, tanto no Código de Processo Civil quanto na Lei Mandamental, visa resguardar o mesmo bem, qual seja, o interesse público. Em assim sendo, a regra do art. 12 da Lei 1533/51 deve ser interpretada em consonância com a nova redação do art. 475 do CPC, que dispensa o reexame necessário nos casos em que a condenação não for superior a 60 salários mínimos.

6. Situações idênticas exigem tratamento semelhante. Nessa linha de raciocínio lógico, seria um contra-senso falar que a ação mandamental não se sujeita à nova regra. Em especial, porque a inovação se amolda perfeitamente à finalidade do remédio heróico, que é a de proteger, com a maior celeridade possível, o direito líquido e certo, lesado ou ameaçado de lesão por ato de autoridade.

7. Recurso desprovido."

Esse entendimento, porém, não prevaleceu no STJ.[7] O entendimento que prevaleceu foi o oposto, no sentido da inaplicabilidade daquelas exceções ao processo do mandado de segurança. Assim, por exemplo, veja-se a seguinte ementa:[8]

"EMBARGOS DE DECLARAÇÃO. RECURSO ESPECIAL. PROCESSUAL CIVIL. OMISSÃO. REEXAME NECESSÁRIO. MANDADO DE SEGURANÇA. APLICAÇÃO DO ART. 12 DA LEI 1.533/51. INCIDÊNCIA DO ART. 475, II, §§ 2º E 3º, DO CPC AFASTADA.

A existência de regra específica acerca do reexame necessário das sentenças concessivas de mandado de segurança (art. 12 da Lei nº 1.533/51) afasta a incidência do art. 475, II, §§ 2º e 3º do CPC, de aplicação subsidiária.

Embargos acolhidos com efeitos infringentes. Recurso especial provido."

---

[7] Essa decisão, mesmo, foi reformada em sede de embargos de divergência: STJ, EREsp 654839/SP, rel. Min. Herman Benjamin, j. em 8.11.2006. Releva notar que dos ministros que participaram do primeiro julgamento, unânime, no sentido da incidência dos parágrafos do art. 475 do CPC ao processo do mandado de segurança (Min. José Delgado [relator], Francisco Falcão, Luiz Fux, Teori Albino Zavascki e Denise Arruda), apenas os Ministros Francisco Falcão e Luiz Fux não participaram do julgamento dos embargos de divergência (embora o Min. Francisco Falcão tenha presidido a sessão). Os demais não só participaram do julgamento, como votaram pela reforma da decisão embargada, mudando, portanto, de opinião em relação ao pronunciamento anterior. Nenhum deles, porém, justificou seu voto, limitando-se a acompanhar o voto do relator.

[8] STJ, EDcl no REsp 575649/SP, rel. Min. Felix Fischer, j. em 12.4.2005.

O argumento fundamental para a prevalência desse entendimento foi o de que a Lei do Mandado de Segurança, não obstante anterior à edição da lei que criou as exceções aos casos em que a sentença se submete a reexame necessário, é lei especial, e não poderia ser afastada pela lei geral (ou seja, pelo CPC). Veja-se, expressamente nesse sentido, manifestação do Min. Luiz Fux:

> "PROCESSUAL CIVIL. RECURSO ESPECIAL. MANDADO DE SEGURANÇA. SENTENÇA CONCESSIVA DA ORDEM. REEXAME NECESSÁRIO. INAPLICABILIDADE DO ART. 475, II, §§ 2º E 3º, DO CPC, COM A REDAÇÃO INTRODUZIDA PELA LEI 10.352/2001. LEX SPECIALIS DERROGAT LEX GENERALIS. APLICABILIDADE DA LEI ESPECIAL (ART. 12, § ÚNICO, DA LEI 1.533/51)
>
> 1. O Código de Processo Civil, no que pertine às regras procedimentais, é linear quanto à submissão da regra mater de que lex specialis derrogat lex generalis.
>
> 2. Nesse segmento, os procedimentos especiais regem-se pelas regras que lhes são próprias, aplicando-se as regras do rito ordinário tão somente nas lacunas legais.
>
> 3. Consectariamente, as novéis alterações processuais que revelam antinomia com a regulação específica do *writ*, para incidirem, reclamam comando legal expresso.
>
> 4. Sob esse enfoque, é cediço no Eg. STJ que a sentença concessiva de mandado de segurança está sujeita a reexame necessário, por força de regra estabelecida na lei especial de regência (art. 12, § único, da Lei 1.533/51), de sorte que não se aplica o disposto nos §§ 2º e 3º, do inc. II, do art. 475 do CPC, na redação emprestada pela Lei 10.352/2001. Dessa forma, impõe-se a apreciação da r. sentença em sede de reexame necessário, posto que o regramento especial prevalece sobre aquele disciplinado no Código de Processo Civil, com a alteração levada a efeito pela Lei 10.352/2001."

Com todas as vênias devidas, essa não era, ao tempo em que editadas as regras instituidoras das exceções, a melhor interpretação. Àquela altura, seria perfeitamente possível pregar-se um diálogo entre a lei de reforma do Código de Processo Civil e a lei que então regia o processo do mandado de segurança (a Lei nº 1.533/1951), a fim de se afastar a obrigatoriedade do duplo grau de jurisdição nos casos previstos nos §§ 2º e 3º do art. 475 do CPC, como chegou a preconizar a decisão do STJ a que anteriormente se fez menção.

Esse foi, aliás, entendimento sustentado, na altura, por respeitada doutrina:[9]

---

[9] Cassio Scarpinella Bueno, *Mandado de segurança*, p. 117.

"Porque mais favorável ao particular, o que se afina com a grandeza constitucional do mandado de segurança, não vejo como deixar de aplicar a dispensa do reexame necessário também para o mandado de segurança. Assim, não obstante ser o art. 12 da Lei n. 1.533/51 *específico*, deve ser afastado o reexame necessário quando o *valor concreto* subjacente ao mandado de segurança não ultrapassar os sessenta salários mínimos (CPC, art. 475, § 2º) ou quando a concessão da ordem estribar-se em súmula ou entendimento jurisprudencial do Supremo Tribunal Federal do ou 'tribunal superior competente' (CPC, art. 475, § 3º). Nessa cláusula deve ser entendido não só o Superior Tribunal de Justiça, mas, também, os tribunais de segundo grau de jurisdição que, pelas normas de organização judiciária, sejam os 'tribunais superiores competentes' para julgar o mandado de segurança em sede de apelação."

Lamentavelmente, porém, não foi esse o entendimento a prevalecer, tendo se pacificado na jurisprudência a tese oposta. Por conta disso, todas as sentenças concessivas de mandado de segurança continuaram a ser submetidas a reexame necessário.

Tendo sido, porém, editada posteriormente a Lei nº 12.016/2009, caberia ao legislador tomar posição expressa sobre o ponto. E ao ser redigida a lei sem qualquer menção às exceções ao reexame necessário, parece claro ter sido mesmo feita uma opção pela tese que se revelou predominante na jurisprudência, a afastar a incidência dos §§ 2º e 3º do art. 475 do CPC ao processo do mandado de segurança.[10] Não há, portanto, como aplicar aqueles dispositivos do Código de Processo Civil ao processo do mandado de segurança. Qualquer sentença concessiva de mandado de segurança, pois, se sujeitará ao reexame necessário.

---

[10] Neste sentido, entre outros, Bruno Garcia Redondo, Guilherme Peres de Oliveira e Ronaldo Cramer, *Mandado de segurança*, p. 123-124; Cassio Scarpinella Bueno, *A nova lei do mandado de segurança*, p. 110-111. *Aliter*, sustentando a incidência daquelas normas excepcionais mesmo após a vigência da Lei nº 12.016/2009, José Miguel Garcia Medina e Fábio Caldas de Araújo, *Mandado de segurança individual e coletivo*, p. 166-167.

9

Efetivação da Decisão que Concede Mandado de Segurança

§ 31. A efetivação por ofício (mandado de segurança)

Dispõe o art. 13 da Lei nº 12.016/2009, expressamente, que "concedido o mandado, o juiz transmitirá em ofício, por intermédio do oficial do juízo, ou pelo correio, mediante correspondência com aviso de recebimento, o inteiro teor da sentença à autoridade coatora e à pessoa jurídica interessada". Por força da regra que se extrai desse dispositivo, a partir do momento em que a decisão concessiva do mandado de segurança se torne eficaz, deverá ser expedido um *ofício*, dirigido à autoridade coatora e à pessoa jurídica demandada, comunicando o teor da decisão e com o objetivo de intimar ao cumprimento da decisão.

Esse ofício, destinado a efetivar a decisão concessiva da segurança, é verdadeiro *mandado judicial*, já que veicula a ordem, emanada do órgão jurisdicional, para que a decisão seja cumprida. É ele, pois, o próprio *mandado de segurança*. Sobre o ponto, vale reproduzir a lição do saudoso Hely Lopes Meirelles:[1]

> "A decisão – liminar ou definitiva – é expressa no *mandado* para que o coator cesse a ilegalidade. Esse mandado judicial é transmitido por *ofício* ao impetrado, valendo como *ordem legal* para o imediato cumprimento do que nele se determina, e, ao mesmo tempo, marca o momento a partir do qual o impetrante, beneficiário da segurança, passa a auferir todas as vantagens decorrentes do *writ*."

---

[1] Hely Lopes Meirelles, *Mandado de segurança*, p. 106.

Efetivação da Decisão que Concede Mandado de Segurança **269**

A respeito da terminologia, merece referência outra lição de importante estudioso do tema:[2]

> "Nas primeiras aplicações do mandado de segurança, enquanto o instituto ainda não estava regulamentado em lei ordinária, fazendo-se sua utilização com base apenas no texto constitucional de 1934, foi largamente discutido perante o Supremo Tribunal Federal qual o documento hábil para execução de sentença. Por proposta do Min. Costa Manso, foi resolvido que 'a decisão proferida no processo a que alude o art. 113, nº 33, da Constituição, executa-se mediante mandado de segurança, assinado pelo presidente da Corte Suprema, e que será expedido a requerimento da parte'. Foi ainda aprovado aditivo do procurador-geral da República, nos seguintes termos: 'Sem prejuízo da expedição do mandado, o presidente oficiará à autoridade administrativa, comunicando a decisão'. Da discussão tiram-se ainda várias conclusões interessantes, como a de que o mandado seria entregue à parte, para dele se utilizar como entendesse, enquanto o ofício seria apenas uma forma cortês de comunicar à autoridade coatora a decisão da causa, a fim de que ela tomasse as providências para o seu cumprimento.
>
> A fórmula adotada pelo Supremo foi, em seguida, aceita pelo legislador e incorporada à Lei nº 191, no seu art. 10. Mais tarde, o Código de Processo Civil de 1939, no art. 325, manteve as mesmas formas. Na prática, porém, o documento denominado mandado caiu em desuso, pois ninguém requeria sua extração, limitando-se a execução ao simples ofício à autoridade coatora, acompanhado de cópia da decisão. A Lei nº 1.533, finalmente, atendendo ao que se usava no foro, suprimiu a referência ao 'mandado' e, no art. 11, determinou que o juiz, quando julgado procedente o pedido, transmitisse em ofício, por mão do oficial do juízo ou pelo Correio, mediante registro com aviso de volta, ou por telegrama, radiograma ou telefonema, conforme requerer o peticionário, o inteiro teor da sentença à autoridade coatora."

A leitura desse trecho permite que sejam mais bem compreendidas algumas questões terminológicas. Até os dias de hoje o texto constitucional, reproduzindo disposições das Constituições anteriores, estabelece que se *concederá mandado de segurança* para o titular do direito líquido e certo violado ou ameaçado de lesão. Ora – e passe o truísmo –, se vai ser *concedido* um mandado de segurança ao titular do direito líquido e certo, é porque algo tem de ser entregue a ele: um *mandado de segurança*. Pois originariamente era exatamente isso que acontecia: procedente o pedido formulado pelo impetrante, recebia ele do juízo um documento, o *mandado de segurança*, assinado pelo magistrado (ou pelo Presidente do Tribunal), para usar como lhe parecesse conveniente. Além disso, expedia-se

---

2   Celso Agrícola Barbi, *Do mandado de segurança*, p. 255.

um ofício, com cópia do teor desse mandado, para a autoridade coatora, para que fosse cumprida a decisão.

O dado curioso é que caiu em desuso a expedição do mandado, o que fez com que, a partir da edição da Lei nº 1.533/1951 já não se fizesse mais alusão a ele. Assim, poder-se-ia mesmo dizer que hoje em dia, procedente o pedido, já *não mais se concede o mandado de segurança ao impetrante*.

O mandado, porém, é transmitido à autoridade coatora, assim como à pessoa jurídica demandada, através de ofício, para que tome conhecimento do teor da decisão e a cumpra imediatamente.

O ofício deve ser encaminhado pelos meios usualmente empregados para a transmissão de documentos dessa espécie, inclusive os meios eletrônicos. O fato de o parágrafo único do art. 13 da Lei nº 12.016/2009 parecer limitar o uso dos meios eletrônicos aos casos urgentes não pode impressionar o intérprete, já que a Lei nº 11.419/2006, que regula a informatização do processo judicial, expressamente autoriza o uso de meios eletrônicos para a prática de quaisquer atos processuais, independentemente de urgência. Recebido o ofício, deverá a decisão ser imediatamente cumprida, dando-se, assim, efetividade à decisão concessiva da segurança.

Não se pode, porém, deixar de registrar aqui uma crítica que toda a doutrina tem feito a esse art. 13 da Lei nº 12.016/2009, o qual é evidentemente incompleto.[3] É que ele trata da imediata comunicação da decisão que concede a segurança, mas silencia acerca da decisão que a denega. Ocorre que a comunicação dessa decisão também precisa ser feita com celeridade, especialmente nos casos em que a liminar tenha sido deferida, já que nessa hipótese a sentença revogará a liminar. Há, então, quem sustente que no caso de ser denegatória a decisão (mais uma vez empregada aqui a expressão em seu sentido amplo, ainda que pouco técnico, capaz de englobar tanto a decisão de improcedência como a de extinção do processo sem resolução do mérito), a comunicação da decisão deve fazer-se pelos meios usualmente empregados para a intimação das partes, regidos pelas leis processuais comuns.[4] Há, também, quem afirme que no caso de ser denegatória a decisão a intimação se faça pelas vias comuns, mas nada impede que se faça tal comunicação também por ofício.[5] Por fim, há quem dê ao dispositivo interpretação extensiva, para que a comunicação se faça, por ofício, à autoridade coatora, à pessoa jurídica demandada *e também ao impetrante*, qualquer que tenha sido o

---

[3]   Assim, entre outros, André Vasconcelos Roque e Francisco Carlos Duarte, *Mandado de segurança*, p. 98; José Miguel Garcia Medina e Fábio Caldas de Araújo, *Mandado de segurança individual e coletivo*, p. 156.

[4]   Cassio Scarpinella Bueno, *A nova lei do mandado de segurança*, p. 106.

[5]   Sérgio Bermudes, Comentário ao art. 13, *in* Napoleão Nunes Maia Filho, Caio Cesar Vieira Rocha e Tiago Asfor Rocha Lima (Org.). *Comentários à nova lei do mandado de segurança*, p.184.

teor da decisão, por força do princípio constitucional da isonomia.[6] Esta última parece, mesmo, a melhor interpretação. Afinal, proferida a decisão no mandado de segurança, seja lá qual for o seu teor, impende que todos os sujeitos interessados sejam imediatamente intimados, para que se lhe dê rápido cumprimento. E esse raciocínio não se aplica apenas às hipóteses de concessão de segurança, mas também aos casos em que a decisão seja denegatória, especialmente quando tenha sido anteriormente deferida medida liminar (já que nesse caso será preciso imediatamente fazer cessar seus efeitos).

Além disso, a comunicação imediata do teor da sentença por ofício dirigido à pessoa jurídica demandada fará correr para ela, desde logo, o prazo para interposição de recurso, afastada assim a regra revelada pelo Verbete nº 392 da Súmula do STF ("O prazo para recorrer de acórdão concessivo de segurança conta-se da publicação oficial de suas conclusões, e não da anterior ciência à autoridade para cumprimento da decisão").[7] É que esse enunciado foi editado sob a égide de outro regime legislativo, no qual não havia a previsão de expedição de ofício também para a pessoa jurídica demandada, mas tão somente para a autoridade coatora. Agora, sendo a pessoa jurídica – que ocupa o polo passivo da demanda de mandado de segurança – intimada através do ofício, corre desde logo para ela o prazo para impugnar a decisão.

O mesmo não se aplica, porém, ao impetrante, ainda que lhe seja encaminhado o ofício, como aqui se preconiza. É que o prazo para que ele impugne a decisão, contra ela interpondo recurso, só correrá a partir da intimação de seu advogado, o que se fará através do diário oficial.

§ 32. Outras técnicas executivas

Não é só através da expedição de ofício para a autoridade coatora e para a pessoa jurídica demandada que se dá cumprimento à decisão concessiva do mandado de segurança. Outras técnicas executivas precisam ser, aqui, utilizadas. Não fosse isso possível, e bastaria à autoridade coatora, ou à pessoa jurídica ré, não cumprir a decisão judicial, o que privaria por completo de efetividade o pronunciamento judicial em sede de mandado de segurança.

O único dispositivo da Lei nº 12.016/2009 que toca no ponto é o art. 26, por força do qual "constitui crime de desobediência, nos termos do art. 330 do Decreto-Lei nº 2.848, de 7 de dezembro de 1940, o não cumprimento das decisões

---

[6]   José Miguel Garcia Medina e Fábio Caldas de Araújo, *Mandado de segurança individual e coletivo*, p. 158.

[7]   Assim, entre outros, José Miguel Garcia Medina e Fábio Caldas de Araújo, *Mandado de segurança individual e coletivo*, p. 157; Cassio Scarpinella Bueno, *A nova lei do mandado de segurança*, p. 107.

proferidas em mandado de segurança, sem prejuízo das sanções administrativas e da aplicação da Lei nº 1.079, de 10 de abril de 1950, quando cabíveis".

Prevê a lei, então, a possibilidade de imposição de algumas sanções à autoridade coatora que deixar de cumprir decisão judicial proferida em sede de mandado de segurança. Fala-se, no texto legal, em "crime de desobediência", além de "sanções administrativas" e em "crime de responsabilidade". Algumas observações impõem-se, aqui.

Em primeiro lugar, estabelece a lei que o não cumprimento, pela autoridade coatora, da decisão proferida em sede de mandado de segurança constitui crime de desobediência. Esse crime tem seu tipo definido no art. 330 do Código Penal como "desobedecer a ordem legal de funcionário público", e para ele se prevê pena de detenção de 15 dias a 6 meses, além de multa.

O primeiro detalhe que chama a atenção é o fato de que a doutrina tradicional do Direito Penal sempre considerou que o crime de desobediência é cometido por particulares contra a Administração Pública, só se admitindo sua prática por funcionário público se não estiver no exercício da função.[8] Na doutrina mais moderna esse entendimento se mantém, podendo-se encontrar, em importante obra de exposição sistemática do Direito Penal brasileiro, que

> "nada impede que também o funcionário público possa praticar o delito, desobedecendo à ordem legal de um funcionário, mas neste caso ele se equipara ao particular. Indispensável, claro está, que nessa hipótese o cumprimento da ordem não esteja no campo de suas atribuições, pois, nesta hipótese, o delito será de prevaricação (art. 319)".[9]

Realmente, o crime de desobediência está inserido no Capítulo do Código Penal intitulado "Dos crimes praticados por particular contra a Administração em geral". A hipótese, pois, parece enquadrar-se melhor no tipo da prevaricação, definido no art. 319 do CP ("retardar ou deixar de praticar, indevidamente, ato de ofício, ou praticá-lo contra disposição expressa de lei, para satisfazer interesse ou sentimento pessoal"), para o qual se prevê pena de detenção de 3 meses a 1 ano e multa. De toda sorte, é preciso respeitar a opção do legislador, que optou por definir a conduta da autoridade coatora que descumpre a decisão concessiva de mandado de segurança como *desobediência*.[10]

---

[8] Julio Fabbrini Mirabete, *Manual de direito penal*, v. 3, p. 344.

[9] José Henrique Pierangeli, *Manual de direito penal brasileiro*, v. 2, p. 887.

[10] Há interessante decisão do Superior Tribunal de Justiça na qual se afirmou que só se pode cogitar da prática de crime de desobediência por descumprimento de decisão judicial se a lei extrapenal expressamente contiver tal previsão: STJ, MC 11804/RJ, rel. Min. Hamilton Carvalhido, j. em 17.8.2006: "Medida cautelar. Processual civil. Atribuição de efeito suspensivo a agravo de instrumento tirado de inadmissão de recurso especial. Incabimento. Prisão por descumprimento de ordem judicial. Juízo cível. Incompetência. Ordem concedida. 1. Não cabe, em regra, atribuir efeito

Vale recordar, também, que a desobediência constitui *infração penal de menor potencial ofensivo*, em razão da pena que lhe é imputada em abstrato, o que atrai o regime processual dos Juizados Especiais Criminais (Estaduais ou Federais, conforme o caso), para os casos em que não seja cumprida a decisão.[11]

Outro ponto importante está em que não se admite que o juízo do mandado de segurança determine a prisão da autoridade pelo crime de desobediência. Esse é entendimento há muito tempo assente na jurisprudência do Superior Tribunal de Justiça, que considera que só o juízo criminal tem competência para determinar a prisão pela prática do crime de desobediência.[12] Isso sem considerar que dificilmente faria sentido prender alguém pela prática desse crime, já que em razão da pena máxima que lhe é cominada a regra será a conversão da pena privativa de liberdade em restritiva de direito (Código Penal, art. 44, I), o que é, também, motivo suficiente para, *ao menos como regra*, impedir a decretação de prisão cautelar na espécie.[13] De toda maneira, ao juízo do processo do mandado de segurança só será possível determinar a extração de peças ao Ministério Público para que este verifique se há elementos que justifiquem tomar alguma medida, no âmbito penal, contra a autoridade que tenha descumprido a decisão.

Outra questão a considerar é que a *desobediência*, recepcionada no Direito brasileiro como ilícito penal, mais adequadamente poderia ser tida como um ilícito civil, para o qual se deveria prever a prisão como meio de coerção, destinado a constranger o ofensor a cumprir a ordem que desobedeceu.[14] Em outros termos, o que se propõe aqui é que se veja na afirmação contida no art. 26 da Lei

---

suspensivo ao agravo de instrumento contra a inadmissão de recurso especial, por se tratar de decisão de conteúdo negativo, implicando antecipação de julgamento do próprio agravo de instrumento interposto. 2. É firme a jurisprudência do Superior Tribunal de Justiça em que o magistrado, no exercício de jurisdição cível, é absolutamente incompetente para decretação de prisão fundada em descumprimento de ordem judicial. Precedentes. 3. Não há falar em crime de desobediência quando a lei extrapenal não trouxer previsão expressa acerca da possibilidade de sua cumulação com outras sanções de natureza civil ou administrativa. 4. Pedido indeferido. Habeas corpus de ofício." Em doutrina, também considerou que a hipótese se enquadraria melhor no tipo da prevaricação do que no da desobediência Cassio Scarpinella Bueno, *A nova lei do mandado de segurança*, p. 197.

[11] Considera-se infração penal de menor potencial ofensivo, nos termos do art. 61 da Lei nº 9.099/1995, na redação que lhe deu a Lei nº 11.313/2006, a contravenção penal ou o crime para o qual se comine pena máxima não superior a dois anos, cumulada ou não com multa.

[12] Assim, por exemplo, STJ, HC 2737/AL, rel. Min. Edson Vidigal, j. em 5.9.1994; HC 125042/RS, rel. Min. João Otávio de Noronha, j. em 19.2.2009. Vale aqui, também, referir uma vez mais a decisão citada na nota de rodapé nº 10, *supra*.

[13] Eugênio Pacelli, *Curso de processo penal*, p. 499-500.

[14] O que se pretende, aqui, é sustentar discurso análogo, e adaptado às características do ordenamento processual brasileiro, ao apresentado por Andrea Proto Pisani a respeito do art. 388 do *Codice Penale* italiano, afirmando-se ali haver a norma base de um sistema geral de medidas coercitivas, destinadas a permitir a efetivação de decisões judiciais, notadamente aquelas que não conduzem à utilização de técnicas de execução por sub-rogação. Sobre o ponto, confira-se Andrea Proto Pisani, *Lezioni di diritto processuale civile*, p. 180-183.

nº 12.016/2009 uma disposição de natureza processual, e não uma regra de natureza penal.[15] Assim, a "pena" a ser imposta pelo descumprimento da decisão judicial deveria, na verdade, atuar como meio de coerção, incidindo com o objetivo de constranger a autoridade coatora a lhe dar cumprimento. Uma vez cumprida a decisão, não há mais necessidade de que a "pena" continue a incidir. Esta é, porém, uma proposta que aqui se apresenta *de lege ferenda*. Diante do direito vigente, não há dúvida de que o não cumprimento da decisão proferida em mandado de segurança é, mesmo, ilícito penal.

Além da previsão da incidência da sanção penal por crime de desobediência, que a Lei nº 12.016/2009 usa como técnica destinada a constranger a autoridade coatora a cumprir a decisão e, portanto, pode ser considerada – em sentido amplo – uma técnica executiva, prevê o art. 26 que a autoridade deve dar efetividade à decisão sob pena de incidir em sanções administrativas.

Pois essas sanções administrativas só podem ser as previstas na Lei nº 8.429/1992, a Lei de Improbidade Administrativa. Basta considerar que o art. 11, II, do referido diploma legal considera ato de improbidade "retardar ou deixar de praticar, indevidamente, ato de ofício".[16] Além dessa, porém, outras sanções administrativas poderão incidir, e sua aplicação no caso concreto dependerá do regular desenvolvimento de um processo administrativo.

Por último, prevê o art. 26 da Lei nº 12.016/2009 a incidência, para o caso de não ser cumprida a decisão concessiva da segurança, do quanto previsto na Lei nº 1.079/1950. Esta é a lei que define os crimes de responsabilidade do Presidente da República, dos Ministros de Estado, dos Ministros do Supremo Tribunal Federal, do Procurador-Geral da República (art. 2º da Lei nº 1.079/1950), dos Governadores e Secretários de Estado (art. 74 da mesma lei). E o caso de que aqui se trata, no caso de ser autoridade coatora o Presidente da República, encontra guarida no art. 12, item 2, da referida lei, o qual define como crime contra o cumprimento das decisões judiciárias "recusar o cumprimento das decisões do Poder Judiciário no que depender do exercício das funções do Poder Executivo". No caso dos Ministros de Estado, a mesma conduta será tida por crime de responsabilidade por

---

[15] O que se sustenta no texto é manifestação na crença de que o Direito Penal deve manifestar-se de forma mínima. Merece ser lembrado, aqui, trecho de livro escrito em coautoria por dois importantes penalistas, um brasileiro e outro argentino, em que se lê: "o sistema penal deve corresponder ao princípio da intervenção mínima na América Latina, *não somente pelas razões que se apresentam como válidas nos países centrais, mas também em face de nossa característica de países periféricos, que sofrem os efeitos do injusto jushumanista de violação do direito ao desenvolvimento*" (Eugenio Raúl Zaffaroni e José Henrique Pierangeli, *Manual de direito penal brasileiro*, v. 1, p. 75).

[16] Também considera haver ato de improbidade no descumprimento da decisão proferida em mandado de segurança, relembrando – corretamente – que a conduta omissiva terá de ser dolosa para que se configure a improbidade – Fernando da Fonseca Gajardoni, *in* Fernando da Fonseca Gajardoni, Márcio Henrique Mendes da Silva e Olavo A. Vianna Alves Ferreira, *Comentários à nova lei de mandado de segurança*, p. 137.

força do art. 13, I, daquela lei (que estende aos Ministros de Estado as condutas previstas como crime de responsabilidade do Presidente da República).

No caso dos Ministros do STF, o crime de responsabilidade de que aqui se trata é o previsto no art. 39, item 3, da Lei nº 1.079/1950 ("ser patentemente desidioso no cumprimento dos deveres do cargo"), enquanto para o Procurador-Geral da República a hipótese se enquadra no art. 40, item 2, da lei ("recusar-se a prática de ato que lhe incumba").

Para os Governadores e Secretários de Estado a conduta consistente em deixar de cumprir a decisão proferida em mandado de segurança é crime de responsabilidade por força do que dispõe o art. 74 da Lei nº 1.079/1950 ("constitui crime de responsabilidade dos governadores dos Estados ou dos seus Secretários, quando por eles praticados, os atos definidos como crimes nesta lei").

Embora a Lei nº 12.016/2009 não faça expressa alusão ao ponto, não se pode descartar a incidência do Decreto-lei nº 201/1967, que prevê os crimes de responsabilidade dos Prefeitos.[17] O art. 1º desse diploma expressamente afirma ser crime de responsabilidade do Prefeito "deixar de cumprir ordem judicial, sem dar o motivo da recusa ou da impossibilidade, por escrito, à autoridade competente".

Assim, no caso de algum desses agentes políticos ser a autoridade coatora, o não cumprimento da decisão concessiva da segurança implicará a incidência das sanções previstas para os crimes de responsabilidade que se configurem na espécie.[18]

A leitura do texto do art. 26 da Lei nº 12.016/2009 parece sugerir que seriam essas, apenas, as técnicas de que se pode lançar mão para dar efetividade à decisão que concede a segurança. Assim não é, porém. Outros mecanismos há, que defluem do sistema processual comum, regulado pelo CPC, os quais encontram plena aplicabilidade no processo do mandado de segurança, e são poderosos mecanismos de efetivação das decisões judiciais.

Merece referência, em primeiro lugar, o sistema de meios executivos atípicos, de sub-rogação e de coerção, criado pelos arts. 461 e 461-A do CPC.[19] Nos termos daqueles dispositivos, para dar cumprimento específico à decisão judicial, ou obter resultado prático equivalente, o juiz pode valer-se de "todos os meios necessários", o que permite, por exemplo, a fixação de multa pelo atraso no cum-

---

[17] André Vasconcelos Roque e Francisco Carlos Duarte, *Mandado de segurança*, p. 196.

[18] Sempre vale recordar que o crime de responsabilidade nem sempre assume verdadeira natureza penal, sendo, em muitos casos, mera infração político-administrativa. De toda sorte, sempre que para o fato houver a previsão de duas sanções, uma por crime comum (como, no caso em exame, a *desobediência*) e outra pelo crime de responsabilidade (como pode ser, por exemplo, o *impeachment*), ambas poderão ser aplicadas concretamente. Sobre o ponto, Paulo Brossard, *O impeachment*, p. 70-71.

[19] Sobre a aplicação dos arts. 461 e 461-A do CPC ao processo do mandado de segurança, Cassio Scarpinella Bueno, *A nova lei do mandado de segurança*, p. 199.

primento da decisão judicial.[20] A multa, frise-se, incidirá sobre o patrimônio da pessoa jurídica demandada, e não sobre o da autoridade coatora, já que esta não é parte na causa.[21]

Poderá, porém, ser também fixada multa a ser paga pela própria autoridade coatora, nos termos do disposto no art. 14, parágrafo único, do CPC.[22]

O que se extrai do quanto dito até aqui é que o sistema prevê diversos mecanismos destinados a assegurar o efetivo cumprimento da decisão que concede o mandado de segurança, seja em caráter liminar, seja definitivamente. O que não se pode admitir é o menosprezo à decisão, seu descumprimento puro e simples, em flagrante desrespeito à ordem constitucional. É inadmissível que em um Estado Democrático ainda haja agentes públicos que se recusem a cumprir decisões judiciais e a efetivar os direitos das pessoas, reconhecidos por aquelas decisões, contando com a impunidade. Vem a calhar uma importante decisão do Supremo Tribunal Federal, na qual se examinou o caso de uma pessoa que, diante da recusa da autoridade coatora a cumprir a decisão proferida em mandado de segurança, impetrou contra ela novo mandado de segurança. A decisão está, muito objetivamente, assim ementada:[23]

> "Mandado de segurança: inidoneidade para assegurar o cumprimento pela autoridade coatora de decisão proferida em outro mandado de segurança."

Decerto que o mandado de segurança não é meio adequado para assegurar o cumprimento de decisão judicial proferida em outro mandado de segurança. Para tanto existe a via processual da Reclamação Constitucional (e foi neste sentido, exatamente, que decidiu o STF no caso que ora se comenta). Mas chama a

---

[20] O Superior Tribunal de Justiça já admitiu a utilização da técnica da *astreinte*, isto é, da multa pelo atraso no cumprimento da decisão judicial, no processo de mandado de segurança, por exemplo, no julgamento do REsp 1195394/AM, rel. Min. Mauro Campbell Marques, j. em 22.11.2011.

[21] Assim, corretamente, decidiu o STJ, no REsp 747371/DF, rel. Min. Jorge Mussi, j. em 6.4.2010, assim ementado: "Processual civil. Execução de fazer. Descumprimento. Astreintes. Aplicação contra a Fazenda Pública. Cabimento. Extensão da multa diária aos representantes da pessoa jurídica de direito público. Impossibilidade. 1. Conforme jurisprudência firmada no âmbito desta Corte, a previsão de multa cominatória ao devedor na execução imediata destina-se, de igual modo, à Fazenda Pública. Precedentes. 2. A extensão ao agente político de sanção coercitiva aplicada à Fazenda Pública, ainda que revestida do motivado escopo de dar efetivo cumprimento à ordem mandamental, está despida de juridicidade. 3. As autoridades coatoras que atuaram no mandado de segurança como substitutos processuais não são parte na execução, a qual dirige-se à pessoa jurídica de direito publico interno. 4. A norma que prevê a adoção da multa como medida necessária à efetividade do título judicial restringe-se ao réu, como se observa do § 4º do art. 461 do Códex Instrumental. 5. Recurso especial provido."

[22] José Miguel Garcia Medina e Fábio Caldas de Araújo, *Mandado de segurança individual e coletivo*, p. 241; Mauro Luís Rocha Lopes, *Comentários à nova lei do mandado de segurança*, p. 106.

[23] STF, RMS 22994/DF, rel. Min. Sepúlveda Pertence, j. em 28.3.2006.

atenção o fato de que é preciso haver a previsão de um meio processual apto a assegurar que a autoridade coatora dê cumprimento à decisão proferida em mandado de segurança. O descumprimento de tais decisões (ou de outras quaisquer) é vergonhoso, incompatível com o Estado Democrático de Direito, já que põe por terra o vigoroso princípio da separação harmônica entre os poderes do Estado. Augura-se que fatos como este não voltem, jamais, a acontecer. E que, no caso de tornarem a ocorrer, saibam os integrantes do Poder Judiciário que meios adotar para dar efetividade às suas decisões.

§ 33. A execução por quantia certa

É tradicional o entendimento segundo o qual o processo do mandado de segurança não é apto a veicular demandas de cobrança. Este é entendimento já há muito tempo sumulado pelo STF (Verbete nº 269 da Súmula daquela Corte: "o mandado de segurança não é substitutivo de ação de cobrança"). Tal enunciado se completa por outro, o Verbete nº 271 da mesma Súmula: "Concessão de mandado de segurança não produz efeitos patrimoniais em relação a período pretérito, os quais devem ser reclamados administrativamente ou pela via judicial própria."

Já foi possível demonstrar, em passagem anterior deste estudo, que esses enunciados, quando editados, não tinham fundamento que os amparasse. Ainda que assim não fosse, como também se demonstrou, teriam eles sido revogados pela posterior edição da Lei nº 5.021/1966. Não obstante isso, porém, sempre foram eles invocados como fundamentação de decisões, proferidas em todos os órgãos jurisdicionais competentes para o exame de mandados de segurança.

Certo é, porém (e também isso já foi dito anteriormente), que com a vigência da Lei nº 12.016/2009 o entendimento que esses enunciados sumulares veiculam acabou por tornar-se texto de lei. E assim, se antes sua aplicação era equivocada, hoje já não se pode dizer o mesmo. É que o art. 14, § 4º, da Lei nº 12.016/2009 expressamente estabelece que "o pagamento de vencimentos e vantagens pecuniárias assegurados em sentença concessiva de mandado de segurança a servidor público da administração direta ou autárquica federal, estadual e municipal somente será efetuado relativamente às prestações que se vencerem a contar da data do ajuizamento da inicial".

Ficam afastados, pois, do campo do mandado de segurança todos os "efeitos patrimoniais pretéritos", ou seja, tudo aquilo que o impetrante pretenda cobrar e que diga respeito a períodos anteriores à impetração. Essas verbas terão de ser buscadas administrativamente ou através de uma demanda de cobrança que siga as vias processuais ordinárias. Os efeitos patrimoniais da decisão concessiva da segurança, porém, se produzem de modo a beneficiar o impetrante a partir da data da impetração. Pense-se, por exemplo, numa decisão que, em processo de mandado de segurança, reconheça o direito de um servidor público a receber um aumento em sua remuneração que não vinha sendo pago. Todos os valores devidos a partir da data da impetração terão de ser pagos como decorrência automática da decisão proferida no processo do mandado de segurança, havendo necessidade de ajuizamento de outra demanda tão somente para cobrança dos períodos anteriores.

Antes da Lei nº 12.016/2009 vigorava uma lei que tratava expressamente do tema, a Lei nº 5.021/1966. Por força desse diploma, cujo art. 1º correspondia, em linhas gerais, ao que hoje dispõe o art. 14, § 4º da lei vigente, o pagamento dos atrasados (assim entendidos os valores devidos entre a data da impetração e a data do efetivo cumprimento da decisão concessiva do mandado de segurança) se daria através do regime do precatório.[24]

Não existe, na lei atual, dispositivo correspondente ao art. 1º, § 3º, da Lei nº 5.021/1966. Não obstante isso, e por força do próprio comando constitucional, o pagamento das quantias "atrasadas" continua a fazer-se pelas vias adequadas para a execução contra a Fazenda Pública. Sobre o tema, vale mencionar decisão do Supremo Tribunal Federal, proferida já na vigência da Lei nº 12.016/2009:[25]

> "DIREITO PROCESSUAL CIVIL. DÉBITOS DA FAZENDA PÚBLICA. DECISÃO CONCESSIVA DE MANDADO DE SEGURANÇA. PAGAMENTO SUBMETIDO AO REGIME DE PRECATÓRIO. A jurisprudência desta Corte é firme no sentido de que os débitos da Fazenda Pública oriundos de decisão concessiva de mandado de segurança devem ser pagos pelo regime de precatório. Precedentes. Agravo regimental conhecido e não provido."

Tudo funciona, então, do seguinte modo: proferida a decisão em mandado de segurança que tenha efeitos patrimoniais, havendo valores futuros a serem pagos, estes deverão ser adimplidos quando se tornarem exigíveis. Pense-se, por exemplo, no caso de a decisão determinar o aumento do valor da remuneração de servidor público, incorporando um percentual de aumento que lhe era devido. Nesse caso, e em relação aos valores vincendos, o pagamento já se fará corrigido, com a inclusão dos novos valores em folha de pagamento. Já no que diz respeito aos valores atrasados (assim entendidos aqueles que medeiam entre a data de impetração e a data em que a sentença se tenha tornado eficaz), os mesmos serão pagos *por precatório*.

---

[24] Era a seguinte a redação do art. 1º, § 3º, da Lei nº 5.021/1966: "a sentença que implicar em pagamento de atrasados será objeto, nessa parte, de liquidação por cálculos (artigos 906 a 908 do Código de Processo Civil), procedendo-se, em seguida, de acordo com o art. 204 da Constituição Federal". Vale ressaltar que o CPC aí mencionado era o de 1939, e a Constituição da República, a de 1946.

[25] STF, ARE 639219/RJ, rel. Min. Rosa Weber, j. em 21.8.2012.

Já para as obrigações pecuniárias definidas em lei como *de pequeno valor*, nos termos do art. 100 da Constituição da República, não se expede o precatório, mas a *requisição de pequeno valor*, mencionada no art. 100, §§ 2º a 4º, da Constituição da República. A requisição será expedida, porém, pelo Presidente do Tribunal, e não pelo juízo da execução (que é o próprio juízo do processo do mandado de segurança), não se aplicando à hipótese o disposto no art. 17, *caput* e § 2º, da Lei nº 10.259/2001 (que autoriza o próprio juízo da execução a determinar a expedição da requisição de pequeno valor).[26]

---

[26] STJ, RMS 27889/PB, rel. Min. Benedito Gonçalves, j. em 17.3.2009.

10

Suspensão de Segurança

§ 34. Conceito, natureza jurídica e requisitos

Instituto criado quase contemporaneamente ao próprio mandado de segurança, já que previsto originariamente no art. 13 da Lei nº 191/1936, e que sobreviveu às diversas leis que regularam o instituto, a suspensão de segurança é hoje regulada no art. 15 da Lei nº 12.016/2009, cujo teor é o seguinte:

> "Art. 15. Quando, a requerimento de pessoa jurídica de direito público interessada ou do Ministério Público e para evitar grave lesão à ordem, à saúde, à segurança e à economia públicas, o presidente do tribunal ao qual couber o conhecimento do respectivo recurso suspender, em decisão fundamentada, a execução da liminar e da sentença, dessa decisão caberá agravo, sem efeito suspensivo, no prazo de 5 (cinco) dias, que será levado a julgamento na sessão seguinte à sua interposição."

Muito se discute, na doutrina e na jurisprudência, acerca desse instituto. Neste estudo, buscar-se-á apresentar uma análise de seu conceito, natureza jurídica e requisitos, examinando-se a competência para o seu exame, o procedimento que se instaura para sua análise (inclusive com a apreciação dos recursos eventualmente cabíveis contra a decisão que se profira em sede de suspensão de segurança), a legitimidade para postular a suspensão, a extensão dos efeitos da decisão que a defere e o "novo pedido de suspensão" (esdrúxula figura prevista no § 1º do art. 15 da Lei nº 12.016/2009).

O primeiro ponto a enfrentar é, justamente, o do conceito de suspensão de segurança. Ensina importante estudioso do mandado de segurança que a suspensão de segurança é "medida anômala", cujo objetivo é "paralisar, suspender, neutralizar ou imunizar os efeitos de decisão favorável ao impetrante proferida, liminarmente ou a final, em mandado de segurança".[1]

Em outros termos, a suspensão de segurança é o mecanismo processual destinado a obstar a eficácia da decisão concessiva de mandado de segurança, seja ela liminar ou final. Trata-se de prerrogativa processual criada em favor do Poder Público,[2] através da qual se permite ao ente público postular a suspensão dos efeitos da decisão (seja ela liminar ou sentença) concessiva da segurança, em regra até seu trânsito em julgado.[3]

Definido o conceito de suspensão de segurança, impõe-se examinar sua natureza jurídica.

Houve quem sustentasse que a suspensão de segurança seria uma medida administrativa, de poder de polícia.[4] Para quem defende essa ideia, a suspensão da decisão concessiva de mandado de segurança integra os atos administrativos do juízo, inerente à soberania, que age como uma "invasão necessária no campo dos direitos e liberdades dos indivíduos *uti singuli*, em benefício da coletividade".[5] Afirma-se, ainda, que por se tratar de manifestação de poder de polícia, a suspensão de segurança decorre de um "poder discricionário por excelência".[6]

Esse entendimento é, *data venia*, inaceitável. Em primeiro lugar, não se pode admitir que uma medida administrativa seja capaz de suspender os efeitos de um ato jurisdicional. Além disso, não há como explicar como um ato administrativo poderia ser impugnado por recurso processual, o qual leva à produção de uma decisão de natureza inegavelmente jurisdicional.[7]

Há, ainda, outro ponto a considerar: não se pode tratar a suspensão de segurança como um ato administrativo de exercício de poder de polícia sem que se verifique se o fenômeno se enquadra no conceito de poder de polícia admitido

---

[1] Cassio Scarpinella Bueno, *A nova lei do mandado de segurança*, p. 128.

[2] Marcelo Abelha Rodrigues, *Suspensão de segurança*, p. 131.

[3] O verbete nº 626 da Súmula do STF enuncia: "a suspensão da liminar em mandado de segurança, salvo determinação em contrário da decisão que a deferir, vigorará até o trânsito em julgado da decisão definitiva de concessão da segurança ou, havendo recurso, até a sua manutenção pelo Supremo Tribunal Federal, desde que o objeto da liminar deferida coincida, total ou parcialmente, com o da impetração". Sobre o tema dispõe, também, o art. 25, § 3º, da Lei nº 8.038/1990. Ao ponto se retornará adiante, quando do trato da extensão dos efeitos da decisão que suspende a segurança.

[4] J. M. Othon Sidou, *Habeas data, mandado de injunção, habeas corpus, mandado de segurança, ação popular*, p. 252.

[5] Idem, ibidem.

[6] Idem, p. 253.

[7] Ambas as críticas aqui mencionadas aparecem também em Marcelo Abelha Rodrigues, *Suspensão de segurança*, p. 100-101.

como correto pela doutrina do Direito Administrativo. Assim é que, sobre o ponto, vale invocar clássico ensinamento sobre o tema:[8]

> "O poder de polícia se manifesta por intermédio de regulamentos e atos administrativos. Aqueles estabelecem condições gerais de exercício de direitos ou interesses legítimos e disciplinam o modo de atuação das autoridades administrativas. Os últimos concretizam a relação jurídica administrativa, quer permitindo ou limitando a atividade privada (autorizações, permissões, licenças), quer determinando a conduta individual (ordens administrativas)."

A leitura desse trecho facilmente permite concluir que a suspensão de segurança não pode ser um ato administrativo de exercício de poder de polícia. Afinal, através da suspensão de segurança não se permite nem se limita a atividade privada, nem se expede ordem que determine a conduta individual. Diversamente, o que ali se faz é obstar os efeitos de um ato eminentemente público, jurisdicional, que é a decisão concessiva da segurança.

Há, também, quem tenha sustentado que a suspensão de segurança é um *processo cautelar incidental* ao processo do mandado de segurança.[9] Esta é opinião que conta com o apoio de clássico autor da literatura processual brasileira,[10] sendo possível encontrar na jurisprudência da mais alta Corte brasileira precedente em que se afirmou a natureza cautelar (mais especificamente de contracautela) da medida.[11]

---

[8] Caio Tácito, O poder de polícia e seus limites, *in* Caio Tácito, *Temas de direito público* (estudos e pareceres), v. 1, p. 533.

[9] Cristina Gutiérrez, *Suspensão de liminar e de sentença na tutela do interesse público*, p. 54-57; Elton Venturi, *Suspensão de liminares e sentenças contrárias ao Poder Público*, p. 69.

[10] Galeno Lacerda, *Comentários ao Código de Processo Civil*, v. VIII, t. I, p. 71.

[11] STF, SS 1149 AgR/PE, rel. Min. Sepúlveda Pertence, j. em 3.4.1997, assim ementado: "I. Suspensão de segurança: compatibilidade com a Constituição. Verdadeiramente inconciliável com o Estado de Direito e a garantia constitucional da jurisdição seria o impedir a concessão ou permitir a cassação da segurança concedida, com base em motivos de conveniência política ou administrativa, ou seja, a superposição ao direito do cidadão das 'razões de Estado'; não é o que sucede na suspensão de segurança, que susta apenas a execução provisória da decisão recorrível: assim como a liminar ou a execução provisória de decisão concessiva de mandado de segurança, quando recorrível, são modalidades criadas por lei de tutela cautelar do direito provável – mas ainda não definitivamente acertado – do impetrante, a suspensão dos seus efeitos, nas hipóteses excepcionais igualmente previstas em lei, é medida de contracautela com vistas a salvaguardar, contra o risco de grave lesão a interesses públicos privilegiados, o efeito útil do êxito provável do recurso da entidade estatal. II. Suspensão de segurança; delibação cabível e necessária do mérito do processo principal: precedente (AgSS 846, Pertence, DF 8.11.96). Sendo medida de natureza cautelar, não há regra nem princípio segundo os quais a suspensão da segurança devesse dispensar o pressuposto do fumus boni juris que, no particular, se substantiva na probabilidade de que, mediante o futuro provimento do recurso, venha a prevalecer a resistência oposta pela entidade estatal à pretensão do impetrante. III. Previ-

Ainda ao tempo do regime constitucional anterior, o STF já afirmava a natureza cautelar da suspensão de segurança:[12]

> "Suspensão de segurança. Pressupostos. Natureza do provimento. Descabe discutir, no quadro do pedido de suspensão de segurança, quer o mérito do mandado, quer a juridicidade da liminar, mas tão somente a verificação dos pressupostos estatuídos no art. 297 do RI, sob o prisma da medida cautelar que é. Agravo regimental improvido."

Em seu voto, o eminente Ministro Rafael Mayer afirmou que

> "a suspensão de segurança é medida cautelar, obviamente de caráter provisório, que tem como função inibir a lesão potencial grave ao interesse público, nas categorias contempladas no art. 297 do Regimento Interno, tais como a ordem e a economia pública, cujo resguardo se considerou justificado assegurar na espécie".

Com todo o respeito devido aos defensores desta corrente, não há como admitir-se que a suspensão de segurança seja um processo cautelar autônomo e incidental ao processo do mandado de segurança. E isso se diz por não haver, ali, a instauração de um novo processo, distinto daquele instaurado pela impetração do mandado de segurança.

Para que fique claro que não há, ali, instauração de novo processo basta ter-se em mente que a postulação da suspensão de segurança não exige, para ser deferida, a citação da parte contrária. E a única explicação para não cogitar-se aí de citação está em que não se tem, com a suspensão de segurança, um novo processo.

Registre-se, porém, que o fato de se negar à suspensão de segurança a natureza de processo cautelar autônomo não implica negar ao instituto uma *função cautelar*. Ao ponto se retornará mais adiante.

Uma terceira corrente sustenta a natureza de sucedâneo recursal da suspensão de segurança.[13] Sustenta-se que a medida permite a reforma do ato impugnado, com prejulgamento do recurso próprio para impugnar tal pronunciamento.[14] Afirma-se que a suspensão de segurança, concebida inicialmente para fins distintos

---

dência social do Estado: contribuição do segurado: alíquota progressiva conforme a remuneração: arguição de inconstitucionalidade, que em ação direta, o STF reputou inconsistente: grave risco à viabilidade do sistema previdenciário local: suspensão de liminar deferida". No voto do relator se lê que a suspensão dos efeitos da decisão que concede a segurança "é medida de contracautela com vistas a salvaguardar, contra o risco de grave lesão a interesses públicos privilegiados, o efeito útil do êxito provável do recurso de entidade estatal".

[12] STF, SS 228 AgR/BA, rel. Min. Rafael Mayer, j. em 1º.6.1988.

[13] Araken de Assis, *Manual dos recursos*, p. 890-891.

[14] Idem, p. 890.

dos buscados por apelação ou agravo, evoluiu no sentido de sobrepor-se a esses recursos, assumindo funções recursais.[15]

Tampouco com essa opinião é possível concordar. A suspensão de segurança não tem por fim a reforma ou cassação do ato impugnado, mas a mera suspensão dos efeitos da decisão concessiva até momento posterior.[16] Não é, pois, recurso, nem sucedâneo de recurso.[17]

Mais correto é considerar que a suspensão de segurança tem natureza de *incidente processual*. Sobre o ponto, vale transcrever as palavras do mais profundo estudioso do assunto:[18]

> "[...] defendemos a ideia de que o requerimento de suspensão de execução de decisão judicial não é nem ação e nem recurso, figurando-se, sim, como típico instituto representante dos incidentes processuais, que se manifesta por intermédio de uma *questão incidente* por sua vez provocada por uma defesa impeditiva arguida por parte da Fazenda Pública".

Esse é o entendimento que tem prevalecido na doutrina produzida após a vigência da Lei nº 12.016/2009.[19] E é assim mesmo que se deve considerar a suspensão de segurança.

---

[15] Idem, p. 891. Em trabalho posterior à Lei nº 12.016/2009 sustentaram que a suspensão de segurança seria sucedâneo recursal José Miguel Garcia Medina e Fábio Caldas de Araújo, *Mandado de segurança individual e coletivo*, p. 176.

[16] Sobre o ponto, vale conferir importante decisão do Supremo Tribunal Federal, cuja ementa é elucidativa acerca do ponto: STF, SS 2208 AgR/PA, rel. Min. Maurício Corrêa, j. em 14.4.2004, assim ementado: "Agravo regimental em suspensão de segurança. Admissão de litisconsorte ativo. Natureza infraconstitucional. Princípios constitucionais genéricos. Ofensa indireta. Inocorrência de lesão à ordem jurídica e à ordem pública. 1. Admissão de litisconsorte ativo. Controvérsia deve ser solucionada à luz do Código de Processo Civil. Natureza infraconstitucional. 2. Princípios constitucionais genéricos. Ofensa indireta. Incisos LIV e LV do artigo 5º da Constituição Federal. Preceitos regulamentados por normas infraconstitucionais a disciplinar sua aplicação pela Administração Pública. 3. Suspensão de segurança. A via da suspensão de segurança não se destina à impugnação ou à reforma da cautelar, mas apenas à suspensão de seus efeitos, se verificada a lesão aos valores que a Lei 4.348/64 visa resguardar. No caso, não se pode afirmar que a execução da medida liminar concorra para a efetivação de lesão à ordem jurídica e à ordem pública. Agravo regimental a que se nega provimento."

[17] São várias as decisões do STJ negando natureza recursal à suspensão de segurança. Por todas, vale conferir a seguinte: STJ, AgRg no MS 13505/DF, rel. Min. Napoleão Nunes Maia Filho, j. em 13.8.2008.

[18] Assim, por todos, Marcelo Abelha Rodrigues, *Suspensão de segurança*, p. 95.

[19] André Vasconcelos Roque e Francisco Carlos Duarte, *Mandado de segurança*, p. 15; Caio Cesar Vieira Rocha, Comentário ao art. 15, *in* Napoleão Nunes Maia Filho, Caio Cesar Vieira Rocha e Tiago Asfor Rocha Lima (Org.), *Comentários à nova lei do mandado de segurança*, p. 209; José Henrique Mouta Araújo, *Mandado de segurança*, p. 152.

Como se lê em obra especificamente voltada ao estudo dos incidentes processuais, "o incidente constitui um momento novo no processo, formado por um ou mais atos não inseridos na cadeia procedimental prevista pela lei; possibilita a decisão da questão incidental ou a apreciação da existência dos requisitos para sua admissibilidade no processo".[20] Pois é exatamente isso que se tem no caso em exame. O requerimento de suspensão de segurança implica algo novo no processo do mandado de segurança, que o desvia de seu curso normal, provocando a prática de uma série de atos não previstos no procedimento descrito na lei como necessário para decidir-se acerca da pretensão deduzida pelo impetrante. É, pois, incidente processual.

O fato de ser um incidente do processo de mandado de segurança, porém, não exclui o fato de que a decisão que suspende a segurança cumpre uma *função cautelar*. Essas duas ideias, salvo melhor juízo, não se repelem.

É que através do incidente de suspensão de segurança busca-se obter uma decisão que tem por fim assegurar a efetividade prática de futura decisão, que poderá vir a ser proferida posteriormente, e que denegue a segurança. Assim, por exemplo, a suspensão dos efeitos da liminar que tenha concedido a segurança é medida de contracautela, destinada a assegurar a efetividade de futura (e eventual) sentença de rejeição da demanda.

A decisão que suspende os efeitos do pronunciamento que concedeu a segurança é, pois, medida de contracautela, cuja obtenção exige a instauração de um incidente processual.

Muito se tem discutido acerca da constitucionalidade da suspensão de segurança. Entre os críticos do instituto, destaca-se a opinião de Cassio Scarpinella Bueno:[21]

> "Se o que o mandado de segurança tem de mais caro é sua predisposição constitucional de surtir efeitos imediatos e favoráveis ao impetrante, seja liminarmente ou a final, a mera possibilidade da 'suspensão de segurança' coloca em dúvida a constitucionalidade do instituto. Em verdade, tudo aquilo que for criado pelo legislador infraconstitucional para obstaculizar, dificultar ou empecer a plenitude da eficácia do mandado de segurança agride sua previsão constitucional. Nesse sentido, não há como admitir a constitucionalidade do instituto, independentemente de qual seja sua natureza jurídica. É instituto que busca minimizar efeitos do mandado de segurança? Positiva a resposta, trata-se de figura inconstitucional.
>
> A única forma de tentar compatibilizar o pedido de suspensão com a Constituição Federal e, pois, com o mandado de segurança é entendê-lo como forma de manifestação de princípio basilar de todo o direito público: o da

---

20 Antonio Scarance Fernandes, *Incidente processual*, p. 147-148.

21 Cassio Scarpinella Bueno, *Mandado de segurança*, p. 179-180.

supremacia do interesse público sobre o interesse privado. Assim, se liminar que favorece um particular ocasionar graves inconvenientes à ordem, à saúde, à segurança ou à economia pública, parece curial que o interesse do particular (representado pela liminar) deve ceder espaço a um interesse maior, mais amplo, que é o da coletividade.

Mesmo pensando dessa forma, no entanto, não há como deixar de reconhecer que o prevalecimento do interesse público sobre o privado não se concretiza de qualquer maneira. Muito diferentemente, impõe-se, pelo menos para o sistema constitucional brasileiro, que o direito do particular seja *desapropriado*. Se de desapropriação se trata, ademais, não há como negar que a perda do direito do particular só se realize quando do pagamento de *justa e prévia* indenização em dinheiro (CF, art. 5º, XXIV). E mais: só são passíveis de desapropriação direitos que podem merecer quantificação em dinheiro.

Nessas condições e tendo em vista o próprio sistema constitucional, é difícil tentar explicar o instituto em comento ou, quando menos, compatibilizá-lo com os valores albergados pela Constituição Federal."

Com todo o respeito devido ao preclaro processualista de São Paulo, o fundamento por ele usado para sustentar uma possível constitucionalidade da suspensão de segurança (constitucionalidade na qual nem ele mesmo acredita) não pode ser aceito. É que fala ele em se admitir o instituto por força do "princípio da supremacia do interesse público". Esse argumento, porém, tem dois pontos fracos. O primeiro é que assim não se explicaria o cabimento da suspensão de segurança quando a liminar tivesse sido deferida em favor de um ente público. Afinal, nesse caso não haveria qualquer interesse particular em disputa, mas tão somente interesses públicos. O segundo ponto fraco do argumento é que o próprio "princípio da supremacia do interesse público" não é absoluto, sendo perfeitamente possível afirmar-se que em vários casos o interesse particular é que deve prevalecer sobre o público.[22]

Certo é que a suspensão de segurança fragiliza, sobremaneira, o mandado de segurança, o que permitiria, sim, afirmar sua incompatibilidade com a Constituição da República de 1988. Essa discussão, porém, perdeu sua utilidade prática a

---

[22] Defendendo uma nova visão do "princípio da supremacia do interesse público", seja para negar sua existência, seja para – embora o acolhendo – sustentar uma necessária revisitação do mesmo, de modo a admitir que em diversos casos o interesse privado prevaleça sobre o público, vale consultar os diversos trabalhos reunidos no volume coletivo coordenado por Daniel Sarmento (Org.), *Interesses públicos versus interesses privados*: desconstruindo o princípio de supremacia do interesse público, *passim*.

partir do momento em que o Supremo Tribunal Federal afirmou a constitucionalidade do instituto.[23] Em decisão anteriormente referida,[24] o STF estabeleceu que

> "verdadeiramente inconciliável com o Estado de Direito e a garantia constitucional da jurisdição seria o impedir a concessão ou permitir a cassação da segurança concedida, com base em motivos de conveniência política ou administrativa, ou seja, a superposição ao direito do cidadão das 'razões de Estado'; não é o que sucede na suspensão de segurança, que susta apenas a execução provisória da decisão recorrível: assim como a liminar ou a execução provisória de decisão concessiva de mandado de segurança, quando recorrível, são modalidades criadas por lei de tutela cautelar do direito provável – mas ainda não definitivamente acertado – do impetrante, a suspensão dos seus efeitos, nas hipóteses excepcionais igualmente previstas em lei, é medida de contracautela com vistas a salvaguardar, contra o risco de grave lesão a interesses públicos privilegiados, o efeito útil do êxito provável do recurso da entidade estatal".

Deve-se considerar, pois – ao menos por razões de ordem prática, já que a discussão está superada por força da jurisprudência firme da Suprema Corte –, que a suspensão de segurança é compatível com a Constituição da República.

Assim, impende examinar quais são os requisitos para que se suspendam os efeitos da decisão concessiva de segurança.

O primeiro requisito para concessão da medida suspensiva da segurança é a existência de risco, decorrente da imediata produção de efeitos da decisão concessiva da segurança, de "grave dano à ordem, à saúde, à segurança ou à economia públicas", nos exatos termos do art. 15 da Lei nº 12.016/2009.

Impende verificar, em primeiro lugar, se essa enumeração, contida no texto do art. 15, é exaustiva ou exemplificativa. O entendimento tradicionalmente acolhido é no sentido de que essa enumeração é exaustiva. Assim, por exemplo, manifesta-se Cândido Rangel Dinamarco:[25]

> " A suspensão presidencial é instituto coexistencialmente ligado ao *interesse público* que em certas situações se legitima sobrepor ao interesse de indivíduos ou grupos, sendo ilegítimo suspender segurança por outro motivo que não aqueles elencados no art. 4º [da Lei nº 4.348/1964]. A tipificação legal

---

[23] No mesmo sentido, expressamente, Caio Cesar Vieira Rocha, Comentário ao art. 15, *in* Napoleão Nunes Maia Filho, Caio Cesar Vieira Rocha e Tiago Asfor Rocha Lima (Org.), *Comentários à nova lei do mandado de segurança*, p. 202.

[24] STF, SS 1149 AgR/PE, rel. Min. Sepúlveda Pertence, j. em 3.4.1997.

[25] Cândido Rangel Dinamarco, Suspensão do mandado de segurança pelo presidente do tribunal, *in* Cândido Rangel Dinamarco, *Fundamentos do processo civil moderno*, v. I, p. 618-619.

de hipóteses postas como impeditivas do direito à segurança é expressa e taxativa no direito positivo, resumindo-se a casos de perigo de grave lesão (a) à ordem pública, (b) à saúde pública, (c) à segurança pública ou (d) à economia pública. E, exigindo a lei que os *fatos* juridicamente relevantes sejam descritos, e a lesão referida no art. 4º sendo um *fato* (fato futuro e previsível, mas fato), que precisa ser necessariamente alegado, segue-se que (c) tudo quanto se apoiar em outro *fato* que a entidade não alegou é nulo por infração àquelas normas e princípios que já referi.

Assim, (a) se o pedido de suspensão se fundar em hipótese não elencada no art. 4º, ele será tecnicamente inepto; (b) se a decisão presidencial se fundar num fato assim não tipificado, que a pessoa jurídica de direito público haja alegado, ela será violadora do art. 4º e da própria garantia constitucional e disciplina legal do mandado de segurança; (c) se o pedido de suspensão se fundar numa das hipóteses elencadas no art. 4º e o ato presidencial tiver outra motivação, este será infringente ao disposto na 2ª parte do art. 128 do Código de Processo Civil.

Tudo isso porque, como dito, só sendo legalmente admitidos como impeditivos do direito do impetrante os fatos que se enquadrem nas *fattispecie* do art. 4º, nenhum outro pode validamente ser invocado pela pessoa jurídica de direito público e muito menos tomado como razão de decidir."

Este, como dito, é o entendimento dominante.[26] Há, porém, quem considere a enumeração meramente exemplificativa.[27] A corrente dominante, porém, é a que deve prevalecer. E isso se diz porque, como já foi por diversas vezes afirmado ao longo deste estudo, existe um *direito fundamental ao mandado de segurança*. A suspensão de segurança é, sem sombra de dúvida, um instituto limitador desse direito fundamental. E é assente na moderna doutrina que qualquer limitação a direitos fundamentais deve ser interpretada restritivamente. Sobre o ponto, merece transcrição uma lição que já se tornou clássica:[28]

"Hasta ahora se ha hablado de restricciones de los derechos fundamentales. Del carácter de principio de las normas iusfundamentales resultó no sólo que, en vista de los principios opuestos, los derechos fundamentales están restringidos y son restringibles sino también que su restricción y restringibilidad son restringidas. Una restricción de los derechos fundamentales es sólo admisible si en el caso concreto a principios opuestos les corres-

---

[26] Também defende o caráter exaustivo do rol de fundamentos da suspensão de segurança, entre outros, Sergio Ferraz, *Mandado de segurança*, p. 368.

[27] Como é o caso de Elton Venturi, *Suspensão de liminares e sentenças contrárias ao Poder Público*, p. 137, onde se sustenta a possibilidade de emprego de "interpretação analógica e até mesmo extensiva" para proteção do interesse público.

[28] Robert Alexy, *Teoría de los derechos fundamentales*, p. 286.

ponde un peso mayor que al principio iusfundamental. Por ello, se puede decir que los derechos fundamentales, en tanto tales, son restricciones a sua restricción y restringibilidad."

Assim, é de se considerar que o direito fundamental ao mandado de segurança funciona como um mecanismo de restrição do alcance do seu próprio instituto restritivo, a suspensão de segurança. Consequência inafastável disso é a necessidade de interpretação restritiva da medida suspensiva, cujos requisitos, então, devem ser considerados como objeto de enumeração exaustiva no texto da lei.

Só se pode, então suspender a eficácia de decisão concessiva de mandado de segurança se houver risco de grave dano à ordem, à saúde, à segurança ou à economia públicas. Estes são, então, os casos em que se reconhece haver *periculum in mora* que justifique a concessão da medida suspensiva da segurança.

Registre-se que referência a *periculum in mora*, que acaba de ser feita, é consentânea com a afirmação, anteriormente feita, de que a suspensão de segurança é um incidente processual que tem função cautelar, destinando-se a preservar a efetividade de uma futura (e eventual) decisão favorável ao ente público demandado. Pois sem *periculum in mora* não se pode cogitar de medidas de natureza cautelar. O que se tem aqui, pois, no art. 15, é uma verdadeira restrição ao poder cautelar, já que a suspensão de segurança só pode ser deferida quando presente algum dos casos de *periculum in mora* expressamente previstos na lei. Afasta-se, pois, o poder cautelar geral, só se admitindo a concessão da medida nos casos tipificados na lei processual.

A primeira hipótese prevista na lei como justificadora de *periculum in mora* é a de risco de grave dano à ordem pública. Sobre o conceito de ordem pública como bem jurídico tutelado pela suspensão de segurança já se pronunciou o Supremo Tribunal Federal, através de voto do eminente Min. Sepúlveda Pertence:[29]

> "Cabe aqui uma breve digressão.
>
> Como é sabido, deve-se ao em. Ministro Néri da Silveira, ao tempo em que Presidente do extinto Tribunal Federal de Recursos, a construção – que fez escola – do risco à ordem administrativa, contido na alusão legal à ordem pública, como motivo da suspensão de segurança.
>
> É preciso convir, no entanto, que – ao contrário da saúde, da segurança, da economia e da ordem pública material, que comportam significação juridicamente neutra –, o conceito de ordem pública administrativa está inextricavelmente vinculado à verificação, ao menos, da aparente legalidade da postura da Administração que a decisão a suspender põe em risco.

---

[29] STF, SS 846 AgR/DF, rel. Min. Sepúlveda Pertence, j. em 29.5.1996. Os negritos estão no original.

290   Manual do Mandado de Segurança • Câmara

Recordem-se, a propósito, em uma de suas decisões pioneiras a respeito, as palavras do Ministro Néri da Silveira – TFR, SS 5.265, DJ 7.12.79:

> '[...] Quando na Lei nº 4348/1964, art. 4º, se faz menção a ameaça de lesão à ordem, tenho entendido que não se compreende, aí, apenas, a ordem pública, enquanto esta se dimensiona em termos de segurança interna, porque explicitamente de lesão à segurança, por igual, cogita o art. 4º da Lei nº 4348/1964. Se a liminar pode constituir ameaça de grave lesão à ordem estabelecida para a ação da Administração Pública, por força da lei, nas suas múltiplas manifestações, cabe ser suspensa sua eficácia pelo Presidente do Tribunal. Não pode, em verdade, o juiz decidir contra a lei. Se esta prevê determinada forma para a prática do ato administrativo, não há o juiz, contra a disposição normativa, de coarctar a ação do Poder Executivo, sem causa legítima. Fazendo-o, atenta contra a ordem estabelecida, em lei, para os atos da Administração.'

> **Ordem Administrativa** é, assim, não a que pretenda impor a vontade da autoridade pública, mas, unicamente, 'a ordem estabelecida, em lei, para os atos da Administração'.

> Nem poderia ser de outro modo, no contexto do Estado de Direito, que tem na estrita legalidade da Administração um dos seus caracteres específicos.

> Portanto, tudo quanto se enfatizou, na decisão agravada, no sentido de parecer, à delibação, que a liminar suspensa ou impunha ao Distrito Federal despesa que cabe à União ou, se a imputa à União, emana de autoridade incompetente, são considerações que valem ao mesmo tempo para respaldar a invocação à salvaguarda da ordem administrativa como fundamento cautelar da medida suspensiva."

Vê-se, pois, que para o Supremo Tribunal Federal a *ordem pública* que se quer tutelar com a medida suspensiva de segurança é a *ordem administrativa*, entendida como *ordem estabelecida para os atos da Administração*. É preciso considerar, porém, que não é só nesse caso que se pode cogitar de *ordem pública*. Afinal, este é um conceito juridicamente indeterminado, necessário – como todo conceito dessa espécie – "para evitar a fratura que a evolução das realidades não deixaria de provocar numa ordem jurídica completamente rígida".[30] Esses conceitos

> "dão mais flexibilidade ao sistema jurídico, integrando-lhe as realidades da vida e uma certa dose de equidade. Permitem introduzir princípios corretores ao lado dos princípios diretores que dominam toda ordem jurídica: a boa-fé permite modificar o rigor do efeito obrigatório do contrato; a

---

30   Jean-Louis Bergel, *Teoria geral do direito*, p. 262.

conformidade aos bons costumes e à ordem pública limita o princípio da autonomia da vontade [...]".[31]

Assim, é preciso ter claro que não se pode definir com precisão o que seja *ordem pública*. Impõe-se, porém, ter em mente que a expressão "ordem pública" pode designar três diferentes fenômenos. É que existem, na verdade, três diferentes "ordens públicas": a primeira, costumeiramente designada por *ordem pública interna*, é fenômeno de direito substancial que se liga ao conceito mais geral de "interesse público"; a segunda, conhecida como *ordem pública internacional*, relaciona-se especificamente ao Direito Internacional e, mais particularmente, à arbitragem internacional; a terceira, que pode ser chamada de *ordem pública processual*, vincula-se à ideia de que determinadas matérias devem ser examinadas ao longo do processo independentemente de as partes as terem suscitado, como são as questões relacionadas aos pressupostos processuais ou às "condições da ação".[32]

Pois a "ordem pública" que se pretende salvaguardar com a suspensão de segurança é, evidentemente, a *ordem pública interna* e, mais especificamente, sua manifestação no campo do Direito Público interno.

Assim é que o Supremo Tribunal Federal já considerou haver perigo de lesão grave à ordem pública, a ensejar suspensão de eficácia de decisão judicial, em casos como os seguintes:[33] (a) imposição de imediato aporte de recursos a sistema de previdência privada fechado;[34] (b) determinação de imediato pagamento de crédito de caráter indenizatório, sem observância do regime do precatório;[35] (c) determinação de remoção de Delegado de Polícia sem motivação idônea e em detrimento da unidade familiar;[36] (d) concessão de liminar em mandado de segurança idêntico a outro anteriormente denegado por decisão de tribunal local, confirmada posteriormente pelo STJ e transitada em julgado;[37] (e) autorização

---

[31]   Idem, ibidem.

[32]   Acerca das três acepções de "ordem pública", Ricardo de Carvalho Aprigliano, *Ordem pública e processo*, p. 5-13.

[33]   Nem todos os exemplos apresentados são extraídos de decisões suspendendo eficácia de pronunciamentos concessivos de mandado de segurança. É que, como notório, quaisquer outras decisões contrárias ao Poder Público também podem ter sua eficácia suspensa através de incidente análogo, regido pelo disposto no art. 4º, e seus parágrafos, da Lei nº 8.437/1992.

[34]   STF, SL 164 AgR/DF, rel. Min. Ellen Gracie, j. em 16.4.2008. Nessa decisão afirmou-se, expressamente, que se acolhia o conceito de *ordem pública* como "ordem econômica".

[35]   STF, SS 2961 AgR/MA, rel. Min. Ellen Gracie, j. em 10.3.2008, caso em que se asseverou haver lesão à ordem pública e à economia pública.

[36]   STF, SS 3232 AgR/TO, rel. Min. Ellen Gracie, j. em 11.10.2007, com a afirmação de que nesse caso haveria lesão à ordem pública e à segurança pública.

[37]   STF, SS 1806 AgR/GO, rel. Min. Carlos Velloso, j. em 1.3.2001, tendo sido dito no pronunciamento do STF que se acolhia o conceito de ordem pública como "ordem jurídico-constitucional".

para execução provisória em casos nos quais esta é expressamente proibida;[38] (f) asseguração de retorno às atividades de Delegado de Polícia demitido a bem do serviço público, ao fundamento de que só após a conclusão do processo penal condenatório a que respondia seria possível tal demissão.[39]

De seu turno, o Superior Tribunal de Justiça já considerou haver risco de grave lesão à ordem pública capaz de justificar a suspensão de efeitos de decisão judicial, exemplificativamente, em casos como os seguintes: (a) suspensão de licitação para fornecimento de merenda escolar;[40] (b) determinação para que o Poder Público deixe de fiscalizar máquinas eletrônicas programáveis sobre as quais recai a suspeita de veicularem jogos de azar;[41] (c) liberação de compensação de créditos de IPI, no valor de mais de 214 milhões de reais, em sede de liminar em processo cautelar instaurado após a extinção do processo de mandado de segurança por "ilegitimidade" da autoridade coatora e ausência de direito líquido e certo.[42]

Confirma-se, assim, o caráter indeterminado do conceito de *ordem pública*, ligado este, sempre, porém, à ideia de prevalência do interesse público sobre o privado (nos casos em que tal prevalência se justifica) e, portanto, limitadamente à ordem pública interna no campo do Direito Público.

O segundo caso em que se permite a suspensão da segurança é o de risco de lesão grave à *saúde pública*. Aqui já se tem um conceito mais rígido, determinado, com contornos mais definidos.

Entre especialistas na matéria, pode-se encontrar uma definição de saúde pública que a relaciona "com os 'esforços organizados da sociedade' para prevenir

---

[38] STF, SS 1272 AgR/RJ, rel. Min. Carlos Velloso, j. em 10.2.1999.

[39] STF, SS 284 AgR/DF, rel. Min. Néri da Silveira, j. em 11.3.1991. Entendeu o STF, neste caso, que o fato de o policial ter sido acusado da prática de concussão e corrupção passiva permitiria a apuração da responsabilidade administrativa independentemente da responsabilidade criminal. Asseverou-se, na decisão do Plenário do Supremo Tribunal Federal, que a liminar, no caso, gerava ameaça de grave lesão à ordem pública, "enquanto nesta se compreende, também, a ordem administrativa em geral, o devido exercício das funções da Administração pelas autoridades constituídas", tendo a decisão restringido o legítimo exercício, pela autoridade administrativa, de seu poder disciplinar. Afirmou-se, ainda, haver grave risco de lesão à segurança pública, pela influência do Delegado demitido e os graves fatos que lhe foram imputados, com reflexos no funcionamento do aparelho policial estatal e na segurança dos cidadãos. Esta decisão bem mostra que o conceito de "ordem pública", vago como é, destina-se a assegurar, em alguns casos excepcionais, a prevalência do interesse público sobre o interesse privado (prevalência que, como dito anteriormente, *nem sempre* se manifesta, mas em diversos casos justifica-se).

[40] STJ, AgRg na SS 1563/SP, rel. Min. Barros Monteiro, j. em 7.6.2006.

[41] STJ, AgRg na SS 1252/RS, rel. Min. Nilson Naves, j. em 25.3.2004.

[42] STJ, AgRg na SS 1228/SP, rel. Min. Nilson Naves, rel. p/ acórdão Min. Pádua Ribeiro, j. em 20.8.2003, falando-se na decisão em risco de lesão à ordem pública e à ordem econômica.

doenças, prolongar a vida e promover a saúde".[43] Essa ideia é compatível com o que se tem encontrado em trabalhos jurídicos nos quais se trata da saúde pública como bem jurídico tutelável pela suspensão de decisões judiciais. Assim, por exemplo, leciona Elton Venturi que "a proteção à saúde engendrada pelos pedidos de suspensão tem como missão a garantia do bem-estar social, ou seja, de todas as condições físicas e psíquicas necessárias para a manutenção de um padrão de vida saudável e interativo com o ambiente natural e social".[44]

O Supremo Tribunal Federal, por exemplo, já suspendeu os efeitos de liminar que, em processo de mandado de segurança, obstou a aquisição de medicamentos importados, ao fundamento de que isso importaria grave lesão à saúde pública, caracterizada pela inviabilidade de reposição, em tempo útil, dos estoques da rede hospitalar oficial.[45]

O Superior Tribunal de Justiça, de outro lado, já considerou haver risco de lesão à saúde pública, capaz de justificar a suspensão de decisão judicial, no caso de suspensão de licitação para fornecimento de merenda escolar.[46]

Em ambos os casos citados o que se vê, pois, é a preocupação em se evitar a imediata produção de efeitos de decisões que, proferidas em sede de mandado de segurança, podem comprometer o bem-estar geral da população.

O terceiro bem jurídico tutelável pela suspensão de segurança é a segurança pública. Este é, também, conceito preciso, determinado. Já se definiu segurança pública como uma "situação de preservação ou restabelecimento dessa convivência social que permite que todos gozem de seus direitos e exerçam suas atividades sem perturbação de outrem, salvo nos limites de gozo e reivindicação de seus próprios direitos e defesa de seus legítimos interesses".[47] O art. 144 da Constituição da República estabelece que a segurança pública é dever do Estado, direito e responsabilidade de todos, e se exerce para a preservação da ordem pública e da incolumidade das pessoas e do patrimônio.

O STF afirmou haver risco de lesão à segurança pública decorrente de decisão que, em processo de mandado de segurança, sustou os efeitos de ato administrativo que removeu Delegado de Polícia.[48] Entendeu, também, haver risco de dano à segurança pública que justificava a suspensão dos efeitos de decisão proferida em processo de mandado de segurança que assegurou o retorno de Delegado de

---

[43] José Leopoldo Ferreira Antunes, Destaques da saúde pública, *Revista de Saúde Pública*, v. 46, nº 1, *in*: <http://www.scielo.br/scielo.php?script=sci_arttext&pid=S0034-89102012000100001>, acesso em 22.10.2012.

[44] Elton Venturi, *Suspensão de liminares e sentenças contrárias ao Poder Público*, p. 151.

[45] STF, SS 702 AgR/DF, rel. Min. Octavio Gallotti, j. em 19.12.1994.

[46] AgRg na SS 1563/SP, rel. Min. Barros Monteiro, j. em 7.6.2006.

[47] José Afonso da Silva, *Comentário contextual à Constituição*, p. 635.

[48] STF, SS 3232 AgR/TO, rel. Min. Ellen Gracie, j. em 11.10.2007.

Polícia demitido a bem do serviço público.[49] Por essas duas decisões o que se vê é a busca, através do instituto da suspensão de segurança, da preservação da paz social, da manutenção da ordem pública, as quais poderiam ficar seriamente abaladas com a imediata produção de efeitos de decisões como aquelas que tiveram suas eficácias suspensas nos casos mencionados.

Por fim, pode-se suspender a segurança para tutela da *economia pública*. Em boa doutrina tem-se afirmado que o conceito de economia pública é amplo, e deve ser compreendido a partir do que a Constituição da República estabelece como sendo a *ordem econômica*. Adverte-se, não obstante isso, que para fins de suspensão de efeitos de decisões judiciais, tem-se interpretado o conceito restritivamente, equiparando-se a economia pública às *finanças públicas*, isto é, à aferição aritmética do montante de recursos existentes nos cofres das Fazendas Públicas.[50]

Realmente, o exame dos casos em que o Supremo Tribunal Federal considerou dever ser suspensa a eficácia de decisão proferida em sede de mandado de segurança por risco de lesão à economia pública bem demonstra haver preocupação com a tutela das finanças públicas, notadamente por ser comum haver referência ao risco do "efeito multiplicador" que determinado tipo de decisão poderia acarretar. Foi o que se deu, por exemplo, em caso no qual determinou-se a suspensão dos efeitos de decisão que determinara a incorporação de vantagem pecuniária à remuneração de servidor público inativo sem observância do teto remuneratório previsto no art. 37, XI, da Constituição da República.[51]

O mesmo "efeito multiplicador" foi invocado como razão de decidir no caso em que a decisão cuja eficácia se suspendia determinara a redução de alíquota de ICMS incidente sobre serviços de telecomunicação e energia elétrica.[52]

Em outro caso de decisão que mandava incorporar vantagem pecuniária à remuneração de servidor público sem observância do teto remuneratório previsto no inciso XI do art. 37 da Constituição da República, o Supremo Tribunal Federal chegou mesmo a afirmar que o "efeito multiplicador" seria "fundamento suficiente para deferimento do pedido de suspensão" baseado em risco de lesão à economia pública.[53]

Nem só de "efeito multiplicador", porém, vive a jurisprudência do STF sobre suspensão de segurança para tutela da economia pública. A Suprema Corte já suspendeu a eficácia de decisão proferida em mandado de segurança para tutelar a

---

[49] STF, SS 284 AgR/DF, rel. Min. Néri da Silveira, j. em 11.3.1991.

[50] Elton Venturi, *Suspensão de liminares e sentenças contrárias ao Poder Público*, p. 145.

[51] STF, SS 4423 AgR/SP, rel. Min. Cezar Peluso, j. em 10.11.2011.

[52] STF, SS 4178 AgR/RJ, rel. Min. Cezar Peluso, j. em 20.10.2011.

[53] STF, SS 4446 AgR/SP, rel. Min. Cezar Peluso, j. em 20.10.2011. Também se afirmou que o efeito multiplicador seria fundamento suficiente para a suspensão da segurança em STF, SS 4326 Extn--AgR/SP, rel. Min. Cezar Peluso, j. em 20.10.2011, entre muitos outros casos.

economia pública contra o risco de lesão grave, por exemplo, em casos como os seguintes: (a) decisão que manteve tratamento tributário diferenciado, revogado por Decreto estadual, o qual provocava desequilíbrio da concorrência e dificultava a administração tributária estadual;[54] (b) concessão de imunidade tributária a empresa distribuidora de petróleo, combustíveis e derivados;[55] (c) determinação no sentido de que o Estado repartisse a receita proveniente do ICMS com diminuição das cotas de participação dos municípios;[56] (d) provimento que assegurou o sequestro de recursos municipais para prover a satisfação de futura e determinada cobrança, a ser ajuizada contra Fazenda Pública municipal, por gerar reflexos negativos na execução dos serviços básicos locais.[57] Essa enumeração, evidentemente, é exemplificativa, mas em todas essas decisões percebe-se a existência de um núcleo comum: a busca da preservação das finanças públicas, postas em risco por decisões proferidas em mandado de segurança, cuja eficácia imediata gera, então, *periculum in mora*.

Para que se defira, então, a medida suspensiva da segurança é preciso que esteja presente o *periculum in mora* em uma dessas quatro modalidades: perigo de lesão grave à ordem pública, à saúde pública, à segurança pública ou à economia pública. Este requisito, porém, conquanto essencial, não é suficiente para a concessão da medida de suspensão da eficácia da decisão concessiva da segurança. Exige-se, também, a presença do *fumus boni iuris*, isto é, da probabilidade de êxito da pessoa jurídica demandada na sua irresignação contra a decisão concessiva da segurança. Sobre o tema há, aliás, importantíssimo precedente do Supremo Tribunal Federal, no qual a matéria foi tratada com proficiência:[58]

> "I. Suspensão de segurança: compatibilidade com a Constituição. Verdadeiramente inconciliável com o Estado de Direito e a garantia constitucional da jurisdição seria o impedir a concessão ou permitir a cassação da segurança concedida, com base em motivos de conveniência política ou administrativa, ou seja, a superposição ao direito do cidadão das 'razões de Estado'; não é o que sucede na suspensão de segurança, que susta apenas a execução provisória da decisão recorrível: assim como a liminar ou a execução provisória de decisão concessiva de mandado de segurança, quando recorrível, são modalidades criadas por lei de tutela cautelar do direito provável – mas ainda não definitivamente acertado – do impetrante, a suspensão dos seus efeitos, nas hipóteses excepcionais igualmente previstas em lei, é medida de contracautela com vistas a salvaguardar, contra

---

54 STF, SS 3273 AgR/RJ, rel. Min. Ellen Gracie, j. em 16.4.2008.

55 STF, SS 2242 AgR/MA, rel. Min. Maurício Corrêa, j. em 28.4.2004.

56 STF, SS 1806 AgR/GO, rel. Min. Carlos Velloso, j. em 1.3.2001.

57 STF, SS 751 AgR/BA, rel. Min. Octavio Gallotti, j. em 4.5.1995.

58 STF, SS 1149 AgR/PE, rel. Min. Sepúlveda Pertence, j. em 3.4.1997.

o risco de grave lesão a interesses públicos privilegiados, o efeito útil do êxito provável do recurso da entidade estatal. II. Suspensão de segurança; delibação cabível e necessária do mérito do processo principal: precedente (AgSS 846, Pertence, DF 8.11.96). Sendo medida de natureza cautelar, não há regra nem princípio segundo os quais a suspensão da segurança devesse dispensar o pressuposto do fumus boni juris que, no particular, se substantiva na probabilidade de que, mediante o futuro provimento do recurso, venha a prevalecer a resistência oposta pela entidade estatal à pretensão do impetrante. III. Previdência social do Estado: contribuição do segurado: alíquota progressiva conforme a remuneração: argüição de inconstitucionalidade, que em ação direta, o STF reputou inconsistente: grave risco à viabilidade do sistema previdenciário local: suspensão de liminar deferida."

Em seu voto, o relator afirmou expressamente:

"Assim como a liminar ou a execução provisória de decisão concessiva de mandado de segurança, quando recorrível, são modalidades criadas por lei de tutela cautelar do direito provável – mas ainda não definitivamente acertado do impetrante –, a suspensão dos seus efeitos, nas hipóteses excepcionais, igualmente previstas em lei, é medida de contracautela com vistas a salvaguardar, contra risco de lesão a interesses públicos privilegiados, o efeito útil do êxito provável do recurso de entidade paraestatal: reporto-me às observações feitas a propósito na AGSS 846, de 29.5.96.

Por isso mesmo, revendo entendimento a que ainda se apega o agravante, o Tribunal abandonou o preconceito segundo o qual, ao deferimento da suspensão de segurança, seria de todo estranha a indagação, ainda que em juízo de delibação, da plausibilidade das razões jurídicas opostas pelo Estado à sentença cuja eficácia se pretenda suspender."

O *leading case* sobre a matéria, no Supremo Tribunal Federal, foi assim ementado:[59]

"I. Suspensão de segurança: natureza cautelar e pressuposto de viabilidade do recurso cabível contra a decisão concessiva da ordem. A suspensão de segurança, concedida liminar ou definitivamente, é contracautela que visa à salvaguarda da eficácia plena do recurso que contra ela se possa manifestar, quando a execução imediata da decisão, posto que provisória, sujeita a riscos graves de lesão interesses públicos privilegiados – a ordem, a saúde, a segurança e a economia pública: sendo medida cautelar, não há regra nem princípio segundo os quais a suspensão da segurança devesse

---

[59] STF, SS 846 AgR/DF, rel. Min. Sepúlveda Pertence, j. em 29.5.1996.

dispensar o pressuposto do fumus boni juris que, no particular, se substantiva na probabilidade de que, mediante o futuro provimento do recurso, venha a prevalecer a resistência oposta pela entidade estatal à pretensão do impetrante. II. Distrito Federal: polícia civil e militar: organização e manutenção da União: significado. Ao prescrever a Constituição (art. 21, XIV) que compete à União organizar e manter a polícia do Distrito Federal – apesar do contra-senso de entregá-la depois ao comando do Governador (art. 144, § 6º) – parece não poder a lei distrital dispor sobre o essencial do verbo 'manter', que é prescrever quanto custará pagar os quadros de servidores policiais: desse modo a liminar do Tribunal de Justiça local, que impõe a equiparação de vencimentos entre policiais – servidores mantidos pela União – e servidores do Distrito Federal parece que, ou impõe a este despesa que cabe à União ou, se a imputa a esta, emana de autoridade incompetente e, em qualquer hipótese, acarreta risco de grave lesão à ordem administrativa."

Neste pronunciamento, o relator, Min. Sepúlveda Pertence, afirmou o seguinte:

"Ora, não há regra nem princípio segundo os quais – sendo ela mesma uma medida cautelar, mas ao contrário do que em todo provimento cautelar sucede – a contracautela na suspensão de segurança devesse dispensar o pressuposto do **fumus boni juris** que, no particular, se substantiva na probabilidade de que, mediante o provimento do recurso futuro, venha a prevalecer a resistência à pretensão do impetrante.

Não importa que as leis (L. 4.348/64, art. 4º; L. 8.038/90, art. 25) e, neste Tribunal, o art. 297 do Regimento Interno, se limitem a explicitar, como finalidade da medida suspensiva, a de 'evitar grave lesão à ordem, à saúde, à segurança e à economia públicas': a finalidade de todo provimento cautelar é sempre o de obviar o **periculum in mora**, cuja verificação, no caso concreto, pende, contudo, da concorrência do **fumus boni juris**, sem a presença do qual perde sentido, na visão eminentemente instrumental do processo, salvaguardar o improvável" (os negritos são do original).

E isto se disse, afirma o relator, porque a suspensão de segurança

"não é moratória a conceder-se à Administração Pública para protrair a satisfação do direito subjetivo do particular, que se entremostre induvidoso: é sim, repita-se, contracautela que sobrepõe, à regra geral da eficácia imediata da sentença concessiva da liminar ou da segurança, a necessidade de prevenir riscos a interesses públicos privilegiados para a hipótese viável de vir a ordem a ser finalmente denegada".

A exigência de *fumus boni iuris* para a suspensão da eficácia da decisão que concede a segurança encontra apoio, também, na mais autorizada doutrina.[60]

Assim, como em qualquer medida de natureza cautelar, a suspensão da segurança exige a presença concomitante de *fumus boni iuris* (aqui entendido como a probabilidade de futuro provimento do recurso cabível contra a decisão concessiva da segurança) e *periculum in mora* (definido como o risco de lesão grave à ordem, saúde, segurança ou economia públicas).

§ 35. Competência

É bastante claro o art. 15 da Lei nº 12.016/2009 ao afirmar a competência, para conhecer do incidente de suspensão de segurança, do Presidente do tribunal competente para conhecer do recurso contra a decisão cuja eficácia se pretende ver obstada. Será, pois, competente o Presidente do tribunal competente para conhecer do agravo de instrumento (se for o caso de se postular a suspensão dos efeitos de liminar deferida em mandado de segurança de competência originária de juízo de primeira instância) ou da apelação (se a hipótese for de suspensão de eficácia de sentença).[61]

Pode também acontecer de se ter uma decisão proferida por juízo de primeira instância (liminar ou sentença) impugnada apenas por meio de recurso e, posteriormente, se pretenda postular a suspensão da eficácia do acórdão proferido

---

[60]   Assim, por todos, Elton Venturi, *Suspensão de liminares e sentenças contrárias ao Poder Público*, p. 162. Registre-se, porém, que o citado autor tem uma visão parcialmente diferente do que se deve exigir, na hipótese, como *fumus boni iuris*. Para ele, o requisito aqui examinado deve relacionar-se com a "situação cautelanda", isto é, com a ordem, saúde, segurança ou economia pública que se pretende tutelar com a suspensão de segurança. Sustenta o professor do Paraná que o *fumus boni iuris* deve ser "referível direta e imediatamente à situação cautelanda e não à plausibilidade de a demanda instaurada contra o Poder Pública vir a ser julgada improcedente ao final", análise esta que, segundo o autor, só pode ser feita pelo órgão jurisdicional competente para o exame do recurso contra a decisão concessiva da segurança. Com todas as vênias devidas ao ilustre processualista, penso que a razão está com o STF. Ao órgão recursal caberá afirmar, em juízo de certeza, se a decisão concessiva da segurança deve ou não ser reformada ou cassada. Ao Presidente do tribunal, no incidente de suspensão de segurança, caberá, tão somente, exercer cognição sumária, a fim de manifestar, em juízo de probabilidade, se está ou não presente o *fumus boni iuris*, ou seja, se é ou não provável que aquela reforma ou cassação venha a ocorrer. Não haverá, assim, invasão, pelo Presidente do tribunal, da competência do órgão a que caiba o exame do recurso contra a decisão concessiva da segurança.

[61]   Em regra, portanto, proferida a decisão por juízo estadual (ou do Distrito Federal), a competência será do Presidente do Tribunal de Justiça, e se a decisão cuja eficácia se pretende suspender for de juízo federal, a competência será do Presidente do Tribunal Regional Federal. Impende recordar, aqui, o caso de mandado de segurança julgado por juízo estadual investido de jurisdição federal, caso em que a competência para conhecer do incidente de suspensão de segurança será do Presidente do TRF (sobre o ponto, Marcelo Abelha Rodrigues, *Suspensão de segurança*, p. 139).

no julgamento do recurso (agravo de instrumento ou apelação).[62] Nesse caso, a competência será do Presidente do STJ ou do STF, conforme seja cabível, em tese, recurso especial ou extraordinário (ou de ambos, se os dois recursos forem admissíveis).

No caso de mandado de segurança de competência originária de tribunal, a competência será do Presidente do próprio tribunal quando se trate de suspender a eficácia de liminar deferida pelo relator, uma vez que o recurso contra essa decisão, o agravo interno, é julgado no próprio tribunal. Caso se trate, porém, de se pleitear a suspensão dos efeitos de acórdão concessivo da segurança (seja no julgamento final, seja no julgamento de agravo interno contra decisão liminar do relator), será o caso de verificar-se se seria, em tese, cabível recurso ordinário (para o STJ ou STF), recurso especial ou recurso extraordinário, o que determinará a competência do Presidente do Superior Tribunal de Justiça ou do Presidente do Supremo Tribunal Federal, conforme o caso. Cabíveis ambos os recursos, poderão ser suscitados dois incidentes de suspensão de segurança, um perante o Presidente do STF, outro perante o Presidente do STJ.

A competência do Presidente do tribunal para conhecer do incidente de suspensão de segurança é, sempre, funcional. Competência funcional é conceito que tem origem na doutrina alemã, e em clássica obra pode-se ler o seguinte: [63]

> "A *limitação funcional* da competência consiste em atribuir determinadas funções distintas em uma mesma causa a órgãos jurisdicionais que são competentes para dela conhecer em razão da matéria e do lugar. É a de-

---

[62]   O § 2º do art. 15 da Lei nº 12.016/2009 prevê, expressamente, apenas a possibilidade de se postular a suspensão dos efeitos de acórdão que nega provimento a agravo de instrumento interposto contra decisão que defere a medida liminar. Deve-se considerar, porém, que esse dispositivo *minus dixit quam voluit*, merecendo interpretação extensiva. É que nada impede que se postule a suspensão dos efeitos da decisão que, em sede de agravo de instrumento, provê o recurso contra decisão que indeferiu a medida liminar em primeira instância. Do mesmo modo, o dispositivo deve ser interpretado no sentido de que também se inclui, no campo de sua incidência, o julgamento de apelação (contra sentença que concedeu ou denegou a ordem) e, até mesmo, contra decisão proferida em sede de reexame necessário contra sentença concessiva da segurança. Sobre o ponto, aliás, vale observar o que dispõe o art. 25 da Lei nº 8.038/1990: "Salvo quando a causa tiver por fundamento matéria constitucional, compete ao Presidente do Superior Tribunal de Justiça, a requerimento do Procurador-Geral da República ou da pessoa jurídica de direito público interessada, e para evitar grave lesão à ordem, à saúde, à segurança e à economia pública, suspender, em despacho fundamentado, a execução de liminar ou de decisão concessiva de mandado de segurança, proferida, em única ou última instância, pelos Tribunais Regionais Federais ou pelos Tribunais dos Estados e do Distrito Federal". Ao falar em decisões proferidas em "última instância", evidentemente, inclui-se aí o que tenha sido deliberado em grau de apelação ou de reexame necessário. A respeito do tema, Elton Venturi, *Suspensão de liminares e sentenças contrárias ao Poder Público*, p. 170-171. Em sentido contrário, Cassio Scarpinella Bueno, *A nova lei do mandado de segurança*, p. 134.

[63]   Adolf Wach, *Manual de derecho procesal civil*, v. 2, p. 55. Traduzi, livremente, *tribunales* por "órgãos jurisdicionais", com o fim de evitar confusões que decorreriam do sentido que, no Brasil, a palavra "tribunal" recebe, designando apenas órgãos colegiados.

terminação de orientação que hão de seguir ao exercer o poder jurisdicional nessa causa. Sua finalidade é, pois, a cooperação dos distintos órgãos jurisdicionais numa mesma causa."

Na doutrina alemã mais moderna o conceito é preservado. Em importante exposição sistemática do Direito Processual Civil alemão contemporâneo se afirma, por exemplo, que "a competência funcional reparte as diversas funções da justiça num e mesmo processo por diversos órgãos de justiça".[64]

No Direito brasileiro, além dessa *competência funcional* que se herdou da processualística alemã, e que pode ser determinada *no plano horizontal* (como se dá no caso de dividirem-se as funções em um processo entre órgãos de mesma hierarquia, como ocorre por exemplo no caso de haver a necessidade de extrair-se uma carta precatória, caso em que ao juízo deprecado atribui-se *competência funcional* para a prática de certos atos do processo) e *no plano vertical* (caso em que se manifesta a chamada "competência hierárquica", como, por exemplo, no caso de atribuir-se a um órgão jurisdicional superior a competência para conhecer de um recurso), vislumbrou-se outra hipótese de competência funcional: trata-se do que pode aqui ser chamado de *competência funcional entre processos*. O fenômeno foi muito bem apreendido por importante processualista de São Paulo:[65]

> "Diz-se *funcional* a competência quando a lei a determina *automaticamente*, a partir do simples fato de algum órgão jurisdicional ter oficiado em determinado processo com atividade que de alguma forma esteja interligada com essa para a qual se procura estabelecer qual o juiz competente. Ou seja: ela é a competência decorrente do prévio exercício da jurisdição por determinado órgão. É *automática* porque nenhum outro elemento, além desse, precisa ser pesquisado na busca do juiz competente: as regras de competência funcional, residentes na Constituição e na lei, levam em conta a *função já exercida* em dado processo, para estabelecer a quem compete algum outro processo interligado funcionalmente a este ou a quem compete outra fase do mesmo processo. Por isso é que ela se chama competência *funcional*."

É o que se dá, por exemplo, no caso em que se fixa a competência para conhecer dos embargos de terceiro (para os quais é competente o juízo do processo em que se tenha determinado a apreensão do bem que o embargante pretende ver protegido), ou em outros quaisquer casos nos quais se atribua a competência

---

[64] Othmar Jauernig, *Direito processual civil*, p. 79.

[65] Cândido Rangel Dinamarco, *Instituições de direito processual civil*, v. I, p. 445.

Suspensão de Segurança **301**

para conhecer de determinado processo ao juízo que tenha exercido (ou esteja a exercer) suas funções em outro processo, a ele *interligado*.[66]

A afirmação de que a competência do Presidente do tribunal para conhecer do incidente de suspensão de segurança é *funcional* implica dizer, por conseguinte, que é ela fixada por critério cujo descumprimento acarreta incompetência absoluta.[67] Nenhum outro órgão dentro da estrutura do tribunal, pois, poderá conhecer do incidente, não sendo possível que norma regimental atribua a outro órgão (como, por exemplo, ao Vice-Presidente) a competência para conhecer dos pedidos de suspensão de segurança. Não se pode, porém, deixar de lado a possibilidade de o Presidente do tribunal ser *impedido* ou *suspeito*, caso em que será o incidente apreciado por seu substituto legal (que estará, aí, a atuar no exercício da Presidência).

§ 36. Procedimento

Instaurado necessariamente por provocação de algum dos legitimados (sobre os quais se falará adiante), o incidente de suspensão de segurança deverá, necessariamente, observar um procedimento que, registre-se, é muito mal regulado em lei. É possível, porém, com um pouco de esforço (e de boa vontade) determinar como se desenvolve esse procedimento.

Requerida a suspensão da segurança, deverá a petição ser encaminhada ao Presidente do tribunal competente. Este, então, deverá – em observância do princípio constitucional do contraditório – ouvir o impetrante, beneficiário da decisão concessiva da segurança cuja eficácia se quer suspender (e que é, pois, interessado no resultado do julgamento do incidente).

Embora não esteja claro esse ponto na lei, a necessária observância do contraditório antes de se produzir a decisão do incidente de suspensão decorre do que dispõe o § 4º do art. 15 da Lei nº 12.016/2009, por força do qual "o presidente do tribunal poderá conferir ao pedido efeito suspensivo liminar se constatar, em

---

[66] Não me valho, aqui, do conceito de "competência territorial-funcional", admitido por alguns, por força do qual em alguns casos a competência funcional seria fixada com base em elementos territoriais. A meu ver esse fenômeno não merece ser considerado verdadeiramente *competência funcional*. O que se tem aí, com a devida vênia, é uma competência territorial fixada por critério destinado a tutelar interesses públicos (como se dá, por exemplo, no caso em que se determina a competência do *forum rei sitae* para conhecer das causas que versam sobre direitos reais imobiliários). O critério de fixação da competência é, aí, *absoluto*, já que estabelecido em função do interesse público, mas não é *funcional*.

[67] Assim, entre outros, Patrícia Miranda Pizzol, *A competência no processo civil*, p. 250-251. Acerca do ponto, vale lembrar, aqui, da límpida lição do maior processualista italiano: "São absolutos e improrrogáveis os limites deduzidos do critério *funcional*" (Giuseppe Chiovenda, *Instituições de direito processual civil*, v. 2, p. 158).

302 Manual do Mandado de Segurança • Câmara

juízo prévio, a plausibilidade do direito invocado e a urgência na concessão da medida".[68]

Ora, se em casos urgentes (e desde que constatada a "plausibilidade" [*rectius*, probabilidade de existência] do direito invocado) o Presidente do tribunal pode suspender liminarmente os efeitos da decisão concessiva da segurança, significa isso dizer que não havendo urgência tão intensa será preciso, antes de se proferir decisão, ouvir o impetrante. O contraditório, pois, deverá – ao menos como regra geral – preceder a decisão sobre o pedido de suspensão de segurança.

Como a lei não fixa prazo para a oitiva do impetrante, deverá o Presidente do tribunal assinar-lhe prazo e, não o fazendo, será de cinco dias o prazo para manifestação, nos termos do que determina o art. 185 do CPC.

Normalmente, então, só após a oitiva do impetrante é que se poderá proferir decisão sobre o pedido de suspensão de segurança. Excepcionalmente, porém, admite a lei (art. 15, § 4º, da Lei nº 12.016/2009) que o Presidente do tribunal defira, liminarmente e *inaudita altera parte*, a suspensão postulada. Trata-se de verdadeira *antecipação da tutela* pretendida no incidente de suspensão de segurança, através da qual o requerente obtém, em caráter liminar, aquilo que normalmente só obteria com a decisão final do incidente. Requisitos dessa antecipação, evidentemente, são o *fumus boni iuris* (que a lei designou por "plausibilidade", mas que em verdade exige um juízo de *probabilidade*) e o *periculum in mora*, demonstrada a existência de risco que faça com que não se possa esperar pela prévia oitiva do impetrante antes de se proferir decisão acerca do incidente.

Deferida essa medida liminar, porém, continua necessária a oitiva do impetrante e posterior julgamento do incidente (no qual se deverá *confirmar* ou *revogar* a medida liminarmente concedida).

Após a oitiva do impetrante (e, se for o caso, do Ministério Público, que deve manifestar-se em todos os incidentes suscitados no processo do mandado de segurança, excetuando-se apenas o caso em que tenha sido o próprio *parquet* a postular a suspensão, caso de que se tratará mais adiante), o Presidente do tribunal decidirá, suspendendo ou não a eficácia da decisão concessiva da segurança.

Deferida a suspensão de segurança, caberá agravo interno, no prazo de cinco dias,[69] nos termos do *caput* do art. 15 da Lei nº 12.016/2009, a ser julgado pelo

---

[68] No mesmo sentido do que se sustenta no texto, Cassio Scarpinella Bueno, *A nova lei do mandado de segurança*, p. 136.

[69] Firmou-se a jurisprudência do Supremo Tribunal Federal no sentido de que não se aplica ao agravo interno contra a decisão sobre suspensão de segurança o benefício de prazo em dobro a que se refere o art. 188 do CPC. Nesse sentido, podem ser lembrados alguns precedentes: STF, SS 3740 AgR/PR, rel. Min. Cezar Peluso, j. em 29.3.2012; SS 4262 ED/BA, rel. Min. Cezar Peluso, j. em 3.11.2010; SS 2198 AgR-AgR/PE, rel. Min. Maurício Corrêa, j. em 3.3.2004. O fundamento básico desse entendimento é o fato de que a lei expressamente prevê que o prazo para esse recurso será de cinco dias. Diverge desse entendimento o Min. Marco Aurélio, que costuma votar vencido (como se

Plenário ou pelo Órgão Especial do Tribunal. Impende perceber, porém, que a lei só prevê expressamente o cabimento do agravo interno contra a decisão que defere (mas não contra a que indefere) o pedido de suspensão.

Já se tratou do ponto em passagem anterior deste trabalho, dedicada ao estudo do agravo interno no processo do mandado de segurança, em que se sustentou o cabimento do recurso na hipótese. É preciso, todavia, tornar-se ao tema.

É inegavelmente cabível o agravo interno contra a decisão que indefere a suspensão de segurança. Nos tribunais de superposição isso decorre diretamente do art. 39 da Lei nº 8.038/1990, que afirma expressamente o cabimento de agravo interno contra decisões dos Presidentes dos Tribunais (STJ e STF). O Supremo Tribunal Federal, aliás, já teve oportunidade de expressamente pronunciar-se sobre o tema, admitindo o agravo interno contra decisão que indefere suspensão de segurança. Confira-se a ementa da decisão:[70]

> "AGRAVO REGIMENTAL NO AGRAVO REGIMENTAL NO AGRAVO REGIMENTAL NA SUSPENSÃO DE SEGURANÇA. PRAZO RECURSAL. ARTIGO 188 DO CPC. PRAZO EM DOBRO. IMPOSSIBILIDADE. 1. Lei 4.348/64 e superveniência da Lei 8.437/92. Conciliação de sistemas legais pertinentes à possibilidade de suspensão de medida liminar e de tutela antecipada. Desfazimento de aparente assimetria processual então existente entre as ações de mandado de segurança e os demais procedimentos de contra-cautela. Precedente do Tribunal Pleno. 2. Agravo regimental. Cabimento do recurso contra a decisão que defere ou indefere o pedido de suspensão de liminar ou de tutela antecipada, no prazo de cinco dias. Contagem em dobro do prazo para recorrer quando a parte for a Fazenda Pública ou o Ministério Público. Inaplicabilidade do artigo 188 do Código de Processo Civil à espécie, tendo em vista o disposto no artigo 4º, § 3º, da Lei 8.437/92. Agravo regimental não conhecido."

---

deu, por exemplo, em SS 3740 AgR/PR, anteriormente mencionado), ao fundamento de que o art. 188 do CPC não faz distinção quanto aos recursos, motivo pelo qual deveria aplicar-se, também, a esse agravo. Com todas as vênias ao eminente Min. Marco Aurélio, aqui a razão está com o entendimento majoritário. É que há expressa previsão, no art. 4º, § 3º, da Lei nº 8.437/1992, do prazo de cinco dias para o agravo tanto no caso de decisão que defere a suspensão de eficácia de decisão judicial como na hipótese de decisão que indefere a suspensão (sendo certo que neste caso o recurso será, como regra, interposto pelo Poder Público). A expressa previsão do prazo de cinco dias afasta, assim, a incidência do art. 188 do CPC, já que a aplicação do Código é, apenas, subsidiária. Registre-se que a menção à Lei nº 8.437/1992 é de ser tida por correta em razão do fato – que será mais bem analisado adiante – de que entre essa lei e a Lei nº 12.016/2009 se impõe um diálogo que permita a harmonização do sistema. Não há, pois, prazo em dobro para a Fazenda Pública ou para o Ministério Público interporem agravo interno contra decisão em suspensão de segurança.

[70] STF, SS 2198 AgR-AgR/PE, rel. Min. Maurício Corrêa, j. em 3.3.2004.

304   Manual do Mandado de Segurança • Câmara

A decisão tomou por base o fato de que o art. 4º, § 3º, da Lei nº 8.437/1992, na redação que lhe deu a Medida Provisória nº 2.180-35/2001, expressamente estabeleceu que "do despacho que conceder ou negar a suspensão, caberá agravo, no prazo de cinco dias, que será levado a julgamento na sessão seguinte a sua interposição". Entendeu o STF que esse dispositivo seria aplicável ao processo do mandado de segurança. Esse entendimento baseou-se no que fora anteriormente decidido em importante precedente,[71] no qual se assentou que a sistemática estabelecida para a suspensão das decisões judiciais contrárias ao Poder Público, fixada pela Lei nº 8.437/1992, seria aplicável também ao processo do mandado de segurança.

Em seu voto sobre a questão de ordem (que versava, exatamente, sobre o cabimento de agravo interno contra a decisão que indefere a suspensão de segurança), o Min. Gilmar Mendes assim se pronunciou:

> "Não há dúvida, pois, de que a partir da Lei nº 8.437, de 1992, deu-se a completa reformulação da legislação quanto à suspensão de liminares, nos diversos processos, até mesmo na ação civil pública e na ação popular. Em todos os casos, da decisão que deferisse ou indeferisse a suspensão, caberia agravo (art. 4º, §§ 1º e 3º da Lei nº 8.437, de 1992).
>
> A legislação sobre o mandado de segurança quedou, porém, nesse ponto, inalterada.
>
> Afigura-se difícil justificar, de qualquer sorte, a disciplina assimétrica da matéria, afetando, tão somente, a recorribilidade da decisão que nega o pedido de suspensão em mandado de segurança. É inequívoco, igualmente, que isto pode levar a resultados diversos em questões absolutamente idênticas: sobre a mesma matéria, o plenário do Tribunal pode conhecer e prover agravo interposto contra decisão indeferitória de pedido de suspensão em qualquer processo, e estaria impedido de fazê-lo no mandado de segurança.
>
> É o bastante para justificar a revisão da jurisprudência concernente ao tema, especialmente a Súmula 506 desta Corte.
>
> Como se pretende demonstrar, tem-se aqui um curioso caso de 'lacuna de regulação'."

E mais adiante, prossegue o eminente Min. Gilmar Mendes:

> "Ora, se no nosso ordenamento é expressa e pacífica a possibilidade de interposição do recurso de agravo regimental pelo particular, acaso sofra

---

[71]   STF, SS 1945 AgR-AgR-AgR-QO/AL, rel. Min. Marco Aurélio, rel. p/ acórdão Min. Gilmar Mendes, j. em 19.12.2002.

prejuízo com a concessão da suspensão, não se vislumbra razão para se negar ao Poder Público a mesma possibilidade, quando denegatória a decisão do pedido de suspensão. Essa orientação afigura-se tanto mais consistente se se considerar que, nas amplíssimas hipóteses previstas na Lei nº 8.437/92 (liminar e sentença em cautelar, tutela antecipada, ação popular e ação civil pública), admite-se o agravo, tanto na hipótese de deferimento, quando na do indeferimento da suspensão (art. 4º, § 3º)."

E prossegue o culto magistrado:

"Afigura-se decisivo compreender, todavia, que a competência que se defere ao Presidente do STF, no âmbito de suspensão de segurança – e das suspensões de liminares em geral –, parece decorrer de um fenômeno de metonímia processual.

Outorga-se essa atribuição ao Presidente em lugar de atribuí-la ao Tribunal. Logo, em caso de indeferimento da suspensão de segurança, não faz sentido que o Tribunal fique impossibilitado de apreciar a matéria, quando, como amplamente demonstrado, poderá conhecer de matéria idêntica se o agravo for interposto em processo submetido ao regime geral de contra-cautela da Lei nº 8.437, de 1992.

Por isso, assinale-se que, ao perceber a possibilidade de teratologia ou de configuração de grave dano ao interesse público, esta Corte vem concedendo mandado de segurança contra decisão do Presidente que indefere o pedido de suspensão. Foi o que ocorreu no MS nº 24.159/RJ (rel. Min. Ellen Gracie, sessão de 26.6.02), no qual o Plenário, por maioria, conheceu do *writ* impetrado pela União Federal contra ato do Presidente desta Corte, Ministro Marco Aurélio, que havia indeferido pedido de suspensão de segurança por não vislumbrar, na espécie, grave lesão à economia e à ordem públicas. Em hipótese semelhante, decidiu-se, no mesmo sentido, no Mandado de Segurança nº 24.329/DF (rel. Min. Maurício Corrêa, D.J. de 28.8.02), em que se deferiu liminar para suspender a segurança requerida ao Presidente Marco Aurélio e por este indeferida.

Como demonstrado, não se vislumbra qualquer razão para um tratamento assimétrico na espécie. Indeferido o pedido de suspensão nos processos referidos na Lei nº 8.437, de 1992, caberá agravo. Não há razão para não admiti-lo nos casos de indeferimento de suspensão de segurança.

Assim, a inovadora disciplina para a suspensão da execução das decisões contempladas na Lei nº 8.437, de 1992, relativa ao cabimento do agravo contra despacho indeferitório de suspensão liminar ou de sentença, pode e deve, a meu ver, ser aplicada à suspensão em mandado de segurança."

306 Manual do Mandado de Segurança • Câmara

O voto do Min. Gilmar Mendes contou com a adesão expressa dos Ministros Maurício Corrêa, Ilmar Galvão, Carlos Velloso, Sydney Sanches e Moreira Alves. Ficaram vencidos os Ministros Marco Aurélio e Sepúlveda Pertence. E o fundamento do voto vencido estava no fato de que a Lei do Mandado de Segurança (que então era, quanto ao ponto, a Lei nº 4.348/1964) não previa agravo contra a decisão de indeferimento do pedido de suspensão, e a Lei nº 8.437/1992 só determinava a aplicação, ao mandado de segurança, dos §§ 5º a 8º do seu art. 4º, o que afastaria expressamente a incidência da norma que autorizaria o agravo contra a decisão de indeferimento (veiculada pelo § 3º do mesmo artigo de lei). Ficou, assim, afastado o enunciado nº 506 da Súmula do STF ("O agravo a que se refere o art. 4º da Lei 4.348, de 26/6/1964, cabe, somente, do despacho do Presidente do Supremo Tribunal Federal que defere a suspensão da liminar, em mandado de segurança; não do que a denega").[72]

O dado interessante é que todo esse raciocínio se desenvolveu, como se pode verificar pela leitura da íntegra do voto do Min. Gilmar Mendes no julgamento anteriormente mencionado, por se ter reconhecido a ocorrência de uma "lacuna de regulação superveniente", provocada pela posterior edição da Medida Provisória nº 2.180-35/2001, que alterou a Lei nº 8.437/1992, estabelecendo nova sistemática para a suspensão de decisões contra o Poder Público, e admitindo agravo contra a decisão de indeferimento da suspensão, sem incluir-se expressamente o fenômeno equivalente no processo do mandado de segurança. Como se extrai do voto proferido pelo Min. Gilmar Mendes, não haveria razão para não se aplicar ao velho regime do mandado de segurança os novos fluidos da lei posterior. Ocorre que, em 2009, foi editada uma nova lei sobre mandado de segurança, a Lei nº 12.016/2009, revogando as anteriores. E essa nova lei só admitiu o agravo, de forma expressa, contra a decisão que defere a suspensão de segurança, não contra a que a indefere. Teria havido um lapso do legislador? Ou o texto da lei nova deve ser recebido como veículo de uma norma refratária ao cabimento do agravo nessa hipótese?

Para responder a essa questão, importa ter em mente que a Lei nº 12.016/2009 nasceu de um projeto de lei levado à Câmara dos Deputados em 2001 (PL 5067/2001), o qual foi apresentado pelo Poder Executivo àquela Casa Legislativa em 9.8.2001. O projeto é, pois, anterior à Medida Provisória nº 2.180-35/2001

---

[72] No Superior Tribunal de Justiça também havia enunciado de súmula nesse sentido (nº 217: "Não cabe agravo de decisão que indefere o pedido de suspensão da execução da liminar, ou da sentença em mandado de segurança"), mas o mesmo foi cancelado, o que se deu no julgamento QO no AgRg na SS 1204/AM, rel. Min. Nilson Naves, j. em 23.10.2003. A questão de ordem, referente ao ponto, foi suscitada pelo Min. Ari Pargendler,e teve por fundamento a sistemática estabelecida pela Lei nº 8.437/1992,que expressamente permitiu agravo contra decisão de indeferimento de suspensão de outras decisões contra o Poder Público. Ficou vencido, apenas, o eminente Min. Nilson Naves.

(a qual é datada de 24 de agosto daquele ano).[73] De toda sorte, até ali se tratava apenas de uma regulamentação provisória. Aquela sistemática só se tornaria definitiva com a edição da Emenda Constitucional nº 32 (de setembro de 2011), a qual prorrogou por prazo indeterminado a eficácia das medidas provisórias que, no momento de sua entrada em vigor, estivessem vigentes. É razoável, então, supor que o legislador, àquela altura, não tinha como saber com certeza se essa nova sistemática prevaleceria. Só depois da Emenda Constitucional nº 32 é que o STF (e, depois, o STJ) passou a promover um diálogo entre as duas fontes (a Lei nº 8.437/1992 e a Lei de Mandado de Segurança). Embora o projeto de lei que resultaria na Lei nº 12.016/2009 não tenha sido atualizado (para adaptar-se à nova sistemática), é absolutamente razoável considerar que ainda se justifica esse diálogo de fontes, a permitir que se interponha agravo, conforme previsto na Lei nº 8.437/1992, contra a decisão que indefere o pedido de suspensão de segurança.

O recurso, como já foi dito, será julgado pelo Plenário ou pelo Órgão Especial, conforme o caso.

§ 37. Legitimidade

O art. 15 da Lei nº 12.016/2009 atribui legitimidade para postular a suspensão de segurança à *pessoa jurídica de direito público interessada* e ao *Ministério Público*. Não basta, porém, reproduzir aqui essa informação. Impõe-se um exame mais acurado do sistema, para que se possa compreender os exatos significado e alcance dessa norma.

Em primeiro lugar, então, é preciso analisar a legitimidade atribuída, pela lei, à *pessoa jurídica de direito público interessada*. Essa é uma legitimidade que se reconhece desde a origem legislativa do instituto da suspensão de segurança no direito brasileiro.[74] E não poderia mesmo ser de outra forma. Afinal, não se poderia negar legitimidade para postular a suspensão de segurança à própria parte demandada no mandado de segurança.

Impõe-se, exatamente por isso, reconhecer que o dispositivo legal merece interpretação extensiva. Não pode ser reconhecida a legitimidade apenas da *pessoa jurídica de direito público*. Casos haverá em que o interesse em postular a suspensão de segurança será de órgãos públicos despersonalizados, mas que são dotados de capacidade processual (os assim chamados entes formais), como a Câmara de

---

[73] O texto, a rigor, já aparecia em edições anteriores daquela Medida Provisória (a qual foi reeditada trinta e cinco vezes, como indica o dígito que aparece logo após seu número).

[74] Marcelo Abelha Rodrigues, *Suspensão de segurança*, p. 147.

308 Manual do Mandado de Segurança • Câmara

Vereadores ou a Assembleia Legislativa.[75] A questão já foi enfrentada de forma expressa em decisão proferida, no Supremo Tribunal Federal.[76] Consta do referido pronunciamento que "a legitimidade da Mesa da Assembleia Legislativa, para requerer a suspensão da eficácia da medida liminar ora impugnada resulta da circunstância" de que o ato impugnado (que, no caso em exame, era um plebiscito para deliberar sobre a anexação de novas áreas a um Município) "qualifica-se como típico 'pressuposto do desenvolvimento válido das etapas subsequentes do processo legislativo de criação de municípios'". Acrescentou-se, ainda, que o fato de o Município ser uma criação política do Estado-membro "justifica que se reconheça à Mesa da Assembleia Legislativa estadual a legitimidade ativa para postular, em situações como a de que ora se trata, a suspensão de medida liminar concedida em sede de mandado de segurança". E isso porque a medida "claramente impede o exercício, pela instituição parlamentar local, da prerrogativa constitucional de deliberar sobre a formação de novas pessoas municipais ou sobre propostas de desmembramento territorial dos Municípios".

Percebe-se, claramente, do pronunciamento citado, que a legitimidade do ente público despersonalizado foi reconhecida por ser ele o titular do interesse que se buscava proteger com a medida suspensiva. Pois isso é perfeitamente adequado do ponto de vista da teoria do direito processual. Afinal de contas, a legitimidade nada mais é do que a "titularidade do interesse".[77] Os entes públicos despersonalizados também têm, pois, legitimidade para postular a suspensão de segurança.

Não só a entes públicos, providos ou não de personalidade jurídica, se deve reconhecer essa legitimidade. Também as *pessoas jurídicas de direito privado* que possam figurar no polo passivo da demanda de mandado de segurança são legitimadas a requerer a suspensão dos efeitos da decisão concessiva do mandado de segurança.[78] E isso se dá porque nos casos em que essas entidades (como sociedades de economia mista ou empresas públicas) são demandas em processos de

---

[75] Apenas à guisa de exemplo, o STF admitiu requerimento de suspensão de segurança, sem qualquer discussão sobre legitimidade, formulado por Câmara Municipal, na SS 2255 AgR/AM, rel. Min. Maurício Corrêa, j. em 24.3.2004.

[76] STF, SS 954/PR, rel. Min. Celso de Mello, j. em 29.11.1995.

[77] Como se lê em clássica obra, "o problema da legitimidade consiste em individuar a pessoa a quem pertence o interesse de agir (e, portanto, a ação) e a pessoa contra a qual ele pertence; em outros termos, ela surge da distinção entre a questão da existência objetiva do interesse de agir e a questão de sua pertinência subjetiva" (Enrico Tullio Liebman, *Manuale di diritto processuale civile*, v. I, p. 147).

[78] Marcelo Abelha Rodrigues, *Suspensão de segurança*, p. 148-149; Cristina Gutiérrez, *Suspensão de liminar e de sentença na tutela do interesse público*, p. 65-66. Já me manifestei sobre o ponto, defendendo a legitimidade das pessoas jurídicas de direito privado demandadas em mandado de segurança para postular a suspensão da eficácia da decisão concessiva da segurança em estudo anterior: Alexandre Freitas Câmara, As sociedades de economia mista em juízo, *in* Alexandre Freitas Câmara, *Escritos de direito processual* – Segunda série, p. 253-256. Em sentido contrário, porém, merece referência a respeitável opinião de Lúcia Valle Figueiredo, *Mandado de segurança*, p. 146.

mandado de segurança estão elas a defender atos que exerceram no exercício de atividades públicas, integrantes da Administração Pública, motivo pelo qual não se poderia cogitar de tratamento diferenciado, anti-isonômico, que as impedisse de postular na defesa do interesse público que estão constitucionalmente autorizadas a preservar. A lógica, aqui, é a mesma de sempre: se é da pessoa jurídica de direito privado o interesse (imediato, já que o interesse, ao menos mediatamente, é público), é dela a legitimidade, pois essa nada mais é do que a titularidade do interesse.

Por fim, o art. 15 da Lei nº 12.016/2009 atribui legitimidade ativa para postular a suspensão de segurança ao Ministério Público. Essa é uma novidade da atual Lei do Mandado de Segurança em comparação com os diplomas de regência anteriores (como, por exemplo, a Lei nº 4.348/1964, cujo art. 4º não fazia referência ao Ministério Público), mas não pode ser considerada uma inovação completa, pois já o art. 4º da Lei nº 8.437/1992 atribuía legitimidade ao *parquet* para postular a suspensão da eficácia de decisões contrárias ao Poder Público. Aliás, ainda antes da vigência da Lei nº 12.016/2009, já havia quem sustentasse a legitimidade do Ministério Público para postular a suspensão da eficácia de decisões proferidas em sede de mandado de segurança.[79]

Não se pode, porém, deixar de registrar a existência de relevante opinião doutrinária no sentido de que a lei não deveria ter atribuído legitimidade ao Ministério Público para postular a suspensão de segurança, ao argumento de que tal legitimidade seria um "resquício do período pré-constitucional em que, à Instituição, cometia-se a representação judicial da Administração Pública, o que, todavia, lhe é vedado pelo art. 129, inc. IX, da Constituição da República".[80] Este não é, porém, o melhor entendimento. Afinal, se a suspensão de segurança é uma medida de contracautela destinada à preservação do interesse público primário, e se as funções precípuas do Ministério Público são, exatamente, a defesa da sociedade, a manutenção dos valores do Estado de Direito e o respeito à cidadania,[81] é razoável que se atribua ao defensor maior dos interesses da sociedade legitimidade para postular uma medida destinada à defesa da prevalência do interesse público sobre o privado.[82]

Vale recordar, aqui, que o Ministério Público participa, obrigatoriamente, de todos os processos de mandado de segurança, e o faz na qualidade de fiscal da

---

[79] Assim, por todos, Cassio Scarpinella Bueno, *Mandado de segurança*, p. 183.

[80] Fernando Gonzaga Jayme, *Mandado de segurança*, p. 138.

[81] Antonio Augusto Mello de Camargo Ferraz e João Lopes Guimarães Júnior, A necessária elaboração de uma nova doutrina de Ministério Público, compatível com seu atual perfil constitucional, *in* Antonio Augusto Mello de Camargo Ferraz (Coord.), *Ministério Público* – instituição e processo, p. 20-21.

[82] Em sentido assemelhado, André Vasconcelos Roque e Francisco Carlos Duarte, *Mandado de segurança*, p. 119.

310 Manual do Mandado de Segurança • Câmara

ordem jurídica (*custos legis*). Ora, se o MP atua obrigatoriamente nesses processos, e a ele incumbe a defesa dos interesses mais relevantes da sociedade, é absolutamente razoável que a tal instituição seja atribuída legitimidade para postular a suspensão da eficácia de decisões concessivas de mandado de segurança que gerem risco de dano grave aos interesses públicos mais importantes.

§ 38. Extensão

A decisão que suspende a segurança deve ser examinada em seus limites *temporais* e *subjetivos*. É nesse sentido que se deve falar em extensão da suspensão de segurança.

Do ponto de vista *temporal*, costuma-se dizer que se estende a suspensão, ao menos como regra, até o trânsito em julgado e que, excepcionalmente, pode a decisão concessiva de segurança voltar a produzir os efeitos que haviam sido suspensos antes do trânsito em julgado, porém, se o processo do mandado de segurança chegar ao STF em grau de recurso e aquela Corte confirmar a decisão concessiva da ordem. Neste caso, a eficácia do pronunciamento do STF, concessivo do mandado de segurança, seria imediata, cessando os efeitos da suspensão anteriormente deferida.

Nesse sentido, aliás, é expresso o Verbete nº 626 da Súmula do Supremo Tribunal Federal:

> "A suspensão da liminar em mandado de segurança, salvo determinação em contrário da decisão que a deferir, vigorará até o trânsito em julgado da decisão definitiva de concessão da segurança ou, havendo recurso, até a sua manutenção pelo Supremo Tribunal Federal, desde que o objeto da liminar deferida coincida, total ou parcialmente, com o da impetração."

Uma decisão apontada na Súmula de Jurisprudência Predominante do STF como precedente do Verbete nº 626 está assim ementada:[83]

> "RECLAMAÇÃO – LIMINAR MANDAMENTAL CONCEDIDA POR DESEMBARGADOR-RELATOR – SUSPENSÃO DA EFICÁCIA EXECUTIVA DESSE PROVIMENTO LIMINAR, DERIVADA DA OUTORGA, PELO PRESIDENTE DO SUPREMO TRIBUNAL FEDERAL, DE MEDIDA DE CONTRACAUTELA (LEI Nº 4.348/64, ART. 4º) – POSTERIOR CONCESSÃO, PELO TRIBUNAL DE JUSTIÇA, DO PRÓPRIO MANDADO DE SEGURANÇA – ACÓRDÃO CONCESSIVO QUE, NÃO OBSTANTE A MEDIDA DE CONTRACAUTELA PREVIAMENTE DEFERIDA PELO SUPREMO TRIBUNAL FEDERAL, TORNA EFE-

---

[83] STF, Rcl 718/PA, rel. Min. Celso de Mello, j. em 30.4.1998.

TIVO O PROVIMENTO LIMINAR ANTERIORMENTE SUSPENSO – EFEITO PROSPECTIVO QUE RESULTA DA DECISÃO EMANADA DO PRESIDENTE DO SUPREMO TRIBUNAL FEDERAL, EM SEDE DE CONTRACAUTELA (LEI Nº 4.348/64, ART. 4º, C/C A LEI Nº 8.038/90, ART. 25) – DESRESPEITO À AUTORIDADE DECISÓRIA DO SUPREMO TRIBUNAL FEDERAL – RECLAMAÇÃO PROCEDENTE. – A eficácia da decisão do Presidente do Supremo Tribunal Federal, proferida no exercício do poder de contracautela (Lei nº 4.348/64, art. 4º), não obstante inicialmente limitada à suspensão de liminar mandamental, também paralisa, por efeito da prospectividade que lhe é inerente, todas as consequências jurídicas decorrentes da ulterior concessão do mandado de segurança, desde que o conteúdo daquele provimento liminar revele-se idêntico ao do acórdão que deferiu o 'writ' constitucional. Esse efeito prospectivo – que inibe a produção da carga eficacial resultante do deferimento do mandado de segurança – perdurará até que sobrevenha o trânsito em julgado do acórdão que concedeu a ordem mandamental. Precedente."

Como se vê já pela ementa, entendeu o Supremo Tribunal Federal nesse pronunciamento que a decisão proferida pelo STF, suspensiva da eficácia de provimento liminar concessivo de segurança, perduraria no caso de se vir a proferir sentença cujo conteúdo fosse idêntico ao do ato cujos efeitos tinham sido anteriormente obstados. Como se verifica pelo voto proferido pelo relator no citado precedente,

"a decisão do Presidente desta Suprema Corte – que suspende a eficácia de medida liminar outorgada por Desembargador-Relator – também paralisa, por repercussão prospectiva, os efeitos que emergem do acórdão concessivo do mandado de segurança, proferido por Tribunal de jurisdição inferior, desde que o conteúdo do provimento liminar revele-se idêntico ao da decisão que deferiu o 'writ' mandamental".

E prosseguiu o relator afirmando que se reconhece que "se os efeitos da medida liminar e os da concessão definitiva são os mesmos, é de se entender que a suspensão daquela impede a imediata eficácia desta".[84]

Em outro precedente daquele verbete sumular, o Supremo Tribunal Federal assim ementou seu acórdão:[85]

---

[84] No precedente citado faz-se alusão a outro, de cujo acórdão vários trechos são citados. Trata-se do acórdão proferido na Rcl 429/SC, rel. Min. Octavio Galotti, j. em 14.10.1993, assim ementado: "Persiste, após a concessão da segurança pelo Tribunal estadual, a decisão do Presidente do Supremo Tribunal, que, fundada no art. 4º da Lei nº 4.348-64, suspendeu a execução de liminar dotada dos mesmos efeitos do mandado deferido no mérito. Reclamação julgada procedente por maioria de votos."

[85] STF, SS 761 AgR/PE, rel. Min. Sepúlveda Pertence, j. em 1.2.1996.

"I. Servidor Público: 'estabilidade financeira': a constitucionalidade das leis que a instituem – que tem sido afirmada pelo STF (ADIn 1.264, 27.5.95, Pertence, Lex 203/39; ADIn 1.279, 27.9.95, M. Correa) – não ilide a plausibilidade do entendimento de ser legítimo que, mediante lei, o cálculo da vantagem seja desvinculado, para o futuro, dos vencimentos do cargo em comissão outrora ocupado pelo servidor, passando a quantia a ela correspondente a ser reajustada segundo os critérios das revisões gerais de remuneração do funcionalismo. II. Suspensão de liminar em mandado de segurança: vigência. A suspensão da liminar – dado cuidar-se de medida acautelatória de eventual recurso contra a decisão concessiva da segurança –, vigorará, em princípio, até que esta transite em julgado na instância de origem ou, havendo recurso, até o seu julgamento pelo Supremo Tribunal."

O trecho da ementa que interessa ao ponto que ora se examina é o que afirma que a suspensão *da liminar* vigora, em tese, até o trânsito em julgado da decisão concessiva da segurança ou, havendo recurso, até seu julgamento pelo STF.

Na doutrina, a matéria vem muitas vezes abordada por ótica um pouco diversa. Assim é que, para alguns importantes estudiosos do tema, a suspensão da eficácia de uma decisão só vigora enquanto a decisão (cuja eficácia tenha sido suspensa) subsistir. Tendo sido proferida decisão posterior que a substitua (como se dá, por exemplo, no caso da sentença que substitui a liminar), cessaria a suspensão. E isso porque seria ilógico, segundo sustentam, admitir-se que a suspensão da liminar valeria, também, para a sentença, pois não se poderia aceitar a ideia de que o Presidente do tribunal estaria autorizado a suspender a eficácia de uma decisão que ainda não existia no momento de seu pronunciamento.[86]

Há quem sustente, de outro lado, a ultra-atividade (isto é, a extensão temporal) da suspensão de segurança, nos exatos termos do Enunciado 626 da Súmula do STF.[87]

A questão, porém, tem nuances que não têm sido adequadamente enfrentadas.

Em primeiro lugar, é de se dar razão àqueles que consideram existir uma ultra-atividade da decisão que suspende os efeitos do pronunciamento concessivo da segurança. É que o fato de a decisão cuja eficácia ter sido suspensa poder vir a ser substituída por outra (como se dá no caso de se suspenderem os efeitos de uma liminar e esta vir posteriormente a ser substituída pela sentença, ou na hipótese de se suspenderem os efeitos da sentença e esta vir a ser substituída pelo acórdão que se profira em grau de apelação) não afasta os fundamentos que levaram à suspensão da segurança.

---

[86] Marcelo Abelha Rodrigues, *Suspensão de segurança*, p. 201-210; Cassio Scarpinella Bueno, *A nova lei do mandado de segurança*, p. 140-141.

[87] Elton Venturi, *Suspensão de liminares e sentenças contrárias ao Poder Público*, p. 237-247.

Importa, aqui, frisar que, como visto anteriormente nos pronunciamentos a respeito do assunto que provieram do Supremo Tribunal Federal, essa extensão temporal dos efeitos da suspensão só se produz quando a decisão substitutiva tem aptidão para produzir *os mesmos efeitos* que aqueles que decorreriam da decisão anterior, cuja eficácia foi suspensa. Nesse caso, o pronunciamento do Presidente do tribunal não terá, evidentemente, sido capaz de suspender os efeitos de uma decisão que ainda não tinha sido proferida. Mas seu provimento terá sido capaz de determinar a suspensão de certos efeitos jurídicos, que são rigorosamente *os mesmos* que o novo provimento jurisdicional determina que se produzam. Seria, pois, atividade processual absolutamente inútil exigir-se a provocação de um novo incidente de suspensão de segurança para que o Presidente do tribunal suspendesse *os mesmos efeitos já suspensos* por seu pronunciamento anterior. Destaque-se este ponto: embora haja uma *decisão nova*, não há que se cogitar, aqui, de *efeitos novos*. Os efeitos que a nova decisão produz (ou, pelo menos, tende a produzir) são rigorosamente *os mesmos* que a decisão anterior se destinava a produzir. E tais efeitos já foram suspensos em razão da decisão anteriormente prolatada no incidente de suspensão.

É preciso, porém, tomar com muito cuidado o limite dessa ultra-atividade da suspensão. É que o Verbete nº 626, como visto, estabelece que a suspensão estende-se até o *trânsito em julgado* ou até que, em grau de recurso, o Supremo Tribunal Federal confirme a decisão.

Ocorre que o art. 25 da Lei nº 8.038/1990 também trata do tema, e assim dispõe:

> "Art. 25 – Salvo quando a causa tiver por fundamento matéria constitucional, compete ao Presidente do Superior Tribunal de Justiça, a requerimento do Procurador-Geral da República ou da pessoa jurídica de direito público interessada, e para evitar grave lesão à ordem, à saúde, à segurança e à economia pública, suspender, em despacho fundamentado, a execução de liminar ou de decisão concessiva de mandado de segurança, proferida, em única ou última instância, pelos Tribunais Regionais Federais ou pelos Tribunais dos Estados e do Distrito Federal."

E o § 3º do referido artigo de lei tem a seguinte redação:

> "§ 3º – A suspensão de segurança vigorará enquanto pender o recurso, ficando sem efeito, se a decisão concessiva for mantida pelo Superior Tribunal de Justiça ou transitar em julgado."

Aí já se percebe que no caso de não haver fundamento constitucional (e, portanto, não ser o caso de manifestar-se o Supremo Tribunal Federal), a suspensão perduraria até o trânsito em julgado *ou até a confirmação da decisão concessiva da segurança pelo Superior Tribunal de Justiça*. É preciso, porém, contextualizar as normas que são extraídas desses textos. E também se terá de levar em conta o

314 Manual do Mandado de Segurança • Câmara

disposto no § 9º do art. 4º da Lei nº 8.437/1992 (inserido pela Medida Provisória nº 2.180-35/2001), por força do qual a suspensão dos efeitos de decisão judicial vigora até o trânsito em julgado da decisão de mérito no processo principal.

De todos esses textos pode-se extrair uma regra geral: a suspensão de segurança produz efeitos até a formação da coisa julgada material sobre a decisão final concessiva da segurança. Como já visto, pouco importa que a suspensão tenha sido decretada quando vigente uma liminar, ou outra qualquer decisão passível de substituição por outra, e que venha depois a ser proferida decisão que a substitua. Ainda assim, perdura a suspensão, desde que a nova decisão, substitutiva da anterior, destine-se a produzir os mesmos efeitos que a anterior, cuja eficácia fora suspensa.

Há, porém, uma exceção, que se extrai do teor do Enunciado nº 626 do STF e do art. 25, § 3º, da Lei nº 8.038/1990. Ali se cogita da cessação da suspensão antes do trânsito em julgado se a decisão concessiva da segurança tiver sido confirmada, em grau de recurso, pelo STF ou pelo STJ (conforme tenha havido fundamento constitucional ou infraconstitucional para decretar-se a suspensão).

Impende, porém, observar que o Enunciado nº 626 da Súmula do STF foi redigido tendo em vista casos nos quais a suspensão da segurança foi decretada por decisão do Presidente do Supremo Tribunal Federal (ou, em sede de agravo interno, de seu Plenário). Do mesmo modo, o art. 25, § 3º, da Lei nº 8.038/1990 trata dos casos em que a decisão suspensiva da segurança foi prolatada pelo Presidente do Superior Tribunal de Justiça (ou, em grau de agravo interno, pela Corte Especial do STJ). Ocorre que nem sempre terão sido esses os órgãos jurisdicionais prolatores das decisões suspensivas de segurança. E isso não pode deixar de ser tomado em consideração na interpretação das normas que compõem o sistema regulador da suspensão de segurança.

Como já se pôde ver em passagem anterior deste estudo, a competência originária para conhecer do requerimento de suspensão de segurança é do Presidente do tribunal a que competiria apreciar o recurso cabível contra a decisão cuja eficácia se pretende suspender. Assim, casos haverá em que a suspensão de segurança terá sido decretada pelo Presidente de um tribunal intermediário, como o Presidente de um Tribunal de Justiça ou de um Tribunal Regional Federal. Ora, nesses casos não há qualquer sentido em considerar-se que a suspensão perduraria até a confirmação da decisão pelo STJ ou pelo STF.

O que é preciso perceber é que existe uma lógica por trás do que se contém no Enunciado nº 626 da Súmula do STF e no § 3º do art. 25 da Lei nº 8.038/1990. É que não haveria qualquer sentido em se admitir que permanecesse suspensa a eficácia da decisão, por decreto do Presidente do tribunal, se aquele pronunciamento já foi confirmado por decisão do próprio tribunal por ele presidido.

Isto se dá porque o Presidente do tribunal não atua, nesses casos, em nome próprio, mas como uma espécie de porta-voz do colegiado. Relembre-se, aqui, uma vez mais, trecho já citado de acórdão proferido no STF:[88]

> "Afigura-se decisivo compreender, todavia, que a competência que se defere ao Presidente do STF, no âmbito de suspensão de segurança – e das suspensões de liminares em geral –, parece decorrer de um fenômeno de metonímia processual.
>
> Outorga-se essa atribuição ao Presidente em lugar de atribuí-la ao Tribunal."

O Presidente do tribunal atua, aí, por *metonímia processual*. Metonímia, como cediço, é uma figura de linguagem que se pode definir como a "translação de significado pela proximidade de ideias", de que é exemplo tomar-se "o todo pela parte ou vice-versa".[89] Quando se fala, portanto, em metonímia processual o que se quer dizer é que a atribuição da competência ao Presidente do Tribunal faz com que esta autoridade atue *pelo todo*, em nome da Corte. Assim, tendo o Tribunal (por seu Presidente) decretado a suspensão dos efeitos de uma decisão concessiva de segurança prolatada por órgão inferior, e sujeita a recurso que a ele competiria julgar, não haveria qualquer sentido em manter-se a suspensão se aquela decisão já tiver sido confirmada em grau de recurso pelo próprio Tribunal.[90]

O que se extrai disso é, então, e em síntese, o seguinte: decretada a suspensão pelo Presidente do STF, esta vigorará até o trânsito em julgado ou até sua confirmação, em grau de recurso, pelo próprio Supremo Tribunal Federal (Enunciado nº 626 do STF). Tendo sido decretada a suspensão por decisão do Presidente do STJ, esta vigorará até o trânsito em julgado ou até sua confirmação em grau de recurso pelo próprio STJ (art. 25, § 3º, da Lei nº 8.038/1990). Por fim, no caso de ter sido a suspensão decretada pelo Presidente de um tribunal intermediário (como um Tribunal de Justiça ou Tribunal Regional Federal), vigorará até o trânsito em julgado ou até sua confirmação, em grau de recurso, pelo próprio tribunal intermediário.

Fica assim mais fácil, inclusive, entender o alcance do § 3º do art. 15 da Lei nº 12.016/2009, por força do qual "a interposição do agravo de instrumento contra liminar concedida nas ações movidas contra o poder público e seus agentes não prejudica nem condiciona o julgamento do pedido de suspensão a que se refere

---

[88] STF, SS 1945 AgR-AgR-AgR-QO/AL, rel. Min. Marco Aurélio, rel. p/ acórdão Min. Gilmar Mendes, j. em 19.12.2002.

[89] Evanildo Bechara, *Moderna gramática portuguesa*, p. 398.

[90] Apenas para deixar claro: fala-se aqui em "confirmação" da decisão em grau de recurso apenas por uma questão de comodidade de linguagem, mas não se deixa de ter claro que a decisão proferida em grau de recurso não "confirma", mas substitui, a decisão recorrida, ainda quando tenha idêntico teor, nos termos do art. 512 do CPC.

316 Manual do Mandado de Segurança • Câmara

este artigo". É preciso ter claro que não há prejudicialidade nem condicionamento decorrente da *interposição* do agravo de instrumento (ou de qualquer outro recurso). Em outros termos: pouco importa se o pedido de suspensão foi formulado antes ou depois da interposição do recurso cabível. Não é preciso interpor o recurso antes (pois ele não *condiciona* o pedido de suspensão) nem o fato de ele ter sido interposto depois impede sua apreciação (pois o recurso não *prejudica* o incidente). Mas aqui só se trata da relação entre a pendência do recurso e a do incidente de suspensão de segurança. Nada há, no dispositivo ora apreciado, que diga respeito ao *julgamento* do recurso. É que, julgado o recurso, dois resultados podem produzir-se: ou a decisão é cassada (em sentido amplo, podendo ter sido anulada ou reformada), e nessa hipótese já não mais haverá o que manter suspenso, caso em que a suspensão de segurança ficará prejudicada; ou a decisão é "confirmada" (*rectius*, substituída por outra idêntica, já que se terá negado provimento ao recurso), caso em que a suspensão não poderá subsistir, por ter o próprio tribunal que suspendeu a decisão anterior se pronunciado no mesmo sentido.

Em síntese: decretada a suspensão de segurança, essa suspensão é dotada de alguma ultra-atividade, estendendo-se temporalmente até o trânsito em julgado da decisão final concessiva da segurança, ressalvado o caso em que essa decisão tenha sido confirmada, em grau de recurso, pelo próprio tribunal cujo Presidente tenha decretado a suspensão, caso em que esta para de produzir efeitos imediatamente, tornando-se novamente eficaz a decisão que concedeu o mandado de segurança.

Vista a extensão temporal da suspensão, impende agora examinar a *extensão subjetiva* da suspensão de segurança. Disso trata o § 5º do art. 15 da Lei nº 12.016/2009, assim redigido:

> "§ 5º As liminares cujo objeto seja idêntico poderão ser suspensas em uma única decisão, podendo o presidente do tribunal estender os efeitos da suspensão a liminares supervenientes, mediante simples aditamento do pedido original."

O dispositivo mencionado trata, na verdade, de dois distintos fenômenos, ambos muito próximos. O primeiro deles é o "pedido de suspensão coletivo",[91] fenômeno por força do qual o requerente provoca a instauração de um único incidente de suspensão de segurança para obter a suspensão da eficácia de várias decisões idênticas.

Pense-se, por exemplo, na hipótese de vários candidatos em um determinado concurso público terem sido eliminados e impetrarem mandado de segurança, fundados na nulidade de uma determinada questão (que versaria sobre matéria que não constava do edital), tendo por objeto sua continuação no certame. Deferidas

---

[91] Terminologia empregada, por exemplo, por Cassio Scarpinella Bueno, *A nova lei do mandado de segurança*, p. 137.

várias liminares idênticas, permite a regra veiculada pelo § 5º do art. 15 da Lei nº 12.016/2009 que a pessoa jurídica demandada postule, de forma unificada, a suspensão de todas as decisões concessivas de segurança. A medida, aliás, é perfeitamente afinada com o fato de que a jurisprudência já vinha se consolidando no sentido de que é fundamento para suspender a segurança o potencial "efeito multiplicador" que a decisão poderia ter.[92]

Fenômeno distinto, mas afim, e também abrangido pelo § 5º deste art. 15, é o da ampliação subjetiva da suspensão de segurança. A hipótese é ligeiramente diferente da anterior, mas atinge os mesmos objetivos, servindo, pois, aos mesmos valores. É que pode acontecer de já se ter obtido a suspensão de eficácia de uma decisão concessiva de segurança quando se proferiu a segunda, em caso idêntico ao anteriormente suspenso. Nada justificaria, nessa hipótese, exigir-se a formulação de outro pedido de suspensão. Bastará, evidentemente, que se postule ao Presidente do tribunal que estenda à nova decisão o decreto de suspensão, o que será feito após a verificação de que os casos são, realmente, idênticos.

Em síntese, o que se busca é um "efeito *erga omnes*, que não é automático, mas que depende exclusivamente de mera indicação e comprovação de identidade de objeto quanto ao pedido formulado pelo impetrante já prejudicado com a suspensão".[93] Em outros termos, busca-se assegurar tratamento isonômico, de modo que casos iguais sejam tratados igualmente. E isso se consegue, na hipótese, com a extensão, a casos idênticos, dos efeitos da decisão suspensiva de segurança já deferida em um caso precedente.[94]

§ 39. Novo pedido de suspensão

Dispõe o § 1º do art. 15 da Lei nº 12.016/2009 que "indeferido o pedido de suspensão ou provido o agravo a que se refere o *caput* deste artigo, caberá novo pedido de suspensão ao presidente do tribunal competente para conhecer de eventual recurso especial ou extraordinário". Regula-se, aí, o *novo pedido de suspensão*, figura merecedora de todas as críticas.

O que se extrai do texto da lei é que, tendo sido instaurado o incidente de suspensão de segurança, mas denegada a postulação do requerente (ou por decisão

---

[92] Efeito multiplicador que foi expressamente invocado como fundamento determinante da decisão proferida, por exemplo, em STF, SS 4423 AgR/SP, rel. Min. Cezar Peluso, j. em 10.11.2011, já citada anteriormente.

[93] José Miguel Garcia Medina e Fábio Caldas de Araújo, *Mandado de segurança individual e coletivo*, p. 182.

[94] Como se fez, por exemplo, no caso apreciado no Supremo Tribunal Federal sob a Presidência do Min. Cezar Peluso (STF, SS 3902/SP, j. em 5.5.2011), em que se determinou a extensão, a uma série de casos idênticos, da eficácia de uma decisão suspensiva de segurança anteriormente proferida.

do Presidente do tribunal ou do Colegiado em grau de agravo interno), será possível aos legitimados para sua postulação formular *outro* pedido de suspensão, dirigido ao STJ ou ao STF (conforme o fundamento do pedido de suspensão seja infraconstitucional ou constitucional).

Houve quem, em doutrina, examinasse o instituto com olhos nitidamente favoráveis.[95] Falou-se, então, de uma "renovação do pedido de suspensão". Da decisão do Presidente do tribunal competente para apreciar o recurso contra a decisão cuja eficácia se quer suspender caberá agravo interno. Caso a decisão proferida em sede de agravo interno seja denegatória, caberia, então, renovar o pedido de suspensão, dirigindo-o agora ao STJ ou ao STF (conforme o fundamento seja infraconstitucional ou constitucional). Essa renovação seria possível, segundo essa perspectiva, porque a decisão proferida em sede de suspensão de segurança não é impugnável por recurso especial ou extraordinário.[96]

Bastante mais crítico, outro setor da doutrina prefere chamar o novo pedido de suspensão de segurança de *pedido de suspensão da não suspensão*.[97] Sustentou-se, então, que esse novo pedido de suspensão "é nada mais nada menos do que um *recurso*".[98] E isto se diz porque o que se busca é a prolação de uma "nova decisão diante da insatisfação com aquela já proferida".[99] Esse novo pedido de suspensão teria sido para funcionar como um "atalho", já que é muito mais célere do que o processamento de um recurso especial ou extraordinário.[100]

Não tenho qualquer dúvida em concordar com esta segunda opinião. O novo pedido de suspensão, diferentemente do "pedido de suspensão originário" (de que trata o *caput* do art. 15 da Lei nº 12.016/2009) tem natureza de recurso. E isso se diz por tratar-se de um remédio voluntário, idôneo a ensejar, dentro do mesmo processo, a reforma da decisão denegatória da suspensão de segurança.[101]

---

[95] Leonardo Carneiro da Cunha, *A Fazenda Pública em juízo*, p. 604-607.

[96] Idem, p. 605. Vale anotar, porém, que há quem sustente o cabimento, em tese, de recurso especial ou extraordinário contra a decisão proferida em sede de agravo interno contra o pronunciamento do Presidente do Tribunal em suspensão de segurança (Elton Venturi, *Suspensão de liminares e sentenças contrárias ao Poder Público*, p. 233). O STJ, porém, tem considerado inadmissível o recurso especial interposto contra decisão proferida em sede de suspensão de segurança, como se pode ver, por exemplo, nos seguintes arestos: REsp 768480/RJ, rel. Min. José Delgado, j. em 17.11.2005; REsp 594121/SP, rel. Min. Eliana Calmon, j. em 21.6.2004.

[97] Cassio Scarpinella Bueno, *O Poder Público em juízo*, p. 37.

[98] Idem, ibidem.

[99] Idem, p. 38.

[100] Idem, p. 42.

[101] Como facilmente se percebe, valho-me, aqui, da clássica definição de recurso encontrada na obra do maior de todos os processualistas brasileiros, José Carlos Barbosa Moreira: "remédio voluntário idôneo a ensejar, dentro do mesmo processo, a reforma, a invalidação, o esclarecimento ou a integração da decisão judicial que se impugna" (*Comentários ao Código de Processo Civil*, v. V, p. 233).

Ora, mas se é um recurso, então é, nitidamente, uma inovação nas competências recursais do Supremo Tribunal Federal e do Superior Tribunal de Justiça, já que não se encontra, nem no art. 102, incisos II e III, nem no art. 105, incisos II e III, da Constituição da República, qualquer dispositivo capaz de fundamentar a competência daquelas Cortes de Superposição para a apreciação desse recurso.[102] Afinal, como sabido, a competência do Supremo Tribunal Federal e do Superior Tribunal de Justiça não pode ser ampliada por lei, dependendo, para tanto, de emenda à Constituição.

Já foi afirmado, em passagem anterior deste trabalho, que

> "o sistema constitucional não repudia a ideia de competências implícitas complementares, desde que necessárias para colmatar lacunas constitucionais evidentes. Parece que o argumento da competência estrita do STF não encontra respaldo na práxis jurisprudencial. Afigura-se, pois, incorreta e contrária à jurisprudência pacífica a afirmação, corrente em inúmeros manuais, segundo a qual a competência da Corte há de ser interpretada de forma restritiva".[103]

Extrai-se daí que não é adequada uma interpretação restritiva, próxima da literalidade, dos dispositivos constitucionais que atribuem competência originária ou recursal ao Supremo Tribunal Federal (ou ao Superior Tribunal de Justiça). Disso não se pode, porém, extrair a possibilidade de atribuição de qualquer competência ao STF ou ao STJ. As competências implícitas só podem ser reconhecidas para *suprir lacunas constitucionais evidentes*. Sobre o ponto, impende trazer à colação o ensinamento de um dos mais importantes constitucionalistas de língua portuguesa:[104]

> "A força normativa da constituição é incompatível com a existência de competências não escritas salvo nos casos de a própria constituição autorizar o legislador a alargar o leque de competências normativo-constitucionalmente especificado. No plano metódico, deve também afastar-se a invocação de 'poderes implícitos', de 'poderes resultantes', ou de 'poderes inerentes' como formas autônomas de competência. É admissível, porém, uma complementação de competências constitucionais através do manejo de instrumentos metódicos de interpretação (sobretudo de interpretação sistemática ou teleológica). Por esta via, chegar-se-á a duas hipóteses de competências complementares implícitas: (1) *competências implícitas complementares*, enquadráveis no programa normativo-constitucional de uma

---

[102] Cassio Scarpinella Bueno, *O Poder Público em juízo*, p. 60-64.

[103] Gilmar Ferreira Mendes, *in* Gilmar Ferreira Mendes, Inocêncio Mártires Coelho e Paulo Gustavo Gonet Branco, *Curso de direito constitucional*, p. 906.

[104] J. J. Gomes Canotilho, *Direito constitucional e teoria da Constituição*, p. 493-494.

competência explícita e justificáveis porque não se trata tanto de alargar competências mas de aprofundar competências (ex.: quem tem competência para tomar uma decisão deve, em princípio, ter competência para a preparação e formação de decisão); (2) *competências implícitas complementares*, necessárias para preencher lacunas constitucionais patentes através da leitura sistemática e analógica dos preceitos constitucionais."

Pois não é o que se tem no caso em exame. A atribuição ao STF e ao STJ de competência para conhecer do novo pedido de suspensão não *aprofunda* nem *complementa* competências constitucionais. O que há, ali, é um alargamento de competência daqueles órgãos jurisdicionais, cujas áreas de atuação são fixadas pela Constituição da República, o que não se pode fazer por lei ordinária. É, pois, inconstitucional esse *novo pedido de suspensão*. Os Tribunais de Superposição, não obstante isso, têm apreciado esses "pedidos de suspensão da não suspensão", sem qualquer discussão sobre sua compatibilidade com o modelo constitucional.[105] Tem-se, pois, admitido a renovação do pedido de suspensão, desde que haja o exaurimento das instâncias ordinárias,[106] quando então esse novo pedido de suspensão será apreciado pelo Presidente do STJ (se o fundamento for infraconstitucional) ou pelo Presidente do STF (se for constitucional), cabendo agravo de suas decisões. E nada impede, aliás, o ajuizamento simultâneo de dois pedidos simultâneos de suspensão, um perante o STF, outro perante o STJ, desde que por fundamentos diferentes, constitucional aquele, infraconstitucional este.

---

[105] Como se deu, por exemplo, em STJ AgRg na SLS 370/PE, rel. Min. Barros Monteiro, j. em 6.6.2007.

[106] STJ, AgRg na SLS 137/DF, rel. Min. Edson Vidigal, j. em 20.3.2006.

11

Prazo para Impetração

§ 40. O prazo para impetração do mandado de segurança

O art. 23 da Lei nº 12.016/2009 estabelece que o prazo para postular a concessão de mandado de segurança se extingue em 120 dias contados da data em que o interessado teve ciência do ato que pretende impugnar. A questão, porém, não é tão simples como pode parecer. É preciso, em primeiro lugar, examinar a delicada questão da constitucionalidade desse prazo, o que se fará neste item do estudo. Nos itens seguintes tratar-se-á da natureza do prazo e de seu termo inicial. Por fim, buscar-se-á verificar qual é a consequência de não se ter observado o prazo para impetração.

A compatibilidade desse prazo com a Constituição da República é matéria polêmica. Sobre o ponto, manifestou-se, entre outros, um Ministro aposentado do Supremo Tribunal Federal, afirmando:

> "Sustento que essa disposição legal não tem razão científica. Escrevi que advogados, professores, juízes, temos aplicado o prazo de decadência do direito à ação de segurança sem maiores considerações e que é hora de indagarmos de sua adequação à Constituição. O prazo do art. 18 da Lei nº 1.533, de 1951, não se justifica e me parece arbitrário."[1]

Autores há que afirmam textualmente a incompatibilidade entre a fixação de prazo para a impetração de mandado de segurança e a Constituição,[2] sob o argu-

---

[1] Carlos Mário da Silva Velloso, Do mandado de segurança e institutos afins na Constituição de 1988, in Sálvio de Figueiredo Teixeira (Coord.), *Mandados de segurança e de injunção* – estudos de direito processual-constitucional em memória de Ronaldo Cunha Campos, p. 88. Observe-se que o texto citado faz referência à lei anterior, substancialmente igual à vigente quanto ao ponto.

[2] Por todos, Sérgio Ferraz, *Mandado de segurança*, p. 224-227.

mento de que a origem constitucional do mandado de segurança demonstra que o instituto se destina à realização de objetivos claros e estritos, não sendo admissível que uma garantia dessa magnitude possa ser ignorada pelo decurso de um prazo criado por lei ordinária, sem que haja qualquer indicação constitucional que a ele conduza.

Há, de outro lado, quem sustente ser compatível o prazo para impetração de mandado de segurança com a Constituição da República,[3] tese que tem sido historicamente a mais aceita. Assim é que o Supremo Tribunal Federal tem tido diversas oportunidades de reafirmar a constitucionalidade do prazo para impetração do mandado de segurança.[4] Há, todavia, decisões (ainda que isoladas) afirmando a incompatibilidade entre a Constituição da República e o prazo para impetração do mandado de segurança.[5] Com o objetivo de pôr uma pá de cal na discussão, o Supremo Tribunal Federal editou o Enunciado nº 632 de sua Súmula de Jurisprudência Dominante ("É constitucional lei que fixa o prazo de decadência para a impetração de mandado de segurança").

A discussão existe, é atual, e faz com que o tema mereça também alguma reflexão. E não posso deixar de dizer, adiantando a conclusão, que o prazo de 120 dias para impetração do mandado de segurança é perfeitamente compatível com a Constituição da República. É preciso, ainda assim, porém, revisitar o tema, já que os fundamentos que têm sido usados para fundamentar a conclusão a que vem chegando a doutrina dominante, com farto apoio jurisprudencial, são, *data venia*, equivocados.

Tem-se dito, como anteriormente referido, que o prazo de 120 dias para impetração do mandado de segurança é compatível com a Constituição por ser *razoável*. Tenho para mim que qualquer prazo seria compatível com a Constituição, ainda que mais exíguo, salvo se tornasse efetivamente inviável a utilização dessa via processual. Assim, não vejo nenhum problema em fixar-se esse prazo, por exemplo, em 15 ou 30 dias, já que esse lapso temporal seria suficiente para que a pessoa lesada buscasse a ajuda de um advogado e postulasse tutela jurisdicional. A meu ver, porém, o prazo não é compatível com a Constituição por ser razoável. Essa afirmação leva, a meu sentir, à falsa ideia de que o mero fato de ser razoável é suficiente para justificar a conclusão, o que não me parece correto.

---

[3] Confira-se, por todos os que defendem essa posição, Lucia Valle Figueiredo, *Mandado de segurança*, p. 21, afirmando a ilustre jurista que o prazo fixado na lei é razoável e, por conseguinte, aceitável. Fosse o prazo "comprovadamente insatisfatório", diz ela, então seria incompatível com a Constituição.

[4] Pode ser citado, entre outros, o acórdão proferido no RMS 21362/DF, rel. Min. Celso de Mello, j. em 14.4.1992.

[5] Entre outras decisões, merece referência a proferida pelo Tribunal de Justiça do Rio de Janeiro no julgamento da Apelação Cível nº 0000265-37.1999.8.19.0000 (1999.001.06298), rel. Des. Marly Macedônio França, Sétima Câmara Cível, j. em 8.9.1999.

A compatibilidade entre o prazo de que se vem tratando e a Constituição decorre, na verdade, de sua natureza. Sendo prazo extintivo do interesse-adequação, e se inserindo no plano das "condições da ação" (como se verá melhor logo adiante, quando se tratará da natureza do prazo), tal prazo, como todos os demais requisitos para prolação de um provimento de mérito, é perfeitamente legítimo do ponto de vista constitucional. Afirma importante doutrinador pátrio que as "condições da ação" são limitações naturais e legítimas ao exercício do direito (*rectius*, poder) de ação.[6] E isso se deve ao fato de que a Constituição da República assegura o acesso ao Judiciário, mas não regulamentou o modo de exercício dessa garantia. Essa tarefa é realizada pelas leis processuais, que – segundo importante constitucionalista – podem criar modalidades, processuais diversas, com características, pressupostos e consequências próprios.[7]

A possibilidade de o legislador ordinário estabelecer limitações à garantia constitucional do poder de ação é reconhecida na medida em que tais limitações sejam justificadas como forma de salvaguardar interesses juridicamente mais relevantes. Tais limitações, todavia, não podem chegar ao ponto de esvaziar o conteúdo da garantia constitucional de acesso ao Judiciário.[8]

Essa não é, registre-se, uma exclusividade da garantia constitucional da ação. Toda e qualquer posição jurídica de vantagem, ainda que encontre guarida constitucional, pode receber limitações do legislador ordinário. Tais limitações, inerentes às posições jurídicas de vantagem sobre as quais se estabelecem, são legítimas enquanto não as esvaziarem. Assim é que, por exemplo, a Constituição da República inclui, entre os direitos fundamentais que assegura, a propriedade, mas nem por isso se acoima de inconstitucional qualquer dispositivo do Código Civil que crie limites ao exercício desse direito (como, *e. g.*, a proibição de construir janelas a menos de metro e meio do limite entre prédios). Tal limitação ao exercício do direito constitucionalmente assegurado não esvazia a posição jurídica de vantagem criada pela Constituição, razão pela qual é legítima. O mesmo se pode dizer, por exemplo, da garantia constitucional do direito à herança. Não passaria pela mente de ninguém afirmar que a Constituição é incompatível com as regras que estabelecem os casos de indignidade, excluindo-se algum herdeiro da vocação hereditária. Tais limites, repita-se *ad nauseam*, são inerentes às posições jurídicas de vantagem, já que nenhum direito pode ser absoluto. É, pois, inerente a qualquer posição jurídica de vantagem o limite ao seu exercício que tenha por escopo a tutela de um interesse jurídico mais relevante.

Assim é que a limitação ao direito de construir anteriormente referida existe para proteger o direito à intimidade do vizinho, que poderia vê-la devassada no

---

6   Nelson Nery Júnior, *Princípios do processo na Constituição Federal*, p. 175-176.

7   Celso Ribeiro Bastos, *Comentários à Constituição do Brasil*, v. 2, p. 173.

8   Luigi Paolo Comoglio, *La garanzia costituzionale dell'azione ed il processo civile*, p. 188.

caso de se construir uma janela excessivamente próxima de seu prédio. Do mesmo modo, a exclusão do herdeiro indigno se destina a assegurar as boas relações entre as pessoas, sendo um imperativo moral e ético, já que iria contra a consciência comum do povo admitir que alguém herde bens tendo, *e. g.*, assassinado o autor da herança.

Do mesmo modo, as "condições da ação" são limites ao exercício do poder de ação. Este é um poder jurídico assegurado pela Constituição, através de seu art. 5º, XXXV. Tal poder fica, porém, limitado por uma série de restrições ao seu exercício, as "condições da ação". Estas são, segundo doutrina amplamente aceita, requisitos do legítimo exercício do poder de ação.[9] Em outros termos, apenas se estiverem presentes as "condições da ação" (a saber: legitimidade das partes, interesse de agir, possibilidade jurídica da demanda) é que o Estado poderá considerar legítimo o exercício, pelo demandante, do poder de ação, a ele respondendo através da emissão de um provimento de mérito, chegando o processo ao seu fim normal.[10]

O fenômeno da "carência de ação", portanto, nada mais é do que o *abuso do poder de ação*, ou seja, o exercício ilegítimo daquele poder jurídico. E o abuso de uma posição jurídica de vantagem jamais poderia ser admitido, ainda que a Constituição não o proíba expressamente. Mesmo porque, como já se afirmou em respeitável sede doutrinária, "a interdição do abuso do direito é um postulado de toda ordem jurídica".[11] A falta de alguma das "condições da ação", pois, ao denotar abuso do poder de agir,[12] deve ser repelida pelo ordenamento jurídico.

Pois foi precisamente isso o que fez o ordenamento brasileiro. Estabeleceu as "condições da ação" como requisitos destinados a permitir a verificação, em cada caso concreto, da legitimidade do exercício do poder de agir. A ausência de qualquer "condição da ação" levará, pois, à extinção do processo sem resolução do mérito, sendo esta a única resposta admissível que o Estado poderá dar àquele que abusa do poder de provocar o exercício da jurisdição.

Fica, assim, demonstrado que cabe ao legislador ordinário estabelecer os requisitos para o legítimo exercício das posições jurídicas de vantagem criadas e

---

9   Por todos, Moacyr Amaral Santos, *Primeiras linhas de direito processual civil*, v. 1, p. 170-171: "Ora, o direito de ação se converteria em abuso se, desde que exercitado, tivesse o poder de exigir do Estado a realização dos atos processuais destinados a uma sentença de mérito, ainda quando desde logo, mas sempre antes dessa sentença, se possa prever a carência daquele direito, a ilegitimidade do seu exercício. Por isso, o direito de ação se subordina a certas condições, em falta das quais, de qualquer delas, quem o exercita será declarado carecedor dele, dispensando o órgão jurisdicional de decidir do mérito de sua pretensão. Condições da ação, pois, são requisitos que esta deve preencher para que se profira uma decisão de mérito."

10   José Frederico Marques, *Manual de direito processual civil*, v. 1, p. 174-175.

11   Alexandre Charles Kiss, *L'abus de droit en droit internacional*, Paris, 1953, p. 15, apud José Olympio de Castro Filho, *Abuso do direito no processo civil*, p. 17.

12   Ou, como diz Castro Filho, "abuso do direito de demandar" (na obra citada na nota anterior, p. 124).

asseguradas pela Constituição, entre as quais está o poder de ação. Com relação a este, portanto, cabe à lei ordinária a determinação dos requisitos do seu legítimo exercício: as "condições da ação".

Entre essas "condições", como já se disse anteriormente, e se pede vênia para repetir uma vez mais, está o *interesse de agir*, o qual não se faz presente quando a via processual eleita pelo demandante é inadequada para obtenção de tutela jurisdicional. E o ordenamento considera inadequada a utilização da via do mandado de segurança quando o impetrante teve ciência há mais de 120 dias do ato que pretende impugnar. Não tendo o interessado demonstrado pressa de ajuizar sua demanda, não se justifica seja-lhe permitido o uso da via mais expedita, mais célere, do mandado de segurança. Nesse caso, então, a impetração tardia do mandado de segurança é abusiva, devendo o impetrante ser considerado "carecedor de ação", cabendo ao Estado-juiz pôr termo ao processo sem resolução do mérito, nos termos do disposto no art. 267, VI, do CPC.

Há, pois, perfeita compatibilidade entre o art. 23 da Lei nº 12.016/2009 e a Constituição da República.

§ 41. Natureza do prazo

Afirmou-se, no item anterior, que o prazo de 120 dias para impetração do mandado de segurança é compatível com a Constituição da República por ser um prazo extintivo do interesse-adequação, ligado às "condições da ação". É preciso, agora, aprofundar esse ponto, demonstrando as razões desse entendimento. Afinal, é amplamente dominante, na doutrina e na jurisprudência, o entendimento segundo o qual o prazo de 120 dias para impetração de mandado de segurança tem natureza decadencial.[13] A própria Lei nº 12.016/2009 afirma essa natureza, como se vê no art. 6º, § 6º. Tal posição, porém, não é unânime, havendo quem afirme tratar-se de prazo que não é nem de decadência, nem de prescrição, nem preclusivo, mas tão-somente de *prazo extintivo*.[14] Esse entendimento, todavia,

---

[13] Este é o entendimento, entre outros, de Celso Agrícola Barbi, *Do mandado de segurança*, p. 153; José de Moura Rocha, *Mandado de segurança*, 1987, p. 231; Carlos Mário da Silva Velloso, "Direito líquido e certo. Decadência", *in* Sérgio Ferraz (Org.), *Mandado de segurança*, p. 62; Carlos Alberto Menezes Direito, *Manual do mandado de segurança*, p. 79; Hely Lopes Meirelles, *Mandado de segurança*, p. 55. Na jurisprudência pode ser citado, entre outros, o seguinte acórdão: STF, MS 30588 AgR/DF, rel. Min. Cármen Lúcia, j. em 6.10.2011. Também o Superior Tribunal de Justiça afirmou a natureza decadencial do prazo, por exemplo, ao julgar o REsp 119671/PE, rel. Min. Hamilton Carvalhido, j. em 6.4.2000.

[14] Alfredo Buzaid, *Do mandado de segurança*, p. 153.

restou isolado, sendo aquela primeira corrente hoje amplamente dominante, já não havendo mais disposição para rever o tema.[15]

A conclusão da corrente dominante, porém, não me parece satisfatória, razão pela qual entendo necessário rever a questão. O prazo para impetração de mandado de segurança não é decadencial.

Decadência é a extinção de um direito potestativo pelo seu não exercício dentro de certo prazo.[16] Assim sendo, ocorre a decadência quando decorre um certo prazo, estabelecido em lei, para o exercício de determinado direito potestativo sem que seu titular o faça atuar. E direito potestativo, segundo clássica lição, é o direito de produzir, mediante uma manifestação de vontade, um efeito jurídico em que seu titular tenha interesse, ou a cessação de um estado jurídico desvantajoso; sendo tal direito exercido frente a uma ou mais pessoas, que não são devedoras de qualquer prestação em relação ao titular do direito, mas tão somente estão sujeitas, não podendo, assim, subtrair-se ao efeito jurídico produzido.[17] Em outros termos, o direito potestativo é o direito a produzir uma modificação jurídica, mediante uma declaração de vontade, não havendo em relação a tal direito qualquer dever jurídico correspondente. Ao direito potestativo corresponde, tão somente, uma sujeição daquele que não pode se subtrair ao efeito jurídico produzido pelo seu exercício.

Exemplos de direitos potestativos existem em grande número. Pode-se pensar, *e. g.*, no direito de anular um contrato celebrado mediante coação; no direito que tem o mandante de revogar o mandato; no direito que tem o empregador de demitir o empregado etc.

Alguns direitos potestativos podem ter seu exercício sujeito a certo lapso temporal, estabelecido em lei. Não sendo o direito atuado por seu titular dentro do prazo fixado em lei, ocorre seu desaparecimento. À extinção do direito potestativo por seu não exercício dentro do prazo fixado em lei, pois, dá-se – como já afirmado – o nome de decadência.

Do exposto, pode-se afirmar, por exemplo, que o prazo de quatro anos para pedir a anulação de contrato celebrado mediante coação (art. 178, I, do Código Civil) é decadencial.

---

[15] Basta ver que a doutrina que se produziu após a entrada em vigor da Lei nº 12.016/2009 afirmou a natureza decadencial desse prazo, e o fez, de um modo geral, sem qualquer reflexão crítica. Veja-se, por todos, Fernando Gonzaga Jayme, *Mandado de segurança*, p. 49, que se limita a afirmar, de modo dogmático e acrítico, que o prazo é decadencial. Cito este autor como exemplo pelo fato de tratar-se de um processualista que em todos os seus escritos costuma propor uma revisitação crítica dos institutos que analisa, e que quanto a esse ponto sequer cogitou de fazê-lo. A doutrina seguiu, de um modo geral, esse mesmo padrão de conduta.

[16] Francisco Amaral, *Direito civil* – introdução, p. 553.

[17] Giuseppe Chiovenda, L'azione nel sistema dei diritti (trata-se do texto da célebre conferência proferida pelo maior processualista de todas as épocas na Universidade de Bolonha em 1903), *in* Giuseppe Chiovenda, *Saggi di diritto processuale civile*, v. I, p. 21.

Vê-se, pois, que o pronunciamento judicial que afirma ter ocorrido decadência é decisão de mérito, já que declara não ser o demandante titular do direito alegado, direito este que desapareceu pelo decurso do tempo. Acertou, pois, o legislador do CPC ao afirmar que o juiz, ao reconhecer a decadência do direito do demandante, resolve o mérito da causa (art. 269, IV, do Código de Processo Civil).

Ocorre que o decurso do prazo de 120 dias para impetração do mandado de segurança não faz desaparecer o direito substancial do impetrante.[18] Perde-se, tão somente, o direito do impetrante de se valer da via processual do *mandado de segurança*. Nada impede, contudo, que se utilize outra via processual (a chamada *via ordinária*) para se buscar tutela jurisdicional.[19] Assim sendo, a sentença que declara já se ter consumado o prazo "decadencial" a que se refere o art. 23 da Lei nº 12.016/2009 não estará declarando a inexistência do direito do impetrante. Não se trata, pois, de decadência.[20]

Não se tratando de prazo decadencial, torna-se necessário revisitar o tema, para determinação da sua correta natureza. E não tenho dúvida em afirmar que o art. 23 da Lei nº 12.016/2009 prevê um prazo extintivo da adequação do mandado de segurança como via processual adequada para obtenção de tutela jurisdicional. É, pois, prazo que se insere no plano das "condições da ação", mais especificamente no *interesse de agir*. Dito de outro modo: a impetração do mandado de segurança após o decurso do prazo de 120 dias faz com que se tenha de considerar o impetrante "carecedor de ação", por falta de interesse de agir.

Para demonstrar o acerto dessa tese, é preciso, pois, expor algumas considerações acerca do interesse de agir, o qual – como notório – é uma das "condições da ação", ou seja, um dos requisitos necessários para que, em um processo, o Estado-juiz possa se pronunciar sobre o mérito da causa.

---

[18]   Assim sempre se manifestou a jurisprudência do STF, como se pode ver pelo acórdão proferido no RMS 21504/DF, rel. Min. Celso de Mello, j. em 29.3.1994.

[19]   Sobre esse ponto é absolutamente unânime a doutrina. Por todos, Vicente Greco Filho, *Tutela constitucional das liberdades*, p. 165: "A sentença em mandado de segurança fará coisa julgada quando enfrentar o mérito, isto é, definir pela legalidade ou ilegalidade do ato. Não o fará se decretar a carência da segurança por falta de algum de seus pressupostos, como a ilegitimidade de parte, *o decurso do prazo decadencial de cento e vinte dias* ou a dúvida quanto à matéria de fato que determina a ausência de liquidez e certeza do direito, casos em que o pedido poderá ser renovado em ação própria" (grifei). Na doutrina que se produziu após a entrada em vigor da Lei nº 12.016/2009, esse panorama não se modificou. Veja-se, por todos, o que diz Fernando Gonzaga Jayme, *Mandado de segurança*, p. 50: "No mandado de segurança, o reconhecimento da decadência tem como único efeito inviabilizar a utilização desse remédio constitucional. Não implica, entretanto, a extinção do próprio direito, que por qualquer outro meio ordinário de tutela jurisdicional, pode ser demandado."

[20]   O fenômeno foi corretamente observado por Helcio Alves de Assumpção, Mandado de segurança: a comprovação dos fatos como pressuposto específico de admissibilidade do *writ*, *in Revista do Ministério Público* – Rio de Janeiro, v. 1, nº 2, p. 39-40.

O interesse de agir pode ser definido como a utilidade da tutela jurisdicional pretendida pelo demandante.[21] Significa isso dizer que só se pode prover sobre o *meritum causæ* quando o demandante tiver postulado em juízo algo que lhe seja capaz de proporcionar uma situação jurídica mais favorável do que aquela por ele vivida no momento do ajuizamento da demanda. Assim, por exemplo, não tem interesse de agir aquele que, diante de uma crise conjugal, vai a juízo pedir a mera declaração da existência de seu direito ao divórcio, já que tal pronunciamento não seria capaz de resolver a crise (ao menos sob a perspectiva jurídica). O provimento postulado, assim, não é capaz de lhe proporcionar nada de útil, razão pela qual deve ser o demandante considerado "carecedor de ação" por falta de interesse de agir, extinguindo-se o processo sem resolução do mérito (art. 267, VI, do CPC).

Para que se verifique, em cada caso concreto, a presença do interesse de agir, faz-se necessário investigar a presença de dois requisitos: *necessidade da tutela jurisdicional* e *adequação do provimento pleiteado e da via processual eleita para sua obtenção*.[22]

O interesse de agir, assim, depende de dois elementos: *interesse-necessidade* e *interesse-adequação*. Em primeiro lugar, pois, é preciso que se tenha necessidade concreta do processo.[23] Assim, não sendo possível a realização do direito alegado pelo demandante sem a utilização do processo jurisdicional (ou tendo se revelado infrutífera a utilização de meios extraprocessuais), o demandante terá necessidade da tutela jurisdicional, ou seja, necessidade concreta do processo. Assim, por exemplo, não tem interesse de agir, por falta de necessidade da tutela jurisdicional, aquele que vai a juízo cobrar dívida ainda não vencida. De outro lado, tem interesse de agir aquele que vai a juízo buscar o divórcio se não há consenso quanto à sua obtenção (já que o direito ao divórcio, quando não há consenso, não se realiza senão através do processo jurisdicional).[24]

Não basta, todavia, que seja concretamente necessária a utilização do processo jurisdicional. Para que o demandante tenha interesse de agir é preciso que esteja presente o *interesse-adequação*. Significa isso dizer que o demandante precisa ter postulado o provimento adequado, valendo-se da via processual correta para sua obtenção.[25] Assim é que, por exemplo, não tem interesse de agir aquele que, fundado em adultério do cônjuge, pede a anulação do casamento (já que não se terá,

---

[21] Alexandre Freitas Câmara, *Lições de direito processual civil*, v. 1, p. 151.

[22] Idem, ibidem.

[23] Aldo Attardi, *Diritto processuale civile*, v. I, p. 73: "o recurso ao órgão jurisdicional para tutela dos próprios direitos representa o extremo remédio para o cidadão, para quem não seria admissível apenas se ele não tem, no terreno extraprocessual, outros meios para a satisfação do próprio direito ou sua utilização tenha se revelado infrutífera".

[24] E mesmo sendo consensual o divórcio exige-se o processo se o casal tiver filhos incapazes.

[25] Valho-me, aqui, uma vez mais, de ideias lançadas por Attardi sobre o ponto: para haver interesse de agir é preciso que o demandante, escolhendo entre os diversos meios predispostos pelo

in casu, pleiteado o provimento jurisdicional adequado). Assim, também, falta interesse de agir àquele que pretende reaver a posse direta de um imóvel alugado, tendo sido notificado o locatário para desocupar o prédio e não o tendo feito no prazo legal, ajuíza "ação de reintegração de posse", já que a via adequada nessa hipótese é a da "ação de despejo". Nesse caso, ter-se-á escolhido a via processual inadequada para obtenção da tutela jurisdicional pretendida.

Tanto nos casos em que falta *interesse-necessidade*, como naqueles em que falta *interesse-adequação*, o demandante será "carecedor de ação", por falta de interesse de agir, já que estará em juízo em busca de um resultado que não lhe poderá proporcionar nenhuma melhora substancial na situação jurídica por ele reclamada. Dos exemplos já apresentados vê-se o acerto da tese: aquele que pede a condenação de um devedor que não realizou prestação que ainda não está vencida nada obterá de útil, já que a sentença que o condenasse não seria imediatamente passível de execução. Do mesmo modo, aquele que postula a mera declaração da existência do direito ao divórcio não tem interesse de agir, já que o processo não mudaria o estado de coisas atual, mantendo inalterada a crise conjugal.

O prazo para impetração do mandado de segurança se insere nesse contexto. Mais especificamente, o prazo de 120 dias a que se refere o art. 23 da Lei nº 12.016/2009 está ligado à adequação da via processual.

É preciso explicar melhor a afirmação que acaba de ser feita. O Direito brasileiro submete a adequação de certas vias processuais a um prazo dentro do qual a mesma pode ser utilizada. Ultrapassado esse prazo, aquela via processual deixa de ser a adequada para que o demandante pleiteie tutela jurisdicional. Não desaparece, registre-se, o direito à tutela jurisdicional. Tudo o que desaparece é a possibilidade de se obter tal tutela através daquela via processual (normalmente mais rápida do que aquela que poderá ser empregada após o decurso do prazo). Em resumo, o que se tem é o seguinte: aqueles que são mais rápidos, buscando desde logo pleitear tutela jurisdicional, são premiados com a possibilidade de obtê-la por uma via mais rápida e econômica. Os que não se apressam continuam a poder obter tutela jurisdicional, mas deverão buscá-la por uma via mais lenta (afinal, se não têm pressa...).

Esse fenômeno se manifesta, por exemplo, em relação à eficácia executiva de alguns títulos, como o cheque.[26] Este só tem eficácia executiva durante certo prazo. Após o decurso desse lapso temporal o crédito se mantém íntegro, mas não será mais possível demandar a execução com base nele. Significa isso dizer, pois, que o processo executivo só é a via processual adequada para obtenção de tutela

---

ordenamento jurídico, se sirva daquele que assegure a via mais rápida, conveniente e econômica (*Diritto processuale civile*, v. I, p. 73).

[26] Já tive oportunidade de me manifestar especificamente sobre esta questão em Freitas Câmara, *Lições de direito processual civil*, v. 2, p. 200-201.

jurisdicional quando aquele que se apresenta em juízo tendo consigo um cheque o faz dentro do prazo previsto em lei. Decorrido tal prazo, a execução deixa de ser a via processual adequada para aquele demandante postular tutela jurisdicional. Continua ele a ter direito à tutela, mas a buscará por outra via: a do processo de conhecimento de cunho condenatório (em que se poderá usar o procedimento comum ou o monitório, à escolha do demandante).

É também esse o fenômeno que ocorre em relação ao mandado de segurança.[27] Tendo o interessado ciência de um ato de autoridade pública que reputa ilegal ou abusivo e que considera violar um seu direito líquido e certo, terá 120 dias para impetrar mandado de segurança. Durante esse prazo, essa será a via processual adequada para que aquele interessado pleiteie tutela jurisdicional em seu favor. Ultrapassado o prazo previsto no art. 23 da Lei nº 12.016/2009/51, continua ele tendo o direito de postular tutela jurisdicional para si, só não mais podendo se valer da via sumária do mandado de segurança. Passará, assim, a ser adequada a utilização das *vias ordinárias*, podendo o demandante ajuizar demanda que leve à instauração de processo de conhecimento de procedimento comum.

Assim sendo, o prazo de 120 dias para impetrar mandado de segurança não é prazo decadencial, nem de qualquer outra natureza que não esta: trata-se de prazo extintivo do interesse-adequação. Em outros termos, ultrapassado o prazo o impetrante será "carecedor de ação" por não estar mais se valendo da via processual adequada para obtenção de tutela jurisdicional.

Explica-se, assim, a possibilidade de utilização de outra via processual mesmo após a prolação de sentença reconhecendo a "decadência" do direito de impetrar mandado de segurança. É que, em verdade, essa sentença é terminativa, e não definitiva, pondo termo ao processo sem resolução do mérito, por "carência de ação".

§ 42. Termo inicial do prazo

Estabelece o art. 23 da Lei nº 12.016/2009 que o mandado de segurança deverá ser demandado no prazo de 120 dias a contar da ciência, pelo interessado, do ato impugnado. Na maior parte dos casos, não há maiores dificuldades em se determinar o termo inicial desse prazo, já que é possível estabelecer-se como (e quando) o interessado toma conhecimento do ato que pretende, pela via do man-

---

[27] É curioso notar que nenhum desses prazos a que se submete a adequação de certa via processual foi bem compreendido, o que se verifica pelo fato de que o prazo para execução de cheque, que tem a mesma natureza do prazo para impetração de mandado de segurança, costuma ser chamado de prazo de *prescrição* (assim, por exemplo, Sérgio Shimura, *Título executivo*, p. 281), enquanto este último costuma, como se viu, ser considerado de *decadência*. Nem aquele prazo é prescricional, nem este é decadencial. Ambos são prazos a que se submete a adequação de certa via processual para obtenção de tutela jurisdicional. São, pois, prazos extintivos do interesse-adequação.

Prazo para Impetração **331**

dado de segurança, impugnar. Assim, por exemplo, no caso de se pretender impugnar, através de mandado de segurança, uma norma inserta em edital de concurso público, o termo inicial do prazo é a data da publicação do edital.[28] Há, porém, uma série de casos específicos para os quais o texto da lei não dá solução, sendo certo que a jurisprudência costuma enfrentá-los e fixar critérios que permitem determinar, com absoluta exatidão, se o mandado de segurança foi demandado antes ou depois do término do prazo previsto neste art. 23. É sobre essas hipóteses que se passa a tratar.

É de se dizer, antes de tudo, que nos casos em que o ato impugnado tem por base o disposto em lei ou decreto normativo supostamente viciado (por inconstitucionalidade ou ilegalidade), o prazo não corre da publicação da lei ou decreto, mas da ciência do ato administrativo que, com base neles, viola ou ameaça violar o alegado direito do impetrante.[29] De outro lado, porém, quando se pretende o reenquadramento de servidor público, o prazo corre da data da edição da lei que serve de base à pretensão de ser reenquadrado.[30]

Quando se trata de ato de trato sucessivo – como, por exemplo, o ato que acarreta a diminuição de proventos –, considera-se que o prazo de 120 dias se renova periodicamente (normalmente mês a mês).[31]

Tendo o interessado tomado ciência de ato administrativo e interposto contra este ato um recurso administrativo recebido com efeito suspensivo, corre o prazo da data da ciência do julgamento deste.[32]

Quando se pretende impugnar o ato de indeferimento de inscrição em concurso público, sob o fundamento de que o edital não foi observado, o prazo corre da data da ciência do indeferimento.[33] Vale observar que esta hipótese é distinta daquela outra, em que se pretende, no mandado de segurança, questionar a validade do edital, anteriormente examinada.

No caso de se pretender, com o mandado de segurança, atacar omissão da Administração Pública, por não ter nomeado candidato aprovado em concurso público, tem-se considerado como termo inicial do prazo para impetração a data em que se exaure o prazo de validade do certame.[34]

---

28 STJ, RMS 28523/MG, rel. Min. Jorge Mussi, j. em 23.6.2009.

29 STJ, REsp 1023193/SP, rel. Min. Jorge Mussi, j. em 23.6.2009.

30 STJ, REsp 871235/AL, rel. Min. Maria Thereza de Assis Moura, j. em 6.3.2008.

31 STJ, MS 12473/DF, rel. Min. Felix Fischer, j. em 11.2.2009.

32 STJ, REsp 778008/RS, rel. Min. Denise Arruda, j. em 16.9.2008.

33 STJ, AgRg no AgRg no Ag 506929, rel. Min. Maria Thereza de Assis Moura, j. em 19.8.2008.

34 STJ, AgRg no RMS 21165/MG, rel. Min. Laurita Vaz, j. em 12.8.2008.

332 Manual do Mandado de Segurança • Câmara

Voltado o mandado de segurança contra ato judicial (nos raros casos em que o mesmo é admissível), o prazo de 120 dias corre da data em que as partes tenham sido intimadas do mesmo, o que normalmente se dará pelo *Diário Oficial*.[35]

Por fim, é de se dizer que no caso de ser preventivo o mandado de segurança, não há que se falar em incidência desse prazo a que se refere o art. 23.[36]

Evidentemente, não se pôde, aqui, esgotar todas as hipóteses, incontáveis que são, de impetração de mandado de segurança. Espera-se, porém, ter sido possível a apresentação de um panorama que se revele útil, na prática, ao profissional que lida com este remédio processual de índole constitucional.

§ 43. Consequências do decurso do prazo

Apenas por uma questão de sistematização, encerra-se este capítulo com a reafirmação de ponto que já foi abordado: a determinação da consequência do decurso do prazo de 120 dias para impetração do mandado de segurança.

Não há, nem na doutrina[37] nem na jurisprudência, qualquer dúvida acerca do fato de que o decurso do prazo sem que se tenha impetrado o mandado de segurança não acarreta a perda do direito substancial. Perde-se, tão somente, a possibilidade de utilização da via especialíssima do mandado de segurança. O mesmo direito material, porém, poderá ser objeto de tutela jurisdicional pelas *vias ordinárias*.

Há, até mesmo, decisão do Supremo Tribunal Federal em que se afirmou – corretamente, registre-se – que o acesso às vias ordinárias é um direito expressamente assegurado por lei para aqueles que deixaram passar o prazo para impetração de mandado de segurança, não havendo sequer necessidade de que conste expressamente da decisão essa ressalva.[38]

Assim, verificado o decurso do prazo de 120 dias a que se refere o art. 23 da Lei nº 12.016/2009, deverá o processo do mandado de segurança ser extinto – o que pode se dar *ex officio*, em qualquer tempo e grau de jurisdição – sem resolução do mérito, nos termos do disposto no art. 267, VI, do CPC. Fica o interessado, porém, com as portas de acesso às vias ordinárias abertas para postular tutela jurisdicional em seu favor.

---

[35] STJ, RMS 24540/SP, rel. Min. Castro Meira, j. em 19.2.2008.

[36] Nesse sentido, STJ, AgRg no REsp 755145/RJ, rel. Min. Mauro Campbell Marques, j. em 9.6.2009.

[37] Por todos, José Miguel Garcia Medina e Fábio Caldas de Araújo, *Mandado de segurança individual e coletivo*, p. 227-228, onde se afirma que há "decadência da ação" e não do direito material, o que deve levar à extinção do processo sem resolução do mérito.

[38] STF, RMS 24119 ED/DF, rel. Min. Maurício Corrêa, j. em 20.8.2002.

12

Mandado de Segurança Contra Ato Judicial

§ 44. Cabimento

O mandado de segurança contra ato judicial constitui-se, segundo autorizada doutrina, na "mais controvertida matéria no estudo do mandado de segurança".[1] Isso certamente se deve ao fato de que o mandado de segurança foi originariamente criado para impugnar atos do Executivo, só depois se estendendo seu uso para a impugnação de atos oriundos do Poder Judiciário.

É clássica a afirmação de que o desenvolvimento do mandado de segurança contra ato judicial se deu em três fases: a primeira, desde a criação do instituto (pela Constituição de 1934) até a edição da Lei nº 1.533/1951; a segunda, da edição dessa lei até a prolação, pelo STF, do julgamento do RE 76.909/RS;[2] a terceira, a partir desse julgamento.[3] Há, porém, quem tenha acrescentado a essa cronologia uma quarta fase, que se teria iniciado com as reformas por que passou o CPC de 1973, modificando-se substancialmente o regime do agravo de instrumento.[4] E há, ainda, quem considere que essa quarta fase, inaugurada com a edição da Lei nº

---

[1] Fernando Gonzaga Jayme, *Mandado de segurança*, p. 62.

[2] STF, RE 76909/RS, rel. Min. Xavier de Albuquerque, j. em 5.12.1973, assim ementado: "1. Ação de segurança formulada para impugnar ato judicial. É admissível no caso em que do ato impugnado advenha dano irreparável cabalmente demonstrado. 2. Votos vencidos. 3. Recurso extraordinário conhecido mas não provido." Trata-se de longo acórdão no qual se encontra – especialmente no judicioso voto do relator – profundo estudo sobre o cabimento do mandado de segurança contra ato judicial, especialmente na jurisprudência do STF.

[3] J. J. Calmon de Passos, O mandado de segurança contra atos jurisdicionais, *in* Aroldo Plínio Gonçalves (Coord.), *Mandado de segurança*, p. 94.

[4] Teresa Arruda Alvim Wambier, O mandado de segurança contra ato judicial, *in RePro* 107, p. 225.

9.139/1995, teria se encerrado com a aprovação da Lei nº 11.187/2005, quando teria, então, começado a quinta fase da evolução do instituto, que continuaria a desenvolver-se sob a égide da Lei nº 12.016/2009.[5]

A rigor, não há grande diferença entre afirmar-se que foram – até aqui – quatro ou cinco as fases da evolução histórica do mandado de segurança contra ato judicial. Importante é examinar o estágio atual do instituto, de cabimento – é bom que se frise desde logo – *absolutamente excepcional.*[6]

Como já se pôde ver em passagem anterior deste trabalho, o art. 5º da Lei nº 12.016/2009, em seus incisos II e III, exclui o cabimento do mandado de segurança contra atos judiciais em algumas hipóteses (sobre as quais já se teve oportunidade de expor longamente). Impõe-se, a partir das normas veiculadas por esses dispositivos, buscar-se construir uma *teoria geral do mandado de segurança contra ato judicial* que permita estabelecer em que casos (excepcionais) será possível utilizar o mandado de segurança para impugnar provimentos de natureza jurisdicional.

Impõe-se, aqui, então, recordar uma noção básica: a de que a impugnação de decisões judiciais só pode fazer-se por meio de recursos e de demandas autônomas de impugnação. *Tertius non datur.*[7] Não sendo o mandado de segurança um recurso, só pode ele ser tratado como demanda autônoma de impugnação. Afinal, é inegável que a impetração de mandado de segurança contra ato judicial implicará a instauração de novo processo, distinto daquele em que tenha sido proferido o ato judicial impugnado. Recurso, pois, o mandado de segurança não é. Só pode ser, portanto, uma demanda autônoma de impugnação, equiparável, neste particular, a institutos como a "ação rescisória".

Importa definir, então, em que casos será cabível o mandado de segurança contra ato judicial. Pois em primeiro lugar importa ter claro que o mandado de segurança não é sucedâneo da "ação rescisória", razão pela qual, ao menos como regra geral, não se pode mesmo admitir seu manejo contra pronunciamentos de mérito transitados em julgado, conforme se extrai do Enunciado nº 268 da Súmula do STF ("Não cabe mandado de segurança contra decisão judicial com trânsito em julgado").

Excepcionalmente, porém – e como já se pôde ver –, é admissível o emprego do mandado de segurança contra decisões judiciais transitadas em julgado. É o que se dá nos casos em que se aceita o emprego do mandado de segurança contra decisões transitadas em julgado oriundas do sistema dos Juizados Especiais, como

---

[5] Fernando Gonzaga Jayme, *Mandado de segurança*, p. 67.

[6] Teresa Arruda Alvim Wambier, O mandado de segurança contra ato judicial, *in RePro* 107, p. 224.

[7] J. J. Calmon de Passos, O mandado de segurança contra atos jurisdicionais, *in* Aroldo Plínio Gonçalves (Coord.), *Mandado de segurança*, p. 102.

forma de controle de sua competência.[8] Também se tem admitido o emprego do mandado de segurança contra decisão judicial transitada em julgado quando o impetrante foi terceiro no processo em que a coisa julgada se formou,[9] desde que demonstre ter tido justificadas razões para não ter recorrido contra a decisão que agora quer impugnar.[10] Impende recordar, porém, que o terceiro não é alcançado pelos limites subjetivos da coisa julgada, conforme expressamente dispõe o art. 472 do CPC, motivo pelo qual o manejo, por ele, do mandado de segurança não implica qualquer desrespeito à coisa julgada que se tenha formado.

Não se estando, porém, diante de uma decisão de mérito transitada em julgado, pode haver interesse no emprego do mandado de segurança contra ato judicial. E aí é preciso balizar os limites do seu cabimento.

Do texto da lei (art. 5º, II, da Lei nº 12.016/2009), tudo o que se extrai é o não cabimento de mandado de segurança contra decisão judicial de que caiba recurso com efeito suspensivo. Como já se teve oportunidade de demonstrar anteriormente, deve-se ter por inadmissível o mandado de segurança se o recurso cabível contra a decisão judicial for provido de efeito suspensivo *ope legis* (como se dá, em regra, com a apelação) ou *ope iudicis* (como ocorre com o agravo de instrumento, por exemplo).[11]

Deve-se ter, então, em consideração o fato de que o sistema processual vigente admite, contra a maior parte das decisões judiciais, a interposição de recursos que são eficazes para sua impugnação, ou porque dotados, por força de lei, de efeito suspensivo, ou porque a lei processual atribui ao órgão jurisdicional o poder de conceder esse efeito. E o mandado de segurança contra ato judicial só pode ser considerado cabível para suprir as imperfeições do sistema. Vale, aqui, reproduzir importante lição doutrinária:[12]

> "Poder-se-ia, sem risco de erro, estabelecer uma equação entre as imperfeições do sistema processual e o cabimento do mandado de segurança contra atos judiciais. Quanto mais imperfeito for o sistema, tanto maior a necessidade de utilização do mandado de segurança. Ou, a contrário

---

[8] STJ, RMS 32850/BA, rel. Min. Nancy Andrighi, j. em 1º.12.2011. Volto a dizer, porém, o que afirmei em passagem anterior deste estudo: a meu sentir, nesse caso não seria adequada a utilização do mandado de segurança, mas de uma demanda declaratória de ineficácia da decisão, a *querella nullitatis*.

[9] STJ, RMS 14554/PR, rel. Min. Francisco Falcão, j. em 28.10.2003.

[10] STJ, RMS 29793/GO, rel. Min. Felix Fischer, j. em 26.11.2009; RMS 30688/SC, rel. Min. Herman Benjamin, j. em 6.5.2010.

[11] STJ, HC 190651/SC, rel. Min. Jorge Mussi, j. em 8.11.2011. Na doutrina, nesse sentido, Cassio Scarpinella Bueno, *A nova lei do mandado de segurança*, p. 36.

[12] Carlos Alberto de Salles, Mandado de segurança contra atos judiciais: as súmulas 267 e 268 do STF revisitadas, *in* Cassio Scarpinella Bueno, Eduardo Arruda Alvim e Teresa Arruda Alvim Wambier (Coord.), *Aspectos polêmicos e atuais do mandado de segurança – 51 anos depois*, p. 123.

senso, quanto melhor formuladas as normas processuais, tanto menor a necessidade de lançar mão da medida constitucional."

Assim, só se poderá admitir a impetração do mandado de segurança contra ato judicial quando se esteja diante de um caso absolutamente excepcional, para o qual a lei processual não dê solução eficiente.

O primeiro desses casos, evidentemente, é o das decisões judiciais irrecorríveis. Não havendo recurso previsto *em tese* contra o pronunciamento judicial, deve-se ter por admissível sua impugnação por mandado de segurança. É o que se dá, por exemplo, no caso das decisões interlocutórias proferidas nos processos que tramitam nos Juizados Especiais, sobre que se dedicará um tópico específico a seguir. Outros casos há, porém, que podem aqui ser lembrados (em uma enumeração que, evidentemente, é exemplificativa).

Assim é que se admite a impetração de mandado de segurança para impugnar o ato do relator que converte o agravo de instrumento em agravo retido.[13] Também se admite o mandado de segurança contra o ato do relator que defere ou indefere medida de urgência (efeito suspensivo ou antecipação da tutela recursal) em agravo de instrumento.[14]

Admissível, também, o mandado de segurança contra a decisão judicial que defere o protesto contra alienação de bens, por ser ela irrecorrível.[15] Também já se admitiu mandado de segurança contra decisão que julgou procedente exceção de suspeição.[16]

Além dos pronunciamentos irrecorríveis, porém, tem-se admitido o mandado de segurança contra decisões judiciais *recorríveis*, em casos nos quais se encontrem presentes, *cumulativamente*, dois pressupostos: primeiro, que não haja recurso *eficiente* contra a decisão, isto é, que o sistema processual não tenha previsto recurso capaz de permitir que se evite a lesão ao direito do impetrante que o ato judicial que se pretende impugnar será capaz de perpetrar; segundo, que o ato judicial impugnado seja, como se convencionou dizer na prática forense, "teratológico".[17]

---

[13] STJ, RMS 27227/RS, rel. Min. Laurita Vaz, j. em 7.2.2012.

[14] STJ, RMS 30475/DF, rel. Min. Massami Uyeda, j. em 2.3.2010.

[15] STJ, REsp 737345/MT, rel. Min. Sidnei Beneti, j. em 15.12.2009.

[16] STJ, RMS 13378/MG, rel. Min. Laurita Vaz, j. em 17.6.2004.

[17] Essa denominação, a rigor, é equivocada. Teratologia, literalmente, é a "especialidade médica que se dedica ao estudo das anomalias e malformações ligadas a uma perturbação do desenvolvimento embrionário ou fetal" (*Dicionário Houaiss da língua portuguesa*, verbete *teratologia*). Portanto, nem mesmo em sentido figurado o termo pode ser considerado bem empregado. É que *terat(o)* é antepositivo que tem origem no grego *téras atos*, a significar "coisa monstruosa, monstro" etc. e, portanto, "teratologia" seria a ciência que estuda as coisas monstruosas. Uma decisão "teratológica" seria, assim, uma decisão "científica". Mais adequado, pois, seria qualificar a decisão monstruosa, aberrante, como "teratogênica" (já que teratogênico é o que causa teratogenia, formação e desen-

É que em alguns casos proferem-se decisões judiciais manifestamente equivocadas, *aberrantes*. Em doutrina já se definiu a decisão "teratológica" (*rectius*, teratogênica) como "a decisão que afronta inegável e seriamente o sistema e que, paralelamente a essa afronta teórica, é capaz de gerar no campo dos fatos, no mundo empírico, prejuízo de difícil ou impossível reparabilidade".[18]

O Superior Tribunal de Justiça, por exemplo, já admitiu mandado de segurança contra decisão judicial que decretou despejo em um caso no qual, havendo vários demandados, o autor desistiu da ação em relação a um deles, que ainda não havia sido citado, não tendo os demais, já citados, sido intimados dessa desistência, o que configuraria cerceamento de defesa.[19] É preciso, então, que se esteja diante de uma decisão manifestamente contrária à ordem jurídica. Isso só, porém, não basta. É que normalmente esse tipo de vício se corrigiria por meio dos recursos. Impõe-se, portanto, como requisito adicional que o recurso cabível contra a decisão judicial manifestamente ilegal seja ineficiente, isto é, não seja capaz, no caso concreto, de dar solução adequada ao caso submetido ao Judiciário. Consequência direta disso é que, diante do quadro atual, poucos serão os casos de cabimento de mandado de segurança contra atos judiciais recorríveis, uma vez que os recursos – ao menos como regra geral, e ressalvada apenas a possibilidade de ocorrer algum caso prático que a doutrina, por sua natureza necessariamente abstrata e teórica, não é capaz de prever – são aptos a permitir de modo bastante eficiente a correção dos erros cometidos pelos juízes e tribunais nas decisões que proferem. Daí valer a pena transcrever outro interessante trecho de trabalho do professor paulista Carlos Alberto de Salles:[20]

> "Diante das mudanças no Código de Processo Civil, seria ainda cabível o mandado de segurança contra ato judicial? Consideradas a ampla recorribilidade dos atos judiciais e a existência de mecanismos capazes de prestarem uma resposta efetiva ao problema da suspensão do ato impugnado, seria ainda justificável aquela utilização do remédio constitucional?
>
> A propósito das questões levantadas, cabe sustentar, inicialmente, a subsistência do remédio constitucional, o qual não se extingue em razão de mudanças no ordenamento ordinário. Existe, isso sim, uma maior ou me-

---

volvimento no útero de anomalias que levam a malformações). O que há na decisão aberrante é uma teratogenia, e não uma teratologia. Mas seria muito difícil modificar esse vício de linguagem a essa altura...

[18] Teresa Arruda Alvim Wambier, O mandado de segurança contra ato judicial, *in RePro* 107, p. 236.

[19] STJ, RMS 25077/RS, rel. Min. Felix Fischer, j. em 30.5.2008.

[20] Carlos Alberto de Salles, Mandado de segurança contra atos judiciais: as súmulas 267 e 268 do STF revisitadas, *in* Cassio Scarpinella Bueno, Eduardo Arruda Alvim e Teresa Arruda Alvim Wambier (Coord.), *Aspectos polêmicos e atuais do mandado de segurança – 51 anos depois*, p. 130.

nor necessidade de sua utilização, decorrente do maior ou menor acerto da disciplina processual, nos termos da equação apontada acima.

O cabimento da medida, é evidente, está sempre condicionado àquela finalidade dada pelo texto da Constituição, qual seja dar proteção a direito líquido e certo em face de ilegalidade ou abuso de poder por ato de autoridade pública, entre elas aquelas no exercício do poder jurisdicional do Estado. Mesmo que abstratamente não se vislumbrem situações nas quais a via mandamental seja adequada, sua disponibilidade há de ser sempre afirmada, não se podendo desdenhar da complexidade e gravidade das situações apresentadas pelos casos concretos, eventualmente não solucionáveis pelas vias recursais ordinárias."

Em outros termos: por mais que seja difícil encontrar-se, em tese, algum caso no qual seja cabível o manejo do mandado de segurança contra ato judicial (ressalvados os casos, já mencionados, em que a decisão que se pretende impugnar é irrecorrível), é preciso, sempre, afirmar o cabimento, em tese, dessa garantia constitucional, sob pena de a apequenar, o que iria contra seu próprio *status* de direito fundamental.

§ 45. O mandado de segurança como sucedâneo recursal nos Juizados Especiais

Tema que já foi examinado antes, volta-se agora a tratar do mandado de segurança como sucedâneo recursal nos Juizados Especiais apenas porquanto a linearidade da exposição o exige. Buscar-se-á, porém, evitar uma repetição desnecessária do quanto já foi dito anteriormente acerca do ponto.

Como cediço, o microssistema processual dos Juizados Especiais, composto por três leis federais (Lei nº 9.099/1995, Lei nº 10.259/2001 e Lei nº 12.153/2009) é, de um modo geral, infenso ao cabimento de recurso contra decisões interlocutórias.[21] Admite-se, de modo expresso, apenas o cabimento de recurso contra decisão proferida em sede de Juizado Federal (Lei nº 10.259/2001, art. 5º) ou em Juizado da Fazenda Pública (Lei nº 12.153/2009, art. 4º) que verse sobre tutela de urgência.

Tenho sustentado, há muito tempo, que essas previsões devem ser aplicadas aos Juizados Especiais Cíveis Estaduais, através de um diálogo de fontes, de forma a se admitir agravo contra decisões que, também nesses Juizados, versem sobre

---

[21] Sobre o ponto, seja permitido remeter a Alexandre Freitas Câmara, *Juizados especiais cíveis estaduais, federais e da Fazenda Pública* – uma abordagem crítica, p. 140-143.

tutela de urgência.[22] Há, porém, uma série de decisões interlocutórias que, proferidas no processo dos Juizados Especiais, não se pode impugnar por recurso.

Basta pensar, por exemplo, nas decisões interlocutórias proferidas em sede de execução.[23] Não sendo admissível o agravo (ou qualquer outro recurso), impõe-se a admissão de algum mecanismo de controle dessas decisões por um segundo órgão jurisdicional.

Pois é essa a função do mandado de segurança contra ato judicial em sede de Juizados Especiais: atuar como sucedâneo recursal nos casos em que inadmissível a interposição de recurso contra decisão interlocutória.[24] Só assim se fará possível o controle das decisões interlocutórias, o que é essencial a um sistema processual democrático.

Não obstante isso, impende dizer que seria muito melhor – e é isso que aqui se sustenta *de lege ferenda* – a previsão de um recurso contra algumas decisões interlocutórias que podem ser proferidas nos Juizados (como, por exemplo, a que deixa de receber recurso interposto contra a sentença ou as decisões interlocutórias proferidas em sede executiva). Isso evitaria, até mesmo, que se dispusesse de prazo tão alongado (120 dias) para impugnar uma decisão judicial que, caso fosse cabível o recurso, teria de ser objeto de impugnação em poucos dias.

Cabível, porém, o mandado de segurança contra ato judicial como sucedâneo recursal em Juizados Especiais, é preciso examinar um ponto que, em relação ao caso, merece tratamento especial (já que, quanto ao mais, ter-se-á aqui um mandado de segurança contra ato judicial como outro qualquer, sem peculiaridades dignas de nota): a competência.

A matéria tem sido constantemente tratada pelo Superior Tribunal de Justiça, podendo aqui ser mencionada importante decisão sobre o ponto:[25]

> "CONSTITUCIONAL. PROCESSUAL CIVIL. IMPETRAÇÃO CONTRA ACÓRDÃO DE TURMA RECURSAL PERANTE O TRIBUNAL REGIONAL. INCABÍVEL. COMPETÊNCIA DA PRÓPRIA TURMA RECURSAL. PRECEDENTES DO STF E DO STJ.

---

[22] Idem, p. 141.

[23] Insta aqui recordar que o sistema recursal dos Juizados, estabelecido em suas linhas gerais pela Lei nº 9.099/1995, é uma cópia do que anteriormente estabelecia a Lei nº 7.244/1984, por força da qual os Juizados não tinham qualquer competência executiva (nem mesmo para a execução de suas próprias decisões, devendo estas ser levadas ao juízo cível comum para que a execução pudesse desenvolver-se).

[24] Não se esqueça, porém, da – inaceitável, *data venia* – orientação do STF no sentido de jamais admitir o manejo de mandado de segurança contra decisões proferidas nos processos dos Juizados Especiais, estabelecida a partir do julgamento STF, RE 576847/BA, rel. Min. Eros Grau, j. em 20.5.2009.

[25] STJ, AgRg no RMS 36864/RJ, rel. Min. Humberto Martins, j. em 24.4.2012.

340 Manual do Mandado de Segurança • Câmara

1. Cuida-se de recurso ordinário interposto contra acórdão de Tribunal Regional Federal que denegou a ordem em *writ* que visava combater a extinção, sem resolução do mérito, por conta da complexidade do tema, de ação ordinária ajuizada em Juizado Especial Federal.

2. O Supremo Tribunal Federal enfrentou a matéria, e consignou que 'o julgamento do mandado de segurança contra ato de turma recursal cabe à própria turma, não havendo campo para atuação quer de tribunal, quer do Superior Tribunal de Justiça' (AgRg no AI 666.523, Relator Min. Ricardo Lewandowski, Relator p/ Acórdão: Min. Marco Aurélio, Primeira Turma, publicado no *DJe* em 3.12.2010, Ementário vol. 2444-02, p. 415).

3. A jurisprudência do STJ indica que os Tribunais Regionais Federais não possuem a função revisional das decisões dos juizados especiais e de suas turmas recursais; ademais, no caso concreto, a impetração contra acórdão de turma recursal deve ser processada pela própria turma, e não por esta Corte Superior. Precedentes: RMS 16.376/RS, Rel. Ministra Maria Thereza de Assis Moura, Sexta Turma, *DJ* 3.12.2007, p. 363; RMS 20.233/RJ, Rel. Min. Paulo Medina, Sexta Turma, *DJ* 22.5.2006, p. 250.

Agravo regimental improvido."

O fundamento principal dessa tese, absolutamente vitoriosa na jurisprudência, é o de que os tribunais (tanto o Tribunal de Justiça como o Tribunal Regional Federal) não são órgãos revisores das decisões proferidas nos Juizados Especiais. Esse entendimento tem sido, também, o do Supremo Tribunal Federal:[26]

"COMPETÊNCIA – MANDADO DE SEGURANÇA – ATO DE TURMA RECURSAL. O julgamento do mandado de segurança contra ato de turma recursal cabe à própria turma, não havendo campo para atuação quer de tribunal de justiça, quer do Superior Tribunal de Justiça. Precedente: Questão de Ordem no Mandado de Segurança nº 24.691/MG, Plenário, 4 de dezembro de 2003, redator do acórdão Ministro Sepúlveda Pertence. CONTROLE DIFUSO DE CONSTITUCIONALIDADE – SUPERIOR TRIBUNAL DE JUSTIÇA. Todo e qualquer órgão investido do ofício judicante tem competência para proceder ao controle difuso de constitucionalidade. Por isso, cumpre ao Superior Tribunal de Justiça, ultrapassada a barreira de conhecimento do especial, apreciar a causa e, surgindo articulação de inconstitucionalidade de ato normativo envolvido na espécie, exercer, provocado ou não, o controle difuso de constitucionalidade. Considerações. AGRAVO REGIMENTAL – JULGAMENTO SUMÁRIO. A circunstância de o agravo regimental ser examinado de forma sumária é conducente a assentar-se o provimen-

---

[26] STF, AI 666523 AgR/BA, rel. Min. Ricardo Lewandowski, rel. p/ acórdão Min. Marco Aurélio, j, em 26.10.2010.

Mandado de Segurança Contra Ato Judicial **341**

to quando não alcançada a unanimidade no Colegiado – salutar doutrina trazida do Superior Tribunal de Justiça pelo saudoso Ministro Menezes Direito e adotada pelo relator."

Na doutrina, diversos autores já se pronunciaram nesse mesmo sentido. Veja-se, por exemplo, o que ensina importante estudioso do assunto:[27]

"A única questão que nos parece mais relevante a respeito desse tema é a definição do órgão judicial competente para o processo e conhecimento do *writ*. Desde o início, temos defendido a tese (hoje dominante) de que os tribunais estaduais não têm competência originária para conhecer do *mandamus* e do *habeas corpus*, quando apontado como coator o juiz dos Juizados Especiais, mas, sim, os Colégios Recursais, por serem eles a instância recursal imediatamente superior, e não os Tribunais de Justiça.

Por outro lado, tendo em vista que os Tribunais de Justiça não exercem competência recursal/revisional em sede de Juizados Especiais, posto que as Turmas atuam como última instância, contra as suas decisões não cabe qualquer irresignação aos tribunais estaduais, nem mesmo em sede de mandado de segurança ou *habeas corpus*.

O próprio Colégio Recursal será competente para conhecer e rever a sua decisão ou a do juiz monocrático integrante do colegiado, seja em sede de mandado de segurança, *habeas corpus*, correição parcial ou reclamação. Desta decisão, dependendo do teor da matéria, é que caberá recurso ao Supremo Tribunal Federal, se a questão for constitucional."

Embora esmagadoramente dominante, esse entendimento não é unânime. Há, em boa doutrina, quem com ele não concorde,[28] afirmando a competência do tribunal local para conhecer do mandado de segurança na hipótese. Os argumentos invocados por esta corrente de pensamento são, em síntese, os seguintes: *primeiro*, o fato de que o art. 101, §§ 2º e 3º, *d*, da Lei Complementar nº 35 (Lei Orgânica da Magistratura Nacional – LOMAN) atribui aos tribunais, expressamente, competência para processar e julgar mandado de segurança contra ato de juiz de direito; *segundo*, a Constituição da República (art. 98, I) atribui às Turmas Recursais competência meramente recursal, não havendo ali previsão de competência para conhecer de mandado de segurança; *terceiro*, as próprias leis de regência dos Juizados Especiais só atribuem às Turmas Recursais competência para julgar recursos; *quarto*, o fato de que pessoas jurídicas de Direito Público não podem ser parte perante os Juizados Especiais Estaduais (mas seriam elas a ocupar o polo

---

[27] Joel Dias Figueira Júnior, *Manual dos juizados especiais cíveis estaduais e federais*, p. 290.

[28] Fredie Didier Júnior, Notas sobre a incompetência da turma recursal para processar e julgar mandado de segurança contra ato de juiz dos Juizados Especiais Cíveis, *in Repro* 105, p. 249-259.

342 Manual do Mandado de Segurança • Câmara

passivo da demanda de mandado de segurança contra ato judicial impetrado perante a Turma Recursal); *quinto*, a possível impossibilidade de que o impetrante atue como demandante perante órgão integrante do sistema dos Juizados Especiais, já que apenas pessoas naturais e algumas poucas pessoas jurídicas (como as microempresas e as empresas de pequeno porte, por exemplo) podem demandar em tais órgãos jurisdicionais, mas muitas vezes seria outra a pessoa jurídica interessada em impetrar o mandado de segurança; *sexto*, a impossibilidade de manejo de procedimentos especiais perante os Juizados Especiais, quando é inegável que o procedimento do mandado de segurança é, ele próprio, um procedimento especial; *sétimo*, as características especiais do sistema recursal do processo de mandado de segurança, com a previsão de recurso ordinário constitucional para o STJ ou para o STF quando a decisão denegatória seja proferida em única instância por Tribunal, o que tornaria irrecorríveis e, pois, não sujeitas a qualquer tipo de controle (com a única ressalva do recurso extraordinário) as decisões proferidas pela Turma no exercício de uma competência originária.

A meu ver, nenhum desses argumentos foi, até hoje, respondido pela corrente majoritária. Tenho, também eu, sustentado há muito a competência dos Tribunais (de Justiça ou Regional Federal, conforme o caso) para conhecer de mandado de segurança contra ato de juiz de Juizado Especial (ou contra atos da Turma Recursal).[29] Mas não é o que tem prevalecido, continuando a predominar a ideia de que a competência seria das Turmas Recursais.

§ 46. Peculiaridades do processo e do procedimento

O mandado de segurança contra ato judicial não é, exatamente, um mandado de segurança "como outro qualquer". Tem ele algumas peculiaridades, tanto do ponto de vista processual como puramente procedimental, que merecem ser aqui considerados. Limita-se, porém, este tópico ao exame do que é peculiar em sede de mandado de segurança contra ato judicial. Quanto ao mais, aplicam-se as normas gerais já examinadas neste estudo.

Inicialmente, é de se repudiar certa tendência a tratar o mandado de segurança contra ato judicial como se fosse um processo cautelar. Essa é tendência que se manifesta em algumas decisões judiciais em que se afirma que a concessão do mandado de segurança contra o ato judicial exige, como requisitos, o *fumus boni iuris* e o *periculum in mora*.[30] Essa é orientação que não pode ser aceita porque, como já se disse em autorizada doutrina,

---

[29] Alexandre Freitas Câmara, *Juizados especiais cíveis estaduais, federais e da Fazenda Pública* – uma abordagem crítica, p. 149-151.

[30] Assim, por exemplo, STJ, AgRg no RMS 25181/ES, rel. Min. Humberto Martins, j. em 26.8.2008, assim ementado: "Processual civil – Agravo regimental – Recurso ordinário – Mandado de seguran-

"seus seguidores não atentaram para o fato de que o pressuposto constitucional para a concessão do mandado de segurança é a *ilegalidade* do ato de autoridade. Enquanto na ação cautelar o elemento fundamental é o *periculum in mora*, no mandado de segurança esse elemento é a *ilegalidade* do ato e a consequente lesão do direito líquido e certo".[31]

O mandado de segurança contra ato judicial é, pois, próprio e verdadeiro mandado de segurança, buscando impugnar atos judiciais *ilegais ou abusivos* que violem direito líquido e certo (e que não possam ser impugnados de forma eficiente pelos meios dispostos no sistema recursal).

Nele há, porém, algumas peculiaridades processuais e procedimentais a observar. Passe-se ao seu exame.

Uma primeira questão a enfrentar é a da legitimidade ativa para a impetração do mandado de segurança contra ato judicial. Em primeiro lugar, será legitimado aquele que é parte no processo em que se tenha prolatado o ato judicial que através do mandado de segurança se impugna. Nesse caso, nenhuma peculiaridade há a considerar. Impende, porém, levar-se em conta o especial caso da legitimidade ativa para a impetração de quem, no processo original, é *terceiro*.

A respeito do tema, há inclusive enunciado sumular do STJ (nº 202), vazado nos seguintes termos: "A impetração de segurança por terceiro, contra ato judicial, não se condiciona à interposição de recurso."

Em um dos precedentes indicados na Súmula como formadores da tese acolhida no enunciado, se lê a seguinte ementa:[32]

"Mandado de segurança contra ato judicial.

O princípio de que o mandado de segurança não pode ser utilizado como sucedâneo recursal aplica-se entre partes, mas não incide em se cuidan-

---

ça – Agravo de instrumento – Agravo interno – Art. 527, parágrafo único, do CPC – Recorribilidade – Uso do mandado de segurança – Decisão sem caráter teratológico – Não comprovação dos pressupostos jurídicos e fáticos. 1. O recurso não merece provimento, pela simples razão de que o ato judicial foi baseado em lei (art. 527, parágrafo único, CPC), a qual veda a interposição de agravo interno na espécie. 2. O uso do mandado de segurança para conferir efeito suspensivo a recurso que não o tem só é admissível quando teratológica a decisão impugnada ou se demonstre a presença concomitante do 'fumus boni iuris e do periculum in mora'. Súmula 267/STF. 3. Não demonstração do 'periculum in mora'. Agravo regimental improvido." Do voto do relator se extrai o seguinte trecho: "Em suma, só teria êxito o mandado de segurança para conferir efeito suspensivo a recurso que não o tem, *'desde que teratológica a decisão impugnada ou se demonstre a presença concomitante do fumus boni iuris e do periculum in mora, ausentes neste caso. Aplicação da Súmula 267/STF: 'Não cabe mandado de segurança contra ato judicial passível de recurso ou correção'* (RMS 22.789/SP, Rel. Min. José Delgado, Primeira Turma, julgado em 6.2.2007, *DJ* 15.2.2007)."

31 Celso Agrícola Barbi, *Do mandado de segurança*, p. 107.

32 STJ, RMS 1114/SP, rel. Min. Athos Carneiro, j. em 8.10.1991.

344 Manual do Mandado de Segurança • Câmara

do de segurança impetrada por terceiro, prejudicado em seu patrimônio pelo ato judicial.

Ação possessória, com liminar deferida, tendo por objeto a utilização de linha telefônica, cuja titularidade todavia induvidosamente toca à impetrante, alheia à demanda, e que não pode ser privada do direito à livre disposição do bem.

Recurso ordinário provido."

Já pela ementa se verifica a necessidade de tratar-se diferentemente o terceiro e a parte quanto à possibilidade de manejo do mandado de segurança como meio de impugnação da decisão judicial. Em seu voto, o eminente Magistrado e processualista que atuou como relator valeu-se de trecho do parecer do Ministério Público Federal no qual se lê o seguinte:

"[...] tendo o interdito corrido sem seu conhecimento, não se lhe podia acoimar (como fez o V. Acórdão) de não haver interposto o recurso cabível à concessão da liminar legitimando o 'mandamus'. Isso porque seu direito à disponibilidade do bem de que era titular fora atingido, reflexamente pelo menos, em virtude do ato judicial. Não se pode descartar, evidentemente, a ARY, esbulhado que fora em sua posse, acionar a impetrante pela transferência – que teria sido incabível – da dita linha telefônica".

A ideia, então, é a de que o terceiro, por não ter sido parte, não pode ser forçado a valer-se do recurso que da parte se exigiria para impugnar a decisão judicial. Pode ele impugnar a decisão judicial *ilegal* ou *abusiva* que viola seu direito líquido e certo diretamente por meio de mandado de segurança, mesmo porque não se submete ele à coisa julgada que se forma *inter alios*.

Outra decisão importante, mencionada na Súmula do STJ como um dos precedentes do Verbete nº 202, tem a seguinte ementa:[33]

"Recurso de terceiro prejudicado. Não sendo parte no feito, pode o terceiro prejudicado fazer uso do mandado de segurança para impedir lesão a direito seu, líquido e certo, provocada por decisão judicial, mesmo quando seja esta passível de recurso. (RTJ 88/890).

E se a pretensão deduzida no writ decorre de lei em vigor, há direito líquido e certo a proteger. Recurso especial não conhecido."

Nesses casos, então, tem-se afastado – corretamente – o obstáculo ao uso do mandado de segurança contra ato judicial recorrível, já que o ônus de recorrer só

---

[33] STJ, REsp 2224/SC, rel. Min. José de Jesus Filho, j. em 9.12.1992.

pode ser imposto a quem é parte da demanda (e, por conta disso, ficará inserido nos limites subjetivos da coisa julgada), mas não a terceiros.

A respeito do assunto, vale recordar a lição de processualista italiano que muito influenciou o pensamento processual brasileiro a respeito da matéria, ao tratar do modo como a coisa julgada pode (ou não) alcançar terceiros:[34]

> "Assume esse princípio dois aspectos diversos, segundo a posição do terceiro em confronto com a relação decidida: *a)* o terceiro, que é sujeito de relação praticamente compatível com a decisão pronunciada entre as partes, mas pode sofrer em virtude dela um prejuízo de fato, acha-se na condição natural de *não poder* sofrer por causa da decisão um prejuízo jurídico, e, em consequência, não pode desconhecer-lhe a eficácia como coisa julgada entre as partes, ainda que possa lesar um interesse seu não elevado ao grau de direito subjetivo (*terceiros juridicamente indiferentes*); *b)* o terceiro, que é sujeito de relação praticamente incompatível com a decisão, *não deve* (precisamente por força do enunciado princípio jurídico) sofrer em consequência da sentença aquele prejuízo que ela, por exclusão implícita, tenderia a proporcionar-lhe a direito seu. Esse terceiro pode, por consequência, desconhecer legitimamente a eficácia da decisão também como coisa julgada entre as partes, na medida em que seria por ela prejudicado (*terceiros juridicamente interessados*).
>
> Esse princípio de caráter negativo, é integrado por um segundo, de caráter positivo, por força do qual 'a decisão pronunciada entre as partes tem valor também em relação a determinados terceiros, como coisa julgada que se formou entre essas partes'. Também esse princípio assume duas formas diversas, conforme se refira: *a)* a terceiros participantes da relação ou estado deduzido em juízo, e neste caso significa que a coisa julgada, que se formou entre as partes, *se comunica* àqueles terceiros, cuja posição seja, a respeito daquela relação, *subordinada* à relação decidida, e neste caso a coisa julgada que se formou entre as partes *não pode ser desconhecida* por aqueles que são sujeitos de relação diversa, mas praticamente compatível com a decidida.
>
> A subordinação do terceiro à parte, para legitimar a extensão da coisa julgada a esse terceiro, pode nascer das seguintes causas: *a)* sucessão do terceiro à parte na relação litigiosa, depois que esta se deduziu em juízo; *b)* substituição processual da parte ao terceiro, por ter deduzido em juízo a sua relação jurídica; *c)* incindível conexão entre a relação jurídica do terceiro e a relação investida de coisa julgada; *d)* dependência necessária da relação jurídica do terceiro da relação investida de coisa julgada. Nos dois

---

[34] Enrico Tullio Liebman, *Eficácia e autoridade da sentença*, p. 91-92.

primeiros casos, a extensão da coisa julgada ao terceiro é *direta*; nos dois últimos, pelo contrário, *reflexa*.

Da combinação dos dois princípios, positivo e negativo, deriva, em resumo, a classificação dos terceiros em três categorias:

A) *terceiros juridicamente indiferentes*, estranhos à relação e sujeitos de relação compatível com a decisão; para estes logram aplicação combinada e atenuada ambos os princípios, de tal modo que é a sentença juridicamente irrelevante para eles, mas vale como coisa julgada para outrem, e pode produzir mero prejuízo de fato;

B) *terceiros juridicamente interessados, não sujeitos à exceção de coisa julgada*, são os titulares de relação incompatível com a sentença; para estes logra aplicação exclusiva o princípio negativo e, em consequência, podem desconhecer a coisa julgada que se formou entre as partes;

C) *terceiros juridicamente interessados, sujeitos à exceção de coisa julgada*, são os que se encontram subordinados à parte com referência à relação decidida; para estes logra aplicação exclusiva o princípio positivo, e a coisa julgada que se formou entre as partes pode estender-se-lhes como sua própria."

Impõe-se, assim, identificar três categorias de terceiros: os *indiferentes*, os *juridicamente interessados sujeitos de relação incompatível com a decisão* e, por fim, os *terceiros juridicamente interessados sujeitos de relação subordinada à parte*.

Os primeiros não poderão impetrar mandado de segurança contra o ato judicial por absoluta ausência de interesse, já que a decisão judicial lhes é indiferente. Os últimos também não podem valer-se do mandado de segurança por estarem sujeitos ao resultado do processo, já que estão subordinados à parte que nele atuou (como é, por exemplo, o caso do sublocatário que, mesmo não tendo atuado no processo cujo objeto é o despejo, fica submetido ao resultado do processo, não podendo valer-se de qualquer meio destinado a impugnar decisões judiciais que não os mesmos postos à disposição da parte).

Assim, o raciocínio que levou à edição do Verbete 202 da Súmula do STJ só se aplica à segunda categoria, a dos terceiros que, juridicamente interessados, são sujeitos de relação jurídica incompatível com a decisão. Estes, por não se submeterem à coisa julgada, e não tendo o ônus de valer-se dos meios comuns de impugnação das decisões judiciais, poderão impetrar mandado de segurança ainda que não tenham interposto recurso.[35]

Definida essa questão, importa agora verificar quem deve figurar no polo passivo da demanda de mandado de segurança contra ato judicial.

---

[35] Essa distinção, porém, não tem sido feita pelos tribunais, que admitem a impetração de mandado de segurança contra ato judicial por terceiro pelo simples fato de ser terceiro.

Mandado de Segurança Contra Ato Judicial **347**

O juiz (ou órgão colegiado) responsável pelo ato impugnado, evidentemente, não é parte da demanda, mas *autoridade coatora*. Não será ele o demandado, porém.[36]

Penso que a única forma de solucionar adequadamente o problema aqui enfrentado é considerar que o polo passivo é ocupado pelo próprio Tribunal a que o órgão jurisdicional prolator do ato impugnado é vinculado. A solução aqui preconizada não pode causar espanto. Já se viu que entes estatais despersonalizados podem figurar como partes no processo do mandado de segurança. Nada impede que figurem, inclusive, no polo passivo. Aliás, já foi proferido voto no STF em que o ponto foi enfrentado de forma clara e objetiva:[37]

> "[...] sabemos todos que o Congresso Nacional – Senado Federal e Câmara dos Deputados – muitas vezes é acionado em Juízo mediante mandado de segurança, mandado de injunção e, também, habeas corpus. A Casa das Leis não deveria se apresentar como coator em *habeas corpus*. Fazer leis nem sempre enseja essa condição de coator em *habeas corpus*. Certo é, porém, que as casas legislativas estão sujeitas a serem acionadas, judicialmente".

Ora, se as Casas Legislativas podem ser demandadas judicialmente, nada impede que também o sejam os Tribunais, embora desprovidos de personalidade jurídica própria. E nesse caso, já que tais órgãos não têm Procuradorias próprias, serão representados em juízo pelos órgãos de advocacia pública (Advocacia Geral da União ou Procuradoria-Geral do Estado, conforme o caso).[38]

---

[36] Diverge desse entendimento Luana Pedrosa de Figueiredo Cruz, Legitimidade passiva em mandado de segurança contra ato jurisdicional, *in* Cassio Scarpinella Bueno, Eduardo Arruda Alvim e Teresa Arruda Alvim Wambier (Coord.), *Aspectos polêmicos e atuais do mandado de segurança – 51 anos depois*, p. 503, para quem o magistrado é "tanto autoridade coatora quanto parte passiva". Sustenta a autora, com pertinência, que não se poderia considerar demandada a pessoa jurídica, pois muitas vezes será ela própria a impetrante (como aconteceria, por exemplo, no caso de a União impetrar mandado de segurança contra ato judicial de Juiz Federal), e nesse caso se teria uma inadmissível situação em que a União demandaria em face de si mesma, ocupando simultaneamente os dois polos da demanda. Quanto a este ponto, é de se concordar com a ilustre professora da PUC-SP, não sendo mesmo possível ter-se a pessoa jurídica de direito público no polo passivo. A sequência do texto buscará dar solução a esse impasse.

[37] STF, ADI 1557/DF, rel. Min. Ellen Gracie, j. em 31.3.2004. O trecho citado no texto foi extraído do voto do Min. Carlos Velloso. Nesse processo de controle concentrado de constitucionalidade afirmou-se a legitimidade constitucional da existência de uma Procuradoria criada especificamente para o assessoramento e representação judicial de Casa Legislativa, exatamente em razão da possibilidade de que tal órgão possa ser parte em juízo.

[38] No âmbito do Estado do Rio de Janeiro, a Lei Complementar Estadual nº 15/1980, que regulamenta a atuação da Procuradoria-Geral do Estado, dispõe, em seu art. 2º, V, que àquele órgão de Advocacia Pública compete defender, em juízo ou fora dele, o Poder Judiciário. É disso que se trata aqui, e essa norma, que decorre de texto expresso da lei estadual fluminense, extrair-se-á, ainda que implicitamente, das leis de regência dos demais órgãos de Advocacia Pública.

Em litisconsórcio necessário passivo com o Tribunal figurarão aqueles que, sendo partes do processo no qual a decisão atacada tenha sido proferida, são os beneficiários do ato impugnado. Como já se afirmou em respeitada doutrina, "aquele que se beneficiou do ato impugnado deve ser citado para integrar o processo de mandado de segurança".[39] O caso é de litisconsórcio necessário-unitário,[40] dada a natureza da relação jurídica de direito material deduzida no processo do mandado de segurança, uma vez que sobre eles recairá o ônus de suportar os efeitos da decisão postulada pelo impetrante, caso esta lhe seja favorável.[41]

Impetrado o mandado de segurança contra ato judicial, seguirá ele o procedimento normalmente previsto para os mandados de segurança em geral, mas aqui há um ponto a observar (e que levará novamente a uma questão já enfrentada, a da legitimidade passiva para a demanda de mandado de segurança contra ato judicial).

É que muito frequentemente se tem entendido que os órgãos de advocacia pública não devem se pronunciar, apresentando defesa, no processo de mandado de segurança contra ato judicial.[42] Por conta desse entendimento, é muito comum, na prática do foro, que não se determine a citação do demandado (a qual deve ser feita na pessoa do Procurador do Estado ou do Advogado da União), nem se colha o pronunciamento deste, incumbido da defesa do ato judicial. Essa irregularidade

---

[39] Eduardo Arruda Alvim, *Mandado de segurança*, p. 328.

[40] Thereza Alvim, *O direito processual de estar em juízo*, p. 239.

[41] Existem incontáveis decisões reconhecendo a existência desse litisconsórcio necessário. Por todas, mencione-se STJ, RMS 30115/SP, rel. Min. Humberto Martins, j. em 10.8.2010, assim ementada: "Processual civil – Honorários periciais – Direito do auxiliar do juízo – Previsão legal – Impetração de mandado de segurança contra ato judicial que nega tal pagamento – Possibilidade em tese – Citação dos litisconsortes necessários – Ausência – Postulado do devido processo legal não observado. 1. É cabível mandado de segurança impetrado por perito judicial contra ato que determina a devolução dos honorários periciais. Ordem judicial proferida após a conclusão da perícia. 2. O ato que determina a devolução dos honorários periciais, quando já exercido o labor profissional pelo *expert*, configura ilegalidade manifesta que não pode ser combatida pelos meios recursais usuais, uma vez que o perito não é parte e nem interessado na causa. 3. O perito judicial deve ser remunerado pelo trabalho que realiza, nos termos do art. 10 da Lei n. 9.289/96 e art. 33 do CPC. 4. Impetrado mandado de segurança contra ato judicial, impõe-se a citação de todos os litisconsortes passivos necessários, notadamente porque suportarão no processo principal o ônus financeiro pela paga dos honorários periciais. 5. Ausente a citação dos litisconsortes passivos necessários, há violação do postulado do devido processo legal. Precedentes desta Corte. Recurso ordinário improvido."

[42] Assim, por todos, Leonardo Carneiro da Cunha, Comentário ao art. 5º, *in* Napoleão Nunes Maia Filho, Caio Cesar Vieira Rocha e Tiago Asfor Rocha Lima (Org.), *Comentários à nova lei do mandado de segurança*, p. 92, afirmando inexistir interesse da pessoa jurídica de direito público em atuar no processo (opinião com que se concorda, mas que não afasta a posição, sustentada no texto, de que o próprio Tribunal deve atuar) e acrescentando, ainda, em apoio de seu entendimento, a afirmação segundo a qual ouvir a pessoa jurídica de direito público causaria uma maior (e desnecessária) dilação temporal no processo do mandado de segurança, com o que não se concorda, já que o prazo para apresentação da defesa pelo demandado, como visto anteriormente, é o mesmo prazo de que dispõe a autoridade coatora para apresentar informações.

no andamento do processo gera, sem sombra de dúvida, prejuízo ao contraditório, que não será pleno, já que não se terá dado ao próprio ente (despersonalizado) responsável pela emissão do ato judicial oportunidade para participar da formação do resultado do processo de mandado de segurança. Deve, pois, ser aberta vista dos autos ao órgão de Advocacia Pública, para que este promova a defesa do ato impugnado pela via do mandado de segurança.[43]

Quanto ao mais, como reiteradamente se tem afirmado, o mandado de segurança contra ato judicial é um processo de mandado de segurança como os outros, sem qualquer diferença digna de nota.

---

[43] E no caso de concessão da segurança caberá ao Tribunal responder, total ou parcialmente, pelas despesas do processo de mandado de segurança, já que é ele o demandado (ou, ao menos, um dos demandados, em litisconsórcio com os beneficiários do ato impugnado).

13

Mandado de Segurança Coletivo

§ 47. Conceito

Grande inovação oriunda da Constituição da República de 1988, em matéria de mandado de segurança, o mandado de segurança coletivo está previsto no inciso LXX do art. 5º da Lei Maior, assim redigido:

"LXX – o mandado de segurança coletivo pode ser impetrado por:

a) partido político com representação no Congresso Nacional;

b) organização sindical, entidade de classe ou associação legalmente constituída e em funcionamento há pelo menos um ano, em defesa dos interesses de seus membros ou associados."

Não obstante os ares de novidade com que apareceu em 1988, o mandado de segurança coletivo não é, propriamente, uma figura nova, distinta do que já se conhecia. Veja-se, por exemplo, o que sobre ele falou um dos maiores processualistas brasileiros de todas as épocas:[1]

"Não se cuida, cumpre de logo dizer e fundamentar, de uma *nova* garantia constitucional. Estamos diante do velho mandado de segurança, ampliado em termos de legitimação para sua propositura, dessa legitimação nova resultando repercussões sobre a estrutura do procedimento e sobre a decisão de mérito nele proferida."

---

[1] J. J. Calmon de Passos, *Mandado de segurança coletivo, mandado de injunção, habeas data* – Constituição e processo, p. 7.

Mandado de Segurança Coletivo **351**

O que se tem, pois, é um alargamento da área de atuação do velho mandado de segurança. Passa ele, por força de uma ampliação da legitimidade ativa, a poder ser usado para defesa de direitos transindividuais (desde que revestidos dos atributos necessários para que possam ser tidos por "líquidos e certos", claro).

Isso não dispensa o estudioso de buscar definir o mandado de segurança coletivo. Antes de se estabelecer essa definição, porém, vale aqui recordar votos vencidos proferidos, há muito tempo, em decisão que já foi citada neste estudo, e que apresentam uma antevisão do mandado de segurança coletivo.[2] Nesses votos, proferidos sob a égide do regime constitucional de 1946 (e, portanto, muito antes de se cogitar da instituição, que só se deu em 1988, do mandado de segurança coletivo em textos normativos), afirmou-se a possibilidade de ajuizamento de "ação popular" sob a via de mandado de segurança. Do voto vencido do Min. Hahnemann Guimarães merece destaque o seguinte trecho:

> "Sr. Presidente, parece-me que a ação popular, de que cuida o § 38 do art. 141 da Constituição [*de 1946*], pode ser ajustada ao processo sumaríssimo do mandado de segurança. Não se opõe a esta conclusão o ensinamento do egrégio Castro Nunes, porque ele mesmo assinala que, quando a lesão do patrimônio público, federal, estadual ou municipal, redundar em ofensa de direito individual, cabe ao cidadão pedir seja reparada ela pelo mandado de segurança.
>
> Coincide, aliás, esta afirmação com o que já dispõe o art. 319, § 1º, do Código de Processo Civil [*de 1939*], onde se diz:
>
> 'Quando o direito ameaçado ou violado couber a uma categoria de pessoas indeterminadas, qualquer delas poderá requerer mandado de segurança'.
>
> Assim, pode ser o cidadão atingido através da lesão causada ao patrimônio público federal, estadual ou municipal; pode ser atingido no seu direito subjetivo, no seu direito individual.
>
> Deste modo Sr. Presidente, parece-me que é possível promover-se a ação popular, por meio do processo sumaríssimo do mandado de segurança."

Vê-se, pois, que já em 1949 havia manifestação no sentido do cabimento do mandado de segurança para tutela de interesses transindividuais. De toda sorte, foi só a partir de 1988 que se passou a cogitar seriamente de uma dimensão coletiva do mandado de segurança.

---

[2] Trata-se dos votos vencidos proferidos pelos Ministros Hahnemann Guimarães e Orosimbo Nonato no julgamento, pelo STF, do MS 1000/DF, rel. Min. Edgard Costa, j. em 28.9.1949.

Essa dimensão coletiva permite a inserção do mandado de segurança (coletivo) no campo mais amplo do Direito Processual Coletivo, ramo do Direito Processual destinado ao estudo e à regulamentação dos processos através dos quais se busca tutela jurisdicional para interesses transindividuais.[3] É o mandado de segurança coletivo, pois, manifestação de uma das tendências contemporâneas do Direito Processual, a coletivização da tutela jurisdicional.[4]

A doutrina clássica do mandado de segurança definia o instituto de que ora se trata nos seguintes termos:

> "ação judicial impetrada por partido político, organização sindical, entidade de classe ou associação constituída e em funcionamento há pelo menos um ano, fundando-se em direito líquido e certo ameaçado ou violado por ilegalidade ou abuso de poder, praticado por autoridade pública".[5]

Daí se extrai, portanto, que o mandado de segurança coletivo "significa, simplesmente, uma modificação na legitimação ativa da ação de mandado de segurança – isso, é certo, a fim de possibilitar o uso do *mandamus* também como instrumento de tutela coletiva, rompendo as peias do individualismo processual, onde até então se continha".[6]

A doutrina produzida após a edição da Lei nº 12.016/2009 não destoou do que se afirmava antes desse diploma. Assim, por exemplo, já se asseverou que "o mandado de segurança coletivo é uma inovação introduzida pela Constituição de 1988 (art. 5º, inc. LXX), por meio da qual se amplia a legitimação ativa para a propositura e, consequentemente, a extensão subjetiva dos efeitos da sentença".[7]

Dito isso, pode-se afirmar que o *mandado de segurança coletivo é espécie de mandado de segurança, voltado à tutela de direito transindividual líquido e certo violado ou ameaçado por ato ilegal ou abusivo de autoridade pública ou de quem exerça função pública.*

---

[3]   Pede-se vênia para reproduzir, aqui, o que foi dito logo no início deste estudo: o direito processual coletivo tem autonomia científica, e deve ser por isso tratado como ramo autônomo da ciência processual. Sobre o ponto, confira-se Ada Pellegrini Grinover, *Direito processual coletivo*, p. 11-15. O mandado de segurança coletivo, registre-se, é tema que interessa tanto ao direito processual público como ao direito processual coletivo, encontrando-se em uma zona de confluência desses dois ramos da ciência processual.

[4]   José Carlos Barbosa Moreira, Tendências contemporâneas do direito processual civil, *in* José Carlos Barbosa Moreira, *Temas de direito processual* – Terceira série, p. 6 e seguintes, esp. p. 9-10.

[5]   Alfredo Buzaid, *Considerações sobre o mandado de segurança coletivo*, p. 10.

[6]   Marcelo Navarro Ribeiro Dantas, *Mandado de segurança coletivo* – legitimação ativa, p. 24.

[7]   Fernando Gonzaga Jayme, *Mandado de segurança*, p. 147.

§ 48. Bens jurídicos tuteláveis

Dispõe o parágrafo único do art. 21 da Lei nº 12.016/2009 que o mandado de segurança coletivo pode ser usado para tutela de interesses coletivos *stricto sensu* e de interesses individuais homogêneos. Resulta daí o acerto da afirmação de que essa espécie de mandado de segurança se destina à tutela de interesses transindividuais. De outro lado, porém, nenhuma alusão há, no texto da lei, à possibilidade de manejo do mandado de segurança coletivo para tutela de interesses difusos. E isso é suficiente para que surjam divergências acerca dos interesses tuteláveis através do mandado de segurança coletivo. Pois é disso que se passa a tratar.

Impende, porém, ter claro que, por se tratar de um mandado de segurança, o mandado de segurança coletivo só protege direitos que possam ser considerados *líquidos e certos*, sendo aqui aplicáveis todas as considerações anteriormente feitas acerca desse fenômeno.

É preciso, porém, determinar quais tipos de interesses transindividuais podem ser objeto de proteção pela via do mandado de segurança coletivo. Para isso, impõe-se – ainda que rapidamente – rememorar aqui os conceitos desses interesses transindividuais.

Para isso, é preciso em primeiro lugar recordar a distinção que se deve fazer entre interesses *essencialmente coletivos* e *acidentalmente coletivos*.[8] São interesses essencialmente coletivos aqueles entre os quais há uma

> "*comunhão indivisível* de que participam todos os interessados, sem que se possa discernir, sequer idealmente, onde acaba a 'quota' de um e onde começa a de outro. Por isso mesmo, instaura-se entre os destinos dos interessados tão firme união, que a satisfação de um só implica de modo necessário a satisfação de todos; e, reciprocamente, a lesão de um só constitui, *ipso facto*, lesão da inteira coletividade".[9]

De outro lado, são interesses acidentalmente coletivos aqueles nos quais

> "é possível, em linha de princípio, distinguir, interesses referíveis individualmente aos vários membros da coletividade atingida, e não fica excluída *a priori* a eventualidade de funcionarem os meios de tutela em proveito de uma parte deles, ou até de um único interessado, nem a de desembocar

---

[8] A distinção aqui mencionada foi originariamente proposta por José Carlos Barbosa Moreira, Tutela jurisdicional dos interesses coletivos ou difusos, *in* José Carlos Barbosa Moreira, *Temas de direito processual* – terceira série, p. 195-196.

[9] Idem, p. 195.

o processo na vitória de um ou de alguns e, simultaneamente, na derrota de outro ou de outros".[10]

Em outros termos, há interesses transindividuais *indivisíveis*, que por sua própria natureza pertencem a grupos ou categorias de pessoas (os essencialmente coletivos) e outros *divisíveis*, que admitem a identificação da quota pertencente a cada um dos integrantes do grupo ou categoria, e que por sua própria natureza são, na verdade, interesses individuais (os acidentalmente coletivos).

Os direitos essencialmente coletivos, então, são direitos que por sua própria natureza são transindividuais. São os direitos coletivos *lato sensu*. De outro lado, os direitos acidentalmente coletivos não são verdadeiros direitos coletivos. São direitos individuais que, por razões de política legislativa, passam a ser objeto de proteção através de mecanismos de tutela coletiva.[11]

Os direitos essencialmente coletivos dividem-se em duas categorias, de que se tratará adiante: os *difusos* e os *coletivos em sentido estrito*. Já os direitos acidentalmente coletivos são, não verdade, direitos *individuais homogêneos*.

Pode-se definir interesses difusos como aqueles "que se referem a grupos menos determinados de pessoas, entre as quais inexiste um vínculo jurídico ou fático muito preciso, possuindo objeto indivisível entre os membros da coletividade, compartilhável por número indeterminável de pessoas".[12] Daí a definição de interesses difusos contida no art. 81, parágrafo único, I, do Código de Defesa do Consumidor, que afirma serem esses os interesses " transindividuais, de natureza indivisível, de que sejam titulares pessoas indeterminadas e ligadas por circunstâncias de fato". É difuso, por exemplo, o interesse na preservação do meio ambiente.

De outro lado, são coletivos *stricto sensu* os interesses transindividuais indivisíveis cujos interessados são determináveis e ligados entre si, ou com a parte contrária, por uma relação jurídica base (conforme se pode extrair do inciso II do parágrafo único do art. 82 do Código de Defesa do Consumidor, em texto muito semelhante ao que consta do inciso I do parágrafo único do art. 21 da Lei nº 12.016/2009).[13] Pode-se pensar, aqui, à guisa de exemplo, no interesse de um grupo de pessoas que já tenha contratado certo plano de saúde em evitar aumentos abusivos dos valores das mensalidades.

---

[10]   Idem, p. 196.

[11]   Sobre o ponto, com absoluta precisão, Teori Albino Zavascki, *Processo coletivo*, p. 41-43, recordando que para os direitos coletivos *lato sensu* haverá "tutela de direitos coletivos", enquanto para os direitos individuais homogêneos haverá "tutela coletiva de direitos".

[12]   Ricardo de Barros Leonel, *Manual do processo coletivo*, p. 99.

[13]   Chama a atenção, porém, o fato de que o CDC usa a expressão "relação jurídica base", enquanto a Lei do Mandado de Segurança fala em "relação jurídica básica". Parece preferível a primeira expressão, não só por já se ter tornado tradicional, mas por indicar melhor o fato de que a relação jurídica de que o interessado participa é a *base* do interesse.

Por fim, os interesses individuais homogêneos são definidos no Código de Defesa do Consumidor como "os decorrentes de origem comum" (art. 81, parágrafo único, III). Já a Lei nº 12.016/2009 buscou uma definição um pouco mais precisa, afirmando serem individuais homogêneos os "decorrentes de origem comum e da atividade ou situação específica da totalidade ou de parte dos associados ou membros do impetrante" (art. 21, parágrafo único, II). Os interesses individuais homogêneos "originam-se não de uma idêntica relação jurídica, disciplinada pelo direito, que dê à coletividade determinada feição. Apenas circunstâncias fáticas unem os interessados. Não há, portanto, relação jurídica-base (ou básica) a uni--los".[14] O que há é uma origem comum, um fato único lesivo a todos esses interesses individuais (como se dá, por exemplo, no caso de defeitos de fabricação em série de veículos, a lesar individualmente todos os consumidores que tenham adquirido veículos daquela série defeituosamente fabricada).

O que se busca, então, é definir para quais dessas três categorias de interesses transindividuais (difusos, coletivos *stricto sensu* e individuais homogêneos) será adequada a utilização do mandado de segurança coletivo como meio de obtenção de tutela jurisdicional).

Antes da Lei nº 12.016/2009, e diante do absoluto silêncio legislativo que então havia, diversas correntes doutrinárias surgiram acerca do objeto de proteção do mandado de segurança coletivo.

Havia, por exemplo, quem sustentasse que o mandado de segurança coletivo servia para proteção de "direitos líquidos e certos dos partidos políticos com representação no Congresso Nacional, ou da organização sindical, entidade de classe ou associação legalmente constituída e em funcionamento há pelo menos um ano, em defesa dos interesses (direitos líquidos e certos) de seus membros ou associados".[15]

Também houve quem sustentasse que o mandado de segurança coletivo serviria para proteção de direito que dissesse respeito "a uma coletividade, ou categoria, representada por partido político, associação, sindicato ou entidade de classe", que pudesse caracterizar-se como "direito líquido, certo e incontestável de toda uma categoria – ou da maioria dos membros dessa categoria –, e *não apenas* à proteção do direito de um ou de alguns membros da entidade que propõe a ação".[16]

---

[14] José Marcelo Menezes Vigliar, *Interesses individuais homogêneos e seus aspectos polêmicos*, p. 28.

[15] Alfredo Buzaid, *Considerações sobre o mandado de segurança coletivo*, p. 21. Afirmava o ilustre processualista paulista, principal artífice do CPC de 1973, que o mandado de segurança coletivo serviria tanto para tutela de interesses dos associados das entidades legitimadas como, também, para proteção de seus próprios direitos líquidos e certos (ob. cit., p. 10-11). Com todas as vênias devidas a Buzaid, mas no caso de alguma dessas entidades legitimadas impetrar mandado de segurança para defesa de interesse próprio ter-se-á mandado de segurança individual, e não mandado de segurança coletivo.

[16] José Cretella Júnior, *Do mandado de segurança coletivo*, p. 79.

Houve quem afirmasse que o mandado de segurança coletivo teria por objeto a proteção de direito líquido e certo individual de membro ou associado da entidade, homólogo, afim, idêntico a interesse da associação como tal.[17]

Também houve quem sustentasse que o mandado de segurança coletivo serviria para proteção de direitos subjetivos individuais de interesse de um grupo determinado ou da coletividade e, também, de direitos difusos e coletivos.[18]

Por fim, houve quem – ainda antes da Lei nº 12.016/2009 – sustentasse que o mandado de segurança coletivo poderia ser usado para tutela de todo tipo de interesse transindividual, difuso, coletivo ou individual homogêneo.[19]

Na jurisprudência, sempre houve resistência ao uso do mandado de segurança coletivo para tutela de interesses difusos. Assim é, por exemplo, que o Superior Tribunal de Justiça, invocando o Enunciado nº 101 da Súmula do STF (segundo o qual não se admite mandado de segurança como sucedâneo de "ação popular", verbete este que – conforme demonstrado em passagem anterior deste estudo – foi editado em uma época na qual não se admitia a dimensão coletiva do mandado de segurança), extinguiu sem resolução do mérito processo de mandado de segurança em caso no qual se buscava a proteção de interesse difuso. A ementa foi a seguinte:[20]

> "PROCESSUAL CIVIL. MANDADO DE SEGURANÇA. SINDICATO DOS POLICIAIS RODOVIÁRIOS FEDERAIS DE MINAS GERAIS. DEFESA DE INTERESSES DIFUSOS.
>
> ILEGITIMIDADE ATIVA. SÚMULA N. 101/STF.
>
> 1. Evidenciado o caráter difuso da impetração, fulcrada, essencialmente, na defesa dos interesses dos usuários das rodovias federais – universo de pessoas passíveis de ser atingidas pelos supostos efeitos nefastos do ato coator, impõe-se o reconhecimento da incapacidade postulatória do sindicato autor.
>
> 2. É vedada a utilização do mandado de segurança como substitutivo da ação popular (Súmula n. 101/STF).
>
> 3. Mandado de segurança extinto sem resolução do mérito."

Tratava-se de mandado de segurança coletivo impetrado por sindicato (dos policiais rodoviários federais de Minas Gerais) para impugnar Portaria Interministerial (nº 4), editada pelos Ministros de Estado dos Transportes e da Justiça, por

---

[17] J. J. Calmon de Passos, *Mandado de segurança coletivo, mandado de injunção, habeas data – Constituição e processo*, p. 17-18.

[18] Celso Agrícola Barbi, *Do mandado de segurança*, p. 273.

[19] Ada Pellegrini Grinover, Mandado de segurança coletivo: legitimação e objeto, *in RePro* 57, p. 100.

[20] STJ, MS 11399/DF, rel. Min. João Otávio de Noronha, j. em 13.12.2006.

força da qual o DNIT (Departamento Nacional de Infraestrutura de Transportes) passaria a fiscalizar e multar veículos que trafegassem com excesso de peso nas rodovias federais. Voltava-se a impetração, então, a proteger interesse de todos aqueles que trafegavam em tais rodovias, a evidenciar seu caráter difuso, o que foi suficiente para a extinção do processo, já que, segundo o voto do relator, a atuação do impetrante "haveria de se restringir à defesa dos interesses específicos de seus associados". Esse entendimento, aliás, é manifestação de uma percepção, surgida logo nos primeiros anos de incidência da Constituição da República de 1988, bastante restritiva acerca do mandado de segurança coletivo, que o limitava à tutela de interesses individuais, considerando que os interesses difusos e coletivos *stricto sensu* não poderiam ser protegidos por essa via, mas através de mecanismos outros, como a "ação civil pública" ou a "ação popular".[21] Há, porém, decisões do Superior Tribunal de Justiça nas quais se afirma existir um microssistema de proteção dos interesses difusos que seria composto, entre outros institutos, pelo mandado de segurança coletivo.[22]

Com a entrada em vigor da Lei nº 12.016/2009, porém, surgiu um dado novo. É que o art. 21, parágrafo único, desse diploma, é expresso em afirmar o cabimento de mandado de segurança coletivo apenas para proteção de interesses coletivos *stricto sensu* ou individuais homogêneos. Por conta disso, a doutrina passou a discutir se seria legítima a limitação estabelecida em sede legislativa, vedando-se o uso do mandado de segurança coletivo como mecanismo de tutela de interesses difusos.

Há, de um lado, quem considere compatível com o modelo constitucional brasileiro a norma que se extrai do parágrafo único do art. 21 da Lei nº 12.016/2009, a qual estabelece como objeto do mandado de segurança coletivo tão somente os direitos coletivos *stricto sensu* e individuais homogêneos.[23] Para quem defende essa tese, seria

> "difícil compatibilizar os direitos difusos (cujos titulares são absolutamente indeterminados) com a natureza do mandado de segurança (que supõe liquidez e certeza do direito tutelado) e com os limites estabelecidos no

---

[21] Assim decidiu o STJ, por exemplo, ao julgar o AgRg no MS 266/DF, rel. Min. Carlos Velloso, j. em 12.12.1989.

[22] Como se pode ler, por exemplo, em STJ, REsp 474475/SP, rel. Min. Luiz Fux, j, em 9.9.2008.

[23] Teori Albino Zavascki, Comentário ao art. 21, *in* Napoleão Nunes Maia Filho, Caio Cesar Vieira Rocha e Tiago Asfor Rocha Lima, *Comentários à nova lei do mandado de segurança*, p. 287; Fernando da Fonseca Gajardoni, *in* Fernando da Fonseca Gajardoni, Márcio Henrique Mendes da Silva e Olavo A. Vianna Alves Ferreira, *Comentários à nova lei de mandado de segurança*, p. 109 (registrando este autor que prefere uma visão ampliativa, a admitir o uso do mandado de segurança coletivo para tutela de interesses difusos, mas dizendo não acreditar que essa orientação possa prevalecer); Humberto Theodoro Júnior, *O mandado de segurança segundo a Lei n. 12.016, de 7 de agosto de 2009*, p. 47; José Miguel Garcia Medina e Fábio Caldas de Araújo, *Mandado de segurança individual e coletivo*, p. 208-209.

próprio *caput* do art. 21. Essa dificuldade, já constatada na jurisprudência do STF, determinou a opção do legislador por admitir a tutela de direitos cujos titulares sejam identificados por classe ou categoria (como ocorre nos direitos coletivos *stricto sensu*), mas não quando a indeterminação seja absoluta, como ocorre nos direitos difusos".[24]

Há, porém, diversos autores que entendem que, não obstante o texto legal, não se pode excluir o cabimento do mandado de segurança coletivo para tutela de interesses difusos.

Assim, por exemplo, há quem sustente que os direitos difusos,

"assim como os 'coletivos' e os 'individuais homogêneos' – não podem ser compreendidos como 'classes' ou 'tipos' de direitos estanques, não inter-penetráveis ou não relacionáveis entre si. São – e esta é a única forma de entender, para aplicar escorreitamente, a classificação feita pela lei bra-sileira – apenas modelos apriorísticos, pré-concebidos, que justificam, na visão abstrata do legislador, a *necessidade* da tutela jurisdicional coletiva. Assim, um 'direito *difuso*' também é passível de ser tutelado jurisdicional-mente pelo mandado de segurança coletivo na exata medida em que algum dos legitimados para a impetração comprove sua aptidão de representar adequadamente em juízo todos aqueles que, em alguma medida, podem vir a ser afetados pelo ato que se quer questionar perante o Estado-juiz".[25]

Há, também, quem diga que

---

[24] Teori Albino Zavascki, Comentário ao art. 21, *in* Napoleão Nunes Maia Filho, Caio Cesar Vieira Rocha e Tiago Asfor Rocha Lima, *Comentários à nova lei do mandado de segurança*, p. 287. O autor faz alusão a decisão do STF que teria se pronunciado sobre o ponto (RE 196184/AM, rel. Min. Ellen Gracie, j. em 27.10.2004), assim ementada: "Constitucional. Processual civil. Mandado de seguran-ça coletivo. Legitimidade ativa ad causam de partido político. Impugnação de exigência tributária. IPTU. 1. Uma exigência tributária configura interesse de grupo ou classe de pessoas, só podendo ser impugnada por eles próprios, de forma individual ou coletiva. Precedente: RE nº 213.631, rel. Min. Ilmar Galvão, DJ 07/04/2000. 2. O partido político não está, pois, autorizado a valer-se do manda-do de segurança coletivo para, substituindo todos os cidadãos na defesa de interesses individuais, impugnar majoração de tributo. 3. Recurso extraordinário conhecido e provido." Curioso notar, porém, que o voto da relatora, Min. Ellen Gracie, diz exatamente o inverso do que apontado pelo eminente Min. Teori Albino Zavascki em seu trabalho doutrinário. Confira-se o seguinte trecho do voto da relatora: "A previsão do art. 5º, LXX, da Constituição objetiva aumentar os mecanismos de atuação dos partidos políticos no exercício de seu mister, tão bem delineado na transcrição *supra*, não podendo, portanto, ter esse campo restrito à defesa de direitos políticos, e sim de todos aqueles interesses difusos e coletivos que afetam a sociedade." E mais adiante se lê no mesmo voto: "Assim, se o partido político entender que determinado direito difuso se encontra ameaçado ou lesado por qualquer ato da administração, poderá fazer uso do mandado de segurança coletivo, que não se restringirá apenas aos assuntos relativos a direitos políticos e nem a seus integrantes."

[25] Cassio Scarpinella Bueno, *A nova lei do mandado de segurança*, p. 171.

"no parágrafo único do art. 21, a Lei 12.016/2009 estabeleceu que o mandado de segurança coletivo tem por objeto *direitos coletivos stricto sensu* e *direitos individuais homogêneos*. Esse dispositivo, no entanto, se interpretado como excludente dos *direitos difusos*, viola a Constituição, uma vez que o inciso LXX de seu art. 5º não restringe o cabimento do *writ* coletivo apenas aos direitos coletivos *stricto sensu* e individuais homogêneos. Logo, se o texto constitucional não restringe, não cabe ao legislador infraconstitucional fazê-lo, mormente porque o mandado de segurança coletivo está disposto no rol de garantias fundamentais da Constituição, o que torna ainda mais descabida a limitação de sua incidência pela Lei 12.016/2009".[26]

Merece referência, nesse ponto, respeitável opinião no sentido de que

"a omissão do legislador em deixar de incluir os direitos difusos no rol do art. 21 da Lei do Mandado de Segurança mostra-se irrelevante, data venia, pois o art. 5º, incisos LXIX e LXX, da CF/1988 exige apenas que tenha sido violado direito líquido e certo, não restringindo a categoria do direito (difuso, coletivo ou individual homogêneo). Além disso, o art. 83 do Código de Defesa do Consumidor, que integra o sistema único coletivo de proteção dos direitos coletivos, autoriza a utilização de qualquer espécie de demanda, inclusive no mandado de segurança coletivo para a defesa dos direitos difusos".[27]

No mesmo sentido é esta outra lição que, não obstante longa, merece ser integralmente transcrita:[28]

"A exclusão dos direitos difusos teve por fundamento o entendimento de que o mandado de segurança apenas tutela direitos, nunca interesses. Um grupo indeterminado de pessoas não poderia ser titular de um direito líquido e certo. Além disso, nos termos da Súmula 101 do Supremo Tribunal Federal, invocada para reforçar este raciocínio, '*o mandado de segurança não substitui a ação popular*', de maneira que a via mandamental não se prestaria à tutela de qualquer interesse na esfera coletiva.

---

[26] Bruno Garcia Redondo, Guilherme Peres de Oliveira e Ronaldo Cramer, *Mandado de segurança*, p. 152.

[27] Luiz Manoel Gomes Júnior e Rogério Favreto, *in* Luiz Manoel Gomes Júnior, Luana Pedrosa de Figueiredo Cruz, Luís Otávio Sequeira de Cerqueira, Rogério Favreto e Sidney Palharini Júnior, *Comentários à nova lei do mandado de segurança*, p. 192-193.

[28] André Vasconcelos Roque e Francisco Carlos Duarte, *Mandado de segurança*, p. 162-163. Os autores dão um precioso exemplo, figurando a hipótese em que uma pessoa, de forma ilegal, obtém licença para demolir imóvel tombado, admitida a existência, na cidade, de uma associação constituída para defesa de seu patrimônio histórico, caso em que – podendo a ilegalidade da licença ser verificada por prova documental preconstituída – será admissível o mandado de segurança coletivo.

Com a devida vênia aos que pensam em sentido contrário, tal orientação parte de uma concepção bastante conservadora a respeito da tutela coletiva no direito brasileiro. Com efeito, conforme aponta ilustre doutrina, a partir do momento em que passam a ser também amparados pelo ordenamento jurídico, os interesses assumem o mesmo *status* de 'direito', desaparecendo qualquer razão para que se busque uma diferenciação entre eles. A estreiteza do conceito tradicional de direito subjetivo, relacionado a uma concepção individualista da tutela jurisdicional, não mais pode ser admitida no estágio atual do processo civil brasileiro. Hoje, privilegia-se uma noção mais ampla de direito subjetivo, abrangendo também o que outrora se entendia como simples 'interesse' na ótica individualista, ampliando-se o espectro da tutela jurídica.

Além de conservadora, tal orientação também não pode ser admitida porque está fundada em interpretação distorcida da expressão '*direito líquido e certo*', que constitui condição indispensável para o mandado de segurança. Na realidade, tal requisito diz respeito única e exclusivamente à necessidade de demonstração das alegações expostas pelo impetrante mediante prova pré-constituída, e nada mais do que isso. A restrição que se estabelece impossibilita somente que ocorra dilação probatória, incompatível com o procedimento mandamental. Uma vez constatado que as alegações da impetração são aferíveis de plano, cabível será o *mandamus* coletivo, pouco importando se a pretensão formulada veicula, segundo concepção individualista, um direito subjetivo propriamente dito ou um mero interesse, também passível de tutela jurisdicional.

Assim, nem mesmo eventual aplicação subsidiária das normas atinentes ao *writ* individual representaria obstáculo para a tutela de direitos difusos através do mandado de segurança coletivo. A condição específica da existência de um direito líquido e certo, longe de exigir que a impetração veicule necessariamente um direito individualizável ou pelo menos titularizado por categorias ou grupos bem determinados, possui significado eminentemente procedimental, a impedir a realização de instrução probatória. Qualquer entendimento em sentido contrário não estará afinado com a máxima potencialidade do mandado de segurança conferida pela Constituição.

É bastante provável que a ausência de previsão legal atinente à tutela de direitos difusos pela via mandamental fortaleça ainda mais o restritivo entendimento que vem se formando na jurisprudência sobre a matéria. Ainda assim, a melhor interpretação afasta tal conclusão, sob pena de amesquinhar o mandado de segurança coletivo, que não pode ser compreendido como uma mera ação sindical, a serviço de determinadas classes ou categorias, tal como concebido pelo legislador. Trata-se, na verdade, de um instrumento específico de tutela coletiva, que se notabiliza por ser dotado

Mandado de Segurança Coletivo **361**

de um procedimento mais célere, ágil e simplificado, fortalecendo o princípio constitucional da duração razoável do processo, que também deve vigorar para as ações coletivas."

Pois esta é, realmente, a melhor solução. Apesar do silêncio do texto legal, não há como sustentar-se que a Lei nº 12.016/2009 tenha excluído o cabimento do mandado de segurança para tutela de interesses difusos. Também estes podem ser protegidos pelo mandado de segurança coletivo. E o grande fundamento legal para isso é o disposto no art. 83 do Código de Defesa do Consumidor, segundo o qual "para a defesa dos direitos e interesses protegidos por este código são admissíveis todas as espécies de ações capazes de propiciar sua adequada e efetiva tutela".

Impende aqui recordar, antes de tudo, que o CDC prevê, expressamente, mecanismos de tutela de todos os tipos de interesses transindividuais, inclusive os interesses difusos (conforme se pode ver pela leitura do seu art. 81, parágrafo único). E nos termos do art. 83 daquele mesmo diploma a tutela dos direitos e interesses por ele protegidos (o que definitivamente inclui os interesses difusos) pode se dar por "todas as espécies de ações capazes de propiciar sua adequada e efetiva tutela".

Vale deixar claro desde logo que a norma que se extrai do art. 83 do CDC não é aplicável apenas aos direitos transindividuais de consumidores, mas a todos os direitos transindividuais.[29] E o alcance de tal norma inclui, evidentemente, o mandado de segurança coletivo.

É que realmente não há qualquer razão para limitar o manejo de tão importante mecanismo como é o mandado de segurança coletivo, o qual – vale recordar – se insere no plano das garantias fundamentais do ordenamento constitucional brasileiro. Pois sendo o mandado de segurança coletivo uma garantia fundamental, deve ele ser interpretado segundo o princípio da máxima efetividade, que em superior doutrina já foi formulado nos seguintes termos:

> "a uma norma constitucional deve ser atribuído o sentido que maior eficácia lhe dê. É um princípio operativo em relação a todas e quaisquer normas constitucionais, e embora a sua origem esteja ligada à tese da atualidade das normas programáticas (Thoma), é hoje sobretudo invocado no âmbito dos direitos fundamentais (no caso de dúvidas deve preferir-se a interpretação que reconheça maior eficácia aos direitos fundamentais)".[30]

Ora, facilmente se vê que a intenção do legislador infraconstitucional, com a exclusão dos direitos difusos do rol das posições jurídicas tuteláveis por meio de

---

[29] Kazuo Watanabe, *Código brasileiro de defesa do consumidor comentado pelos autores do anteprojeto*, p. 837.

[30] J. J. Gomes Canotilho, *Direito constitucional e teoria da Constituição*, p. 1.097.

362 Manual do Mandado de Segurança • Câmara

mandado de segurança coletivo foi restringir a área de atuação dessa garantia, o que contraria esse princípio de interpretação constitucional. Assim, impõe-se dar ao silêncio da lei uma interpretação conforme a Constituição, de modo a considerar-se possível, também, o manejo do mandado de segurança coletivo para tutela de interesses difusos.

Conclui-se, pois, que o mandado de segurança coletivo pode ser usado para tutela de interesses transindividuais em geral, sejam eles difusos, coletivos *stricto sensu* ou individuais homogêneos.

§ 49. Legitimidade ativa

A legitimidade ativa para impetrar mandado de segurança coletivo é tratada, originariamente, no inciso LXX do art. 5º da Constituição da República, nos seguintes termos:

> "LXX – o mandado de segurança coletivo pode ser impetrado por:
>
> a) partido político com representação no Congresso Nacional;
>
> b) organização sindical, entidade de classe ou associação legalmente constituída e em funcionamento há pelo menos um ano, em defesa dos interesses de seus membros ou associados."

Extrai-se do texto constitucional, pois, a legitimidade ativa dos partidos políticos com representação no Congresso Nacional e, ainda, das organizações sindicais, entidades de classe e associações (estas se legalmente constituídas e em funcionamento há pelo menos um ano), em defesa dos interesses de seus membros ou associados. A Lei nº 12.016/2009, porém, tem um texto ligeiramente diferente sobre o ponto. É que o art. 21 da lei está assim redigido:

> "Art. 21. O mandado de segurança coletivo pode ser impetrado por partido político com representação no Congresso Nacional, na defesa de seus interesses legítimos relativos a seus integrantes ou à finalidade partidária, ou por organização sindical, entidade de classe ou associação legalmente constituída e em funcionamento há, pelo menos, 1 (um) ano, em defesa de direitos líquidos e certos da totalidade, ou de parte, dos seus membros ou associados, na forma dos seus estatutos e desde que pertinentes às suas finalidades, dispensada, para tanto, autorização especial."

No que diz respeito aos partidos políticos, pois, a Lei nº 12.016/2009 exige que a impetração se dê "na defesa de seus interesses legítimos relativos a seus integrantes ou à finalidade partidária". Já quanto às organizações sindicais, entidades de classe e associações, é expresso o texto da lei em afirmar que a impetração deve dar-se "na forma dos seus estatutos e desde que pertinentes às suas finalidades, dispensada, para tanto, autorização especial".

Impõe-se, nesta passagem, examinar a legitimidade ativa para impetração do mandado de segurança coletivo, analisando-se as diferenças entre os textos da Constituição e da Lei nº 12.016/2009, e se buscando, ainda, verificar se do ordenamento jurídico seria possível extrair-se a existência de algum outro legitimado ativo não expressamente identificado nesses textos. Tudo isso, porém, depois de se enfrentar a delicada questão da natureza da legitimidade *ad causam* para essa impetração.

Isso porque é preciso verificar se a legitimidade para o mandado de segurança coletivo é *ordinária*, *extraordinária* ou de uma terceira categoria.

Há quem sustente que a legitimidade para a impetração do mandado de segurança coletivo é *ordinária* quando a demanda versa sobre direitos difusos ou coletivos *stricto sensu*, e *extraordinária* quando tem por objeto a tutela de direitos individuais homogêneos.[31]

Outros autores há que afirmam ser sempre *extraordinária* a legitimidade para demandar o mandado de segurança coletivo.[32] E há, por fim, quem sustente que a legitimidade para agir na defesa de direitos difusos ou coletivos não seja nem ordinária nem extraordinária, já que tais figuras seriam típicas do direito processual individual, havendo necessidade de reconhecer-se aí outra categoria, típica do direito processual coletivo, a *legitimação autônoma para a condução do processo*.[33]

Com todas as vênias aos que pensam diferentemente, o que se tem no mandado de segurança coletivo é legitimidade extraordinária. É que esse é o modo como se qualifica a legitimidade daquele que, sem afirmar sua condição de titular da posição jurídica posta em juízo, postula tutela jurisdicional em nome próprio. Em outros termos, o legitimado extraordinário é aquele que está autorizado pelo ordenamento jurídico a demandar em nome próprio na defesa de um direito que afirma não lhe ser próprio, não integrar sua esfera jurídica individual.[34] É exatamente esse o caso de que aqui se trata. A Constituição da República atribui a alguns entes (partidos políticos, entidades de classe, organizações sindicais, associações) legitimidade para impetrar mandado de segurança coletivo em defesa de interesses de coletividades. São, pois, interesses que não integram suas esferas

---

31   Marcelo Navarro Ribeiro Dantas, *Mandado de segurança coletivo* – legitimação ativa, p. 119.

32   Alfredo Buzaid, *Considerações sobre o mandado de segurança coletivo*, p. 57.

33   Nelson Nery Júnior e Rosa Maria de Andrade Nery, *Código de Processo Civil comentado*, p. 152.

34   Ainda que não seja necessariamente um "direito alheio", como se costuma afirmar. É que em muitos casos o direito para o qual se busca proteção é *essencialmente coletivo* e, por isso, pode acontecer de o legitimado ser, ele próprio, um dos integrantes da coletividade titular da posição jurídica de vantagem para a qual se busca tutela jurisdicional. De toda sorte, o direito será da coletividade, não integrando a esfera jurídica individual do legitimado e, por isso, não poderá ser considerado um "direito próprio". Isso basta para que se afirme a natureza extraordinária da legitimidade *ad causam*.

364 Manual do Mandado de Segurança • Câmara

jurídicas individuais (mesmo porque essas pessoas jurídicas sempre puderam impetrar mandado de segurança individual para defesa dos seus próprios interesses). O que se fez, pois, foi atribuir-lhes uma legitimidade extraordinária para a defesa de interesses que não lhes são próprios, não integram suas esferas jurídicas individuais. É extraordinária, portanto, sua legitimidade ativa para impetrar mandado de segurança coletivo.[35]

O primeiro legitimado ativo a que se refere o texto constitucional é o *partido político com representação no Congresso Nacional*. Antes da Lei nº 12.016/2009 muito se discutiu acerca do alcance dessa legitimidade.

Havia, por exemplo, quem tivesse uma posição restritiva acerca da legitimidade dos partidos políticos, afirmando que estes só poderiam impetrar mandado de segurança coletivo "com a aquiescência das entidades representativas dos indivíduos a que se vinculam os interesses em jogo. Só na hipótese de inexistência dessas entidades é que os partidos teriam legitimação direta, podendo impetrar mandados de segurança coletivo, assumindo a representatividade desses interesses ainda não devidamente organizados".[36]

Outros sustentavam uma posição mais liberal, afirmando "que os partidos políticos, desde que tenham representação no Congresso Nacional, podem requerer mandado de segurança coletivo para proteger quaisquer interesses difusos ou direitos subjetivos de pessoas", sustentando esse entendimento em "princípios e também no fato de que a Constituição não restringe, não cria nenhuma limitação".[37]

Havia, ainda, quem buscasse posição intermediária, afirmando que se deveria manter, ao menos como regra,

> "o princípio da vinculação entre as finalidades da entidade substituta com os interesses das pessoas substituídas. Podem os partidos políticos atuar como substitutos processuais, e assim ajuizar *mandamus* coletivo, *se* os direitos afirmadamente violados (ou ameaçados) forem aqueles sob *direta* e *imediata* tutela constitucional, relativos à generalidade dos cidadãos *como tais*, acima de considerações pertinentes a interesses de ordem econômica, de classe, profissionais e assim por diante. Poderá o partido político, por-

---

[35] Há pronunciamento do STF neste mesmo sentido: "O inciso LXX do art. 5º da CF encerra o instituto da substituição processual, distanciando-se da hipótese do inciso XXI, no que surge no âmbito da representação. As entidades e pessoas jurídicas nele mencionadas atuam, em nome próprio, na defesa de interesses que se irradiam, encontrando-se no patrimônio de pessoas diversas. Descabe a exigência de demonstração do credenciamento" (STF, RMS 21514/DF, rel. Min. Marco Aurélio, j. em 27.4.1993).

[36] J. J. Calmon de Passos, *Mandado de segurança coletivo, mandado de injunção, habeas data – Constituição e processo*, p. 22.

[37] Celso Agrícola Barbi, Mandado de segurança coletivo, *in* Aroldo Plínio Gonçalves (Coord.), *Mandado de segurança*, p. 67.

tanto, agir contra ato administrativo (*lato sensu*) que viole a liberdade de culto; ou o sigilo da correspondência e das comunicações, nos termos da lei; ou que institua ilegais restrições à livre locomoção dentro do território nacional; ou que institua taxas confiscatórias da herança; ou que discrimine entre cidadãos por motivo de raça, religião, cor etc. Mas não poderá o partido político impetrar, v.g., mandado de segurança coletivo em favor de mutuários do SFH, em tema de reajuste de prestações, por cuidar-se de obrigações e direitos meramente contratuais, ainda que muito numerosos os interessados".[38]

A jurisprudência vacilou muito sobre o tema. Houve, por exemplo, decisão do Superior Tribunal de Justiça no sentido de que o partido político só poderia impetrar mandado de segurança coletivo para defender interesses de seus filiados, e desde que expressamente autorizado a fazê-lo. Confira-se:[39]

"MANDADO DE SEGURANÇA. INTERESSE COLETIVO. PARTIDO POLÍTICO.

I – O INTERESSE DE GRUPOS NÃO SE CONFUNDE COM INTERESSE COLETIVO. O PRIMEIRO, MESMO CONTANDO COM PLURALIDADE DE PESSOAS O OBJETIVO É COMUM E LIMITADO, AO PASSO QUE NO SEGUNDO ESTÁ AFETO A DIFUSÃO DO INTERESSE, ALCANÇANDO OS INTEGRANTES DA SOCIEDADE COMO UM TODO.

II – AUSENTE A POSSIBILIDADE DO PARTIDO POLÍTICO REPRESENTAR O INTERESSE DE SEUS FILIADOS PORQUANTO NÃO EXPRESSAMENTE AUTORIZADO COMO DETERMINA A CONSTITUIÇÃO FEDERAL.

III – MANDADO NÃO CONHECIDO."

Posteriormente, decidiu aquela mesma Corte Superior que o partido político só poderia impetrar mandado de segurança coletivo para defender interesses de seus filiados ou referentes a questões políticas, e desde que autorizado por lei ou pelo estatuto. A ementa foi a seguinte:[40]

"PROCESSUAL – MANDADO DE SEGURANÇA COLETIVO – PARTIDO POLÍTICO – ILEGITIMIDADE.

QUANDO A CONSTITUIÇÃO AUTORIZA UM PARTIDO POLÍTICO A IMPETRAR MANDADO DE SEGURANÇA COLETIVO, SÓ PODE SER NO SENTIDO DE DEFENDER OS SEUS FILIADOS E EM QUESTÕES POLÍTICAS, AINDA ASSIM, QUANDO AUTORIZADO POR LEI OU PELO ESTATUTO.

---

38 Athos Gusmão Carneiro, O mandado de segurança coletivo como garantia dos cidadãos, *in* Sálvio de Figueiredo Teixeira (Coord.), *As garantias do cidadão na justiça*, p. 230.

39 STJ, MS 256/DF, rel. Min. Pedro Acioli, j. em 8.5.1990.

40 STJ, MS 197/DF, rel. Min. José de Jesus Filho, rel. p/ acórdão Min. Garcia Vieira, j. em 8.5.1990.

366 Manual do Mandado de Segurança • Câmara

IMPOSSIBILIDADE DE DAR A UM PARTIDO POLÍTICO LEGITIMIDADE PARA VIR A JUÍZO DEFENDER 50 MILHÕES DE APOSENTADOS, QUE NÃO SÃO, EM SUA TOTALIDADE, FILIADOS AO PARTIDO E QUE NÃO AUTORIZARAM O MESMO A IMPETRAR MANDADO DE SEGURANÇA EM NOME DELES."

Veio, depois, decisão do STJ afirmando que o partido político só poderia impetrar mandado de segurança coletivo para defesa de direitos subjetivos ou interesses atinentes à finalidade partidária:[41]

"CONSTITUCIONAL. MANDADO DE SEGURANÇA COLETIVO. PARTIDO POLÍTICO. LEGITIMIDADE.

– CARECE O PARTIDO DEMOCRÁTICO TRABALHISTA DE LEGITIMIDADE PARA IMPETRAR MANDADO DE SEGURANÇA COLETIVO EM FAVOR DOS TITULARES DE BENEFÍCIOS DE PRESTAÇÃO CONTINUADA, PRESTADOS PELO INSS. A HIPÓTESE DOS AUTOS NÃO CUIDA DE DIREITOS SUBJETIVOS OU INTERESSES ATINENTES A FINALIDADE PARTIDÁRIA.

– EXTINÇÃO DO PROCESSO.

– DECISÃO POR MAIORIA.

– PRECEDENTES DO STJ (MS N. 197, 256 E 1235)."

Houve, também, decisão daquela Corte Superior afirmando expressamente que o partido político só poderia impetrar mandado de segurança coletivo para defesa de integrantes de sua coletividade:[42]

"RMS – CONSTITUCIONAL – MANDADO DE SEGURANÇA COLETIVO – PARTIDO POLÍTICO – O MANDADO DE SEGURANÇA COLETIVO VISA A PROTEGER DIREITO DE PESSOAS INTEGRANTES DA COLETIVIDADE DO IMPETRANTE.

DISTINGUEM-SE, ASSIM, DA AÇÃO CONSTITUCIONAL QUE PRESERVA DIREITO INDIVIDUAL, OU DIFUSO. O PARTIDO POLÍTICO, POR ESSA VIA, SÓ TEM LEGITIMIDADE PARA POSTULAR DIREITO DE INTEGRANTE DE SUA COLETIVIDADE."

O Superior Tribunal de Justiça já teve, também, oportunidade para afirmar que o mandado de segurança coletivo não se presta à defesa de interesses individuais.[43]

---

[41] STJ, MS 1252/DF, rel. Min. Humberto Gomes de Barros, rel. p/ acórdão Min. Américo Luz, j. em 17.12.1991.

[42] STJ, RMS 2423/PR, rel. Min. Luiz Vicente Cernicchiaro, j. em 27.4.1993.

[43] STJ, RMS 1348/MA, rel. Min. Américo Luz, j. em 2.6.1993.

O Supremo Tribunal Federal, de outro lado, já teve oportunidade de se manifestar sobre o ponto, sustentando uma interpretação mais liberal, ampliativa, do texto constitucional. A ementa do acórdão foi a seguinte:[44]

> "CONSTITUCIONAL. PROCESSUAL CIVIL. MANDADO DE SEGURANÇA COLETIVO. LEGITIMIDADE ATIVA AD CAUSAM DE PARTIDO POLÍTICO. IMPUGNAÇÃO DE EXIGÊNCIA TRIBUTÁRIA. IPTU. 1. Uma exigência tributária configura interesse de grupo ou classe de pessoas, só podendo ser impugnada por eles próprios, de forma individual ou coletiva. Precedente: RE nº 213.631, rel. Min. Ilmar Galvão, DJ 07/04/2000. 2. O partido político não está, pois, autorizado a valer-se do mandado de segurança coletivo para, substituindo todos os cidadãos na defesa de interesses individuais, impugnar majoração de tributo. 3. Recurso extraordinário conhecido e provido."

Do voto da relatora extrai-se o seguinte:

> "A tese do recorrente no sentido da legitimidade dos partidos políticos para impetrar mandado de segurança coletivo estar limitada aos interesses de seus filiados não resiste a uma leitura atenta do dispositivo constitucional *supra*. Ora, se o Legislador Constitucional dividiu os legitimados para a impetração do Mandado de Segurança Coletivo em duas alíneas, e empregou somente com relação à organização sindical, à entidade de classe e à associação legalmente constituída a expressão *"em defesa dos interesses de seus membros ou associados"* é porque não quis criar esta restrição aos partidos políticos. Isso significa dizer que está reconhecido na Constituição o dever do partido político de zelar pelos interesses coletivos, independente de estarem relacionados a seus filiados. Também entendo não haver limitações materiais ao uso deste instituto por agremiações partidárias, à semelhança do que ocorre na legitimação para propor ações declaratórias de inconstitucionalidade."

E, mais adiante, prossegue a relatora:

> "A previsão do art. 5º, LXX, da Constituição objetiva aumentar os mecanismos de atuação dos partidos políticos no exercício de seu mister, tão bem delineado na transcrição *supra*, não podendo, portanto, ter esse campo restrito à defesa de direitos políticos e sim de todos aqueles interesses difusos e coletivos que afetam a sociedade."

Diante de toda essa polêmica, optou o legislador de 2009 por estabelecer limites à atuação dos partidos políticos, deixando expresso que estes só podem impetrar

---

[44] STF, RE 196184/AM, rel. Min. Ellen Gracie, j. em 27.10.1994, já citado anteriormente neste mesmo capítulo.

mandado de segurança coletivo "na defesa de seus interesses legítimos relativos a seus integrantes ou à finalidade partidária". Essa limitação, porém, é flagrantemente inconstitucional.[45] E isso porque, como se viu pelo trecho, anteriormente transcrito, do voto da Min. Ellen Gracie, a Constituição da República não estabeleceu qualquer limitação à atuação dos partidos políticos no que diz respeito à sua legitimidade para impetrar mandado de segurança coletivo, diferentemente do que fez em relação aos demais entes legitimados, o que demonstra claramente a vontade da Constituição de permitir uma atuação ampla, destinada a viabilizar a tutela de todos os interesses transindividuais da sociedade.

Isso é, registre-se, compatível com a própria finalidade institucional dos partidos políticos. Basta ver o que consta do art. 1º da Lei nº 9.096/1997, segundo o qual "o partido político, pessoa jurídica de direito privado, destina-se a assegurar, no interesse do regime democrático, a autenticidade do sistema representativo e a defender os direitos fundamentais definidos na Constituição Federal".

Ora, se aos partidos políticos incumbe, por força de lei, a defesa dos direitos fundamentais, não seria razoável que a lei, sob pena de indevidamente restringir sua atuação, limitasse sua legitimidade para impetrar mandado de segurança coletivo aos casos que dissessem respeito aos interesses de seus filiados ou às finalidades partidárias.

É de se considerar, pois, que o partido político tem ampla legitimidade para a impetração de mandado de segurança coletivo, desde que tenha representantes no Congresso Nacional.

Não se pode, porém, deixar de enfrentar a interessante questão referente ao caso do partido político que, tendo impetrado mandado de segurança coletivo, deixa de ter representante no Congresso Nacional antes do julgamento da causa. É o que se chama de "perda superveniente de representação no Congresso Nacional".

A matéria já foi por diversas vezes objeto de exame no campo do controle abstrato de constitucionalidade, dado que o art. 103, VIII, da Constituição da República atribui legitimidade para ajuizar "ação direta de inconstitucionalidade" e "ação declaratória de constitucionalidade" aos partidos políticos com representação no Congresso Nacional. Sobre o tema, vale transcrever a precisa lição de um dos seus mais autorizados estudiosos:[46]

> "Caso o partido viesse a perder a representação no Congresso Nacional, o Tribunal vinha considerando que a ação havia de ser declarada prejudicada, ressalvando-se apenas a hipótese de já se ter iniciado o julgamento. Entretanto, em decisão de 24 de agosto de 2004, reconheceu o Supremo Tribunal Federal que a perda de representação parlamentar não desqualifica o partido político para propor Ação Direta de Inconstitucionalida-

---

[45] Fernando Gonzaga Jayme, *Mandado de segurança*, p. 151-161.

[46] Gilmar Ferreira Mendes, *Controle abstrato de constitucionalidade*: ADI, ADC e ADO, p. 103.

de, em reconhecimento ao caráter eminentemente público do processo. O momento da aferição da legitimação passa a ser, assim, o momento da propositura da ação."

Em matéria de mandado de segurança coletivo, há quem sustente não se dever aplicar essa solução, por ser ela adequada apenas para os processos de controle direto da constitucionalidade, sugerindo a aplicação do art. 5º, § 3º, da Lei de Ação Civil Pública, de modo que o Ministério Público ou algum outro legitimado assumiria a condução do processo.[47] Essa não parece, porém, a melhor solução, já que esse dispositivo é específico do processo da "ação civil pública", além de sugerir a possibilidade de que o processo do mandado de segurança coletivo poderia ser conduzido pelo Ministério Público, que não tem legitimidade para tanto.[48]

De outro lado, a solução proposta para os processos de controle direto de constitucionalidade, ainda que possa ter alguma justificativa naquele tipo de processo (e esta não é a sede adequada para enfrentar-se a questão), não encontra respaldo teórico no plano do direito processual. É que a legitimidade das partes, como qualquer das "condições da ação", deve estar presente no momento em que se profere o pronunciamento sobre o mérito.[49] Assim, ocorrendo a perda superveniente da representação do partido político na casa parlamentar, deverá o processo do mandado de segurança coletivo ser extinto sem resolução do mérito, já que o impetrante terá perdido sua legitimidade *ad causam*.

Outro ponto interessante a ser enfrentado diz respeito ao mandado de segurança coletivo que não tem abrangência nacional, mas meramente local (estadual ou municipal), e que é impetrado por partido político que, não tendo representante no Congresso Nacional, está representado na casa legislativa local (Assembleia Legislativa do Estado ou Câmara de Vereadores do Município, conforme o caso). A doutrina, de um modo geral, tem admitido essa hipótese, afirmando a legitimidade do partido político nesse caso.[50] Esta, realmente, parece ser a interpretação correta, já que assim se vincula a legitimidade do partido político à ideia de "representatividade adequada" (*adequacy of representation*).

---

[47] André Vasconcelos Roque e Francisco Carlos Duarte, *Mandado de segurança*, p. 156.

[48] Um pouco mais à frente será enfrentada a questão da legitimidade do Ministério Público para impetrar mandado de segurança coletivo, que é bastante controvertida, mas aqui já se adianta a conclusão que lá se apresentará: o MP não tem legitimidade para a impetração.

[49] Sobre o ponto vale lembrar a exata lição do grande teórico das "condições da ação": "[...] è sufficiente che le condizioni dell'azione, eventualmente carenti nel momento della proposizione della domanda, sopravvengano nel corso del processo e sussistano nel momento in cui la causa viene decisa" (Enrico Tullio Liebman, *Manuale di diritto processuale civile*, v. I, p. 144).

[50] Assim, por todos, Luiz Manoel Gomes Júnior e Rogério Favreto, *in* Luiz Manoel Gomes Júnior, Luana Pedrosa de Figueiredo Cruz, Luís Otávio Sequeira de Cerqueira, Rogério Favreto e Sidney Palharini Júnior, *Comentários à nova lei do mandado de segurança*, p. 178; André Vasconcelos Roque e Francisco Carlos Duarte, *Mandado de segurança*, p. 155.

370 Manual do Mandado de Segurança • Câmara

Sobre a representatividade adequada, vale transcrever lição de importante estudioso brasileiro que há muito tempo se dedica ao estudo do ordenamento processual norte-americano (onde esse requisito é exigido para a admissibilidade das *class actions*):[51]

> "O quarto e último requisito previsto na *Rule 23(a)* para que uma ação seja aceita como coletiva é que o candidato a representante proteja adequadamente (*fairly and adequately*) os interesses do grupo em juízo. Esse requisito é essencial para que haja o respeito ao devido processo legal em relação aos membros ausentes e, consequentemente, indispensável para que eles possam ser vinculados pela coisa julgada produzida na ação coletiva. Afinal, se os membros ausentes serão vinculados pelo resultado de uma ação conduzida por uma pessoa que se declara representante de seus interesses, conceitos básicos de justiça impõem que essa representação seja adequada.
>
> Esse é, sem dúvida, o requisito mais importante a ser avaliado pelo juiz, tanto do ponto de vista teórico como prático. Não por outro motivo, este é um dos capítulos mais extensos deste trabalho.
>
> A garantia constitucional do devido processo legal assegura que ninguém seja privado de seus bens sem ser ouvido em juízo (*opportunity to be heard, right to be heard, day in court*). A *adequacy of representation* é um corolário da garantia constitucional do devido processo legal, sendo considerada suficiente para satisfazer a garantia da oportunidade de ser ouvido para todos os membros do grupo.
>
> Como vimos quando estudamos os antecedentes históricos das *class actions*, por motivo de conveniência e necessidade, permitiu-se a tutela coletiva dos direitos. Abriu-se, então, uma exceção ao direito dos membros do grupo de serem ouvidos pessoalmente em juízo e substituiu-se por um direito de serem ouvidos e de participarem coletivamente.
>
> Assim, nas *class actions*, considera-se que os membros do grupo sejam ouvidos e estejam presentes em juízo através da figura do representante, que funciona como uma espécie de 'porta-voz' dos interesses do grupo. O direito de ser ouvido em juízo é reduzido, então, a um direito de ser ouvido *através* do representante."

Vê-se, assim, que é corolário da garantia do *due process* o direito de se fazer ouvir, e que nos processos coletivos os titulares da posição jurídica que se quer proteger (ou seja, a coletividade) se fazem ouvir em juízo por seu "porta-voz", que deve ser um *representante adequado* dos interesses que se busca proteger. Ora, se assim é, no caso de partidos políticos que impetram mandado de segurança co-

---

[51] Antonio Gidi, *A class action como instrumento de tutela coletiva dos direitos* – as ações coletivas em uma perspectiva comparada, p. 99-100.

Mandado de Segurança Coletivo **371**

letivo para tutela de interesses meramente locais (estaduais ou municipais), não faria qualquer sentido exigir-se que tivessem eles representantes no Congresso Nacional. Importante, nesses casos, é que o partido represente a população do local (Estado ou Município) a que se refere o interesse cuja proteção se busca. Assim, importa verificar se, nesses casos, o partido tem representante na Assembleia Legislativa ou na Câmara Municipal, conforme o caso.

Vista a legitimidade do partido político, passa-se ao exame do segundo ente legitimado a impetrar mandado de segurança coletivo, as organizações sindicais.

Sindicato, como cediço, é o "órgão de defesa e coordenação dos interesses econômicos ou profissionais de empregadores, empregados, agentes ou trabalhadores autônomos e profissionais liberais".[52] Pois a Constituição da República atribui aos sindicatos legitimidade ativa para a impetração de mandado de segurança coletivo em defesa dos interesses dos sindicalizados.[53]

A entidade sindical não depende, para impetrar mandado de segurança coletivo, de autorização especial dos sindicalizados, conforme expressamente estatui a parte final do art. 21 da Lei nº 12.016/2009. Esse entendimento, aliás, já prevalecia há muito tempo,[54] e agora está explícito no texto da lei. Exige-se, de

---

[52] Segadas Vianna, *in* Arnaldo Süssekind, Délio Maranhão e Segadas Vianna, *Instituições de direito do trabalho*, v. II, p. 981.

[53] Celso Antonio Pacheco Fiorillo, *Os sindicatos e a defesa dos interesses difusos*, p. 125-131. Contra, entendendo que o sindicato não tem legitimidade ativa para impetrar mandado de segurança coletivo, e que este só poderia ser impetrado por "organizações sindicais", o que pressuporia a existência de um sistema cuja cúpula seria federal, Alfredo Buzaid, *Considerações sobre o mandado de segurança coletivo*, p. 54-55.

[54] Como se pode ver, por exemplo, na decisão proferida pelo STJ no julgamento do MS 4256/DF, rel. Min. Sálvio de Figueiredo Teixeira, j. em 18.12.1996, assim ementado: "Mandado de segurança coletivo. Entidade sindical. Desnecessidade de autorização expressa dos filiados. Art. 5., LXX, Constituição Federal. Precedentes. Contribuição social de custeio da seguridade. Inexigibilidade de instituição pela via da lei complementar. Existência de causa constitucional suficiente para a majoração das alíquotas e ampliação da base de calculo. Inocorrência da redução de vencimentos (art. 37, XV, da Constituição). Irrelevância da arrecadação pela Receita Federal, uma vez estabelecido no texto da norma que a contribuição se destina ao custeio da seguridade social. Precedentes do STF. Segurança denegada. I – Não depende o sindicato de autorização expressa de seus filiados, pela assembleia geral, para a propositura de mandado de segurança coletivo, destinado a defesa dos direitos e interesses da categoria que representa, como entendem a melhor doutrina nacional e precedentes desta Corte e do STF. II – Nos termos da consolidada jurisprudência do Pretório Excelso, a ampliação dos percentuais de desconto, relativos ao custeio da seguridade social, não importa na redução dos vencimentos, vedada pelo art. 37-XV da Constituição, uma vez que 'o citado direito não afasta a incidência de contribuição geral que visa a determinada contraprestação, tendo, assim caráter remuneratório' (ADIN 790-4). III – Segundo já assentou o STF, em sua missão de intérprete constitucional, a instituição da contribuição de custeio da seguridade social pelo servidor público não se subordina a forma da lei complementar. IV – A determinação constitucional, além da redação do par. 2. do art. 231 da Lei 8.112/90, de que a seguridade social dos servidores públicos seria custeada pela União e pelas contribuições dos servidores, em oposição ao sistema anterior que atribuía à União a responsabilidade pela aposentadoria e pensões de seus servidores, constitui causa

outro lado, que o mandado de segurança coletivo verse sobre matéria de interesse da categoria sindicalizada. Assim, por exemplo, não pode um sindicato impetrar mandado de segurança coletivo contra ato administrativo que, de maneira ilegal, tenha aumentado o valor do IPTU em determinado município, ainda que isso afete a todos os sindicalizados, já que não há qualquer relação entre o conteúdo do ato impugnado e os interesses específicos da categoria que o sindicato se propõe a proteger.

Não é preciso, porém, que o interesse seja de todos os integrantes da categoria. O sindicato está legitimado a impetrar mandado de segurança coletivo também em defesa dos interesses de apenas uma parte dos integrantes do grupo, conforme, aliás, vem entendendo a jurisprudência. Confira-se, por exemplo, a seguinte ementa:[55]

> "RECURSO ORDINÁRIO. DIREITO PROCESSUAL CIVIL. MANDADO DE SEGURANÇA COLETIVO IMPETRADO POR ENTIDADE SINDICAL EM BENEFÍCIO DE PARCELA DOS SINDICALIZADOS. LEGITIMIDADE ATIVA.
>
> 1. A legitimidade dos sindicatos para a impetração de mandado de segurança coletivo deve ser afirmada sempre que o interesse violado ou ameaçado por ato abusivo de autoridade pública seja de natureza coletiva e titularizado por membros da entidade sindical.
>
> 2. E tal interesse, protegido com o mandado de segurança e a legitimação extraordinária, é aquele, como na lição de Carnelutti, em que a determinação da posição favorável à satisfação da necessidade de um homem implica a determinação da posição favorável de outros homens, relativamente a um mesmo bem, o que exclui, por óbvias razões, a exigência de que tenham como titulares todos os membros do sindicato, podendo, como pode, aperfeiçoar-se em apenas uma parte de seus membros.
>
> 3. Daí por que o interesse coletivo de uma parcela dos membros da entidade sindical produz, sem margem para controvérsia, sua legitimidade para a impetração de mandado de segurança coletivo.
>
> 4. Precedentes.
>
> 5. Recurso provido."

---

suficiente para a majoração dos percentuais de descontos, em homenagem ao "equilíbrio atuarial, revelando princípio indicador da correlação entre, de um lado, contribuições e, de outro, benefícios e servidores" (ADIN 790-4). V – É irrelevante, segundo a jurisprudência da Suprema Corte, não conduzindo à inconstitucionalidade da norma que institui a contribuição, o fato de sua arrecadação ser atribuída à Receita Federal, sendo importante considerar, apenas, que ela se destina ao financiamento da seguridade social (RE 138.284)."

[55] STJ, RMS 7104/AM, rel. Min. Hamilton Carvalhido, j. em 19.8.2003.

Há, porém, uma limitação: é que o interesse que o sindicato defende, pertencente a uma parcela dos sindicalizados, não pode ser contrário ao da outra parcela da categoria (sob pena de se instituir um inadmissível conflito de interesses, já que o sindicato não pode postular uma decisão judicial que seja contrária aos interesses de parcela dos sindicalizados). Nesse sentido também já decidiu o STJ:[56]

> "RECURSO EM MANDADO DE SEGURANÇA. ADMINISTRATIVO. IMPETRAÇÃO COLETIVA. SINDICATO. CONCURSO PÚBLICO. EDITAL. NULIDADE. LEI 10506/02. REMOÇÃO. PREJUÍZO DE PARCELA DOS SINDICALIZADOS. EXCEÇÃO. ILEGITIMIDADE. Na hipótese, onde eventual concessão da ordem impetrada por entidade sindical possa trazer prejuízo para uma parcela dos sindicalizados, é de ser confirmada a decisão que extinguiu o feito por ilegitimidade ativa.
>
> Recurso desprovido."

Em síntese: o sindicato pode impetrar mandado de segurança coletivo para defesa de interesse de toda a classe ou, no caso de ser o interesse de apenas uma parte dos membros da categoria, a matéria deve ser necessariamente indiferente aos demais sindicalizados, não podendo prejudicá-los (caso contrário, o sindicato será tido por parte ilegítima *ad causam*).

Por fim, é preciso ter claro que a legitimidade do sindicato para impetração de mandado de segurança coletivo não depende de estar ele em regular funcionamento há pelo menos um ano (já que tal exigência temporal diz respeito, exclusivamente, às associações).[57]

Análogo é o raciocínio em torno das entidades de classe, também legitimadas a impetrar mandado de segurança coletivo. Impende, porém, aqui, buscar definir o que se deve entender como *entidade de classe*. Aqui, uma vez mais, é preciso lançar mão de abalizada lição doutrinária desenvolvida a propósito do controle abstrato da constitucionalidade, já se tendo afirmado que o conceito de entidade de classe:[58]

> "[...] abarca um grupo amplo e diferenciado de associações que não podem ser distinguidas de maneira simples. Essa questão tem ocupado o Tribunal praticamente desde a promulgação da Constituição de 1988.

---

[56] STJ, RMS 19935/SP, rel. Min. José Arnaldo da Fonseca, j. em 15.9.2005.

[57] Teori Albino Zavascki, "Comentário ao art. 21", *in* Napoleão Nunes Maia Filho, Caio Cesar Vieira Rocha e Tiago Asfor Rocha Lima, *Comentários à nova lei do mandado de segurança*, p. 284. Assim já decidiu o STF: "Legitimidade do sindicato para a impetração de mandado de segurança coletivo independentemente da comprovação de um ano de constituição e funcionamento. Acórdão que, interpretando desse modo a norma do art. 5º, LXX, da CF, não merece censura. Recurso não conhecido" (RE 198919/DF, rel. Min. Ilmar Galvão, j. em 15.6.1999).

[58] Gilmar Ferreira Mendes, *Controle abstrato de constitucionalidade*: ADI, ADC e ADO, p. 104-108.

Em decisão de 5 de abril de 1989, tentou o Tribunal precisar o conceito de entidade de classe, ao explicitar que é apenas a associação de pessoas que em essência representa o interesse comum de determinada categoria. Em contrapartida, os grupos formados circunstancialmente, como a associação de empregados de uma empresa, não poderiam ser classificados como organizações de classe nos termos do art. 103, IX, da Constituição. 'Não se pode considerar entidade de classe – diz o Tribunal – a sociedade formada meramente por pessoas físicas ou jurídicas que firmem sua assinatura em lista de adesão ou qualquer outro documento idôneo [...], ausente particularidade ou condição, objetiva ou subjetiva, que distingam sócios de não associados'.

A ideia de um interesse comum essencial de diferentes categorias fornece base para distinção entre a organização de classe, nos termos do art. 103, IX, da Constituição, e outras associações ou organizações sociais. Dessa forma, deixou assente o Supremo Tribunal Federal que o constituinte decidiu por uma legitimação limitada, não permitindo que se convertesse o direito de propositura dessas organizações de classe em autêntica ação popular.

Em outras decisões, deu o Supremo Tribunal Federal continuidade ao esforço de precisar o conceito de entidade de classe de âmbito nacional.

Segundo a orientação firmada pelo Supremo Tribunal Federal, não configuraria entidade de classe de âmbito nacional para os efeitos do art. 103, IX, organização formada por associados pertencentes a categorias diversas. Ou, tal como formulado pelo Tribunal, 'não se configuram como entidades de classe aquelas instituições que são integradas por membros vinculados a estratos sociais, profissionais ou econômicos diversificados, cujos objetivos, individualmente considerados, revelam-se contrastantes'. Tampouco se compatibilizam nessa noção as entidades associativas de outros segmentos da sociedade civil, como, por exemplo, a União Nacional dos Estudantes – UNE.

Não se admite, igualmente, a legitimidade de pessoas jurídicas de direito privado, que reúnam, como membros integrantes, associações de natureza civil e organismos de caráter sindical, exatamente em decorrência desse hibridismo, porquanto 'noção conceitual (de instituições de classe) reclama a participação, nelas, dos próprios indivíduos integrantes de determinada categoria, e não apenas das entidades privadas constituídas para representá-los'.

Da mesma forma, como regra geral, não se reconhece natureza de entidade de classe àquelas organizações que, 'congregando pessoas jurídicas, apresentam-se como verdadeiras associações de associações', uma vez que, nesse caso, faltar-lhes-ia exatamente a qualidade de entidade de classe.

[...]

Entretanto, em decisão de 12 de agosto de 2004, o Supremo Tribunal Federal proveu Agravo Regimental na Ação Direta de Inconstitucionalidade 3.153-DF para dar seguimento à ação direta de inconstitucionalidade ajuizada pela Federação Nacional das Associações dos Produtores de Cachaça de Alambique (FENACA).

Por oito votos a dois, o Plenário do Tribunal entendeu que a Federação teria legitimidade para a propositura da ação direta porque, apesar de composta por associações estaduais, poderia ser equiparada a uma entidade de classe. Desse modo, com base na peculiaridade de que a FENACA é entidade de classe que atua na defesa de categoria social, a Corte Constitucional reconheceu a legitimação excepcional dessa forma de associação.

Afirmou-se, também, que 'não constitui entidade de classe, para legitimar-se à ação direta de inconstitucionalidade (CF, art. 103, IX), associação civil (Associação Brasileira de Defesa do Cidadão), voltada à finalidade altruística de promoção e defesa de aspirações cívicas de toda a cidadania'.

Na noção de *entidade de classe* na jurisprudência do Tribunal não se enquadra, igualmente, a associação que reúne, como associados, órgãos públicos, sem personalidade jurídica e categorias diferenciadas de servidores públicos (*v. g.*, Associação Brasileira de Conselhos de Tribunal de Contas dos Municípios – ABRACCOM)".

Pedindo-se vênia pela longa transcrição, e feito o registro de que versa esse trecho sobre entidades de classe "de âmbito nacional" (as únicas legitimadas a provocar o STF a exercer o controle abstrato da constitucionalidade), daí se pode buscar identificar o que seja uma entidade de classe para o fim de se fixar, com precisão, quem tem legitimidade para impetrar mandado de segurança coletivo. Entidade de classe é a associação de pessoas, naturais ou jurídicas, que em essência representa o interesse comum de determinada categoria social, econômica ou profissional. Pois esse tipo de entidade está legitimada a impetrar mandado de segurança coletivo.

O STJ já reconheceu, por exemplo, a legitimidade ativa para o mandado de segurança coletivo da Confederação Nacional de Transporte Alternativo de Passageiros – CONVAN.[59] Também já reconheceu a legitimidade da Associação Nacional dos Farmacêuticos Proprietários de Farmácias Magistrais – ANFARMAG.[60] Mas a Corte não reconheceu a legitimidade da Federação Unitária dos Trabalhadores no Serviço Público de Rondônia – FUNSPRO, ao fundamento de que por força de seu estatuto a ela poderiam filiar-se as entidades de classe de trabalhadores no serviço público do Estado de Rondônia (sendo ela, portanto, uma "associação de

---

[59] STJ, RMS 20762/RJ, rel. Min. Luiz Fux, j. em 5.8.2008.

[60] STJ, REsp 119122/SP, rel. Min. Garcia Vieira, j. em 17.6.1999.

associações"), e o mandado de segurança coletivo foi impetrado na defesa dos interesses dos servidores, que não eram associados da impetrante (mas das entidades associadas).[61]

Já antes da Lei nº 12.016/2009 era entendimento assente na jurisprudência do STF que a impetração do mandado de segurança coletivo pela entidade de classe não exigia autorização específica dos associados. Desde 2003, inclusive, a matéria estava sumulada, sendo o seguinte o teor do Verbete 629 da Súmula da Suprema Corte:

> "A impetração de mandado de segurança coletivo por entidade de classe em favor dos associados independe de autorização destes."

Num dos precedentes indicados na Súmula do STF sobre o tema, ficou assentado na ementa o seguinte:[62]

> "CONSTITUCIONAL. MANDADO DE SEGURANÇA COLETIVO. SUBSTITUIÇÃO PROCESSUAL. AUTORIZAÇÃO EXPRESSA: DESNECESSIDADE. OBJETO A SER PROTEGIDO PELA SEGURANÇA COLETIVA. C.F., art. 5º, LXX, b. MANDADO DE SEGURANÇA CONTRA LEI EM TESE: NÃO CABIMENTO. Súmula 266-STF. I. – A legitimação das organizações sindicais, entidades de classe ou associações, para a segurança coletiva, é extraordinária, ocorrendo, em tal caso, substituição processual. CF, art. 5º, LXX. II. – Não se exige, tratando-se de segurança coletiva, a autorização expressa aludida no inc. XXI do art. 5º, CF, que contempla hipótese de representação. III. – O objeto do mandado de segurança coletivo será um direito dos associados, independentemente de guardar vínculo com os fins próprios da entidade impetrante do writ, exigindo-se, entretanto, que o direito esteja compreendido nas atividades exercidas pelos associados, mas não se exigindo que o direito seja peculiar, próprio, da classe. IV. – Não cabe mandado de segurança, individual ou coletivo, contra lei em tese (Súmula 266-STF), dado que a lei e, de resto, qualquer ato normativo, em sentido material, ostenta características de generalidade, impessoalidade e abstração, não tendo, portanto, operatividade imediata, necessitando, para a sua individualização, da expedição de ato administrativo. V. – Mandado de Segurança não conhecido."

---

[61] STJ, RMS 5748/RO, rel. Min. Anselmo Santiago, j. em 29.10.1998. Vale perceber que nessa decisão não se afirma que "associações de associações" não poderiam impetrar mandado de segurança coletivo. O que ali se afirma é que a entidade de classe só poderia postular como substituta processual de seus associados, que, no caso, eram outras entidades, e não os servidores públicos.

[62] STF, MS 22132/RJ, rel. Min. Carlos Velloso, j. em 21.8.1996.

É que se impõe, em matéria de mandado de segurança coletivo, estabelecer uma distinção entre o que se extrai do art. 5º, LXX, e o que é veiculado pelo art. 5º, XXI, da Constituição da República. Este último dispositivo constitucional estabelece que "as entidades associativas, quando expressamente autorizadas, têm legitimidade para representar seus filiados judicial ou extrajudicialmente". Cogita-se aí, pois, de autorização dos filiados, exigência que o art. 5º, LXX, não reproduz.[63]

Não é difícil entender a razão dessa distinção. É que no mandado de segurança coletivo há substituição processual, com a entidade de classe demandando no exercício de uma legitimidade extraordinária, em nome próprio, na defesa de interesse alheio (dos seus associados). Já no caso previsto no art. 5º, XXI, da Constituição da República, o que se tem é mera *representação*, devendo a demanda ser proposta em nome do filiado, legitimado ordinário, e não em nome da entidade de classe.[64] Ora, se a entidade de classe demanda em nome próprio, sendo a detentora da legitimidade, nenhuma razão haveria para exigir-se que precisasse ela de autorização para demandar, ainda mais diante do silêncio do texto constitucional, que não exigiu expressamente tal autorização.

Pois a Lei nº 12.016/2009 deixou claro (art. 21) que a autorização dos integrantes da categoria não é necessária.

Outro ponto fundamental a considerar é que a entidade de classe é legitimada a impetrar o mandado de segurança coletivo ainda que o interesse para o qual

---

63   Este ponto foi bastante bem percebido no julgamento, pelo Supremo Tribunal Federal, do MS 20936/DF, rel. Min. Carlos Madeira, rel. p/ acórdão Min. Sepúlveda Pertence, j. em 8.11.1989, que é um dos precedentes indicados do verbete 629 da Súmula do STF. Na ementa se lê o seguinte: "Mandado de segurança coletivo: histórico e caracteres do instituto no contexto das diferentes aberturas da Constituição de 1988. A legitimação das associações e outras formações sociais intermediárias para a defesa de interesses coletivos ou difusos: questão da legitimação ativa dos sindicatos, negada, no caso, por fundamentos diversos, mas confluentes, da unanimidade do Tribunal. 1. Divergência, não resolvida, sobre a legitimidade do sindicato para, mediante mandado de segurança coletivo, postular em juízo, como substituto processual e, pois, independentemente de autorização específica dos interessados, pretensões de uma parcela e não da totalidade da categoria. 2. Inexistência, no caso, de qualquer sorte, ainda que em tese, de direito subjetivo dos trabalhadores – em favor de cujos interesses pleiteia o sindicato impetrante –, a continuidade do controle estatal ou da existência mesma da entidade empresarial que os emprega, do que decorre carência do mandado de segurança coletivo." É curioso notar que houve divergência entre o Min. Sepúlveda Pertence e o Min. Carlos Madeira acerca da correta interpretação da opinião de Calmon de Passos a respeito da exigência de expressa autorização dos associados para que a entidade pudesse impetrar mandado de segurança coletivo.

64   Sobre o tema, é elucidativo o que consta de acórdão do STF (RE 192305/SP, rel. Min. Marco Aurélio, j. em 15.12.1998): "Dúvidas não pesam sobre a distinção entre o instituto previsto no inciso XXI – representação – e no inciso LXX – substituição processual –, ambos do rol das garantias constitucionais. As associações representam os filiados, judicial ou extrajudicialmente, quando expressamente autorizadas, enquanto os partidos políticos com representação no Congresso Nacional, organização sindical, entidade de classe ou associação legalmente constituída e em funcionamento há pelo menos um ano, substituem membros ou associados, em juízo, considerada a ação constitucional que é o mandado de segurança."

busque proteção não diga respeito a toda a categoria que substitui, mas apenas a uma parte dela. Isso está, inclusive, sumulado pelo STF (Verbete nº 630: "A entidade de classe tem legitimidade para o mandado de segurança ainda quando a pretensão veiculada interesse apenas a uma parte da respectiva categoria"). Este foi outro ponto que o art. 21 da Lei nº 12.016/2009 deixou claro, afirmando-se que o mandado de segurança coletivo pode versar sobre direitos líquidos e certos da totalidade, ou de parte, dos membros ou associados das entidades legitimadas.

Há, aqui, porém, um ponto crucial a considerar: para que a entidade seja legitimada, é absolutamente fundamental que o interesse que ela defende em juízo, e que é de uma parte dos integrantes da categoria, não seja contrário aos interesses dos demais integrantes da mesma categoria. E isso se diz porque não seria admissível que uma entidade de classe, a pretexto de defender uma parte de seus filiados, praticasse atos que fossem prejudiciais aos interesses de outros filiados seus.

O Superior Tribunal de Justiça tem decidido assim, como se pode ver, por exemplo, do seguinte aresto:[65]

> "RECURSO ORDINÁRIO. MANDADO DE SEGURANÇA. PROCESSO CIVIL. SINDICATO DE SERVIDORES PÚBLICOS FEDERAIS. DEFESA DE DIREITOS INDIVIDUAIS HOMOGÊNEOS DE PARTE DA CATEGORIA. PREJUÍZO DE PARCELA DOS SINDICALIZADOS. ILEGITIMIDADE ATIVA. PRECEDENTES.
>
> 1. Os sindicatos têm legitimidade ativa para, como substituto processual, demandar em juízo a tutela de direitos subjetivos individuais de seus filiados, desde que se cuide de direitos homogêneos que tenham relação com seus fins institucionais.
>
> 2. Na hipótese, contudo, de defesa de interesses de parcela da categoria, em prejuízo de parte dos servidores filiados, não há falar em legitimidade da entidade de classe para impetrar mandado de segurança coletivo, ante a existência de nítido conflito de interesses.
>
> 3. Recurso ordinário improvido."

O caso mencionado versava sobre mandado de segurança coletivo impetrado por sindicato (e para as entidades de classe é o mesmo o raciocínio, evidentemente) em que este pretendia defender os interesses dos filiados, servidores de Assembleia Legislativa Estadual, que queriam continuar a receber auxílio-alimentação em pecúnia, quando era certo que parte dos integrantes da categoria não queria receber assim a verba, preferindo recebê-la através de cartão eletrônico, como determinara o ato administrativo impugnado. Em um caso assim, no qual há nítido conflito de interesses entre integrantes da mesma categoria, não pode a entidade de classe que a todos representa impetrar mandado de segurança coletivo.

---

[65] STJ, RMS 23868/ES, rel. Min. Maria Thereza de Assis Moura, j. em 17.8.2010.

Por fim, têm legitimidade ativa para impetrar mandado de segurança coletivo as associações legalmente constituídas e em funcionamento há pelo menos um ano, na defesa de direito líquido e certo da totalidade ou de parte de seus associados, na forma do estatuto e dispensada autorização especial.

Associação, nos termos do art. 53 do Código Civil, é a união de pessoas que se organizam para fins não econômicos. Essa expressão, porém, não pode ser interpretada literalmente. As associações muitas vezes prestam serviços, os quais têm natureza econômica. O que as associações não podem ter é "finalidade lucrativa".[66] Pois as associações regularmente constituídas e em funcionamento há pelo menos um ano podem impetrar mandado de segurança coletivo em favor de seus associados, na defesa de interesse da totalidade deles ou de apenas uma parte (mas, como já visto, desde que o interesse dessa parte não conflite com o da outra parte), e independentemente de autorização específica.

O interesse que se visa proteger através do mandado de segurança coletivo impetrado pela associação deve estar de alguma maneira ligado às finalidades institucionais da associação. É o que se extrai do próprio art. 21 da Lei nº 12.016/2009, segundo o qual os interesses protegidos devem ser "pertinentes à sua finalidade", o que exige que a defesa de tal tipo de interesse conste do estatuto da associação. Como já teve oportunidade de decidir o STF, "A associação regularmente constituída e em funcionamento, pode postular em favor de seus membros ou associados, não carecendo de autorização especial em assembleia geral, bastando a constante do estatuto. Mas como é próprio de toda substituição processual, a legitimação para agir está condicionada à defesa dos direitos ou interesses jurídicos da categoria que representa".[67]

No mandado de segurança coletivo impetrado por associação, conforme jurisprudência pacífica (e correta, diga-se de passagem) do STF, não se aplica o disposto no parágrafo único do art. 2º-A da Lei nº 9.494/1997, que exige que a petição inicial venha instruída com a relação completa dos nomes e endereços dos associados da demandante.[68] Mas é preciso, aqui, enfrentar a relevante questão de saber qual o alcance da decisão proferida no mandado de segurança coletivo.

É que o *caput* do art. 2º-A da Lei nº 9.494/1997 estabelece que "a sentença civil proferida em ação de caráter coletivo proposta por entidade associativa, na defesa dos interesses e direitos dos seus associados, abrangerá apenas os substituídos que tenham, na data da propositura da ação, domicílio no âmbito da competência territorial do órgão prolator".

---

[66] Gustavo Tepedino, Heloisa Helena Barboza e Maria Celina Bodin de Moraes, *Código Civil interpretado*, v. I, p. 137.

[67] STF, RE 141733, rel. Min. Ilmar Galvão, j. em 7.3.1995.

[68] STF, MS 23769/BA, rel. Min. Ellen Gracie, j. em 3.4.2002, entre vários outros precedentes.

Não vejo como se possa aplicar essa regra aos casos em que o mandado de segurança coletivo verse sobre direitos difusos ou coletivos *stricto sensu*. É que o caráter indivisível desses interesses é suficiente, a meu juízo, para afastar a incidência dessa regra. Afinal, como poderia a decisão concessiva do mandado de segurança alcançar um associado e não o outro, apenas em razão do fato de que no momento da impetração não residiam na mesma circunscrição territorial, se são indivisíveis os interesses da coletividade que ambos integram?

Problema maior haveria na hipótese de versar o mandado de segurança coletivo sobre interesses individuais homogêneos. É que nesse caso seria fundamental saber-se, com precisão, quem seriam os titulares dos interesses individuais substituídos pelo demandante da impetração coletiva. A regra veiculada pelo art. 2º-A da Lei nº 9.494/1997 parece trazer um parâmetro para essa definição, limitando o alcance da decisão aos associados que tivessem, na data do ajuizamento da demanda, domicílio no âmbito da competência territorial do órgão jurisdicional competente para conhecer do mandado de segurança. Não parece ser esta, porém, a melhor solução.

É que do art. 21 da Lei nº 12.016/2009, tanto quanto do art. 5º, LXX, *b*, da Constituição da República, se extrai norma por força da qual a associação está legitimada para, em nome próprio, demandar mandado de segurança coletivo na defesa dos interesses de *seus associados*, sem limitar o alcance dessa legitimidade aos associados que tenham residência na comarca em que o processo se instaure. Ora, como tantas vezes já se tem dito ao longo desta exposição, o mandado de segurança coletivo, como as demais garantias fundamentais, deve ser interpretado segundo o princípio da máxima efetividade, dando-se-lhe a interpretação que garanta a maior eficácia possível às normas que o regulamentam. Pois limitar territorialmente a eficácia da decisão que concede o mandado de segurança coletivo aos associados que, no momento da impetração, residem no lugar onde o processo tenha se instaurado diminui, sobremaneira, a efetividade do mandado de segurança coletivo, o que contraria a melhor técnica de interpretação dos direitos fundamentais. Daí por que se deve considerar que todos os associados, seja lá qual for o lugar onde residam, e que sejam titulares de interesses protegidos pela impetração, serão alcançados pelo resultado do processo.[69]

Outro ponto a enfrentar diz respeito a uma diferença – que chama a atenção – entre o regime de legitimidade da associação para impetrar mandado de segurança coletivo e a legitimidade que também às associações se atribui para ajuizar outras demandas coletivas, como a "ação civil pública". É que no trato desse tipo de processo coletivo, estabelece o art. 5º, § 4º, da Lei nº 7.347/1985 que "O requisito da pré-constituição poderá ser dispensado pelo juiz, quando haja manifesto interesse social evidenciado pela dimensão ou característica do dano, ou pela relevância do bem jurídico a ser protegido." Essa regra também é veiculada pelo art.

---

[69] No mesmo sentido, Eduardo Arruda Alvim, *Mandado de segurança*, p. 398.

82, § 1º, do Código de Defesa do Consumidor ("O requisito da pré-constituição pode ser dispensado pelo juiz, nas ações previstas nos arts. 91 e seguintes, quando haja manifesto interesse social evidenciado pela dimensão ou característica do dano, ou pela relevância do bem jurídico a ser protegido"). Pois a Constituição da República e a Lei nº 12.016/2009 não estabeleceram expressamente essa possibilidade de dispensa do requisito da pré-constituição.[70]

Em sede doutrinária tem havido divergência acerca da matéria. Alguns autores têm sustentado que, não obstante o silêncio da Lei nº 12.016/2009 sobre o ponto, seria legítima a aplicação da regra proveniente dos arts. 5º, § 4º, da "Lei de Ação Civil Pública" e do art. 82, § 1º, do CDC, admitindo-se, pois, a dispensa do requisito da pré-constituição da associação impetrante.[71] Outros autores há para quem a matéria foi deixada pela Constituição da República para o legislador (já que a norma constitucional é silente acerca da possibilidade de dispensa desse requisito), tendo a Lei nº 12.016/2009, posterior aos demais diplomas, conscientemente optado por não permitir essa dispensa, o que deve ser interpretado no sentido de que não pode o juiz dispensar a pré-constituição da associação.[72]

Este segundo entendimento parece, mesmo, ser o mais correto. O silêncio da Lei nº 12.016/2009 deve ser interpretado no sentido da impossibilidade de dispensa do requisito da pré-constituição da associação para que impetre mandado de segurança. Pensar de outro modo implicaria desprezar o fato de que a lei é posterior a todos os diplomas normativos que admitiram tal dispensa em outras hipóteses, igualando fontes normativas substancialmente distintas. Ademais, são tantos os outros legitimados ativos para a impetração do mandado de segurança coletivo que o fato de não poder a associação demandar certamente não deixará o interesse que se quer ver tutelado receber proteção por iniciativa de outro legitimado.

Encerrada a análise do rol de legitimados para impetração do mandado de segurança coletivo expressamente previsto na Constituição da República e na Lei nº 12.016/2009, impõe-se examinar um ponto que tem gerado polêmica: seria esse rol exaustivo? Ou seria possível admitir-se a legitimidade do Ministério Público para impetrar mandado de segurança coletivo?

A discussão surgiu, principalmente, a partir de uma decisão proferida pelo Superior Tribunal de Justiça, relatada pelo Min. Luiz Fux, em que se fez alusão

---

[70] O que já levou certo setor da doutrina a tachar o art. 21 da Lei nº 12.016/2009 de "conservador" (André Vasconcelos Roque e Francisco Carlos Duarte, *Mandado de segurança*, p. 160).

[71] Neste sentido, entre outros, Luiz Manoel Gomes Júnior e Rogério Favreto, *in* Luiz Manoel Gomes Júnior, Luana Pedrosa de Figueiredo Cruz, Luís Otávio Sequeira de Cerqueira, Rogério Favreto e Sidney Palharini Júnior, *Comentários à nova lei do mandado de segurança*, p. 184-187; André Vasconcelos Roque e Francisco Carlos Duarte, *Mandado de segurança*, p. 160.

[72] Cassio Scarpinella Bueno, *A nova lei do mandado de segurança*, p. 163.

a uma possível legitimidade do *parquet* para a impetração coletiva. O aresto está assim ementado:[73]

> "AÇÃO CIVIL PÚBLICA. LEGITIMIDADE. MINISTÉRIO PÚBLICO. DANO AO ERÁRIO PÚBLICO.
>
> 1. Ausência de prequestionamento que induz ao não-conhecimento do recurso.
>
> 2. A matéria constitucional é insuscetível de apreciação pelo STJ.
>
> 3. O Ministério Público é parte legítima para promover Ação Civil Pública visando ao ressarcimento de dano ao erário público.
>
> 4. O Ministério público, por força do art. 129, III, da CF/88, é legitimado a promover qualquer espécie de ação na defesa do patrimônio público social, não se limitando à ação de reparação de danos. Destarte, nas hipóteses em que não atua na condição de autor, deve intervir como custos legis (LACP, art. 5º, § 1º; CDC, art. 92; ECA, art. 202 e LAP, art. 9º).
>
> 5. A carta de 1988, ao evidenciar a importância da cidadania no controle dos atos da administração, com a eleição dos valores imateriais do art. 37, da CF como tuteláveis judicialmente, coadjuvados por uma série de instrumentos processuais de defesa dos interesses transindividuais, criou um microssistema de tutela de interesses difusos referentes à probidade da administração pública, nele encartando-se a Ação Popular, a Ação Civil Pública e o Mandado de Segurança Coletivo, como instrumentos concorrentes na defesa desses direitos eclipsados por cláusulas pétreas.
>
> 6. Em consequência, legitima-se o Ministério Público a toda e qualquer demanda que vise à defesa do patrimônio público sob o ângulo material (perdas e danos) ou imaterial (lesão à moralidade).
>
> 7. A nova ordem constitucional erigiu um autêntico 'concurso de ações' entre os instrumentos de tutela dos interesses transindividuais e, a fortiori, legitimou o Ministério Público para o manejo dos mesmos.
>
> 8. A lógica jurídica sugere que legitimar-se o Ministério Público como o mais perfeito órgão intermediário entre o Estado e a sociedade para todas as demandas transindividuais e interditar-lhe a iniciativa da Ação Popular, revela contraditio in terminis.
>
> 9. Interpretação histórica justifica a posição do MP como legitimado subsidiário do autor na Ação Popular quando desistente o cidadão, porquanto à época de sua edição, valorizava-se o parquet como guardião da lei, entrevendo-se conflitante a posição de parte e de custos legis.

---

[73] STJ, REsp 401964/RO, rel. Min. Luiz Fux, j. em 22.10.2002.

10. Hodiernamente, após a constatação da importância e dos inconvenientes da legitimação isolada do cidadão, não há mais lugar para o veto da *legitimatio ad causam* do MP para a Ação Popular, a Ação Civil Pública ou o Mandado de Segurança coletivo.

11. Os interesses mencionados na LACP acaso se encontrem sob iminência de lesão por ato abusivo da autoridade podem ser tutelados pelo mandamus coletivo.

12. No mesmo sentido, se a lesividade ou a ilegalidade do ato administrativo atingem o interesse difuso, passível é a propositura da Ação Civil Pública fazendo as vezes de uma Ação Popular multilegitimária.

13. As modernas leis de tutela dos interesses difusos completam a definição dos interesses que protegem. Assim é que a LAP define o patrimônio e a LACP dilargou-o, abarcando áreas antes deixadas ao desabrigo, como o patrimônio histórico, estético, moral, etc.

14. A moralidade administrativa e seus desvios, com consequências patrimoniais para o erário público enquadram-se na categoria dos interesses difusos, habilitando o Ministério Público a demandar em juízo acerca dos mesmos.

15. O STJ já sedimentou o entendimento no sentido de que o julgamento antecipado da lide, não implica cerceamento de defesa, se desnecessária a instrução probatória, máxime a consistente na oitiva de testemunhas. In casu, os fatos relevantes foram amplamente demonstrados mediante prova documental conclusiva. Releva notar, por oportuno, que a não-produção de provas deveu-se por culpa exclusiva da Recorrente, que, instada a se manifestar sobre a documentação, quedou-se inerte, muito embora a causa petendi tenha sido elucidada pela prova documental existente nos autos e insindicável nesta via (Súmula 07).

16. Recurso Especial parcialmente conhecido e improvido."

A leitura da ementa permite verificar, então, que ali se afirmou que "não há mais lugar para o veto da *legitimatio ad causam* do MP para a Ação Popular, a Ação Civil Pública ou o Mandado de Segurança coletivo". Impõe-se notar, porém, e antes de tudo, que o processo que ali se examinava não era de mandado de segurança coletivo, mas uma "ação civil pública". Esse texto foi, posteriormente, reproduzido em uma série de decisões do Superior Tribunal de Justiça, mas em quase todos os casos isso era dito em processos nos quais não se havia demandado a concessão de mandado de segurança coletivo.

Há, porém, pelo menos uma exceção: trata-se de um mandado de segurança impetrado pelo Ministério Público com o objetivo de ver respeitado o direito à creche para menores de zero a seis anos de idade.[74] Em seu voto, assim se manifestou o relator, que além de Magistrado é um eminente processualista:

> "É que a Carta de 1988, ao evidenciar a importância da cidadania no controle dos atos da administração, com a eleição dos valores imateriais do art. 37, da CF como tuteláveis judicialmente, coadjuvados por uma série de instrumentos processuais de defesa dos interesses transindividuais, criou um microssistema de tutela de interesses difusos referentes à probidade da administração pública, nele encartando-se a Ação Popular, a Ação Civil Pública e o <u>Mandado de Segurança Coletivo</u>, como instrumentos concorrentes na defesa desses direitos eclipsados por cláusulas pétreas.

> Deveras, é mister concluir que nova ordem constitucional erigiu um autêntico 'concurso de ações' entre os instrumentos de tutela dos interesses transindividuais e, *a fortiori*, legitimou o Ministério Público para o manejo dos mesmos."

Em sede doutrinária a questão é controvertida. Autores há que, não obstante reconheçam a possibilidade de que a lei amplie o rol dos legitimados a impetrar mandado de segurança coletivo, consideram que isso não foi feito pela Lei nº 12.016/2009, razão pela qual não seria possível reconhecer-se a legitimidade do Ministério Público para impetrar mandado de segurança coletivo.[75] Outros autores, porém, concordam com a orientação preconizada nos precedentes anteriormente mencionados do Superior Tribunal de Justiça e admitem a legitimidade do MP para a impetração coletiva.[76]

A razão, a meu sentir, está com a primeira corrente. Não obstante seja possível, em tese, que a lei ordinária crie outros casos de legitimidade extraordinária para a impetração de mandado de segurança coletivo, essa criação teria de ser expressa. Não há como cogitar-se de uma interpretação analógica ou extensiva do art. 5º, LXX, da Constituição da República, ou do art. 21 da Lei nº 12.016/2009, para o fim de incluir no rol dos legitimados alguém que ali não esteja. Aliás, vale mencionar a existência de importante decisão do Supremo Tribunal Federal (em caso de mandado de segurança coletivo impetrado pelo Estado do Rio de Janeiro contra ato do Presidente da República) em que se afirmou que a enumeração contida no art. 5º, LXX, da Constituição da República, é taxativa, não se podendo admitir, mediante construção ou raciocínios analógicos, uma legitimidade extraordinária que ali não estivesse expressamente prevista.[77]

---

[74] STJ, REsp 736524/SP, rel. Min. Luiz Fux, j. em 21.3.2006.

[75] Assim, por todos, Fernando Gonzaga Jayme, *Mandado de segurança*, p. 165.

[76] Neste sentido, entre outros, André Vasconcelos Roque e Francisco Carlos Duarte, *Mandado de segurança*, p. 161.

[77] STF, MS 21059/RJ, rel. Min. Sepúlveda Pertence, j. em 5.9.1990.

Não tem, pois, o Ministério Público legitimidade para impetrar mandado de segurança coletivo.

§ 50. Coisa julgada

Como em qualquer processo coletivo, também no mandado de segurança coletivo o regime da coisa julgada material deve ser examinado com cuidado. O art. 22 da Lei nº 12.016/2009 estabelece, expressamente, que "no mandado de segurança coletivo, a sentença fará coisa julgada limitadamente aos membros do grupo ou categoria substituídos pelo impetrante". Pois é preciso saber como se interpreta esse dispositivo, a fim de se determinar como é, exatamente, o regime da coisa julgada material no processo do mandado de segurança coletivo.

Que fique claro, porém, que apenas a coisa julgada material será aqui objeto de análise. Isso porque não há – nem poderia mesmo haver – qualquer peculiaridade no que diz respeito à coisa julgada formal. No momento em que a sentença proferida no processo do mandado de segurança coletivo se torna irrecorrível, transita ela em julgado, formando-se então a coisa julgada formal. O processo do mandado de segurança coletivo terá, aí, se encerrado definitivamente. Importante é saber como é o regime da coisa julgada material nesse tipo de processo coletivo. E esse estudo é relevante porque, como já se disse em importante sede doutrinária, "juntamente com a legitimação para agir, a coisa julgada é um dos pontos sensíveis da regulamentação e desenvolvimento do processo coletivo. Da sua correta formulação torna-se possível o alcance dos objetivos que a tutela jurisdicional coletiva preconiza em essência".[78]

Antes da Lei nº 12.016/2009, quando não havia qualquer regulamentação específica acerca da coisa julgada no mandado de segurança coletivo, a matéria era tratada pela doutrina de forma muito superficial. Poucos se aventuraram a buscar uma solução para o ponto mas, dentre os que tentaram, vale a pena trazer à colação a lição de um dos mais eminentes estudiosos do mandado de segurança:[79]

> "[...] Há certos marcos, não só principiológicos, mas também de direito positivo, que contribuem para o assentamento de alguns rumos de orientação para o intérprete e o julgador, a sugerirem, com nitidez, a solução do problema *secundum eventum litis* [...]. É, portanto, ao menos no particular, marcante a distinção entre o mandado de segurança coletivo e as *class actions* do Direito Norte-Americano (em que o juiz, *em outro processo*, aquilata da extensão subjetiva dos efeitos da coisa julgada).

---

[78] Ricardo de Barros Leonel, *Manual do processo coletivo*, p. 258.

[79] Sergio Ferraz, *Mandado de segurança*, p. 318-319.

Um primeiro ponto sobre o qual cabe detença tem que ver com o sujeito ativo da ação, mais particularmente com a extensão de sua representatividade. Assim – e por exemplo –, sendo o *writ* ajuizado por sindicato, não só seus associados, mas toda a categoria econômica ou operária, por ele tutelada, são atingidos pelos efeitos da coisa julgada. Dá-se isso por força da extensão da representatividade sindical, expressamente assentada, por exemplo, no art. 513 da CLT [...]. Tal é o fundamento de sustentarmos que a decisão concessiva da segurança, aqui, terá cunho declaratório amplo, normativo mesmo, e beneficiará toda a gama de componentes do universo que o sindicato, por força legal, tutela, e não apenas seus efetivos associados. Por certo que isso decorre, sobretudo, da natureza difusa ou coletiva do interesse/direito postulado e tutelado.

Em contrapartida, desfavorável a sentença ao impetrante, independentemente da extensão de sua representatividade, poderá ser formulado novo mandado de segurança individual (plúrimo ou não): efetivamente, é inadmissível que a ampla garantia constitucional do direito de ação (CF, art. 5º, XXXV e LXIX) possa ser extraída de alguém por força de uma lide na qual não lhe foi dado atuar direta e pessoalmente, com os ônus, riscos e responsabilidades que somente assim se aceita sejam realmente contraídos. [...] A exposição do associado ou do representado a eventual decisão desfavorável só ocorrerá, em nosso entendimento, se, apesar da desnecessidade e até impropriedade do alvitre, que *não decorre* do inciso LXX do art. 5º da Lei Maior, tiver o indivíduo outorgado procuração à entidade, hipótese em que, além de, a rigor, não se configurar conceitualmente o mandado de segurança coletivo, incidirão as regras regedoras do mandato."

Outros autores havia que, simplesmente, à míngua de regras específicas, afirmavam a aplicação das regras sobre coisa julgada nos processos coletivos veiculadas pelo art. 103 do Código de Defesa do Consumidor ao mandado de segurança coletivo.[80]

Com a entrada em vigor da Lei nº 12.016/2009, porém, passou a haver uma regulamentação expressa da matéria. Isso não significa, porém, que o tema tenha se tornado imune a qualquer dúvida.

Há, por exemplo, quem afirme que, não obstante a previsão contida no art. 22 da Lei nº 12.016/2009, é preciso verificar se o mandado de segurança coletivo versa sobre interesses difusos, coletivos *stricto sensu* ou individuais homogêneos, devendo a coisa julgada alcançar, sempre, todos os substituídos processuais cujos interesses tenham sido, em juízo, defendidos pelo impetrante coletivo.[81]

---

[80] Assim, entre muitos outros, Teori Albino Zavascki, *Processo coletivo*, p. 222.

[81] Cassio Scarpinella Bueno, *A nova lei do mandado de segurança*, p. 173-177.

Existe, também, quem sustente que deve haver um diálogo entre o art. 22 da Lei nº 12.016/2009 e o art. 103 do Código de Defesa do Consumidor, não se admitindo a limitação da coisa julgada aos membros do grupo substituídos pelo impetrante coletivo. Aduz-se, então, que no caso de improcedência do pedido de segurança, a coisa julgada se formará *ultra partes*, para atingir o impetrante, o impetrado e outros legitimados ativos, de modo a impedir-se a impetração de novo mandado de segurança coletivo, mas sem se chegar a impedir a impetração de demandas individuais de mandado de segurança, não se prejudicando com esse resultado os integrantes da categoria, grupo ou classe. De outro lado, sendo a sentença de procedência, a coisa julgada se produzirá nos termos dos incisos I, II e III do art. 103 do Código de Defesa do Consumidor, conforme o interesse protegido seja difuso, coletivo *stricto sensu* ou individual homogêneo, de modo a produzir-se *erga omnes* ou *ultra partes*, conforme o caso.[82]

Também há quem sustente que a Lei nº 12.016/2009 nada mais faz do que remeter o sistema da coisa julgada no mandado de segurança coletivo para o regime do Código de Defesa do Consumidor.[83]

Por fim, merece referência opinião no sentido de que o legislador tentou, com a redação do art. 22 da Lei nº 12.016/2009, "amesquinhar" o instituto,[84] sugerindo, porém, uma interpretação do dispositivo que ampliasse seu alcance, sustentando-se que a coisa julgada deve alcançar não só os associados ou membros da entidade impetrante, mas todos os integrantes da coletividade titular do direito protegido em juízo pelo mandado de segurança coletivo, além de invocar, em caráter subsidiário, o regime do art. 103 do Código de Defesa do Consumidor.[85]

Feitas essas considerações, passo a apresentar minha visão acerca da coisa julgada no mandado de segurança coletivo.

Inicialmente, deve-se registrar que o art. 22 trata, exclusivamente, dos limites subjetivos da coisa julgada material. É que ali só se buscou definir quem são as pessoas atingidas pela imutabilidade do conteúdo da decisão proferida no processo de mandado de segurança coletivo. Os limites objetivos da coisa julgada nesse tipo de processo seguem, rigorosamente, os mesmos cânones do mandado de segurança individual, nada havendo de peculiar quanto ao ponto.

Aliás, vale aqui recordar que no caso do mandado de segurança coletivo não há a necessidade de se estabelecerem ressalvas equivalentes àquelas que, no art. 103 (incisos I e II) do Código de Defesa do Consumidor, foram feitas acerca da

---

82 Antonio Herman Benjamin e Gregório Assagra de Almeida, Comentário ao art. 22, *in* Napoleão Nunes Maia Filho, Caio Cesar Vieira Rocha e Tiago Asfor Rocha Lima, *Comentários à nova lei do mandado de segurança*, p. 315-317.

83 Eduardo Arruda Alvim, *Mandado de segurança*, p. 415.

84 André Vasconcelos Roque e Francisco Carlos Duarte, *Mandado de segurança*, p. 168.

85 Idem, p. 168-173.

formação da coisa julgada nos casos de rejeição da demanda por insuficiência de prova. É que, como se pôde ver anteriormente, é típico do sistema do mandado de segurança que no caso de rejeição da demanda por insuficiência de prova (que, nesse tipo de processo, nada mais é do que a declaração de que não existe "direito líquido e certo"), a sentença (que é de mérito, como já se viu) faça coisa julgada apenas para tornar imutável e indiscutível a declaração de que não se tem direito ao mandado de segurança (*in casu*, direito ao mandado de segurança coletivo), o que impede nova impetração, mas não veda o acesso às vias ordinárias.

O art. 22 da Lei nº 12.016/2009 estabelece, como se viu, que a coisa julgada se produz além das partes, alcançando "os membros do grupo ou categoria substituídos pelo impetrante". Impende, porém, e antes de tudo, recordar que esse dispositivo precisa ser interpretado em conjunto com o art. 21, parágrafo único. É que não se pode esquecer o fato de que, conforme o texto expresso da lei, o mandado de segurança coletivo só serviria para a tutela de interesses coletivos e individuais homogêneos. Não se faz alusão, ali, aos interesses difusos e, por coerência, o art. 22 também não trata, em seu texto, desse tipo de interesse transindividual. Todavia, do mesmo modo como a interpretação do sistema permitiu afirmar que o mandado de segurança coletivo pode servir para proteção de interesses difusos, é também imperioso reconhecer que, apesar do texto do art. 22, a coisa julgada nos casos que versem sobre esse tipo de interesses também irá além dos limites subjetivos das partes da demanda.

Nada há de atípico nisso, porém. Como já se pôde ver, o legitimado para impetrar mandado de segurança coletivo é, sempre, um legitimado extraordinário. Desse modo, uma vez impetrado o mandado de segurança coletivo, haverá necessariamente substituição processual, estando o impetrante em juízo na defesa de interesses pertencentes à coletividade de substituídos.

Ora, como sabido, nos casos de substituição processual a coisa julgada alcança, necessariamente, tanto o *substituto* como os *substituídos*. E havendo vários colegitimados (como há no mandado de segurança coletivo), a coisa julgada formada no processo em que um deles tenha atuado alcançará, também, os demais.

Sobre o ponto, vale lembrar clássica lição doutrinária:[86]

> "Mas se, como menos artificiosamente se deve pensar, o substituto não é sujeito dos motivos, mas só da ação (do processo), então sujeito dos motivos feitos valer pelo substituto é o substituído; a sentença no processo conduzido pelo substituto é sentença sobre os motivos do substituído. Portanto, a sentença (e os efeitos da coisa julgada) é, já, sentença do terceiro, e, porque a coisa julgada tem autoridade em confronto deste último, não

---

[86] Enrico Allorio, *La cosa giudicata rispetto ai terzi*, p. 129.

há propriamente necessidade de superação dos limites de eficácia da sentença, marcada pelos motivos feitos valer. [...].

Não se pode falar, então, de alargamento da coisa julgada, nem mesmo nas situações em que haja vários colegitimados à substituição processual, com respeito a idêntica relação jurídica de um terceiro. A sentença emanada perante um desses colegitimados, que tenha efetivamente substituído, é normativa para os outros colegitimados, mas não por que tenha sido pronunciada sobre um fundamento concorrente, mas porque definitivamente sobre os fundamentos do *substituído*: motivos das quais, portanto, nem o substituto mesmo, nem terceiros dotados do poder de deduzi-los em juízo (poder de substituição processual) podem, agora, pedir um acertamento diferente daquele que foi dado."

Vê-se, pois, que nos casos de substituição processual, como a causa é, na verdade, dos substituídos, a coisa julgada precisa alcançá-los, já que é uma sentença sobre a causa deles. Nenhum sentido haveria em admitir a formação da coisa julgada e não submeter aos seus efeitos os substituídos no processo em que tenha havido substituição processual. Não foi por outra razão que, em obra especificamente destinada ao estudo do mandado de segurança coletivo, já se afirmou que

"outro ponto importante na relação entre substituto e substituído é que a coisa julgada abrange a ambos. [...] Temos para nós, contudo, que, se a lei autoriza que o substituto, em nome próprio, postule pelo direito do substituído, *a fortiori* deve vincular as duas partes à coisa julgada, pois seria ilógico que qualquer deles atuasse no processo sem sofrer os seus efeitos. A coisa julgada opera, portanto, em relação ao substituto e ao substituído".[87]

Assim sendo, e independentemente do que literalmente se encontre no texto da lei, nos processos em que há substituição processual a coisa julgada alcançará o substituto e o substituído, além de vincular, também, os demais colegitimados, que não poderão impetrar nova demanda coletiva.

Verifica-se, assim, que independentemente do texto do art. 22 da Lei nº 12.016/2009, quando o mandado de segurança coletivo versar sobre interesses difusos a coisa julgada se produzirá *erga omnes*, já que ali os substituídos são indetermináveis.[88]

O texto do art. 22 da Lei nº 12.016/2009, de outro lado, veicula norma que se aplica, tão somente, aos casos nos quais o mandado de segurança coletivo te-

---

[87] Alfredo Buzaid, *Considerações sobre o mandado de segurança coletivo*, p. 66.

[88] Assim também Cassio Scarpinella Bueno, *A nova lei do mandado de segurança*, p. 174.

nha versado sobre interesses coletivos *stricto sensu* e individuais homogêneos.[89] Nesses casos, a coisa julgada se estenderá *ultra partes*, limitadamente (como não poderia deixar de ser) aos substituídos, que são, nesses casos, determináveis: os membros da categoria ou classe que se apresenta como titular do interesse (essencial ou acidentalmente) transindividual deduzido no processo. Assim, versando o mandado de segurança coletivo sobre interesses coletivos *stricto sensu*, a coisa julgada se produzirá *ultra partes*, atingindo, de forma indivisível (já que é indivisível o interesse nesse caso), todos os integrantes da coletividade substituída.

Já no caso de interesses individuais homogêneos a coisa julgada alcançará, também *ultra partes*, todos os titulares dos interesses individuais substituídos pelo impetrante coletivo. Há aqui, porém, uma observação que não se pode deixar de fazer. É que, não obstante o silêncio da lei acerca do ponto, no caso de o mandado de segurança coletivo versar sobre interesses individuais homogêneos, os substituídos poderão beneficiar-se da coisa julgada que se produza sobre uma decisão que lhes seja favorável, mas não serão individualmente prejudicados no caso de a decisão ser desfavorável à coletividade.

Essa regra, da extensão *in utilibus* da coisa julgada material formada nos processos que versam sobre interesses individuais homogêneos, encontra-se expressa no art. 103, III, do CDC. Não é necessário, porém, invocar a legislação consumerista para justificar o que acaba de ser dito. A tal resultado se chegaria, independentemente daquele texto normativo, por mera aplicação do sistema comum da coisa julgada.[90]

Procedente que seja a demanda coletiva que tenha por objeto a tutela de interesses individuais homogêneos, ter-se-á a afirmação da existência dos direitos subjetivos dos diversos integrantes do grupo. A sentença de improcedência do pedido, porém, não terá por conteúdo a declaração da inexistência dos direitos individuais. É que no caso de improcedência do pedido formulado em demanda que versa sobre interesses individuais homogêneos, a sentença se limita a declarar a inexistência de *interesses individuais homogêneos a tutelar de forma agrupada*. Em outros termos: no caso de ser julgado improcedente o pedido formulado, a sentença terá declarado que não existem interesses individuais *homogêneos* a tutelar. Não significa isso, porém, que não possa existir algum interesse *individual* que, isoladamente, seja digno de proteção.

Um exemplo poderá permitir que se esclareça melhor o que agora se sustenta: pense-se em uma demanda coletiva ajuizada em face de um fabricante de automóveis na qual se alegue ter havido um defeito de fabricação em série de deter-

---

[89] Em sentido diverso, porém, Bruno Garcia Redondo, Guilherme Peres de Oliveira e Ronaldo Cramer, *Mandado de segurança*, p. 154, para quem o art. 22 se aplica, também aos processos que versam sobre interesses difusos.

[90] No mesmo sentido, José Ignacio Botelho de Mesquita, *Coisa julgada*, p. 38.

minado modelo de automóvel, tendo sido formulado pedido de condenação do fabricante a reparar os danos sofridos por todos os consumidores que tenham adquirido veículos daquele modelo. Procedente o pedido, todos os consumidores integrantes do grupo serão beneficiados, já que a sentença reconhecerá a obrigação do fabricante de indenizar todas as vítimas do evento danoso. Improcedente o pedido, porém, tudo o que se terá será uma sentença (apta a transitar em julgado) que declara não existir defeito de fabricação *em série*, capaz de justificar a condenação do fornecedor a indenizar todos os consumidores. Isso, porém, não poderia impedir que algum consumidor individual ajuizasse sua própria demanda em face do fabricante do automóvel postulando a reparação do dano que ele, individualmente, afirmasse ter suportado. Afinal, não existe, nesse caso, sentença que torne certa a inexistência do direito material *deste consumidor*. Poderá ele, pois, submeter sua causa individual ao Poder Judiciário, já que essa causa individual é absolutamente inédita, jamais tendo sido submetida à apreciação do Poder Judiciário, o que torna viável seu exame.

Recorde-se, aliás, que o confronto entre a demanda coletiva (já julgada) e a individual permite, sem maiores esforços, verificar que essas duas demandas têm objetos bastante diferentes. Sobre o ponto, aliás, existe importante lição que merece ser transcrita:[91]

> "Conforme expressamente dispõe o art. 104 do CDC, a existência de ação individual não induz litispendência em relação à ação coletiva. Uma não pode ser tida como reprodução da outra. Naquela, a cognição, sob o aspecto horizontal, é completa, envolvendo todos os aspectos do direito material controvertido, inclusive os que dizem respeito à específica relação obrigacional de que é titular o demandante, com todas as suas especificidades; na ação coletiva, todavia, conforme se viu, o âmbito cognitivo é restrito ao núcleo de homogeneidade dos direitos afirmados. Isso é reflexo do pedido e da sentença, que num caso será de natureza específica, visando a um juízo integral da controvérsia, e no outro será genérica, buscando apenas o enfrentamento parcial do conjunto das matérias controvertidas. Assim, entre ação coletiva e ação individual pode haver identidade quanto às partes (e sob esse aspecto, a coletiva é continente da individual) e quanto à causa de pedir. O pedido, porém, é diverso."

Ora, se é assim, então não poderia, de qualquer maneira, a coisa julgada formada no processo do mandado de segurança coletivo que versa sobre interesses individuais homogêneos *prejudicar* os titulares dos interesses individuais. É que a sentença de improcedência, nesse caso, não terá sido capaz de afirmar a inexistência de qualquer posição jurídica individual, eis que isso sequer é objeto do

---

[91] Teori Albino Zavascki, *Processo coletivo*, p. 190-191.

392 Manual do Mandado de Segurança • Câmara

processo do mandado de segurança coletivo, mas se terá limitado a afirmar a inexistência de *direitos líquidos e certos de natureza individual homogênea* que se pudesse proteger através do mandado de segurança coletivo. Ficará, pois, aberta a possibilidade de que o titular do interesse individual ajuíze sua própria demanda, a fim de buscar tutela jurisdicional em seu favor, não obstante a denegação da segurança coletiva.

§ 51. Liminar

Estabelece o § 2º do art. 22 da Lei nº 12.016/2009 que "no mandado de segurança coletivo, a liminar só poderá ser concedida após a audiência do representante judicial da pessoa jurídica de direito público, que deverá se pronunciar no prazo de 72 (setenta e duas) horas". Há, aí, pois, uma expressa vedação à concessão de liminares *inaudita altera parte* em mandado de segurança coletivo.

O que busca o texto da lei, pois, é exigir que se estabeleça um prévio contraditório antes de o juiz apreciar o requerimento de concessão de medida liminar em mandado de segurança coletivo, o que se justificaria em razão do alcance subjetivo que tal medida terá. Trata-se de exigência salutar se não for considerada absoluta. Isso porque casos haverá em que essa exigência de prévio contraditório poderá inviabilizar a efetividade da própria medida liminar, a qual terá de ser deferida *inaudita altera parte*, sob pena de violação da garantia constitucional do amplo e universal acesso à jurisdição, insculpido no inciso XXXV do art. 5º da Constituição da República.

Não é por outra razão, aliás, que a doutrina amplamente dominante tem considerado necessário interpretar esse § 2º do art. 22 no sentido de que ele deve ser observado apenas como regra geral, sendo legítimo afastá-lo nos casos em que a prévia oitiva da pessoa jurídica interessada possa retirar a própria utilidade da medida.

Assim, por exemplo, já se pronunciou importante estudioso do tema:[92]

> "A regra, com efeito, é que todos os interessados – e isto inclui, nem poderia ser diferente, o Poder Público – sejam ouvidos em juízo *previamente*. Nesse sentido, nada mais coerente que, considerando a amplitude *subjetiva* que o mandado de segurança coletivo tem aptidão para atingir, o legislador tenha optado por estabelecer o contraditório prévio prescrito no dispositivo em exame. O que não pode ocorrer, contudo, sob pena de agressão ao 'modelo constitucional de direito processual civil', é que a exigência legal acabe por

---

92 Cassio Scarpinella Bueno, *A nova lei do mandado de segurança*, p. 182-183.

inviabilizar a proteção *in natura* para a qual o mandado de segurança, inclusive na sua forma coletiva, é predestinado desde a Constituição Federal.

Tanto assim que é entendimento amplamente majoritário em sede de doutrina o de que o representante do Poder Público só deverá ser intimado a se pronunciar sobre o pedido de liminar se essa providência não comprometer a salvaguarda do direito do impetrante, isto é, naqueles casos em que, rigorosamente, o *periculum in mora* (o perigo de ineficácia da medida) não é tão intenso. Em sendo, no entanto, o estabelecimento desse contraditório prévio deve ser necessária e sistematicamente afastado, dando lugar à grandeza constitucional do instituto. Postergar-se-á, destarte, a oitiva do representante judicial do Poder Público em prol da *efetividade* do processo, a despeito do comando *legal*."

Esse entendimento tem prevalecido na doutrina,[93] mas na jurisprudência encontram-se decisões assentando a nulidade da liminar deferida sem prévia oitiva do Poder Público, sem qualquer outra consideração acerca da urgência do caso concreto.[94] Há, porém, acórdão do Supremo Tribunal Federal em que se afirmou, expressamente, que a prévia oitiva do Poder Público poderia ser dispensada em casos urgentes:[95]

> "CONSTITUCIONAL. PROCESSUAL CIVIL. MEDIDA CAUTELAR: LIMINAR. Lei 8.437, de 30.06.92, art. 2º e art. 4º, § 4º, redação da Med. Prov. 1.984-19, hoje Med. Prov. 1.984-22. ORDEM PÚBLICA: CONCEITO. PRINCÍPIOS CONSTITUCIONAIS: C.F., art. 37. ECONOMIA PÚBLICA: RISCO DE DANO. Lei 8.437, de 1992, art. 4º. I – Lei 8.437, de 1992, § 4º do art. 4º, introduzido pela Med. Prov. 1.984-19, hoje Med. Prov. 1.984-22: sua não suspensão pelo Supremo Tribunal Federal na ADIn 2.251-DF, Ministro Sanches, Plenário, 23.08 .2000. II – Lei 8.437, de 1992, art. 2º: no mandado de segurança coletivo e na ação civil pública, a liminar será concedida,

---

[93] Podendo ser lembrado, por todos, o que é sustentado na obra de José Miguel Garcia Medina e Fabio Caldas de Araújo, *Mandado de segurança individual e coletivo*, p. 224.

[94] Assim, por exemplo, STJ, REsp 88583/SP, rel. Min. Humberto Gomes de Barros, j. em 21.10.1996. Este acórdão faz alusão ao disposto no art. 2º da Lei nº 8.437/1992, único dispositivo de lei anterior à Lei nº 12.016/2009 que tratava expressamente do mandado de segurança coletivo, assim redigido: "No mandado de segurança coletivo e na ação civil pública, a liminar será concedida, quando cabível, após a audiência do representante judicial da pessoa jurídica de direito público, que deverá se pronunciar no prazo de setenta e duas horas."

[95] STF, AgRg na Pet 2066/SP, rel. Min. Marco Aurélio, rel. p/ acórdão Min. Carlos Velloso, j. em 19.10.2000. No voto do Min. Carlos Velloso se pode ler o seguinte, após a transcrição do texto do art. 2º da Lei nº 8.437/1992: "Concedo que, na iminência de perecimento de direito, ou na possibilidade de ocorrer prejuízo de difícil ou quase impossível reparação, poderia o juiz, em decisão fundamentada (CF, art. 93, IX), conceder a cautelar sem a oitiva do representante judicial da pessoa jurídica de direito público."

394 Manual do Mandado de Segurança • Câmara

quando cabível, após a audiência do representante judicial da pessoa jurídica de direito público, que deverá se pronunciar no prazo de setenta e duas horas. Liminar concedida sem a observância do citado preceito legal. Inocorrência de risco de perecimento de direito ou de prejuízo irreparável. Ocorrência de dano à ordem pública, considerada esta em termos de ordem jurídico-processual e jurídico-administrativa. III – Princípios constitucionais: C.F., art. 37: seu cumprimento faz-se num devido processo legal, vale dizer, num processo disciplinado por normas legais. Fora daí, tem-se violação à ordem pública, considerada esta em termos de ordem jurídico-constitucional, jurídico-administrativa e jurídico-processual. IV – Dano à economia pública com a concessão da liminar: Lei 8.437/92, art. 4º. V – Agravo não provido."

Este é, mesmo, o melhor entendimento. O contraditório, visto como garantia constitucional de participação com influência, deve – em regra – ser observado previamente à prolação das decisões judiciais. Assim, é saudável que a lei exija a prévia oitiva da pessoa jurídica demandada para que o juiz delibere sobre a liminar em mandado de segurança coletivo. Isso, porém, não afasta a possibilidade de que, em alguns casos excepcionais, diante da urgência da medida, seja a liminar deferida *inaudita altera parte*, limitando-se o contraditório, que fica postergado e será exercido após a decisão liminar. Tem-se, aí, uma *limitação imanente* do contraditório,[96] já que a garantia constitucional decorrente do inciso LV do art. 5º da Constituição da República não é absoluta.

Assim, havendo urgência tal que não permita, sob pena de absoluta inutilidade da medida, a prévia oitiva da pessoa jurídica demandada, fica o juiz autorizado a, fundamentadamente, postergar o contraditório e deferir a medida liminar *inaudita altera parte*.

§ 52. Relação entre mandado de segurança coletivo e mandado de segurança individual

O § 1º do art. 22 da Lei nº 12.016/2009 trata, especificamente, da relação entre mandado de segurança coletivo e mandado de segurança individual que estejam pendentes simultaneamente. Dispõe o referido dispositivo que "o mandado de segurança coletivo não induz litispendência para as ações individuais, mas os efeitos da coisa julgada não beneficiarão o impetrante a título individual se não requerer a desistência de seu mandado de segurança no prazo de 30 (trinta) dias a contar da ciência comprovada da impetração da segurança coletiva".

---

[96] A expressão "limitação imanente" ao contraditório pode ser encontrada na obra de Nelson Nery Júnior, *Princípios do processo na Constituição Federal*, p. 236.

Pela literalidade do texto, então, estando pendente ao mesmo tempo um mandado de segurança coletivo e um mandado de segurança individual, seria preciso que o impetrante individual *desistisse* de sua demanda, no prazo de 30 dias a contar da ciência comprovada nos autos (do processo individual) da pendência do processo coletivo, para que pudesse ser beneficiado pela coisa julgada eventualmente favorável que viesse a formar-se no processo do mandado de segurança coletivo. Não havendo essa desistência, assumiria o impetrante individual o ônus de sua escolha, e correria assim o risco de sucumbir sozinho, ainda que a categoria viesse a ser beneficiada pelo resultado favorável da impetração coletiva.

O problema que surge da interpretação desse dispositivo está em que, não obstante seu evidente parentesco com o art. 104 do Código de Defesa do Consumidor, fala-se aí em "desistência" da demanda individual, e não em suspensão do processo, como está na legislação consumerista.[97] O que resulta do texto do CDC é que, tomando o demandante individual ciência da existência do processo coletivo, terá ele o ônus de requerer a suspensão do processo individual para poder beneficiar-se do resultado favorável do processo coletivo.

Sobre o regime do Código de Defesa do Consumidor (CDC), vale transcrever a pioneira lição de Antonio Gidi:[98]

> "De acordo com o disposto no art. 104 do CDC, ao demandante a título individual se abrirão duas opções ao tomar conhecimento, nos autos, de haver processo coletivo já incoado.
>
> Para que ele possa vir a ser *beneficiado* com a eventual extensão *in utilibus* da imutabilidade do comando do julgado, deverá requerer a suspensão *sine die* do processo individual no prazo de trinta dias a contar da ciência, nos autos, do ajuizamento da ação coletiva com objeto correspondente à sua.
>
> Releva notar, pois, que há de haver direta (imediata) correspondência entre a lide levada a juízo coletivamente e a lide individualmente considerada. Se esta é encartável naquela, incide o art. 104 do CDC, tanto no que se refere à inexistência de litispendência (1ª parte), quanto no que se refere à possibilidade de beneficiar os autores das ações individuais (2ª parte). Essa ideia de correspondência entre a lide individual e a lide coletiva é traduzida por Arruda Alvim em termos de *subsunção* da situação individual àquela retratada na ação coletiva.

---

[97] É a seguinte a redação do art. 104 do CDC: "As ações coletivas, previstas nos incisos I e II e do parágrafo único do art. 81, não induzem litispendência para as ações individuais, mas os efeitos da coisa julgada *erga omnes* ou ultra partes a que aludem os incisos II e III do artigo anterior não beneficiarão os autores das ações individuais, se não for requerida sua suspensão no prazo de trinta dias, a contar da ciência nos autos do ajuizamento da ação coletiva."

[98] Antonio Gidi, *Coisa julgada e litispendência em ações coletivas*, p. 193-194.

396 Manual do Mandado de Segurança • Câmara

> Haverá certa dificuldade em se detectar a referida correspondência entre o pedido formulado no processo coletivo (a lide coletiva) e o pedido formulado em um processo individual (a lide individual). Em todo caso, essa aferição há de ser realizada caso a caso pelo magistrado no momento em que defere o requerimento de suspensão do processo. Quer-nos parecer que o critério norteador para se detectar tal correspondência é a causa de pedir. Se a causa de pedir for correspondente é porque há correspondência entre ambas as ações."

Assim, pendentes simultaneamente um processo coletivo (*e. g.*, uma "ação civil pública") e um processo individual, o demandante individual só poderá beneficiar-se da extensão *in utilibus* da coisa julgada que se formará sobre a sentença favorável aos interesses da coletividade de substituídos processuais se requerer, no prazo de 30 dias a que se refere o art. 104 do CDC, a *suspensão* do processo de que é autor. Caso não seja feito esse requerimento, assumirá o demandante individual o ônus de não ser alcançado pela coisa julgada favorável à categoria.

A questão que aqui se põe é a de saber se na relação entre mandado de segurança coletivo e mandado de segurança individual as coisas se passam ou não do mesmo modo. Isso porque, como já dito, o art. 22, § 1º, da Lei nº 12.016/2009, ao tratar do tema aqui examinado, não falou em *suspensão*, mas em *desistência*.

Há quem entenda que a exigência de desistência da ação, estabelecida pelo § 1º do art. 22 da Lei nº 12.016/2009, é inconstitucional, por violar a garantia de acesso à Justiça, propondo uma interpretação conforme a Constituição da República para que se leia o dispositivo como se ali se exigisse, tão somente, o requerimento de suspensão do processo do mandado de segurança individual.[99]

Existe, também, opinião no sentido de que ao impetrante individual seria possível optar entre os dois regimes, o do art. 22, § 1º, da Lei nº 12.016/2009, desistindo do mandado de segurança individual, ou o do art. 104 do CDC, limitando-se a requerer a suspensão do processo.[100]

Há, também, quem simplesmente respeite a opção do legislador, considerando que o impetrante individual terá de desistir do seu mandado de segurança para poder beneficiar-se do resultado favorável do mandado de segurança coletivo.[101]

Houve, ainda, quem afirmasse ter sido correta a opção do legislador por entender ser ela a mais compatível com um regime de coisa julgada *pro et contra* (e

---

[99] Fernando Gonzaga Jayme, *Mandado de segurança*, p. 172-173; Cassio Scarpinella Bueno, *A nova lei do mandado de segurança*, p. 177-180.

[100] Antonio Herman Benjamin e Gregório Assagra de Almeida, Comentário ao art. 22, *in* Napoleão Nunes Maia Filho, Caio Cesar Vieira Rocha e Tiago Asfor Rocha Lima (Org.), *Comentários à nova lei do mandado de segurança*, p. 321.

[101] Fernando da Fonseca Gajardoni, *in* Fernando da Fonseca Gajardoni, Márcio Henrique Mendes da Silva e Olavo A. Vianna Alves Ferreira, *Comentários à nova lei de mandado de segurança*, p. 113-115.

não *secundum eventum probationis* ou *secundum eventum litis*). Assim, seria mais adequada a exigência de desistência, e não a mera suspensão, pois no caso de ser desfavorável a decisão no mandado de segurança coletivo, o titular do interesse individual não poderia mais perseguir resultado que lhe favorecesse.[102]

A melhor interpretação do dispositivo aqui examinado é a que o vincula ao art. 104 do CDC. É que não há qualquer sentido em se exigir do impetrante individual que desista de seu mandado de segurança para poder beneficiar-se do resultado

---

[102] Bruno Garcia Redondo, Guilherme Peres de Oliveira e Ronaldo Cramer, *Mandado de segurança*, p. 153-154. Os autores atribuem a mim essa opinião, afirmando ter ela sido manifestada em *e-mail* que enviei, logo após a edição da Lei nº 12.016/2009, a um grupo de discussão por meios eletrônicos que fundei em 2006 e até hoje vem se dedicando a profundos debates sobre os mais diversos temas de direito processual, reunindo professores de todo o país. Pois, nesse grupo, escrevi um primeiro *e-mail* sobre o ponto (em 19.8.2009) afirmando que minha primeira impressão era a de que o adequado seria sustentar-se, mediante um diálogo entre fontes, que o art. 22, § 1º, da Lei nº 12.016/2009 deveria ser interpretado à luz do art. 104 do CDC, de modo a que a "desistência" fosse lida como suspensão. No dia seguinte, 20.8.2009, escrevi o *e-mail* a que se referem os professores anteriormente citados. Ali redigi o seguinte texto: "Tenho pensado muito acerca do problema do § 1º do art. 22, e da correspondência entre o MS individual e o coletivo. Como sabem, sugeri aqui a possibilidade de se interpretar esse dispositivo a partir do art. 104 do CDC, para se sustentar que onde a lei do MS fala em extinção nós deveríamos ler suspensão. Continuo a refletir sobre o tema, porém, e me veio outra ideia. Como todos sabem, na ACP a coisa julgada alcança todos os membros do grupo substituído pelo autor coletivo, com aquelas clássicas ressalvas (não haver coisa julgada material se o pedido for improcedente por insuficiência de provas, nos casos de interesses difusos ou coletivos; a coisa julgada material não se estender aos substituídos no caso de improcedência, quando se tratar de interesses individuais homogêneos). Ocorre que o *caput* do art. 22 da lei do MS não faz essas ressalvas, limitando-se a afirmar que 'No mandado de segurança coletivo, a sentença fará coisa julgada limitadamente aos membros do grupo ou categoria substituídos pelo impetrante'. Não seria essa a razão do tratamento diferenciado? Afinal, se não há a ressalva, a coisa julgada formada no MS coletivo alcançará os membros do grupo mesmo que o pedido seja improcedente, qualquer que seja o fundamento da improcedência. Por tal razão, não haveria como o MS individual prosseguir do ponto onde parara, em razão de possível suspensão, já que o impetrante teria sido alcançado pela coisa julgada mesmo que a segurança coletiva tivesse sido denegada. Caso esteja correto este raciocínio, a lei estaria correta. Afinal, caberia ao impetrante do MS individual decidir se prefere seguir com seu MS ou se prefere desistir dele e se submeter ao resultado do MS coletivo, qualquer que seja seu resultado. É apenas uma ideia... o que acham?" Como facilmente se percebe, tratava-se apenas de uma reflexão para ser submetida a debate, e não de uma ideia já definida (o que seria, aliás, uma temeridade, diante de lei que àquela altura era ainda tão recente). Manifestaram-se favoravelmente, naquele primeiro momento (e sempre com a ressalva de que era um debate sobre uma lei ainda muito recente) os professores José Miguel Garcia Medina, Fredie Didier Júnior e Leonardo Carneiro da Cunha (em *e-mails* enviados naquele mesmo dia). A adesão mais entusiasmada à ideia, porém, veio de Ronaldo Cramer, em *e-mails* enviados no próprio dia 20.8.2009. Posteriormente (mas ainda no mesmo dia), Leonardo Carneiro da Cunha mandou um *e-mail* afirmando que, após mais alguma reflexão, não estava inteiramente convencido da solução. Em 2.9.2009, porém, eu mesmo encaminhei um *e-mail* ao grupo em que disse que continuava a refletir sobre o assunto, "e a única conclusão a que cheguei foi que não cheguei a nenhuma conclusão". A rigor, portanto, aquela não poderia ser apontada como a minha opinião sobre o tema, mas como uma ideia suscitada para debate. Após tanto tempo de reflexão, o que vai no texto é minha atual opinião sobre a matéria.

favorável alcançado no mandado de segurança coletivo. Isso porque a desistência da ação, como sabido, acarreta a extinção do processo sem resolução do mérito. Assim, vindo o impetrante a desistir do mandado de segurança individual, esse processo será extinto e poderia ele, então, beneficiar-se de eventual resultado favorável alcançado no mandado de segurança coletivo. Pode ocorrer, todavia, de não se obter tal resultado favorável. A segurança coletiva pode ser denegada, julgando-se improcedente o pedido de mandado de segurança coletivo ou sendo o processo coletivo extinto sem resolução do mérito. Nesse caso, tendo sido extinto o processo individual sem resolução do mérito, teria o impetrante individual de demandar novamente (e, na maioria dos casos, não lhe seria possível impetrar outro mandado de segurança, pois já teria decorrido o prazo de 120 dias a que se refere o art. 23 da Lei nº 12.016/2009). A interpretação literal do art. 22, § 1º, pois, levaria a resultados inconvenientes do ponto de vista da própria eficiência do sistema, induzindo a que nenhum impetrante individual optasse por aguardar o resultado do mandado de segurança coletivo (o que poderia ser, na prática, uma forma de "matar" o mandado de segurança coletivo).

Aliás, não foi por outra razão que em importante obra doutrinária já se propôs que, não aceita a interpretação ali preconizada (e que é a mesma aqui sustentada, no sentido de que se deve ler "suspensão" onde a lei fala em "desistência"),

> "será desaconselhável o manejo do mandado de segurança coletivo. Deverá o legitimado para a propositura do mandado de segurança coletivo optar pelo ajuizamento de ação civil pública para a proteção do direito coletivo, que, seguindo o procedimento previsto nas Leis 7.347/1985 e 8.078/1990, não impõe que aqueles que tenham demandado individualmente desistam de sua ação, mas que, tão somente, requeiram a suspensão das respectivas causas".[103]

§ 53. Relação entre mandado de segurança coletivo e outras demandas individuais

O art. 22, § 1º, da Lei nº 12.016/2009 só trata expressamente da relação entre mandado de segurança coletivo e mandado de segurança individual. Pode ocorrer, porém, caso em que o demandante individual tenha optado por ajuizar demanda pelas "vias ordinárias". Nesse caso, seria preciso examinar se incide ou não a norma veiculada pelo referido dispositivo legal.

---

[103] José Miguel Garcia Medina e Fábio Caldas de Araújo, *Mandado de segurança individual e coletivo*, p. 223.

Mandado de Segurança Coletivo **399**

O ponto foi argutamente observado por importantes estudiosos do processo do mandado de segurança:[104]

> "Além disso, a norma disciplina somente a relação entre mandados de segurança coletivo e individuais, mas nada impede, por exemplo, que um *writ* coletivo verse sobre a mesma matéria objeto de processos individuais que tramitem pelas vias ordinárias. Os demandantes individuais podem ter optado por ajuizar ações pelo procedimento comum na defesa de seus interesses. Nesta hipótese, qual será a norma aplicável: o art. 22, § 1º, da Lei 12.016/09 (que exige a desistência) ou o art. 104 do CDC (que impõe apenas a suspensão do processo individual) para que um determinado integrante do grupo afetado possa se beneficiar do resultado na ação coletiva?
>
> Do ponto de vista estritamente lógico, deveria ser aplicada a norma específica do art. 22, § 1º, da nova lei, pois não haveria sentido em tratar diferentemente os mandados de segurança individuais e as ações ajuizadas pelo procedimento comum. Em virtude do princípio da efetividade da tutela coletiva, porém, parece mais adequado aplicar a regra contida no art. 104 do CDC, que disciplina o assunto de forma mais razoável. Conforme já se afirmou em doutrina, diante de uma situação de dúvida objetiva, cumpre ao intérprete restringir o odioso e ampliar o favorável. Tal entendimento se justifica em virtude da necessária preservação dos princípios da economia processual, da duração razoável do processo e do amplo acesso à justiça. A incidência de qualquer norma que se afigure desproporcional, tal como a que aqui se apresenta, exigindo a desistência das ações individuais, deve ser restringida ao máximo."

A rigor, porém, como se pode perceber do trecho citado, o problema só se põe para aqueles que interpretam literalmente o disposto no art. 22, § 1º, da Lei nº 12.016/2009, e consideram que o impetrante de mandado de segurança individual só pode beneficiar-se de resultado favorável de mandado de segurança coletivo se desistir da ação. No caso de sustentar-se, como aqui se sustenta, que esse dispositivo deve ser interpretado à luz do art. 104 do CDC, de modo a tão somente se exigir do impetrante individual que requeira a suspensão do processo para aguardar o desfecho do processo coletivo, nenhuma dúvida poderá haver, e será o mesmo, necessariamente, o regime a ser aplicado naqueles casos em que o titular do interesse individual tenha optado pelas "vias ordinárias" em vez de impetrar mandado de segurança. Afinal, pouco importará, nessa hipótese, se incidirá a Lei do Mandado de Segurança ou a legislação consumerista, de qualquer maneira será a mesma a solução do caso concreto: tendo o demandante individual tomado ciência, nos autos do processo em que é parte, da pendência do processo coleti-

---

[104] André Vasconcelos Roque e Francisco Carlos Duarte, *Mandado de segurança*, p. 176.

vo, terá 30 dias para requerer a *suspensão* do processo individual para que possa beneficiar-se do resultado favorável a que eventualmente se chegue no mandado de segurança coletivo. Não sendo requerida essa suspensão, não será o demandante individual beneficiado por aquele resultado favorável, e terá de buscar uma sentença de procedência de sua demanda individual por seus próprios esforços.

§ 54. Relação entre mandado de segurança coletivo e outras demandas coletivas

Ficou para o final, embora não seja menos importante, o exame da relação entre mandado de segurança coletivo e outras demandas coletivas. É que pode acontecer de encontrarem-se pendentes, simultaneamente, dois processos coletivos sobre o mesmo objeto, ambos fundados na mesma causa de pedir.

O fenômeno pode dar-se de duas maneiras. Em primeiro lugar, pode haver dois processos de mandado de segurança coletivos simultaneamente pendentes (um, por exemplo, impetrado por uma associação e outro por partido político). Além disso, pode haver, simultaneamente pendentes, um processo de mandado de segurança coletivo e outro processo coletivo (por exemplo, uma "ação civil pública").

Põe-se, então, a questão de saber que fenômeno reconhecer nessas hipóteses, se a identidade de causas (a acarretar a extinção do processo por *litispendência*, nos termos do art. 267, V, do CPC) ou a conexão, a determinar a reunião dos processos para apreciação conjunta, nos termos do que dispõe o art. 105 do mesmo Código.

Inicialmente, é preciso examinar o caso da coexistência de dois (ou mais) processos de mandado de segurança coletivo impetrados por diferentes legitimados, mas que tenham a mesma causa de pedir e o mesmo objeto. Não obstante nessa hipótese sejam distintos os impetrantes, não parece possível duvidar que se está diante da *mesma demanda* proposta duas vezes, e por conseguinte dando origem a dois distintos processos, que não podem coexistir. A pendência do primeiro desses processos, portanto, será causa determinante da extinção do segundo, sem resolução do mérito, nos termos do disposto no art. 267, V, do CPC.[105]

Isso se dá porque, além de serem os mesmos o *objeto* e a *causa de pedir*, haverá, substancialmente, identidade de partes, ainda que sejam formalmente distintos os impetrantes. E isso porque qualquer dos impetrantes coletivos atua na qualidade

---

[105] Assim, também, Elton Venturi, *Processo civil coletivo*, p. 330-334, tratando das demandas coletivas em geral. Embora reconhecendo haver, no caso, identidade entre as demandas, consideram mais razoável fazer incidir o disposto no art. 105 do CPC (a fim de que sejam reunidos os processos), em vez de se determinar a extinção do posteriormente instaurado Antonio Herman Benjamin e Gregório Assagra de Almeida, Comentário ao art. 22, *in* Napoleão Nunes Maia Filho, Caio Cesar Vieira Rocha e Tiago Asfor Rocha Lima (Org.), *Comentários à nova lei do mandado de segurança*, p. 319-320.

de legitimado extraordinário, defendendo interesses dos membros da categoria que substitui.[106] Assim, ainda que formalmente diferentes os impetrantes, substancialmente é a mesma a parte, já que são os mesmos os substituídos processuais.[107]

E ao mesmo resultado se chega no confronto entre mandado de segurança coletivo e outra demanda coletiva qualquer (como a "ação civil pública", por exemplo).

A jurisprudência já se assentou no sentido de que é possível haver identidade (litispendência, como se costuma dizer) entre mandado de segurança e uma demanda ordinária.[108] E isso se diz porque não obstante sejam distintas as vias processuais eleitas, serão as mesmas *partes* (ao menos do ponto de vista substancial, mesmo que distintos os legitimados extraordinários que tenham ajuizado as demandas), a mesma *causa de pedir* e o mesmo *objeto*. Pois o mesmo pode dar-se entre o mandado de segurança coletivo e outra demanda coletiva.

Basta pensar, por exemplo, no caso de um sindicato ter impetrado mandado de segurança coletivo em defesa de interesses dos membros da categoria que representa e, simultaneamente, estar pendente processo de "ação civil pública" ajuizada por associação de defesa da mesma categoria, com a mesma causa de pedir e o mesmo objeto. Pense-se, por exemplo, em "ação civil pública" ajuizada pelo Ministério Público para assegurar às crianças que moram em determinada localidade acesso à escola pública e, ao mesmo tempo, a impetração de mandado de segurança coletivo por associação (ou por partido político) com o mesmo objeto. Haverá, aí, nítido caso de identidade (litispendência) entre as demandas coletivas.[109]

Identificada a identidade entre o mandado de segurança coletivo e outro processo coletivo, impõe-se a verificação de qual dos dois processos instaurou-se em primeiro lugar, a fim de que seja o outro extinto, sem resolução de mérito, nos termos do art. 267, V, do CPC, evitando-se, desse modo, indesejável *bis in idem*.

---

[106] Há decisão do STJ (RMS 12249/GO, rel. Min. Edson Vidigal, j. em 13.11.2000), em que se afirmou que não haveria identidade entre mandados de segurança coletivos impetrados com a mesma causa de pedir e o mesmo objeto por impetrantes distintos (o Sindicato dos Servidores e Serventuários da Justiça do Estado de Goiás e a Associação dos Oficiais de Justiça de Goiás) por não haver prova de que todos os associados desta fossem sindicalizados junto àquele. Com todas as vênias, o acórdão contraria entendimento assente no próprio STJ no sentido de que não é preciso ser associado para ser beneficiado pelo resultado do mandado de segurança coletivo, bastando ser integrante da categoria (assim, por exemplo, STJ, AgRg no Ag 435851/PE, rel. Min. Luiz Fux, j. em 6.5.2003).

[107] Corretamente já decidiu o STJ (REsp 1168391/SC, rel. Min. Eliana Calmon, j. em 20.5.2010), que "tratando-se de ações coletivas, para efeito de aferição de litispendência, a identidade de partes deverá ser apreciada sob a ótica dos beneficiários dos efeitos da sentença, e não apenas pelo simples exame das partes que figuram no polo ativo da demanda".

[108] STJ, AgRg no MS 15865/DF, rel. Min. Arnaldo Esteves Lima, j. em 23.3.2011, entre muitos outros precedentes no mesmo sentido.

[109] No mesmo sentido, Adriano Caldeira, *Processo coletivo* – uma análise sistemática acerca da litispendência, p. 105-106.

Bibliografia

ALBERTON, Genacéia da Silva. *Assistência litisconsorcial*. São Paulo: Revista dos Tribunais, 1994.

ALEXY, Robert. *Teoría de los derechos fundamentales*. Trad. esp. de Ernesto Garzón Valdés. Madri: Centro de Estudios Políticos y Costitucionales, 2002.

ALLORIO, Enrico. *La cosa giudicata rispetto ai terzi*. Milão: Giuffrè, 1992.

ALMEIDA, Gregório Assagra de; BENJAMIN, Antonio Herman. Comentário ao art. 22. In: MAIA FILHO, Napoleão Nunes; ROCHA, Caio Cesar Vieira; LIMA, Tiago Asfor Rocha (Org.). *Comentários à nova lei do mandado de segurança*. São Paulo: Revista dos Tribunais, 2010.

ALVIM, Arruda. Mandado de segurança. In: ALVIM, Arruda. *Mandado de segurança e direito público*. São Paulo: Revista dos Tribunais, 1995.

ALVIM, Eduardo Arruda. *Mandado de segurança*. 2. ed. Rio de Janeiro: GZ, 2010.

ALVIM, Thereza. *O direito processual de estar em juízo*. São Paulo: Revista dos Tribunais, 1996.

AMARAL, Francisco. *Direito civil*: introdução. 2. ed. Rio de Janeiro: Renovar, 1998.

ANDRADE, Luiz Antônio; GUIMARÃES, Luiz Machado. *Comentários ao Código de Processo Civil* [de 1939] . Rio de Janeiro: Forense, 1942. v. IV.

ANDOLINA, Italo; VIGNERA, Giuseppe. *Il modello costituzionale del processo civile italiano*. Turim: G. Giappichelli, 1990.

ANTUNES, José Leopoldo Ferreira. Destaques da saúde pública. *Revista de Saúde Pública*, v. 46, nº 1, São Paulo, fev. 2012. Disponível em: <http://www.scielo.br/scielo.php?script=sci_arttext&pid=S0034-89102012000100001>. Acesso em: 22 out. 2012.

APRIGLIANO, Ricardo de Carvalho. *Ordem pública e processo*. São Paulo: Atlas, 2011.

ARAÚJO, Fábio Caldas; MEDINA; José Miguel Garcia. *Mandado de segurança individual e coletivo*. São Paulo: Revista dos Tribunais, 2009.

404 Manual do Mandado de Segurança • Câmara

ARAÚJO, José Henrique Mouta. *Mandado de segurança*. 2. ed. Salvador: Jus Podivm, 2010.

ARMELIN, Donaldo. *Legitimidade para agir no direito processual civil brasileiro*. São Paulo: Revista dos Tribunais, 1979.

ASSIS, Araken de. *Manual dos recursos cíveis*. 2. ed. São Paulo: Revista dos Tribunais, 2008.

ASSUMPÇÃO, Helcio Alves de. Mandado de segurança: a comprovação dos fatos como pressuposto específico de admissibilidade do *writ*. *Revista do Ministério Público*, Rio de Janeiro, v. 1, nº 2, 1995.

ATTARDI, Aldo. *Diritto processuale civile*. 2. ed. Pádua: Cedam, 1997. v. I.

BARBI, Celso Agrícola. *Do mandado de segurança*. 11. ed. revista e atualizada por Bernardo Pimentel Souza. Rio de Janeiro: Forense, 2008.

_____. Mandado de segurança coletivo. In: GONÇALVES, Aroldo Plínio (Coord.). *Mandado de segurança*. Belo Horizonte: Del Rey, 1996.

BARBOSA, Ruy. *Posse dos direitos pessoaes*. Rio de Janeiro: Olympio de Campos, 1900.

BARBOZA, Heloisa Helena; TEPEDINO, Gustavo; BODIN DE MORAES, Maria Celina. *Código Civil interpretado*. Rio de Janeiro: Renovar, 2004.

BARROS, Hamilton de Moraes. *As liminares do mandado de segurança*. Rio de Janeiro. Tese, 1963.

BASTOS, Celso Ribeiro. *Comentários à Constituição do Brasil*. São Paulo: Saraiva, 1989. v. 2.

BECHARA, Evanildo. *Moderna gramática portuguesa*. 37. ed. Rio de Janeiro: Lucerna, 2003.

BENJAMIN, Antonio Herman; ALMEIDA; Gregório Assagra de. Comentário ao art. 22. In: MAIA FILHO, Napoleão Nunes; ROCHA, Caio Cesar Vieira; LIMA, Tiago Asfor Rocha (Org.). *Comentários à nova lei do mandado de segurança*. São Paulo: Revista dos Tribunais, 2010.

BERGEL, Jean-Louis. *Teoria geral do direito*. Trad. bras. de Maria Ermantina Galvão. São Paulo: Martins Fontes, 2001.

BERMUDES, Sérgio. Comentário ao art. 13. In: MAIA FILHO, Napoleão Nunes; ROCHA, Caio Cesar Vieira; LIMA, Tiago Asfor Rocha (Org.). *Comentários à nova lei do mandado de segurança*. São Paulo: Revista dos Tribunais, 2010.

BESSONE, Darcy. *Da posse*. São Paulo: Saraiva, 1996.

BETTI, Emilio. *Teoría general del negocio jurí*dico. Trad. esp. de A. Martín Pérez. Granada: Comares, 2000.

BLACK, Henry Campbell. *Black's law dictionary*. 6. ed. St. Paul: West, 1990.

BOCHENEK, Antonio César. A autoridade coatora e o ato coator no mandado de segurança individual. In: BUENO, Cassio Scarpinella; ALVIM, Eduardo Arruda; WAMBIER, Teresa Arruda Alvim (Coord.). *Aspectos polêmicos e atuais do mandado de segurança 51 anos depois*. São Paulo: Revista dos Tribunais, 2002.

BRAGA, Paula Sarno; DIDIER JÚNIOR, Fredie; OLIVEIRA, Rafael. Aspectos processuais da ADIN (ação direta de inconstitucionalidade) e da ADC (ação declaratória de constitucionalidade). In: DIDIER JÚNIOR, Fredie (Org.). *Ações constitucionais*. 3. ed. Salvador: Jus Podivm, 2008.

BROSSARD, Paulo. *O impeachment*. 2. ed. São Paulo: Saraiva, 1992.

BUENO, Cassio Scarpinella. *Curso sistematizado de direito processual civil*. São Paulo: Saraiva, 2010. v. 2, t. III.

_____. *Curso sistematizado de direito processual civil*. São Paulo: Saraiva, 2007. v. 1.

_____. *A nova lei do mandado de segurança*. 2. ed. São Paulo: Saraiva, 2010.

_____. *Mandado de segurança*. São Paulo: Saraiva, 2002.

_____. *Partes e terceiros no processo civil brasileiro*. São Paulo: Saraiva, 2003.

_____. *Amicus curiae no processo civil brasileiro*: um terceiro enigmático. 3. ed. São Paulo: Saraiva, 2012.

_____. *O Poder Público em juízo*. São Paulo: Saraiva, 5. ed. 2009.

BUZAID, Alfredo. *Do mandado de segurança*. São Paulo: Saraiva, 1989.

_____. *Considerações sobre o mandado de segurança coletivo*. São Paulo: Saraiva,1992.

CABRAL, Antônio do Passo. Despolarização do processo e "zonas de interesse": sobre a migração entre polos da demanda. *Custos Legis. Revista Eletrônica do Ministério Público Federal*. Disponível em: <http://www.prrj.mpf.gov.br/custoslegis/revista_2009/2009/aprovados/2009a_Tut_Col_Cabral%2001.pdf>.

CADIET, Loïc; JEULAND, Emmanuel. *Droit judiciaire privé*. 5. ed. Paris: Litec, 2006.

CAHALI, Yussef Said. *Dos alimentos*. 2. ed. São Paulo: Revista dos Tribunais, 1993.

CALAMANDREI, Piero. *Introduzione allo studio sistematico dei provvedimenti cautelari*. In: CALAMANDREI, Piero. *Opere giuridiche*. Nápoles: Morano, 1983. v. IX.

CALDEIRA, Adriano. *Processo coletivo*: uma análise sistemática acerca da litispendência. São Paulo: LTr, 2012.

CÂMARA, Alexandre Freitas. *Lições de direito processual civil*. 23. ed. São Paulo: Atlas, 2012. v. 1.

_____. *Lições de direito processual civil*. 21. ed. São Paulo: Atlas, 2012. v. 2.

_____. Será o fim da categoria "condição da ação"? Uma resposta a Fredie Didier Júnior. *RePro*, v. 197. São Paulo: Revista dos Tribunais, 2011.

_____. *Juizados Especiais Cíveis Estaduais, Federais e da Fazenda Pública*: uma abordagem crítica. 7. ed. Rio de Janeiro: Lumen Juris, 2012.

_____; REDONDO, Bruno Garcia. Da possibilidade de impugnação imediata de decisão interlocutória em juizado estadual: críticas ao posicionamento adotado no RE 576.847/BA. *RePro*, v. 176. São Paulo: Revista dos Tribunais, 2009.

_____. *Ação rescisória*. Rio de Janeiro: Lumen Juris, 2007.

_____. Relativização da coisa julgada material. In: DIDIER JÚNIOR Fredie (Coord.). *Relativização da coisa julgada. enfoque crítico*. 2. ed. Salvador: Jus Podivm, 2008.

_____. Bens sujeitos à proteção do direito constitucional processual. In: NASCIMENTO, Carlos Valder do; DELGADO, José Augusto (Org.). *Coisa julgada inconstitucional*. Belo Horizonte: Fórum, 2006.

_____. O agravo interno no direito processual civil brasileiro. In: MEDINA, José Miguel Garcia; CRUZ, Luana Pedrosa de Figueiredo; CERQUEIRA Luís Otávio Sequeira de; GO-

406 Manual do Mandado de Segurança • Câmara

MES JÚNIOR, Luiz Manoel (Coord.). *Os poderes do juiz e o controle das decisões judiciais*: estudos em homenagem à Professora Teresa Arruda Alvim Wambier. São Paulo: Revista dos Tribunais, 2008.

_____. As sociedades de economia mista em juízo. In: CÂMARA, Alexandre Freitas. *Escritos de direito processual*: segunda série. Rio de Janeiro: Lumen Juris, 2005.

CAMBI, Eduardo. Coisa julgada e cognição *secundum eventum probationis*. *RePro*, São Paulo: Revista dos Tribunais, v. 109, 2003.

CÂNDIDO, Joel J. *Direito eleitoral brasileiro*. 13. ed. Bauru: Edipro, 2008.

CANOTILHO, J. J. Gomes. *Direito constitucional e teoria da Constituição*. 2. ed. Coimbra: Almedina, 1998.

CAPPELLETTI, Mauro; GARTH, Bryant. General report. In: CAPPELLETTI, Mauro (Org.). *Access to justice*: a world survey. Milão: Alphen aan den Rijn: Giuffrè – Sijthoff, 1978. v. I.

CARNEIRO, Athos Gusmão. O mandado de segurança coletivo como garantia dos cidadãos. In: TEIXEIRA, Sálvio de Figueiredo (Coord.). *As garantias do cidadão na justiça*. São Paulo: Saraiva, 1993.

CARNEIRO, Claudio. *Curso de direito tributário e financeiro*. Rio de Janeiro: Lumen Juris, 2009.

CARNELUTTI, Francesco. *Teoria geral do direito*. Trad. bras. de Antônio Carlos Ferreira. São Paulo: Lejus, 1999.

CARVALHO FILHO, José dos Santos. *Manual de direito administrativo*. 25. ed. São Paulo: Atlas, 2012.

_____. *Processo administrativo federal*. Rio de Janeiro: Lumen Juris, 2001.

CASTRO FILHO, José Olympio. *Abuso do direito no processo civil*. 2. ed. Rio de Janeiro: Forense, 1960.

CAVALCANTE, Jouberto de Quadros Pessoa; JORGE NETO, Francisco Ferreira. *Direito processual do trabalho*. 3. ed. Rio de Janeiro: Lumen Juris, 2007. t. II.

CAVALCANTE, Mantovanni Colares. *Mandado de segurança*. 2. ed. São Paulo: Dialética, 2010.

CERQUEIRA, Luís Otávio Sequeira de; GOMES JÚNIOR; Luiz Manoel; CRUZ, Luana Pedrosa de Figueiredo; FAVRETO, Rogério; PALHARINI JÚNIOR, Sidney. *Comentários à nova lei do mandado de segurança*. São Paulo: Revista dos Tribunais, 2009.

CHIOVENDA, Giuseppe. *Instituições de direito processual civil*. 3. ed. Trad. bras. de J. Guimarães Menegale. São Paulo: Saraiva, 1969.

_____. L'azione nei sistema dei diritti. In: CHIOVENDA, Giuseppe. *Saggi di diritto processuale civile*. Milão: Giuffrè, 1993. v. I.

CINTRA, Antônio Carlos de Araújo; GRINOVER, Ada Pellegrini; DINAMARCO, Cândido Rangel. *Teoria geral do processo*. 22. ed. São Paulo: Malheiros, 2006.

COMOGLIO, Luigi Paolo. *Le prove civili*. 3. ed. Turim: UTET, 2010.

_____. *La garanzia costituzionale dell'azione ed il processo civile*. Pádua: Cedam, 1970.

COSTA, Sergio. *L'intervento in causa*. Turim: UTET, 1953.

COSTA, Tito. *Recursos em matéria eleitoral*. 8. ed. São Paulo: Revista dos Tribunais, 2004.

CRAMER, Ronaldo; REDONDO, Bruno Garcia; OLIVEIRA, Guilherme Peres de. *Mandado de segurança*. São Paulo: Gen-Método, 2009.

CRETELLA JÚNIOR, José. *Do mandado de segurança coletivo*. Rio de Janeiro: Forense,1990.

CRUZ, Luana Pedrosa de Figueiredo. Legitimidade passiva em mandado de segurança contra ato jurisdicional. In: BUENO, Cassio Scarpinella; ALVIM, Eduardo Arruda; WAMBIER, Teresa Arruda Alvim (Coord.). *Aspectos polêmicos e atuais do mandado de segurança 51 anos depois*. São Paulo: Revista dos Tribunais, 2002.

CUNHA, Leonardo José Carneiro da. Comentário ao art. 5º. In: MAIA FILHO, Napoleão Nunes; ROCHA, Caio Cesar Vieira; LIMA, Tiago Asfor Rocha (Org.). *Comentários à nova lei do mandado de segurança*. São Paulo: Revista dos Tribunais, 2010.

_____. *A Fazenda Pública em juízo*. 9. ed. São Paulo: Dialética, 2011.

DALL'AGNOL, Antônio. *Comentários ao Código de Processo Civil*. São Paulo: Revista dos Tribunais, 2000. v. 2.

DANTAS, Marcelo Navarro Ribeiro. Comentário ao art. 7º. In: MAIA FILHO, Napoleão Nunes; ROCHA, Caio Cesar Vieira; LIMA, Tiago Asfor Rocha (Org.). *Comentários à nova lei do mandado de segurança*. São Paulo: Revista dos Tribunais, 2010.

_____. *Mandado de segurança coletivo*: legitimação ativa. São Paulo: Saraiva, 2000.

DI PIETRO, Maria Sylvia Zanella. *Direito administrativo*. 3. ed. São Paulo: Atlas, 1993.

DIDIER JÚNIOR, Fredie. *Curso de direito processual civil*. 12. ed. Salvador: Jus Podivm, 2010. v. 1.

_____. Natureza jurídica das informações da autoridade coatora no mandado de segurança. In: BUENO, Cassio Scarpinella; ALVIM, Eduardo Arruda; WAMBIER, Teresa Arruda Alvim (Coord.). *Aspectos polêmicos e atuais do mandado de segurança 51 anos depois*. São Paulo: Revista dos Tribunais, 2002.

_____. *Recurso de terceiro*: juízo de admissibilidade. 2. ed. São Paulo: Revista dos Tribunais, 2005.

_____. *Curso de direito processual civil*. 12. ed. Salvador: Jus Podivm, 2010. v. 1.

_____; BRAGA, Paula Sarno; OLIVEIRA, Rafael. Aspectos processuais da ADIN (ação direta de inconstitucionalidade) e da ADC (ação declaratória de constitucionalidade). In: DIDIER JR., Fredie (Org.). *Ações constitucionais*. 3. ed. Salvador: Jus Podivm, 2008.

_____. Notas sobre a incompetência da turma recursal para processar e julgar mandado de segurança contra ato de juiz dos Juizados Especiais Cíveis. *RePro*, v. 105. São Paulo: Revista dos Tribunais, 2002.

DINAMARCO, Cândido Rangel. *Instituições de direito processual civil*. 6. ed. São Paulo: Malheiros, 2009.

_____; CINTRA, Antônio Carlos de Araújo; GRINOVER, Ada Pellegrini. *Teoria geral do processo*. 22. ed. São Paulo: Malheiros, 2006.

_____. *Litisconsórcio*. 4. ed. São Paulo: Malheiros, 1996.

408 Manual do Mandado de Segurança • Câmara

DINAMARCO, Cândido Rangel. O conceito de mérito em processo civil. In: DINAMARCO, Cândido Rangel. *Fundamentos do processo civil moderno*. 3. ed. São Paulo: Malheiros, 2000.

_____. Suspensão do mandado de segurança pelo presidente do tribunal. In: DINAMARCO, Cândido Rangel. *Fundamentos do processo civil moderno*. 3. ed. São Paulo: Malheiros, 2000.

DIREITO, Carlos Alberto Menezes. *Manual do mandado de segurança*. 4. ed. Rio de Janeiro: Renovar, 2003.

DUARTE, Francisco Carlos; ROQUE, André Vasconcelos. *Mandado de segurança*. Curitiba: Juruá, 2011.

ESPÍNDOLA, Ruy Samuel. *Conceito de princípios constitucionais*. São Paulo: Revista dos Tribunais, 1998.

FAGUNDES, Miguel Seabra. Intervenção. In: VELLOSO, Carlos Mário. Direito líquido e certo. Decadência. In: FERRAZ, Sérgio (Org.). *Mandado de segurança*. Porto Alegre: Sérgio Antonio Fabris Editor, 1986.

_____. *O controle dos atos administrativos pelo Poder Judiciário*. 8. ed. atualizada por Gustavo Binenbojm. Rio de Janeiro: Gen-Forense, 2010.

FAVRETO, Rogério; GOMES JÚNIOR, Luiz Manoel; CRUZ, Luana Pedrosa de Figueiredo; CERQUEIRA, Luís Otávio Sequeira de; PALHARINI JÚNIOR, Sidney. *Comentários à nova lei do mandado de segurança*. São Paulo: Revista dos Tribunais, 2009.

FAZZALARI, Elio. *Istituzioni di diritto processuale*. 8. ed. Pádua: Cedam, 1996.

FERNANDES, Antonio Scarance. *Incidente processual*. São Paulo: Revista dos Tribunais, 1991.

FERRAZ, Antonio Augusto Mello de Camargo; GUIMARÃES JÚNIOR, João Lopes. A necessária elaboração de uma nova doutrina de Ministério Público, compatível com seu atual perfil constitucional. In: FERRAZ, Antonio Augusto Mello de Camargo (Coord.). *Ministério Público*: instituição e processo. 2. ed. São Paulo: Atlas, 1999.

FERRAZ, Sérgio. *Mandado de segurança*. São Paulo: Malheiros, 2006.

FERREIRA, Olavo A. Vianna Alves; GAJARDONI, Fernando da Fonseca; SILVA, Márcio Henrique Mendes da. *Comentários à nova lei de mandado de segurança*. São Paulo: Gen--Método, 2009

_____. Competências do Supremo Tribunal Federal e do Superior Tribunal de Justiça na Emenda Constitucional 45/2004. In: TAVARES, André Ramos; LENZA, Pedro; ALARCÓN, Pietro de Jesús Lora (Coord.). *Reforma do judiciário analisada e comentada*. São Paulo: Método, 2005.

FERREIRA FILHO, Manoel Gonçalves. *Curso de direito constitucional*. 22. ed. São Paulo: Saraiva, 1995.

FIGUEIRA JÚNIOR, Joel Dias. *Manual dos juizados especiais cíveis estaduais e federais*. São Paulo: Revista dos Tribunais, 2006.

FIGUEIREDO, Lucia Valle. *Mandado de segurança*. São Paulo: Malheiros, 1996.

_____. *A autoridade coatora e o sujeito passivo do mandado de segurança*. São Paulo: Revista dos Tribunais, 1991.

FIGUEIREDO, Marcelo. *Teoria geral do Estado*. 2. ed. São Paulo: Atlas, 2001.

FIORILLO, Celso Antonio Pacheco. *Os sindicatos e a defesa dos interesses difusos*. São Paulo: Revista dos Tribunais, 1995.

FORNACIARI JÚNIOR, Clito. *Reconhecimento jurídico do pedido*. São Paulo: Revista dos Tribunais, 1977.

FUX, Luiz. Comentário ao art. 24. In: MAIA FILHO, Napoleão Nunes; ROCHA, Caio Cesar Vieira; LIMA, Tiago Asfor Rocha (Org.). *Comentários à nova lei do mandado de segurança*. São Paulo: Revista dos Tribunais, 2010.

GAJARDONI, Fernando da Fonseca; SILVA, Márcio Henrique Mendes da; FERREIRA, Olavo A. Vianna Alves. *Comentários à nova lei de mandado de segurança*. São Paulo: Gen--Método, 2009.

GAMA, Guilherme Calmon Nogueira da. *Direitos reais*. São Paulo: Atlas, 2011.

GARTH, Bryant; CAPPELLETTI, Mauro. General report. In: CAPPELLETTI, Mauro (Org.). *Access to justice*: a world survey. Milão. Alphen aan den Rijn: Giuffrè – Sijthoff, 1978. v. I.

GIDI, Antonio. *A class action como instrumento de tutela coletiva dos direitos*: as ações coletivas em uma perspectiva comparada. São Paulo: Revista dos Tribunais, 2007.

_____. *Coisa julgada e litispendência em ações coletivas*. São Paulo: Saraiva, 1995.

GOMES JÚNIOR, Luiz Manoel; CRUZ, Luana Pedrosa de Figueiredo; CERQUEIRA, Luís Otávio Sequeira de; FAVRETO, Rogério; PALHARINI JÚNIOR, Sidney. *Comentários à nova lei do mandado de segurança*. São Paulo: Revista dos Tribunais, 2009.

GONZÁLEZ COSÍO, Arturo. *El juicio de amparo*. México: Unam, 1973.

GOZAÍNI, Osvaldo Alfredo. *El derecho de amparo*. 2. ed. Buenos Aires: Depalma, 1998.

GRAU, Eros Roberto. *O direito posto e o direito pressuposto*. São Paulo: Malheiros, 1996.

GRECO FILHO, Vicente. *Tutela constitucional das liberdades*. São Paulo, Saraiva, 1989.

GREEN, Milton D. *Basic civil procedure*. 2. ed. New York: Foundation Press, 1992.

GRINOVER, Ada Pellegrini; CINTRA, Antônio Carlos de Araújo; DINAMARCO, Cândido Rangel. *Teoria geral do processo*. 22. ed. São Paulo: Malheiros, 2006.

_____. Direito processual coletivo. GRINOVER, Ada Pellegrini; MENDES, Aluisio Gonçalves de Castro; WATANABE, Kazuo (Coord.). *Direito processual coletivo e o anteprojeto de Código Brasileiro de Processos Coletivos*. São Paulo: Revista dos Tribunais, 2007.

_____. Mandado de segurança coletivo: legitimação e objeto. *RePro*, São Paulo: Revista dos Tribunais, v. 57, 1990.

GUIMARÃES, Luiz Machado; ANDRADE, Luiz Antônio de. *Comentários ao Código de Processo Civil* [de 1939]. Rio de Janeiro: Forense, 1942. v. IV.

GUIMARÃES JÚNIOR, João Lopes; FERRAZ, Antonio Augusto Mello de Camargo. A necessária elaboração de uma nova doutrina de Ministério Público, compatível com seu atual perfil constitucional. In: FERRAZ, Antonio Augusto Mello de Camargo (Coord.). *Ministério Público. Instituição e processo*. 2. ed. São Paulo: Atlas, 1999.

GUTIÉRREZ, Cristina. *Suspensão de liminar e de sentença na tutela do interesse público*. Rio de Janeiro: Forense, 2000.

JAUERNIG, Othmar. *Direito processual civil*. Trad. port. de F. Silveira Ramos. Coimbra: Almedina, 2002.

JAYME, Fernando Gonzaga. *Mandado de segurança*. Belo Horizonte: Del Rey, 2011.

JORGE NETO, Francisco Ferreira; CAVALCANTE, Jouberto de Quadros Pessoa. *Direito processual do trabalho*. 3. ed. Rio de Janeiro: Lumen Juris, 2007. t. II.

LACERDA, Galeno. *Comentários ao Código de Processo Civil*. 7. ed. Rio de Janeiro: Forense, 1998. v. VIII, t. I.

LENT, Friedrich. *Diritto processuale civile tedesco*. Trad. ital. de Edoardo F. Ricci. Nápoles: Morano, 1962.

LEONEL, Ricardo de Barros. *Tutela jurisdicional diferenciada*. São Paulo: Revista dos Tribunais, 2010.

_____. *Manual do processo coletivo*. São Paulo: Revista dos Tribunais, 2002.

LIEBMAN, Enrico Tullio. *Manuale di diritto processuale civile*. 5. ed. Milão: Giuffrè, 1992.

_____. *Eficácia e autoridade da sentença*. Trad. bras. de Alfredo Buzaid e Benvindo Aires. 3. ed. Rio de Janeiro: Forense, 1984.

LIMA, Alcides de Mendonça. *O Poder Judiciário e a nova Constituição*. Rio de Janeiro: Aide, 1989.

LOPES, João Batista. *Tutela antecipada no processo civil brasileiro*. São Paulo: Saraiva, 2001.

LOPES, Mauro Luís Rocha. *Comentários à nova lei do mandado de segurança*. Niterói: Impetus, 2009.

LOPES JR., Aury. *Direito processual penal e sua conformidade constitucional*. Rio de Janeiro: Lumen Juris, 2009.

MANCUSO, Rodolfo de Camargo. *Jurisdição coletiva e coisa julgada*: teoria geral das ações coletivas. São Paulo: Revista dos Tribunais, 2006.

MANDRIOLI, Crisanto. *Corso di diritto processuale civile*. 10. ed. Turim: G. Giappicchelli, 1995.

MARINONI, Luiz Guilherme. *Tutela inibitória (individual e coletiva)*. 4. ed. São Paulo: Revista dos Tribunais, 2006.

_____. *Tutela específica*. São Paulo: Revista dos Tribunais, 2000.

MARQUES, José Frederico. *Manual de direito processual civil*. 13. ed. São Paulo: Saraiva, 1990. v. 1.

MEDINA, José Miguel Garcia; ARAÚJO; Fábio Caldas de. *Mandado de segurança individual e coletivo*. São Paulo: Revista dos Tribunais, 2009.

MEIRELLES, Hely Lopes. *Mandado de segurança*. 29. ed. São Paulo: Malheiros, 2006.

_____. *Direito administrativo brasileiro*. 14. ed. São Paulo: Revista dos Tribunais, 1989.

MELLO, Celso Antônio Bandeira de. *Curso de direito administrativo*. 21. ed. São Paulo: Malheiros, 2006.

MENDES, Gilmar Ferreira; COELHO, Inocêncio Mártires; BRANCO, Paulo Gustavo Gonet. *Curso de direito constitucional*. São Paulo: Saraiva, 2007.

_____. *Controle abstrato de constitucionalidade: ADI, ADC e ADO*. São Paulo: Saraiva, 2012.

MESQUITA, José Ignácio Botelho de. Aspectos processuais do mandado de segurança. In: MESQUITA, José Ignácio Botelho de. *Teses, estudos e pareceres de processo civil*. São Paulo: Revista dos Tribunais, 2007. v. 3.

_____. *Coisa julgada*. Rio de Janeiro: Forense, 2004.

MIRABETE, Julio Fabbrini. *Manual de direito penal*. 3. ed. São Paulo: Atlas, 1987. v. 3.

MIRANDA, Pontes de. *Tratado das ações*. Ed. atualizada por Vilson Rodrigues Alves. Campinas: Bookseller, 1999.

MIRANDA NETTO, Fernando Gama de. Ônus da prova no direito processual público. Rio de Janeiro: Lumen Juris, 2009.

MONTERO AROCA, Juan. *La legitimación en el proceso civil*. Madri: Civitas, 1994.

_____. *La prueba en el proceso civil*. Madri: Civitas, 1996.

MORAES, Guilherme Peña. *Curso de direito constitucional*. 4. ed. São Paulo: Atlas, 2012.

MORAES, Maria Celina Bodin de; TEPEDINO, Gustavo; BARBOZA, Heloisa Helena. *Código Civil interpretado*. Rio de Janeiro: Renovar, 2004.

MOREIRA, José Carlos Barbosa. Mandado de segurança: uma apresentação. In: MOREIRA, José Carlos Barbosa. *Temas de direito processual*: sexta série. São Paulo: Saraiva, 1997.

_____. Tendências contemporâneas do direito processual civil. In: MOREIRA, José Carlos Barbosa. *Temas de direito processual*: terceira série. São Paulo: Saraiva, 1984.

_____. Legitimação para agir. Indeferimento de petição inicial. In: MOREIRA, José Carlos Barbosa. *Temas de direito processual*: primeira série. 2. ed. São Paulo: Saraiva, 1988.

_____. Provas atípicas. *RePro*, São Paulo: Revista dos Tribunais, v. 76, 1994.

_____. Recorribilidade das decisões interlocutórias no processo do mandado de segurança. In: MOREIRA, José Carlos Barbosa. *Temas de direito processual*: sexta série. São Paulo: Saraiva, 1997.

_____. O *habeas data* brasileiro e sua lei regulamentadora. In: WAMBIER, Teresa Arruda Alvim (Coord.). *Habeas data*. São Paulo: Revista dos Tribunais, 1998.

_____. Julgamento colegiado e pluralidade de causas de pedir. In: MOREIRA, José Carlos Barbosa. *Temas de direito processual*: terceira série. São Paulo: Saraiva, 1984.

_____. Mandado de segurança e condenação em honorários de advogado. In: MOREIRA, José Carlos Barbosa. *Direito processual civil (ensaios e pareceres)*. Rio de Janeiro: Borsoi, 1971.

_____. *Comentários ao Código de Processo Civil*. 14. ed. Rio de Janeiro: Forense, 2008. v. V.

MOREIRA, José Carlos Barbosa. Eficácia da sentença e autoridade da coisa julgada. In: MOREIRA, José Carlos Barbosa. *Temas de direito processual*: terceira série. São Paulo: Saraiva, 1984.

_____. Tutela jurisdicional dos interesses coletivos ou difusos. In: MOREIRA, José Carlos Barbosa. *Temas de direito processual*: terceira série. São Paulo: Saraiva, 1984.

MOUTA, José Henrique. *Mandado de segurança*. 2. ed. Salvador: Jus Podivm, 2010.

NERY, Rosa Maria de Andrade; NERY JÚNIOR, Nelson. *Código de Processo Civil comentado*. 9. ed. São Paulo: Revista dos Tribunais, 2006.

NERY JÚNIOR, Nelson. *Princípios do processo na Constituição Federal*. 9. ed. São Paulo: Revista dos Tribunais, 2009.

_____. *Teoria geral dos recursos*. 6. ed. São Paulo: Revista dos Tribunais, 2004.

NEVES, Daniel Amorim Assumpção. *Ações constitucionais*. São Paulo: Gen-Método, 2011.

NOJIRI, Sérgio. O *habeas data* e o direito à autodeterminação informativa. In: WAMBIER, Teresa Arruda Alvim (Coord.). *Habeas data*. São Paulo: Revista dos Tribunais, 1998.

OLIVEIRA, Guilherme Peres de; REDONDO, Bruno Garcia; CRAMER, Ronaldo. *Mandado de segurança*. São Paulo: Gen-Método, 2009.

OLIVEIRA, Rafael; DIDIER JÚNIOR, Fredie; BRAGA, Paula Sarno. Aspectos processuais da ADIN (ação direta de inconstitucionalidade) e da ADC (ação declaratória de constitucionalidade). In: DIDIER JR., Fredie (Org.). *Ações constitucionais*. 3. ed. Salvador: Jus Podivm, 2008.

OVALLE FAVELA, José. *Teoría general del proceso*. 4. ed. México: Harla, 1997.

PACELLI, Eugênio. *Curso de processo penal*. 16. ed. São Paulo: Atlas, 2012.

PALHARINI JÚNIOR, Sidney; GOMES JÚNIOR, Luiz Manoel; CRUZ, Luana Pedrosa de Figueiredo; CERQUEIRA, Luís Otávio Sequeira de; FAVRETO, Rogério. *Comentários à nova lei do mandado de segurança*. São Paulo: Revista dos Tribunais, 2009.

PASSOS, J. J. Calmon de. *Mandado de segurança coletivo, mandado de injunção, habeas data*: constituição e processo. Rio de Janeiro: Forense, 1991.

_____. O mandado de segurança contra atos jurisdicionais. In: GONÇALVES, Aroldo Plínio (Coord.). *Mandado de segurança*. Belo Horizonte: Del Rey, 1996.

PEREIRA, José Horácio Cintra Gonçalves. Mandado de segurança: recursos. In: BUENO, Cassio Scarpinella; ALVIM, Eduardo Arruda; WAMBIER, Teresa Arruda Alvim (Coord.). *Aspectos polêmicos e atuais do mandado de segurança 51 anos depois*. São Paulo: Revista dos Tribunais, 2002.

PERLINGIERI, Pietro. *Manuale di diritto civile*. 6. ed. Nápoles: Edizioni Scientifiche Italiane, 2007.

PIERANGELI, José Henrique. *Manual de direito penal brasileiro*. 2. ed. São Paulo: Revista dos Tribunais, 2007. v. 2.

PIERANGELI, José Henrique; ZAFFARONI, Eugenio Raúl. *Manual de direito penal brasileiro*. 7. ed. São Paulo: Revista dos Tribunais, 2007. v. 1.

PINTO, Nelson Luiz. *Manual dos recursos cíveis*. São Paulo: Malheiros, 1999.

PINTO, Rodrigo Strobel. *Amicus curiae*: atuação plena segundo o princípio da cooperação e o poder instrutório judicial. *RePro*, São Paulo: Revista dos Tribunais, v. 151, 2007.

PISANI, Andrea Proto. *Lezioni di diritto processuale civile*. Nápoles: Jovene, 1994.

PISTILLI, Ana de Lourdes Coutinho Silva. *Mandado de segurança e coisa julgada*. São Paulo: Atlas, 2006.

PIZZOL, Patrícia Miranda. *A competência no processo civil*. São Paulo: Revista dos Tribunais, 2003.

PUNZI, Carmine; SATTA, Salvatore. *Diritto processuale civile*. 11. ed. Pádua: Cedam, 1994.

REDONDO, Bruno Garcia; OLIVEIRA, Guilherme Peres de; CRAMER, Ronaldo. *Mandado de segurança*. São Paulo: Gen-Método, 2009.

_____; CÂMARA, Alexandre Freitas. Da possibilidade de impugnação imediata de decisão interlocutória em juizado estadual: críticas ao posicionamento adotado no RE 576.847/BA. *RePro*, São Paulo: Revista dos Tribunais, v. 176, 2009.

ROCHA, Carmen Lúcia Antunes. A liminar no mandado de segurança. In: TEIXEIRA, Sálvio de Figueiredo (Coord.). *Mandados de segurança e de injunção*. São Paulo: Saraiva, 1990.

ROCHA, José de Moura. *Mandado de segurança*. Rio de Janeiro: Aide, 1987.

RODRIGUES, Marcelo Abelha. *Suspensão de segurança*. 2. ed. São Paulo: Revista dos Tribunais, 2005.

RODRIGUES, Viviane Siqueira; YARSHELL, Flávio Luiz. Comentário ao art. 14. In: MAIA FILHO, Napoleão Nunes; ROCHA, Caio Cesar Vieira; LIMA, Tiago Asfor Rocha (Org.). *Comentários à nova lei do mandado de segurança*. São Paulo: Revista dos Tribunais, 2010.

ROQUE, André Vasconcelos; DUARTE, Francisco Carlos. *Mandado de segurança*. Curitiba: Juruá, 2011.

ROSENBERG, Leo. *Tratado de derecho procesal civil*. Trad. esp. de Angela Romera Vera. Lima: Ara, 2007.

SANTOS, Ernane Fidélis dos. *Manual de direito processual civil*. 4. ed. São Paulo: Saraiva, 1996.

SANTOS, J. M. de Carvalho. *Código Civil brasileiro interpretado*. 7. ed. Rio de Janeiro: Freitas Bastos, 1961.

SANTOS, Moacyr Amaral. *Primeiras linhas de direito processual civil*. 13. ed. São Paulo: Saraiva, 1987.

SARLET, Ingo Wolfgang. *A eficácia dos direitos fundamentais*. 5. ed. Porto Alegre: Livraria do Advogado, 2005.

SARMENTO, Daniel (Org.). *Interesses públicos versus interesses privados*: desconstruindo o princípio de supremacia do interesse público (volume coletivo). Rio de Janeiro: Lumen Juris, 2005.

SALLES, Carlos Alberto de. Mandado de segurança contra atos judiciais: as súmulas 267 e 268 do STF revisitadas. In: BUENO, Cassio Scarpinella; ALVIM, Eduardo Arruda; WAMBIER, Teresa Arruda Alvim (Coord.). *Aspectos polêmicos e atuais do mandado de segurança*: 51 anos depois. São Paulo: Revista dos Tribunais, 2002.

SATTA, Salvatore; PUNZI, Carmine. *Diritto processuale civile*. 11. ed. Pádua: Cedam, 1994.

SENTÍS MELENDO, Santiago. *La prueba*. Buenos Aires: EJEA, 1979.

SHIMURA, Sérgio. *Título executivo*. Sao Paulo: Saraiva, 1997.

SIDOU, J. M. Othon. *Habeas data, mandado de injunção, habeas corpus, mandado de segurança, ação popular*. 3. ed. Rio de Janeiro: Forense, 1989.

414 Manual do Mandado de Segurança • Câmara

SILVA, José Afonso. *Curso de direito constitucional positivo*. 4. ed. São Paulo: Revista dos Tribunais, 1987.

_____. *Curso de direito constitucional positivo*. 10. ed. São Paulo: Revista dos Tribunais, 1995.

_____. *Comentário contextual à Constituição*. São Paulo: Malheiros, 2005.

SILVA, Márcio Henrique Mendes da; GAJARDONI, Fernando da Fonseca; FERREIRA, Olavo A. Vianna Alves. *Comentários à nova lei de mandado de segurança*. São Paulo: Gen-Método, 2009.

SILVA, Ovídio Baptista da. *Curso de processo civil*. 3. ed. São Paulo: Revista dos Tribunais, 1998.

SLAIBI FILHO, Nagib. *Direito constitucional*. Rio de Janeiro: Forense, 2004.

SOUZA, Bernardo Pimentel. *Dos recursos constitucionais*. Brasília: Brasília Jurídica, 2007.

SUNDFELD, Carlos Ari. O direito processual público e o direito administrativo. In: SUNDFELD, Carlos Ari; BUENO, Cassio Scarpinella (Coord.). *Direito processual público*: a fazenda pública em juízo. São Paulo: Malheiros, 2000.

TÁCITO, Caio. *Temas de direito público*: estudos e pareceres. Rio de Janeiro: Renovar, 1997.

TALAMINI, Eduardo. As origens do mandado de segurança na tradição processual luso-brasileira. In: BUENO, Cassio Scarpinella; ALVIM, Eduardo Arruda; WAMBIER, Teresa Arruda Alvim (Coord.). *Aspectos polêmicos e atuais do mandado de segurança 51 anos depois*. São Paulo: Revista dos Tribunais, 2002.

_____. Notas sobre as partes e os terceiros no mandado de segurança individual, à luz de sua nova disciplina (Lei 12.016/2009). Disponível em: <http://www.justen.com.br/pdfs/eduardo_30.pdf>. Acesso em: 1º maio 2012.

TAVARES, André Ramos. *Manual do novo mandado de segurança*. Rio de Janeiro: Gen-Forense, 2009.

TEPEDINO, Gustavo; BARBOZA, Heloisa Helena; MORAES, Maria Celina Bodin de. *Código Civil interpretado*. Rio de Janeiro: Renovar, 2004.

THEODORO JÚNIOR, Humberto. *Curso de direito processual civil*. 42. ed. Rio de Janeiro: Gen-Forense, 2010. v. III.

_____. *O mandado de segurança segundo a Lei n. 12.016, de 7 de agosto de 2009*. Rio de Janeiro: Gen-Forense, 2009.

TORNAGHI, Hélio. *Comentários ao Código de Processo Civil*. 2. ed. São Paulo: Revista dos Tribunais, 1976. v. I.

TORREÃO, Marcelo Pires. *Dos embargos de divergência*. Porto Alegre: Sergio Antonio Fabris Editor, 2004.

TORRES, Ricardo Lobo. *Curso de direito financeiro e tributário*. 15. ed. Rio de Janeiro: Renovar, 2008.

TOSTA, Jorge. *Do reexame necessário*. São Paulo: Revista dos Tribunais, 2005.

TOURINHO FILHO, Fernando da Costa. *Processo penal*. 11. ed. São Paulo: Saraiva, 1989.

TRIMARCHI, Pietro. *Istituzioni di diritto privato*. 18. ed. Milão: Giuffrè, 2009.

VELLOSO, Carlos Mário da Silva. Direito líquido e certo. Decadência. In: FERRAZ, Sérgio (Org.). *Mandado de segurança*. Porto Alegre: Sérgio Antonio Fabris Editor, 1986.

_____. Do mandado de segurança e institutos afins. In: TEIXEIRA, Sálvio de Figueiredo (Coord.). *Mandados de segurança e de injunção*: estudos de direito processual-constitucional em memória de Ronaldo Cunha Campos. São Paulo: Saraiva, 1990.

VENTURI, Elton. *Suspensão de liminares e sentenças contrárias ao Poder Público*. 2. ed. São Paulo: Revista dos Tribunais, 2010.

_____. *Processo civil coletivo*. São Paulo: Malheiros, 2007.

VIANNA, Segadas; SÜSSEKIND, Arnaldo; MARANHÃO, Délio. *Instituições de direito do trabalho*. 10. ed. Rio de Janeiro: Freitas Bastos, 1987.

VIGLIAR, José Marcelo Menezes. *Interesses individuais homogêneos e seus aspectos polêmicos*. São Paulo: Saraiva, 2003.

VIGNERA, Giuseppe; ANDOLINA, Italo. *Il modello costituzionale del processo civile italiano*. Turim: G. Giappichelli, 1990.

VILAR FILHO, José Eduardo de Melo. Comentário ao art. 12. In: MAIA FILHO, Napoleão Nunes; ROCHA, Caio Cesar Vieira; LIMA, Tiago Asfor Rocha (Org.). *Comentários à nova lei do mandado de segurança*. São Paulo: Revista dos Tribunais, 2010.

WACH, Adolf. *Manual de derecho procesal civil*. Trad. esp. de Tomás A. Banzhaf. Buenos Aires: EJEA, 1977.

WALD, Arnoldo. *Do mandado de segurança na prática judiciária*. 4. ed. Rio de Janeiro: Forense, 2003.

WAMBIER, Teresa Arruda Alvim. O mandado de segurança contra ato judicial. *RePro*, v. 107, São Paulo: Revista dos Tribunais, 2002.

WATANABE, Kazuo. *Da cognição no processo civil*. 2. ed. São Paulo: Central de Publicações Jurídicas: Centro Brasileiro de Estudos e Pesquisas Judiciais, 1999.

_____. *Código brasileiro de defesa do consumidor comentado pelos autores do anteprojeto*. 8. ed. Rio de Janeiro: Forense Universitária, 2004.

YARSHELL, Flávio Luiz; RODRIGUES, Viviane Siqueira. Comentário ao art. 14. In: MAIA FILHO, Napoleão Nunes; ROCHA, Caio Cesar Vieira; LIMA, Tiago Asfor Rocha (Org.). *Comentários à nova lei do mandado de segurança*. São Paulo: Revista dos Tribunais, 2010.

ZAFFARONI, Eugenio Raul; PIERANGELI, José Henrique. *Manual de direito penal brasileiro*. 7. ed. São Paulo: Revista dos Tribunais, 2007. v. 1.

ZAVASCKI, Teori Albino. *Processo coletivo*. São Paulo: Revista dos Tribunais, 2006.

_____. Comentário ao art. 21. In: MAIA FILHO, Napoleão Nunes; ROCHA, Caio Cesar Vieira; LIMA, Tiago Asfor Rocha (Org.). *Comentários à nova lei do mandado de segurança*. São Paulo: Revista dos Tribunais, 2010.

Formato	17 × 24 cm
Tipologia	Charter 11/13
Papel	Offset Sun Paper 75 g/m² (miolo)
	Supremo 250 g/m² (capa)
Número de páginas	456
Impressão	Bartira Gráfica

Sim. Quero fazer parte do banco de dados seletivo da Editora Atlas para receber informações sobre lançamentos na(s) área(s) de meu interesse.

Nome: _____

_____ CPF: _____ Sexo: ○ Masc. ○ Fem.

Data de Nascimento: _____ Est. Civil: ○ Solteiro ○ Casado

End. Residencial: _____

Cidade: _____ CEP: _____

Tel. Res.: _____ Fax: _____ E-mail: _____

End. Comercial: _____

Cidade: _____ CEP: _____

Tel. Com.: _____ Fax: _____ E-mail: _____

De que forma tomou conhecimento deste livro?

☐ Jornal   ☐ Revista   ☐ Internet   ☐ Rádio   ☐ TV   ☐ Mala Direta

☐ Indicação de Professores   ☐ Outros: _____

Remeter correspondência para o endereço: ○ Residencial   ○ Comercial

Indique sua(s) área(s) de interesse:

○ Direito Civil / Processual Civil

○ Direito Penal / Processual Penal

○ Direito do Trabalho / Processual do Trabalho

○ Direito Financeiro Tributário / Processual Tributário

○ Direito Comercial

○ Direito Administrativo

○ Direito Constitucional

○ Direito Difusos e Coletivos

○ Outras Áreas _____

Comentários

_____

_____

_____

ISR-40-2373/83

U.P.A.C Bom Retiro

DR / São Paulo

CARTA - RESPOSTA
Não é necessário selar

O selo será pago por:

01216-999 - São Paulo - SP

REMETENTE:
ENDEREÇO: